홉스

홉스

리바이어던의 탄생

엘로이시어스 마티니치 | 진석용 옮김

교양인
GYOYANGIN

내가 토마스 홉스에 대해 깊이 있는 연구를 시작하게 된 것은 개인적인 이유 때문이었다. 박사 학위 논문을 막 끝냈을 때 심사를 봐주었던 미국 철학자 이사벨 헝거랜드(Isabel Hungerland)가 홉스의 《물체론》을 번역해볼 생각이 없느냐고 물었다. 이사벨은 《물체론》 번역본을 자신이 쓴 홉스의 의미론에 관한 해설서의 자매편으로 출간할 계획이었다. 번역을 맡은 사람이 따로 있었지만 일이 여의치 않자 나에게 부탁한 것이다. 내가 라틴어와 언어철학에 조예가 있으니 적임자라는 것이었다. 나는 철학사에는 폭넓은 지식이 있었지만 홉스에 대해서는 아는 게 별로 없었다. 하지만 이사벨은 이미 출판사와 계약을 한 상태였고, 나도 조교수로서 실적에 대한 심리적 부담이 있어서 이사벨의 제안을 받아들였다. 이리하여 내 번역본과 그에 대한 해설서가 1981년에 출간되었는데, 이사벨과 조지 빅(George Vick)이 장문의 해제를 써주었다.

홉스의 논리학과 언어철학은 따분하고, 이렇다 할 독창성도 없고, 설득력도 약하다고 생각했기 때문에 그것으로 홉스 공부는 끝낼 생각이었다. 그런데 몇 년 후에 대학원의 홉스 세미나를 맡아 달라는 부탁을 받았다. "당신이 홉스에 관한 책을 출간한 후로 홉스 전문가로 알려져 있다."고 말하면서. 강의를 맡는 것이 두렵지는 않았다. 하지만 《리바이어던》은 이름난 고전이었고, 나는 그 책을 제대로 읽지 않은 상태였다. 놀랍게도 나는 그 책을 재미있게 읽었고, 세미나는 성공적이었다. 그래서 종교철학 강의 도입부에 홉스를 넣었고, 홉스에 관한 다른 세미나도 맡기로 했다. 홉스의 철학을 해설한 책들을 이것저것 읽어보았지만 마음에 드는 책이 없었다. 원전과 잘 맞지 않거나 역사적 배경에 대한 설명이 부족하다는 생각이 들었다. 홉스를 읽으면 읽을수록 그의 사상에 매력을 느끼게 되었고, 내 해석이 다른 해설서보다 더 낫다는 확신을 품게 되었다. 이러한 연구를 바탕으로 하여 《리바이어던의 두 신: 홉스의 종교론과 정치론》(1992년)을 출간했다. 홉스의 이론적 관심사는 정치철학이었지만 그는 자신의 이론을 통해 정통 기독교 교리와 근대 과학을 조화시키려 했고, 정통 기독교가 정치적으로 불안정하지 않다는 것을 보여주려 했다. 홉스의 계획은 실패했고, 내 생각으로는 실패할 수밖에 없었지만 그는 끝까지 그 사실을 알지 못했다. 홉스는 독실한 영국 국교도였다. 홉스의 삶의 족적 하나하나가 그것을 보여준다.

그 이후 오랫동안 이해타산을 따지지 않고 홉스를 연구하게 되었고, 그의 철학과 인생과 역사적 배경을 연구할수록 점점 더 깊이 홉스에게 빠져들었다. 지금은 연구 자체에서 순수한 지적 기쁨을 얻고 있다.

홉스가 철학자들만의 관심사가 아니어서 기쁘다. 근년에 들어 정치사나 과학사를 연구하는 지식인과 정치학자 들이 홉스에 관한 홀

류한 저서들을 많이 내고 있다. 이들에게서 많은 가르침을 받고 있다.

테렌스 무어(Terence Moore)에게 감사드린다. 그는 1994년에 이 연구에 대한 지원을 주선해주었다. 《의회사》 프로젝트의 편집인 앤드루 트러시(Andrew Thrush) 박사 덕분에 초대 데번셔 백작과 2대 데번셔 백작의 전기 초고를 읽을 수 있었다. 런던 아테네움클럽 도서관 부사서 케이 월터스(Kay Walters)는 찰스 블런트(Charles Blount)의 책을 한 부 복사해주었다. 연구가 완성되기까지 내 원고의 일부 혹은 전부를 읽어준 분들은 다음과 같다. 조 앤 카슨(Jo Ann Carson), 그레고리 디킨슨(Gregory Dickenson), 마거릿 듀억슨(Margaret Duerkson), 매슈 에번스(Matthew Evans), 로이드 가티스 3세(Loyd Gattis III), 킨치 훅스트라(Kinch Hoekstra), 데이비드 존스턴(David Johnston), 코리 줄(Cory Juhl), 프레드 크론츠(Fred Kronz), 브라이언 레벅(Brian Levack), 레슬리 마티니치(Leslie Martinich), 막스 로젠크란츠(Max Rosenkrantz), 조지 라이트(George Wright).

*　　*　　*

지식인을 다룬 전기는 시대순으로 쓰기도 하고 주제순으로 쓰기도 한다. 나는 주제보다는 시대순으로 이 전기를 구성했다. 따라서 같은 주제가 두 번 이상 나오기도 한다. 예를 들면 홉스의 정치철학과 과학철학이 그렇다. 그렇게 한 이유는 독자들이 시간의 흐름을 따라갈 수 있도록 하기 위해서이다. 철학자들뿐 아니라 심지어 역사가들도 이를 무시하는 경우가 더러 있다.

홉스가 어떤 생각을 언제부터 했고 어디에서 했으며, 그 생각이 그의 다른 사상과 어떻게 연결되는지를 보여주고 싶었다. 그래서 기존의 전기들과는 달리, 《법의 원리》와 토머스 화이트(Thomas White)의 《세계론 대화록 3편》에 대한 홉스의 논평을 중요하게 다루었다. 자유 의지 문제를 둘러싼 존 브럼홀(John Bramhall)과의 논쟁을 1640년대 이야기 속에 넣은 것도 같은 이유이다. 그 논쟁은 1650년대까지도 출판되지 않았다. 또한 최근에 발굴된 자료, 현재 뜨거운 쟁점이 되는 주제, 홉스의 생애와 저작에 제법 지식이 있는 사람들도 잘 모르고 있는 이야기에 많은 지면을 할애했다. 예를 들면 1610년대 후반에 쓴 에세이들, 1626년의 피크 디스트릭트 여행, 최초의 심리학·정치학 논문인 《법의 원리》, 말년에 번역 작업을 한 《일리아스》와 《오디세이아》 등이다. 40세 이전의 홉스에 대해서는 자료가 거의 없기 때문에 1장과 2장은 그가 살던 시대와 그의 주변 환경에 초점을 맞추었다.

오늘날 학자들은 홉스가 매우 사교적이었고 "안락한" 삶을 살았다고 여긴다. 홉스 자신도 그렇게 말하곤 했다. 그러나 많은 사람이 그의 인생이 짧지는 않았지만 고독하고, 가난하고, 험악하고, 잔인했다고 생각한다.* 이 책을 읽으면 그러한 생각이 오해임을 알게 될 것이다. 나는 홉스의 가르침 중 많은 부분에 동의하지 않지만, 인간 홉스와 그의 사상은 정말로 매력이 넘친다. 내가 느낀 홉스의 매력을 독자들에게도 보여주고 싶다.

이 책은 학문적 연구의 결과이기는 하지만 학술서는 아니다. 수집한 연구 자료도 변변치 않고, 창칼을 들고 논적(論敵)과 승부를 겨룬 것도 아니기 때문이다. 홉스의 저작에 대해서는 꽤 완벽한 주석을 달

---

* 홉스는 《리바이어던》에서 자연 상태에서 "인간의 삶은 고독하고, 가난하고, 험악하고, 잔인하고, 그리고 짧다."라고 썼다.

았고, 필요한 경우에는 2차 자료들을 활용했다. 전기 3종에서 인용한 글에는 인용 주를 달지 않았다. 전기 3종은 《운문으로 쓴 나의 인생》(1672년경, 84세),《산문 인생》(1676년경 구술), 존 오브리(John Aubrey)가 쓴 전기를 말한다. 두어 개 예외가 있지만, 편지글이나 초고 같은 미출간 자료들에도 인용 주를 달지 않았다. 같은 문헌에서 자주 인용한 경우 인용 주 하나로 처리한 곳도 있다. 《리바이어던의 두 신》(Cambridge University Press, 1992),《홉스 사전》(Oxford, 1995),《토머스 홉스》(London, 1997)를 쓰면서 많은 지식인에게 빚을 졌다. 이전의 연구에 더하여 이 책을 쓰기 위해 연구를 하는 동안 보들레이언 도서관, 대영 도서관, 런던 아테네움클럽 도서관, 오스틴의 텍사스대학 인문학 연구센터의 도움을 받았다.

인용문의 철자와 구두점은 현대화했지만 미국식을 따르지는 않았다. 원문의 감각이나 분위기를 살릴 필요가 있을 때에는 그대로 두었다. 책 제목은 거의 대부분 그대로 두었다.

큰따옴표(" ")는 다른 사람의 말을 인용할 때 사용했다. 작은따옴표(' ')는 단어, 구절, 문장 등에 대해 언급할 때 사용했고, 또 주의 인용*을 한 경우에 사용했다.

라틴어 원본을 인용할 때에는 내가 직접 번역한 것이 더러 있지만, 이 경우에도 기존의 번역서가 있으면 서지 사항을 주석으로 밝혔다.

주의 인용(scare-quote) 해당 용어나 구절에 독자의 주의를 환기하거나 그 표현에 대해 인용자 자신은 책임이 없다는 것을 보여주기 위해 사용하는 인용 부호를 말한다. 일반적으로 작은따옴표를 사용한다. 옮긴이가 임의로 '주의(注意) 인용'이라고 번역했다.

17세기 영국에서는 율리우스력을 사용했다. 그레고리력이 더 정확했지만 로마가톨릭을 따르기 싫었기 때문이다. 율리우스력은 그레고리력보다 열흘이 늦다. 당시 유럽 대륙에서는 대부분의 나라가 그레고리력을 사용하고 있었다. 그러므로 영국의 12월 10일은 프랑스의 12월 20일이다. 율리우스력은 구력, 그레고리력은 신력이라고도 한다. 영국 제도(諸島)에서 일어난 사건들의 날짜는 보통 구력으로 표기했다. 유럽 대륙과 관련이 있는 사건의 경우에는 12월 10/20일과 같은 방식으로 표기했다.

한 가지 더 주의할 사항이 있다. 영국에서 새해는 3월 25일부터 시작된다. 이날은 춘분(春分)과 관계가 있다. 또한 이날은 성(聖) 수태고지일, 즉 성모 마리아가 예수를 잉태한 날이기도 하다. (이로부터 정확히 9개월 후가 크리스마스이다.) 역사가들이 어떤 사건의 연도를 표기해놓으면 우리는 그 연도를 1월 1일을 첫날로 하는 역법으로 읽는다. 오늘날 우리가 쓰고 있는 달력이 그러하기 때문이다.

그러므로 그해의 첫날을 3월 25일로 삼은 역법에 따라 표기된 연도는 혼란을 일으킬 수 있다. 두 가지 예를 보자. 일부 책에는 홉스가 1607년 2월에 모들린 홀을 졸업했다고 나오는데, 지금의 역법으로 고치면 1608년 2월이다. 또한 17세기의 문헌에 따르면 찰스 1세는 1648년 1월 30일에 참수되었다. 이 역시 지금의 역법으로 고치면 1649년 1월 30일이다.

1장

공포의 쌍둥이

1588~1608년

"어머니는 나와 공포를
함께 잉태하고 있었다."

우리 구세주께서 사람의 몸으로 탄생하신 지 1588년째 되던 해였다.
무시무시한 적(敵) 함대가 에스파냐 항구에 정박해 있었다.
우리 영국 해안에서 침몰될 운명을 기다리면서. 이른 봄이었다.
4월 초닷샛날이 밝아 오고 있었다.
그때 나는 한 마리 작은 벌레로 맘스베리에서 태어났다.
목사인 아버지에게 침례를 받았고,
아버지는 나에게 당신과 똑같은 이름을 지어주었다.
− 《운문으로 쓴 나의 인생》

무적함대 공포 속에 태어난 아이

에스파냐 무적함대가 돛을 올리기 수개월 전부터 영국은 공포에
휩싸여 있었다. 무적함대가 쳐들어온다는 소문은 1587년 12월부터
떠돌기 시작했다. 봄이 다가오자 홉스를 임신한 어머니는 안절부절
못했다. 많은 사람이 에스파냐는 적그리스도이거나 적그리스도의 하
수인이라고 생각했다. 모든 사람들이 세상의 종말은 전쟁과 함께, 그
리고 전쟁의 풍문과 함께 오리라는 것을 잘 알고 있었다.

이미 백 년 전부터 지식인들은 1588년이 "액운이 든 해"가 될
것이라고 예고해 왔다. 루터파 신학자 필리프 멜란히톤(Philip
Melanchthon)은 1518년이 마지막 시기의 시작이며, 70년 후에 그 시
기가 끝날 것이라고 말했다. 바빌론 유수 기간이 70년이었던 것과 관
련이 있을 것이다.

세계 역사에서 1588년을 재앙의 해로 보는 계산법은 예언서 〈요한

근대 인민 주권의 개념을 명확히 제시해 사회 계약 이론을 최초로 정립한
정치철학자 토머스 홉스.

계시록〉과 〈다니엘서〉에서 나온 것이며, 〈이사야서〉의 한 구절과도 일치한다. 프랜시스 베이컨(Francis Bacon)이 쓴 〈예언에 대하여〉에도 그런 내용이 있다. 1588년에 세상의 종말이 오면 어떤 일이 벌어질 것 인가? 〈요한계시록〉에는 아이 가진 여자가 특히 끔찍한 고통을 당할 것이라고 씌어 있다. 무적함대는 5월이 지나서야 에스파냐를 떠났다. 풍랑을 만나 항로를 벗어났고 천신만고 끝에 7월이 지나서야 영국 해 안에 도착했지만, 악천후와 영국 해군에게 참패를 당했다.[1] 이렇게 될 것을 홉스의 어머니가 어떻게 예측할 수 있었겠는가? 그녀가 알 수 있었던 사실과 예상되는 침략의 끔찍한 결과에 비추어보면 그녀가 겁 에 질려 있었던 것은 극히 당연했다. 어쨌든 홉스에 따르면 어머니는 공포에 질려 산통이 시작되었고, 1588년 4월 5일 성 금요일* 새벽 4시 에서 6시 사이에 윌트셔(Wiltshire)주의 맘스베리(Malmesbury) 외곽에 있는 웨스트포트(Westport) 마을에서 일곱 달 만에 아들을 낳았다.

이러한 출생에서 홉스가 입은 정신적 상처는 일생 동안 아물지 않 았다. "조국의 원수에 대한 증오"는 바로 그 출생 환경 때문이라고 홉스는 말했다. 84년 후에 쓴 운문 자서전에 홉스는 이렇게 기록했 다. "함대가 들이닥쳐 곧 조국이 종말의 날을 맞을 거라는 소문이 온 마을에 퍼져 있었다. 어머니도 겁에 질려 있었다. 어머니는 쌍둥이를, 즉 나와 공포를 함께 잉태하고 있었던 것이다."

홉스는 차남이었다. 최초로 홉스의 전기를 쓴 존 오브리는 홉스의 어머니가 윌트셔의 브로큰버러(Brokenborough) 마을에 살던 독립 자 영농(yeoman) 가문인 미들턴(Middleton) 출신이라고 했다. 그러나

성(聖) 금요일 부활절 전의 금요일. 예수가 십자가에 못 박힌 것을 기념하는 날이다.

1588년 영국 해협으로 떠난 에스파냐 무적함대. 가톨릭 국가 에스파냐의 국왕 펠리페 2세는 무적함대를 보내 네덜란드의 반란 세력을 지원하는 비가톨릭 국가 잉글랜드를 격파할 계획을 세웠다.

그런 가문에 대한 기록은 없다. 홉스 어머니에 대해 알려진 것은 그것이 전부다. 하지만 몇 가지 추측은 가능하다. 아널드 로고(Arnold Rogow)에 따르면 맘스베리 인근의 솔즈베리 성(聖) 마르틴 교구에서 토머스 홉스라는 남성이 1578년 5월 3일에 앨리스 코트넬(Alice Courtnell)이라는 여성과 결혼했는데, 이 부부가 홉스의 부모일 가능성이 있다는 것이다. 홉스의 어머니 이름이 앨리스가 아니라면 '앤(Anne)'일 수도 있다. 홉스의 누이동생 이름이 앤이기 때문이다. 어머니의 주된 임무는 자녀들을 돌보고 집을 관리하는 일이었다. 돌과 타일로 지어진 집에는 식품 저장용 창고가 있었고, 2층에 방 두 개가 있었다. 오브리는 "오른편에 교회를 두고 테드베리(Tedbury)로 가는 길

왼편에 가장 멀리 보이는 집"이라고 했다. 그들은 최소한 두 세대 이상 그 집에서 살았다. 지금 그 집은 없어졌다.

사라진 아버지

홉스는 아버지의 이름을 물려받고, 아버지에게 침례를 받았다. 아버지 홉스는 읽고 쓰는 능력이 부족한 목사였다. 《성경》과 주일 강론은 읽을 수 있었지만 그게 전부였다. 오브리는 그가 엘리자베스 시대의 교회에서 흔히 볼 수 있는 무식한 목사라고 했다. 말년에 홉스는 자기 멋대로 설교하는 선동가와 미리 준비한 강론을 읽는 준법 목사를 비교하면서, 사람들이 후자를 "벙어리 개"로 불렀다고 언급했다. 그런 용어가 자기 아버지 같은 목사들을 부당하게 조롱하는 말이라고 생각한 것 같다.

아버지 홉스는 1587년 4월에 옥스퍼드대학 브라스노스 칼리지(Brasenose College)에 입학했는데, 이때 나이가 40세였으니 대학생으로는 고령이었다. (1587년이라는 날짜가 부정확할 수도 있다. 1589년에 그의 나이가 32세였다는 기록도 있다.) 가정을 꾸린 성인이 대학에 들어갔다는 사실이 믿기 어려울 수도 있다. 하지만 두 가지 설명이 가능하다. 엘리자베스 시대에는 성직자들의 수준을 높이기 위한 시책들이 있었는데, 그 일환으로 관구 주교가 아버지 홉스를 대학에 보냈을 수도 있다. 아니면 그가 학생은 아니지만 대학에 고용된 이른바 특권층이었을 수도 있다. 심지어 수위조차도 특권층에 속했다. 옥스퍼드시는 그런 특권층을 좋아하지 않았다. 특권층에 속하는 사람들은 도시의 관할 밖에 있었고, 이들은 시민들과는 달리 사기를 치고 도망갈 수도 있었다. 대학들은 그 도시에서 벌어지는 비행(非行)을 단속하는 일에는 직접적인 관심이 없었다.

아버지 홉스에게는 이미 아들이 하나 있었으니 결혼한 상태였을 것이다. 아내가 그와 함께 옥스퍼드에 있었는지, 아니면 맘스베리 근처에 있었는지는 알 수 없다. 1587년 8월에는 아내가 임신 상태였으므로 아버지 홉스가 브라스노스에 머문 기간은 길지 않았을 것이다. 그는 학위를 받지 않았는데, 이듬해 봄에 아들의 출산을 보러 집으로 돌아왔을 가능성이 크다.

오브리에 따르면 아버지 홉스는 웨스트포트의 교구목사로 봉직한 적이 있는데, 연봉으로 60~80파운드*를 받았다고 한다. 현대 역사가들은 여기에 의문을 제기한다. 윌트셔 기록 보존소에는 아버지가 브로큰버러 인근 마을의 부목사로 기록되어 있다. 아널드 로고는 아버지 홉스가 하급 성직자였으므로 연봉이 10파운드 언저리였을 것이라고 주장했다. 아들 홉스가 나중에 캐번디시(Cavandish)가의 집사가 되었을 때는 연봉 80파운드 외에 선물 같은 수입이 있었고, 저서에서 얻는 수입이 있었다.

홉스의 아버지에 관해 전해 오는 이야기들은 모두 그가 무책임하고 불편한 사람이라는 것이다. 오브리는 그가 "툭하면 화를 내는" 사람이었다고 썼다. 브로큰버러 마을사람들은 그가 설교를 제대로 하지 않는다고 두 차례나 불평했다. 이것은 아버지 홉스가 웨스트포트에 살고 있었기 때문이었을 수도 있다. 에이번(Avon)강이 범람하면 웨스트포트에서 브로큰버러로 넘어가는 다리가 물에 잠겨 교회에 갈

* 저자에 따르면 당시 1파운드는 현재 가치로 미화 750달러쯤 된다.

수 없었다. 교구 사람들이 이전의 부목사처럼 시내로 들어와 살라고 청했지만 그는 듣지 않았다. 이런 이야기도 있다. 예배를 보고 있는데 그가 졸면서 "클로버가 으뜸패야."라고 중얼거렸다는 것이다.

아버지 홉스가 연루된 불미스러운 사건도 있다. 웨스트포트의 목사가 교회 문간에서 그에게 화를 내자, "(아버지) 홉스는 그를 때리고 도망가서 …… 런던에서 멀리 떨어진 벽촌에 숨어 살다 그곳에서 죽었다."는 것이다. 좀 더 자세한 이야기는 이렇다. 1603년 10월에 리처드 진(Richard Jeane)이라는 목사에게 명예 훼손으로 고소를 당했다. 고소 내용은 아버지 홉스가 자기에게 "악당, 순 악당, 술 취한 악당, 동역자인 앤드루 목사를 죽인 놈"이라고 욕했다는 것이다. 법정은 이 주장을 받아들여 아버지 홉스에게 공개 사죄하라고 명령했다. 그러나 그는 공판 기일에 출두하지 않았고, 따라서 "소환에 불응한 자"로 기록되었다.[2] 법정에서는 리처드 진의 주장을 받아들여, 아버지 홉스에게 "소환에 불응했고 …… 따라서 파문한다."는 판결을 내렸다. 아버지 홉스도 당하고만 있지는 않았다. 1604년 2월에 그는 교회 뜰에서 리처드 진 목사를 만나 파문을 선동한 것에 대해 따졌다. 목사는 자기가 그런 것이 아니라고 부인하고 가버렸다. 아버지 홉스는 뒤따라가서 욕을 퍼붓고 "주먹으로 귀 밑 부위 혹은 머리 부분을 가격하고, 모자를 내려치고, 외투가 벗겨지게 했다. 이때까지 리처드 진 목사는 당하고 있었으나, 홉스가 끝까지 달려들어 구타를 멈추지 않자, 진 목사도 방어를 하며 홉스를 때렸고, 홉스에게서 벗어나기 위해 홉스를 땅바닥에 쓰러뜨렸다."[3] 이 사건이 벌어진 후에 아버지 홉스는 앞에서 말한 것처럼 런던 인근에서 자취를 감췄다. 이 무렵 홉스는 고향에서 그다지 멀지 않은 옥스퍼드대학에 재학 중이었는데, 아버지 홉스가 맘스베리에서 런던으로 피신 가는 길에 아들을 보고 갔을 수도 있다. 하지만 사실 여부는 알 수 없다. 아버지 홉스는 이렇게 역사에서 사라진다.

이 불행한 사건은 홉스가 집을 떠나 있을 때 벌어졌기 때문에 아버지의 행동이 야기한 민망한 상황을 홉스가 직접 겪지는 않았을 것이다. 그러나 1603년 십 대 소년으로서 굴욕감을 느꼈을 가능성은 충분하다. 아버지 홉스의 행동에는 변명의 여지가 없지만, 당시에 그런 일은 드물지 않았다. 1604년의 교회법은 성직자의 술집 출입은 물론이고, "음주, 술주정, 나태, 주사위 놀이, 카드 놀이, 그 밖의 불법적인 도박"을 금지했다. 확실히 성직자들의 행동에는 문제가 있었다. 1586년에 청교도가 발간한 에섹스(Essex) 지방의 〈목사 조사서(Survey of the Ministry)〉에 따르면 성직자 335명 가운데 173명이 "무식하여 설교를 할 수 없는 목사"였고, 십여 명은 "생활이 문란"했다. 이들은 "노름꾼, 술꾼, 술주정꾼, 엉터리 설교자, 주사위 노름꾼, 카드 노름꾼, 술친구, 생활이 음란한 자"였다. "하녀와의 사이에 아이가 하나 있으면서도 보란 듯이 다른 여자들과 음란한 생활을 하고 있는 정황이 드러난" 목사도 있었다.[4]

홉스는 삼 남매 중 둘째였다. 위로 형 에드먼드(Edmund)가 있었고, 아래로 여동생 앤(Anne)이 있었다. 홉스가 18세 되던 해에 삼촌 에드먼드가 죽자, 홉스의 형이 이 이름을 물려받았다. 형 에드먼드는 또 다른 삼촌 프랜시스(Francis)처럼 장갑 상인이 되었다. 에드먼드는 맘스베리 근방에서만 살았던 것으로 보인다. 그는 이렇다 할 교육은 받지 못했지만 노년에 이르기까지 그리스어를 읽을 줄 알았다. 홉스만큼 키가 크지는 않았지만 180센티미터 정도는 되었다. 형 에드먼드가 80세까지 살았고, 아버지 토머스가 83세까지 산 것으로 보이고, 홉스도 어린 시절에는 병약하긴 했지만 91세까지 살았으니 장수는 집안 내력이었던 것 같다.

에드먼드는 세 자녀를 두었다. 그중 한 명의 이름이 프랜시스였는데, 삼촌의 이름을 물려받은 것으로 보인다. 에드먼드는 아버지와 홉스의 도움을 받아 연간 80파운드 정도를 벌었다. 그는 알코올 중독자였고, 아내를 학대했다.

홉스의 여동생 앤은 그의 어머니와 마찬가지로 알려진 사실이 거의 없다. 토머스 로런스(Thomas Lawrence)와 결혼하여 일곱 자녀를 두었고, 아버지의 집을 물려받았다. 앤의 자녀 중 메리 타이럴(Mary Tirell)과 엘리너 하딩(Eleanor Harding)은 홉스의 유언에 따라 유산 일부를 상속했다. 홉스의 생애에 대해 우리가 알고 있는 바에 따르면 여성들은 이렇다 할 역할을 하지 않았지만 홉스의 유언장에는 여러 여성이 등장한다. 홉스는 질녀 두 명 외에도 자신에게 맡겨진 고아 소녀에게 200파운드를 남겼고, 메리 델(Mary Dell)이라는 여성에게도 10파운드를 남겼다.

아버지 토머스가 가출한 후, 홉스는 삼촌 프랜시스의 도움을 받았다. 프랜시스는 맘스베리 자치 마을의 주민이자 대표였다. 삼촌은 홉스의 모들린 홀(Magdalen Hall) 학비도 대주었을 뿐만 아니라 개스턴(Gaston) 지역의 목초지까지 물려주었는데, 여기에서 연간 16파운드의 수입이 나왔다. 삼촌 프랜시스는 성공한 장갑 상인이었다. 질 좋은 가죽은 이 지역 특산물이었다. 맘스베리에서 멀지 않은 곳에 스트랫퍼드(Stratford)가 있는데, 그 지역에서 태어난 셰익스피어도 장갑 장인의 아들이었다.

맘스베리의 시골 소년

홉스가 자신의 고향으로 여겼던 맘스베리는 영국 남서부의 코츠월드(Cotswolds) 지방에 있다. 17세기에 맘스베리는 천 명 가량의 주민이 살고 있는 평범한 마을이었다. 에이번강의 두 지류가 그 마을을 둘러싸다시피 흐른다. 북쪽에는 잉글번(Ingleburn)강이 흐르고, 남쪽에는 에이번강이 흐른다. 두 강은 그 마을의 동쪽에서 합류한다. 홉스는 마을 외곽의 웨스트포트에서 살았다. 그곳이 맘스베리의 서쪽 관문이라서 그런 이름이 붙었다. 맘스베리에서 뻗어 나온 길 하나는 웨스트포트를 거쳐 글로스터(Gloucester)로 이어지고, 또 하나는 브리스틀(Bristol)로 이어진다. 홉스의 아버지가 부목사로 일했던 브로큰버러는 서쪽으로 2킬로미터 남짓 떨어진 곳에 있었다. 오브리에 따르면 아버지 홉스가 목회자로 일했던 또 다른 지역인 찰턴(Charlton)은 북동쪽으로 2킬로미터가량 떨어진 곳에 있었다.[5] 성모 마리아에게 헌정된 웨스트포트 교회는 마을 규모에 비해 웅장했다. 첨탑이 맘스베리 교회의 첨탑보다 더 높았다. 웨스트포트 교회는 내전 중에 파괴되었다. 왕당파가 요새로 쓰지 못하도록 의회파 군대가 파괴한 것이다. 나중에 그 자리에 다시 교회가 지어졌는데, "불안정해보인다"는 말이 많았다. 홉스는 새 교회를 보지 못했다. 1634년이 그가 고향에 온 마지막 해였기 때문이다.

홉스는 운문 자서전에서 맘스베리에 상당한 자부심을 표현했다. 언덕 위에 있는 그 마을은 7세기 중엽에는 대수도원이 있던 고읍(古邑)이었다. 9세기에는 지방 무역의 중심지였다. 칙허장(charter)에 따라 특권이 있는 자치 도시였고, 하원의원 두 명이 있었다. 애설스턴

(Aethelstan, 재위 924~939년) 왕도 여기에 묻혔다. 홉스는 또한 맘스베리 수도원의 수사(修士) 성 올델름(Aldhelm)을 언급하는데, 최초의 라틴어 학교를 설립한 사람이다. 유감스럽게도 홉스는 중세의 역사가 맘스베리의 윌리엄(William)에 대해서는 한 번도 언급하지 않았다. 이 사람 덕분에 우리는 철학자 요하네스 스코투스 에리우게나(Johaness Scotus Eriugena)가 그 수도원에서 제자들의 펜에 찔려 살해되었다는 사실을 알고 있다. 맘스베리는 16세기 중반까지 중요한 양모 생산지였다. 양모 산업이 사양길에 접어들면서 그곳의 경제도 침체되었다. 1663년에 홉스는 맘스베리에 자유 학교를 세워 달라고 왕에게 청원했고, 오브리에게 그가 방문한 윌트셔의 여러 지역 중 적당한 곳을 물색해 달라고 부탁했다. 그러나 설립 자금을 얻는 데 실패하여 그 계획은 무산되고 말았다.

소년 시절의 홉스는 쾌활했지만 우울한 구석이 있었다. 웃을 때에는 눈이 가늘어져 실눈이 되었지만, 화가 나면 "밤톨"만 해졌다. 머리카락이 검어서 별명이 "까마귀"였다. 나이가 들어서는 여느 남자들처럼 대머리가 되었는데, 남은 머리카락은 목덜미까지 내려오는 백발이었다.

스승 로버트 라티머

홉스는 네 살부터 여덟 살까지 웨스트포트에 있는 학교에 다녔다. 그곳에서 읽기와 산수를 배운 후 "동네 목사 에반스(Evans) 씨"와 함께 맘스베리 학교에 다녔다. 그러나 홉스의 인생에 교육적으로 큰 영향을 끼친 사람은 로버트 라티머(Robert Latimer)였다. "선한 그리스인"으로 묘사되었던 라티머는 웨스트포트에 학교를 세운 사람이었다.[6] 라티머는 1591년에 옥스퍼드 모들린 홀을 졸업하고 문학사 학위를 받았는데, 10년쯤 후에 이 대학은 홉스의 모교가 된다. 라티머는 1595년 7월에 모들린 칼리지를 졸업하고 문학 석사 학위를 받았다. 홉스는 1596년 무렵부터 라티머에게 수업을 듣기 시작했다. 오브리는 당시 라티머의 나이가 열아홉 혹은 스무 살이었다고 했지만 1591년에 학사 학위를 받았으므로 스물네 살쯤 되었을 것이다.

라티머는 나중에 맘스베리의 목사가 되었고, 리 델라미어(Leigh Delamere)의 교구 목사가 되었다. 라티머는 홉스를 좋아했다. 홉스가 수십 년 후에 옛 스승을 만나기 위해 꽤 먼 길을 나선 것을 보면 홉스도 라티머를 좋아했음에 틀림없다. 홉스가 라티머에게 받은 강의는 밤 9시까지 계속되었다. 옥스퍼드를 떠나기 직전에 홉스는 에우리피데스(Euripides)의 〈메데이아〉*를 운율을 갖춘 라틴어로 번역하여 라티머에게 선물로 주었다. 홉스는 이 희곡에 깊은 감명을 받았던 것 같다. 나중에 홉스는 청년기의 열정이 담긴 이 번역을 보관해 두지 않은 것을 아쉬워했다. 홉스는 자신의 저작들에서 〈메데이아〉를 네 번이나 언급한다. 호메로스의 작품을 제외하면 이렇게 많이 언급한 책은 없다. 한 번은 《리바이어던》에 나오는데, 기존의 질서를 개혁하여 더 나은 정부를 만들려는 것은 비현실적인 기대라고 경고하는 대목에서 등장한다. "코먼웰스*를 개혁할 목적으로 불복종을 자행하는 사람들은

〈메데이아(Medea)〉 에우리피데스가 기원전 431년에 쓴 고대 그리스 비극. 메데이아는 그리스 신화에서 이아손을 도와 황금 양털을 손에 넣게 한 마녀다. 메데아, 메디아라고도 불린다.

그것이 코먼웰스를 파괴하는 일임을 알게 될 것이다. 이것은 우화에 나오는 펠레우스*의 어리석은 딸들이 노쇠한 아버지의 회춘을 갈망하여 메데이아의 충고에 따라 아버지의 몸을 절단해 이상한 약초와 함께 끓였으나, 아버지를 새사람으로 만들어내지 못한 것과 같은 것이다."[7]

학자들은 라티머에게 적지 않은 빚을 지고 있다. 오브리도 라티머를 통해서 홉스를 만났다. 오브리는 옛 문헌에 정통한 지식인으로서 스튜어트 왕조 시대의 위인들에 관한 전기를 썼고, 옥스퍼드 시의 역사도 썼다. 사실 관계에 더러 오류가 있지만 여러 일화와 지형적 특징을 풍부하게 전해준 공로에 비하면 눈감아 줄 만하다. 그는 최초로 홉스의 전기를 썼다. 그것도 의심할 여지없이 가장 생생한 전기를. 오브리가 아니었더라면 홉스는 역사상 존재가 미미하거나, 기껏해야 몇 줄 소개되는 인물에 그쳤을 것이다. 오브리는 1634년 7월 혹은 8월경의 일을 이렇게 회상했다. 당시 그는 여덟 살이었다.

홉스는 친구를 만나러 고향 마을에 들렀다. 다른 누구보다도 리 델

코먼웰스(Commonwealth) 일반적으로 영국 역사에서 '코먼웰스'는 올리버 크롬웰(Oliver Cromwell)이 1649년 찰스 1세를 처형한 뒤 공화정을 수립하고, 1660년 찰스 2세가 즉위해 왕정 복고가 이루어질 때까지의 통치 형태를 가리키는 용어로 쓰인다. 하지만 여기서 말하는 '코먼웰스'는 홉스가 《리바이어던》(1651년)에서 언급한 세속 공동체의 최고 형태인 국가를 가리키며, 공공재 혹은 공동의 복지를 추구한다는 개념을 포함한다. 홉스는 사회 계약으로 탄생하는 국가(state)를 가상의 인간 '리바이어던'으로 묘사했으며, 그것의 실존을 '코먼웰스'라고 불렀다. 자유롭고 평등한 개인의 이익을 보존하기 위해 맺은 사회 계약이 지속되려면 압도적인 힘을 지닌 존재가 필요한데, 그것이 바로 '복지 공동체'로서 코먼웰스라는 것이다.
펠레우스(Peleus) 그리스 신화에 나오는 테살리아의 왕. 바다의 여신 테티스와 결혼하여 훗날 트로이 전쟁의 영웅이 되는 아킬레우스를 낳았다.

라미어에 있는 그의 옛 스승 라티머를 만나고 싶어 했다. 그때 나는 교회 학교에 다니고 있었다. …… 여기서 처음으로 이 훌륭한 분을 만나는 영광을 얻었다. 이분은 나를 알아보고 반가워했고, 이튿날 내 친척들을 방문했다. 그는 품위 있고, 활달하고, 차림새가 단정했다. 머리카락은 검은색이었다. 그는 맘스베리와 그 인근에서 일 주일 이상 머물렀다.

홉스는 자신감에 차 있었던 것 같고, 시인이자 이야기꾼인 벤 존슨*의 이름을 들먹였다고 한다. 홉스가 여덟 살 먹은 오브리에게서 자기 자신의 모습을 보았을 수도 있다. 홉스가 그해 여름에 라티머를 보러 온 것은 다행한 일이었다. 스승은 그해가 가기 전에 세상을 떠났다.

옥스퍼드의 14살 학생

홉스는 1602년에 옥스퍼드대학의 기숙형 문법 학교인 모들린 홀에 진학했다. 1603년이었을 수도 있다. 입학 서류가 남아있지 않아서 추측하는 수밖에 없다. 입학한 해에 대해서는 상반된 자료가 있다. 1603년으로 보는 근거는 다음과 같다. 홉스가 1608년 2월에 학교를 졸업한 것은 분명하다. 산문 자서전에 따르면 옥스퍼드에서 5년을 보냈다고 했으니, 1608년에서 5년을 빼면 1603년이 된다. 오브리도 이렇게 계산하여 1603년이라고 기록했다. 오브리도 직접적인 정보는 없었다. 오브리의 원고에는 정확한 연도를 영국 골동품 연구가인 앤서

벤 존슨(Ben Jonson, 1572~1637년) 17세기 영국의 극작가, 시인, 비평가. 윌리엄 셰익스피어와 동시대에 활약했다. 1616년 계관 시인이 되었다.

제임스 1세 시대를 대표하는 극작가이
자 시인 벤 존슨. 존슨은 홉스의 글을
논평해주며 가깝게 지냈다.

니 우드(Anthony Wood)에게 물어보아야겠다는 메모가 적혀 있다. 홉
스의 입학한 해를 1603년으로 볼 수 없는 근거는 다음과 같다. 1603
년이면 홉스가 열다섯 살인데, 이것은 그가 라틴어로 쓴 자서전의 진
술과 어긋난다. 자서전에는 열네 살에 대학에 진학했다고 되어 있다.
(일부 번역서에는 이 부분이 "열네 살이 되는 해", 즉 열세 살의 나이로 입
학했다고 나오는데, 내가 보기에는 이 부분의 라틴어는 열네 살로 해석하는
것이 맞다.) 열네 살로 볼 수 있는 다른 근거도 있다. 모들린 홀 입학
생의 평균 나이는 16세가 넘었다. 1601~1603년 사이에 입학한 세 학
생만 14세의 어린 나이였다고 기록되어 있다. 대부분이 16~18세였고,
21세 학생도 한 명 있었다.

홉스는 대부분의 동급생보다 어렸지만 수학 능력은 충분했다. 네
살 때부터 교육을 받았고, 옥스퍼드로 진학하기 전에 6년간이나 라틴
어와 그리스어를 배웠다. 그리고 홉스는 조숙한 아이였다.

1602년에 옥스퍼드에 입학해 5년을 다니고 1608년에 졸업했다면 1년이 빈다. 한 가지 가능한 설명은 전염병 때문에 졸업 요건을 한 해 늦게 채웠을 수도 있다는 것이다. 문학사 학위를 받으려면 연이은 공개 학술 시험을 통과해야 한다. 이중 가장 중요한 것이 졸업 예정자가 문학사 두 명과 맞서 공개 토론을 벌이는 "결정(determination)"이었다. (토론의 주제는 다양했는데, 나중에 소개한다.) "결정"은 사순절*에만 열렸다. 그런데 역병이 돌 때에는 이 시험이 취소되곤 했다. 그렇다고 해서 그 절차가 졸업 요건에서 자동으로 면제되지는 않았다. 따라서 이런 일이 생기면 학생들은 그 이듬해에 "결정"을 봐야 했다. 청원을 넣어 공개 학술 시험을 면제받는 학생들도 있었고, 비공식적으로 절차를 진행하는 경우도 있었다. 그러나 그러한 예외는 성직자나 귀족이나 유산 계급의 자녀에게만 주어졌다. 홉스는 어느 쪽도 아니었다. 대부분의 학생들은 졸업 요건을 채우기 위해 이듬해까지 기다려야 했다. 이런 일이 홉스에게 일어났을 수도 있다. 그렇다면 1607년에 모든 과정을 이수하고, 역병 때문에 그해에 "결정" 기회를 놓치고, 그 이듬해에 "결정"을 보았을 것이다. 실제로 1606년과 1607년에는 역병이 돌았다. 옥스퍼드에는 자주 역병이 돌았다. 위생 상태가 엉망이었고, 길거리에는 여기저기 똥 무더기들이 널려 있었다. 음식은 걸핏하면 상했고, 물은 오염되어 있었다. 소심하고 병약했던 홉스는 역병 때문에 시험이 취소될 조짐이 약간이라도 있었다면 역병을 피해 웨스트포트로 돌아왔을 수도 있다. 물론 이것은 추측일 뿐이지만 이렇게 보

사순절(四旬節) '재의 수요일'부터 '부활 주일' 전날까지의 40일. 재의 수요일은 사순절이 시작되는 첫날을 가리키며, 부활 주일은 춘분 이후의 만월(滿月) 다음에 오는 첫 일요일을 가리킨다.

면 홉스가 열네 살에 옥스퍼드에 입학해 5년을 다니고, 스스로 말한 것처럼 1608년에 졸업했다는 것이 말이 된다.

홉스가 몇 년도에 옥스퍼드에 갔는지는 정확히 모르지만, 4월 초인 것만은 분명한 것 같다. 1년은 4학기로 구성되었는데, 통상 10월에 시작되는 성 미카엘 축일 학기, 1월에 시작되는 힐러리 학기, 부활절 직후에 시작되는 부활절 학기, 5월 또는 6월에 시작되는 삼위일체 학기가 있었다. 개강일은 해마다 달랐다. 역병 탓도 있었지만 부활절이 해마다 다르기 때문이었다. 8월과 9월, 그리고 10월 초는 방학이었다. 대부분의 학생은 학기 초에 입학했지만, 10월부터 7월까지 아무 때나 입학할 수 있었다. 오브리는 홉스가 연초에 입학했다고 말하고 있다. 영국에서는 새해의 첫날이 3월 25일이므로 연초라면 3월 하순 혹은 4월 초순을 가리키고, 이것은 부활절 학기의 시작 일에 해당한다. 1602년 4월 5일은 홉스가 열네 살이 되는 날이었다. 홉스가 모들린 홀에서 첫 학기를 4월에 시작하여 7월 하순에 마쳤다면, 상대적으로 나이가 어렸다 하더라도 스트레스가 심하지는 않았을 것이다.

모들린 홀에 입학한 홉스가 제일 먼저 한 일은 식사대장(食事臺帳)에 이름을 등록하는 일이었을 것이다. 하지만 그렇게 해야 하는지 몰랐을 수도 있다. 식사대장은 학생들의 지출 내역을 기록하는 장부였다. 16세가 넘은 학생들은 〈39조목〉과 〈표준 기도서〉와 국왕 수장령을 지킨다는 서약을 해야 했다.[8] 〈39조목〉에 대한 서약은 학사 학위를 받기 위한 요건 중 하나였다. 그 외에 홉스에게는 학업을 지도하는 담임 교사가 배정되었을 것이다. 하지만 일부 교사들은 무책임하거나 무능력했다. 홉스는 그의 담임교사 이름을 한 번도 언급한 적이 없다.

학생들은 학칙에 따라 정해진 수업을 들어야 했지만 엄격하지는 않았던 것 같다. 홉스에 따르면 그는 수업을 제대로 듣지 않았다고 한다. 1년 차에는 화요일과 금요일 아침 8시에 문법 수업이 있었고, 월요일과 목요일 아침 8시에는 수사법과 논리학 수업이 있었다. 형이 상학 수업은 2년 차에 있었다. 수업은 학생들 간의 토론 형식으로 진행되었다. 한 주제를 놓고 반론을 제기하는 두 명의 상급생에 맞서 방어 토론을 한 다음, 반론을 제기하는 역할을 하는 방식이었다. 이러한 훈련의 한 형태가 《리바이어던》의 표지 그림 맨 아래에 묘사되어 있다.

홉스는 옥스퍼드에 입학한 후 초급("가장 난이도가 낮은") 논리학 강의를 수강했는데, 이것이 자기 수준을 얕잡아 본 것이라는 투로 말하고 있다. 수염도 안 난 어린 사람이 강사랍시고 근엄한 목소리로 강의를 했고, 강사가 삼단 논법 논증식의 암기용 명칭들, 예를 들어 "Barbara celarent darii, ferio baralypton, Caesare camestres festino baroco darapti"*를 문장처럼 읊을 때, 아주 괴상하게 들렸다

---

* 모두 삼단 논법에서 타당한 논증식을 암기하기 쉽도록 만든 명칭(가상 인명)이다. 삼단 논법은 세 개의 명제로 이루어진 연역 논증이다. 두 개의 전제(대전제, 소전제)에서 결론이 추론된다. 명제에는 네 가지 표준 형식이 있다. 전칭 긍정(A 명제), 특칭 긍정(I 명제), 전칭 부정(E 명제), 특칭 부정(O 명제)이 그것이다. (각 명제의 형식 이름은 '나는 긍정한다.'는 뜻의 라틴어 'Aff**I**rmo'와 '나는 부정한다.'는 뜻의 'n**E**g**O**'에서 각각 따온 것이다.) 명제의 형식과 순서를 조합하면 256개의 식(modus)이 만들어진다. 이중 타당한 식은 24개이다. 이 식을 약어를 사용하여 표기하는데, 대전제, 소전제, 결론이 모두 전칭 긍정의 형식일 때 'AAA', 대전제가 전칭 부정, 소전제가 전칭 긍정, 결론이 전칭 부정일 때 'EAE' 등으로 표기한다. 24개 식은 암기하기 쉽도록 그 모음들이 순서대로 들어 있는 가상 인명을 명칭으로 삼는다. 예컨대 AAA식은 'Barbara', EAE식은 Celarent, AII식은 Darii가 된다. 'Barbara Celarent Darii'는 세 식을 외우기 위한 라틴어 문장인데, '바바라가 다리우스를 숨기고'라는 뜻이다.

는 것이다. 만년에 홉스는 스콜라 철학의 간교한 말장난에 악담을 퍼부었는데, 그 라틴어 단어들도 그런 말장난의 일종이라고 생각했을 수 있다.

홉스는 논리학 수업을 잘 따라가지 못했고, 자기 나름의 방식으로 증명하길 좋아했다. 이러한 지적 독립심은 일생 동안 이어졌는데, 때로는 영광을 안겨주었고 때로는 상처를 주었다. 정치철학이 영광의 예라면, 주어진 원과 넓이가 같은 정사각형을 작도하는 공식이나 주어진 정육면체의 두 배의 부피인 정육면체를 작도하는 입방체 배적 공식을 세우려는 시도는 상처의 예에 속한다. 논리학 외에 홉스는 아리스토텔레스의 자연학(물리학)을 배웠다. 만물은 질료(matter)와 형상(form)의 관점에서 설명되었다. '상(像, species)'*, 즉 사물의 겉모습은 공기를 뚫고 날아다닌다. 이것이 눈에 내려앉으면 보이게 되고, 귀에 내려앉으면 들리게 된다. '공감(Sympathy)'과 '반감(Antipathy)'이 효과인(效果因)이다. 다른 설명도 많았지만 홉스는 자기 머리로는 도저히 이해할 수도 없고 믿을 수도 없었노라고 운문 자서전에서 밝히고 있다.

역사학자 퀜틴 스키너(Quentin Skinner)는 튜더 왕조 후기와 스튜어트 왕조 전기에 대학생들이 배웠던 수사법 책들을 밝혀냈다. 그리고 홉스가 그 책들에 달통했고, 책들에서 큰 영향을 받았다고 주장했다.[9] 내 생각은 좀 다르다. 홉스가 그 책들을 읽기는 했겠지만, 그 무렵이나 혹은 나중에라도 그 책들의 영향을 받았는지는 의심스럽다.

---

* 영어 단어 'species'는 라틴어 'species'를 어원으로 삼으며, 원래 '겉으로 드러나 보이는 것(appearance)', '모습(sight)', '상(image)'이라는 뜻이다. 영어에서 '종(種)'이라는 생물학적 의미를 지니게 된 것은 17세기 초부터이다.

홉스는 학업과 관계없는 다른 일, 예를 들면 갈까마귀를 잡으러 다니면서 많은 시간을 보냈다고 자랑했다. 또한 천도(天圖)와 지도(地圖)를 보러 서점에 가는 것이 "큰 즐거움"이었다고 했는데, 이것은 그가 학업에는 별로 관심이 없었다는 것을 말해준다. 홉스는 태양이 봄에서 겨울까지 하늘을 이동하는 경로를 그렸고, 프랜시스 드레이크(Francis Drake) 경과 토머스 캐번디시(Thomas Cavendish)가 지구를 여행한 경로를 추적했다. 그는 [지도에] "미지의 땅(terra incognita)"이라고 표시된 지역에 매료되었고, 그 지역에 사는 사람과 괴물을 상상하곤 했다. 그는 미지의 나라에 대해 알고 싶었던 것이다.

문학사 학위를 받으려면 12학기의 수업과 예비 토론을 마친 후에도 몇 가지 절차를 더 거쳐야 했다. 앞에서 말한 "결정" 요건은, 이상하긴 하지만 학위를 받은 후에라도 반드시 채워야 했다. 결정 절차는 어떤 명제를 놓고 후보자는 이를 옹호하고, 상급자 두 명은 반론을 제기하는 방식으로 진행되었다. 후보자는 제기된 반론을 반박해야 했고, 이 과정에서 자신이 새로운 주장을 하게 되면 이 주장도 논증해야 했다. 토론이 끝나면 시험 위원이 정답을 "결정"하고, 논쟁에 대해 논평했다. 아리스토텔레스의 철학에 대해서는 세 문제가 출제되었는데, 세 문제 모두 답해야 했다. 1608년에 문학부 교수들이 출제한 두 차례의 문제는 다음과 같았다.

1. 여러 나라가 제각각 언어를 사용하는 것과 세계 전체가 한 언어를 사용하는 것 중에서 어느 쪽이 더 나은가?
2. 지구상에 홍수가 일어나는 것과 물이 전부 어는 것 중에서 어느 쪽이 더 큰 재앙인가?

3. 누구라도 자신이 어리석다고 생각하는가?

1. 무지는 오만의 어머니인가?
2. 지구는 천연 자석인가?
3. 여성이 도덕철학을 배울 필요가 있는가?[10]

이런 질문들에 홉스가 답변을 잘했을 것 같지는 않다. 다른 해의 시험 문제는 이런 것들이었다. 바다는 소금을 함유하고 있는가? 여성이 남성보다 더 행복한가? 값싼 금속으로 금을 만들 수 있는가? 건방진 것과 소심한 것 중 어느 쪽이 더 참아줄 만한가? 남자에게 잔소리가 심한 여자를 길들일 권리가 있는가?[11] 오늘날 보더라도 흥미 있는 질문들도 많았다. 예를 들면 정신의 죽음이 육체의 죽음보다 더 나쁜가 하는 질문도 있었다.

학생들은 생활의 대부분을 강의실 밖에서 보냈다. 관례에 따라 학부 학생들은 큰 방에서 대여섯 명이 함께 잤다. 학생들은 바퀴 달린 침대에서 잤고, 근처에 교사의 침대가 있었다. 작은 방들은 공부방으로 사용되었다. 기상 시간은 여름에는 아침 5시, 겨울에는 아침 6시였다. 조식으로는 가벼운 식사가 제공되었다. 음료는 맥주가 제공되었다. 점심 식사 시간은 11시였고, 저녁 식사 시간은 오후 5시였다. 앞에서 말한 것처럼 일찍 일어나서 갈까마귀를 잡으러 다녔다고 하니 아침 일찍 일어나는 게 홉스에게 그리 힘든 일은 아니었던 것 같다. 홉스는 납추가 달린 굵은 실에 끈끈이를 바르고, 치즈 조각을 미끼로 달았다. 갈까마귀가 미끼를 물면 실을 확 잡아당겼다. 끈끈이 실이 새 발목에 달라붙으면 납추 때문에 새가 날아가지 못했다. 새를 잡아서 어떻게 했는지는 아무런 언급이 없다. 새 사냥 경험은 《리바이어던》에 비유로 등장한다. 홉스는 단어의 정의(定義)가 부정확하여 혼란에 빠진 사람을 두고 "끈끈이 실에 걸린 새처럼 버둥거릴수록 더 얽혀들게 된다."[12]라고 말했다.

60년 후 홉스는 《비히모스(Behemoth)》에서 학생들이 "음주, 음란, 도박 등 여러 악덕에 빠져 있다."고 말했다.[13] 홉스는 최소한 수십 년간 옥스퍼드대학에 간 일이 없었으므로, 이 말은 그가 모들린 홀에 다니던 때를 기억한 것으로 보인다. 홉스가 대학생들의 방탕한 생활을 비판한 것이 틀린 말은 아닌데, 학자들도 대부분 당시 옥스퍼드대학이 타락한 곳이었다고 보고 있다. 하지만 나는 대학의 분위기를 낙관적으로 본다. 음주, 음란, 도박 등 여러 악덕은 내가 대학을 다닐 때도 있었고, 다른 대학에 다니는 내 친구들도 마찬가지였다. 40년이 지난 오늘날에도, 내 제자들이나 내 자녀들을 보건대 달라진 것이 없다. 물론 음주와 음란에는 정도의 차이가 있다. 그러나 홉스의 진술만으로 1605년의 옥스퍼드대학이 1998년의 옥스퍼드대학(혹은 텍사스대학)보다 더 나빴다고 말할 수 있는지는 의문이 든다.

홉스가 모들린 홀에 입학한 것이 열네 살 때였으므로, 자신보다 나이 많은 학생들의 생활을 보면서 실제보다 방탕했다고 생각했을 수도 있다. 14세와 16세는 관심사와 감수성에서 아주 큰 차이가 있다.

홉스가 모들린 홀에서 어떤 친구들을 사귀었는지는 모른다. 다섯 명이 한방에서 잤으면 그들 사이에 친밀한 유대가 생겼을 수도 있고, 각자 사생활을 지키기 위해 서로 거리를 유지했을 수도 있다. 홉스가 옥스퍼드대학에서 어떤 친구들과 어울렸는지는 아무런 기록이 없다. 홉스는 동급생들보다 두세 살 어렸으므로 열여섯 살에서 스무 살에 이르는 동급생들에게 상처를 받았을 수도 있다. 병약했기 때문에 놀림감이 되거나 얻어맞았을 수도 있다. 새를 잡으러 다니거나 지도를 들여다보는 것처럼 혼자 하는 활동을 좋아한 것을 보면 그런 추론도 가능하다. 홉스가 말한 것처럼 지도를 보면 상상의 세계가 펼쳐지고, 점점 더 다른 사람들로부터 고립된다.

홉스가 동갑내기 학생을 찾아냈을 수도 있다. 이삼 년 후 올 소울스 칼리지(All Souls College)의 로저 맨워링(Roger Manwaring)을 만났을 수도 있다. 맨워링은 홉스보다 두 살 어렸다. 맨워링은 극단적인 왕당파적 견해 때문에 나중에 의회와 충돌한다. 그는 찰스 1세가 절대 주권자라고 주장하곤 했다. 17세기 초 옥스퍼드대학 재학생이 2,500명 정도였으므로 [모들린 홀 이외의] 다른 학부의 학생들과 친하게 지냈을 가능성도 충분히 있다.

홉스의 옥스퍼드대학 재학 중에 발생한 주요 사건 중 하나는 제임스 1세의 방문이었을 것이다. 제임스 1세는 1605년 8월 하순에 옥스퍼드대학을 방문했다. 홉스의 모든 저작에서 제임스 1세는 호의적으로 그려진다. 만일 제임스가 원한 대로 잉글랜드와 스코틀랜드가 "대브리튼(Great Britain)"으로 통일되었더라면 영국 내전은 발생하지 않았을 것이라고 홉스는 말했다. 홉스의 후기 저작의 많은 부분은 제임스 1세가 재임 중에 주장한 내용을 철학적으로 대변한 것 같은 인상을 준다. 제임스가 아들 헨리(Henry) 왕자를 위해 쓴 《바실리콘 도론》*이 엘리자베스 1세가 죽은 직후에 영국에서 출판되었는데, 이 책의 내용을 요약한 소네트는 다음과 같다.

신이 왕에게 신의 기품을 주었으니

옥좌에서 홀(笏)을 들고 통치하도다.

만민이 왕에게 순종하는 것처럼

왕도 신을 두려워하고 신에게 봉사해야 한다.

그러므로 치세를 누리고 싶다면

하늘의 왕이 준 율법을 지킬지어다.

이 율법에서 너의 율법이 생겨나게 하라.

신의 대리자로서 그대가 여기 있나니

의를 행하고, 한결같고, 진실하고, 검소하여라.

거만하게 행동하지 말고 매양 바른 길을 가라.

언제나 그렇게 걸어가라, 신이 보고 있는 것처럼.

신은 독신자(篤信者)를 보호하고, 불경한 자를 벌한다.

그리하면 왕이 된 자의 덕이 빛날 것이다.

전능하신 왕, 거룩한 왕을 쏙 빼닮은.

이 시에 담긴 여러 주제는 나중에 홉스의 저작에 그대로 나타난다. 주권자는 오직 신에게만 책임을 지고 백성에게는 책임을 지지 않는다. 왕의 율령은 자연법과 어긋나지 않아야 한다. 자연법은 신법과 같은 것이다. 백성들은 교만한 죄로 대가를 치러야 한다. 모든 인간은 아담과 이브의 후예로서 "교만한 자들"이기 때문이다. 홉스는 주권자를 '리바이어던'이라고 불렀는데, 욥기에 따르면 이 괴물은 "모

《**바실리콘 도론**(Basilikon Doron)》 제임스 1세가 큰아들 헨리를 위해 1599년에 그리스어로 쓴 책. 그리스어로 '왕의 선물'이라는 뜻이다. 형식적으로는 아들이 왕좌에 올랐을 때 해야 할 일, 의무 등을 가르치는 내용으로 구성되었지만 실은 교회 목사들이 정치와 국사에 관여하는 것을 책망하는 내용이다. 엘리자베스 1세가 죽은 직후인 1603년 런던에서 공식적으로 출판되었다.

든 교만한 자들 위에 군림하는 왕"(《욥기》 41:34)이다. 홉스에 따르면 리바이어던, 즉 주권자는 "영원불멸의 하느님(immortal God)의 가호 아래, 인간에게 평화와 방위를 보장하는 지상의 신(mortal god)"*이다. 왕이 곧 신이라는 주장은 제임스 1세의 〈화이트홀 연설〉에 명확하게 들어 있다. "왕은 지상에서 신의 통치권을 대리하고 있으므로 마땅히 신으로 불려야 한다. 신의 속성이 왕의 인격에 그대로 재현되어 있다는 것을 알아야 한다." 홉스가 1600년대 초에 제임스 1세에게 품었던 태도를 1640년대와 1650년대에도 그대로 유지했다고 말할 수는 없다. 그러나 홉스가 정치적 반항아였다는 증거는 없다. 청년기에도 그러했으므로 그 이후에도 줄곧 제임스 1세의 지지자였을 가능성이 높다. 어쨌든 홉스가 1605년에 제임스 1세에게 특별한 호감이 없었더라도, 즉위한 지 얼마 안 된 왕이 자기 학교를 방문한 광경은 깊은 인상을 남겼을 것이다.

옥스퍼드대학의 교직원들은 제임스 1세를 맞이할 준비로 분주했다. 제임스 1세가 즉위한 지 2년밖에 되지 않았고, 옥스퍼드대학보다 케임브리지대학을 더 좋아했던 터라 더욱 공을 들였다. 왕비 앤과 헨리 왕자가 동반했다. (왕자는 모들린 홀 옆 건물인 모들린 칼리지에 머물렀다.) 모든 창문과 펌프, 시의 관문을 새로 칠했고, 길거리를 청소하고 도로를 재포장했다. 대학의 모든 구성원들에게는 신분에 따라 가

---

* 'mortal'은 '신이 아닌 인간의', '불사(不死)가 아닌 필멸(必滅)'이라는 뜻이다. 하느님은 영원불멸하지만 코먼웰스(코먼웰스의 주권 또는 주권자)는 사람이 만든 것 혹은 사람이므로 '자연사'하기도 하고, 외적의 침략으로 '비명횡사'하기도 한다. 이 책에서는 '지상의 신'으로 번역했으나 '인간 신' 또는 '죽기도 하는 신'으로 번역할 수도 있겠다. 《리바이어던》 21장 '어떤 경우에 주권자에 대한 백성의 복종 의무가 면제되는가'에 자세한 내용이 실려 있다.

스코틀랜드와 잉글랜드의 왕 제임스 1세. 훗날 제임스 1세가
왕권 신수설을 주창하며 의회와 맞설 때 홉스는 왕의 편에 서
서 절대 주권을 옹호했다.

운과 후드와 제모를 착용하라는 지시가 내려졌다. 왕이 머무는 동안 정규 수업에 "부지런히" 참여하라는 독려도 있었다. 왕을 위해 마련 된 연극 이외에 "홀이나 계단 혹은 교회 경내에서 큰 소리를 지르거 나 상스러운 소음을 내는" 학생들은 투옥하거나 처벌한다는 경고도 있었다.

왕이 도착하자 여기에서도 시와 대학 간, 그리고 옥스퍼드대학과 케임브리지대학 간의 해묵은 경쟁이 나타났다. 왕은 옥스퍼드 시의 성벽 밖에서 대학 관계자들이 먼저 맞이하고, 그 다음 옥스퍼드 시의 관리들이 맞이하도록 되어 있었다. 대학 관계자들은 "아리스토텔레 스의 우물"*에서 대기하고 있었으나, 의전 담당관이 그곳에 먼지가 너 무 많으니 좀 더 앞으로 나아가 대기하라고 요청하자 말을 타고 달려 가 풀밭에서 내려 왕을 기다리고 있었다. 그때 시 관리들이 그들을 지 나쳐 가는 것이 보였다. 대학 관계자들은 총장에게 이의를 제기했고, 총장은 의전 담당관에게 항의했다. 의전 담당관은 시장과 상의했고, 시장은 의원 두 명을 총장에게 보내 풀밭에서 대기하고 있는 대학 관 계자들을 보지 못했으며 본의가 아니었노라고 해명했다. 총장은 여 전히 의심스런 눈초리를 보내며 시 관리들이 먼저 나가면 안 된다고 말했다. 총장은 시 관리들이 대학 관계자들보다 먼저 왕을 영접하여 눈도장을 찍으려 한다고 의심했던 것이다. 의도를 들킨 시 관리들은 항의를 받고 물러나 대학 관계자들 뒤편에서 대기했다. 왕의 행차는 화려하면서도 부드러웠다. 대학 경내에서는 학생과 교사들이 길 한 편에 도열하고, 일반인들은 건너편에 도열했다. 환영사는 그리스어로

아리스토텔레스의 우물(Aristotle's Well) 영국 옥스퍼드 시 북부에 있는 아리스토텔레스 도로(Aristotle Lane) 근처 지명을 가리킨다.

이루어졌다. 앤 왕비는 처음 들어보는 그리스어가 재미있었다고 떠듬거리며 말했다.

군주의 대학 방문은 흔한 일이 아니었으므로 케임브리지대학에서도 지식인들이 왔다. 우정 때문이 아니라 시기심 때문이었다. 이들이 왕의 옥스퍼드 행차를 삐딱하게 보고 있었다는 것은 그중 한 명이 남긴 시를 보면 알 수 있다.

> 왕이 수소 여울(Oxenford)로 갔다.
> 모든 힘센 신하들을 거느리고
> 최근 사오 년 동안
> 우리에게 은혜를 베풀던 왕이.
> 왕으로서 예전엔
> 보지 못했던 광경이었다.
> 기사들이 그 옆에서 달렸는데
> 장차 호위 무사들이 되리라.
> 천 명의 기사들이, 사만 명의 기사들이
> 연 수입 40파운드의 기사들이.

수행원의 규모가 크긴 했지만 아주 크지는 않았다. 마지막 두 줄은 제임스 1세가 케케묵은 조령(詔令)을 부활시킨 것을 비꼰 것이다. 이 조령에 따라 연간 40파운드 이상의 소득이 있는 지주(地主)는 의무적으로 기사 작위를 받고, 국왕에게 작위비(爵位費)를 내야 했다. 인플레이션 때문에 40파운드가 그리 큰돈은 아니었기에 많은 평범한 사람들이 이 어정쩡한 작위를 억지로 받아야 했다. 제임스 1세가 그런 정책을 시행한 이유는 돈 때문이었다. 의회가 왕실 경비로 의결해준 돈이 부족하자 이를 보충하려 했던 것이다.

왕의 방문 일정 중 많은 부분이 강의와 토론에 할애되었다. 지적인 사람이었던 제임스 1세는 학술 토론을 즐겼다. 그는 아무 때나 자기 의견을 말했고, 논의 주제에 대해 "결정"을 내렸다. 마음에 들지 않거나 지루할 때는 "쳇, 쳇, 그만, 그만." 하고 중얼거렸다.[14] 제임스 1세의 방문 중 토론 주제는 이런 것들이었다. 성자와 천사는 사람들의 속마음을 알고 있을까? 아기들이 유모의 젖을 빠는 습관처럼 우유도 그렇게 빨까? 교회 목사는 역병이 돌 때도 일상 업무를 수행해야 하나? 상상하는 것만으로 실제적인 효과를 낼 수 있는가? 제임스 1세는 흡연 반대론자였는데, 토론 주제 중에 흡연이 건강에 이로운가도 있었다. (흡연에 찬성하는 사람들은 경멸당했다. 그의 주치의 윌리엄 패디 William Paddy 경만 예외였다. 패디는 골초였다.) 도덕철학과 관련해서는 두 가지 주제가 토론되었다. 첫 번째는 '국경을 지키는 것이 좋은가, 확장하는 것이 좋은가' 하는 것이었고, 두 번째는 '정의와 불의는 법이 있을 때에만 존재하는가, 자연 상태에서도 존재하는가'라는 주제였는데, 후자는 나중에 홉스 철학에서도 중요한 주제로 등장한다.

토론 주제 중에는 '판사가 어떤 사람이 무죄라는 것을 개인적으로 알고 있는 경우에도 법 절차에 따라 유죄 판결을 내려야 하는가'도 있었다. 이 문제에 대해 당시 모들린 홀의 교장이었던 것으로 보이는 제임스 허시(James Hussey)는 다른 교사 다섯 명과 함께 반대론을 펼쳤다. 마지막에 왕이 내린 판정은 다음과 같았다.

판사로서의 의무나 신의 명령을 수행하면서 양심의 순수함을 지키려고 판사의 성실성을 위반하는 판결을 내린다면 잘못이다. 판사는 그 직을 수행할 때 적합한 절차를 따라야 하고, 왕의 율법에 충실하게 의무를 수행해야 한다. 그것이 주권자의 명령이다. 판결을 내리기 어려울 때가 있을 것이다. 진실에 대해 상반된 주장이 있거나 제시된 증거가 판사 자신의 생각과 일치하지 않을 때, 판사는 판결에 어려움을 겪을 것이다.

이럴 때 판사가 어떻게 판결해야 할지 짐이 알려주겠다. 판사의 주된 임무(의무)는 주권자 혹은 왕을 위해 충분한 심의를 거쳐 진실을 밝히고, 자신이 알고 있는 진실에 일치하도록 판결을 내리는 것이다. 열심히 노력했는데도 밝혀진 것이 거의 없을 때에는 비공식적으로 증인을 소환하여 신문하고, 진실을 추구하는 데 어떻게든 순수한 양심을 유지하고, 판사로서의 직업적 양심과 진실을 잃지 않도록 판결을 미루어야 한다.

제임스 1세는 8월 말에 옥스퍼드를 떠났다. 그로부터 약 두 달 후인 11월 초 화약 음모 사건이 적발되었다. 로마가톨릭 신자들이 왕과 왕비와 헨리 왕자, 그리고 상하 양원을 한꺼번에 날려버릴 음모를 꾸몄다. 이들은 의사당 옆 건물 지하실에서 의사당 지하로 통하는 터널을 팠다. 가이 포크스(Guy Fawkes)가 약 3천 리터의 화약을 설치하고, 폭발 효과를 높이기 위해 철봉으로 덮은 후 그 위에 장작더미를 쌓아놓았다. 그러나 가담자 중 한 사람이 자신의 친척에게 의회에 가지 말라고 경고한 편지 때문에 음모가 발각되었다. 그 친척은 편지를 초대 솔즈베리(Salisbury) 백작에게 보여주었고, 조사가 시작되었다. 조사관들이 의회 지하실로 내려가보니 포크스가 장작더미를 지키고 있었다. 철저한 조사가 이루어졌고, 그날 밤 마침내 화약이 발견되었다. 의회는 그 이튿날 모이기로 되어 있었다. 이 소식은 영국 전역으로 퍼졌다. 불과 두 달 전에 제임스 1세를 가까이에서 보았던 옥스퍼드대학 학생들은 이 사건이 남의 일 같지 않았을 것이다.

60년 후에 홉스는 영국 내전의 역사를 썼는데, 여기에서 그는 "전대미문의 끔찍한 만행"인 화약 음모 사건이 내전의 원인이라고 언급했다. 내전이 일어난 지 수십 년이 지났을 때까지도 내전이 불가피했다고 생각하지는 않았지만 말이다. 그는 내전의 책임을 로마가톨릭에 뒤집어씌웠다. "로마가톨릭이 내전의 원인이다. 왜냐하면 그들은 왕을 해치우고 영국에 교황의 권위를 다시 세우고 싶어 했기 때문이다."

셰익스피어의 〈햄릿〉이 1607년 옥스퍼드에서 공연되었지만, 홉스가 이 공연을 봤는지는 알 수 없다. 그는 셰익스피어에 대해 언급한 적이 없으며, 벤 존슨과 가깝게 지냈으면서도 극장에 대해 언급한 적도 거의 없다.

홉스가 모들린 홀에 재학할 당시 교장이 누구였는지는 분명치 않다. 앞에서 말한 것처럼 제임스 허시로 추측하는데, 그가 1605년 이후 일정 시점까지 교장이 아니었다는 증거도 있다. 어쨌든 그는 사룸(Sarum) 주교구의 상서관이 되었고, 1619년 기사 작위를 받았다. 허시는 1619년 7월 11일 역병으로 사망했는데, 이날은 그가 옥스퍼드로 돌아온 다음 날이었다. 사람들은 당시 옥스퍼드에 역병이 번진 책임을 허시의 탓으로 돌렸다. 홉스가 졸업할 당시에 교장이 누구인지는 분명하다. 철두철미한 칼뱅주의자 존 윌킨슨(John Wilkinson)이었다.

홉스는 1608년 2월 5일에 문학사 학위를 받고 졸업했다.[15] "결정"은 그해 사순절에 보았다. 옥스퍼드대학은 코츠월드 출신의 가난한 시골 소년에게 새로운 세상을 열어주었다. 그러나 훨씬 더 넓고 활기찬 세상이 그를 기다리고 있었다.

2장

캐번디시가의 가정교사

1608~1620년

"윌리엄은 나의 고용주였지만
동시에 친구이기도 했다."

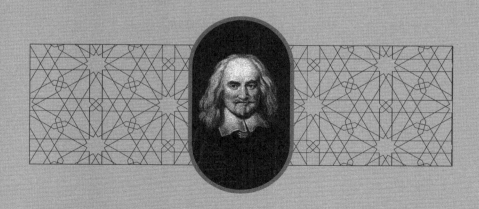

당시 그(윌리엄 캐번디시)는 부친 슬하에 있었다.
나는 그를 20년간 충실히 모셨다.
그는 나의 고용주였지만 동시에 친구이기도 했다.
이때가 내 인생에서 가장 쾌활한 시절이었다.
지금도 가끔 그 시절로 돌아가는 단꿈을 꾸곤 한다.
- 《운문으로 쓴 나의 인생》

하드윅의 건설자 베스

홉스는 착하고 성실한 학생이었던 것 같다. 1608년 초에 모들린 홀의 교장이 홉스를 하드윅 홀(Hardwick Hall)의 캐번디시가에 소개했다. 캐번디시가는 부유하고 영향력 있는 집안이었다. 바로 이 무렵에 그 위대한 가문의 진정한 창시자인 엘리자베스 하드윅(Elizabeth Hardwick) ― 일명 하드윅의 베스, 건설자 베스 ― 이 80대의 나이에 죽었다. 홉스가 베스를 직접 만난 적은 없지만, 석 달 동안 정장(正裝) 안치되었으므로 시신은 봤을 수도 있다. 베스의 영혼은 그 후 최소한 수십 년간 더비셔(Derbyshire)와 노팅엄셔(Nottinghamshire)의 영지를 굽어살폈다. 홉스는 1620년대 후반에 쓴 시집 《고봉의 경이(De Mirabilibus Pecci)》에서 베스를 찬미했다. 홉스는 그녀가 "공평무사" 했기에 막대한 부를 얻었고, 수많은 유력한 친구들을 사귈 수 있었다고 말했다. 베스에게 힘 있는 친구들이 많았던 것은 그녀가 힘이 있기 때문이었다.

홉스는 베스의 남편이었던 캐번디시에 대해서는 아무런 언급을 하지 않았다. 베스에게는 남편이 세 명 더 있었다. 베스는 네 번의 현명한 결혼과 공격적인 소송으로 막대한 부를 얻었고, 영국 최고의 갑부가 되었다. 첫 번째 남편은 그녀의 사촌이었는데, 결혼 후에 금방 죽었다. 남편의 죽음으로 베스는 큰 재산을 물려받았다. 두 번째 남편이 바로 윌리엄 캐번디시였다. 여덟 자녀를 두었는데, 그중 둘은 태어나자마자 죽었다. 베스는 현명하게 토지를 사고팔면서 미들랜드(Midlands) 일대의 부동산을 공고히 했다. 그중 한 곳인 채스워스(Chatsworth)는 나중에 데번셔(Devonshire) 백작 가문의 영지가 된다. 이들이 바로 홉스의 후원자들이다.

캐번디시는 아내의 부동산 사업에 반대하지 않았다. 그도 돈을 벌 수 있는 기회라면 놓치지 않았다. 그는 토머스 크롬웰(Thomas Cromwell)의 호의 덕분에 수도원이 해체될 때 많은 재산을 모았다. 크롬웰이 몰락한 후에는 정치적 입장을 바꿔 아일랜드에서 재산을 얻었다. 헨리 8세 치하에서 왕실 재무상직까지 올랐다. 베스는 시골 생활에 젖어 있었지만, 캐번디시는 도시 생활을 좋아했고 사업도 런던에서 벌였다. 메리 1세가 1553년에 에드워드 6세를 계승하여 왕위에 오르자, 이번에는 로마가톨릭으로 개종하고 관직을 그대로 유지했다. 캐번디시는 원칙 없는 사람은 아니었다. 그의 원칙은 기회주의였다. 그러나 좋은 일에도 끝이 있기 마련이다. 캐번디시는 몇 년 후 왕실 회계에서 의심스러운 결손이 발견되어 쫓겨났다. 그는 메리의 처벌이 예견되던 1557년 10월에 사망했다. 베스에게 또다시 행운이 찾아왔다. 남편의 사망으로 남편이 피고였던 소송 사건에서 벗어날 수 있는 길이 열렸던 것이다.

베스의 행운은 캐번디시의 사망으로 끝나지 않았다. 그 이듬해 메리가 죽고 엘리자베스 1세가 왕위를 계승했다. 엘리자베스는 베스의

캐번디시가를 17세기 영국 정치를 이
끄는 귀족 가문으로 일구어낸 엘리자
베스 하드윅.

친구였다. 베스는 남편의 독직(瀆職)에 대한 처벌로 재산을 몰수당할
위기에 처했지만, 남편이 남겨놓은 법적인 문제를 완전하게 해결할
수 있는 기회를 얻었다. 또 한번 결혼과 사망의 결합이 그녀에게 막
대한 부를 안겼다. 베스의 세 번째 남편은 왕실 수석 집사였던 윌리엄
세인트 로(William St. Loe) 경이었다. 이 사람도 부자였다. 세 번째 남
편 덕분에 베스가 왕실에 진 빚은 대부분 탕감되었다. 아내의 설득으
로 로 경은 자신의 재산을 베스와 그녀의 자식들에게 물려준다는 유
언장을 쓰고 죽었다. 그에게도 전처 자식들이 있었는데 말이다.

　죽음아, 너의 승리가 어디에 있느냐?* 베스는 남편을 잃을 때마
다 재산이 늘었다. 그녀는 한 번 더 결혼을 하는데, 이 네 번째 결혼
이 최후의 일격이었다. 6대 슈루즈베리(Shrewsbury) 백작 조지 탤벗

---

* 〈고린도전서〉 15장 55절에 다음과 같은 구절이 있다. "죽음아, 너의 승리가 어디에
있느냐? 죽음아, 너의 독침이 어디에 있느냐?"

(George Talbot)은 인근의 부자였는데, 최근에 아내와 사별했다. 완벽한 혼처였다. 1557년 그와 결혼할 당시 40세라는 나이에도 여전히 매혹적이었던 베스는 슈루즈베리 백작부인이 되었다. 이제 부와 사회적 지위를 모두 갖추었으나 베스는 돈과 지위만으로 만족하지 않았다. 그녀는 슈루즈베리를 설득하여 그의 장남과 자신의 딸을 결혼시켰고, 그의 딸과 자신의 아들을 결혼시켰다. 이리하여 그녀는 의붓딸과 의붓아들의 장모가 되었다. 자신의 재산을 가족에게 물려주는 놀라운 수완을 발휘한 것이다. 슈루즈베리의 맏아들과 결혼한 베스의 딸도 특별한 행운을 잡았다. 은밀한 동업자인 죽음이 남편을 데려간 것이다. 결국 슈루즈베리의 둘째 아들과 베스의 딸이 슈루즈베리의 영주와 마님이 되었다.

베스는 또한 딸 엘리자베스를 레녹스(Lennox) 백작 찰스 스튜어트(Charles Stuart)와 결혼시키는 데 성공했다. 헨리 7세의 후손인 찰스는 순위가 밀리기는 하지만 잉글랜드 왕위 계승자였다. 이제 베스는 "부부인(府夫人)"이 될 몸이었다. 엘리자베스 1세는 자신의 허락도 없이 왕실과 혼사를 추진한 데 분노하여 베스를 런던 탑에 가두었다. 그러나 베스는 석 달 후에 석방되었고, 딸 엘리자베스의 결혼 상태는 그대로 유지되었다. 엘리자베스와 찰스 사이에 태어난 딸이 아라벨라 스튜어트(Arabella Stuart)인데, 파란만장한 비극의 주인공이 되었다. 아라벨라는 사실상 베스의 포로였는데, 자신을 왕으로 세우려는 음모가 발각되어 제임스 1세의 명령으로 투옥되었다. 아라벨라는 미쳐서 1615년 40세의 나이로 사망했다.

베스와 슈루즈베리의 결혼은 순조롭게 시작되었으나 2년 후 시련이 닥쳤다. 엘리자베스 1세와 왕위를 다투던 스코틀랜드 여왕 메리가 가택 연금 상태에 놓이면서 슈루즈베리에게 보호 감독의 책임이 맡겨진 것이다. 감독 책임은 15년 이상 계속되었고, 이로 인해 슈루즈베리는 정신적·물질적 부담을 안게 되었다. 메리는 정치적으로 위험한 인물이었고, 위태로운 지위였는데도 여왕으로 대접해줄 것을 요구했다. 메리의 수행원은 40명 정도였다. 정치적인 이유 혹은 건강상의 이유로 메리는 슈루즈베리 영지 이곳저곳으로 옮겨 다녔는데, 그중 하나가 채스워스였다.

얼마 후 슈루즈베리와 메리 사이에 염문설이 나돌았다. 베스는 그 소문이 사실이 아니라는 것을 알고 있었지만, 엘리자베스 여왕에게 자신이 학대를 받았다는 진정서를 냈다. 때를 맞춘 계산된 행동이었다. 베스와 슈루즈베리의 결혼은 이미 파탄 상태에 이르러 있었다. 정신적으로 이미 파경을 맞이한 상태에서 토지를 둘러싼 분쟁이 사태를 악화시켰다. 다른 이유가 무엇이 있겠는가? 슈루즈베리는 의붓아들 윌리엄과 찰스에게 꽤 많은 토지를 증여했는데, 이들이 베스와 공모하여 자신과는 한마디 상의도 없이 마음대로 처분하자 슈루즈베리는 이를 반환하라는 소송을 냈다. 베스와 두 아들도 맞소송을 냈다. 이 집안싸움은 베스의 맏아들 헨리 때문에 더 복잡해졌다. 헨리는 슈루즈베리 편에 섰고, 슈루즈베리의 맏아들 길버트는 베스 편에 섰다. 분쟁은 지루하게 계속되었고, 싸움은 진흙탕이 되어 갔다. 슈루즈베리는 베스가 면전에서 "나쁜 놈, 멍청한 놈, 짐승 같은 놈"이라고 자기를 욕했고, "조롱하고, 찌푸린 얼굴로 노려보았다."고 비난했다.[1] 이런 일도 있었다. 어느 날 슈루즈베리가 채스워스에 들어가려 하자, 의붓아들 윌리엄 캐번디시(나중에 초대 데번셔 백작이 된다)가 도끼를 들고 허리춤에 권총을 차고 문 앞에서 그를 제지했다. 슈루즈베리는 앙갚음을 하려고 그곳을 박살 냈다. 창문을 부수고, 정원을 짓밟고, 물고기가 있는 연못을 엉망으로 만들어놓았다.

베스는 소송 문제를 해결하는 데 여왕의 도움이 필요했다. 마침내 기회가 왔다. 엘리자베스가 스코틀랜드 여왕 메리는 어떻게 지내고 있느냐고 물었다. 베스가 대답했다. "마마, 그녀가 제 남편과 같이 있는 한 나쁜 짓은 못합니다. 질투가 나지만 그들은 찰떡궁합입니다."[2] 베스의 계략은 통했다. 지루하게 이어지던 소송은 베스에게 유리하게 판결이 났다. 슈루즈베리에게는 모욕죄에 권리 침해의 죄가 추가되었다. 아내에게 굴욕당한 슈루즈베리는 더는 "악독하기 짝이 없는 아내"와 한 지붕 아래에서 살 수 없었다. 슈루즈베리는 베스와 결혼한 날을 저주했고 나중에 엘리자베스 여왕에게 두 악마, 즉 자신의 아내와 스코틀랜드 여왕 메리에게서 벗어날 수 있게 해주어서 고맙다고 감사의 인사를 올렸다. 슈루즈베리는 1590년에 죽었지만, 베스는 보란 듯이 떵떵거리며 살았다.

슈루즈베리와 베스의 갈등이 커진 것은 베스의 야심찬 건축 계획 때문이었다. 베스는 채스워스(현재 그곳에 있는 거창한 건물 이전에 있던 것)를 개축하고 확장하고 있었다. 노팅엄셔에도 웅장한 건물들을 지었다. 올드코츠(Oldcotes)와 워크숍(Worksop)이 바로 그것이다. 그러나 베스가 지은 최고의 건축은 엘리자베스 시대의 경이를 보여주는 하드윅 홀이다. 건물의 서쪽 면은 대부분 유리로 되어 있었다. 창문이 50개인데, 각 창문은 6~16개의 유리가 연판으로 이어져 있었다. 그러나 밖에서 보면 대부분 창문 너머로 벽난로만 보인다. 3층으로 지어졌고, 방이 60개였다. 홉스는 2층에 있는 제자의 방 근처에 머물렀던 것 같다.

홉스는 1610년대와 1620년대에는 건축에 특별한 관심을 보였다. 최소한 그런 인상을 준다. 홉스의 고용주들이 건축을 중요하게 여겼고, 그들이 지은 화려한 건축물들을 늘 보았기 때문일 것이다. 1615년 무렵에 홉스가 쓴 것으로 보이는 〈로마론〉에서 저자는 건축이 인류의 업적 가운데 가장 유쾌한 것이라고 칭송하고 있다. 건축은 "우리 자신의 창작욕"을 채워줄 뿐만 아니라, 후손들에게 "선조들의 유산과 기억을 전해주고, 우리 자신을 확장하고, 세상에 명성을 떨치게 한다. 건축물은 우리의 장엄함을 보여주는 살아 있는 기념물이며, 우리의 위대함을 보여주는 기특한 표현물이다."[3] 베스에게 이보다 더 멋진 찬사는 없었을 것이다.

거대한 건축물은 "불필요하다"는 비판에 대해 홉스는 이렇게 답한다. "첫째, 건축술은 모든 사람이 존경해 마지않는 명예로운 것으로서 우리에게 유익한 것이다. 둘째, 우리의 생각과 행동을 바쁘게 만들어서 다른 위험한 쾌락에 빠지지 않도록 해준다. 셋째, 필요한 경우 요새로 쓸 수 있다. 넷째, 우리는 마음속에 그린 것을 눈에 보이게 만들어내는데, 이때 우리는 특별한 종류의 기쁨을 느낀다."

베스의 저택들에는 세련된 정원이 있었는데, 홉스는 자작 서사시에서 이렇게 쓰고 있다.

정원의 우아함은 헤아릴 길이 없다. 정원에서 마음은 우아함을 얻고, 눈은 다양한 대상을 얻는다. 다른 곳에서는 이런 것을 얻을 수 없다. 마음을 즐겁게 하는 장소가 있다면 바로 정원이 그런 곳이다. 아름다운 산책길, 형형색색의 향기로운 꽃들, 새들의 지저귐 등등. …… 자연의 경이를 보고 싶다면 정원을 보라. 인간에게 필요하고 즐거운 모든 것,

건강에 좋거나 해로운 모든 것이 여기에 있다. 진지한 사색이나 명상을 하고 싶다면 정원이 제격이다. 마음이 어지럽거나 산만해지는 일도 없고, 감각이 무디어지는 일도 없다. 끊임없이 변화하는 모습과 마주치기 때문에.[4]

오브리는 홉스가 우울한 성격이었다고 했는데, 그 말을 증명이라도 하듯이 홉스는 이렇게 쓰고 있다. "냇물이 졸졸 흐르는 이곳(정원)의 은밀함과 고독은 기묘한 만족감을 준다."

마지막으로 호러스 월폴(Horace Walpole) 경이 베스에 대해 쓴 시 한 편만 소개하고, 다음으로 넘어가자.

> 네 번 신혼 침대를 따뜻하게 데우고
> 언제나 능수능란했네.
> 죽음이 남편을 데려갈 때마다 빚까지 데려가고
> 그녀에게는 재산을 남겼네.
> 슬펐지만 귀부인은 낙담하지 않았네.
> 왕궁보다 화려한
> 다섯 채의 웅장한 저택을 세우고
> 포로 메리의 감옥을 바꾸어주었네.
> 하드윅의 탑들이 고개를 숙이고
> 워크숍의 미사 소리가 더는 들리지 않을 때
> 볼소버(Bolsover)의 자자한 명성이
> 올드코츠처럼 사그라지고
> 채스워스에서 캐번디시의 풍요를 느낄 수 없을 때

그때에야 이 호화로운 백작부인의 명성도 사라지리라.

캐번디시 가계

캐번디시가에서 유력한 가계 둘이 베스의 자손이다. 하나는 넷째 아들 윌리엄의 자손이고, 다른 하나는 다섯째 아들 찰스의 자손이다. 윌리엄은 홉스를 최초로 고용했으며, 채스워스를 기반으로 삼아 대대로 데번셔 백작 또는 공작이 된다. 찰스 가계는 노팅엄셔의 웰벡(Welbeck)을 기반으로 삼아 대대로 뉴캐슬(Newcastle) 백작 또는 공작이 된다.

캐번디시 가문, 특히 윌리엄 캐번디시 가문은 홉스의 일생과 관계가 깊다. 혼란을 막기 위해 미리 말해 둘 것이 있다. 베스의 둘째 남편이 윌리엄이라는 것은 앞에서 말한 바 있다. 베스의 넷째 아들 이름도 윌리엄이다. 아들 윌리엄(이하 '캐번디시')은 1605년 남작이 되었고, 1618년 초대 데번셔 백작이 되었다. 이 사람이 1608년 홉스를 가정교사로 고용하여 자신의 아들을 맡겼다. 홉스의 제자가 된 아들의 이름도 윌리엄(이하 '윌리엄')이다. 윌리엄은 홉스보다 두 살 어렸는데, 1626년에 아버지가 죽은 후 2대 데번셔 백작이 되었다. 이 사람의 아들도 이름이 윌리엄(이하 '데번셔')인데, 3대 데번셔 백작이 된다. 홉스는 데번셔의 교육도 맡게 된다.

홉스와 관련 있는 캐번디시 집안 인물이 또 있다. 어떤 의미에서는 채스워스의 고용주들보다 더 중요한 이들이 웰벡의 친척들인데, 그중 둘은 여기에서 언급할 필요가 있다. 한 명은 그 이름을 이미 예상했겠지만 윌리엄 캐번디시이다. 그는 뉴캐슬 후작으로 불리다 나중에 뉴캐슬 공작(이하 '뉴캐슬')이 된다. 그는 캐번디시 가문에서 역사적으로 가장 중요한 인물이다. 한때 웨일스 공*(이후 찰스 2세가 된다) 아래에서 총독을 지냈고, 영국 내전 중에는 북부에서 찰스 1세의 군대를 지휘했는데, 마스턴 무어(Marston Moor) 전투에서 패하여 불명예스럽게 잉글랜드를 떠났다. 뉴캐슬은 신과학에 관심이 많았다. 프랑스의 과학 사상가 마랭 메르센(Marin Mersenne)과 친구였고, 그를 통해 프랑스인들과 어울렸다. 또 자신이 만든 아마추어 과학자 모임도 있었는데, 목사 로버트 페인(Robert Payne), 페인의 친구 월터 워너(Walter Warner), 뉴캐슬의 동생 찰스, 그리고 홉스가 이 모임에 참여했다.

홉스가 캐번디시가의 가정교사로 처음 하드윅 홀에 갔을 때 채스워스의 소유자는 캐번디시의 맏형 헨리였다. 당시 헨리는 의붓아버지 슈루즈베리의 편에 서서 베스와 맞서고 있었기 때문에 어머니와는 떨어져 있었다. 헨리에겐 정실 자식이 없었기 때문에(혼외 자녀들은 아주 많았다) 그가 죽은 후 채스워스는 1616년 캐번디시에게 넘어갔다. 캐번디시 가족은(런던에서 산 적도 있고 여행을 간 적도 있지만, 이때를 제외하면) 채스워스와 하드윅에서 번갈아 가면서 살았다. 두 지역은 약 25킬로미터쯤 떨어져 있었다. 높은 언덕에 자리 잡은 채스워스는 여름에 지내기 좋았고, 하드윅 홀은 겨울에 지내기 좋았다.

채스워스와 하드윅의 캐번디시가에 고용된 20년 동안 홉스의 임무는 그다지 어려운 것이 아니었다. 공식적으로는 가정교사로 고용되었

웨일스 공(Prince of Wales) 그레이트브리튼과 북아일랜드 연합 왕국의 왕자에게 주어지는 작위이며, 웨일스의 군주와 영국의 왕세자를 가리킨다. 14세기부터 다음 국왕으로서 왕위를 계승할 잉글랜드 국왕(나중에 그레이트브리튼 국왕이 된다)의 가장 나이가 많은 왕자에게 주어졌다.

지만, 오히려 친구에 가까웠다. 1608년 홉스는 20세였고, 윌리엄은 18세였다. 얼마 후 홉스는 윌리엄의 비서가 되었다. 오브리에 따르면 윌리엄 자신이 또래의 가정교사를 원했다고 한다. "근엄한 박사한테 배우는 것보다는 또래 지식인한테 배우는 쪽이 학습 효과가 더 클 것"이라고 했다는 것이다. 윌리엄은 제 나름의 계산이 있었다. 가정교사보다는 친구를 원했던 것이다.

확실하지는 않지만 윌리엄이 케임브리지대학의 성 요한 칼리지에서 1608년 7월에 석사 학위를 받은 "윌리엄 캐번디시"일 가능성이 있다. (이 "윌리엄 캐번디시"가 뉴캐슬일 가능성도 있다.)⁵ 이 윌리엄 캐번디시가 우리의 윌리엄이 아닐 가능성도 있다. 그 근거는 우리의 윌리엄은 당시 기혼자였는데, 학생은 결혼이 금지되어 있었다는 데 있다. 그러나 규칙은 규칙이고, 이미 알려진 사실이 있다. 케임브리지대학은 초대 데번셔 백작의 아들이 온 것을 흡족하게 여겨 서류상 결혼 여부를 제대로 확인하지 않았을 수도 있다. 아내는 겨우 12살이었기에 남편과 동거할 상황이 아니었다. 우리의 윌리엄이 케임브리지대학의 윌리엄과 동일 인물이라고 볼 수 있는 근거는 홉스가 1608년에 케임브리지대학에 편입했다는 사실이다. (편입 제도는 그 대학에 다니는 특권층 인사에게 베푸는 일종의 호의였으며, 그의 추천이 있으면 다른 대학을 졸업한 학생을 받아들였다.) 홉스가 케임브리지대학에 편입하고, 그 후 캐번디시 가문과 인연을 맺게 되었다고 보기보다는 윌리엄과 함께 다니려고 케임브리지대학에 편입한 것으로 보는 쪽이 맞을 것 같다.

홉스는 최소한 6개월 이상 케임브리지대학에 다녔고, 그곳에서 여러 친구들을 사귀었다. 로버트 메이슨(Robert Mason)도 그때 만난 것으로 보인다. 메이슨은 1608년 당시 성 요한 칼리지에 다녔고, 나중에 홉스와 편지를 주고받는다. 1608년 11월 홉스는 윌리엄과 함께 케임브리지에서 하드윅 홀로 돌아왔다. 그 후 홉스가 케임브리지를 방문한 적이 있는지 알 수 있는 자료는 없다.[6]

윌리엄은 케임브리지대학에서 석사 학위를 받기 전에 결혼했다. 윌리엄의 어린 신부 크리스천은 스코틀랜드 킨로스(Kinloss)의 영주 에드워드 브루스(Edward Bruce)의 딸이었다. 브루스는 제임스 1세 치하에서 최고위직을 지낸 몇 안 되는 스코틀랜드인 중 하나였다. 브루스가 제임스 1세에게 우호적이었기 때문에 제임스도 그에게 우호적이었다. 브루스는 제임스 1세가 잉글랜드의 왕위를 계승할 수 있도록 협상을 이끈 주역이었다.

크리스천과 결혼한 것이 윌리엄의 뜻은 아니었다. 그는 마거릿 채터턴(Margaret Chatterton)이라는 나이 든 여인을 사랑했다. 마거릿은 하드윅의 베스를 시중들던 여인이었다. 첫사랑만 한 사랑이 어디 있으랴. 하지만 캐번디시는 하찮은 사랑 때문에 큰 재산을 얻을 수 있는 결혼을 포기할 생각이 조금도 없었다. 그 역시 "결혼 장수 베스"와 같은 유형이었던 것이다. 제임스 1세가 브루스에게 보답하는 차원에서 그 결혼을 제안했을 수도 있다. 결혼 조건은 아버지들끼리 논의했지만, 왕의 권유 때문에 쫀쫀한 캐번디시가 결혼 축의금을 더 많이 내야 했다. 다른 이야기도 있다. 그 결혼은 아라벨라 스튜어트의 계획에 따라 이루어졌다는 것이다. 아룬델(Arundel) 백작 부부에 따르면 그 결혼은 신속하게 이루어졌다.

첫날밤은 신랑신부 모두에게 상처를 남겼다. 윌리엄은 사랑하는 사람이 따로 있었고, 크리스천은 나이가 너무 어렸기 때문이다. 윌리엄의 백부 헨리는 매부 슈루즈베리 백작에게 쓴 편지에서, "윌킨(윌리엄의 애칭)"이 크리스천과 "합방을 하고 나서 거의 두 시간 동안 신부를 학대했다."고 썼다. 그 후 윌리엄은 몇 년 동안 혼자 살았다. 크리스천은 참고 기다렸다. 크리스천은 아내로서 책임을 다했으며, 윌리엄보다 더 영리하고 유능했다. 윌리엄이 죽은 후 크리스천은 가족을 단결시켜 파탄이 난 재정을 극복하고 위대한 가문을 재건했다.

감정의 문제를 제외하면 윌리엄과 크리스천의 결혼은 탄탄대로였다. 제임스 1세의 권유로 캐번디시는 부부에게 7천 파운드를 증여했고, 제임스 1세도 3천 파운드를 선사한 것 같다. 제임스 1세는 계속해서 윌리엄을 총애하여 그 이듬해에 화이트홀에서 기사 작위를 주었다. 물론 작위비는 받았겠지만.

스승이자 친구

홉스는 자신의 고용주가 박식하다고 칭찬했지만, 홉스와 윌리엄이 하드윅 홀의 훌륭한 장서들을 활용한 것 같지는 않다. 가정교사로서 홉스의 임무는 윌리엄에게 고전 언어를 가르치는 일이었다. 홉스의 운문 자서전에 따르면 캐번디시가에 들어가면서 인문학 연구를 계속했다고 나와 있지만, 그로부터 몇 년 후 그리스어와 라틴어 실력이 예전 같지 않다고 고백한 내용도 있다.

그 나이대 도련님들이 그러하듯이 윌리엄도 이 마을 저 마을로 놀러 다녔다. 홉스에겐 선택의 여지가 없었다. 윌리엄은 〈시골 생활에 대하여〉에 이렇게 썼다. "들판에서 얻을 수 있는 즐거움, 예를 들면 사냥, 말달리기, 매사냥 따위는 한도를 넘지만 않는다면 추천할 만한 일이다. 이런 일은 시골 생활에서만 맛볼 수 있다."[7] 이런 활동은 체력을 단련하고 전쟁 대비도 된다. 취지는 좋다. 그러나 윌리엄과 홉스 둘 다 전사가 아니었는데도 지나치게 매사냥과 사냥을 즐겼다. 그 글은 홉스의 도움을 받아서 쓴 것으로 보이는데 3장에서 자세히 살펴본다.

윌리엄의 수필은 제목이 시골 생활이지만 도시 생활에 대한 찬사도 들어 있다. "도시에서는 매우 세련되고 현명한 사람들을 만날 수 있다." 도시에서는 당대의 지식을 얻을 수 있고, "위인, 국가 지도자들"[8]과 접촉할 수 있다. 윌리엄을 따라 홉스도 영국의 명사들과 어울릴 기회가 많았다. 윌리엄은 기사 작위를 받으러 화이트홀에 갈 때 홉스도 데려갔을 것이다. 홉스는 왕을 만나거나 왕이 있는 자리에 참석할 기회가 많았다. 제임스 1세는 1609년 8월에 잉글랜드 중부 지역인 더비(Derby)와 노팅엄(Nottingham)에 있었다. 윌리엄은 1616년 찰스가 웨일스 공에 오르면서 열린 사냥 대회에 참석했다. 그 이듬해 왕은 워크숍과 폼프렛(Pomfret)에 있었는데, 이 지역은 베스의 후손인 탤벗가의 영지였다. 탤벗가 사람들은 붙임성이 없어서 다른 가족들을 부르지는 않았을 것이다. 캐번디시와 윌리엄은 1619년 5월 13일에 웨스트민스터 사원에서 열린 앤 왕비의 장례식에 공식 조문단의 일원으로 참석했다. 제임스 1세는 1619년 8월 10일 윌리엄의 사촌 뉴캐슬의 본거지인 웰벡에 있었는데, 1624년 8월에도 그곳에 갔다. 왕이 웰벡에 간 것은 윌리엄의 이복 매부인 서턴 코니(Sutton Coney)의 훈작 때문이었으므로, 윌리엄과 홉스도 1619년에 그곳에 있었다고 볼 수 있다. 1619년 8월 웨일스 공은 하드윅 홀을 방문했다. 웨일스 공을 위해 베푼 만찬에 홉스는 주요 인물은 아니었겠지만 말석에는 앉아 있었을 것이다.

2대 데번셔 백작 윌리엄 캐번디시. 홉
스와 윌리엄의 인연은 윌리엄이 사망
한 1628년까지 20년간 이어졌다.

도시는 문화적·정치적 시야를 넓혀주기도 하지만, 돈 쓸 일도 만
들어준다. 윌리엄이 그런 길로 갔다. 홉스는 돈을 빌려 가며 윌리엄을
뒷바라지했다. 오브리는 그 상황을 이렇게 썼다. "도련님은 돈을 흥
청망청 썼다. 홉스는 돈 빌려 오는 심부름하기 바빴고, 이 사람 저 사
람 찾아다니며 도련님 대신 아쉬운 소리를 해야 했다. 홉스는 감기에
걸렸고, 신발은 젖어 있었다. …… 그는 환영받지는 못했지만, 유쾌
하고 착한 성품 덕에 냉대받지는 않았다." 윌리엄은 홉스의 상전이자
친구였다. 이런 유대는 젊은이들이 함께 공부하거나 사업할 때보다도
같이 사냥하고, 술 마시고, 매춘부를 찾을 때 훨씬 더 쉽게 형성된다.
홉스가 윌리엄의 가정교사이기만 했다면 몇 년이 안 되어 캐번디시가
를 떠나야 했을 것이다. 그는 가정교사로서는 꼭 필요한 사람이 아니
었지만, 친구로서는 없어서는 안 될 사람이었다.

17세기 스튜어트 왕조 시대의 의회가 거의 그러했듯이 1614년에

소집된 의회도 왕의 요구를 들어주지 않았다. 이 의회는 개회 8주 만에 해산되었는데, 법안을 한 건도 통과시키지 않아서 '부패 의회(The Addled Parliament)'라고 불렸다. 하원은 해산당하면서 신랄한 성명을 발표했다. "온 왕국에 신음 소리가 들린다. 이것이 어찌 하느님의 뜻이겠는가? 우리 인민들이 무거운 세금에서 벗어나기 전까지는 폐하께서 요청하신 자금은 드릴 수 없다. 우리도 그렇게 해드리고 싶지만, 그렇게 하는 것은 조국을 해치는 일이다."[9]

이 의회에서 윌리엄도 망신을 당했다. 윌리엄은 더비셔주의 대의원 두 명 중 한 명이었다. 그는 하원에서 스코틀랜드인 두 명의 귀화를 지지하는 연설을 했는데, 미리 준비한 연설문을 읽자 존 새빌(John Savile) 경이 연설문을 읽는 것은 품위 없는 짓이라고 핀잔을 주었던 것이다.

그러나 윌리엄도 의회에서 혼자는 아니었다. 아버지가 상원의원이었고, 사촌 뉴캐슬은 이스트 렛퍼드(East Retford)의 대의원이었고, 뉴캐슬의 이웃이자 친구인 거베이스 클리프턴(Gervase Clifton)은 노팅엄셔의 대의원이었다. 윌리엄과, 그리고 아마 홉스도 이 의회에서 프랜시스 베이컨을 알게 되었던 것 같다. 베이컨은 왕을 대신하여 의회에 출석한 대신이었다. 얼마 후 베이컨은 윌리엄의 편지에 중요 인물로 등장하게 된다.

첫 번째 유럽 여행

당시 영국의 귀족 자제들은 관례적으로 유럽 대륙에 장기 여행을 갔다. 전쟁에 참전하지 않는 이상, 이런 여행이 아니고서는 유럽에 갈 일이 없었다. 홉스는 가정교사로서 세 번 유럽에 가게 된다. 첫 번째는 윌리엄과 함께 다녀왔고, 두 번째는 클리프턴의 아들과 함께 갔으며, 세 번째는 윌리엄의 아들(나중에 3대 데번셔 백작이 된다)과 함께 갔다.

최근까지 홉스의 첫 번째 여행은 1610년에 시작된 것으로 알려져 있었다. 윌리엄은 그해에 공식적으로 출국 허가를 얻었다. 홉스도 자서전에서 캐번디시가에서 일하기 시작한 그해에 대륙으로 갔다고 쓰고 있다. 그런 일은 보통 나이가 들어서도 잘 잊히지 않는다. 또 윌리엄이 그해에 유럽에 갈 만한 동기도 있었다. 사촌 뉴캐슬이 그때 이탈리아에 있었기 때문이다. 그런데도 홉스와 윌리엄이 1614년 이전에 유럽에 가지 않았다고 볼 수 있는 강력한 증거들이 있다. 1610년 10월 주교청(主教廳)은 노스햄프턴 백작 헨리 하워드(Henry Howard)의 추천을 받아 윌리엄을 의회에 나가 주교청을 대표할 사람으로 선발했다. 당시 그 자리는 전임자가 사망해 공석이었다. 의회는 1604년에 개원하여 이제 막바지 단계에 들어서고 있었는데, 외국에 나가 있는 사람을 그 자리에 추천했다는 것은 생각하기 어려운 일이다. 또한 윌리엄은 1611~1613년 사이에 여러 차례 런던에서 급여를 받았다. 게다가 1611년 2월 런던 롤스 교회당에서 윌리엄의 장인 장례식이 거행되었는데, 윌리엄과 홉스는 여기에 참석했다. (이 조문은 홉스의 행방을 알려주기도 하지만, 고용된 지 3년밖에 되지 않았는데도 그가 지명 조문객 명단에 있었다는 것도 눈여겨볼 만하다. 물론 명단 한참 아래쪽에 있었겠지만.)[10] 마지막으로 윌리엄은 1614년 부패 의회의 의원이었다.

물론 이러한 증거들만으로 1614년 이전까지 윌리엄이 영국에 있었다고 단정할 수는 없다. 윌리엄과 홉스가 의회와 장례식에 참석하기 위해 유럽과 영국을 왔다 갔다 했을 수도 있기 때문이다. 하지만 그렇게 했다는 증거도 없기 때문에 그들의 행적을 그런 식으로 맞추는 것은 억지스럽다. 가장 일리 있는 견해는 윌리엄과 홉스가 1614년 부패 의회가 해산되기 전까지는 영국을 떠나지 않았다고 보는 것이다.

그들이 여행을 떠난 해는 분명하지 않지만, 1614년 9월에 베네치아에 있었다는 것은 확실하다. 윌리엄은 헨리 파비스(Henry Parvis 혹은 Purvis)라는 상인과 함께 로마로 갔고, 10월에는 나폴리에 갔으며, 1615년 4월 말까지 파비스와 함께 베네치아에 머물렀다. 윌리엄과 홉스는 1614년 10월과 11월에 아마도 로마에 있었을 것이다. 그러므로 그들의 첫 번째 여행은 주로 이탈리아 여행이었던 것으로 보인다. 이들은 1615년 여름 파리를 거쳐 귀국했다.

그들이 로마에 갔었다는 것은 홉스가 쓴 글로 보이는 〈로마론〉을 보면 알 수 있다. 〈로마론〉은 1620년에 출간된 책 속에 윌리엄의 수필 〈시골 생활에 대하여〉와 함께 들어 있다. 두 젊은이의 대륙 여행이 돈만 낭비한 것이 아니라는 점을 윌리엄의 아버지에게 보여주기 위해 홉스가 영국으로 돌아온 직후 그 글을 쓴 것 같다.

홉스의 글은 의무감에서 쓴 것이기는 하지만, 가을 학기 첫 번째 숙제를 하는 젊은이의 열정과 통찰과 감정이 잘 드러나 있다. 예를 들면 "내가 여름방학 동안 한 일"을 이렇게 쓰고 있다.

티베르(Tiber)강이 마을 한가운데로 흐르고, 강 둘레에 그 유명한 일곱 언덕이 있다. 모두 한편으로 강을 끼고 있는데, 여기가 옛 로마가 세워졌던 곳이다. 언덕에는 아직도 궁전들이 남아 있지만, 로마가 자리 잡은 마르스 들판은 예전에는 황량한 장소였다. …… 또한 말을 탄 마르쿠스 아우렐리우스(Marcus Aurelius)의 동상이 있다. 예전에는 여기에 없었는데, 최고 사제 바오로 3세가 어딘가에 있던 것을 여기로 옮겨 왔다. …… 거대한 원형 경기장도 있다. 지금은 잔해만 남아 있지만, 당시에는 대중 공연과 경기가 모두 여기에서 열렸다.[11]

캐번디시에게는 다행스럽게도 홉스는 거실에서 감상할 수 있는 슬라이드 사진은 찍을 수 없었다.

홉스가 본 위대한 예술품들에 대한 언급도 있는데, 걱정스러울 정도로 무덤덤하다. 미켈란젤로의 조각상 피에타에 대해 홉스는 이렇게 쓰고 있다. "신도들이 예배를 보는 성당 안 왼편에 예수를 안고 있는 성모상이 있다. 대리석으로 조각된 것인데, 세계적으로 유명한 화가이자 조각가인 미켈란젤로의 작품이다." 이것이 전부다. 미적 가치에 대한 언급이나 소감은 한마디도 없다. 시스티나 성당에 대한 기술 역시 무덤덤하다. "교황 전용 성당도 있는데, 높은 제단에는 미켈란젤로의 심판의 날이 자세히 그려져 있다."[12] 이러한 실망스러운 태도는 어떻게 보아야 할까? 젊은이들은 그런 것에 별로 관심이 없다는 말로 변호할 수 있을까? 이때 홉스의 나이는 10대가 아니라 20대 후반이었다.

홉스의 여행기에는 로마의 일곱 개 주요 성당에 대한 언급도 있다. 홉스는 이전에 위대한 건축물을 찬미한 바 있다. 그런데 이상하게도 그 교회들의 건축술에 대해서는 거의 말이 없다. 이른바 '성물(聖物)'에 대한 이야기뿐이다.

이 성당(산타 마리아 마조레Santa Maria Maggiore 성당)은 성물들로 유명하다. 성 마태오와 성 히에로니무스의 시신이 이곳에 안치되어 있다. …… 성 루가가 그렸다고 하는 성모 그림도 있다. …… (산타 크로체Santa Croce 성당의) 성물 중에는 십자가의 일부도 있다. 그래서 성당 이름이 성 십자가 성당이다. 우리 구세주를 조롱하기 위해 머리에 씌운 면류관의 가시도 있다. …… 성 베드로와 성 바울의 두개골이 여기(산 조반니 인 라테라노San Giovanni in Laterano 성당)에 성물로 보관되어 있다. …… (지성소至聖所에는)《구약 성경》에 나오는 방주와 아론의 지팡이도 보존되어 있고, 그리스도가 십자가를 지고 갈 때 얼굴을 닦아준 수건도 있는데, 거기에 그리스도의 그림이 그려져 있다. 그리스도가 최후의 만찬을 베풀던 식탁도 있고, 그의 피가 들어 있는 작은 유리통도 있다.[13]

이 글이 비꼬는 듯한 느낌을 주지는 않는다. 그렇다면 홉스는 이런 주장들을 전부 사실로 받아들일 만큼 순진했을까? 전혀 그렇지 않다. "내 스스로 고백하건대, 나는 이런 기적적인 이야기에 나의 믿음을 묶어 둘 만큼 어리석지는 않다. 아니, 나는 그것에서 너무 멀리 떨어져 있어서 그 기록들 중 **대부분**(강조—저자)이 진실이라기보다는 위조되었다고 생각한다." 대부분? 이 말은 '기적'적인 이야기 중 어떤 것은 진짜라는 뜻이다. 이런 태도는 그 다음 문장에도 나타난다. "어떤 이들은 심장이 돌로 되어 있고 머리가 납으로 되어 있으니, 자신의 생활에서나 행동에서나 그 어떤 초자연적인(그들이 주장하는 대로 자기 자신과 자연을 초월하는) 것도 생각할 수 없고, 권능을 행사할 수도 없다. 천국적인 것도 생각할 수 없고, 세속적인 것도 생각할 수 없다."[14]

홉스에 따르면 어떤 이들이 '기적'이라고 주장하는 것은 일상생활에서 흔히 일어날 수 있는 일이다. "예를 들어 계단을 내려가다가 발이 미끄러졌을 때, 당장 기적을 만들어낼 수 있다. 불구가 되거나 생명을 잃을 수도 있는 그 순간에 성 프란치스코나 산 카를로나 누군가의 이름을 부르고 기도하여 무사했다면 기적이 일어난 것이다." 이런 일을 기적이라고 하는 것은 "하느님의 권세와 영광"[15]을 떨어뜨리는 일이다. 30년 후에 홉스는 《리바이어던》에서 같은 입장을 유지한다. 믿음은 《성경》에서 찾을 것이지 기적에서 찾을 일이 아니라는 것이다. 그는 독실한 프로테스탄트였다.

홉스는 때로 미숙하게 지식을 자랑하기도 한다. 홉스는 〈로마론〉 앞부분에서 이처럼 척박한 땅에 어떻게 위대한 도시가 건설될 수 있었는지를 논한다. 홉스에 따르면 척박함이 오히려 이롭다는 것이다. "평온하고 고상한 인생은 숭고한 행동과 현명한 계획을 해치는 독이다." 수려한 지역에 사는 사람은 환경을 변화시키려 하지 않는다. 그런 환경에 놓인 사람은 "자신의 명예를 드높이거나, 조국을 위해 좋은 일을 하겠다는 결심을 할 필요가 없다." 홉스의 말은 이렇게 이어진다.

생활이 즐거우면 우둔해지고, 감각이 마비되며, 인간의 정신이 나약해진다. 천성적으로 능동적인 삶을 살기 쉬운 사람이라 하더라도 사회의 관습이 그런 삶을 습관이 되도록 이끌면 자신의 취향의 범위를 넘어서는 그 어떤 것도 이해하지 못한다. 자신의 쾌락을 넘어서는 것에 대해서는 아무것도 생각하지 않는다.

따라서 "가혹한 장소, 그리고 게으름을 부릴 여유가 없고 용기 있는 행동이 필요한 삶"이 "용감한 사람"과 "큰 재산"을 낳는다는 것이다. (돈을 헤프게 쓰는 제자를 둔 교사가 이런 말을 했다는 게 다소 뜻밖이다.) 홉스는 수사학적인 문장으로 이렇게 묻는다. "미덕과 빈곤은 함께 갈 수 없는가? 척박한 나라에서는 가치 있고 용감한 사람들이 나올 수 없는가?"[16]

이런 질문은 마키아벨리의 《로마사 논고》를 읽고 생긴 문제의식일 수도 있다. 마키아벨리는 이렇게 썼다.

다음과 같은 의문, 즉 척박한 땅을 선택해서 도시를 건설하는 편이 더 낫지 않겠는가, 그래야 사람들이 게으름에 빠지지 않고 부지런해지고, 어려운 처지로 인해 서로 다툴 소지가 적기 때문에 더욱 단결하지 않겠는가 하는 의문이 제기된다. …… 그러나 인간의 안전은 권력의 뒷받침이 없으면 불가능하므로, 도시는 척박한 땅을 피하고 비옥한 땅에 자리 잡아야 한다. 그래야 지리의 힘으로 팽창할 수 있고, 외부의 공격을 방어할 수 있으며, 도시의 성장에 방해가 되는 것들을 능히 물리칠 수 있다. …… 그러므로 나는 도시를 비옥한 땅에 건설하는 것이 더 현명하다고 생각한다. 단 법률로 그 비옥함(의 부정적 효과)을 적절한 한계 내로 억제해야 한다.[17]

홉스가 마키아벨리에게 도전한 것이라면 홉스가 졌다. 홉스의 주장은 받아들이기도 어렵고, 마키아벨리의 주장을 제대로 논박하지도 못했기 때문이다.

홉스는 카피톨리노 언덕도 방문했는데, 그곳은 "기억 외에는 아무것도 남지 않았다." 그는 자기가 본 유명한 조각상들을 열거한다. 말을 타고 있는 마르쿠스 아우렐리우스, 로물루스와 레무스에게 젖을 물리고 있는 암컷 늑대, 발에 박힌 가시를 뽑고 있는 소년 등등. 가시 뽑는 소년은 "그 모습이 매우 진지하고 가련하여 정말로 고통을 느끼고 있는 것처럼 보인다." 라오콘* 상에 대한 언급도 있고, 페이디아스와 프락시텔레스 조각상들에 대한 언급도 있다. 판테온 신전에 대해서는 한때 "모든 신들에게 바쳐졌으나 지금은 성인들을 기리는 곳으로 바뀌었다."라고 무미건조하게 말한다. 여기에는 비난의 기색이 전혀 없다. 그러나 이 기억은 나중에 《리바이어던》에서 혐오감과 함께 나타난다. 로마가톨릭이 이교도의 신상들을 이름만 바꾸어 기독교 인물상으로 삼았다는 것이다. "과거에 비너스와 큐피드로 불렸음직한 형상들은 그 이름이 동정녀 마리아와 그의 아들 우리 구세주의 형상으로 바뀌었고, 유피테르 상은 바나바 상으로, 머큐리 상은 바울 상으로 바뀌는 식이었다."[18]

홉스는 로마의 위대함과 그 유물에 깊은 인상을 받았지만, 이교 신앙에 감염된 것으로 보았다. 미신적인 종교, 즉 "우상을 숭배하는 종교"의 잘못은 "불멸의 하느님을 죽을 수밖에 없는 인간의 모습으로 나타내려 한 데 있다." 이 시도는 "이성과 종교"에 어긋난다. 그러나 나중에 《리바이어던》에서는 미신에 대해 고심한 흔적이 보인다. "보이지 않는 힘에 대한 공포가 …… 인정되지 않은 경우"[19] 그것을 미신이라고 한다는 것이다. 그러나 〈로마론〉에서는 미신에 대한 태도가 확고하고, 프로테스탄트로서 혐오감을 분명하게 드러낸다.

라오콘(Laocoön) 그리스 신화에 나오는 트로이 아폴론 신전의 사제. 트로이 전쟁 당시 그리스군의 목마에 창을 던져 신의 노여움을 샀고, 아테나가 보낸 바다뱀에 두 아들과 함께 감겨 죽었다.

당시 교황이었던 바오로 5세에 대해서는 이렇게 쓰고 있다.

그는 이탈리아의 평범한 가문(시에나의 보르게세 가문) 출신이다. 교황이 되기 전까지는 판사였다. 클레멘트 8세에 의해 추기경이 되었다. 교황 선거에서 두 파벌이 다투는 바람에 어부지리로 교황이 되었다. 몬탈토(Montalto) 파와 알도브란디노(Aldobrandino) 파가 각각 미는 사람이 있었는데, 양쪽이 팽팽하게 대립하자 제3자가 된 것이다.[20]

교황은 노년에 접어들었지만 허례허식을 좋아했고, 거만한 군주 뺨치게 복종을 요구했다.

홉스는 기자와 같은 객관적인 태도로 이렇게 보고한다. 그러한 허례허식의 목적은 "보는 이에게 존경심과 충성심을 불러일으키기 위한 것이다. 세상의 군주들이 자신의 체면을 높이기 위해 경의를 표하도록 요구하듯이, 교회의 수장인 교황도 그런 것을 요구하는 것이다. 훨씬 더 강하게." 홉스가 1650년이나 심지어 1640년에 교황을 보았더라면 그러한 행동을 못마땅하게 여기지는 않았을 것이다. 교황은 진정한 세속적·영적 주권자이며, 주권자의 모든 권리와 특권을 지닌다고 주장했을 것이다. 오히려 교황이 모든 기독교인들의 정신적 주권자 노릇만 하려 한다고 불평했을 것이다. 그러나 1614년 고지식한 프로테스탄트였던 홉스는 교황을 종교 지도자 중 한 사람 정도로 여겼다. 그는 "교황의 사치와 거만한 통치가 로마가톨릭의 허구성을 보여주는 증거"라고 생각했다.[21]

주교와 추기경에 대해서도 같은 잣대로 비판한다. 홉스는 이들을 '교회의 군주들'이라고 불렀다.

그들은 고결하고 엄격하게 생활한다고 말한다. 그러나 일단 주교나 추기경이 되고 나면 보통 사람들과 다를 바 없이 거만해지고, 폭력적이고, 탐욕스러워지니 누가 그 말을 믿겠는가? …… 교황은 세족(洗足) 목요일(부활절 직전의 목요일)에 빈민의 발을 씻기며 겸손을 과시하지만, 추기경과 대사들이 시중을 들면서 물을 떠다 주고 수건을 갖다 주고 들고날 때마다 옷자락을 잡아준다. 마치 흙을 밟아서는 안 되는 사람처럼. 이런 꼴을 보고서도 그의 거만함을 모를 사람이 누가 있겠는가? 이것만 보더라도 주교와 추기경의 고백과 실생활은 완전히 딴판이라는 것을 알 수 있다. …… 이들의 거만함은 보기에도 딱하다. 하나같이 자신이 군주의 반열에 있다고 자부하면서 한껏 사치를 부리고, 군주들처럼 접견실을 화려하게 꾸며놓고, 추기경 회의에 갈 때에는 마차 20~30대가 행렬을 이루고, 최소한 마부와 종복 200~300명이 수발을 든다.[22]

홉스가 비판하지 않은 유일한 추기경이 "눈에 띄지 않는" 삶을 살았던 "작고 야윈 노인"[23] 로베르토 벨라르미노*였다. 홉스가 이 사람에게 존경심을 보인 것은 뜻밖이다. 벨라르미노는 제임스 1세에 대항하여 교황을 옹호하고, 갈릴레오 갈릴레이(Galileo Galilei)를 기소하고, 교황 우위론을 주장한 대표적인 인물이다. 홉스가 벨라르미노에게 깊은 인상을 받았다는 것은 그의 이름이 〈로마론〉에 나올 뿐만 아니라, 37년 후에 쓴 《리바이어던》에도 나온다는 사실로 알 수 있다.

로베트로 벨라르미노(Roberto Bellarmino, 1542~1621년) 로마가톨릭의 성인이자 추기경. 교회박사 33명 중 한 명이며 1586~1593년에 걸친 연구 끝에 《기독교 신앙 논쟁 (Disputationes de controversiis)》이라는 역작을 남겼다.

《리바이어던》에서 홉스는 로마가톨릭에 대한 자신의 견해를 반박하는 명예를 그에게 부여한다. 이 책에서 벨라르미노는 사실상 독보적인 대접을 받고 있다. 벨라르미노는 1614년 11월 1일 '모든 성인의 날'에 열린 저녁 예배에서 홉스가 특별히 주목한 두 사람 중 하나였다. 그 당시 벨라르미노는 제임스 1세가 '화약 음모 사건'에 대한 보복으로 로마가톨릭에 억압 조치를 취한 것을 비판했는데, 이 일 때문에 홉스가 그를 주목했을 수도 있다.

'모든 성인의 날' 예배에서 홉스가 주목한 또 한 사람은 도메니코 토스코(Domenico Tosco)였다. 토스코는 교황 선거에서 바오로 5세가 타협안으로 떠오르기 전까지 유력한 교황 후보였다. 홉스가 전한 내용대로 토스코는 60표 중 45표를 얻었는데, 베드로의 의자에 앉으려는 순간 청렴하기로 이름난 바로니우스(Baronius) 추기경이 나섰다. "여러분은 입만 열면 랑고바르드족*의 천박한 말을 내뱉는 사람을 교황으로 선출하겠습니까? 부끄럽지도 않습니까?"[24] 토스코를 지지한 사람들은 그의 말투가 랑고바르드인 같을 뿐이라고 변호했지만, 바로니우스의 이의 제기가 받아들여졌다.

프로테스탄트의 '옆구리의 가시'인 교황의 방종에 대해 홉스는 이렇게 쓰고 있다. "우리가 낸 돈을 저렇게 쓰고 있는데 …… 어느 누가 교황이 돈을 받고 우리의 죄를 사해줄 수 있다고 생각하겠는가?" 《리바이어던》에도 같은 주제가 나온다. 죄는 상품이 아니라는 것이다. 죄로 인해 생긴 빚을 갚으면 구원을 얻을 수 있다는 "속죄론"을 비판하면서 홉스는 이렇게 말한다. "죄는 변상한다고 해서 없어지는

랑고바르드족(Langobards) 6세기에 이탈리아를 정복한 게르만족의 하나. 주로 금융업자, 은행가, 돈놀이하는 사람을 가리킨다.

것이 아니다. 만일 그렇다면 죄 지을 자유가 돈으로 좌우되는, 즉 사고팔 수 있는 상품이 되고 만다."[25] 신학적으로 예리한 지적이다.

〈로마론〉의 후반부에는 영국인들을 위한 충고가 들어 있다. 로마 가톨릭에 비판적인 글을 쓴 사람은 로마에 가지 마라. 홉스의 다른 충고 역시 실용적이다. 종교를 두고 논쟁하지 마라. 특히 영국 국교를 옹호하려 하지 마라. 로마의 성당에서 문제를 일으키지 마라. 영어 외에 다른 언어를 배워서 영국 사람인 것이 드러나지 않게 하라. 꼭 필요한 경우가 아니면 로마가톨릭 교인인 척하지 마라. 성(聖) 주간(부활절 전주)에는 가지 마라. 이때에는 로마의 의례에 따라 모든 사람이 "고백성사와 성체성사 따위"를 했다는 것을 증명해야 한다. 마지막으로 병이 나서 의사에게 가면 의사는 환자가 "고백성사와 성체성사"[26]를 했다는 것을 사흘 안에 증언해야 한다. 환자가 말을 듣지 않으면 환자와 그 일행은 종교 재판에 회부된다. 로마에 머무는 동안에는 아프지 말라는 뜻으로 이런 정보를 제공했을 것이다.

윌리엄의 수필 10편

윌리엄은 1615년 영국으로 돌아온 직후 아버지에게 프랜시스 베이컨 스타일로 쓴 수필 열 편을 보여드렸다. 이것은 놀라운 일이 아니다. 대륙 여행을 무사히 마쳤으니, 여비를 대준 아버지에게 고마움을 표하고, 자신이 지적으로 성장했다는 일종의 증거를 보여준 것이다. 주제 선택은 몇 해 전에 나와 큰 성공을 거둔 베이컨의 수필집 2판(1611년)에서 부분적으로 영향을 받았을 수도 있다. 부패 의회에서 베이컨과 개인적인 친분을 쌓았을 수도 있다. 윌리엄의 수필 제목은 다음과 같다.

1. 오만에 대하여
2. 야심에 대하여
3. 애정에 대하여
4. 비난에 대하여
5. 아집에 대하여
6. 주인과 종에 대하여
7. 지출에 대하여
8. 문병에 대하여
9. 죽음에 대하여
10. 역사 공부에 대하여

　일부 학자들은 윌리엄이 써서 아버지에게 바친 수필이 사실은 홉스가 쓴 것이라고 주장한다. 그러나 이것은 희망사항일 뿐이다. 베이컨과 윌리엄의 수필은 장르는 같지만 격이 다르다. 수필에 표현된 소박한 수준의 사고나 얕은 감정의 깊이를 윌리엄이 써낼 능력이 없다고 단정할 이유는 없다. 또한 윌리엄은 1611년에 〈아첨에 대한 논박(Against Flatterie)〉이라는 장편 수필을 출판한 적이 있다. 윌리엄은 이 수필을 장인에게 바쳤다. 이 수필도 홉스가 써준 것이라고 주장할 수도 있다. (윌리엄이 자신이 고용한 가정교사한테 아첨에 반대하는 글을 써달라고 부탁했다고? 일어나기 어려운 일이다.) 미국 정치철학자 레오 스트라우스(Leo Strauss)의 주장처럼 원고가 홉스의 필체로 되어 있다 하더라도, 이것은 글씨를 홉스가 썼다는 것을 말해줄 뿐이다. 그런 일은 비서에게 어울린다.

만일 그 수필 열 편을 홉스가 썼다면 20대 후반 홉스의 생각을 알 수 있는 좋은 자료가 된다. 하지만 그렇게 생각할 수 있는 근거가 없다. 《리바이어던》과 비슷한 정서와 의견이 일부 있지만 이것은 다른 사람들도 그렇게 생각할 수 있는 내용이다. 이 수필을 홉스가 썼다면 그런 진부한 수필을 쓴 사람이 어떻게 《시민론》, 《리바이어던》, 《물체론》 같은 걸작들을 쓸 수 있게 되었는지 설명해야 하는 부담이 생긴다. 그렇다고 해서 홉스가 이 수필에 전혀 손대지 않았다고 단정할 수도 없다. 그는 윌리엄의 비서이자 친구였으므로 이런저런 도움을 주었을 것이다. 문장을 다듬거나 자신의 말투로 일부 구절을 삽입하거나 혹은 자신의 생각이 반영되도록 했을 수는 있다. 수필 열 편은 윌리엄이 아버지에게 보여드리려고 쓴 것이지만 5년 후에 《한담록(Horae Subsecivae)》이라는 저자 미상의 책으로 출간되었다. 이 책에 대해서는 3장에서 다시 살펴볼 것이다.

1615년 후반부터 1620년 말까지 홉스의 행적은 알려진 것이 거의 없다. 홉스가 옥스퍼드를 떠난 이후 그리스어와 라틴어 실력이 눈에 띄게 줄었다고 한탄했다는 것은 앞에서 말한 바 있다. 홉스는 그리스어와 라틴어 실력을 되살리기 위해 극작가, 시인, 역사가의 작품들을 열심히 읽고 라틴어 작문 연습을 했다. 그의 목표는 "화려한" 문체가 아니라 "명료하고 이해하기 쉬운" 문체로 글을 쓰는 것이었다. 그가 원한 것은 자신의 생각과 문장이 "일치하도록" 쓰는 것이었다. 이러한 문체를 이상으로 여긴 태도는 후기의 과학적 열망과 잘 들어맞는다.

영국과 교황청의 힘겨루기

베네치아에 갔을 때 윌리엄과 홉스는 이탈리아 역사학자 파올로 사르피(Paolo Sarpi)의 비서 풀헨치오 미칸치오(Fulgenzio Micanzio)를 만났다. 사르피는 베네치아의 국가 신학자이자 최고 이론가로서 종교적 독립 문제를 놓고 로마와 일전을 벌이고 있었다. 로마가톨릭은 국제적 지배권을 장악할 음모를 꾸미고 있었고, 베네치아는 그에 맞서고 있었기 때문에 영국은 베네치아 편이었다. 베네치아 역시 영국에 우호적이었다. 교황권을 장악하고 베네치아를 위협하는 에스파냐가 전통적으로 영국의 적이었기 때문이다. 속담에도 있듯이 "적의 적은 동지"가 되는 법이다.

윌리엄은 영국으로 돌아온 직후부터 미칸치오와 편지를 주고받았다. 서신 교환은 몇 년간 계속되었다. 미칸치오가 윌리엄에게 관심을 보인 이유는 베네치아의 이익 때문이었던 것으로 짐작된다. 서신 왕래가 시작되었을 때 미칸치오는 45세였고, 윌리엄은 불과 25세였다. 미칸치오의 의견은 곧 그의 상전 사르피의 의견이었던 것으로 보인다. 미국의 유명한 역사학자 윌리엄 부스마(William Bouwsma)에 따르면 사르피가 미칸치오의 편지글에 "관여한 것으로 보이며," 그 내용에 "내밀히 관여한 것은 거의 확실하다."[27] 미칸치오는 다른 영국인들과도 서신을 주고받았는데, 한때 베네치아 대사였던 더들리 칼턴(Dudley Carleton) 경도 그중 한 사람이었다. 미칸치오가 윌리엄에게 보낸 편지의 내용은 제임스 1세가 영국의 대외 정책을 바꾸도록 윌리엄이 움직여 달라는 것이었다. 미칸치오는 첫 번째 편지에서 윌리엄이 "궁정에 복귀한 상태에서" 자신의 편지를 받았으면 좋겠다고 말했다.

　미칸치오는 이중 전략을 세워놓았다. 윌리엄이 제임스 1세에게 직접 영향력을 행사해주면 좋겠지만, 그렇게 하지 못하면 베이컨을 움직여볼 생각이었다. 세 번째 편지에서 미칸치오는 윌리엄에게 "프랜시스 베이컨 경을 소개해줘서" 감사하며, 베이컨 경의 "식견과 학식을 존경한다."고 말했다. 그리고 베이컨의 《수필집》을 읽고 많은 것을 배웠으며, "절로 그를 사랑하고 존경하게 되었다."고 말했다.[28] 수필과 베이컨의 또 다른 책 《학문의 진보》에 대해 칭찬을 늘어놓았지만, 책 내용에 대한 언급은 거의 없다. 베이컨의 호감을 사기 위한 외교적 발언이었던 셈이다. 미칸치오는 제임스 1세가 베네치아를 돕도록 베이컨이 움직여주기를 바랐던 것이다. 그런 외교가 통할 때가 있다. 비평을 했다가는 자칫 기회를 놓칠 수 있다. 이런저런 점이 좋았다고 말하는 것도 위험 부담이 있다. 내용을 오해한 채 칭찬을 할 수도 있기 때문이다. 그렇다고 해서 미칸치오가 베이컨을 존경하지 않았다는 말은 아니다. 두 사람 다 현학적인 것을 싫어했고, 베이컨의 사상은 오해할 우려가 없었다. 사람을 칭찬하는 이유에는 여러 가지가 있다. 칭찬의 목적이 자신의 이익을 도모하기 위한 것일 때에는 그런 식으로 칭찬하는 것도 때로는 효과가 있다.

　1615년에서 1628년 사이에 미칸치오가 윌리엄에게 보낸 75통의 편지는 번역된 글이 남아 있다. 미칸치오는 라틴어 실력이 형편없어서 이탈리아어로 쓴다고 말하는데, 그의 말은 모순처럼 들린다. 그 당시 교육받은 이탈리아 성직자가 라틴어를 못 한다는 것은 믿기 어렵다. 교황청을 야유하는 방법이었을 수도 있다. 미칸치오는 로마가톨릭 신도라기보다는 이탈리아인, 더구나 베네치아 공화국의 이탈리아

이탈리아 역사학자이자 법학자인 파올로 사르피. 베네치아 공화국의 자유를 옹호하며 교황의 특권을 강화하려는 로마가톨릭을 비판하는 데 앞장섰다.

인이었다. 미칸치오의 편지글 번역은 홉스가 했다. 편지 내용의 대부분은 30년 전쟁에서 벌인 군사 작전과 베네치아가 입은 피해, 그리고 전쟁과 관련된 정치적 음모에 관한 것이었다. 카를 폰 클라우제비츠(Carl von Clausewitz)가 '전쟁은 다른 수단을 동원하는 정치의 연장'이라고 했는데, 이 시기의 이탈리아 역사를 보면서 그렇게 생각했을 수도 있다. 윌리엄이 쓴 편지는 남아 있는 것이 없어서 특별한 경우 외에는 미칸치오에게 어떻게 답장을 했는지 알 수 없다.

　스콜라주의에 대한 홉스의 반감은 사르피의 영향 때문일 수도 있다. 사르피는 유명론자였으며, 또 유물론자였던 것 같다. 홉스와 마찬가지로 사르피는 추상적인 철학적 담론을 혐오했다. 사르피의 교회론은 《리바이어던》에 나타난 홉스의 견해와 매우 유사하다. 사르피에 따르면 나라마다 교회가 있는데 이 교회들을 떠나서는 그 어떤 가톨릭교회도 없다는 것이다.

1616년부터 1622년까지 미칸치오는 제임스 1세에 대해 당근과 채찍 전략을 구사했다. 그는 왕이 여러 면에서 훌륭하지만, 신성로마제국의 페르디난트(Ferdinand) 2세와의 전쟁 때 베네치아군을 구할 군대를 보내지 않은 것은 잘못이라고 비판했다. 1618년 30년 전쟁이 터지자 미칸치오의 비판은 한층 거세졌다. 제임스 1세는 사위 프리드리히(Friedrich) 5세가 신성로마제국의 왕이 될 수 있게 도와 달라고 부탁했을 때 도와줄 것처럼 말했지만 사실상 정신적 지원에 그쳤다. 프리드리히 2세가 곤경에 빠졌을 때에도 제임스 1세는 딸과 사위가 잉글랜드로 망명하는 것조차 막았다. (프리드리히가 처한 곤경은 다음 장에 자세히 나온다.)

페르디난트 2세가 베네치아를 괴롭히고 있었기 때문에 미칸치오는 신경이 곤두서 있었다. 그는 에스파냐가 이탈리아 전역을 정복할까봐 두려웠다. 미칸치오는 제임스 1세에게 완전히 실망했다. 1617년 5월 제임스 1세는 스코틀랜드로 가서 주교들을 만나, 스코틀랜드인들에게 영국 국교회의 기도서를 따를 것을 요구했다. 미칸치오가 보기에는 주교들도 교황과 다를 바 없었다. 1620년 미칸치오는 "영국이 로마가톨릭으로 개종할 것이고, 웨일스 공은 이미 개종했다."는 소문이 돌고 있는데, 자기는 그런 소문은 믿지 않는다고 말했다. 무서움을 감추려고 어둠 속에서 휘파람을 부는 사람처럼.

미칸치오는 베이컨에게는 전적으로 회유하는 방식으로 접근했다. 베이컨의 저서 《옛사람의 슬기(De Sapientia Veterum)》를 받고서 미칸치오는 이렇게 썼다. "이분은 정치적·도덕적·신학적 지식과 학식이 넘쳐난다. 안 읽은 책이 없는 분 같다." 식상하고 공허한 칭찬이다. 정확히 어떤 점에 감동을 받았는지는 언급이 없다. 미칸치오는 베이컨의 《수필집》을 이탈리아어로 번역해 출판하려고 동분서주했다. 하지만 그에 따르면 1618년 출간을 앞둔 시점에 어떤 "수사(修士)"가 책 내용 중 〈종교에 대하여〉 부분에 시비를 걸어 무산되고 말았다. 번역본은 그 이듬해에 출간되었다. 베이컨은 미칸치오의 찬사와 출판 노력에 사의를 표하고, 그와 서신 왕래를 시작했다. 베이컨에 대한 미칸치오의 관심과 찬사는 베이컨이 독직과 직권 남용으로 대법관직에서 해임되면서 물거품이 되고 말았다.

오랫동안 제임스 1세는 통합된 국제 기독교 공동체의 수장이 되고 싶어 했다. 이 거창한 야심의 일환으로 스팔라토(크로아티아 달마티아 주의 도시)의 대주교이던 마르코 안토니오 데 도미니스(Marco Antonio de Dominis)가 로마가톨릭교회를 이탈하여 잉글랜드로 건너왔다. 영국 국교회에서 한자리를 얻으려 했던 것이다. 달마티아는 당시 베네치아의 위성국가였다. 미칸치오는 즉시 윌리엄에게 도미니스가 "성실하기 이를 데 없는 사람"이라고 추어올렸다. 도미니스는 영국 국교회에서 기대하던 자리를 얻지 못하자 다시 로마가톨릭교회로 되돌아왔다. 1622년 무렵 도미니스의 위신은 땅에 떨어졌고, 미칸치오는 그를 "야심과 탐욕"에 눈이 멀어 "정신이 나간" 악당이라고 욕했다. 도미니스는 일신의 영화를 위해 수단과 방법을 가리지 않고 이리저리 옮겨 다닌 "사기꾼"이었다.

초대 데번셔 백작

영국에서 배척당하기 전에 도미니스는 윌리엄과 교제했다. 그러나 이 교제의 성격과 두 사람의 친밀도에 관해서는 알 수 없다. 미칸치오는 도미니스가 전해주는 말을 듣고 윌리엄이 "더 높은 지위에 올랐다"고 생각했다. 도미니스는 윌리엄과 그의 아버지 캐번디시를 혼동한 것 같다. 캐번디시는 1618년 8월 초에 초대 데번셔 백작이 되었다. 왕이 순행하는 동안 솔즈베리에는 그와 같은 귀족이 여럿 생겨났다. 솔즈베리는 홉스의 고향인 월트셔에 있는 지역이므로, 작위 수여식에 홉스도 참석했을 것이다. 캐번디시는 백작비로 1만 파운드를 냈다. 캐번디시가 작위를 산 것이 처음은 아니었다. 1605년에도 그는 아라벨라 스튜어트에게 2천 파운드를 주고 남작 지위를 얻었다. 왕이 아닌 사람이 작위를 수여하는 일은 드물었지만, 제임스 1세 치하에서는 자주 있는 일이었다. 버킹엄 공작 조지 빌리어스(George Villiers)도 작위를 받았다. 바야흐로 귀족 작위가 세일 중이었다. 1603년 엘리자베스 1세 사망 무렵에는 귀족이 60명 이하였는데, 1615년에 80명으로 늘었고, 1628년에는 120명 이상으로 늘었다.[29] 캐번디시와 같은 백작도 두 배로 늘었다. 제임스 1세는 의회에서 받은 경비를 보충하기 위해 귀족 작위를 팔았다. 귀족의 수를 무한정 늘릴 수는 없었기 때문에 제임스 1세는 준남작(baronet)이라는 새로운 작위를 만들어냈다. 준남작은 남작 아래이고, 기사 위인 작위였다. (이 작위는 베이컨의 발상이었다.) 그 작위의 가치를 유지하기 위해 200명 한정으로 신설했다. 이런 말이 유행했을지도 모르겠다. '그렇게 돈 많으면 귀족 되지 그래!' 어쨌든 캐번디시는 돈을 주고 백작 작위를 샀다.

캐번디시가 백작으로 승진할 무렵 병들고 쇠약한 월터 롤리(Walter Raleigh)가 솔즈베리에 있었다. 그의 시대는 끝나 가고 있었지만, 젊은 시절에 탐험가들의 위업에 감탄했던 홉스는 탐험가이자 반에스파냐주의자인 롤리에게 매력을 느꼈다. 이때 롤리는 가이아나의 에스파냐 식민지를 공격했다가 실패하고 귀국한 상태였다. 그는 그 일에 대해 대법관과 여러 위원회의 신문을 받았다. 그의 행동은 에스파냐 왕실과 영국 왕실 간의 혼담에 찬물을 끼얹었다. 에스파냐는 정략결혼을 통해 영국을 네덜란드와 떼어놓을 생각이었다. 롤리가 원정길에 나서기 전부터 그 원정에 항의했던 에스파냐 대사는 롤리를 처벌하라고 요구했다. 롤리는 자신의 선의를 변호할 길이 없었고, 마침내 1618년 10월에 참수되었다.

사건 하나를 소개하면서 홉스 일생의 한 시기를 마무리할까 한다. 홉스는 1630년대까지는 과학에 진지하게 관심을 두지 않았지만, 1618년 12월 중순에 나타난 혜성에는 매료되었다. 수십 년 후 그는 자신이 목격한 혜성이 길게 꼬리를 뻗으면서 날아가는 모습을 자세히 이야기했다.

그것의 머리가 불타고 있다고 생각했다. 왜냐하면 그 불로 인해 밤공기가 빛나는 것처럼 보였기 때문이다. 그때 나는 혜성이 지구에 아주 가까이 있지 않는 한, 혜성도 혜성의 꼬리도 지구의 그림자 안으로 들어올 수 없다는 사실을 떠올렸다. (태양은 궁수자리 20도에 있었고, 그 혜성은 목자자리에서 가장 큰 별인 대각성보다 더 북쪽에 있었기 때문이다.) 나는 그 이유를 알 수 없었다. 여러 지식인의 책을 읽어보았지만 의문이 풀리지 않고 오히려 커져만 갔다. 나는 혜성의 형성 과정과 본성에 대해 아무것도 알지 못한다. 알지 못할 뿐만 아니라 그럴듯한 추측조차 하지 못한다.[30]

홉스가 여러 천문학자들, 예를 들면 페터 아피안(Peter Apian), 코르넬리우스 젬마(Cornelius Gemma), 튀코 브라헤(Tycho Brahe), 크리스토프 로트만(Christoph Rothmann)의 관찰과 이론을 자세히 이야기한 것을 보면 혜성 현상을 연구해볼 생각이 있었던 것 같다. 홉스는 어느 누구도 혜성을 제대로 설명하지 못하고 있다고 결론짓는데, 여기에는 안도하는 기색이 엿보인다. 무지도 동무를 청하는 법이다.

3장

정치적 인문주의자

1621~1629년

"인간은 행운보다는 역경을 보면서
더 많은 교훈을 얻는다."

투키디데스의 저작을 읽을 때에는 두 가지에 주목하라. 진실과 화술.
진실에는 영혼이 있고, 화술에는 역사의 실체가 있다.
영혼이 없는 역사는 잔상에 불과하고,
역사의 실체가 없는 영혼은 가르침을 주지 못한다.
우리의 저자가 이 두 가지를 어떻게 녹여내는지 살펴보기로 하자.
- 〈투키디데스의 생애와 역사〉

1620년대에 홉스는 윌리엄의 비서로 일했고, 문학적 역량을 쌓았으며, 역사 지식을 늘려 갔다. 홉스는 비서로서 윌리엄을 도왔다. 윌리엄은 더비셔 주지사였고, 1621년과 1624년에는 하원의원이었고, 버지니아 회사의 주주였다. 또한 홉스는 라틴어와 그리스어를 공부했고, 투키디데스의 《펠로폰네소스 전쟁사》를 번역했고, 최소한 한 편이상의 장편 시와 여러 편의 수필을 썼고, 한때 베이컨의 비서로 일하기도 했다. 이 활동들이 3장의 주제이다.

《한담록》 저자 논쟁

1620년에 《한담록》이라는 작자 불명의 수필집이 출판되었다. 이 책은 두 부분으로 나뉘어 있는데, 1부는 '관찰'이라는 제목 아래 단편 수필 12편이 들어 있다. 이중 10편은 윌리엄이 1615년에 아버지에게 바친 10편의 수필과 거의 같다. 나머지 두 편 〈시골 생활에 대하여〉와 〈종교에 대하여〉는 이 책에 처음 실렸다. 이 수필들의 저자로 윌리엄, 그레이 브라이지스 찬도스(Grey Brydges Chandos) 경, 윌리엄의 형 길버트(Gilbert), 프랜시스 베이컨, 홉스 등 여러 사람이 거론되었다.

앞장에서 말한 것처럼 윌리엄이 저자일 가능성이 가장 높다. 2부는 '논설'이라는 제목 아래 장편 수필 4편이 들어 있다. 그중 하나는 윌리엄이 장인 브루스 경에게 1611년에 바친 〈아첨론〉과 비슷하다. 나머지 세 편은 앞장에서 소개한 〈로마론〉, 〈타키투스의 글머리에 대한 논평〉(이하 〈타키투스론〉), 〈법률론〉이다. 이 수필들의 저자에 관해서도 논란이 있다. 학자들은 대체로 홉스를 저자로 여긴다. 그렇게 볼 수 있는 근거들이 있다. 세 편의 문체가 서로 같고, 홉스의 다른 저작과 비슷하며, 내용이 홉스의 경험이나 관심사와 일치하고, 이 수필들이 윌리엄에 의해 출판되었다는 점 등이다. 그러므로 홉스와 다툴 수 있는 다른 후보자는 없다. 또한 윌리엄과 홉스가 그 수필들을 나누어 썼다면 왜 익명으로 출판했는지 쉽게 이해가 간다. 아무리 친구라 하더라도 귀족이 자신의 하복과 공저자가 된 전례는 없다. 그러나 홉스의 운문 자서전에는 이와 관련된 내용이 없다. 홉스는 윌리엄과 함께 보낸 시간을 아련하게 회상하면서, 윌리엄을 친구라고 언급하면서도 자신이 그 책의 수필 일부를 썼다고 언급하지 않는다. 홉스가 글의 품질을 부끄럽게 생각했을 수도 있다. 그렇다면 공저자라고 말하고 싶지 않았을 것이다. 또 하나 이상한 점은 윌리엄과 미칸치오의 서신 내용이다. 미칸치오가 베이컨의 수필을 칭송했다는 사실을 알고 있으면서 윌리엄은 왜 자신의 수필에 대해 일언반구도 없었을까?

〈로마론〉은 2장에서 살펴보았으므로 여기에서는 나머지 두 편인 〈타키투스론〉과 〈법률론〉만 살펴보겠다. 이 두 편은 넓은 의미에서 정치에 관한 글이다. 이 두 편은 〈로마론〉을 쓴 다음에 쓴 것 같다. 여행담은 여행을 마친 직후에 썼을 가능성이 크고, 나머지 두 편의 주제는 1620년대 홉스의 관심사와 일치하기 때문이다. 그러나 〈타키투스론〉이 〈로마론〉 앞에 나오기 때문에 이것이 먼저 쓴 것일 수도 있다.

〈타키투스론〉과 〈법률론〉의 지적 가치에 관해서는 의견이 갈린다. 두 편 모두 일품이라는 의견이 있는 반면에, 실망스럽기 짝이 없다는 의견도 있다. 나는 후자 쪽이다. 2장에서 말한 것처럼 이런 형편없는 글을 쓴 사람이 어떻게 《시민론》과 《리바이어던》 같은 대작을 쓸 수 있는지 이해하기 어려울 정도이다. 홉스가 30대 초반에 〈타키투스론〉을 쓰고 50대 초반에 《시민론》을 썼다는 사실, 나는 이것이야말로 성인 교육의 필요성을 말해주는 강력한 증거라고 생각한다.

두 수필의 수준이 낮다고 해서 읽어볼 필요가 없다는 말은 아니다. 이 수필들은 홉스가 로마 역사가의 판단과 투키디데스의 판단을 어떻게 비교하는지를 보여준다. 홉스는 투키디데스를 역사상 최고의 역사가로 생각했다. 또한 이 수필들은 1616년과 1620년 사이에 홉스가 지적으로 어떤 수준이었는지를 보여준다.

〈타키투스론〉의 홉스적 주장과 비홉스적 주장

〈타키투스론〉부터 살펴보자. 이 수필은 마치 학교 과제 같다. 짐작컨대 라틴어 실력을 키우기 위해 쓴 것으로 보인다. 또한 고대사 공부를 하면서 정치에 관심이 커진 것과도 관계가 있을 것이다. 몇 년 후 홉스는 투키디데스의 《펠로폰네소스 전쟁사》를 번역한다. 투키디데스에 대한 홉스의 사랑이 성숙한 것이었다면, 타키투스에 대한 관심은 젊은 시절의 풋사랑 같은 것이었다.

타키투스는 16~17세기에 인기 있던 고대 로마의 역사가였다. 구세계는 붕괴했지만 이를 대체할 새 질서는 보이지 않았기에 타키투스의 냉소주의와 현실주의와 회의주의는 사람들에게 호소력이 있었다. 후기 튜더 왕조와 초기 스튜어트 왕조에서 타키투스의 영향력이 컸다. 엘리자베스 1세도 그의 작품을 읽었고, 제임스 1세도 《통치술에 관한 교훈》 1603년판에서 타키투스를 언급했다. 헨리 왕자와 찰스 왕자도 타키투스를 읽었다. 프랜시스 베이컨도 타키투스가 뛰어난 역사가이자 문장가라고 평가했다. 베이컨은 타키투스에 대해 "예리하고, 간결한 문체", "꾸밈없는 문체"라고 칭찬했다. (홉스는 "화려한" 문체가 아니라 "명료하고 이해하기 쉬운" 문체를 습득하려 했는데, 이러한 열망은 타키투스에게 직접 영향받은 것일 수도 있고, 베이컨에게 영향받은 것일 수도 있다.) 홉스의 친구 벤 존슨도 희곡 〈세야누스(Sejanus)〉(1603년)를 타키투스의 문체로 썼다. 캔터베리 대주교 윌리엄 로드(William Laud)도 처형당하기 직전에 타키투스를 인용했다.[1] 홉스가 제임스 1세와 베이컨과 존슨을 존경했다는 사실과 당시의 문화적 환경에 비추어볼 때, 홉스가 타키투스를 읽고 타키투스에 대해 뭔가를 썼다는 것은 놀라운 일이 아니다. 그렇다고 해서 타키투스가 홉스에게 큰 영향을 끼쳤다고 생각해서는 안 된다. 타키투스의 정서가 어느 정도 《리바이어던》에 스며들어 있기는 하지만, 오히려 그 반대의 증거가 더 많다. 타키투스는 홉스가 젊은 시절에 일시적으로 관심을 두었던 역사가였을 뿐이다. 홉스는 논평 작업을 거의 못한 채 중단한다. 반면에 20만 자가 넘는 투키디데스의 《펠로폰네소스 전쟁사》는 완역한다. 그 이후에는 타키투스에 대한 언급이 없다. 말년에 딱 한 번 언급했을 뿐이다. 홉스가 말년에 이르기까지 타키투스를 언급하지 않은 이유는 타키투스가 공화주의자 편이었기 때문이다.

〈타키투스론〉은 《연대기》의 첫 문장으로 시작한다. "Urbem Romam

a principio Reges habuere." 홉스는 이 문장을 "로마 시는 처음에 왕들에 의해 통치되었다."라고 번역한다. 글자 그대로 번역하면 "왕들이 처음에 로마 시를 통치했다."가 되는데, 홉스의 번역이 더 낫다. 왜냐하면 타키투스가 "Urbem Romam(로마 시)"로 문장을 시작함으로써, 이야기의 초점이 왕이 아니라 로마 그 자체에 있다는 것을 보여주기 때문이다. 홉스의 논평에서 한 가지 실망스러운 점은 타키투스의 수사법적 특징에 대해서 아무런 언급이 없다는 점이다. 이 당시 홉스가 수사법에 강한 흥미를 느꼈다면 왜 언급이 없었겠는가?

홉스는 〈타키투스론〉의 주제를 여섯 가지로 설정한다. (1) 로마 정부의 형태들, (2) 역사가에게 적합한 품성, (3) 아우구스투스가 권력을 장악한 방법, (4) 후계자 지명의 이점, (5) 아우구스투스의 아내 리비아*가 자녀들을 양육한 방법, (6) 아우구스투스 사후에 일어난 일들. 원대한 연구 주제들이었지만 애당초 성공하기 어려운 계획이었다. 홉스는 타키투스의 글이 시작되는 문단의 한 문장 혹은 한 구절을 인용하고 그 구절을 논평하는 방식으로 글을 써 나갔는데, 이런 방식을 쓰면 인용한 문장 혹은 구절에 의해 수필의 구조가 결정되기 때문이다. 미숙한 작가, 혹은 자료를 충분히 소화하지 못한 작가들이 이런 방식으로 글을 쓴다. 처음 10개 절에 인용된 문장은 다음과 같다.

– 로마 시는 처음에 왕들에 의해 통치되었다.

리비아(Livia) 티베리우스(고대 로마의 2대 황제 티베리우스의 아버지)의 아내였으나, 로마의 1인자였던 옥타비아누스(나중에 아우구스투스가 된다)가 리비아의 미모에 반하여 강제로 이혼시키고 결혼했다. 맏아들 티베리우스와 둘째 아들 드루수스는 아버지 티베리우스가 양육했으나, 티베리우스가 9살 때 아버지가 죽어 옥타비아누스와 리비아와 같이 살게 되었다.

- 루키우스 브루투스(Lucius Brutus)가 가져온 자유와 집정관제.
- 독재자는 선택되었다. 그러나 가끔 그러했다.
- 10인 위원회(Decemviri)는 2년을 넘기지 못했다.
- 군단 사령관들에 대한 집정관의 권력도 오래가지 못했다.
- 킨나(Cinna)와 술라(Sulla)의 지배는 오래가지 못했다.
- 폼페이우스(Pompeius)와 크라수스(Crassus)의 권력은 곧 카이사르에게 넘어갔다.
- 레피두스(Lepidus)와 안토니우스(Antonius)의 병력은 아우구스투스의 손에 들어갔다.
- 내란으로 국가가 혼란에 빠졌을 때, 통치권을 장악하여 군주가 되는 자.
- 그러나 저명한 작가들은 고대 로마인들의 번영과 불운을 모두 기록했다.

이런 주제에 대한 논평은 재미가 있으려야 있을 수 없다. 이 문장들이 알려주는 것과 이를 통해 홉스가 말하고자 하는 바는 큰 줄기의 역사가 아니라 거기에 붙어 있는 가지일 뿐이다.

내가 이 수필들의 지적 수준을 낮게 평가한다고 해서 이 수필들이 가치가 전혀 없다는 말은 아니다. 경구(警句) 투로 쓴 일부 문장은 아주 인상적이다.

- 고칠 수 없는 군주의 결점에 주목하는 것은 군주의 위엄에 반한다.
- 아우구스투스는 야생마를 길들이는 것처럼 국가를 대해 왔다. 우선 때려서 지치게 만든 다음 그림자에 놀라지 않게 돌보고, 안락의

희망을 품게 하고, 식량을 준다. 그리고 이제 국가 위에 점잖게 올
라탄다.

– 두툼한 지갑, 근사한 뇌물이 명분을 가져왔다. 정의는 보이는 것이
아니라 느껴지는 것이었다. 좋은 뇌물은 그들의 최고 옹호자였다.

– 희망은 인간의 욕망을 격려한다.[2]

이 경구들은 타키투스의 말이거나, 혹은 최소한 타키투스의 정서
를 반영한 말이다. 이러한 정서는 《리바이어던》에서도 찾아볼 수 있
다.

자기와 대등하다고 여기는 사람에게 자기가 보답할 수 있는 것 이상
의 큰 은혜를 입은 경우, 겉으로는 사랑하는 척하지만 실제로는 남몰래
증오하는 마음을 품게 된다. 이런 경우 그 사람은 절망적인 채무자의
상태가 된다. …… 은혜는 곧 채무이며, 채무는 속박이기 때문이다. 그
리고 변제 불가능한 채무는 영속적 속박이다. 상대가 자기와 대등한 사
람일 경우에는 증오의 대상이 된다.

나는 홉스의 타키투스 번역문을 읽기 전까지는 이 주장을 참으로
의아하게 생각했다.

은혜가 (보답할 수 없을 만큼) 과도할 경우, 견디기 힘든 부담이 된
다. 그래서 그 은혜에 보답하기 싫어진다. 자기가 결코 변제할 수 없다
는 것을 알고 있으면서 그러한 채무를 안게 된 사람은 절망적인 상태에
빠진다. …… 그러므로 큰 도움은 도움을 받은 사람의 사랑이 아니라

오히려 증오를 초래하기 쉽다.[3]

한 가지 예를 더 보자. 《리바이어던》에서 홉스는 이렇게 말한다. "자신이 속죄할 수 없는 해를 가했거나 해를 가한 것을 속죄할 의사가 없는 경우 가해자는 피해자를 증오하기 쉽다. 왜냐하면 가해자는 복수를 당할 것을 각오하거나 용서를 기대해야 하는데, 둘 다 하기 싫은 일이기 때문이다." 〈타키투스론〉에서 홉스는 이렇게 말한다. "자기가 해를 끼친 사람을 증오하는 것이 인간의 본성이다. 오히려 자기가 은혜를 베푼 사람을 사랑하게 된다." 타키투스의 문장은 이렇게 번역되어 있다. "은혜는 받은 자의 사랑이 아니라 베푼 자의 사랑을 불러일으킨다. …… 자기가 피해를 준 사람을 증오하는 것이 인간의 본성이다. 인간은 오히려 자기가 은혜를 베푼 사람을 사랑하게 된다."[4]

후일 홉스의 정치 사상에 비추어보면 〈타키투스론〉에 나타난 그의 견해는 정말 놀랍다. 홉스는 이렇게 말한다. "어느 나라에서나 최초의 정부 형태는 우연적이다."[5] 그러나 《법의 원리》(1640년)에 가서는 민주주의가 코먼웰스의 최초의 형태이자 가장 불안정한 형태라고 말한다. 또한 모든 정치적 저작에서 홉스는 군주정이 최선의 형태라고 주장한다. 홉스는 정부가 반드시 군주정이어야 할 필요는 없다는 것을 알고 있었다. 그러나 후기의 정치적 저작 어디에서도 군주정을 우연이라고 말한 적은 없다. 오히려 군주정이 가장 안정된 정부 형태이므로 대부분의 정부가 군주정이라고 말한다. 로버트 필머(Robert Filmer) 같은 왕정주의 이론가들은 고대에 군주정이 압도적으로 많은 이유는 그것이 최초의 정부 형태이고, 궁극적으로 정당화할 수 있는 형태이기 때문이라고 주장한다. 군주정을 여러 정부 형태 중 하나로 본 존 로크(John Locke)조차도 군주정을 최초의 정부 형태로 당연하게 받아들였다. 〈타키투스론〉 후반부에서 홉스는 군주들을 폄하한다. 역사가들이 검열을 피하기 위해 군주들의 악행을 감출 수밖에 없었다는 것이다.

그러나 〈타키투스론〉에서 홉스가 군주정 반대론을 편 것은 아니다. 홉스는 로물루스를 로마 최초의 왕으로 인정하고 왕위 계승자들을 열거한 다음, 사사로운 분쟁으로 인해 타르퀴니우스 수페르부스(Tarquinius Superbus)가 암살당한 후 집정관 통치가 등장했다고 설명한다. 그리고 로마인들은 군주정 시대에 만족하지 않았지만, 공화정 시대에도 만족하지 않았다고 말한다. 군주정이 다른 정부 형태보다 더 나쁘지 않다는 것이다. 백성들은 통치하기 어렵고 좀처럼 만족할 줄 모른다. 홉스는 로마인들이 민주정이라고 생각한 정부들이 사실은 과두정이었다는 취지로 말한다. 《리바이어던》에서도 그렇게 말한다.

〈타키투스론〉에서 홉스는 자유에 대해 호의적인 주장을 펴는데, 이런 주장은 전혀 홉스답지 않다. 홉스는 아우구스투스가 권력을 잡은 순간부터 로마인들이 "자유"를 잃어버렸다고 말한다. 그리고 '말과 사냥꾼과 사슴'의 우화를 소개하면서, 자유의 상실이 재앙이었다고 말한다. 말이 사슴을 이기기 위해 사냥꾼에게 왔더니 사냥꾼이 목에 굴레를 씌웠다. 말은 "그 후로 예전의 자유를 결코 되찾을 수 없었다." 홉스에 따르면 시민들을 보호한다는 구실을 내세우며 한 사람이 국가의 모든 군사력을 통솔하도록 허락한 것이 로마인들의 실수였다. 군권을 장악한 아우구스투스는 군사를 동원해 "우리를(!) 파괴"함으로써 자신의 지위를 높이고자 했다. 그러나 후기의 정치적 저작에서 홉스는 군사력의 독점이 주권의 본질 속에 들어 있다고 일관되게 주장한다. 왕정 복고 기간에 쓴 《비히모스》에서는 군대가 의회와 찰스 1세에게 양분되어 있었기 때문에 내전이 발생했다고 말한다. 《리바이어던》에서도 자유에 대한 대접은 박하다. 홉스는 국가 없는 시민들이 그 어떤 국가의 시민들보다 더 자유롭다고 단언한다. "오늘날에도 루카 시*의 성탑에는 자유(Libertas)라는 단어가 크게 씌어 있다. 그렇다고 해서 루카의 시민이 콘스탄티노플의 시민보다 더 많은 자유를 누리고 있다거나, 코먼웰스를 향한 봉사를 면제받고 있다고 추론할 수는 없다. 군주정에서나 민주정에서나 국민이 누리는 자유는 같다."[6]

〈타키투스론〉에는 비(非)홉스주의적 주장과 홉스주의적 주장이 뒤섞여 있다. 예를 들면 한 문장에서 홉스는 자유를 찬양하면서 동시에 내전을 비난한다. 어떤 나라들은 다른 나라보다 더 자유롭다고 생각하여 전제 정치라는 말을 거리낌 없이 거론한다. 그러나 후기의 홉스는 '전제 정치'라는 말을 그런 식으로 사용하지 않는다. 그에 따르면 군주정이 최선의 정부 형태이다. '전제 정치'와 '군주정'은 같은 것을 일컫는다. 용법이 다를 뿐이지 의미는 같다. 화자가 군주정을 부정적으로 일컬을 때 '전제 정치'라고 한다는 것이다.

전제 정치가 나쁜 이유는 법치가 아니라 인치(人治)이기 때문이다. 젊은 홉스는 그렇게 생각했다. 그는 "법보다 힘센 위인들이 생겨나

루카(Lucca) 시 이탈리아 중부 토스카나주 북서쪽에 있는 도시. 12세기에 자치 도시로서 번영했으나, 그 뒤 피렌체에 의해 점차 쇠퇴하다가 1860년 이탈리아 왕국에 합병되었다.

는" 상황을 개탄했다. 홉스는 권력은 오직 법을 집행할 목적으로만 강제력을 지닐 수 있다고 생각했다. 법이 독립적으로 존재한다고 생각한 것 같다. 홉스는 속담 하나를 냉소적으로 인용한다. "법은 거미줄과 같다. 작은 날파리들만 잡는다."[7] 그러나 《리바이어던》의 나이든 홉스는 사람이 아니라 법에 의한 통치라는 것이 도대체 말이 되느냐고 비웃는다. 주권자만이 법을 만들고, 주권자가 말하는 것이 곧 법이라는 것이다.

홉스는 자유의 상실을 비난하는 것과 같은 강도로 내전을 비난한다. 내전은 국가에 일어날 수 있는 최악의 사태라는 것이다. 내전으로 이득을 볼 자는 "낭비벽이 극심한 자들뿐이다. 이들은 교수형을 당할 염려 없이 채권자들의 목을 치러 다니는데, 평화 시에는 법과 정의의 칼이 이들을 상대로 하여 무서운 전쟁을 치른다."[8] 후기의 정치적 저작과 비교해보면 이러한 정서에 이론적 토대는 없다. 젊은 홉스가 내전을 비난하고 있긴 하지만, 이 비난은 1640년대 홉스의 세계관과는 잘 맞지 않는다.

《리바이어던》에서 홉스는 복종이 모든 백성의 주요한 미덕이라고 주장한다. 그래야 안정이 확보된다는 것이다. 유대기독교 전통에 따르면 죄의 본질도 결국 불복종이다. 아담과 이브가 금단의 열매를 먹자 그들과 자손에게 재앙이 내렸다. 하느님에게 불복종했기 때문이다. 반면에 젊은 홉스는 반항적인 모습을 보여준다. 〈타키투스론〉에서 그는 복종의 미덕을 훨씬 더 낮게 평가한다. 복종은 한 군주의 백성이 된 자들에게만 "최고의 미덕"이라고 비웃는다. 군주정에서는 이미 백성들이 자유를 상실했기 때문에 복종이 주요한 미덕이라는 것이다. 군주정 아래에 있는 백성들은 "오로지 섬기는 법을 배워야 하는

데, 그중 으뜸이 순종이다."[9]

《리바이어던》에서 홉스는 두 주인을 섬길 수는 없다고 말한다. 종교적 권력과 세속적 권력을 분리하려는 장로파들의 주장을 염두에 둔 말이었다. 두 주인을 섬기는 문제는 〈타키투스론〉에도 잠깐 나온다. 로마가 통치의 위기에 직면한 것은 리비아와 그녀의 두 아들이 권력을 나누어 가졌기 때문이라고 말한다. "한 주인을 잘 섬기기는 어렵다. 둘 혹은 그 이상의 주인을 섬기기는 불가능하다. 그들 사이에 경쟁이나 질투가 있거나 (그들 중 하나가 여인이라는 사실은 차치하고) 혹은 그럴 가능성이 있을 때에는."[10]

타키투스에 대한 논평과 〈로마론〉을 근거로 삼아 홉스를 마키아벨리주의자로 보는 시각도 있다. 확실히 그런 오해를 받을 만한 구절이 있다. 예를 들면 이런 구절이다. "아무런 준비도 없이 자유 국가를 군주정으로 바꾸고, 단번에 자유를 빼앗아 백성들이 졸지에 노예가 되었다고 느끼도록 만드는 것은 결코 지혜로운 일이 아니다. 백성들이 그것을 잘 받아들일 수 있도록 사전에 마음의 준비를 시켜야 한다." 이런 진술은 마키아벨리의 현실주의와 일치한다. 하지만 그뿐이다. 그 외에 마키아벨리와 같은 점은 눈을 씻고 봐도 없다.

〈법률론〉, 법의 본질을 제시함

《한담록》의 나머지 수필 한 편은 〈법률론〉인데, 이 역시 홉스가 저자인 것으로 보인다. 이 글은 법의 본질과 기본 형태에 관한 것이다. 홉스는 법이 "옳고 그름을 판별해주는 확실하고 완벽한 규칙"이라고 말한다. 홉스는 로마법의 역사와 발전 과정을 간략히 소개하면서 법이 반드시 명령은 아니라고 말한다. 보통법이 법의 지위를 얻게 된 것은 필요성 때문이다. "고대의 관습에 기초를 둔" 것이라는 사실이 보통법이 필요했음을 말해준다.[11] 《리바이어던》에서는 다르게 말한다. 법은 명령인데, 자연법은 하느님의 명령이므로 진정한 법이고, 시민법은 주권자의 명령이므로 법이라는 것이다.

〈법률론〉에서 "확실하고 완벽한 규칙"이라는 말이 무슨 뜻인지는 분명하지 않다. 이 규칙은 인간의 의지와는 무관한 객관적인 성격을 지니고 있다는 뜻 같기도 하다. "옳고 그름을 판별해"준다고 하니 말이다. 정의(正義)에 대한 언급도 이와 유사하다. 정의는 "우리가 통일과 평화를 얻도록 우리를 묶어주고 모든 폭력과 불법적 수단을 쫓아버리는 진정한 매듭이다. 그렇게 하지 않으면 멋대로 행동하게 된다."[12] 이 주장 또한 논리적으로 정의가 정부에 선행한다는 인상을 준다. 이러한 초기의 주장은 《리바이어던》의 주장과는 다르다. 《리바이어던》에서 정의는 인위적인 것, 즉 정치적 사회의 건조물이다. 시민 사회에서 선악은 법률에 의해 규정된다. 그리고 법률은 주권자의 선택이다. 계약의 준수가 정의이며, 계약의 파기가 불의이다. 자연 상태에서는 신의 계약(covenant)이 있다 하더라도 정의 같은 것은 없다.

〈법률론〉에서 홉스는 불의에 단호한 태도를 취한다. 위법 행위가 발생한 경우에 "이 세상 혹은 피해자가 배상받을 수 있는 길은 가해자의 처벌밖에 없다." 처벌이 필요한 이유는 "사람들이 정당하고 합법적인 행동을 하도록 장려하고 무뢰한들의 악행 의지를 꺾어놓기 때문이다. 이들은 오직 처벌의 공포에 의해서만 억누를 수 있다." 처벌이 없으면 "악한들이 사악한 수단으로 막대한 재산을 얻고 위세를 부리게 된다. 이런 일이 벌어지면 정직한 사람들은 낙담하게 되고, 공중

(公衆)을 위해 일할 의지도, 힘도, 믿음도 없어진다."[13] 어떤 목사가 왕 앞에서 이런 내용의 설교를 했을 수도 있다.

홉스의 지적 성장과 관련하여 〈법률론〉에서 가장 중요한 점은 주권자보다 법이 먼저라는 사실이다. 법은 "위대하고 절대적이다. 법이 없으면 인간은 비이성적 동물과 다를 바 없다."

(법은 사실상) 우리가 섬겨야 할 군주요, 따라야 할 선장이며, 올바른 행동과 처신을 알려주는 규칙이다. 법은 우리의 안전과 평화를 지켜주는 보루요 요새이다. 법이 있기에 불의가 없다. 법에 따라 사람들은 선량해지고 행복해진다. 범법자에 대한 처벌은 임의적인 것이 아니라, 그럴 수밖에 없는 필연적인 것으로 보인다.[14]

《리바이어던》에서는 군주와 법의 우선순위가 바뀐다. 법은 군주(주권자)의 명령이므로, 군주가 없으면 법도 없다. 그가 신성한 군주(하느님)이든 인간 군주이든, 그리고 군주가 만든 법이 무엇이든 군주가 무효화할 수 있다.

후기의 정치적 저작에 나타나는 핵심적인 개념인 자연법에 대한 언급은 〈법률론〉에서 찾아볼 수 없다. 홉스는 대신 이렇게 말한다. "코먼웰스와 인민들의 조직이 딛고 서 있는 기본법이 있다. …… 이 법은 어떤 경우에도 변경이 허락되지 않는다." 그러나 홉스는 대부분의 법은 시간이 흘러가면 변한다는 것도 알고 있었다. 시간이 "최고의 개혁가"이기 때문이다.[15] 상황이 변했는데도 옛 법을 그대로 두는 것은 곧 변화를 초래하는 일이다. 옛 법은 예전 상황을 규율하는 데에만 의미가 있기 때문이다. 법은 고대 로마에서 군주의 의지와 명령으로 시작되었다. 나중에 일련의 규정으로 성문화되었고, 대부분의 나라에서 이러한 규정이 강제력을 띠게 되었다. 영국의 시민법은 보통법과는 달리 로마법에 근거를 두었다.

복잡한 국제 문제, 1620~1628년

1620년대 윌리엄의 정치 활동과 홉스의 관심사는 윌리엄과 미칸치오가 1628년까지 주고받은 편지에 잘 나타나 있다. 1620년에 보낸 미칸치오의 편지는 두 가지 문제를 다루고 있다. 하나는 사르피의 책 《트리엔트 공의회의 역사》를 잘 받았다는 것이다. 이 책은 로마가톨릭교회의 이중성과 오류를 적나라하게 드러냈다. 예상되는 일이지만 로마에서는 이 책을 맹렬히 비난했다. 또 하나는 약간 설명이 필요한데, 프리드리히의 운명에 관한 것이었다. 프리드리히는 제임스 1세의 사위이자 당시 팔리틴(독일 남서부의 라인팔츠 지방)의 선제후였다. 프리드리히는 몇몇 프로테스탄트 반란자들의 부추김을 받아 신성로마제국의 황제가 되고자 했다. (가장 강력한 경쟁 상대는 에스파냐가 밀고 있는 로마가톨릭교도 페르디난트 2세였다.) 프리드리히는 명분도 약했고, 군대도 약했다. 그런데도 황제 자리를 탐낸 것은 장인이 군사적으로 도와줄 것이라 기대했기 때문이다. 제임스 1세가 보낸 것은 군대가 아니라 약속이었다. 신성로마제국의 황제가 되려 한 프리드리히의 꿈은 1620년 화이트산(White Mountain) 전투에서 패함으로써 깨지고 말았다.

미칸치오의 두 관심사, 즉 사르피의 책과 프리드리히의 불행은 관련이 있었다. 로마가톨릭에 대한 사르피의 지상(紙上) 공격은 성공적이었지만, 프리드리히의 군사 공격은 성공하지 못했다. 미칸치오는 편지에서 베네치아는 자기 몫을 하고 있는데, 영국은 제 할 일을 하지 않는다고 말했다. 제임스 1세는 프리드리히를 돕기 위해 군대를 보낼 것처럼 말했지만, 약속을 지키지 않았다. 제임스는 애인이었을 뿐 전사(戰士)는 아니었다.

미칸치오는 제임스 1세가 프리드리히를 도와줄 것인지 알고 싶었다. 그는 왜 왕이 가만히 있는지 이해할 수 없었다. 프리드리히가 절망적인 상태에 처하자 미칸치오는 영국이 로마가톨릭으로 개종할 것이며 웨일스 공은 이미 개종했다는 소문이 돈다고 하면서, 자기는 이런 소문을 믿지 않는다고 했다. "제발 헛소문이라고 말해 달라."고 간청하는 듯한 말이었다.

1621년 1월 제임스 1세는 새 의회를 소집했다. 버킹엄 공작과 에스파냐파는 반대했지만, 제임스 1세는 재정적인 이유로 의회 소집이 필요하다고 생각했다. 미칸치오는 비관적으로 전망했지만, 윌리엄은 낙관적으로 보았다. 누가 보더라도 기대할 것이 없는 상황에 이른 후에도 윌리엄은 오랫동안 사태를 낙관적으로 보았다. 5월에 윌리엄은 미칸치오에게 편지를 보내 베이컨이 대법관직에서 파면되었다고 말했다. 윌리엄은 의회에 여전히 낙관적이었고, 미칸치오는 여전히 비관적이었다. 베이컨은 그 후 다시 공직으로 돌아오지 못했지만, 미칸치오는 베이컨에 대한 관심과 존경심을 버리지 않았다. 윌리엄에게 보낸 편지 말미에는 늘 베이컨에게 안부를 전해 달라는 말이 들어 있었다.

프리드리히가 더욱 절망적인 상황에 이르렀을 때, 제임스는 정회 상태이던 의회를 다시 소집했다. 1621년 11월이었다. 그는 런던에 머무르지 않고 뉴마켓(Newmarket)으로 놀러갔다. 제임스는 뻔뻔하게도 프리드리히 군사 지원비를 하원이 승인해줄 것이라고 기대했다. 제임스를 불신하는 하원은 한 푼도 줄 생각이 없었다. 의원들은 제임스를 정확히 보고 있었다. 팔라틴을 구하기 위해 에스파냐와 싸우면서, 에스파냐와 친구가 된다? 잉글랜드에서 로마가톨릭을 수용하면서, 유럽 대륙에서는 박살 낸다? 이것이 어찌 가능하겠는가? 그리고 어떻게 아들을 에스파냐 왕녀와 결혼시킬 생각을 할 수 있을까?

12월에 하원은 제임스의 정책에 대한 거부 의견을 서면으로 제출했다. 격노한 제임스는 의회를 해산하기로 결심했다. 그는 추밀원에서 자신의 결심을 선언하고, 의회 의사록을 가져오도록 했다. 그는 의사록 중에 "항의"가 기재된 페이지를 갈기갈기 찢어버리고, 곧 의회를 해산했다. 의회 해산 소식을 들은 미칸치오는 처음부터 기대하지 않았다고 말했다. 그는 제임스가 찰스와 에스파냐 왕녀를 결혼시키려 한 것이 실패의 가장 큰 원인이라고 지적했다.

제임스에 대한 불만은 오랫동안 누적된 것이었다. 그렇다면 윌리엄이 왜 그토록 낙관적이었는지는 설명하기 어렵다. 베네치아의 불행을 불구경하듯이 즐기지 않았다면 말이다. 의회가 해산되고 얼마 지나지 않아 윌리엄은 더비셔의 영지로 돌아왔다. 이로 인해 편지 왕래는 잠시 중단되었다. 미칸치오는 윌리엄의 침묵에 불안해했다. 편지 왕래가 재개되었을 때 미칸치오는 윌리엄의 정세 분석이 매우 예리했다고 칭찬했다. 그러나 여전히 윌리엄이 너무 낙관적이라고 생각했다. 그는 에스파냐가 더 강하다고 보았기에 베네치아와 영국은 곤경에 빠질 것이라고 확신했다. 미칸치오는 말로는 영국의 평화에 큰 문제가 발생하지 않길 바란다고 했지만, 이 말을 뒤집어서 생각해보면 유럽 전역이 전쟁 상태에 빠졌는데 영국이라고 무사하겠느냐고 걱정하고 있었던 것이다.

이 무렵 비꼬는 유머를 낳은 사건이 있었다. 바오로 5세를 계승한 교황 그레고리오 15세는 예수회 출신이었다. 그는 자신의 위엄을 세우기 위해 예수회가 숭앙하던 인물들, 예컨대 이그나시오 로욜라(Ignacio Loyola), 필리포 네리(Filipo Neri), 프란시스코 하비에르(Francisco Xavier) 등을 시성(諡聖)했다. 건물 붕괴 사고가 발생했을 때, 예수회 수사들은 자신들이 신성한 소명을 수행하고 있으므로 기적이 일어날 것이라 기대했다. 그러나 유감스럽게도 한 명이 사망하고, 여덟 명이 다쳤다. 처음에는 사상자 전원이 예수회 수사인 것으로 알려졌고, 이 사고에 대한 신앙적인 설명은 없었다. 그러나 나중에 사망한 사람이 프로테스탄트인 것으로 보이자 예수회 수사들의 사기는 치솟았다.

홉스는 미칸치오의 편지를 번역하는 일 외에 윌리엄의 정치 활동에도 관여했다. 이러한 사실은 로버트 메이슨에게 받은 편지를 보면 알 수 있다. 케임브리지대학 성 요한 칼리지 출신인 메이슨은 훗날 버킹엄 공작의 비서가 되었다. 잡담하듯이 편한 문체로 쓰인 이 편지에 미칸치오가 말했던 국제 문제에 관한 소문이 언급되어 있다. 메이슨은 호러스 비어(Horace Vere) 경에게 공감을 표했다. 비어 경은 프리드리히를 돕기 위해 파견된 영국 자원봉사단의 지도자였다. 이 편지를 보면 떠도는 소문들에 대해 홉스가 메이슨보다 더 신중한 태도를 보인다는 것을 알 수 있다. 메이슨은 "여섯 다리, 일곱 다리, 혹은 열다섯 다리 건너" 전해진 소문들을 전하면서 이렇게 말한다. "나와 함께 자유를 얻자. 내가 네 편인 거 알잖아."[16]

정치에 관심이 있는 젊은이들이 흔히 그러하듯이, 메이슨과 홉스도 전투보다는 외교적 음모에 더 관심이 많았던 것 같다. 로마가톨릭의 에스파냐인들은 웨일스 공 찰스와 에스파냐 왕녀의 결혼을 추진했다. 둘이 결혼하면 제임스가 프로테스탄트 사위를 군사 지원하지 않을 것이라 생각했던 것이다. 찰스와 왕녀의 혼담은 개인적으로나 외교적으로나 어리석게 진행되었다. 1623년 초 찰스와 버킹엄 공작은 몇 년 동안 끌던 혼사를 담판 짓기 위해 프랑스를 거쳐 에스파냐로 잠입했다. 한마디로 무모한 여행이었다. 그들은 외국 여행에 따르는 위험성은 말할 것도 없고, 일단 에스파냐에 가게 되면 인질이 된다는 것도 몰랐다. 몇 달 동안 밀고 당기는 협상 끝에 찰스는 에스파냐가 요구한 결혼 조건에 건성으로 동의하고, 에스파냐 왕녀와 결혼하겠다고 국왕 대신 약속하고, 에스파냐를 떠나 10월에 런던으로 귀국했다. 영국인들은 찰스가 가톨릭교도와 결혼하지 않고 돌아오자 열광했다. 인민들이 기뻐하자, 찰스와 버킹엄은 제임스에게 의회를 개회하여 에스파냐와의 전쟁에 필요한 군비를 얻도록 청했다. 제임스는 별로 관심이 없었지만 이미 병들고 쇠약한 상태였다. 1624년 2월 마침내 의회가 열렸다.

미칸치오와 마찬가지로 메이슨도 방탕한 안토니오 데 도미니스(전 스팔라토 대주교)에게 관심이 있었고, 최근에 그가 로마로 떠난 일을 언급했다. 메이슨은 도미니스가 로마가톨릭교회의 품으로 다시 돌아간 데 진심을 의심했다. "그는 오랫동안 온몸을 개혁의 색으로 물들여 왔기 때문에 로마의 성수(聖水)를 모두 모아도 그 색깔을 씻어내지 못할 것이다." 메이슨보다 더 도미니스의 행동을 예의주시한 사람은 미칸치오였다. 영국 교회를 버리고 다시 로마로 돌아간 도미니스의 배신은 미칸치오의 입장에서는 일종의 비수였다. 이탈리아의 반교황파 가톨릭교도들이 영국과 연합할 기회가 사라졌기 때문이다. 미칸치오는 도미니스가 "온 세상 사람들이 다 알고 있는 사악한 인간"이고 "무슨 짓이든 할 인간"이라고 말했다. 미칸치오는 도미니스가 교황에게 했다는 말을 듣고 미친 듯이 분노했다. '나는 로마가톨릭을 정말로 버린 것이 아니다, 영국의 환심을 사서 그곳의 동정을 엿보려고 로마를 비판했을 뿐이다.' 미칸치오는 도미니스가 "날이 갈수록 소설을 쓰고, 거짓말을 하고, 파렴치한 행동을 일삼고 있다."고 비난했다. 웨일스 공이 에스파냐를 찾아왔을 때, 에스파냐인들은 그가 로마가톨릭으로 개종할 것이라고 생각했다. 이 소식은 이탈리아로 건너가면서 영국 전체가 로마가톨릭으로 개종한다는 소문으로 바뀌었다. 미칸치오의 편지에 따르면 도미니스는 자신의 "예측이 드디어 실현되고 있다."고 의기양양했고, "공치사를 하면서, 자기가 왕(제임스 1세)과 궁정의 주인을 개종시켰다고 한 것이 결코 허풍이 아니었다."고 말했다.

웨일스 공을 직접 비판할 수 없었던 미칸치오는 돌려서 불만을 표했다. "군주들이 하는 일은 모두 현명한 처사라고 생각해야 한다. 그것이 위대한 군주들에 대한 예의다. 그런 만큼 그들은 지혜와 조언을 얻을 수 있어야 한다. 그리고 그들이 한 일은 그 나름의 목적이 있다고 생각해야 한다." 이 말에는 냉소가 묻어나지만, 찰스가 "탐닉과 방종"으로 인해 그런 짓을 저질렀을 가능성은 배제했다. "심오한 지식"을 지닌 웨일스 공은 "남들이 알지 못하는 목적이 있어서" 그렇게 했음에 틀림없다고 썼다.

프리드리히는 패했고 제임스 1세는 로마가톨릭을 용인할 것이라는 소문이 돌자, 미칸치오는 절망적인 심정으로 편지 말미에 이렇게 썼다. "하느님께서 당신만이 아는 방식으로 우리를 인도하실 것이다." 하느님께 맡긴다는 표현은 1623년에 더욱 자주 나타난다. "하느님의 심판은 의롭고 비밀스럽다. …… 우리는 하느님의 의지에 복종해야 한다. …… 하지만 솔직히 고백하건대, 하느님은 인간으로서는 이해할 수 없는 일을 하신다." 사람들이 하느님을 찾게 만드는 데 절망보다 더 효과적인 것은 별로 없다.

사태는 점점 악화되어 갔다. 미칸치오는 이렇게 썼다. "교황이 무기력하기 짝이 없어 추기경 조카가 교황 노릇을 하고 있다." 조카가 교황의 뜻이 아니라 자기 뜻대로 정책을 추진하고 있다는 것이다. 이 무렵 미칸치오의 멘토 사르피가 죽었다. 로마 교황청은 제임스 1세가 가톨릭으로 개종할 것이라고 확신하고 있었다. 미칸치오는 "이 수수께끼를 풀기 위해 그 사건"이 터질 때까지 기다리는 수밖에 없었다. 1623년 6월에 쓴 편지에서 윌리엄은 미칸치오에게 찰스의 에스파냐 여행에 대해 걱정할 것 없다고 안심시켰다. 아쉽게도 윌리엄이 정확히 뭐라고 말했는지는 모른다. 미칸치오의 편지에 안도하는 표현이 있어서 그렇게 추론할 뿐이다.

윌리엄은 미칸치오가 생각한 것만큼 그를 가깝게 여기지는 않았던 것 같다. 예를 들면 윌리엄은 웨일스 공이 런던으로 귀국했다는 사실을 미칸치오에게 알리지 않았다. 그리고 의회가 2월 중순에 개회했는데도 미칸치오는 3월 하순에야 이 사실을 알았다. 그는 의회가 열렸다는 소식을 듣고 겉으로는 기쁘다고 말했지만, 내심으로는 큰 기대를 걸지 않았다. 미칸치오의 직감이 옳았다. 제임스는 병색이 완연했다. 찰스와 버킹엄이 사실상 군주 노릇을 하고 있었다. 의회는 의회

대로 목소리를 내고 있었다. 제임스는 이 모든 것이 싫어졌다. 의회가 제임스에게 에스파냐와의 조약을 파기하라고 청원하자, 제임스는 의회의 무례함에 불같이 화를 냈다. 그러나 결국 찰스와 버킹엄과 의회는 뜻을 이루었다. 프랑스와 동맹을 맺고 에스파냐와 전쟁을 하기로 한 것이다.

찰스 1세의 1차 의회 소집

1625년 전반기에는 윌리엄의 편지가 뜸했던 것 같다. 1625년 3월 제임스 1세가 사망한 직후, 미칸치오는 윌리엄이 런던에 있을 텐데 아무 연락이 없다고 불평했다. 국왕 장례 준비가 한창이었고, 장례식은 5월까지 연기되었다. 윌리엄의 아버지는 "상주 보좌역" 14명 중 한 명이었다. 상주는 물론 찰스였다. 백작의 아들들도 장례식에 참석했으므로 윌리엄도 장례식에 갔을 것이고, 따라서 홉스도 그 자리에 있었을 것이다.

영국법에 따르면 군주는 죽지 않았다. 왕위에 있던 사람이 죽으면 즉시 계승자가 왕위를 물려받았다. 즉위식이나 심지어 계승자의 확정이 몇 달 혹은 몇 년간 연기되는 일이 있긴 했지만. 찰스는 제임스의 아들로서 1625년 3월 27일 왕위에 올랐다.

찰스가 해야 할 첫 번째 일은 의회 소집이었다. 통상 의회는 "톤세와 파운드세", 즉 포도주와 곡물에 대한 소비세 징수 권한을 국왕에게 종신으로 부여해 왔다. 그러나 찰스가 즉위한 후부터 여러 가지 일이 꼬이기 시작했다. 1차 의회는 주변 여건이 불길한 상황에서 열렸다. 영국은 에스파냐와 전쟁 중이었고, 프리드리히를 돕기 위해 파

찰스 1세. 찰스 1세는 에스파냐 왕녀와 혼담이 틀어지자 프랑
스의 왕 앙리 4세의 막내딸 앙리에트 마리와 결혼을 추진했다.
이 혼인 약정의 비밀 조항에는 영국이 로마가톨릭을 보호한다
는 내용이 들어 있었다.

견한 군대는 패배했다. 버킹엄을 향한 의회주의자들의 불만이 고조되고 있었다. 버킹엄의 정책에는 거액의 경비가 필요했지만, 의회는 경비 요청을 고분고분 받아들일 분위기가 아니었다. 하지만 찰스로서는 선택의 여지가 없었다.

윌리엄과 홉스는 최소한 1625년 4월까지는 런던에 있었던 것 같다. 그때 의회 개회가 예정되어 있었기 때문이다. 그러나 개회일은 6월로 연기되었다. 윌리엄은 더비셔의 의원이었고, 그의 아버지는 상원의원이었다. 1621년의 의회와 마찬가지로 1625년의 의회에서도 가장 큰 이슈는 종교 문제였다. 의회는 로마가톨릭교도를 국교 기피자로 처벌할 것을 요구했다. 찰스는 진퇴양난에 빠졌다. 로마가톨릭교도를 처벌하면 프랑스와의 혼인 약정을 위반하게 되고*, 처벌하지 않으면 돈을 얻을 수 없게 된다. 찰스는 돈을 선택하고, 가톨릭교도를 처벌하겠다고 약속했다. 이러한 타협에도 불구하고 의회는 국왕의 톤세와 파운드세, 즉 수입 포도주와 곡물에 대한 소비세 징수 권한을 종신이 아니라 1년 시한부로 부여했다.

7월 초 역병이 돌자 대부분의 의원들이 런던을 떠났다. 개회는 7월 11일로 연기되었다. 홉스도 그의 기질에 비추어볼 때 다른 사람들과 함께 런던을 떠났을 것이다. 의회는 8월에 옥스퍼드에서 다시 열렸다. 버킹엄은 호된 공격을 받았다. 돈도 충분하지 않고 의회주의자들의 악의가 배어 있는 의회의 결정에 분을 이기지 못한 찰스는 의회를 해산했다.

---

* 에스파냐와 혼인 계획이 실패한 후 버킹엄의 주선으로 찰스는 프랑스 왕 앙리 4세의 막내딸 앙리에트 마리(Henriette Marie)와 결혼하기로 약정을 맺었다. 이 혼인 약정의 비밀 조항에는 가톨릭을 보호한다는 내용이 들어 있었다.

하지만 재정 문제를 해결할 다른 방법이 없었다. 찰스는 1626년 초 2차 의회를 소집했지만 이번에도 실패하자 실력 행사에 나섰다. 정당한 권한인 것처럼 톤세와 파운드세를 징수하기 시작했다. 돈이 오지 않으면 돈에게 갈 작정이었다. 또한 공채를 발행하여 강제로 떠맡겼다.

예전에도 강제 공채를 발행한 왕들이 있었다. 특히 엘리자베스 시대에 공채 발행이 잦았는데, 인기는 없었다. 엘리자베스에 비해 인기가 떨어지는 찰스는 더 큰 반대에 부딪혔다. 더비셔의 주지사로서 공채를 집행할 의무가 있는 윌리엄조차 처음에는 이를 거절했다. 그는 찰스 1세가 "무상 증여"를 요구하자, 거부 의사를 표시한 더비셔 법정의 1626년 7월 18일자 답변에 가장 먼저 서명했다. 말하자면 윌리엄은 할아버지(베스의 남편)의 전통을 따른 것이다. 그의 할아버지도 엘리자베스가 발행한 강제 공채를 거부한 적이 있었다. 그러나 윌리엄은 결국 왕명을 따랐다. 그의 비서인 홉스도 공채 집행을 도왔다.

홉스의 초기 절대 주권론

세금은 누구나 싫어한다. 이런 본질적인 반감 외에도 세금 논쟁은 대부분의 부유한 영국인들이 지닌 뿌리 깊은 신념과도 관계가 있었다. 즉 재산권은 보통법에 의해 보장된 권리이기에 군주가 마음대로 집행할 수 있는 것이 아니다. 왕이 국가 정책을 집행할 수 있도록 도와 달라고 호소하자 두 성직자가 호응했다. 로저 맨워링(Roger Manwaring)과 로버트 십소프(Robert Sibthorpe)는 재산권이 침해 불가의 권리라는 주장에 맞서 절대 주권론을 설교했다. 이들에 따르면 왕의 통치권은 하느님에게 직접 받은 것이다. 그러므로 왕명은 아무리 가혹하고 부당할지라도 "거부할 수 없다." 의회는 맨워링이 왕에게 충성하고 절대 주권론을 주장한 죄를 물어 응징했다. 그러나 왕은 곧 그에게 충분한 보상을 해주었다.

홉스는 사실상 맨워링과 같은 결론에 도달했지만 전제가 달랐다. 홉스가 언제부터 이런 생각을 했는지는 확실하지 않다. 《법의 원리》(1640년)에 이 내용이 나오지만, 그보다 훨씬 더 일찍 생각했던 것 같다. 홉스는 오브리에게 맨워링이 "내가 한 주장을 설교했다."고 말했다. 맨워링이 자신의 영향을 받아 그런 주장을 했다는 뜻이다. 맨워링이 문제를 일으킨 것이 1620년대이므로, 이미 이때 홉스가 그런 생각을 했다고 볼 수 있다. 홉스와 맨워링의 관계를 단정할 수 있는 직접적인 증거는 없지만, 두 사람이 의견을 주고받았을 가능성은 있다. 두 사람은 옥스퍼드 재학 시절이 겹치고, 나이도 거의 같다. 맨워링은 왕실 소속 목사였고, 홉스는 윌리엄과 함께 궁정을 드나들었다. 홉스는 신권론자는 아니었지만, 수사법적으로 그런 용어를 사용하기도 했다. (만년에 이르러서도 그랬다.) 이것은 맨워링의 용어를 가져온 것이라고 볼 수 있다.

홉스의 이론은 1640년에 명백히 나타났다. 사유 재산은 자연 상태에서는 존재하지 않는다. 만인이 만인에 대해 권리를 지니고 있기 때문이다. "내 것과 네 것"의 관념은 주권자의 통치 아래에서만 의미가 있다. 1652년에 홉스와 가까운 친구가 된 존 셀던*은 이러한 견해를

존 셀던(John Selden, 1584~1654년) 영국의 법학자이자 조세 문제 권위자. 1618년에 출간한 《십일조의 역사》는 종교계에 물의를 일으켜 발행이 금지되었다. 장기 의회에서는 찰스 1세에 저항하여 종교적·시민적 자유를 주장했다.

받아들이지 않았다. 만일 십소프의 주장이 옳다면 "내 것도 없고, 네 것도 없다. 영국에서는 그 누구도 자기 것이 없다."는 것이다.[17] 홉스는 이 말이 궁극적으로 옳다고 생각했다. 홉스는 많은 사람들에게 강한 비판을 받았고, 심지어는 왕당파들도 홉스를 비판했다. 클래런던(Clarendon) 백작이 홉스를 비판한 것도 이러한 주장 때문이었다.

윌리엄은 주지사였을 뿐만 아니라, 1621년과 1624년에는 의회의원이었다. 아버지가 상원의원이었으므로 하원의원에 선출되는 것이 어려운 일은 아니었다. '선출'보다는 '선택'이라는 말이 낫겠다. 왜냐하면 지역의 대의원은 보통 그 지역의 부자와 유지들이 협의하여 선발했기 때문이다. 캐번디시 가문은 더비셔의 거부였으므로 윌리엄은 어렵지 않게 하원의원으로 선택되었다. 그는 1626년 아버지가 사망하여 상원의원에 오를 때까지 하원의원으로 일했다.

윌리엄은 정치가라기보다는 신하였다. 그는 궁정의 여러 행사에 참석했다. 찰스의 웨일스 공 취임식과 찰스와 앙리에트 마리의 결혼식에도 참석했다. 1625년 찰스가 왕위에 올랐을 때, 윌리엄의 장남(이후 3대 데번셔 백작이 된다)은 바스(Bath) 기사 훈위(勳位)를 받았다. 윌리엄이 궁정에서 대접받은 이유는 돈을 흥청망청 썼기 때문이다. 그의 런던 집은 지금의 비숍게이트(Bishopsgate) 데번셔 광장에 있었는데, 신하의 집이 아니라 궁궐처럼 보였다.

버지니아 회사 주주가 되다

1615년 캐번디시는 버뮤다 제도*를 하사받았고, 버지니아 회사*의 지부인 '서머스 제도 식민지를 위한 런던 회사'의 창립 멤버가 되었다.[18] 버지니아 회사의 여덟 분파 중 하나가 이른바 '데번셔 분파'였다. 캐번디시의 아들 윌리엄은 나중에 버뮤다 회사의 총독이 된다. 1622년 6월 19일 홉스는 윌리엄이 넘겨준 주식을 가지고 버지니아 회사에 직접 참여하게 되었다. 모든 주주들이 주식 수에 상관없이 한 표씩 행사했으므로, 영향력을 확대하기 위해 홉스를 끌어들였을 것이다. 홉스가 윌리엄과 함께 주주총회에 참석했다는 사실이 밝혀지고 있다. 다만 1623년 7월과 1624년 2월에는 홉스 혼자서 참여했다. 이때 윌리엄은 은거 중이었다. 그 이유는 차차 설명하겠다. 홉스가 윌리엄의 우호지분(友好持分)이었다는 것은 너새니얼 리치(Nathaniel Rich) 경의 고발에서도 확인된다. 리치 경은 일부 주주들이 "친구와 지인들의 우호지분"을 동원하여 몰표를 행사하고 있다고 고발했다. 홉스가 그 회사의 경영에 참여했을 때 회사는 극심한 재정난에 시달렸고, 두 파벌로 나뉘어 있었다. 윌리엄은 에드윈 샌디스(Edwin Sandys)가 이끄는 파에 가담해 있었다. 샌디스는 1619년 회계국장 자리를 차지하고 회사를 장악했다. 리치 경은 스미스(Thomas Smith 혹은 Smythe) 경이 이끄는 파에 속했는데, 스미스파는 회사 경영권을 샌디스파에게 빼앗기고 말았다.

1622년 후반기에 개혁 조치를 취해 샌디스와 그 일파가 엄청난 급

버뮤다 제도(Bermuda Islands) 서머스 제도라고도 불린다. 북대서양 서부에 있는 주도(主島)인 버뮤다 섬 외에 크고 작은 약 150개 섬으로 이루어져 있다. 1609년 버지니아로 이주하던 영국인들이 난파하여 들어가 산 뒤 영국의 식민지가 되었다.
버지니아 회사(Virginia Company) 북아메리카에 식민지를 건설하기 위해 1606년에 제임스 1세가 칙령을 내려 허가한 영국의 합자 회사이자 칙허 회사. 런던 버지니아 회사(런던 회사)와 플리머스 버지니아 회사(플리머스 회사)가 있었는데, 두 회사는 현재의 북미 뉴잉글랜드 지방을 나누어서 운영했다. 각 회사가 일부 자치권을 행사했지만 최종적인 결정권은 버지니아 위원회를 거쳐 영국 국왕이 행사했다.

료를 받기로 했다. 회사의 재정을 건전하게 하기 위해서라는 이상한 명분을 내걸었다. 스미스파는 분노했다. 스미스파의 공격에 대해 윌리엄은 "현재의 감정 때문이 아니라 분란을 일으키려는 속셈"이라고 논평했다.[19] 1623년 무렵에 전세가 역전되었다. 샌디스파는 소수가 되었고, 회사는 망할 지경에 이르렀다. 회사가 해산 절차에 들어가자 샌디스파가 반대파에게 일격을 가했다. 1623년 5월 윌리엄은 워릭(Warwick) 백작 로버트 리치(Robert Rich)의 사내(社內) 활동을 중상하는 보고서를 올렸다. 워릭 백작도 반격을 가했고, 윌리엄과 샌디스를 포함한 네 사람은 자극적인 발언을 하지 말라는 추밀원의 명령을 어긴 죄로 가택 연금을 당했다. 7월 총회에서 워릭 백작은 윌리엄이 거짓말을 하고 있다고 비난했다. 귀족의 체면상 윌리엄은 워릭 백작에게 도전해야 했다. 영국에서는 결투*가 불법이었으므로, 8월 1일 네덜란드에서 결투를 벌이기로 했다. 실로 놀라운 소식이었다. 두 사람 모두 영국에서 유명 인사였고, 악명 높은 버지니아 회사의 경영권 다툼에서 비롯된 결투였기 때문이다. 미칸치오도 이 결투 소식을 지인에게 듣고 알게 되었다. 그는 윌리엄에게 이렇게 썼다. "어떤 위인이 각하께 싸움을 걸었다는 소식을 전해 들었습니다. 몹시 염려됩니다. 하느님께 기도하건대, 당신의 명성에 누가 되지 않도록 자연과 행운 혹은 하느님이 당신에게 준 모든 귀한 것들이 조금도 다치는 일이

결투(dual) 개인 간의 분쟁을 격투로 해결하던 게르만 민족의 풍습. 신의 심판이라 하여 중세 서유럽에서 합법화되었다. 10~11세기 유럽에서 전성기를 맞았으며, 1215년 라테라노 공의회와 1258년 루이 9세의 칙령에 따라 공식적으로 금지되었다. 그러나 이후에도 끊이지 않고 지속되어 15세기 말엽 프랑스에서는 '명예를 위한 결투'가 생겨났고, 특히 상류층에서 성행했다. 서로가 미리 합의한 규칙을 준수하면서 칼로 싸웠으며 보통 증인이나 참관인이 입회했다.

없도록 일이 해결되기를 빕니다. 아멘." 다행히 아무도 다치지 않았다. 추밀원이 두 사람을 체포하라고 명령한 것이다. 워릭 백작은 오늘날 벨기에의 겐트(Ghent)로 피신했고, 윌리엄은 꾸물거리다가 서섹스의 쇼어엄(Shoreham)에서 체포되었다.

결투가 벌어지지 않은 것은 두 사람의 부인 덕분이었다. 윌리엄의 아내 크리스천과 워릭 백작부인은 친구 사이였다. 그들은 "손을 맞잡고 결투를 막아 달라고 정부에 청원했다."[20] 영국의 스튜어트 왕조 시대의 인간관계는 오늘날과 마찬가지로 아주 복잡하게 얽혀 있었다. 이후에 워릭의 아들은 윌리엄의 딸 앤(Anne)과 결혼했다. 그리고 다행히도 앤이 사망한 후에 앤의 외동아들은 올리버 크롬웰(Oliver Cromwell)의 막내딸과 결혼했다.

스튜어트 왕조 초기에 결투는 인정된 것도 아니고 금지된 것도 아니었다. 공식적으로는 불법이었지만 비공식적으로 종종 벌어지곤 했다. 제임스 1세는 결투를 금지했지만 신사들이 자신의 명예를 지키는 길이 결투밖에 없을 때가 있었다. 결투에 대해 홉스는 《리바이어던》에서 이렇게 논평했다. "오늘날에도 우리 지역에는 사적 결투가 존재하는데, 불법이지만 명예롭게 여겨진다. 왜냐하면 결투도 대체로 용기가 있어야 할 수 있는 일이며, 용기의 근거는 언제나 체력이나 기량이며, 바로 그것이 힘이기 때문이다. 이런 사고방식은 결투를 거부하는 것이 명예이고, 결투를 신청하는 것이 치욕이라고 규정되는 날까지 계속될 것이다." 결투를 하는 사람은 진퇴양난의 상황에 놓인다. "예를 들면 결투는 법으로 금지되어 있고, 위반자는 사형에 처해진다. 하지만 결투를 거부하면 경멸과 조소를 당하는데, 이에 대한 구제책은 없다. 또한 그런 사람에게는 [결투를 금지한] 주권자 자신조차 전시(戰時)에 중책을 맡기지도 않고, 승진도 시키지 않는다." 이러한 곤경을 감안하여 홉스는 이렇게 주장한다. 결투를 한 사람을 "엄벌에 처하는 것은 합리적이지 않다. 처벌자에게도 일부 잘못이 있기 때문이다."[21] 내가 알기로는 홉스가 제임스 1세를 비판한 것은 이것이 유일하다. 아주 가벼운 비판이다.

윌리엄과 홉스가 속한 샌디스파는 제임스 1세의 미움을 샀다. 홉스는 이런 처지에 놓이게 된 것이 몹시 괴로워을 것이다. 제임스의 궁정에 파견된 에스파냐 대사 곤도마르(Gondomar) 백작은 버지니아 회사 사람들을 반역을 꾸밀 자들이라고 평했다. 그는 왕에게 이렇게 말했다. "그들의 모임이 겉으로는 아무 문제가 없어 보여도, 장차 의회의 선동꾼이 될 것입니다." 홉스가 출생 시에 입은 상처로 인해 에스파냐를 증오했다는 것은 1장에서 언급했다. 곤도마르가 그런 말을 했다는 것을 홉스도 들었을 것이고, 그의 증오심도 더 커졌을 것이다. 그런데도 홉스는 곤도마르의 말이 일리가 있다고 생각했다. 《비히모스》에서 그는 상인들이 "앞장서서 반역을 선동하는 자들"이라고 쓴다. 상인들은 "사고파는 지혜로 돈을 긁어모으는 것"이 유일한 관심사이고,[22] 세금이라면 무조건 저항한다. 버지니아 회사의 존재 이유는 오로지 돈, 홉스의 표현을 빌리자면 "사적인 치부(致富)"였다.

양 파벌의 핵심 인물들은 탐욕에 눈이 멀어 표리부동한 행동을 서슴없이 저지르고 자기 잇속만 차렸다. 홉스는 출판된 저작 어디에서도 버지니아 회사에서 일한 사실을 언급하지 않았는데, 아마도 회사에서 일어난 추잡한 거래와 제임스 1세의 미움을 샀다는 사실 때문에 그랬을 것이다. 〈법률론〉에 버지니아 식민지와 서머스 제도에 대한 가벼운 언급이 딱 한 번 나오고, 《리바이어던》에도 한 번 나온다. 《리

버지니아 회사의 문장(紋章). 1606년 제임스 1세가 북아메리카에 식민지를 건설하기 위해 만들었다. 서머스 제도는 버지니아 회사가 개척한 식민지 중 하나였다.

바이어던》에서는 군주정을 옹호하는 주장을 하면서 회사에 대해 언급한다.

잉글랜드에서 버지니아와 서머스 제도에 식민지를 개척했을 때에도 식민지 통치는 런던에 있는 합의체에 위임되었다. 이 합의체들은 지방의 어떤 합의체에도 결코 그들의 통치를 위임하지 않고, 각 식민지에 총독을 한 명씩 파견했다. 누구나 자신이 출석할 수 있는 곳에서는 통치에 참여하고 싶어 하지만, 출석할 수 없는 곳에서는 자신들의 공동 이익 관리를 민주적 형태의 통치보다는 군주정 형태의 통치에 위임하고자 하게 마련이다.[23]

홉스는 샌디스와 같이 행동하기는 했지만 이론적으로는 샌디스와 정반대였다. 샌디스는 자연적 이성이 주권자보다 더 상위에 있고, 사유 재산은 자연권이라고 믿었다. 샌디스는 또한 이름난 보통법 법학자 에드워드 코크(Edward Coke)와 한편이었다. 홉스는 코크의 이론이 본질적으로 선동적이라고 보았다. 홉스는 코크의 주장을 반박하기 위해 《철학자와 잉글랜드 보통법 학도의 대화》를 썼다.

홉스가 버지니아 회사에 참여하면서 뜻밖에 얻은 소득은 당대의 명사와 권력자들을 많이 만날 수 있었다는 점이다. 물론 홉스의 사회적 신분에 비추어볼 때 그들과 허물없이 지내는 사이가 될 수는 없었겠지만. 또한 그는 1630년대에 '그레이트 튜'의 명사들과도 쉽게 만날 수 있었다. 더들리 디기스(Dudley Digges) 경, 존 셀던 등이 이 모임의 임원이었다. 에드윈 샌디스의 동생 조지 샌디스(George Sandys)도 이 모임 소속이었다. 에드워드 하이드(Edward Hyde)의 친척 두 사람도 임원이었다. 이러한 정황을 놓고 볼 때, 《리바이어던》이 출간된 후에 홉스가 셀던을 만났다는 오브리의 말은 틀렸을 가능성이 있다. 이미 1630년대에 두 사람은 가까운 친구가 된 것 같다. 최소한 홉스는 이미 1636년 무렵에 셀던의 책을 열심히 읽었다. 그는 뉴캐슬에게 이렇게 썼다. "공부는 밤에 합니다. 얼마 동안 신간 서적 몇 권을 읽었습니다. 특히 셀던 씨의 《영해론(Mare Clausum)》을 읽었습니다."[24]

홉스는 젊은 시절에 탐험에 관심이 있었고, 버지니아 회사에서 일한 적이 있다. 그런데도 말년까지 북아메리카에 대해 무지하고 왜곡된 생각을 했다는 것은 꽤 놀라운 일이다. 《리바이어던》에서 홉스는 아메리카 원주민의 상황을 자연 상태의 예로 든다. (나머지 두 사례는 내란이 일어났을 때와 국가 간 전쟁이 벌어졌을 때이다.) 아메리카 원주민이 자연 상태에 있다고 여겼기 때문에 홉스는 식민지 건설이 정당하다고 보았다. 자연 상태에는 내 것 네 것이 없고, 차지할 능력만 있으면 무엇이든 자기 것이 된다. 홉스는 이미 1620년대에 어설픈 형태로나마 이런 논리를 폈던 것 같다. 자기에게 유리한 주장은 믿을 만한 주장이다. 정당화의 논리 중에는 이런 것도 있었다. 시인인 존 던 (John Donne)이 버지니아 회사에서 설교를 했는데, 설교 중에 주민이 살고 있지 않은 땅은 누구에게나 개방되어 있고 누구라도 "그것을 차지할" 수 있다는 내용이 있었다. 홉스도 이 설교를 들었을 것이다.

제임스 1세는 정복권을 내세워 식민지 건설이 정당하다고 주장한 것으로 보인다. 1621년에 그는 의회 연설에서 이렇게 말했다. "정복은 정복자의 의지에 의해 명령된 것이다." 그러므로 버지니아는 "잉글랜드" 정부 소속이 아니라 자신의 소유물이고, 따라서 의회 법률의 대상이 되지 않는다는 것이다. 만일 홉스가 후기의 정치적 저작에서 주장한 관점을 1620년에 지니고 있었다면 제임스의 주장이 말이 된다고 생각했을 것이다. 주인 없는 땅이나 "전쟁으로 …… 공백상태가 된" 땅에는 식민을 통해 식민지를 건설할 수 있다는 것이다.[25] 전쟁으로 식민지를 건설하는 것은 정당하다. 왜냐하면 공통의 주권 아래 있지 않은 사람들은 상호 간 자연 상태에 놓이기 때문이다. 자연 상태에서는 만인이 만인의 적이다. 물론 식민지 건설의 목적은 자국의 부를 늘리기 위한 것이며, 부의 증대는 더 나은 생존 조건을 만들기 위한 것이다.

경험주의자 베이컨의 합리주의자 비서

오브리에 따르면 홉스는 얼마 동안 프랜시스 베이컨의 비서로 일했다고 한다. 지금까지 알려진 바에 따르면 그 시기는 1620년대 초중반, 즉 베이컨이 수뢰 혐의로 대법관에서 파면된 직후부터 1625년 그의 수필집 3판이 출간되기 전까지다. 그러나 앞에서 언급한 여러 사건들을 보면 그보다 더 이른 시기였을 수도 있다. 베이컨과 윌리엄이 의회에서 일한 1614년에 이미 홉스가 베이컨을 만났을 수도 있다. 미칸치오가 윌리엄에게 보낸 편지를 보면 최소한 1615년 후반기에는 윌리엄과 베이컨이 친분을 맺었고, 따라서 홉스도 베이컨과 친분을 맺는다. 마지막으로 채스워스의 회계 장부를 보면 홉스는 1620년 무렵에 베이컨과 함께 있었다.

베이컨이 망신을 당하고 권력에서 쫓겨난 사건은 버킹엄 공작과 에드워드 코크의 개인적인 원한과 어느 정도 관계가 있다. 1597년 베이컨은 해턴 부인(Lady Hatton)을 두고 코크와 경쟁을 벌였으나 코크에게 졌다. 해턴 부인은 베이컨의 청혼을 거절하고 코크와 결혼했다. 20년 후 베이컨은 코크의 딸과 버킹엄의 차남 혼사에 이간을 놓았다. 개인적인 원한 관계 외에도 베이컨은 코크의 정치 이념을 싫어했다. 코크는 보통법이 모든 것에 우선하며, 심지어는 국왕보다도 위에 있다는 명제를 가장 강력하게 주장했다. 앞에서 말한 것처럼 홉스도 코크의 견해를 싫어했다. 홉스가 버킹엄을 싫어했을 가능성도 있다. 버킹엄의 정책은 종종 윌리엄과 충돌을 일으켰다. 또한 버킹엄은 뉴캐슬이 코크의 딸과 결혼하려 하자 이를 방해했다. 코크의 딸은 버킹엄의 동생과 결혼했다.

베이컨이 대법관으로서 뇌물을 받은 부패 행위를 변호하는 사람들도 있다. "누구나 그랬다."는 것이다. 그러나 이런 변론은 설득력이 없다. 베이컨을 심리한 판사들도 관례로 이루어지는 금품 수수의 수준을 알았고, 베이컨이 그 수준을 넘어섰기 때문에 유죄 판결을 내렸던 것이다. 베이컨은 4만 파운드의 벌금형을 받았고, 의회 출석이 금지되었다. 베이컨 자신의 변론도 나을 게 없다. 이해 당사자에게 돈은 받았지만, 판결은 공정하게 했다는 것이다. 그렇다고 해도 부정행위이다. 베이컨은 미국 금주법 시대(1919~1933년) 시카고의 정직한 정치인 기준에도 못 미친다. 이 관대한 기준은 "돈을 받아먹으면 먹은 대로 한다."는 것이다.

베이컨은 거만하고 이기적이었다. 친구들조차 그를 좋아하지 않았다. 베이컨이 사망하자 그의 부인은 3주간의 애도 기간이 끝나기가 무섭게 베이컨의 집사와 결혼했다.

홉스의 임무는 베이컨의 구술을 받아 적는 일과 일부 수필을 라틴어로 번역하는 일이었다. 당시 국제어는 라틴어였다. 오브리에 따르면 베이컨은 홉스를 가까이 둔 것에 흡족해했다고 한다. "홉스의 상전은 다른 누구보다 홉스가 당신의 말을 받아 적는 것이 좋다고 말씀하시곤 했다. 홉스는 금방 이해하는데, 다른 사람들은 이해하지 못한다는 것이다. 그의 상전은 다른 사람들이 받아 적은 것을 보고는 무슨 말인지 알 수가 없다고 한 적이 여러 번 있었다." 홉스가 베이컨의 말을 잘 이해했다고는 하지만, 과학에 대한 베이컨의 극단적인 경험주의는 홉스의 합리주의와 정반대였다. 홉스에 따르면 과학적 용어는 물질적인 대상을 가리키는 것이지만, 과학적 명제는 경험적인 것이 아니라 필연적으로 진실이다.

베이컨 밑에서 일했다고 해서 홉스가 베이컨을 좋아했다고 생각하면 오산이다. 자기가 좋아하지 않는 상전을 위해 열심히 일하는 사람들도 많다. 홉스는 어떻게 해서 베이컨의 비서로 일하게 되었는지 언급한 적이 없다. 베이컨도 홉스에 대해 언급한 적이 없다. 홉스는 《자연철학 10화(Decameron Physiologicum)》에서 베이컨을 단 한 번 언급한다. 이 책은 그가 죽기 한 해 전에 출간되었다.[26] 윌리엄 하비(William Harvey)와 홉스는 서로 좋아하는 사이였으나, 하비는 베이컨을 좋아하지 않았다. 하비는 베이컨이 철학을 "대법관"의 어투로 쓴다고 말했다. 홉스의 경험주의자 이야기는 짐작건대 베이컨의 과학적 방법을 공격하기 위해 쓴 것이었다. 이 이야기는 나중에 베이컨의 사망에 관한 일화로 알려졌다. 1626년 3월 마차를 타고 가던 그 경험주의자는 추위가 부패를 막는다는 가설을 검증하고 싶었다. 그는 마차를 세우고 어떤 여인에게 닭을 한 마리 사서 눈 속에 파묻었다. 얼마 후 베이컨은 기관지염에 걸려 바로 사망했다. 그 닭이 얼마나 오래 보존되었는지는 기록이 없다. 홉스가 하고 싶었던 말은 실험은 때때로 쓸모가 없고, 위험할 수도 있다는 것이다.

베이컨이 셰익스피어의 희곡을 썼다는 주장이 있는 것처럼, 문체가 비슷하다는 이유로 홉스가 베이컨의 수필을 썼다는 주장도 있다. 나는 그렇게 생각하지 않는다. 나는 홉스와 베이컨이 사상적으로 영향을 주고받는 관계였다고 생각하지 않는다. 두 사람은 자기 나름의 사상이 있었기에 상대방의 사상을 차용할 필요가 없었다. 몇 가지 개념과 구절을 빌려 왔을 수는 있다. 홉스는 《물체론》(1655년)에서 과학적 지식의 목적은 힘이라고 말했는데, 이것은 베이컨의 "힘을 위한 과학(Scientia propter potentiam)"과 같은 개념이다.[27]

두 사람은 정의(定義)에 대해 생각이 비슷했다. 《학문의 진보》(1605년)에서 베이컨은 이렇게 썼다.

말(words)은 타타르인의 활처럼 현자의 오성에 활을 되쏘아 판단을 엄청나게 교란하고 왜곡한다. 그러므로 모든 논쟁과 토론에서 수학자들의 지혜를 본받아야 할 것 같다. 애당초 우리가 사용할 단어와 용어에 정의를 내려서 우리가 그 말을 어떤 뜻으로 사용하는지 사람들이 알도록 해야 하고, 우리의 용법이 그들의 용법과 같은지 다른지 알도록 해야 한다. 이렇게 하지 않으면 이야기가 원점으로 되돌아가고 만다. 즉 단어의 용법에 대한 의견 차이로 귀결되고 만다.[28]

홉스는 《리바이어던》에서 이렇게 썼다.

그러므로 진정한 지식을 얻고자 하는 자는 기존의 정의를 검토하여 혹시라도 소홀한 점이 있으면 이를 수정하거나 자기 스스로 정의를 내릴 필요가 있다. 정의가 잘못되었을 경우 계산을 하면 할수록 오류는 점점 더 커지고 마침내 터무니없는 결론에 도달하고 만다. 나중에 일이 잘못되었다는 것을 알아도 이를 바로잡으려면 처음부터 다시 계산하는 수밖에 없다. 오류가 바로 거기에서부터 시작되었기 때문이다. 따라서 책을 무턱대고 신용하는 사람은, 말하자면 여러 소계(小計)를 합산하여 총계를 내면서 그 소계 하나하나가 올바른 수치인지를 살펴보지 않는 것과 같다. 끝에 가서 뭔가 잘못되었다는 사실을 깨달은 뒤에도 합산의 기초가 된 수치 하나하나를 의심해볼 생각은 하지 않기 때문에 오류를 밝힐 방법을 알지 못한 채 계속해서 책만 뒤적이게 된다. 이것은 마치 굴뚝으로 들어와 방 안에 갇힌 새가 어디로 들어왔는지 알 재간이 없기 때문에, 밖이 내다보이는 유리창을 향해 날개를 퍼덕거리는 것과 같다. 그러므로 이름을 올바르게 정의하는 것이 바로 언어의 첫 번째 효용이며, 이렇게 할 때에만 과학적 지식을 얻을 수 있다. 이름에 대한 올바르지 못한 정의, 또는 정의의 부재에 최초의 언어 남용이 있고, 이로부터 온갖 거짓되고 어리석은 학설이 생겨난다. 바로 이러한 그릇된 학설 때문에 책의 권위만 믿고 자기 자신을 성찰하지 않는 사람은 아무것도 모르는 사람보다 오히려 더 나쁜 상태에 빠지고 만다. 올바른 과학적 지식이 제일 위에 있고 그릇된 학설이 맨 아래에 있다면 그 중간쯤에 무지가 있다. …… 자연 그 자체는 결코 오류를 범하는 일이 없다. 인간은 풍부한 언어를 가지고 있으므로 보통의 상태보다 더 현명해지기도 하고, 혹은 미치광이 같은 상태가 되기도 한다. …… 말(words)은 현자의 계산기로서, 현자는 오직 말로써 계산할 뿐이다. 동시에 그 말은 어리석은 자들의 화폐이기도 하다. 어리석은 자들은 그 말이 누구의 말인가에 따라 말의 가치를 매긴다. 즉 그 말을 한 사람이 평범한 사람이 아니라 아리스토텔레스, 키케로, 토마스 아퀴나스쯤 되어야 그 권위를 믿고 가치 있게 여긴다.[29]

그러나 이러한 유사성이 우연의 일치인지 영향을 받은 것인지는 판단하기 어렵다.

베이컨의 〈교활함에 대하여〉는 이렇게 시작된다.

교활한 사람과 현명한 사람은 정직성에 큰 차이가 있을 뿐만 아니라, 능력에도 큰 차이가 있다. 카드를 교묘하게 섞어 눈속임은 잘해도 카드놀이는 못하는 사람들이 있듯이, 유세(모략)와 파벌 싸움에는 능하지만 그것 말고는 할 줄 아는 게 없는 사람들이 있다.[30]

홉스는 《비히모스》에서 이 구절을 좀 더 발전시킨 형태로 썼다.

기교가 지혜라면 교활한 자는 현명하고도 남을 사람이다. 그러나 내가 보기에는 속임수나 비열한 술책을 쓰지 않고, 오로지 정상적인 노력으로 일을 성사시키는 사람이 현명한 사람이다. 어리석은 자도 주사위 눈을 속이거나, 카드를 교묘하게 섞으면 상수(上手) 타짜를 이길 수도 있다.[31]

신화에 대한 심리학적 분석을 보면 두 사람이 영향을 주고받은 느낌이 들기도 한다. 《옛 사람의 슬기》에서 베이컨은 31개 신화를 매우 흥미롭게 분석한다. 예를 들면 프로메테우스의 신화를 소개한 다음에 이렇게 쓰고 있다.

프로메테우스는 확실히 하느님의 섭리를 나타낸다. 옛 사람들은 인간의 창조가 하느님의 특별한 섭리라는 것을 잘 알고 있었다. …… 이 신화는 인간이 이 세상의 중심이라는 점을 알려준다. 인간의 목적인(目的因)이 그것이라는 것이다. 인간이 없는 세상은 길 잃은 세상이 될 것이다. 목표도 목적도 없는, 시쳇말로 끈 풀어진 마당비(빗자루의 일종) 신세가 되고 말 것이다. 온 세상이 인간을 섬기고, 인간은 이 세상의 모든 것을 이용하고 열매를 얻기 때문이다. …… 그런데도 최초의 인간은 벌거벗은 상태였고, 무력한 존재였고, 스스로를 도울 힘이 없었고, 온갖 것이 부족했다. 그러므로 프로메테우스는 서둘러 불을 발명했다. 이로써 인간은 생필품을 구하고 일을 하는 데 막대한 도움을 받게 되었다. 영혼이 형상 중의 형상이요, 손이 도구 중의 도구라면 불은 도움 중의 도움이요, 수단 중의 수단이다. 불은 거의 모든 활동에 영향을 끼치고, 공업과 과학이 지금처럼 발전을 거듭하는 것도 다 불 덕분이다.[32]

근대 경험주의 철학의 선구자인 철학
자 프랜시스 베이컨. 홉스는 한때 그의
비서로 일했다고 알려져 있다.

　홉스는 《시민론》(1642년) 서문에서 베이컨의 문체로 익시온(Ixion)
이야기를 한다. 최고의 신 주피터의 초대를 받고 연회에 참석한 익시
온이 주피터의 아내 주노를 유혹하려 했다. 주노를 껴안으려다가 구
름을 껴안았는데, 구름에서 켄타우로스가 나왔다. 켄타우로스는 반
인반마(半人半馬)의 괴물인데, "무시무시하고 호전적이고 갈팡질팡
하는 종족"이다. 홉스는 이 신화를 이렇게 분석했다. 정의(正義)는 주
노처럼 "최고 통치권자의 누이이자 아내"이다. 백성들로 국가평의회
를 구성하는 것은 정의를 창녀로 만드는 짓이다. 그들은 정의에 대한
"그릇되고 헛된" 의견을 품고서 "두 얼굴의 도덕철학자들을 낳았다.
도덕철학자들의 의견은 반은 올바르고 반듯하지만, 반은 잔인하고
난폭하다. 이것이 모든 싸움과 유혈의 원인이다."[33]

여행 시집 《고봉의 경이》

윌리엄은 1626년 3월 부친이 사망한 후 2대 데번셔 백작이 되었다. 그해 8월 윌리엄과 홉스 일행은 채스워스 북서쪽과 서쪽에 있는 피크 디스트릭트(Peak District, 영국의 알프스)로 짧은 단체 여행을 갔다. 이 여행의 소감을 라틴어로 쓴 시집이 《고봉의 경이》이다. 이 시는 1636년에 처음 출판되었고, 1678년에 영역판이 익명으로 출판되었다. 영역판에는 엉뚱하게도 "일명 데빌스 아스(Devil's Arse, 악마의 엉덩이)"라는 선정적인 부제가 붙어 있다. 라틴어 원본에는 그런 부제가 없고, '데빌스 아스' 이야기는 그 시의 일부분일 뿐이다.

이 책은 문학적 가치도 별로 없고, 내용도 진부하다. 피크 디스트릭트에 관한 신화와 일화들이 꼼꼼히 기록되어 있다. (관심 있는 독자는 홉스의 시와 마이클 드레이턴*의 시 〈복 많은 나라〉 1622년판을 비교해보라.) 홉스 자신도 말년에 이르러 이 시를 부끄러워했다. 1660년대에 홉스의 천적인 존 월리스(John Wallis)가 이 시를 비웃자 홉스는 순순히 승복했다. 자신의 비판자에게 홉스가 이렇게 대응한 경우는 예전에는 없었다. 그런데도 철학자의 명성 때문에 그 시는 18세기에 널리 읽혔다. 우리가 이 시에 주목하는 이유는 1620년대 홉스의 삶을 알 수 있는 귀한 자료이기 때문이다.

《고봉의 경이》는 피크 디스트릭트 아래 더원트(Derwent) 강변에 있는 채스워스 찬양으로 시작된다. (현재의 채스워스는 홉스가 묘사한

마이클 드레이턴(Michael Drayton, 1563~1631년) 영국의 시인. 〈복 많은 나라〉는 잉글랜드와 웨일스의 지형과 역사를 찬미하는 장편 시이다. 1612년에 초판이 나왔고, 1622년에 재판이 나왔다.

저택이 아니고 18세기 초에 재건한 것이다.) 집 뒤에는 언덕이 있어서 동풍을 막아주기는 하지만 아침 햇살도 차단된다. 언덕 발치에는 인공 호수가 있어서 산에서 흘러내려 온 물이 여기에 고인다. 집 앞뒤로 정원이 있는데, 홉스는 이 정원들을 애정 어린 시선으로 자세하게 묘사한다. 물고기가 뛰어노는 연못 두 개가 나란히 햇살을 받고 있다. 연못에서 비탈을 오르면 저택 현관이 나타난다.

이 저택은 한 여인, 슈루즈베리 엘리자베스의 작품이었다. 홉스는 그녀가 "많은 위대한 궁전들"을 건축했다고 말한다. 그러나 가장 위대한 건축은 그녀가 낳은 여러 명의 위대한 후손이다. 그중 하나가 홉스의 주인인 윌리엄이었다. 윌리엄은 씀씀이가 헤펐지만, 홉스는 윌리엄을 위한 작시(作詩)의 임무를 맡은 사람으로서 사실대로 쓸 수는 없었다. 홉스는 윌리엄이 친구들에게 아낌없이 돈을 썼지만 결코 낭비하지는 않았다고 말한다.

윌리엄의 아내 크리스천은 [윌리엄의 방탕한 생활을] 알고 있었다. 홉스는 크리스천에 대해서 스코틀랜드 브루스 가문의 왕족 출신이라고 짤막하게 칭찬한다. 홉스는 그들의 세 자녀 중 두 소년은 "천사 같고," 딸 앤은 "신들의 축복을 받았다."고 말한다. 앤과 홉스 사이에는 특별한 애정이 있었던 것 같다. 윌리엄이 사망한 후 홉스가 캐번디시가를 떠났을 때, 홉스의 친구 하나가 앤의 말을 이렇게 전했다. 앤이 "당신에게 진심으로 안부를 전해 달라고 했고 안전하게, 그리고 속히 돌아오기를 바라고 있다."[34] 앤은 3대 워릭 백작 로버트 리치(Robert Rich)와 결혼했고, 1638년에 스물여섯의 나이로 죽었다. 시드니 고돌핀(Sidney Godolphin)과 에드먼드 월러(Edmund Waller)는 앤을 기리는 애도시를 지었다. 나중에 《이콘 바실리케》*를 대작(代作)한 존 고든(John Gauden)도 그랬다. 월러는 〈리치 부인의 죽음에 부쳐〉에서 이렇게 애도했다.

> 죽음의 사나움에 속절없이 스러지네.
>
> 가인(佳人)도, 현자(賢者)도, 인자(仁者)도, 젊은이도.
>
> ……
>
> 눈썰미 있는 자는 얼굴만 보아도 알아보네.
>
> 칼레도니아 군왕의 혈통을.
>
> 고운 자태와 겸손한 마음씨,
>
> 고상하고 다정했던 사람.
>
> 악덕을 경멸하면서도 동정했네.
>
> 악덕을 행하는 자에게
>
> 너그럽고 엄격했네. 악행을
>
> 증오하면서도 용서했네.
>
> 모두에게 인자했지만, 사랑을 베풀 때는
>
> 변함없는, 성실한, 고결한, 진실한 사랑을 주었네.

《고봉의 경이》로 돌아오자. 홉스는 채스워스를 가장 훌륭한 경이라고 소개했는데, 드레이턴의 〈복 많은 나라〉에 소개된 경이의 목록에는 채스워스 대신 '피크 디스트릭트 숲'이 들어 있다. 홉스가 채스

《이콘 바실리케(Eikon Basilike)》 그리스어로 '왕실 초상(肖像)'이라는 뜻이다. 내전으로 찰스 1세가 참수된 지 열흘 후인 1649년 2월 9일에 출간되었는데, 찰스의 자서전이라고 알려졌다. 물론 찰스가 쓴 것은 아니고 누군가가 대작했는데, 대작자에 대해서는 여러 설이 있다. 본문에서 이 책의 대작자라고 나오는 존 고든은 당시 우스터(Worcester)의 주교였다.

워스를 가장 훌륭한 경이라고 한 이유는 알 만하다. 이후에 나온 목록을 보면 '피크 디스트릭트 숲' 대신 채스워스가 들어가 있다. 드레이턴이 잘못 알았거나, 아니면 홉스의 시 때문에 채스워스가 목록에 들어갔을 것이다.

캐번디시 영지와 가문에 대한 찬사가 있지만 시는 곧바로 경이 이야기로 시작된다. 피크 디스트릭트에는 일곱 경이가 있다. 채스워스는 그중 하나일 뿐이다. 시의 나머지 부분은 다른 여섯 경이를 묘사한다. 또한 여러 곳의 자연 경치와 인공 경치를 소개하는데, 그중 어떤 곳은 결코 공인된 일곱 경이에 뒤지지 않는다. 홉스가 각주로 표시해놓지 않았더라면 공인된 일곱 경이가 어디인지 정확히 알기 어려웠을 것이다.

궁전 하나: (1) 채스워스
산 하나: (2) 맘 토르(Mam Tor)
구덩이 하나: (3) 엘던 홀(Elden Hole)
샘 두 개: (4) 성 앤(St. Anne) 샘 (5) 분출 샘(Fons aestuans, 혹은 위든 샘Weeden Well)
동굴 두 개: (6) '데빌스 아스(Devil's Arse) (7) 풀스 홀(Pool's Hole)

조너선 스위프트(Jonathan Swift)는 이른바 절경이라는 곳에 가보고 완전히 실망하여 《잉글랜드 전국 여행》(1724~1726년)에서 이렇게 썼다. "나는 이것이 왜 절경인지 의아하다. 여보게, 바라건대, 이 짐승이 짖는 광야*를 나와 함께 상상 속에서 여행하기 바란다. 그러면 모든 경치가 절경이 될 것이다." 홉스의 절경 이야기가 과장된 것이었다

해도 용서해주자. 그는 주인의 영지를 찬미한 것이니까. 그곳은 홉스가 10년 이상 머문 제2의 고향이었고, 잉글랜드를 섭렵한 스위프트와는 달리 홉스는 가본 곳이 별로 없었다. 나는 홉스가 소개한 절경이 아주 멋진 곳이라고 생각한다.

홉스의 시만 보고서는 이 여행에 동행한 사람들이 누구인지 정확히 알 수 없다. "어떤 사람들은 사물의 원인을 알고 싶어 한다."고 했으므로 호기심 때문에 여행에 나선 것은 분명하다. 하지만 이들이 누구인지, 정말로 그냥 여행을 간 것인지 알 수 있는 단서가 없다. 홉스는 "우리"가 집을 떠났다고 했고, 안내자와 하인 한 명을 명시적으로 언급한다. 시의 뒷부분에 가면 일행 중에 윌리엄도 있었다는 단서가 있다. 나는 뉴캐슬과 그 외 세 사람이 더 있었을 것으로 추측한다. 그렇게 추론할 만한 다른 자료가 있다.

그 지역은 가파른 암벽이 많아서 캐번디시 사람들도 쉽게 갈 수 있는 곳이 아니었다. 지역 주민들도 마을에서 수 킬로미터 정도 산책하는 게 고작이었다. 일행은 1627년 8월 아침에 출발했다. 추수가 한창이었다. 북서쪽으로 길을 떠나 필슬리(Pilsley)를 거쳐 해숍(Hassop)으로 갔다. 여기서부터 봉우리까지는 오르막이다. 정상에 도착했을 때는 말도 지치고 사람도 지쳤다. 해발 약 460미터에 불과했지만 가파른 바위투성이 언덕을 오르기는 쉽지 않았다. 구름 아래로 출발 지점이 기하학적 문양처럼 보였다. 더원트강은 구불구불한 곡선이었고, 채스워스는 하나의 점이었다.

좀 더 올라가자 납 광산이 나왔다. 마치 땅에 상처가 난 것처럼 깊

---

* 〈신명기〉(32:10)에 "짐승이 짖는 광야"라는 표현이 있다.

이 패여 있었다. 17세기에 이 지역에서는 납 채광이 활발했다. 홉스는 언덕에 나무를 쌓아놓고 불을 붙여 그 열로 바위를 깨뜨리자고 제안 하기도 했다. 그러나 이 제안은 연기 때문에 공기가 오염될 우려가 있다는 이유로 기각되었다. 막장일은 어렵고 위험했고, 광부들은 가난했다. 한 세기 후에 스위프트는 동굴에 사는 어떤 가족을 만난 이야기를 전했다. 남편은 광부였고, 하루 종일 일해서 5펜스를 벌었다. 스위프트는 막장에서 막 나온 사람을 이렇게 묘사했다. "몸이 말이 아니었다. 해골처럼 야위었고 시체처럼 창백했다. 머리와 얼굴은 새까만 먼지를 뒤집어쓰고 있었고, 피부는 꺼칠했다. 우리는 납의 색이 그렇다고 생각했다. 키가 크고 깡마른 모습이 마치 '저승'에서 온 사람 같았다. 저승에 사는 사람이 빛의 세상으로 막 올라온 것 같았다." 스위프트는 그 사람의 사투리를 알아들을 수 없어서 통역이 필요했다. 홉스 때에도 사정은 별반 다르지 않았을 것이다. 인근 마을에는 역병이 자주 돌았고, 따라서 인구가 희박했기 때문에 광산 주인들은 광부를 구하기가 어려웠다.

홉스는 탐욕이 낳은 이 비참한 광경이 역겨웠다. 광부들의 가난, 토지 파괴, 그리고 경제적 동기. "그놈의 못쓸 가난 때문에" 사람들은 막장으로 들어갔다. 홉스 일행이 그 지역에 다다랐을 때 갱도가 붕괴되어 두 사람이 매몰되었다. "그들은 스스로 제 무덤을 팠다." 시신 한 구는 수습되었다. "한 길 깊이로 파묻혀 있다가 발굴된 시신!" 그 시신을 보면서 홉스는 자신의 죽음에 대해 생각한다. 아직도 갇혀 있는 또 한 사람은 이 세상의 종말에 부활할 때까지 그 바윗덩이에 갇혀 있을 것이다. 마을 사람들은 넋을 잃고 시체와 발굴 현장을 바라보고, 두 여인은 통곡하고 있다. 남편을 잃은 사람들이다. 한 사람은 중년 부인이고, 한 사람은 새색시이다. 홉스는 그 슬픔을 표현할 길이 없었다. "슬퍼할 사람은 슬퍼하고, 우리는 우리의 길을 갑시다." 이 쌀쌀맞은 말은 이루 말할 수 없는 슬픔을 전해준다.

그들의 산행은 약간 북쪽으로 방향을 틀어 여러 작은 마을을 지나가는데, 호프(Hope) 마을만 언급되어 있다. 그들은 이른 오후에 호프에 도착한다. 까마귀가 날아온다면 (직선 거리로는) 채스워스에서 약 16킬로미터였지만, 그들은 험한 길을 40킬로미터나 걸었다. 내 생각으로는 홉스가 시간을 건너뛴 것 같다. 호프에 도착한 것은 산행 이틀째였을 것이다. 광산에서 시신이 수습되는 것을 보고 나서 반나절 만에 호프까지 갈 수는 없기 때문이다.

일행은 피곤한 몸으로 등산을 계속한다. 정상에 오른 후에 홉스가 농담을 한마디 한다. 절벽에서 뛰어내리면 마을까지 빨리 갈 수 있겠다고. 일행은 길을 따라 계속 걷는다. 캐슬턴(Castleton) 마을에서는 계곡이 내려다보인다. 노르만 성터 페버릴(Peveril)이 가까이에 있다. 일행은 여기에서 피크 디스트릭트 제2의 경이 '데빌스 아스'로 간다. 거대한 바위들이 앞으로 몸을 구부린 사람의 엉덩이처럼 보여서 그런 이름이 붙었다. 가운데에는 햇빛이 들지 않는 깊은 동굴이 있다. 일행은 이 바위들이 지지대도 없이 어떻게 그렇게 높이 솟아 있는지 감탄하면서 "불멸의 기하학자"라고 칭송한다. 일행은 말을 타고 동굴 안으로 들어간다. 동굴 안에도 말이 있고, 건초더미가 높이 쌓여 있다. 일행은 그 지역 소녀를 안내자로 세웠다. 당시 30대 초반이었던 홉스는 "아주 예쁜 소녀"였다고 말한다. 이곳저곳 둘러보다가 지하에서 솟아나는 샘에 이르러 멈춘다.

'데빌스 아스'를 뒤로 하고 제3의 경이 '맘 토르'(일명 '시버링힐', '샌디힐')로 간다. 그 언덕은 셰일 층이 켜켜이 쌓인 사암으로 이루어져 있는데 높이 60미터(해발 약 520미터)의 가파른 모습이다. 이 언덕에 물이 스며들고, 여름에는 강풍이 불고, 봄에는 틈 사이에 얼음이 얼어 캐슬턴 쪽 경사면에 균열이 생기고 바위 조각들이 떨어져나가 바위 발치에 돌무더기가 쌓인다. 즉 '맘 토르'가 다른 바위산을 "낳는다." 그래서 이름이 '맘(Mom)' 토르(Tor)이다. 홉스는 '맘 토르'가 아니라 '마임드 토르(Maimed Tor, 불구 바위산)'가 더 어울린다고 익살을 떤다. 홉스는 바위산이 계속 떨어져 나가도 크기는 줄지 않는다는 속설을 전하면서, 일곱 경이의 진실을 밝혀보겠다는 듯이 이런 설명을 덧붙인다. 그 언덕이 산에서 떨어져 나온 바위 파편들로 형성되기에 '맘 토르'가 평평해질 때까지 이 과정은 계속될 것이라고.

일행은 '피크 디스트릭트 숲'으로 간다. 이미 황무지가 된 이 숲은 사슴이 많기로 유명한 곳이었다. 놀란 사슴은 개뿐만 아니라 사람도 짓밟는다는 말이 있다. 사슴은 돌담 안에 갇혀 있어서 겨울에는 매서운 바람을 맞고, 여름에는 작열하는 햇빛을 받는다. 홉스는 인간이 지구를 파괴하고 있다고 탄식한다.

일행은 이제 제4의 경이 '엘던(Eldon 혹은 Elden) 홀'로 간다. 벅스턴(Buxton)에서 3킬로미터 정도 떨어진 곳이다. 이곳의 모습을 어떻게 묘사해야 할까? 홉스의 뮤즈가 귓가에 속삭인다. 시에서는 단지 외설스럽게 생겼다고만 말하지만, 각주에 여성의 성기처럼 생겼다고 신중한 설명을 붙였다. 독신인 홉스가 여성의 음부 모양에 관한 정보를 어디에서 얻었는지는 논하지 않겠다. '엘던 홀'은 완만하게 경사진 광야에 칼에 베인 것처럼 갈라진 틈이다. 당시 그 틈은 길이가 약 27미터, 너비는 그 절반 정도였을 것이다. 틈새로 60~90센티미터 정도

들어가면 울퉁불퉁한 바위가 나타나고, 길이와 너비가 몇십 센티미터로 좁아진다. (지금은 더 길고 넓다. 계측 장비로 측량해보니 깊이는 약 75미터였다.) 틈새 양쪽은 가파른 절벽이다. 이 구멍은 끝없이 깊은 무저갱(無底坑)이라는 속설이 있었다. 그러나 홉스는 이 미신 같은 속설을 받아들이지 않는다. 일행은 틈새 가까이로 조심조심 다가가 안을 들여다본다. 돌멩이를 던져서 바닥에 닿는 소리를 들어본다. 처음에는 돌멩이가 바닥을 치는 소리를 들었다고 생각했으나, 곧 그게 아니라는 것을 깨닫는다. 큰 돌덩이를 굴려 넣어도 바닥까지 가지는 않는다. 홉스는 그 틈새가 '지옥에(ad inferos)' 닿아 있는 것 같다고 말한다. 이 말은 비유적인 표현이 아닐 수도 있다. 그는 《리바이어던》에서 "나는 지옥이 지구상에 있다고 생각한다."고 말하고 있기 때문이다.

홉스는 더들리 디기스 경이 이 굴의 깊이를 알고 싶어 했다는 이야기를 길게 한다. 더들리 경은 농부 한 사람을 데리고 와서 약 90미터 길이의 로프를 허리에 묶어서 들여보냈다. 농부는 돌멩이를 한 바구니 가지고 갔다. 굴 아래로 내려가서 돌멩이를 던져 바닥에 닿는 소리를 듣고 깊이를 알아낼 작정이었다. 그런데 농부가 다시 올라왔을 때 그는 미쳐 있었다. 무서움에 질려서 그렇게 되었는지, 로프가 꼬여서 그렇게 되었는지, 지옥의 모습을 봐서 그렇게 되었는지, 지옥의 도깨비가 그렇게 만들었는지 알 수 없다고 홉스는 말한다. 미친 이유는 알 수 없지만, 그 사람은 여드레 동안 헛소리를 하고 발작을 일으키다가 사망했다는 이야기만 기록하고 있다.

제5의 경이는 이름은 없고, '출수구(出水口)가 둘인 샘'이라고만 묘사되어 있다. 다른 사람들은 그 샘을 "밀물 썰물 샘", 혹은 '위든 샘'이라고 말한다. 이 샘은 물이 세차게 쏟아져 나오다가 갑자기 약해지는 일이 주기적으로 반복된다. (홉스는 출수구 두 개 중 큰 것만 볼 만하다고 말한다.) 홉스는 왜 이런 현상이 생기는지에 대해 깊이 생각한다. 달 때문도 아니고 조수(潮水)가 일어나는 것과 같은 이유 때문도 아니다. (홉스는 달이 조수의 원인이라는 사실을 몰랐다.) 홉스는 세차게 흐르는 지하수가 좁은 수로를 통과하기 때문이라고 생각한다. 지하수가 공기에 막혀 흐르지 못하다가 물이 차면 좁은 성문을 통과한 병사들처럼 좁은 수로로 밀고 들어간다. 고인 물의 일부가 샘으로 쏟아져 나오고 나면 수면이 낮아지고 샘의 물줄기는 약해진다. 이런 과정이 주기적으로 반복된다. 가뭄이 들면 이런 현상이 일어나지 않는다. (유독 스위프트는 이 샘이 별것 아니라 하면서도 홉스의 설명을 그대로 옮겨놓았다.) 날이 어두워져서 일행은 서둘러야 했다.

제6의 경이는 벅스턴에 있는 광천(鑛泉) '성 앤 샘'이다. 슈루즈베리는 스코틀랜드의 망명한 여왕 메리의 치료를 위해 이곳에 자주 왔다. 이 샘에는 온천도 있고 냉천도 있는데 평균 온도가 섭씨 32.8도이다. 홉스는 이 광천에서 효험을 보고서도 아무 생각 없이 가버린 은혜를 모르는 이들을 언급한다. 예수가 나병 환자 열 명을 치료해주었으나, 감사를 드리러 온 사람이 한 사람밖에 없었다는 복음서의 이야기*를 떠올리며 한 말이었을 것이다. 이 광천의 효험에 관한 속설 중에는 불임 여성이 남편과 함께 오지 않았는데도 이곳에 와서 임신하게 되었다는 이야기도 있는데, 홉스는 어떻게 이런 일이 가능한지에 대해서는 별다른 설명을 하지 않는다.

홉스는 지친 여행자들이 샘에서 목욕을 즐기는 모습을 기쁘게 묘

---

* 〈누가복음〉 17:11~19.

사한다. 수건으로 물기를 닦은 후에 수프와 양고기와 닭고기와 버터를 바른 콩을 먹으며 근사한 식사를 즐긴다. 포도주는 없었으므로 대신 맥주를 마신다. 하룻밤을 자고 나서 다시 샘에서 물놀이를 즐긴 후 약 400미터 거리에 있는 마지막 목적지 '풀스 홀'로 향한다. 스위프트는 이 동굴이 "피크 디스트릭트의 또 다른 경이롭지 않은 경이"라고 말했는데, 나는 그렇게 생각하지 않는다. 이 동굴의 이름은 풀(Pool 또는 Poole)이라는 강도의 이름을 딴 것이다. 풀은 순진한 여행객들을 이 동굴로 유인하여 물건을 빼앗고 살해했다. 홉스와 일행은 여기에서도 안내자와 함께 동굴로 들어간다.

입구가 좁아 두 손과 두 무릎으로 게처럼 기어서 들어간다. 좁은 입구를 통과하자 널찍한 동굴이 나타난다. 천장에서는 계속해서 물방울이 떨어지고, 곳곳에 석순과 종유석이 있다. 납작한 베이컨 조각처럼 생긴 종유석을 보고는 다들 한마디씩 한다. 천장과 벽에 비친 촛불의 그림자가 기괴하게 일렁이는 모습이 석순이나 종유석보다 더 인상적이다. 17세기 후반에 그곳을 여행한 실리아 핀즈(Celia Fiennes)는 불빛이 "다이아몬드나 별처럼 빛난다."고 했다. 그로부터 수십 년 후에 스위프트는 좀 더 멋지게 묘사했지만, 이상하게도 거부감이 든다. "촛불이 물방울에 비친 모습을 보고 있으면 현기증이 난다. 아침 햇살에 빛나는 이슬방울을 보고 있을 때처럼. 수만 개의 작은 무지개 같다." 스위프트는 이 동굴에 빛이 든다면, 또한 동굴 벽이 점액으로 덮여 있지 않다면, 그런 아름다운 모습이 나오지 않을 것이라는 이유로 별것 아니라고 말한다. 이유도 참 야릇하다. 햇빛이 빗방울에 굴절되지 않는다면 무지개는 만들어지지 않을 것이므로, 무지개는 별것 아니라고 해야 하는가?

일행은 '풀스 홀'을 떠나 벅스턴으로 돌아와서 식사를 한 다음, 셸던(Sheldon), 애슈퍼드(Ashford), 셸마턴(Shelmarton) 마을을 거쳐 채스워스로 귀환한다.

《고봉의 경이》는 미학적으로 볼 때 완성도가 떨어지는 시다. 첫째, 홉스와 그 일행이 거의 등장하지 않는다. 둘째, 여행자들이 산행 중 보인 반응에 대한 묘사가 거의 없다. 셋째, 여행의 목적이 답사인 것처럼 말했지만, 조사한 내용이 몹시 빈약하다. 넷째, 시간 개념이 매우 희박하다. 며칠간 산행을 했는지도 불분명하다. 하룻밤 묵은 이야기만 있다. 둘째 날(로 여겨지는 날)에 길에서 아홉 시간을 잤다는 이야기가 전부다. 짐작건대 2박 3일의 여행이었을 것이다. 이 일정은 그들이 이동한 실제 거리와 홉스가 말한 일행의 "걸음걸이," 즉 1마일(약 1.6킬로미터)당 천 보(步)를 기준으로 추산한 것이다. 마지막으로 한 사건에서 다음 사건으로 넘어가는 연결고리가 약하거나 아예 없다. 그렇더라도 이 시는 매력적이다. 그 매력의 일부라도 독자에게 전해졌기를 바란다.

피크 디스트릭트 여행을 다녀오고 약 1년 후에 홉스의 20년 지기였던 2대 데번셔 백작 윌리엄이 38세의 나이로 런던 데번셔 저택에서 세상을 떠났다. 1628년 6월 20일의 일이었다. 너무 훌륭한 삶을 산 것이 죽음의 원인이라고 한 사람도 있었다. 홉스는 자전적 시에서 그를 추모하면서 이렇게 말한다. "그는 마지막 날에 돌아올 것이다." 이것은 최후의 심판일에 전 인류가 부활한다는 믿음에서 한 말이다. 씀씀이가 헤펐던 윌리엄의 영지는 위험한 상태였다. 그가 죽기 열흘 전에 채무를 변제하기 위해 그의 영지 일부를 처분하는 법안이 하원을 통과했다. 홉스는 여름 내내 캐번디시 집안에 머물렀다. 윌리엄은 부인

크리스천과 세 자녀와 막대한 빚을 남기고 떠났다. 크리스천은 몇 년 동안 노력하여 재정 상태를 튼튼하게 만든다.

《펠로폰네소스 전쟁사》 번역

1620년대에 홉스는 《펠로폰네소스 전쟁사》를 번역했다. 1629년에 출간되었지만, 런던출판조합에는 1628년 3월 18일로 등록되어 있다. 이때는 윌리엄이 죽기 석 달 전이다. 윌리엄은 죽었지만, 홉스는 책을 "지금은 하늘에 있는" 벗 윌리엄에게 헌정했다. 번역 작업을 언제 시작했는지, 얼마나 걸렸는지는 알 수 없다. 서문에는 작업을 끝낸 후에 오랫동안 밀쳐 두었다고 씌어 있다. 아마 2, 3년 밀쳐 두었을 것이다. 번역 자체는 1, 2년 정도 걸렸을 것이다. 이 가정이 맞다면 홉스가 번역을 시작한 시기는 찰스가 의회와 대립하기 시작한 직후가 된다. 그러므로 정치적 의도를 품고 번역 작업을 했을 가능성도 있다. 정치적 의도 없이 이미 1620년부터 번역을 시작했다 하더라도 정치 상황이 그 번역서에 정치적 의미를 부여했을 것이고, 홉스도 이를 충분히 알았을 것이다.

캐번디시가에 고용된 사람으로서 홉스는 정치 활동을 할 수 있는 여지가 별로 없었다. 그런 상황에서 번역은 부인권(否認權)을 행사할 수 있는 이점이 있었다. 독자가 투키디데스의 말을 좋아하면 칭찬은 홉스가 받게 된다. 독자가 비난하면 그것은 투키디데스의 말일 뿐이라고 변명하고 빠져나갈 수 있다.

홉스가 투키디데스에게 호감을 품게 된 가장 큰 이유는 그가 민주주의를 경멸하고 군주정을 선호했다는 점 때문이다. 페리클레스의 통치 기간에 아테네는 외형은 민주정이었지만 실제로는 군주정이었다. 홉스가 번역한 투키디데스는 이렇게 말하고 있다.

사물에 붙은 이름의 일반적인 의미가 변질되었다. 무모한 만용은 장부의 진정한 용기로 칭송되었고, 신중한 고려는 허울 좋은 비겁이라고 비난받았으며, 중용은 겁쟁이의 구실이라고 비난받았다. 모든 면을 고려하는 현명함은 아무 일도 할 수 없는 무능함으로 여겨졌다. 광포한 폭력은 용맹으로 둔갑했다. …… 교활한 음모를 꾸며 성공하는 자는 현명한 자가 되었고, 그 음모를 사전에 눈치채는 자는 더 위험한* 자가 되었다. 음모를 꾸밀 필요도 없고 사전에 탐지할 필요도 없는 진중한 사람은 도움이 안 되는 사람으로 여겨졌다. 요컨대 악행을 저지르는 데 남달리 뛰어나거나, 가만히 있는 사람을 사주하여 악행을 저지르게 하는 자가 칭송받았다.[35]

투키디데스는 언어에 관한 중요한 사실 하나를 지적하는데, 이는 고대의 웅변가들은 잘 알고 있던 사실이었다. 오늘날의 방식으로 그 현상을 설명하자면 한 단어의 의미와 사람들이 그 단어를 사용하는 기준은 서로 다르기 때문에 사람마다 단어의 사용법이 다르다는 것이다. 그러나 아무리 사람마다 사용법이 다르다고 해도, 무모한 만용

---

* '더 위험한(more dangerous)'은 로렌초 발라(Lorenzo Valla)의 라틴어 번역본 *Thucydidis, Olori Fil. De Bello Peloponnesiaco*(1452년)에는 '훨씬 더 현명한(longe prudentior)'으로 번역되어 있고, 리처드 크롤리(Richard Crawley)의 영역본 *The History of the Peloponnesian War*(1874년)에는 '더 기민한(shrewder)'으로 번역되어 있으며, 벤저민 조윗(Benjamin Jowett)의 영역본 *The History of the Peloponnesian War*(1881년)에는 '한 수 위인 사람(greater master in craft)'으로 번역되어 있다.

을 '장부의 진정한 용기'라고 한 적은 없었다. 홉스는 투키디데스의 역사가 당대에 주는 가르침을 독자들에게 전하고 싶었다. 왕에 대적하는 자들이 수사를 써서 나라의 안정을 해치고 있다는 것이다.

홉스에 따르면 "역사의 고유하고 주된 과업"은 "과거의 행적을 보고 교훈을 얻어 현재 신중하게 처신하고, 미래를 조심스럽게 내다보도록 하는 것"이다.[36] 투키디데스는 역사상 최고의 역사가이다. 그의 장점은 자기가 나서서 도덕적 설교를 하지 않는다는 점이다. 이야기 자체에 도덕이 들어 있어 독자 스스로 그 도덕을 이끌어낸다. "이야기 자체가 은밀히 독자에게 교훈을 준다."[37] 장점은 또 있다. 플루타르코스(Ploutarchos)가 말한 것처럼, 이야기가 아주 생생하여 "듣는 사람들이 눈으로 보는 것 같게 만든다." 그의 이야기를 읽고 있으면 "사람들이 모여서 갑론을박하는 장면이 보이고, 원로원에서 격론을 벌이는 장면이 보인다. 길거리에서 소요를 일으키는 장면이 보이며, 들판에서 전투를 벌이는 장면이 보인다."[38] 이러한 정서는 수필 〈역사 공부에 대하여〉(1620년)에 나타난 정서와 흡사하다. "그러므로 나는 시간, 인물, 장소, 모임, 사건 등이 서로 연결되어 있는 …… 이러한 역사가 필요하고도 유익하다고 생각한다. 그런 역사를 공부하면(주의를 기울이고 이해하면서 읽으면) 지식이 많이 늘고 판단력이 아주 강해진다."[39] 이 수필은 윌리엄이 쓴 것으로 보이지만, 홉스의 영향을 받았을 것이다.

요컨대 좋은 역사는 두 가지를 갖추고 있어야 한다. 바로 진실과 웅변술이다. 진실은 역사의 영혼이다. 진실 없는 역사는 실체의 환영일 뿐이다. 역사가는 자신이 다루고 있는 주제를 잘 알아야 하고, 객관적으로 대해야 한다. 홉스는 진실에 대한 이야기를 그렇게 마무리

짓는다. 웅변술에 대해서는 좀 더 자세하게 설명한다. 웅변술은 역사의 몸체이다. 웅변술이 부족하면 교훈을 줄 수 없다.

홉스는 웅변술을 "배열(disposition)"과 문체 두 부분으로 나눈다. 배열은 이야기를 전개하는 방법이다. 투키디데스는 서론에서 전쟁 전 그리스의 역사와 전쟁의 최초 원인을 소개한다. 본론은 편년체(編年體)로 구성되어 있고, 한 해는 여름과 겨울로 나뉘어 있다. 이러한 연대기적 구성 아래 각 연대는 다음과 같은 구조로 서술되어 있다. (1) 중요한 군사 작전을 소개하고, 그 "불씨와 동기"를 밝힌다. (2) 군사 작전의 진행 과정을 서술한다. (3) 마지막으로 자신의 "논평"을 덧붙인다. 약 40년 후에 홉스는 《비히모스》를 사실상 이와 동일한 구조로 집필한다. 《비히모스》는 영국 내전의 역사를 다룬 책이다. 홉스에 따르면 투키디데스의 《펠로폰네소스 전쟁사》가 위대한 역사서인 이유는 (1)과 (3)이 이야기 속에 녹아들어 있기 때문이다. 도덕을 설교하는 다른 역사가들과는 달리 투키디데스는 자기 말을 하느라 옆길로 새는 일이 없다. 이런 기준으로 보자면 홉스의 《비히모스》는 실패작이다. 진부한 주연인 갑과 을 두 명이 말하고 있을 뿐이다. 갑은 지식이 많은데, 즉 현학적이고 을은 경험이 부족하고 유순하다. 드라마로서는 빵점이다.

문체에 관해서 홉스는 자신이 평가하기에 앞서 키케로의 찬사를 인용한다. "간결하고 힘이 넘쳐난다."는 것이다. 할리카르나소스의 디오니시우스*는 대체로 투키디데스의 문체를 칭찬하고 있지만, 자신은 헤로도토스(Herodotos)가 더 좋다고 말하면서 투키디데스의 결점

디오니시우스(Dionysius of Halicarnassus, 기원전 60년~기원후 7년) 로마 제국의 초대 황제 아우구스투스 통치기에 활동한 그리스 역사가.

을 몇 가지 지적한다. 홉스는 이 비판이 편파적이라고 생각한다. 홉스에 따르면 헤로도토스는 자신이 충분한 정보를 얻을 수 없는 주제를 선택했지만, 투키디데스는 자신이 몸으로 겪은 일을 기록했다. 헤로도토스가 기록한 사건들은 "귀를 즐겁게 하는" 우화일 뿐이고, "진실로써 마음에 감동을 주는 것은 아니다." 투키디데스가 다룬 사건들은 재미있는 이야기는 아니지만 진실이라는 것이다. "인간은 행운보다는 역경을 보면서 더 많은 교훈을 얻는다. 투키디데스는 인간의 불행이 성공보다 더 나은 교훈을 준다는 것을 보여준다. 그러므로 헤로도토스는 현명한 주제를 선택했다고 할 수 있겠지만, 투키디데스가 훨씬 더 행복한 주제를 선택했다."[40] 디오니시우스는 투키디데스가 동족인 아테네인에게 애정을 보이지 않는다고 비판했으며, 역사의 처음에도 결말에도 고상한 사건이나 행복한 사건이 없다고 비판한다. 홉스는 이 비판에 대해 "이처럼 터무니없는 말을 이렇게 짧은 문장으로 기록한 글은 일찍이 없었다."[41]고 말한다. 투키디데스는 자신이 해야 할 일, 즉 전쟁의 원인과 경과를 설명하는 일을 정확히 했다는 것이다.

　디오니시우스는 투키디데스가 연대순으로 쓴 방식을 비판한다. 어떤 공성전(攻城戰)을 다루다가 중단하고 다른 이야기로 넘어간다는 것이다. 디오니시우스는 역사는 연대순보다는 주제별로 다뤄야 한다고 생각한다. 각각의 전투나 공성전의 본말을 한 단위로 삼아야 한다는 것이다. 홉스는 이러한 주장을 거부한다. 홉스는 이렇게 말한다. 만일 투키디데스가 디오니시우스의 주장대로 서술했다면 "수많은 사소한 이야기들로 짜깁기가 되었을 것이고, 정작 그가 주제로 삼은 펠로폰네소스 전쟁은 다루지 못했을 것이다. 그런 방식으로는 전쟁의 전모는 물론 일부분도 제대로 쓰지 못했을 것이다."[42]

〈투키디데스의 생애와 역사〉라는 글에서 홉스는 고대 그리스의 자연철학자 아낙사고라스(Anaxagoras)와 투키디데스가 무신론자였는지에 관해서 문제를 제기한다. 홉스에 따르면 그들은 결코 무신론자가 아니었다. 일반 대중이 그들을 무신론자라고 생각하게 된 것은 그들의 견해가 "속인들로서는 파악하기 어려운 것"이었기 때문이다. 투키디데스는 이교도들이 "허황한 미신에 사로잡혀" 있다는 것을 잘 알고 있었고, "바로 그랬기 때문에 대중은 그를 무신론자로 오해"했다. 사실상 고대 그리스인 대다수는 "자신들의 어리석은 종교에 대해 자신들과 생각이 다른" 사람은 누구라도 무신론자로 여겼다. 투키디데스는 중도를 지켰다. 그는 "미신의 편에 서지도 않았고, 무신론자 편에 서지도 않았다."[43]

홉스는 나중에 이러한 관점을 '무신론자'와 '이단자'라는 말에 적용한다. 이 두 단어는 당시에 잘못 사용되고 있었다. '무신론자'는 하느님을 믿지 않는 사람을 뜻하며, '이단자'는 한 교파 내에서 그릇된 교리를 믿는 사람을 뜻한다. 그러나 근대 초기에는 판정하는 자가 볼 때 무신론을 유발한다고 생각되는 교리를 가르치는 자가 무신론자였다. 또한 판정하는 자와 다른 믿음을 지닌 자는 이단자였다. 홉스는 1668년에 쓴 《보통법 대화록》에서 이 점을 분명하게 밝힌다. 이단은 "자기 혼자만 믿는 교리, 혹은 다른 사람들이 믿는 교리에 어긋나는 의견"이다.[44] 홉스는 이것이 이단이라는 단어의 의미가 아니라, 그 단어의 용법이라는 것을 잘 알고 있었다. 수십 년 후에 그는 '무신론자'의 적절한 판정 기준을 놓고 존 브럼홀 주교와 논쟁을 벌인다.

사람들이 단어를 잘못 사용함으로써 발생하는 해악을 홉스가 예민하게 느끼고 있었다는 점에 비추어보면 《리바이어던》에서 미신에 대해 한 말은 충분히 일리가 있다. 홉스에 따르면 미신은 (사람들이나 정부의) 인정을 받지 못한 (보이지 않는 힘에 대한) 공포이다. 홉스가 내린 미신의 정의에 대해 온갖 종류의 비판이 봇물처럼 쏟아져 나왔다. 그러나 홉스의 의도가 사람들이 그 말을 잘못 사용하고 있다는 것을 지적하기 위한 것이라면, 그의 냉소적 언급은 사리에 맞고 재치도 있다.

홉스는 투키디데스의 저서 번역을 학술 연구로 여겼다. 홉스는 서문에서 지금까지 투키디데스의 역사서 중에서 그리스어 원본을 영어로 번역한 것은 없었는데, 자신이 아이밀리우스 포르투스(Aemilius Portus)의 교정판을 저본으로 삼아 번역했다고 자랑한다. 출판에 앞서 유명한 시인 벤 존슨과 스코틀랜드 이민자 로버트 에이턴(Robert Ayton)이 홉스의 번역서를 논평하고 칭찬했다. 본문에 딸려 있는 그리스 지도는 홉스가 직접 그린 것이다. 먼 지역을 오랫동안 동경해 왔던 홉스에게 잘 어울리는 일이었다. 《펠로폰네소스 전쟁사》번역은 그의 인문주의 시기(1602~1629년)를 마감하는 마지막 작품이었다. 홉스 본인은 몰랐겠지만 윌리엄의 죽음은 홉스의 삶에 변화를 일으켰다. 그는 잠시 채스워스와 하드윅의 세계를 벗어나 막 열리기 시작한 신과학의 세계로 들어섰다.

4장

신을 믿는 유물론자

1629~1640년

"이 우주에서 진실로 존재하는 것은 물질뿐이다."

물질 세계는 우주 전체에서 유일하게 진실한 것으로 보인다.
여러 가지 방식으로 왜곡되기는 하지만.
－《운문으로 쓴 나의 인생》

캐번디시가를 떠나다

윌리엄이 죽었을 때 홉스의 경제 사정은 여유가 있었다. 그러므로
그 집에 계속 있기 싫었다면 떠났을 것이다. 그러나 캐번디시가는 홉
스의 고향이었다. 그는 어떤 자격으로든 그 집에 있고 싶었을 것이다.
홉스가 왜 그 집을 떠났는지에 대해 여러 추측이 있다. 일설에 따르면
윌리엄의 자녀들이 너무 어려서 가정교사가 필요하지 않아서 할 일이
없어졌다는 것이다. 새 데번셔 백작(이하 '데번셔')은 그 당시 겨우 열
살이었다. 그렇다면 크리스천이 재정 상태를 예전처럼 회복하기 위해
홉스를 내보냈다는 것이 말이 된다. 이 설명은 언뜻 그럴듯하지만 한
가지 문제가 있다. 홉스가 떠난 바로 그 시기에 크리스천은 조지 애
글리언비(George Aglionby 혹은 Eglionby)를 가정교사로 들였다. 애글
리언비는 뉴캐슬 캐번디시가 사람이었는데, 나중에 '그레이트 튜' 회
원이 되었으며, 홉스와 편지를 주고받았고, 성직자로서 성공했다.

'홉스가 맡은 임무가 없었다'는 설명을 받아들이기 어려운 이유는
또 있다. 홉스는 "너무 많이 무시당했다."고 말하고 있다.[1] 이러한 언
급은 홉스가 불필요해진 것이 아니라 그 집에서 더는 그를 원하지 않
았다는 뜻으로 해석할 수 있다. 윌리엄이 죽자 홉스는 죽은 사람의
비서에 불과했다. 그는 끈 떨어진 연 신세가 되었고, 자존심에 상처도

입었을 것이다. 물론 크리스천이 홉스의 인품과 능력을 믿었더라면 홉스를 계속 붙잡아 두려 했을 것이다. 크리스천은 이재(理財)에 밝았으므로 경제적인 부담도 크지 않았을 것이다. 그런데도 홉스를 붙잡지 않은 것을 보면 홉스를 못마땅하게 여겼던 것 같다. 윌리엄이 재산을 흥청망청 탕진하여 가세가 기울게 되었는데, 이러한 사태에 홉스도 책임이 있다고 생각했다면 충분히 그럴 수 있다. 크리스천으로서는 홉스를 보기만 해도 불쾌한 기억이 되살아났을 테니까. 홉스는 해고된 것이 아니라 냉대를 받자 그만둔 것 같다. 물론 확실한 이야기는 아니다.

어쨌든 홉스는 어렵지 않게 새 일자리를 얻었다. 거베이스 클리프턴 경을 돕는 일이었다. 클리프턴의 친구이자 이웃이었던 뉴캐슬이 다리를 놓았을 것이다. 캐번디시 사람들 상당수가 홉스가 떠난 것을 아쉬워한 것 같다. 홉스가 채스워스를 떠난 지 1년도 더 지났을 때, 윌리엄의 딸 앤은 애글리언비의 편지를 통하여 "안전하게, 그리고 속히 돌아오기를" 바란다는 말을 홉스에게 전했다. 당시 앤의 나이는 18세 정도였다. 애글리언비는 편지에서 앤이 "(자네도 알다시피) 예쁘고 성숙한 아가씨인데, 지금까지 금단의 열매인 것이 유감"이라고 말했다.

애글리언비 외에도 캐번디시 사람들 중에 홉스에게 애정을 나타낸 세 사람이 더 있었다. 램스던(Ramsden), 로버트 게일(Robert Gale, 크리스천 캐번디시의 담임 목사), 스트래들링(Stradling) 부인이다. 홉스가 클리프턴에게 쓴 편지를 보면 더비셔 혹은 노팅엄의 여러분들에게 안부를 전해 달라는 말이 빠짐없이 들어 있다. 윌리엄이 죽은 직후에 크리스천과 갈등이 있었다 하더라도(없었을 수도 있지만), 그 집안사람들과는 우정을 유지했던 것이다.

두 번째 유럽 여행

홉스의 새 고용주 거베이스 클리프턴은 거부였고, 노팅엄셔에서 가장 영향력 있는 지주였다. 1614년에서 1626년까지 줄곧 하원의원이었고, 장기 의회 의원이었다. 왕당파였던 클리프턴은 초대 스트래퍼드(Strafford) 백작에게 제기된 권리 박탈 법안에 반대표를 던졌다. 내전 기간에는 뉴어크와 옥스퍼드에서 왕을 수행했다. 클리프턴은 홉스를 고용하여 아들과 함께 대륙 여행을 보냈다. 아들 이름도 '거베이스'였다. 이 여행에는 하인 세 명과 이웃집 아들 월터 워링(Walter Waring)이 동행했다. 거베이스에게 같은 또래의 동반자가 있어서 다행이었다. 홉스는 10년 전 첫 여행에서처럼 친구 노릇을 할 필요는 없었다. 이 여행에서는 확실히 교사 역할을 했다. 첫 번째 대륙 여행을 갔을 때는 20대 초반이었고, 또래 나이의 윌리엄을 수행했다. 그러나 이번 여행에서는 40대 초반이었고, 여행자로서나 비서로서 경험도 있었다. 아들 거베이스는 열일곱 살 정도였다. 홉스는 보호자 노릇을 해야 했지만 거베이스의 막가는 행동을 속박하지는 않았다. 망나니였던 거베이스는 결국 아버지에게 상속권을 박탈당했다. 1639년 어머니가 사경을 헤맬 때, 아버지는 아들이 유산에만 마음이 있다는 사실을 알고는 장탄식했다. 클리프턴의 말에 따르면 그가 아들과 의절하자마자 거베이스는 "집 안의 물건이든 집 밖의 물건이든 처분 가능한 모든 물건을 먹이로" 삼았다. 그해 후반에 거베이스는 "여러 건의 강도" 혐의로 체포되었다.[2] 만일 홉스가 청년이었다면 거베이스의 사기 행각을 재미있게 여겼을지도 모르지만, 중년에 이른 홉스는 그러지 않았다. 이 두 번째 대륙 여행을 하면서 홉스는 근대 과학적 사고에 눈뜨게 되었는데, 이 사실을 보더라도 거베이스가 제 맘대로 하도록 내버려 두고 홉스는 자기 할 일을 했다고 짐작할 수 있다.[3] 홉스가 클리프턴에게 보낸 편지를 보면 그들의 일정을 알 수 있다. 그들은 파리에서 리옹을 거쳐 1630년 4월에 제네바에 도착했다. 여기에서 이탈리아로 가는 것이 일반적인 대륙 여행 코스였는데, 이 마지막 목적지는 가지 못했다. 만토바 계승 전쟁이 벌어지고 있었기 때문이다. 이 전쟁은 30년 전쟁의 일부이다. 영국인 두 사람이 이탈리아로 함께 가자고 제안했지만, 홉스는 역병을 염려하여 거절했다. 홉스의 조심스러운 성격이 여기에서도 나타난다. 결국 그들은 오를레앙으로 갔다.

기하학의 발견

홉스는 제네바에서 기하학과 만난 것으로 보인다. 오브리는 이렇게 쓰고 있다.

홉스는 한 신사의 집에서 유클리드의 《기하학 원론》이 책상 위에 있는 것을 보았다. 마침 명제 47이 펼쳐져 있었다. 그가 말했다. "G—에 의해, 이것은 불가능하다." 그래서 그 명제의 증명을 읽었다. 그런 다음 증명의 대상이 된 명제로 돌아와서 그 명제부터 다시 읽어 내려갔다. 마침내 홉스는 그 명제가 진리라는 것이 증명되었다고 확신했다. 이 일이 계기가 되어 그는 기하학에 빠져들었다.

이 이야기가 꾸며낸 이야기라는 주장도 있다. 홉스는 옥스퍼드에서 기하학을 공부한 적이 있고, 마침 그 책의 명제 47이 펼쳐져 있었다는 점이 너무 깔끔하다는 것이다. 명제 47은 피타고라스 정리이다. 이 일이 있기 전에 홉스는 기하학에 약간의 관심과 지식이 있었을 것이다. 우리는 앞에서 홉스가 《고봉의 경이》에서 채스워스를 점으로 비유하고, 더웬트강을 선으로 비유하고, 하느님을 불멸의 기하학자라고 칭송했다는 것을 이미 보았다. 하지만 나는 오브리의 이야기를 받아들인다. 첫째, 어떤 것을 배우는 것과 그 위력과 중요성을 깨닫는 것은 다르다. 나는 학부생 때 기호논리학을 배웠지만 그 가치를 알게 된 것은 대학원생 때였다. 둘째, 신사가 유클리드의 책을 소장하고 있었다면 그 책은 세련된 판본이었을 것이다. 세련된 판본은 아무렇게나 펼쳐지는 것이 아니라 의미 있는 페이지가 쉽게 펼쳐진다. 기하학에서 피타고라스 정리보다 더 유명한 것은 없다. 《성경》도 〈시편〉 23장이 〈역대기상〉 2장보다 쉽게 펼쳐지는 진기한 판본이 있다. 〈시편〉 23장은 "여호와는 나의 목자시니 내게 부족함이 없으리로다."로 시작하고, 〈역대기상〉 2장은 10~12절이 "람은 암미나답을 낳고, 암미나답은 나손을 낳았으니, 나손은 유다 자손의 방백이며, 나손은 살마를 낳고, 살마는 보아스를 낳고, 보아스는 오벳을 낳고, 오벳은 이새를 낳고……"이다.

홉스의 철학에서 기하학은 매우 중요하다. 이 중요성을 잘 모르는 학자들도 있다. 홉스에 따르면 자연과학은 기하학의 증명 형태를 따라야 한다. 정의(定義)의 형태로 공리(公理)를 제시한 다음, 이로부터 필연적인 추론으로 나아가야 한다. 이렇게 하면 과학이 확실하고 선험적이고 필연적인 지식이 된다.

정의는 일종의 약속이기 때문에, 이로부터 이루어진 추론은 반드시 진리이다. 오늘날의 철학 전문 용어로 말하자면 '분석적' 진리이다.* 앞에서 본 것처럼 베이컨 역시 과학에서 정의의 중요성을 강조했다. 홉스는 유클리드의 증명을 읽었을 때, 머리로 그 중요성을 아는 데 그친 것이 아니라 몸으로 느꼈던 것이다. 홉스가 감탄한 것은 기하학의 공리와 정리와 증명 그 자체가 아니라 어떤 사물과 다른 사물을 의심의 여지없이 연결하는 방법이었다. 즉, 기하학 그 자체가 아니라 기하학의 방법이 그를 깜짝 놀라게 했던 것이다.

어쨌든 이때 홉스는 기하학적 방법의 위력을 알게 되었다. 그러나 정의에 관해 완전하게 이해하고 이론화한 것은 수십 년 후의 일이다. 《물체론》에 정의에 관한 본격적인 설명이 나타난다.

홉스는 '30년 전쟁'의 전화를 피해 1630년 9월까지 제네바에 머물다가 겨울에 이탈리아로 갈 작정이었다. 하지만 전쟁이 길어져서 결국 이탈리아 여행은 포기했다.

의회 해산

홉스는 영국에서 보내온 편지를 통해 영국의 정치 사정에 대해 알

---

* "총각은 결혼하지 않은 남자이다."라는 명제는 '총각'이라는 말을 정의한 것이다. 이 정의는 '총각'이라는 말을 그런 뜻으로 사용하기로 한 일종의 약속이다. 이 명제에 "철수는 결혼하지 않았다."라는 사실을 결합하면 "그러므로 철수는 총각이다."라는 결론이 나온다. 이 추론의 진리성은 "총각은 결혼하지 않은 남자이다."라는 명제의 진리성에 좌우된다. 그런데 이 명제는 일종의 약속이므로 진리성 여부를 논할 필요가 없다. 이러한 약속에서 시작된 추론의 결과는 최초의 약속 내용을 분석하면 결론의 진리성을 알 수 있다는 뜻에서 '분석적 진리'라고 한다. 즉 "철수는 총각이다."라는 추론이 진리인 이유는 '총각'을 '결혼하지 않은 남자'로 정의했기 때문이다.

고 있었다. 사람들은 찰스 1세가 '권리청원(Petition of Right)'을 대하는 방식에 불안해하고 있었다. '권리청원'은 의회가 국왕에게 요구하는 사항을 제시한 것인데, 그 내용은 함부로 투옥하지 말 것, 의회의 동의 없이 과세하지 말 것, 군대가 민가에 강제 숙영하지 말 것 등이 었다. 찰스는 처음에는 완강하게 버티다가 마지못해 재가(裁可)하면서, 청원 내용은 영국인의 전통적인 자유를 확인한 것으로서 국왕인 자신의 주권과 일치한다고 주장했다. 그리고 1629년에 의회를 해산했다. 이후 1640년까지 의회는 열리지 않는다. 이 시기는 논평자의 정치적 입장에 따라 찰스 1세의 '친정(親政)' 시기, 혹은 '11년 독재' 시기로 불렸다. 찰스의 절대 주권론은 너무 극단적이어서 1620년대의 후반 무렵에는 그 주장이 진지한 것인지 풍자인지 알기 어려울 정도였다. 1614년에 로버트 더들리(Robert Dudley) 경이 찰스 1세의 절대 주권론을 옹호한 책자가 1629년에 다시 회람되었다. 이 책자를 본 토머스 웬트워스(Thomas Wentworth, 나중에 초대 스트래퍼드 백작이 된다)는 자신의 정치적 입장을 풍자한 글로 오해하여 유포자를 색출하여 체포하라고 지시했다. 다섯 명이 체포되어 성실청*에서 처형되었다.

다시 캐번디시가로

홉스가 캐번디시가를 떠난 이후에 크리스천은 홉스를 더 좋게 생각했음에 틀림없다. 크리스천은 홉스가 가을에 대륙 여행에서 돌아온

성실청(星室廳) 영국의 형사 법원. 재판이 열리던 장소의 천장에 별 모양 장식이 있었다고 하여 붙은 이름이다. 배심원을 두지 않고 심의하여 불공평하기로 유명했다. 제임스 1세와 찰스 1세 시절 유명세를 떨치다 1641년에 의회법에 따라 폐지되었다.

3대 데번셔 백작 데번셔(윌리엄 캐번디시). 홉스는 다시 캐번디시가로 돌아와 데번셔를 가르쳤다.

직후에 그를 다시 고용했다. 홉스는 1630년 11월 초에 하드윅으로 돌아왔다. 클리프턴이 그를 추천했고, 두 사람이 몇 년 동안 돌아오라는 편지를 보냈다. 홉스가 캐번디시가에서 일하게 된 데에는 두 가지 이유가 있었다. 첫째, 데번셔가 성장하여 홉스의 가르침이 필요했다는 점이다. 홉스는 7년 동안 데번셔에게 라틴어, 웅변술, 논리학, 천문학, 기하학 등을 가르쳤다. 둘째, 이것이 더 중요한 이유인데, 크리스천의 마법 같은 재산 관리로 캐번디시가의 경제 사정이 호전되었다는 점이다. 크리스천의 재산 관리 능력은 시할머니 하드윅의 베스만큼이나 뛰어났다. 크리스천은 남편 때문에 생긴 손해를 복구하기 위해 30건의 소송을 제기해서 모두 승소했다. 크리스천의 놀라운 성공을 보고 왕이 이렇게 빈정거렸다. "부인, 내 판사들이 모두 당신 손안에 있군요."[4] 하지만 모든 문제가 깔끔하게 해결되기까지는 10년이 더 걸렸다.

크리스천이 가문의 재산을 복구했지만, 대부분의 재산은 아들 데번셔의 명의로 되어 있었다.[5] 법률 문제가 복잡하게 얽혀 있었고, 급기야 어머니와 아들이 대립하는 지경에 이르렀다. 1630년대 후반에 어머니와 아들은 각각 홉스에게 자문을 구했다. 하지만 크리스천은 이 사실을 몰랐다. 크리스천은 홉스가 자기 허락도 받지 않고, 한마디 말도 없이 데번셔의 자문에 응했다는 사실을 알고는 불같이 화를 냈다. 홉스가 데번셔 편이라고 생각했던 것이다. 크리스천은 자기가 홉스를 고용했고 아들의 어머니이므로, 홉스가 당연히 자기에게 충성할 것이라고 믿고 있었다.

홉스는 진퇴양난에 빠졌다. 아들 데번셔와 어머니 크리스천 사이에서 오도 가도 못했다. 홉스는 자신의 행동을 변명하는 문서를 작성했다. 그 문서의 제목은 "조부의 별세 이후 친애하는 데번셔 백작 윌리엄 각하의 상속과 관련하여 지금까지 공적·사적으로 진행된 의사록"이었다. 이 문서에 따르면 데번셔는 어머니가 윌리엄의 빚을 변제하는 과정에서 자기 재산을 마음대로 처분한 것을 어떻게 해야 할지 홉스에게 자문을 구했다. 크리스천은 1638년 데번셔의 미성년 시기에 자신이 보호자로서 행한 모든 거래에 대해 책임을 면제한다는 내용의 서류에 데번셔가 서명하도록 요구한 적이 있는데, 이것이 문제의 발단이었다. 데번셔는 진상을 파악하기 위해 회계 감사를 요구했고, 또한 집을 떠나겠다고 위협했다. 문서에 따르면 홉스는 데번셔의 계획을 크리스천에게 알리지 않겠다고 약속했고, 그 대신 데번셔는 집을 떠나지 않을 것이며, "자식 된 도리에 어긋나는 일"은 절대로 하지 않겠다고 약속했다. 홉스는 크리스천이 준비한 서류에 서명하라고 데번셔에게 충고했다. 또한 데번셔 소유이지만 크리스천이 관리하는 재산

중에서 런던에 있는 데번셔 저택은 윌리엄의 빚을 변제하는 데 사용해서는 안 된다는 의견을 제시했다. 크리스천의 이해(利害)와 직접적으로 충돌하는 의견이었다.

데번셔에게 그렇게 충고한 것이 자신의 이익 때문이 아니라는 점을 분명하게 밝히기 위해 홉스는 문서 말미에 다음과 같은 서약을 덧붙였다.

상기 토머스 홉스는 데번셔가 어머니를 상대로 하여 어떠한 소송도 제기하지 말도록 충고해 왔으며, 앞으로도 그럴 것이다. 이러한 충고의 대가로 상기 토머스 홉스는 어떠한 보상도 받지 않았고, 요구하지도 않았으며, 기대하지도 않을 것이다. 맹세하건대 그 충고는 가정교사의 임무에 충실하기 위해 한 일이었으며, 그렇게 하지 않으면 비난받을 것이라 생각하여 한 일이었다.

크리스천은 의심의 눈길을 거두지 않았으나, 결국 홉스와 화해했다.[6]

당대의 정치에 대한 홉스의 관심은 계속되었다. 1632년 후반에 왕은 런던 주민이 아닌 사람은 꼭 필요한 일이 있는 경우를 제외하고는 모두 런던을 떠나 고향으로 돌아가라는 포고령을 내렸다. 내란이 일어날까 걱정했던 것이다. 영국인들은 왕의 정책에 불만이 많았다.

1633년 늦봄에 찰스는 스코틀랜드 왕 즉위식을 위해 북쪽으로 올라갔다. 가는 길에 웰벡 대수도원에 들러 뉴캐슬의 환대를 받았다. 벤 존슨을 고용하여 〈왕의 웰벡 연회〉라는 가면극을 쓰게 해 공연했는데, 뉴캐슬은 이 연회에 2천 파운드라는 엄청난 돈을 들였다. 정확히 계산할 수는 없지만, 오늘날의 물가로 환산하면 대략 150만 달러가 될 것 같다. 지나쳐 보이지만 수행원의 규모가 어마어마했다는 사실을 기억해야 한다. 의사 다섯 명이 왕을 수행했는데, 이중에는 윌리엄 하비도 있었다. 연회에 참석한 사람들이 너무 많아서 일부는 아룬델 백작이 따로 워크솝 장원으로 초대했다. 존슨의 가면극은 액시던스(Accidence)*와 피츠에일(Fitz-Ale)의 대화로 구성되었다. 액시던스는 그 지역의 교사였고, 피츠에일은 "다비(Darbie)의 문장관(紋章官), 두 개의 주(더비셔와 노팅엄셔)의 횃불이자 등대"였다. 두 지역에 문장관이라는 직책은 없었지만, 홉스에게 어울릴 법한 직책이었다. 홉스는 윌리엄을 위해 일하면서 두 지역에서 유명 인사였고, 몇 년 전에는 투키디데스를 번역 출간했으며, '뉴캐슬 모임'에서도 비중 있는 인물이었다. 피츠에일 역은 카운티의 신사가 맡았는데, 피츠에일이 《고봉의 경이》에 관한 보고서를 가지고 있었으므로, 홉스를 연기한 것으로 볼 수 있다. 청중들 대다수가 홉스의 시집 《고봉의 경이》를 잘 알고 있었던 것 같다. 마지막에 액시던스는 피츠에일의 시를 인용한다.

> 벅스턴의 분출 샘, 성스러운 앤
> 혹은 엘던, 지옥 같은 무저갱
> 풀스 홀, 혹은 악마의 화려한 엉덩이,
> (죄송하게도) 광부들의 어처구니없는 사건.

이 시에는 홉스가 쓴 피크 디스트릭트의 일곱 경이 중 네 개가 나

---

* '초보'라는 뜻이 있다.

온다. 피츠에일이 홉스든 아니든 간에, 그 자리에 홉스가 있었을 가능성은 매우 높다. 이후 홉스는 좀 더 정교한 궁정 작품들을 견뎌야 하는 상황을 맞이한다.

1634년 1월에 홉스는 런던에서 데번셔 사람들과 어울렸다. 데번셔, 크리스천, 크리스천의 딸 앤(지금은 리치 부인), 앤의 남편(로버트 리치, 워릭 백작의 장남), 크리스천의 동생(엘긴 경) 등등. 그들은 궁정 작품에 심취했고, 때로는 가면극에 참여하기도 했다. 홉스는 궁정 작품들이 천박하고 지루해서 싫다고 말한다. 데번셔는 토머스 커루(Thomas Carew)와 이니고 존스(Inigo Jones)의 유명한 가면극 〈영국의 하늘(Coelum Britannicum)〉에 참여했다. 연예계의 대가 헨리 허버트(Henry Herbert)는 〈영국의 하늘〉이 "최고의 시, 최고의 장면, 최고의 의상을 보여주는 우리 시대의 가장 멋진 가면극"이라고 평가했다.[7] 1633년 11월부터 1634년 2월 18일까지 17편의 연극 작품이 만들어졌다. 셰익스피어의 작품들이 인기가 있어서 그의 희곡 중 4편 〈리처드 3세〉, 〈말괄량이 길들이기〉, 〈심벨린〉, 〈겨울 이야기〉가 상연되었다. 그러나 홉스의 저작 어디에도 셰익스피어에 대한 언급은 없다.

3월에 데번셔의 대륙 여행 계획이 논의되었다. 데번셔는 이제 17세가 되었다. 몇 주 안에 떠날 것인지, 아니면 여름을 옥스퍼드에서 보내고 가을에 영국을 떠날 것인지를 놓고 의견이 오갔다. 홉스는 여름에 옥스퍼드에 가면 역병에 걸릴 염려가 있다고 생각했다. 학창시절의 오싹한 기억 때문에 그랬을 것이다. 결국 옥스퍼드로 가기로 결정한 것 같다. 7월 혹은 8월에 홉스가 고향을 방문한 것을 보면 그렇게 추론할 수 있다. 홉스의 고향 맘스베리는 런던이나 하드윅보다는 옥스퍼드에서 더 가까웠다.

우리가 아는 한 이것이 홉스의 마지막 고향 방문이었는데, 이 방문에서 홉스는 오브리를 만난다. 홉스의 스승 로버트 라티머는 리 델라미어에서 근무하고 있었는데, 존 오브리가 그의 제자였다. 당시 오브리는 여덟 살이었다. 오브리를 보면서 같은 선생님에게서 가르침을 받던 어린 시절이 생각났을 것이고, 그래서 46세의 홉스가 오브리에게 호감을 품게 되었을 것이다. 미혼이었던 홉스는 오브리의 친척들을 방문하기도 했는데, 오브리가 조카처럼 느껴졌을 수도 있다.

갈릴레이와 메르센을 만나다

1634년 가을부터 홉스는 데번셔와 함께 프랑스와 이탈리아에서 2년간 대륙 여행을 했다. 홉스의 세 번째 대륙 여행이었는데, 이 여행에서 홉스는 당대의 주요한 과학자들을 만난다. 그의 산문 자서전에 따르면 감각의 운동 원리에 대한 의문 때문에 과학에 관심이 생겼다고 한다.

지식인들이 모인 자리에서 감각의 원인에 대한 이야기가 나왔다. 누군가가 "감각이 무엇이냐?"라고 물었는데, 대답하는 사람이 아무도 없었다. 자칭 현자라는 사람들이, 그래서 다른 사람들을 얕보는 사람들이 어떻게 자신의 감각의 본질을 모를 수 있을까 싶어 의아했다. 그때부터 틈만 나면 감각의 원인에 대해 생각해보았다. 그러던 중 문득 이런 생각이 떠올랐다. 모든 물체와 그 부분들이 다 같이 쉬거나 항상 유사한 운동을 한다면 그 물체들은 서로 구별되지 않을 것이며, 따라서 구별되는 감각 활동도 존재하지 않을 것이다. 그렇다면 **물체들이 서로 다른 이유**

는 그 물체들의 운동의 차이 때문이다.[8]

이제 홉스는 과학에 깊은 관심을 두게 되었고, 인간의 인식 과정과 행동을 포함하여 존재하는 모든 것이 운동이라고 주장했다. 그는 특히 광학(光學)에 관심이 많아서 망원경에도 관심이 많았다. 여행 중에 갈릴레이를 만난 것도 이러한 관심과 관련이 있을 것이다. 특히 중요한 것은 마랭 메르센을 만난 사실이다. 메르센을 통해 홉스는 르네 데카르트(René Descartes), 피에르 가상디(Pierre Gassendi) 등을 만났다. 메르센은 17세기 최고의 지식인들을 주변에 불러 모아 교류의 장을 만든 사람이다.

또한 홉스는 날이 갈수록 격화되는 1630년대의 종교·정치 상황에도 관심이 많았다. 프랑스에서 그는 존 셀던의 《영해론》을 읽었다. 이 책에서 셀던은 북대서양이 폐쇄해(閉鎖海), 즉 영국의 영해(領海)라고 주장했는데 이는 북대서양이 누구든 항해할 수 있는 공해(公海)라는 네덜란드의 주장과 대립하는 것이었다. 책 제목도 네덜란드의 입장을 옹호한 휘호 호로티위스(Hugo Grotius)의 《공해론(Mare Liberum)》을 본뜬 것이다. 피터 헤일린(Peter Heylyn)의 《안식일의 역사》(1636년)도 이 무렵에 읽은 것 같다. 헤일린은 주의 날을 신성하게 지키라는 계율은 하느님의 명령이 아니라 인간이 만들었다고 주장했다. 홉스는 일반인들이 십계명 중 하나가 하느님의 명령이 아니라는 것을 안다면, 나머지 아홉 계명도 의심하지 않을까 걱정했다. 나중에 홉스는 운명 예정설*에 대한 공개 토론에 대해서도 걱정했다. 구원의 운명이 예정되어 있다면, 어떻게 살든 운명이 달라지지 않을 것이므로 사람들이 일상생활을 제멋대로 할 가능성이 있다. 그렇게 되면 끔찍한 사회가 될 것이라고 생각한 것이다.

홉스와 데번셔는 1634년 10월부터 1635년 8월까지 파리에 머물다가 남쪽으로 내려가 리옹, 베네치아, 로마, 피렌체를 방문했다. 1635년 12월 16일에는 로마에 있었는데, 이듬해 3월까지 그곳에 머물렀던 것 같다. 피렌체에는 1636년에 있었고, 6월 1일에 다시 파리로 와서 10월에 영국으로 돌아왔다. (홉스는 운문 자서전에서 1637년에 귀국했다고 했는데, 틀린 말이다.)

이 여행에서 홉스는 갈릴레이도 만났다. 1636년 봄에 피렌체에서 그를 만난 것으로 보인다. 당시 갈릴레이는 《두 우주 체계에 관한 대화》(1634년)를 출간한 죄로 법적으로 가택 연금 상태였지만, 여러 친구의 도움으로 안락한 생활을 했다. 홉스는 망원경을 비롯한 여러 과학적 쟁점에 관심이 많았다. 그의 관심은 철저히 실용적이었다. 뉴캐슬의 동료인 월터 워너도 망원경에 관심이 있었는데, "무한" 확대경 이론을 주장했다. 홉스는 이 이론을 시답잖게 여겼다. 홉스는 그런 확대경은 만들 수 없다고 생각했다. 만들 수 없는 확대경 이론이 무슨 쓸모가 있겠는가? "실행할 수 없는 것은 무용지물이다."[9] 20년 후에 홉스는 뤼돌프 판 퀼렌(Ludolph van Ceulen)과 빌레브로르트 스넬(Willebrord Snell)의 원주율(π)에 관한 이론이 실용성이 없다고 비판한다.[10] 홉스가 주어진 원과 넓이가 같은 정사각형을 작도하는 데 실패한 것도 이러한 실용적인 태도와 관계가 있을 것이다. 홉스는 원의 넓이에 근접하는 정사각형을 작도하는 방법은 찾아냈다. 하지만 넓이

운명 예정설 '예정설'이라고도 부른다. 우주의 모든 사물이나 역사적인 사건은 모두 신이 정하거나 예상한 것이라는 학설이다. 장로교 창시자 장 칼뱅은 예정설에 따른 금욕의 윤리를 주장했다.

프랑스의 수학자 마랭 메르센(좌)과 피에르 가상디(우). 홉스는 유럽 여행 중 이들과 교류한 이후 본격적으로 기하학 연구에 매진한다.

가 정확히 같지는 않았다. 사소한 차이는 별 문제가 아니라고 생각했던 것 같다.

　물질 세계에 대한 홉스의 사유는 유럽을 방문하는 동안 날개를 달았다. 앞에서도 말한 것처럼, 이 무렵에 홉스는 존재하는 것은 오로지 물체뿐이라는 판단을 내렸다. 그러므로 인간의 감각 경험, 즉 생명이 있기 때문에 느낄 수 있는 현상은 인체 내 작은 물질들의 복잡한 운동이라는 것이다. 감각은 거울에 비친 상과 종류가 같다. 홉스는 운문 자서전에 이렇게 썼다. "환상은 우리 뇌의 산물이다. 환상은 우리 밖에 있는 것이 아니라, 우리 안에 있는 운동이다."[11] 《물체론》에는 이렇게 썼다. "그러므로 감각 능력이 있는 생명체의 감각은 그 생명체의 내부에서 일어나는 운동일 뿐이다. 그렇게 운동하는 부분이 바로 감각 기관이다."[12] 운문 자서전에 따르면 이 시기에 홉스는 기록을 하지 않았는데 선생, 즉 자연 그 자체가 "항상 내 옆에 있었기" 때문이라 했다. 홉스는 데카르트와 똑같은 생각을 데카르트보다 자신이 먼저 했는데, 그런 발견을 기록으로 남기지 않았을 뿐이라고 주장하고 싶었던 것 같다. 하지만 과학사 혹은 철학사에서 중요한 것은 누가 최초로 생각했느냐가 아니라, 누가 최초로 자신의 발견을 널리 알리고 학계에 영향을 끼쳤는가이다.

홉스는 이탈리아에서 파리로 돌아온 후에 메르센을 만났다. 메르센은 홉스의 생각에 감명을 받아 거의 매일 그를 만났고, 가상디와 케넬름 딕비(Kenelm Digby) 등 다른 지식인들에게 홉스를 소개했다. 딕비와는 이전에 만난 적이 있었을지도 모르겠다. 홉스는 운문 자서전에서 "그때부터 나도 철학자로 대접받았다."라고 쓰고 있다.

이 세 번째 여행에서 홉스가 생각한 것 중에는 지금 보면 우스운 것도 있다. 그중 하나는 소개할 만한 가치가 있다. 이 일화를 보면 독자들은 과학 초창기에 이론화가 얼마나 어려운 일이었는지 감이 올 것이다. 홉스에게 질문을 던지는 편지가 왔다. 거울로 자주 보는 자기 얼굴보다 오랫동안 보지 못한 친구 얼굴을 더 잘 기억하는 이유를 묻는 편지였다. 홉스는 그 질문에 전제된 사실의 진리성, 즉 정말 그런지에 대해서는 의문을 품지 않고 이런 답변을 내놓았다. 어떤 것을 기억하는 것은 얼마나 자주, 얼마나 오랫동안 보느냐에 달려 있다. 사람들은 자기 얼굴을 자주 보기는 하지만 오랫동안 보지는 않는다. 반면에 친구 얼굴은 가끔씩 봐도 오랫동안 본다. 어떤 것을 두 시간 동안 지속적으로 본 인상이 같은 대상을 간헐적으로 두 시간 동안 본 것보다 더 강하다. 홉스는 이 답변을 스스로 흡족하게 여기면서 그 질문자를 초대하여 다른 질문도 해보라고 했다. "첫 번째 질문에 대한 내 답변이 마음에 들면 다른 것도, 자연 현상에 관한 것이라면 무엇이든 물어보세요. 젖 먹던 힘까지 다해서 만족할 만한 해답을 드리겠습니다. 당신의 존경을 받는 일은 영광스러운 일이니까요."[13]

홉스는 1636년 10월 데번셔와 함께 영국으로 돌아왔다. 돌아온 직후 서리(Surrey) 바이플리트(Byfleet)에 있는 크리스천의 집에 머물렀다. 이제 데번셔를 가르치는 일은 끝났다. 50세가 가까워지고 있었고, 돈벌이를 하지 않아도 살아갈 수 있었다. 홉스는 사정이 허락한다면 크리스천과 데번셔를 돕고 싶었다. 그들도 홉스가 '가족'으로 남기를 바랐다. 홉스는 과학 연구에 몰두할 시간을 얻고 싶었다. 뉴캐슬이 있는 웰벡이라면 그렇게 할 수 있을 것 같았다. 뉴캐슬도 홉스와 함께 있고 싶어 했다. 홉스는 뉴캐슬과 사이좋게 지낼 수 있을 것이라고 확신하면서 웰벡으로 가고 싶다는 의사를 전했다. "각하께서 허락하신다면 한시라도 속히 그곳으로 가서 폐가 되지 않는 한 오래도록 머물고 싶습니다."[14] 그러나 바이플리트를 떠나는 일은 역병 때문에 지체되었다. 홉스에 따르면 역병이 진정될 때까지 한 달쯤 기다렸다가 떠났다. 홉스가 염려했던 것은 자신의 건강이 아니라, 뉴캐슬 가족의 건강이었다. 홉스는 "평범한 여인숙"에 머물렀는데, 그 여인숙에 어떤 병이 돌았는지는 언급하지 않았다.

홉스가 뉴캐슬에게 보낸 편지글의 문투를 보면, 두 사람이 격의 없이 지냈다는 것을 알 수 있다. 1636년 성탄절 날, 감기에 걸려 있던 홉스는 사람들로 북적이는 집안 사정을 이렇게 설명하고 있다. "감기 때문에 침실에 갇혀 지내는데, 침실이 (여기에서 성탄절을 보내려고 모인 무리 안에 있어서) 나를 감기에 가두어 두고 있습니다."[15] 여기에서 "무리"란 크리스천, 크리스천의 어머니, 남동생, 올케, 데번셔, 데번셔의 동생 찰스, 데번셔의 누나 앤, 앤의 남편 리치 경을 가리킨다.

'루됭의 악령'

1637년 1월 홉스는 케널름 딕비가 파리에서 보낸 편지를 받았다. 바이플리트에서 받은 것 같다. 30년 전쟁이 벌어진 지역에서 군대들이 이곳저곳으로 이동하고 있다는 내용 외에 "루됭의 악령" 이야기가 동봉되어 있었다. (켄 러셀Ken Russell 감독의 영화 〈악령〉(1971년)은 이 이야기를 주제로 한 것이다.) 1632년에 프랑스 루됭(Loudun)의 우르술라회 수녀들이 그 지역 사제의 간계로 집단으로 귀신에 들렸다. 그 사제는 2년 후에 기둥에 묶여 화형에 처해졌지만, 수녀들의 귀신 들린 증세는 멈추지 않았다. 좋은 구경거리였기 때문에 그랬을 것이다. 매주 벌어지는 퇴마 의식을 보러 멀리서 구경꾼들이 왔다. 수녀들의 몸부림치는 증세는 1637년까지 계속되었다.

딕비는 월터 몬터규(Walter Montague)와 함께 그곳을 방문했다. 초대 맨체스터 백작의 작은아들 월터는 악령 사건이 일어나기 전에 그 수녀들의 간증을 듣고 로마가톨릭으로 개종했다. 그 수녀들은 악령이 허락하는 범위 내에서 최대한 공손하게 행동했다. 그들은 딕비의 조사에 순순히 응했지만, 묻는 말에 제대로 대답하지는 않았다. 그의 의도를 알 수 없었기 때문이다. 딕비는 수녀들이 정말로 귀신이 들렸는지 연기를 하는지 반신반의했다. 그는 진짜일 가능성에 무게를 실었다. 그들이 정말로 귀신 들린 것이라고 생각한 이유는 이러했다. 평소에 멀쩡하던 사람들이 집단으로 "정교한 음모를 꾸며 몇 년 동안 들키지 않고 사기를 치기는 불가능하다. 그렇게 해서 생기는 이득도

당대 영국에서 로마가톨릭을 대표했던 지식인이자 자연철학자 케널름 딕비. 그는 홉스의 사상을 찬미하며 홉스와 지적 교류를 이어 나갔다.

없는데, 날마다 그런 힘들고 괴로운 연기를 할 리가 없다."는 것이다. 그런 행동은 "인간의 인내심과 결단력으로 할 수 있는 일"이 아니라는 것이다.[16] 딕비는 수녀들을 과소평가했다. 하지만 특히 직접 목격하는 경우에는 기괴한 행동에 대한 초자연적인 설명을 사람들이 쉽게 믿는다는 것도 그는 잘 알고 있었다. 그래서 딕비는 이 사건에 대한 판단을 유보했다. 그리고 원장 수녀에게 일어난 기적 이야기를 덧붙였다. 원장 수녀가 [예수의] 신성한 이름을 부르면, 그 이름의 철자가 손바닥에 붉은 점으로 또박또박 나타난다는 것이다.

딕비가 완전히 의심하지는 않았던 것 같다. 그해 8월에 딕비는 말에서 떨어져 팔이 부러졌다. 바로 그 무렵에 한 친구가 편지로 "그런 불운"의 징조가 있다고 알리면서 도움이 되길 바라며 스카프를 보냈다. 편지와 스카프는 낙마 사건이 일어난 지 엿새 후에 도착했다. 딕비는 홉스에게 이 사건을 소개하면서, "예지(豫知), 즉 멀리서 현지 사정을 아는 것"에 대해 어떻게 생각하느냐고 묻는다.[17] 딕비는 두 가지 가설을 제시한다. 하나는 영혼은 정령으로서 모든 지식을 가지고 있고, 가끔 미래에 대해 어렴풋이 인식한다는 것이다. 또 하나는 영혼은 이전에 인지했던 대상에 대하여 미래의 특정한 사실을 추론할 수 있다는 것이다. 아쉽게도 홉스의 답장이 남아 있지 않아서, 홉스가 악령이나 예지에 대해 어떻게 생각했는지는 알 길이 없다. 홉스는 결정론자*였으므로 과거의 사건을 통해 미래에 벌어질 일을 추론할 수 있다는 생각에는 이론적으로 공감했을 것이다. 하지만 그러한 추론이 대상 하나하나에 대해 가능하다는 생각에는 공감하지 않았을 것이고, 영혼이 스콜라 철학자들이 말하는 '상(species)'을 지닌다는 딕비의 믿음에도 이론적으로 공감하지 않았을 것이다.

찰스 캐번디시에게 주는 충고

여담이지만 데번셔의 동생 찰스에 관해서도 잠깐 이야기하고 넘어가자. 그는 아버지 윌리엄을 빼닮아서 거칠고 모험을 즐겼다. 찰스가 유럽 여행 중 파리에서 말썽을 일으키자, 1638년 8월에 홉스는 그를 꾸짖는 편지를 썼다. 아마 크리스천이 요청했을 것이다. 홉스는 찰스에게 결투할 일을 만들지 말라고 꽤 길게 나무랐다. 홉스는 〈햄릿〉의 폴로니우스(Polonius)를 연상시키는 문투로 이렇게 썼다.

결정론자 결정론을 믿거나 주장하는 사람. '결정론'이란, 모든 자연 현상과 역사적 사건은 일정한 인과 관계 법칙에 따라 결정되며 우연적 사건이나 인간의 자유 의지에 따른 것이 아니라고 규정한 이론이다.

공격적인 말은 하지 마십시오. 욕설은 물론이고, 사람들이 흔히 하는 빈정거리는 말도 하지 마십시오. 그런 말을 하면 하인들의 애정이 식고, 동년배 간에는 증오심이 생깁니다. …… 아랫사람들을 격려하고, 동년배와 윗사람을 즐거운 기분으로 대하고, 어리석은 짓을 하더라도 용서하고, 타인의 비웃음을 살 처지에 빠진 사람을 도와주는 것이 고귀한 사람이 마땅히 해야 할 일입니다.[18]

홉스는 찰스에게 모욕을 당하더라도 명성이 높은 사람이 아니라면 공격하지 말라고 말한다. 격이 맞는 사람이 무례한 짓을 한 경우에만 상대하라는 것이다.

홉스는 또한 사람을 놀리지 말라고 훈계한다. 사람을 놀리는 농담은 누구라도 할 수 있다. 하지만 그런 농담을 했다고 해서 지적으로 보이는 것은 아니다. 홉스는 "사람들의 박수 소리를 듣자고 그런 천박한 일로 친구를 잃는 것"은 어리석다고 말한다. 홉스는 유머에 대해 아주 엄격한 견해가 있었다. "남의 약점"을 "조롱하고 비웃는" 사람은 자기애에 빠진 사람이다.[19] 《법의 원리》에서 홉스는 이렇게 말한다.

사람들은(자기가 잘하는 모든 일에 박수갈채를 받고 싶어 안달하는 사람들은 특히) 자신이 기대한 것보다 조금이라도 도를 넘는 행동을 하면 웃는다. 또한 남을 조롱하고도 웃는다. 이로써 알 수 있는 것은 웃음의 정념은 웃는 자가 자신의 어떤 능력을 갑자기 인식했을 때 생겨난다는 점이다. 또한 다른 사람의 약점을 보고 비웃는 이유는 그들과 비교하여 자신이 더 우월하다는 것이 입증되었다고 생각하기 때문이다. 또한 다른 사람을 조롱하면서 웃는 이유는 어리석은 언행을 발견하고 드러내는 재치가 그 조롱 속에 들어 있고, 그 재치에 스스로 흡족해하기 때문이다. 즉 이 경우에 웃음은 자신의 우월함을 갑자기 상상하여 생겨난 것이다. 다른 사람의 약점이나 어리석은 언행을 비웃고, 자신의 똑똑한 견해를 내세우는 이유가 그것 말고 무엇이 있겠는가? 자기 자신 혹은 자신과 관련 있는 친구가 조롱의 대상이 된 경우에는 웃지 않는다. 그러므로 웃음의 정념은 다른 사람의 약점과 비교하여, 혹은 예전의 자기와 비교하여 자신의 우월성을 갑자기 인식했을 때 생기는 갑작스러운 기쁨일 뿐이다.[20]

설상가상으로 이런 사람들은 자신이 우월하다고 믿기에 다음과 같은 불행한 사람이 된다.

남의 약점을 보고 자기애에 빠져 그 사람을 놀리고 비웃으면, 그런 어리석은 사람과 명예를 다투는 꼴이 된다. 이런 사람들은 조롱을 재치라고 착각하고 있다.[21]

이 훈계는 그다지 명쾌하지 않다. 철학적으로 논란의 여지가 있다. 두 개의 사물은 동일 범주에 속할 때에만 비교하거나 서열을 매길 수 있다. 사과와 오렌지는 비교할 수 없다. 홉스에 따르면 남을 조롱하면 조롱당하는 사람과 같은 범주가 되므로 결코 자랑스러워할 일이 아니다. 요컨대 남을 비웃는 일은 신사가 할 짓이 아니라는 것이다.

사람들은 보통 농담을 사교 활동으로 여긴다. 여럿이 있을 때에 웃으려는 경향이 있고, 모르는 사람들보다는 친구들과 함께 있을 때 웃으려는 경향이 있으며, 함께 웃는 사람들과 정서적으로 결합하는 경향이 있다. 그러나 홉스에 따르면 농담은 인간의 자연적인 비사교성의 표현이다. 그는 《시민론》에서 이렇게 말한다. 사람이 여럿 모이면 "누구나 정신적 쾌락과 기분 전환을 위해 웃으며 즐기려는 경향이 있는데, 알고 보면 웃음의 본질은 어리석음이다. 즉 타인의 결점과 약점을 자신과 비교하여 현재의 자기의 의견에 안주하려는 것이다." 홉스는 계속해서 이렇게 말한다. "사교에서 즐거움을 얻는 것이 아니라, 자신에 대한 헛된 찬양을 즐거워하는 것이다. 그러나 대체로 이런 종류의 모임에서는 그 자리에 없는 사람을 이야깃거리로 삼는다. 그 사람의 삶과 말과 일거수일투족을 헐뜯고 비난한다. …… 이것이 바로 사교가 주는 기쁨의 실체이다."[22] 퀜틴 스키너는 유머에 대한 홉스의 이러한 견해가 아리스토텔레스, 키케로, 쿠인틸리아누스*와 아주 흡사하다는 것을 밝혀냈다. 홉스는 아리스토텔레스와 키케로의 견해를 따랐거나, 그들의 영향을 받은 것으로 보인다. 고대인의 견해를 따른 수많은 르네상스 사상가들의 영향을 받았을 수도 있다.[23]

마지막으로 홉스는 찰스 캐번디시에게 "결혼할 생각이 없으면서 즐기기 위해 여성에게 사랑을 고백하지는 말라."[24]고 충고하는데, 이 충고는 좀 이상하다. 홉스가 찰스에게 어떤 행동을 하지 말라고 한 것일까? 아마도 무분별하게 사랑을 고백하고 뒷일은 책임지지 않는 찰스의 행동을 경고한 것으로 보인다. 찰스는 그 행동이 기사도 정신이라고 여겼던 것 같다. 홉스는 찰스가 자신의 충고를 충실히 따를 것이라는 확신을 내보인다. 실제로 홉스의 편지를 받은 후에 찰스가

마르쿠스 쿠인틸리아누스(Marcus Quintilianus, 35?~96?) 히스파니아(에스파냐) 출신의 고대 로마 제국에서 활동한 수사학자.

결투를 했다거나 매춘부를 찾았다는 증거는 없다.

홉스의 훈계를 따르려다가 그렇게 되었는지 모르겠지만, 찰스의 욕망은 다른 쪽으로 발산되었다. 그는 가정교사에게서 벗어나 룩셈부르크에 있는 프랑스 군대와 싸우러 갔다. 나중에 그는 혼자 동쪽으로 가서 콘스탄티노플, 알렉산드리아, 카이로를 여행하고 몰타, 에스파냐를 거쳐 귀국했다. 영국에 잠시 머문 뒤에 오라녀 공을 위해 싸우러 갔다. 영국 내전이 발발하자 즉시 왕당파 군대에 입대했다. 닥치는 대로 용감하게 싸우다가 1643년 게인즈버러(Gainsborough)에서 전사했다. 총탄에 맞았거나 칼에 찔렸는지 말에서 떨어져 땅바닥에 쓰러져 있었다. 일설에 따르면 찰스는 "목숨을 구걸하지 않았고, 상처에서 흘러내린 피를 크롬웰 군인들의 얼굴에 흩뿌리면서 장렬하게 전사했다."고 한다.[25] 그때 나이 23세였다.

《수사법 개요》 출간

홉스는 거의 일생토록 수사법을 마땅치 않게 여겼다. 자서전에는 아무런 언급이 없지만, 홉스는 모들린 홀에서 수사법을 배웠다. 1630년대에 들어 과학적 연구에 관심을 둔 이후에는 수사법에 대한 반감을 노골적으로 드러냈다. 수사법은 수단과 방법을 가리지 않고 설득하는 것이 목적이다. 과학은 진리 탐구가 목적이다. 과학은 의심의 여지가 없는 전제와 타당한 논증으로 이루어지기 때문에 수사법이 필요하지 않다. 사람들이 합리적으로 생각하고 행동하도록 만들어야 한다. 1630년대와 1640년대에 왕의 정책에 대한 반발이 고조되자, 수사법에 대한 홉스의 반감은 더욱 굳어졌다. 그는 선동가들이 수사법으로 백성들의 감정에 불을 질러 불법과 무질서를 조장한다고 생각했다. 수사법은 역도들의 도구였다.

그러나 수사법이 이겼다. 내전 후에 홉스는 수사법은 남용되기 쉽지만, 사람들로 하여금 확신을 품고 올바르게 행동하도록 설득하기 위해 필요하다는 사실을 받아들였다. 홉스는 《리바이어던》에서 비유 같은 수사적 기법을 비판하고 있지만, 홉스 자신도 책 전체에서 수사법을 구사하여 독자들을 즐겁게 하고 있다.

홉스는 널리 쓰이는 수사법이 마뜩치 않았지만, 가정교사로서 의무감 때문에 데번셔에게 수사법을 가르칠 수밖에 없었다. 홉스의 교수법은 훌륭했다. 아리스토텔레스의 《수사법》을 라틴어로 요약한 교재를 만들어 데번셔의 라틴어 학습에 사용했다. 내키지는 않지만 피할 수 없는 수사법 공부를 유용한 라틴어 공부와 결합한 것이다. 데번셔의 학습장은 홉스의 서류와 함께 아직도 채스워스에 남아 있는데, 표지에 자기 이름과 선생의 이름이 손글씨로 씌어 있다. 홉스는 아리스토텔레스의 수사법을 요약해놓은 책이 있으면, 다른 사람들이 원서를 읽는 생고생을 하지 않아도 되리라고 생각한 것 같다. 그렇다고 해서 홉스가 아리스토텔레스의 책을 시시하게 여긴 것은 아니다. 오브리에 따르면 오히려 홉스는 "아리스토텔레스는 역사상 최악의 교사였지만 …… 그의 《수사법》과 《동물론》은 대단한 책"이라고 말했다. 어쨌든 홉스는 라틴어 요약본을 1637년에 《수사법 개요(A Briefe of the Art of Rhetoric)》라는 제목으로 익명으로 발간했다. 작은 보급판 책자였는데, 이 책을 발간한 앤드루 크룩(Andrew Crooke) 출판사는 나중에 영국에서 홉스 저작의 공식 출판사가 된다. 이 책은 17세기에 4쇄까지 찍었다. 1651년 판에는 다른 수사법 저작도 여러 편이 들어 있다. 그중 하나인 〈알기 쉬운 수사법(The Art of Rhetorick Plainly Set Forth)〉은 홉스의 저작으로 잘못 알려져, 윌리엄 몰스워스(William Molesworth)의 홉스 전집에 포함되어 있다.

레오 스트라우스는 아리스토텔레스의 수사법을 공부한 것이 홉스의 지적 발전에 결정적인 영향을 끼쳤다고 주장했다.[26] 아리스토텔레스의 심리학적 개념이 홉스의 저작에 자주 등장하는 것은 사실이다. 예를 들면 《수사법 개요》에서 홉스는 시기심을 이렇게 정의한다. "내가 어떤 손해를 입어서가 아니라, 남이 얻은 이익을 보고 나에게도 그런 이익이 생기기를 바라는 마음에서 생기는 슬픔"이다.[27] 그리고 《법의 원리》에서는 이렇게 정의한다. "동료가 나를 앞지르거나 나보다 우월하다는 것을 알았을 때 생기는 슬픔 …… 그에게 닥칠 수도 있는 불운을 상상하는 즐거움도 함께 있다."[28] 이러한 사례는 수없이 많다. 하지만 나는 이러한 차용이 홉스 철학의 바탕에 있지는 않다고 생각한다. 홉스가 아리스토텔레스를 공부하지 않았더라도 그의 철학은 지금과 별반 다르지 않았을 것이다. 예를 들어 홉스의 요약본에 따르면 아리스토텔레스는 이렇게 말한다. "오래 지속되는 것이 그렇지 않은 것보다 (더 좋다)."[29] 그러나 홉스는 《인간론》(1658년)에서 이렇게 말한다. "좋고 나쁨을 따지자면, 다른 조건이 같다면 오래 지속되는 것이 더 낫다."[30] 논지는 같지만 아리스토텔레스의 말투는 아니다. 만일 홉스가 장기적인 이익이 단기적인 이익보다 낫다고 말했다면 그가 아리스토텔레스의 의견을 따랐으며, 아리스토텔레스가 확실히 그에게 영향을 끼쳤다고 단언할 수 있을 것이다. 《수사법 개요》의 출간은 인문학적 연구에 대한 일종의 고별 인사였다. 그는 이미 뉴캐슬과 함께 '뉴캐슬 모임'에 드나들면서 과학적 연구 활동에 몰두해 있었다.

'뉴캐슬 모임'의 과학 논쟁

웰벡 모임의 주요 관심사는 광학이었다. 홉스는 1636년 10월에 뉴캐슬에게 보낸 편지에서 빛에 대한 자신의 견해를 분명히 밝힌다. 빛은 물체의 운동이며, 빛과 색에 대한 인식은 "그 운동이 뇌에 일으키는 효과일 뿐"이라는 것이다.[31] 웰벡 과학자 모임에는 뉴캐슬을 비롯하여, 뉴캐슬의 동생 찰스, 로버트 페인, 월터 워너, 홉스 등이 참여했다.

찰스 캐번디시는 상냥하고 지적인 사람이었지만, 키가 작고 등이 구부정했다. 클래런던은 이렇게 썼다. "용모는 못생겼지만 매우 사랑스럽고, 아름다운 정신과 영혼을 지닌 사람이었다. 예술과 과학에서 얻을 수 있는 모든 지식과 지혜가 세련되게 빛나고 있었다."[32] 그는 1619년에 기사 작위를 받았으며, 세 차례 하원의원으로 선출되었다. 훌륭한 수학자였으며 데카르트, 윌리엄 오트레드(William Oughtred), 존 펠(John Pell) 등 많은 과학자들과 편지를 주고받았다.[33] 찰스는 홉스와도 아주 가까운 친구로 지냈다. 홉스는 월터 워너와는 그렇게 가깝지 않았던 것 같다.

월터 워너는 월터 롤리 경과 가깝게 지냈고, 1580년대에는 리처드 해클루트(Richard Hakluyt)와도 친분이 있었다. 나중에는 노섬벌랜드(Northumberland) 백작에게 연금을 받아 경제적 안정을 얻었다. 모임은 1620년대 후반과 1630년대에는 빛의 굴절과 망원경의 구조에 대해 연구했다. 홉스가 워너의 망원경 이론을 비판했다는 것은 앞에서 말했다. 워너가 현실적인 문제에 이론적 해법을 제시한 데 대해 홉스는 이렇게 비꼬았다. 대양을 가로지르는 긴 교량을 건설하려면 아치가 얼마나 높아야 하는지 같은 문제는 쉽게 해결할 수 있다. 아치가 대양의 넓이만큼 높으면 된다. 하지만 어느 누구도 그렇게 큰 교량을 건설할 수는 없으므로, 그런 해결책은 쓸모가 없다. 워너가 약 2킬로미터 떨어져 있는 사물을 연소시킬 수 있는 망원경을 만들 수 있다고 주장했을 때에도 같은 방식으로 비판했다. "그렇게 큰 확대경은 아무도 만들 수 없으므로" 무의미한 주장이라는 것이다.[34] 워너가 너무 많은 것을 전제하고 있다는 홉스의 비판이 일리가 있다고 생각했는지 그 이듬해에 페인은 워너에게 이렇게 썼다. "당신이 전제하고 있는 공리들은 증명되지 않은 것이므로 증명이 필요합니다."[35]

1636년 발생한 한 사건을 보면 홉스가 워너를 비판한 데에는 개인적인 관계도 작용했다는 것을 알 수 있다. 1636년 12월에 홉스는 바이플리트에 머물고 있었고, 워너는 그로부터 약 12킬로미터 떨어진 곳에 살고 있었는데 홉스는 그를 방문하지 않았다. 어떤 때는 안개가 심해서, 어떤 때는 홍수 때문에 방문할 수 없었다고 변명했다. "승마 선수가 아니고서는 갈 수 없을 정도로 길이 험했고" 자기는 말을 잘 타지 못한다고 했다.[36] 그랬을 수도 있다. 하지만 나는 홉스가 워너를 좋아했다면 길도 험하지 않았고, 말도 잘 탔을 것이라 생각한다. 또한 1650년대에 홉스와 세스 워드(Seth Ward)가 대립했을 때, 워드는 홉스가 워너의 아이디어를 도둑질했다고 여러 차례 비난했다. 당시 워너는 그다지 유명하지 않았고, 워드가 두 번이나 표절 시비를 건 것을 보면 워드는 워너를 칭찬하는 방법으로 홉스를 약 올리려 했음을 알 수 있다. 홉스는 《옥스퍼드대학 수학 교수들을 위한 6강》(1656년)에서 워너 책을 베꼈다는 비난에 대해 길게 해명하고 다음과 같이 끝맺었다.

그(워너)와 대화하면서 그가 《시각론(De penicillo optico)》이라는 책을 썼다거나 혹은 쓰고 있다는 말은 한 번도 듣지 못했다. 그는 빛과 색은 환각일 뿐이라는 말을 내게 처음 들었다고 했다. 그는 곧 그 말을 진리로 받아들였고, 상(像)의 위치가 어디인지 고심하고 있었는데 이제 문제가 풀렸다고 말했다.[37]

홉스는 워너가 광학 분야에서 "유능한" 지식인이라고 말한 적이 있지만, 다른 편지에서는 그가 제시한 "증명들"이 추측에 불과하다고 비판했다. 또한 홉스는 워너가 정념과 영혼의 기능에 대해서는 잘 설명할 수 없을 것이라고 생각했다. 그는 자신의 설명이 훨씬 더 낫다고 생각했고, 그렇게 말했다.

왜 홉스는 워너를 박하게 평가했을까? 시기심이나 경쟁심 때문에 그랬을 수도 있다. 데카르트에 대해 그랬던 것처럼. 혈액의 순환을 발견한 사람은 윌리엄 하비였지만, 한때 사람들은 월터 워너가 발견했다고 믿었다. 하비가 워너에게서 아이디어를 얻었을 수는 있지만, 워너의 저작에서는 하비가 상세하게 설명한 내용을 찾아볼 수 없다. 그러므로 발견의 공적은 마땅히 하비에게 돌아가야 한다. 홉스는 다른 사람의 발견을 자기가 했다고 주장하는 사람이 못마땅했을 것이다. 더구나 하비는 홉스의 친구였다.

홉스는 워너와 거리를 두었지만, 워너는 홉스에게 우호적이었던 것 같다. 페인에게 쓴 편지에서 워너는 이렇게 말했다.

나의 사랑과 진심을 홉스 씨에게 꼭 전해주시기 바랍니다. 편지 내용 중에 홉스 씨에게 알릴 만한 가치가 있는 것은 무엇이든 다 전해주십시오. 그렇게 해주시면 정말 고맙겠습니다. 그가 나를 스스럼없이 대한다는 사실을 알았고, 나 또한 그러할 것입니다. 하느님이 허락하시면 생명을 부지하여 그를 다시 만날 수 있을 것입니다.[38]

홉스는 워너와는 거리를 두었지만, 페인에게는 큰 호감이 있었다. 1635년 8월에 뉴캐슬에게 보낸 편지에서 페인을 사랑하는 것과 "똑같은 감정으로" 뉴캐슬을 사랑한다고 말했다.[39] 이렇게 말한 것으로 보아 홉스가 페인을 몹시 좋아한다는 것이 공공연한 사실이었던 모양이다. 홉스는 페인을 좋아했을 뿐만 아니라, 그의 재능도 높이 평가해서 확대경을 만드는 일은 페인이 워너보다 더 잘할 것이라고 찰스 캐번디시에게 말하기도 했다. 다른 과학자들도 페인을 높이 평가했다. 스튜어트 왕조 시대 이름난 지식인들의 편지에 그의 이름이 자주 나오는데, 유능한 지식인으로 언급되어 있다. 페인은 1618년 옥스퍼드에서 조지 몰리(George Morley)를 만났다. 몰리는 나중에 '그레이트 튜'의 주요 인물이 된다. 페인은 1630년에 뉴캐슬에게 고용되었다. 공식적으로는 담임 목사였지만, 사실상 비서 역할이었다. 벤 존슨이 쓴 편지 한 통이 아직까지 남아 있는데, 이 편지에서 존슨은 왕을 위한 연회를 준비하는 데 페인의 도움이 컸다고 쓰고 있다. 공위(空位) 기간(1649~1660년)에 페인은 친구 길버트 셸던(Gilbert Sheldon, 나중에 캔터베리 대주교가 된다)과 편지를 주고받았다. 페인은 찰스 2세 궁정의 국교 성직자들이 홉스를 알아보지 못하고 있는데, 셸던은 그러지 않으리라 생각한다고 말한다. 안타깝게도 페인의 삶에 관해서는 알려진 것이 거의 없다. 페인이 사망한 직후 그의 누이가 모든 서류를 불태워버렸기 때문이다.

'뉴캐슬 모임'에서 만든 〈제1원리에 관한 소론(A Short Tract on First Principles)〉이라는 20쪽짜리 논문이 있는데, 저자가 페인이라는 설이 있다. 이 논문은 3개 절로 나뉘어 있고, 각 절은 "원리"에서 출발하여 "결론"을 이끌어내는 방식으로 서술되어 있다. 예컨대 1절의 원리를 보면 다음과 같다.

1. 어떤 사물에 아무것도 가감하지 않으면 그 사물은 원래 그대로이다.

2. 다른 사물과 접촉하지 않으면 아무것도 가감되지 않는다.

3. 동인(動因, agent)은 〔다른 사물을〕 움직이는 힘을 지닌 것을 말한다.

4. 수동자(受動者, patient)는 움직임을 당하는 힘을 지닌 것을 말한다.

11. 동인은 오로지 수동자의 운동, 혹은 내재적 형상에 영향을 끼친다.

이 원리에서 저자는 다음과 같은 결론을 도출한다.

5. 정지해 있는 사물은 다른 동인과 접촉하지 않는 한 움직일 수 없다.

7. 작동 중인 모든 동인은 수동자의 운동을 낳는다.

10. 스스로 움직이는 사물은 없다.

12. 모든 산출된 효과는 충분 원인을 가지고 있고 (그렇지 않다면 효과가 산출되지 않았을 것이다), 모든 충분 원인은 …… 필요 원인이다.

2절에서 저자는 오직 원리 하나만 더 추가한다. "먼 곳에 있는 수동자에게 작용하는 모든 동인은 매개물을 통해 수동자와 접촉하거나 혹은 자신에게서 발산되는 어떤 것을 통해 접촉하는데, 이것을

'상(像, species)'이라고 하자." 3절에서는 "동물의 정신"이라는 개념을 도입한다. 이것은 "감각과 운동의 도구"이다. 그리고 환영(幻影, phantasm)은 "외부의 대상이 감각 중추에서 사라진 후에 나타나는, 그 대상의 상을 본뜬 모습"이다.[40]

그러나 이 논문의 저자가 홉스라는 주장도 있다. 홉스도 동물의 정신에 대해 언급한 적이 있다. 데카르트에 대한 논평과 그 이후의 과학 논문에서도 이 용어를 사용했다. 물론 단정할 수는 없다. "동물의 정신"이라는 말을 사용한 과학자는 여럿 있다. 워너도 이 말을 사용해서 그가 저자라는 설도 있다. 하지만 워너는 저자가 될 수 없다. 그 논문의 내용과 문체가 워너와는 거리가 멀기 때문이다. 월터 워너 전문가인 얀 프린스(Jan Prins)는 홉스가 워너를 만나기 전에 쓴 논문이라고 주장했다.[41]

리처드 턱(Richard Tuck)은 저자가 페인일 수는 있어도 홉스일 수는 없다고 주장한다. 아리스토텔레스적 요소가 너무 많다는 것이다. 내가 보기엔 아리스토텔레스적 요소가 그렇게 많지는 않다. 그 정도의 흔적이라면 홉스의 저작이라고 볼 수도 있다. 홉스의 초기 과학적 저작에는 아리스토텔레스적 요소가 일부 있기 때문이다. 아무리 독창적인 사상가라 하더라도 초기에 학습한 것에서 완전히 벗어날 수는 없다. 그러므로 홉스가 새로운 세계로 나아가는 과정에서 과거에 배운 개념을 일부 사용했다고 볼 수도 있다. 또는 홉스는 1650년대 초반까지만 하더라도 반아리스토텔레스적 성격이 강하지 않았다. 〈제1원리에 관한 소론〉의 저자가 홉스이든 페인이든 그 논문은 '뉴캐슬 모임'의 성격을 잘 보여준다.

격렬한 논쟁의 장 '그레이트 튜'

1634년 무렵부터 단기 의회가 시작될 때까지 한 무리 젊은이들이 모여 여러 주제를 놓고 학술 토론을 했다.[42] 이들이 옥스퍼드셔의 그레이트 튜 장원에서 모였기 때문에 '그레이트 튜' 모임으로 알려졌다. 장원 소유주인 포클랜드 자작 루셔스 케리가 모임을 주도했다. 옥스퍼드에서 20킬로미터 정도 떨어진 곳이었는데, 많은 지식인이 드나들었다. 훌륭한 도서관이 있어서 일반인들도 가보고 싶어 했다. 클래런던은 '그레이트 튜'가 "공기가 맑은 곳에 자리 잡은 칼리지"이며, "간이 대학"이라고 말했다. 토머스 트리플렛(Thomas Triplet)은 포클랜드 자작의 《무오류론》을 소개하는 글에서 이렇게 썼다. "'그레이트 튜'의 저택은 우리에게 매우 소중한 곳이었다. 옥스퍼드를 나와 그곳으로 가도 대학을 벗어난 것이 아니었다."[43] 처음 그곳에 온 사람은 격렬한 논쟁에 빠져들었고, 이 논쟁이 다른 사람들을 끌어들였다. 홉스의 오랜 지인이자 나중에는 비판자가 된 클래런던에 따르면 그곳에서의 대화는 "살아 있었고, 재치와 유머가 넘쳐났다. 아무리 무거운 주제를 놓고 토론을 하더라도 시종일관 유쾌했다." 예를 들면 신학적 주제를 놓고 심각한 토론을 하던 중 누군가 조지 몰리(이후 윈체스터 주교가 된다)에게 아르미니위스파의 주장이 무엇이냐고 물었다. 그러자 몰리는 "영국에서 가장 훌륭한 주교와 사제가 되는 것"이라고 답했다. 다들 공감을 표했다. 홉스도 몰리가 하는 말을 들었을 것이다. 홉스는 자유 의지에 관한 논쟁에서 논적 존 브럼홀(후에 아르마Armagh 주교가 된다)을 이렇게 비꼬았다. 그가 아르미니위스파가 된 이유는 그것이 "성직자로 출세하는 데 가장 빠른 길"이었기 때문이다.[44] (네덜란드의 프로테스탄트 신학자 야코뷔스 아르미니위스Jacobus Arminius는 인간에게 자유 의지가 있다고 주장했는데, 이 주장을 따르는 사람들을 대체로 아르미니위스파라고 했다.)

오브리에 따르면 이 모임의 주요 멤버는 윌리엄 칠링워스(William Chillingworth), 존 얼(John Earle), 조지 에이글리언비(George Aglionby), 찰스 개터커(Charles Gataker), 헨리 레인스퍼드(Henry Rainesford) 경, 프랜시스 웬먼(Francis Wenman) 경, 조지 샌디스, 벤 존슨, 에드먼드 월러 등이었다. 다른 자료에서 확인한 바에 따르면 에드워드 하이드, 길버트 셸던, 조지 몰리, 헨리 해먼드(Henry Hammond) 등도 이 모임의 멤버였다. 시드니 고돌핀, 에이브러햄 카울리(Abraham Cowley), 존 서클링(John Suckling) 경도 가끔 이 모임에 참석했다. 로마가톨릭교도인 케널름 딕비와 월터 몬터규도 멤버였던 것 같다. 홉스는 이들 거의 전부와 직접 혹은 간접적으로 친분이 있었고, 모임에도 이따금씩 참석했다.

홉스는 버지니아 회사에 근무하면서 그 모임의 주요 멤버들과 알게 되었다. 샌디스, 디기스, 레인스퍼드, 셸던은 버지니아 회사와 관계가 있었다. 멤버 중에는 이름이 월터 롤리 경과 같은 사람이 있었는데, 그는 버지니아 회사 투자자의 아들이었다. 홉스가 참석한 한 모임에는 "커루 롤리(Carew Rawleigh)"라는 사람도 있었다. 홉스는 뉴캐슬이 소개하여 이 모임에 참석했다. 뉴캐슬은 벤 존슨의 후원자였으며, 에드먼드 월러의 친구였다. 클래런던은 《리바이어던》을 통렬하게 비판하는 글에서 홉스가 자신의 오랜 친구라고 말했는데, 이들의 친분이 '그레이트 튜' 모임에서 시작된 것이 아니라면 달리 설명할 길이 없다.

홉스는 1634년 후반부터 1636년 후반까지 유럽 대륙에 있었으므로, 그 모임의 창립에 참여할 수는 없었을 것이다. 앞에서 말한 것처럼 그는 모임에 이따금씩 참여하는 손님이었다. 홉스가 그 모임의 정식 회원이었는지 아닌지는 회원의 기준을 어떻게 보느냐에 따라 다를 것이다. 회비 같은 것도 없었고, 회원 카드 같은 것도 없었기 때문에 기준을 정하기도 어렵다. 홉스의 관심사와 능력, 개인적 친분 관계, 참여 기회 등을 보건대, 외곽에 있는 회원이었다고 할 수 있을 것이다.

'그레이트 튜'에서는 종교 문제가 자주 논의되었다. 여러 사람들이 영국 국교와 로마가톨릭을 왔다 갔다 했다. 포클랜드 자작은 어머니와 멀어졌다. 어머니가 로마가톨릭으로 개종한 후에 줄기차게 온 가족을 개종시키려 했기 때문이다. (그녀는 세 아들을 개종시키는 데는 성공했지만, 포클랜드는 '그레이트 튜'로 피신했다.) 칠링워스는 그곳에서 명저 《프로테스탄트의 종교》(1638년)를 썼다. 앤서니 우드에 따르면 칠링워스에 대해 홉스가 이렇게 말했다고 한다. "그는 적을 몰아붙이는 활달한 투사 같았지만, 때로는 같은 편에게도 재치 있게 일격을 가했다."[45] 칠링워스를 칭찬하는 말이었다. 홉스는 영국 국교가 종교적 우파인 로마가톨릭이나 종교적 좌파인 장로파보다는 더 낫다고 생각했지만 고쳐야 할 문제들이 있다고 생각했다. 칠링워스는 종교 문제에 관해서는 《성경》만이 유일한 권위라고 주장했다. 《성경》이 침묵하는 일은 이성이 결정한다. 그는 신앙과 이성에 관해 여러 주장이 난무하는 가운데 그 둘을 온건하게 화해시키려 한 것이다. 칠링워스는 대주교 윌리엄 로드(William Laud)의 대자(代子)였는데, 이런저런 종파에서 여러 차례 이단으로 고발당했다. 그는 의회군과 싸우다가 사로잡혀 사망했다. 장례식이 열렸을 때 프랜시스 셰이넬(Francis Cheynell)이 끼어들었다. 셰이넬은 청교도로서 칠링워스의 종교적 적이었다. 셰이넬은 칠링워스의 저서 《프로테스탄트의 종교》를 그의 시신이 안치된 무덤 속에 던져 넣으면서 이렇게 말했다. "이제 수많은 귀한 영혼을 타락시킨 저주받은 책과 함께 가라. …… 썩어 없어질 곳으로 가서 저자와 함께 부패할지어다. 이로써 저자의 오류도 함께 묻노라."[46] 나중에 영국 국교의 성직자 상당수가 《프로테스탄트의 종교》를 받아들였다. 저명한 역사가 패트릭 콜린슨(Patrick Collinson)은 같은 제목으로 교회사를 썼다.* 오늘의 이단은 내일의 정통이다.

'그레이트 튜'의 주요 회원들은 종교에서 개혁가들이었다. 홉스도 개혁가였지만, 그의 개혁은 다른 방향으로 갔다. 그들은 홉스가 칼뱅주의라고 명명한 신학보다는 자유 신학을 더 좋아했고, 때로는 아르미니위스파로 기울었다. 그러나 몰리 같은 칼뱅주의자도 있었다. 그들은 홉스가 주창한 절대 주권론이 아니라 제한 군주제를 선호했다. 포클랜드는 하이드와 마찬가지로 장기 의회가 시작될 무렵에는 왕의 주요 적이었다. 그러나 둘 다 나중에는 왕당파에 가담했고, 포클랜드는 왕을 위해 싸우다 전사했다.

홉스는 포클랜드의 왕당파적 행동이 오히려 왕에게 해가 된다고 생각했다. 1642년에 의회는 찰스 1세에게 불만 사항의 개선을 요구하는 〈19개 조항〉을 제시했다. 무력감을 느낀 찰스는 처음으로 절대 군주론에서 한발 물러섰다. 찰스는 포클랜드에게 국왕의 이름으로 〈19개 조항〉에 대한 답변서를 작성하도록 위임했다. 〈답변서〉에서 포클

---

* *The Religion of Protestants: The Church in English Society, 1559–1625*(1982년)를 가리킨다.

랜드는 영국의 군주는 제한 군주라고 밝혔다.

이 왕국에서 법은 왕과 상원과 백성이 선출한 하원이 함께 만든다. 셋은 각각 자유로운 투표권과 고유한 특권을 지닌다. …… 이처럼 통제된 군주제에서는 군주의 고귀하고 영속적인 권력이 어느 누구의 이익도 해치지 않을 것이다. …… 징세에 관한 법규를 제정할 권한은 오로지 하원에 있으며 …… 이를 침해하는 자는 법을 위반하는 것이다. …… 그리고 상원은 사법권을 지니며, 군주와 백성 사이에 놓여 있는 보호막으로서 양자 사이에 권리 침해가 발생하지 않도록 해야 하고, 의로운 판결을 통해 왕과 의회, 백성 모두가 법의 지배를 받도록 해야 한다.[47]

《리바이어던》에서 홉스는 주권자가 통치에 필요한 모든 권한을 주장하지 않는 것은 큰 잘못이라고 지적한다. 여기에는 배타적인 징세권과 재판권이 포함된다. 왕의 〈답변서〉는 바로 그런 잘못을 저지른 것이다. 정적들은 그 〈답변서〉에서 왕의 선의가 아니라 왕권의 약화를 보았다. 이 〈답변서〉를 홉스가 드러내놓고 비판한 적은 없다. 아마 그 〈답변서〉를 포클랜드가 작성했다는 것을 알았을 것이고, 자신이 존경하는 인물의 명성에 흠을 내고 싶지 않아서 자제했을 것이다.

로마가톨릭교도였던 포클랜드의 어머니는 칠링워스가 '그레이트 튜'에 드나드는 것이 몹시 못마땅했을 것이다. 칠링워스는 한때 가톨릭으로 개종한 적이 있는데, 개종 직후에 포클랜드의 어머니는 그를 종교적 동지로서 런던의 자택에 머물게 했다. 그러나 칠링워스가 그녀의 딸 중 한 명의 가톨릭 신앙에 악영향을 끼치고 있다는 사실을 알고는 마음이 싸늘해졌다. 칠링워스는 곧 그 집에서 쫓겨났고, 결국

'그레이트 튜'로 오게 된 것이다. 여기에서 그는 가장 강력한 영국 국교 옹호자가 되었다.

'그레이트 튜' 사람들의 신학은 "소치니파"라는 비판을 받았다. 그러나 그 비판은 '소치니파'라는 용어를 남용한 것이다. 그 용어는 그들의 신학적 특징을 제대로 나타내지 못한다. '소치니파'는 삼위일체론을 부정한 신학자 파우스토 소치니(Fausto Sozzini)를 추종하는 사람들을 가리키는 말이다. 그러나 이 용어는 종교 문제를 이성적으로 이해하려는 사람들을 매도하는 말로 변질되었다. '그레이트 튜' 사람들은 신학적 합리주의 때문에 반대파에게서 "소치니파"로 매도당한 것이다. '소치니파'는 신학적 합리주의자를 가리키는 말이 아니다. 더구나 칠링워스는 이성을 따를 것을 주장했지만, 홉스와 마찬가지로 이성을 넘어서는 진리가 있다는 것을 인정했다.

한 걸음 더 나아가 홉스는 신앙과 이성이 양립할 수 있다고 주장했다. 《리바이어던》에서 홉스는 이렇게 쓴다. "확실히 하느님의 말씀 중에는 이성을 초월하는 것들이 많이 있다. 자연적 이성으로는 증명할수도 없고, 반증할 수도 없는 그런 것들 말이다. 그러나 자연적 이성에 어긋나는 것은 아무것도 없다." 만일 그런 것이 있는 듯이 보인다면 "우리가 해석을 서툴게 했거나 추론을 잘못하여 그런 것이다."⁴⁸ 그러나 홉스의 폭넓은 소치니주의는 신앙주의와 결합해 있는데, 심지어 신앙주의가 더 강하게 나타난다. 인간 이성은 하느님의 존재를 증명할 수 있다. 그러나 사람들이 하느님을 믿는 신앙은 계시에서 온 것이며, 계시가 문자 그대로 진리는 아니라 하더라도 그 신앙은 올바르다. 홉스는 하느님이 무한하고 전지전능하다는 것은 문자 그대로 진리라고 말하기도 한다. 어쨌든 홉스에 따르면 하느님에 대한 인간의

윌리엄 칠링워스. 종교 갈등이 심화되었던 17세기 영국에서 국교회의 열렬한 신자였다.

담화는 기술적으로 진리일 것이 요구되지는 않는다. 신학은 과학이 아니고, 과학이 될 수도 없다. 인간 이성의 힘은 미약하기 때문이다. 하느님에 대한 담화의 목적은 하느님을 명예롭게 하는 것이다. 모든 담화는 오로지 이 기준에 따라 평가되어야 한다.

홉스의 신앙주의는 개신교의 존경할 만한 측면이다. 교회가 바빌론에 사로잡혀 있는 가운데, 마르틴 루터(Martin Luther)는 기독교도에게 "철학적으로 너무 깊이 씨름하지 말 것"과 "순종으로 이성을 사로잡을 것"을 촉구했다. 예수님의 말씀이 이해되지 않더라도 그 말씀에 순종하라는 말이었다. 칠링워스는 루터의 훈계를 받아들이는 것처럼 보였다. "기독교도는 오성을 《성경》에 종속시키는 정당하고 완전한 자유를 회복해야 한다."[49] 루터가 한 말과 비슷해보이지만, 그 뜻은 루터와 달랐다. 칠링워스는 신학적 토론에서 관용이 필요하다는 점을 강조한 것이다. 《리바이어던》에서 홉스는 루터와 칠링워스의 어법을 따르고 있지만 뜻은 다르다. "지력을 사로잡으라는 말은 우리의 지적 능력을 다른 사람의 의견에 맡기자는 것이 아니다. 마땅히 복종해야 할 경우, 의지를 복종하도록 만들어야 한다는 말이다."[50] 칠링워스는 명령 형태의 교리를 좋아했다. 왕정 복고 이후에 홉스는 종교적 다양성에 다소 관용적인 태도를 취하기는 했지만(찰스 자신도 마지막에는 관용적인 태도를 보였다), 《리바이어던》에서 그런 관용을 강조하지는 않았다.

홉스는 모든 종교적 언어가 이성과 충돌하지 않도록 만들고 싶었다. 반면에 포클랜드는 가장 급진적인 소치니파였다. 그는 이성이 이끄는 대로 따르겠다고 공언했다. "이성이 나에게 그렇게 명한다면 나는 기꺼이 삼위일체론에 반대할 것이며, 이슬람교도가 되는 것도 마다하지 않겠다." 포클랜드는 삼위일체론은 아무런 논리적인 문제가 없다고 생각했기 때문에 자신 있게 그런 말을 했다. 클래런던은 종교 문제에서 이성의 힘과 도움을 믿는 포클랜드의 견해를 지지했다. 클래런던은 휴 크레시(Hugh Cressy)에게 응답하는 성격의 책에서 사실상 홉스를 비판했다. 크레시는 한때 '그레이트 튜' 회원이었다가 로마가톨릭으로 개종한 사람이다. 이 책에서 클래런던은 교리가 이성의 범위를 넘어설 경우, "예컨대 진리가 아닌 것을 진리라고 주장하거나, 실제로는 그렇지 않은데 이성을 넘어선다고 생각될 경우, 권위에 …… 어리석게 복종할 것이 아니라 이성의 도움을 받아야 한다."라고 주장했다. 결국 칠링워스의 견해가 힘을 얻었다. 찰스 1세의 베스트셀러 《이콘 바실리케》를 대작한 고든 주교는 1662년에 이렇게 썼다. "《성경》에는 올바른 이성에 반하거나 감각적으로 받아들일 수 없는 것을 억지로 믿으라고 한 경우는 전혀 없다."[51]

'그레이트 튜'의 소치니주의는 데시데리위스 에라스뮈스(Desiderius

Erasmus), 리처드 후커(Richard Hooker), 휘호 흐로티위스의 정신과 같은 것이었다.[52] 에라스뮈스는 회의주의적인 측면이 약간 있었지만 평화적인 기독교 지식인의 모범이었기에 '그레이트 튜' 사람들이 아주 좋아했다. 칠링워스, 클래런던, 존 헤일스(John Hales), 크레시, 존 얼 등은 후커를 높이 평가했다. 후커는 16세기에 아리스토텔레스주의를 영국 국교의 토대로 삼으려 했다. 당시로서는 아리스토텔레스주의가 가장 합리적인 이론이었다. 홉스는 17세기에 갈릴레이와 자신의 친구인 하비의 과학과 양립할 수 있는 이론을 영국 국교의 토대로 삼으려 했다. 리처드 턱의 최근 연구에 따르면 홉스의 정치철학은 흐로티위스의 영향을 받았다. 홉스의 이론은 흐로티위스에서 비롯된 이론적 전통의 연장선에 놓여 있다는 것이다. '그레이트 튜' 사람들은 흐로티위스를 열심히 읽었으므로 홉스도 (혹은 다른 기회에) 좋든 싫든 그의 견해를 잘 알고 있었을 것이다.[53] (홉스는 흐로티위스에 대해서는 전혀 언급하지 않았는데, 아마 자신의 견해를 독창적인 것으로 인정받고 싶어서 그랬을 것이고, 흐로티위스의 아르미니위스주의를 아주 약간 수용했기 때문에 그랬을 것이다.)

종교에서의 회의주의

'그레이트 튜' 사람들의 전형적인 특징은 회의주의이다. 이 용어가 적절하긴 하지만, 그들의 회의주의는 데카르트와 같은 철학적 의심 혹은 방법론적 회의는 아니었다. 그들의 회의주의는 추상적 수준에서 인간에게 오류 가능성이 있다는 말이 아니다. 역사적 사실을 놓고 볼 때, 증거가 불충분하거나 상반될 경우 인간이 진실을 찾지 못하고 오류를 범하게 된다는 것이다. 그러므로 이들의 회의주의는 '경험적' 혹은 '역사적' 회의주의라고 할 수 있을 것이다. 유럽에서 로마가톨릭의 종교적 패권이 무너진 후, 정통성의 문제가 끊임없이 제기되었다. '기독교의 진리가 무엇인가'라는 질문은 '기독교의 진리를 판단하는 기준이 무엇인가'라는 질문으로 바뀌었다. 후자의 질문에 대한 최초의 답은 《성경》이 기준이라는 것이다. 그러나 이 답도 여러 의문을 낳았다. 그렇다면 《성경》을 구성하는 텍스트는 무엇인가? 텍스트의 의미가 분명치 않을 경우 누구의 해석을 따라야 하는가? 다시 말해서 《성경》을 진리 판단의 기준으로 삼을 경우, 해석의 기준은 무엇인가?

이 문제에 대해서는 전통적인 기독교 교리가 하나의 기준이 될 수 있다. 즉 때와 장소를 불문하고 진리라고 가르쳐 온 교리는 진리일 것이다. 그러나 '그레이트 튜' 사람들이 교부들의 가르침을 역사적으로 살펴본 결과, 불행하게도 이 기준을 충족하는 교리는 없었다. 칠링워스는 이렇게 썼다. "교부들 간에 의견이 다르고, 심지어 한 교부가 모순되는 주장을 하고, 교부들이 동의한 교리도 시대마다 다르다."[54] 영국 국교회가 아퀴나스나 루터나 칼뱅의 신학 이론에 집착하지 않았다는 점은 '그레이트 튜' 사람들에게 매우 다행스러운 일이었다. 영국 국교회는 상냥하고 점잖은 교회였다. 그러므로 신학자들이 첨예하게 대립하는 교리들은 모두 배척할 수 있었다.

교리에 관한 논란은 여러 가지가 있겠지만, 이들에게 문제가 된 것은 두 가지였다. 하나는 기독교의 핵심이 무엇인가 하는 점이다. 대부분의 쟁점에 대해 교부들의 의견이 모두 다른 마당에 그 어떤 교리가 보편성의 기준을 통과할 수 있겠는가? 또 하나는 기독교의 핵심과 직접 관련이 없는 교리 분쟁들을 어떻게 해결할 수 있을까 하는 점이다. 종교적 교리에는 종교의 핵심만 들어 있는 것이 아니라 그 교리를 받아들인 사람들의 문화적·민족적 전통도 함께 들어 있다. 이런 요소들을 포함하고 있는 종교 분쟁을 어떻게 해결할 수 있을 것인가? '그레이트 튜'에서 논란이 벌어졌던 이런 문제들에 홉스가 어떤 해법을 제시했는지 재구성해보도록 하자. 모임에서 이 주제들이 집중적으로 논의된 것은 1637년부터 1639년까지였다. 1640년 초부터는 관심사가 국내 정치 쪽으로 옮겨 갔다. 그러므로 홉스가 《법의 원리》에서 주장한 기독교의 본질과 분쟁 해결 방법은 늦어도 1640년 4월 이전에 완성된 것이고, '그레이트 튜'에서 거론되었던 주제들에 대한 자신의 생각을 나타낸 것이라고 볼 수 있다.

첫 번째 주제에 대해 홉스는 기독교의 핵심이 '예수가 그리스도이다.'라는 명제라고 주장했다. '예수가 메시아다.', '예수가 하느님의 아들이다.', '예수가 하느님의 독생자다.', '예수가 하느님의 성신이다.', '대속자이며, 죽은 자 가운데서 살아났다.' 같은 명제들이 기독교의 단 하나의 간명한 진리라는 것이다. 홉스는 이러한 주장을 《리바이어던》과 후기 논문들에서 되풀이한다.

홉스가 기독교의 핵심이라고 주장한 명제는 모든 교부들이 수긍할 수 있는 교리일 것이다. 그러나 홉스가 역사적 고증을 거쳐 그 명제를 정당화한 것은 아니다. 홉스는 완고한 프로테스탄트처럼 《성경》 자체를 정당성의 근거로 삼았다. 칠링워스는 이렇게 썼다. "'프로테스탄트의 종교'가 그러하다는 이유로, 루터와 칼뱅과 멜란히톤의 교리를 받아들일 수는 없다. 〈아우크스부르크의 신앙 고백〉*과 〈제네바의

〈아우크스부르크의 신앙 고백〉 1530년 독일 종교 개혁 당시 필리프 멜란히톤이 루터 신학을 집약하여 28개 조항으로 정리한 프로테스탄트 신앙 고백문.

신앙 고백〉*도, 〈하이델베르크의 교리 문답〉*도, 영국 국교회의 〈39조목〉도 마찬가지다. 《성경》, 오로지 《성경》만이 프로테스탄트의 종교이다."[55] 홉스는 성서적 근거를 정교하게 제시했으나, 우리의 목적상 두 개만 살펴봐도 충분할 것이다. "그런데 여기에 이것이나마 기록한 목적은, 여러분으로 하여금 예수가 그리스도요 하느님의 아들이심을 믿게 하고, 또 그렇게 믿어서 그의 이름으로 생명을 얻게 하려는 것이다."(〈요한복음〉 20:31) "예수께서 그들에게 대답하셨다. '하느님께서 보내신 이를 믿는 것이 곧 하느님의 일이다.'"(〈요한복음〉 6:28~29) 홉스의 견해는 당대에는 논란거리였지만, 17세기 후반에 존 로크와 광교회파*가 차용했고, 현대의 신학자들도 같은 방식으로 정당화한다.

홉스는 《성경》에 근거하여 기독교의 핵심을 제시하긴 했으나, 이러한 성서적 근거가 기독교도들의 종교 분쟁을 종식할 것이라 생각하지는 않았다. 칠링워스는 《성경》을 자유롭게 해석할 것을 주장했다. 홉스는 반대했다. "《성경》을 자기 멋대로 해석하는" 사람은 "진실로 《성경》을 믿는" 사람이 아니다. "《성경》 자체가 신앙적인 논쟁을 판결하는 재판소라면, 교회 정부가 왜 필요하겠는가?"[56] 《성경》은 앞에서 말한 것처럼 스스로 증거가 될 수는 없다.

일부 국교도들은 홉스가 기독교를 약화시켰다고 반발했다. 사실상 홉스는 두 가지로 대답했다. 하나는 예수 자신이 "내 멍에는 편하다."

〈**제네바의 신앙 고백**〉 1536년 장 칼뱅이 종교 개혁 운동의 일환으로 제네바의 시민들의 개혁 신앙을 굳건히 하기 위해 21항으로 정리한 신앙 고백문.
〈**하이델베르크의 교리 문답**〉 1563년 하이델베르크 총회에서 채택된 신앙 고백서. 칼뱅주의 교리를 가르치기 위해 문답식으로 작성되었다. 웨스트민스터 신앙 고백서과 더불어 개신교에서 가장 영향력 있는 신앙 고백으로 여겨진다.
광교회파(廣敎會派) 영국 국교회 내에서 교리나 형식에 얽매이지 않고 신앙과 사상 등의 광범위한 자유와 관용을 주장한 신학자들을 가리킨다.

(《마태복음》 11:30)라고 말했다는 것이다. 예수가 거짓으로 말한 것이 아니라면, 예수의 가르침은 단순하다. 그 핵심이 무엇인지는 예수가 십자가에 못 박혀 죽는 순간을 보면 알 수 있다. 예수와 함께 달려 있는 죄수 가운데 하나가 그 짧은 순간에 낙원에 들어가는 복을 받았다.* 홉스는 신도들에게 일부 신학자들이 주장하는 난해한 지식을 갖추도록 요구하는 것은 터무니없다고 생각했다. 홉스 말이 맞다. "누가 철학이나 헛된 속임수로 너희를 사로잡을까 주의하라. 이것은 사람들의 전통과 세상의 유치한 원리를 따르는 것이다."(《골로새서》 2:8) 실제로 많은 신학자들이 종교적 진리라고 주장하는 것들이 무슨 말인지는 알기 어렵다.

홉스의 두 번째 답은 그의 반대자들 대부분이 기독교에 반드시 필요하다고 주장한 것들이다. 즉 초기 기독교의 신조들이 예수가 그리스도라는 근본 명제 안에 포함되어 있으므로, 그 신조들도 기독교의 핵심에 포함된다는 것이다. 《법의 원리》에서 홉스는 '예수가 하느님이고, 하느님의 독생자이고, 하느님이 보낸 이이고, 대속자이고, 구세주라는 것'이 근본 명제라고 주장한다. 후기 저작에서는 근본 명제의 내용을 확장한다. 초기 기독교의 신조들과 삼위일체론도 근본 명제에 포함된다는 것이다. 이 명제들을 분명하게 인식하고 믿어야 할 필요는 없을 것이다. 내 생각으로는 홉스가 신학적 울타리 위에 올라앉으려 한 것이 아니라, 양다리를 걸치려 한 것 같다. 한편으로는 기독교의 핵심을 누구라도 알기 쉽게 만들어 핵심 문제를 놓고 벌어지는 종파 간의 대립을 종식하고, 다른 한편으로는 영국 국교회의 전통적

* 《누가복음》 23:39~43.

교리—초기 기독교 신조와 〈39조목〉—을 인정하고자 했던 것이다. 홉스는 영국 국교회의 충실한 지지자였다. 그는 구원은 오로지 신앙에서 온다고 하면서도, 선행의 중요성을 강조했다. 여기에서 선행이란 올바른 일을 하고자 하는 "노력" 혹은 "의지"를 말한다. 이로써 영국 국교회의 특징이 '이것은 옳고, 저것은 그르다.'가 아니라 '맞기도 하고 틀리기도 하고', '이것도 옳고 저것도 옳다.'가 되고 말았다. 이 주장은 훌륭하기는 하지만, 당대 사람들에게 설득력 있는 것은 아니었다. 지금 우리가 봐도 그렇지만.

두 번째 문제, 즉 비본질적인 교리 논쟁을 어떻게 해결할 것인가의 문제로 넘어가자. 홉스는 사람들이 기독교의 핵심만으로는 만족할 수 없다는 것을 잘 알고 있었다. 사물의 원인에 대한 호기심과 자신들의 미래에 대한 두려움을 해결해주는 개념적 장치가 있어야 한다. 그래서 17세기에 "교황파, 루터파, 칼뱅파, 아르미니위스파 같은 종파들"이 있었고, 바울 시대 코린토스에 "바울 편, 아볼로 편, 베드로 편"*이 있었다.[57] 근대의 종파들도 바울 시대만큼이나 많았는데, 이것이 분쟁의 원인이었다. 각 종파의 교리와 예배 의식은 "구원에 꼭 필요한" 신앙의 근본 요소가 아니라 "부속 구조"에 불과하다.[58] 종교가 형성되고 발전하는 과정에서 발생하기 마련인 분쟁들은 무시할 수도 없고 관용할 수도 없다. '그레이트 튜' 사람들은 그렇게 생각하지 않았지만, 어쨌든 홉스의 생각은 그러했다. 따라서 해결책이 있어야 했다. 로마가톨릭교회는 교황의 지배를 받는 국가의 기독교도를 위해 멋진 장치를 마련했다. 교황 무오류설이 바로 그것이다. 그러나 이

---

* 〈고린도 전서〉 1:12.

교리는 영국, 프랑스, 독일에는 적용할 수 없었다. 홉스에 따르면 영국, 프랑스, 독일 사람에게는 이 문제에 관한 한 교황이 권위를 지닐 수 없었기 때문이다. 이런 사정 때문에 홉스가 영국에서 제안한 것이 바로 군주 무오류설이었다.

칠링워스가 이전에 로마가톨릭으로 개종했던 이유는 이러했다. (1) 기독교도를 위한 무오류의 지침이 있어야 한다. (2) 로마가톨릭교회 외에 다른 지침은 없으므로, 로마가톨릭교회는 무오류이다. 그러나 그는 곧 전제 (1)이 그릇된 것임을 깨달았다. 인간은 결코 무오류일 수 없고, 이성의 힘으로 우리가 얻을 수 있는 최대한은 도덕적 확실성 뿐이라고 생각했다. 홉스는 위 논증의 전제 (2)가 오류라고 생각했다. 사실상 모든 기독교 국가는 무오류의 지침을 가지고 있다. 즉 주권자가 있다. 주권자를 세운 신의 계약 조건에 따르면 백성은 자기 보존에 필요한 모든 결정권을 위임했는데, 여기에는 종교 행위도 포함된다. 주권자도 기독교도라는 것이 전제되어 있으므로, 주권자가 구원에 필요한 신앙의 핵심 요소를 공언하고 명령한다. 그러므로 백성들은 주권자에 대한 복종이 영생을 얻는 데 방해가 될 것이라고 염려할 필요가 없다. 그 외의 종교 문제에 대한 주권자의 명령은 장식에 불과하고, 미래에 백성의 생존을 위협하지 않는다. 그리고 백성은 자신의 삶을 위협하지 않는 종교적 명령은 무엇이든 복종해야 한다. "따라서 신앙과 정의는 일치한다."[59]

진리 판단의 기준 문제에 대해 홉스가 제시한 해결책은 다른 주장에 비해 두 가지 뚜렷한 장점이 있었다. 첫째, 정치적으로 볼 때 영국 헌법과 마찰을 일으키지 않는다. 둘째, 철학적으로 볼 때 경험적 혹은 역사적 회의주의의 해결책이 될 수 있다. 경험적 회의주의는 진실로 그렇게 생각하여 의심을 품게 된 것이므로 인식론적인 해법은 있을 수 없다. (데카르트 류의 철학적 회의주의는 진실로 그렇게 믿는 것이 아니라 방법론적 가정이므로, 다른 좋은 방법이 없으면 인식론적 해법도 모색할 수 있다.)

홉스의 해결책은 사법적 성격을 띠고 있다. 진정한 기독교 교리가 무엇인지 결정하려면 결정의 권한을 가진 자가 필요하고, 그가 바로 주권자라는 것이다. 종교 분쟁을 종식하는 판결에는 두 가지 내용이 들어간다. 하나는 명제의 형태로 제시된 판결 내용이고, 다른 하나는 그런 내용의 판결을 내린 '힘'이 무엇인가 하는 것이다. 예를 들면 '나는 예수 그리스도가 하느님이라고 선언한다(혹은 규정한다)'라는 문장에서 '나는 선언한다(혹은 규정한다)' 부분은 발화자의 힘을 나타낸다. 이 부분은 발화가 권한 있는 자에 의해 적법하게 이루어졌으므로 선언된 내용이 진실이라는 것을 보여준다. '예수 그리스도가 하느님이다.' 부분은 선언의 내용이다. 운동 경기에서 '나는 올림픽 개회를 선언한다.'는 말이나 법정에서 '나는 피고인이 유죄라고 판단한다.'는 말은 자연히 진실이 되는 것이 아니라, 그렇게 선언하면 그 말이 진실이 되도록 하는 제도에 의해 진실이 되는 것이다. 종교에서도 마찬가지다.

이 해결책에 반대하는 사람들은 그런 논리는 인위적인 느낌이 들고, 관례를 답습하는 것이라고 생각한다. 실제로 홉스에게 이런 반론을 명시적으로 제기한 사람은 없었지만, 반론을 제기했다면 홉스는 이렇게 답했을 것이다. 인위적인 것이 전형적인 선이다. 자연적인 것은 전형적인 악이다. 시민 정부, 계급 제도, 소유권은 인위적인 것인데, 선이다. 자연 상태, 평등, 소유의 부재는 자연적인 것인데, 악이다. 자연법은 선이다. 사람들로 하여금 인위적으로 국가를 형성하게 하고, 그 국가 안에서 어떻게 행동해야 하는지를 알려주기 때문이다. 관례 답습에 대해서는 인간의 조건이 그 이상은 허락하지 않는다는 주장으로 반박했을 것이다. 이성의 깃발을 들어 올리는 사람은 남들이 자신의 추론을 받아들일 것을 요구한다. 이 때문에 사람들이 편을 갈라 싸운다는 사실을 홉스도 부정하지 않는다. 홉스의 주장은 권위에 복종하는 것 외에는 달리 평화를 유지할 방법이 없다는 것이다. 각자가 자신의 자연적 이성을 내세울 경우, 무엇이 진리인지 합의를 이루어낼 수 없기 때문이다. 그래서 관례를 따르는 것보다 더 좋은 대안은 없다. 홉스는 종교 문제에 관한 한 이성의 힘을 인정하지 않는다. 《성경》을 이성적으로 읽으면서 내용을 알아내려고 해서는 안 된다. 전능하신 하느님의 본성에 대해서는 이성으로 알 수 있는 것이 아무것도 없다. 그러므로 사도 바울은 〈로마서〉 12장 3절에서 좋은 지침을 제시한다. "각 사람에게 말하노니 마땅히 생각할 그 이상의 생각을 품지 말라."

교회의 통치권은 누구에게 있는가

홉스가 양심의 자유를 열렬히 옹호했다고 주장하는 학자들도 있다. 아주 좁은 의미에서 보면 그런 주장도 틀린 것은 아니다. 홉스에 따르면 양심은 "개인이 내린 판단과 의견"을 말하는데,[60] 그 사람이 그렇게 생각하는 것을 그 무엇으로도 막을 수 없다는 점에서 양심은 자유이다. 그러나 이것은 일반적인 양심의 자유가 아니다. 첫째, 사람들이 어떤 믿음을 품게 되는 경우, 그것이 완전히 자유의사에 따라 선택되는 것은 아니다. 믿음은 경험에 따라서 저절로 생겨나는 것이다. 그런 점에서 '믿음은 자유'라고 말할 수 없다. 둘째, 양심의 자유를 주장하는 사람들은 양심도 일종의 지식이라는, 최소한 침해해서는 안 되는 신성한 것이라고 전제한다. 홉스는 이 두 가지 모두 인정하지 않는다. 양심의 판단을 내세우는 사람들은 단지 자신들의 의견을 말하는 경우에도 "자신들의 주장이 진실"이라고 생각한다는 것이다.[61] 셋째, 양심의 자유는 보통 자신의 믿음에 따라 행동할 도덕적 권리를 포함한다. 하지만 홉스는 이것도 전혀 인정하지 않는다. 그는 《법의 원리》에서 반란의 원인을 여섯 가지 나열하는데, 그중 하나가 바로 그런 권리를 인정하는 것이라고 주장한다. 양심의 자유를 주장하는 것은 선량한 신도들을 미끄러운 비탈길에 세워놓으려는 책략이라는 것이다.

지속적인 경험으로 알 수 있는 것처럼 진실은 명백하다. 사람들은 양심의 자유는 말할 것도 없고 행동의 자유까지 추구한다는 것이다. 그뿐만이 아니다. 다른 사람들이 자신의 의견에 따르도록 설득할 자유를 얻으려 하고, 나아가 주권자가 다른 사람들의 의견은 모두 인정하지 않고 오로지 자신들의 주장만 받아들이기를 원한다.[62]

홉스는 이미 《법의 원리》에서 이렇게 말했다. "양심의 의무를 부과하는 법은 없다." 양심에 따라 행동하기를 원하지 않는 사람은 없기 때문이다. "혀나 혹은 다른 신체기관"을 법을 위반하는 방식으로 움직일 권리는 없다.[63] 또한 홉스는 "개인적 양심"에 반하는 행동을 해서는 안 된다는 주장을 "뿌리 뽑아야 한다"고 주장했다.[64] 백성은 주권자에게 복종해야 한다. 이 복종의 의무가 양심의 자유보다 먼저다.

홉스는 종교의 자유를 누리려는 속셈으로 양심의 자유를 내세우는 것은 매우 비뚤어진 사고라고 생각했다. 홉스의 방패는 《성경》이었다. 그는 《성경》에서 다음과 같은 취지의 주장을 샅샅이 찾아냈다. "인간이 세운 모든 제도에 주를 위하여 복종하라. 주권자인 왕이나 총독들에게 그렇게 하라. 총독들은 악행하는 자를 징벌하고 선행하는 자를 포상하기 위하여 왕이 보낸 이들이다."(〈베드로전서〉 2:13~14) 홉스는 백성을 종과 자녀에 비유하면서 바울을 이렇게 인용한다. "자녀들아, 모든 일에 부모에게 순종하라. 종들아, 모든 일에 육신의 상전들에게 순종하라."(〈골로새서〉 3:20~22) 이 명령은 절대적이다. 모든 일에 복종이 요구된다. 기독교 국가에서 기독교도에게 갈등이란 있을 수 없다. 종교 권력과 세속 권력은 하나로 통일되어 있다. 주권자는 영국 국교회의 수장이다. 그렇다고 해서 주권자의 권력에 제한이 없는 것은 아니다. 기독교도는 "구원에 반드시 필요한 신앙을 부정하는" 명령에는 "복종하면 안 된다."[65] 홉스는 《리바이어던》에서도 같은 입장을 취했다.

《법의 원리》에서 홉스는 예수가 어떤 교회 조직을 따르라고 했는지, 종교적 권위의 기초는 무엇인지를 두고 기독교도들 사이에 논란이 벌어지고 있다고 말한다. 그리고 항간에 오가는 대안들을 이렇게 소개한다. "문제는 예수가 누구를 통해 우리에게 말하는가이다. 교황인가, 성직자 회의인가, 각국의 주권자들인가."[66] 즉, 로마가톨릭을 따를 것인가, 감독파를 따를 것인가, 장로파를 따를 것인가, 에라스투스파*를 따를 것인가. 에라스투스파는 교회 성직자의 권위가 시민 주권에서 나온다고 주장한다. 홉스는 현명한 성직자 리처드 후커처럼, 에라스투스파를 옹호했다. 후커에 따르면 모든 영국 백성은 영국 국교의 구성원이고, 영국 국교의 구성원만이 영국 백성이다. 따라서 영국의 주권자가 영국 국교의 수장이라는 것이다. 이 논증은 오류지만, 설득력이 있었다.

홉스는 논증 방식을 달리 하여 같은 결론에 도달한다. 첫째, 그는 《성경》의 가르침을 제시한다. 유대인들의 경우 세속적 주권과 종교적 주권이 모두 모세에게 있었다. 그의 통치는 두 번 도전을 받았다. 아론과 미리암이 제사장의 직분을 내세워 종교적 권력을 주장했다. 다음으로 반란을 일으킨 한 무리의 유대인들이 모세에게 항거하면서 백성들이 독립적인 권력을 지녀야 한다고 주장했다. 두 경우 모두 사실상 그들의 "개인적 양심"이 종교적인 문제를 결정하는 궁극적인 기준이라고 주장한 것이다. 홉스에 따르면 하느님이 두 경우 모두 모세 편에 서서 도전자들을 벌했으므로, 세속적 권력과 종교적 권력은 주권자에게 있다는 것이다. 예수는 유대인의 왕이자 하늘나라의 왕이었으므로, 세속적 권력과 종교적 권력을 다 지니고 있었다. 열두 사도를 선택한 것은 모세가 이끌던 이스라엘 부족의 수가 열둘이었기 때문이다. 나중에 홉스는 예수가 과거에 왕이었다거나 혹은 지금 왕이라는 주장을 철회하고, 예수가 재림하면 그때 왕이 된다고 주장한다.

에라스투스파 국가가 교회보다 우위에 있고, 국가가 교회의 문제를 통제하며, 교회는 국가의 지시를 따라야 한다는 사상을 가리킨다. 이 용어는 스위스의 의사이자 신학자인 토마스 에라스투스(Thomas Erastus)의 이름에서 유래했다. 1643년 영국의 웨스트민스터 의회에서 교회 중심파와 국가 중심파 사이에 이루어진 논쟁에서 이와 같은 의미를 얻게 되었다.

예수가 내세의 왕이라는 말은 지금은 왕이 아니라는 말이다. 그러므로 주권자의 권력의 근거를 예수가 왕이라는 사실에서 찾을 수는 없다는 말이다. (주권은 다른 방식으로 하느님에게 의존해 있다.)

대제사장의 권력이 모세에게 있었다는 것은 분명하다. 모세가 아론을 제사장으로 임명했기 때문이다. "모세는 아론의 하느님이었고, 아론은 모세의 입이었다."[67] 아론은 모세의 입에 불과했으므로 모세에게 복종했다. 예수는 대제사장을 임명한 일이 없다. 그 자신이 대제사장이요, 왕이었다. 예수는 스스로 인간을 구원하기 위한 "제물"이 되었다. 자기 자신 말고 그 누구를 제물로 삼을 수 있었겠는가? 그러므로 홉스는 예수가 "교회를 통치하도록 임명한 사람들에게 제사장 직분까지 맡겼다."고 주장한다.[68] 승천 후에 "교회의 계급 제도"는 사도와 두 등급의 장로로 구성되었다. 사도들이 죽은 후 고위 장로들은 '주교'가 되었고, 하위 장로들은 '사제'가 되었다. "이리하여 주교의 통치가 이스라엘의 열두 지파의 지도자와 일흔 장로를, 우리 구세주의 열두 사도와 일흔 제자를 대신하게 된 것이다."[69]

여기까지 홉스의 주장은 매우 보수적이다. 그러면 홉스는 예수가 "교회의 통치권"을 누구에게 맡겼다고 주장했을까? 여기서부터 그는 예상을 빗나가는 주장을 하기 시작한다. 사도들과 그 후계자들의 임무는 "예수가 그리스도라는 것을 설교하고, 하늘나라에 관해 자세히 설명하는 일이다. 결코 어느 누구에게도 그들에게 복종하라고 강요해서는 안 된다."[70] 《리바이어던》에서 사용한 용어로 말하자면, 그들의 권리는 조언을 할 권한일 뿐 명령할 권한은 아니다. 하늘나라의 법은 오직 양심에만 적용된다. 주교에서 사제에 이르기까지 모든 성직자는 사람들에게 충고를 하고 가르침을 주는 임무를 수행할 뿐, 사람들을 강제할 권한은 없다. 성직자가 말 안 듣는 신도를 제재하는 방법은 파문뿐이다. 이것은 다른 신도들에게 그와 어울리지 말라고 충고하는 것이다. 특히 "우리 구세주는 사도들에게 (혹은 그 계승자들에게) 신도들의 판관이 될 권한을 준 일이 없다."[71] 따라서 "어떤 경우에도 국가 주권은 교회 권력에 종속되지 않는다."[72] 홉스는 자신이 이런 주장을 하는 이유가 교회에 맞서 주권적 권력을 편들기 위해서가 아니라, 인간의 품위 있는 생활을 위해 필요하기 때문이라고 말한다. "왕은 명령에 불복하면 죽이겠다고 위협하고, 사제들은 말을 안 들으면 지옥에 떨어질 것이라고 위협한다면, 평화로운 신앙 생활은 불가능하다."[73]

주권자가 종교적 분쟁의 심판 권한을 쥔 유일한 인격이기는 하지만, 판결할 내용에 대해서는 종교 전문가의 자문을 받아야 한다. 《시민론》에서 홉스는 타협책을 제시한다. 판결의 권한은 오로지 군주에게 있지만, 판결의 내용은 교회가 결정한다. 영국 국교회의 많은 성직자가 《시민론》을 환영했다. 강력한 신학적 구조 속에 그들의 설 자리를 마련해주었기 때문이다.

《리바이어던》에서는 그의 견해가 완전히 달라진다. 1649년 이후 망명 정부에서 찰스 2세의 측근 성직자들이 홉스의 주장을 전가의 보도처럼 내세우고, 캔터베리 대주교와 요크 대주교의 공석으로 영국 국교회의 주교 제도가 빈사 상태에 빠지자, 홉스는 주권자가 종교 전문가의 판단을 따르고 싶으면 그렇게 해도 좋지만 반드시 따를 필요는 없다는 생각을 하게 되었다. 홉스의 생각이 바뀐 이유가 성직자들이 홉스를 제대로 대접하지 않았기 때문이거나 영국 국교회가 식물 상태에 처했기 때문이라고 설명하는 학자들이 많지만 나는 그렇게 생각하지 않는다. 그런 설명은 시간의 전후 관계를 인과 관계와 혼동한 오류이다.

칠링워스와 '그레이트 튜' 사람들이 교리의 정통성에 의문을 제기하긴 했지만, 기독교에 아무런 교리도 없다고 주장하지는 않았다. 칠링워스는 구원에 필요하기 때문에 계시된 교리와 계시되었기 때문에 필요한 교리로 나누었다. 전자는 모든 사람이 이해해야 하고, 이해할 수 있는 교리이다. 홉스는 '예수가 그리스도이다.'라는 명제가 바로 기독교의 핵심이라고 주장했다. 왕정 복고 후에 국교회의 신학자들은 홉스가 기독교의 교리를 약화시켰다고 비난했다. 수십 년 후 로크와 광교회파는 홉스의 명제를 그대로 채택했지만, 그것이 홉스의 주장이라고 밝히지는 않았다. 1670년대 초에 클래런던은 성직자들이 비본질적인 교리와 본질적인 교리를 혼동하고 있다고 비판했다. 클래런던은 내전을 야기한 종교 쟁점들이 정치적인 것이라고 생각했다.

클래런던은 《리바이어던》의 내용 중 딱 한 대목에만 반대했다. 홉스는 영적 영역과 현세적 영역이 구별될 수 없다고 주장했는데, 내용이 너무 부족하다는 것이다. 클래런던은 홉스의 관찰을 칭찬했다. 즉 두 영역의 구별은 사람들로 하여금 "이중으로 보도록" 하기 위해 고안되었다는 것이다. 역사가 워멀드(B. H. G. Wormald)는 클래런던에 대해 다음과 같이 말했는데, 이 말은 홉스에게도 똑같이 적용할 수 있다. "그의 주장은 이러하다. 국교는 법이며 정치이다. 교회 영역은 세속적 영역의 하위 영역으로서 마땅히 군주에게 속한다. 교회 영역이 군주의 손을 떠나 성직자의 손으로 들어가면 정치 영역이 되는데, 불법적인 정치 영역이다."[74]

홉스는 '그레이트 튜'의 당파성을 그대로 따르지는 않았지만, 그곳에서 지적인 편안함을 느꼈다. '그레이트 튜' 사람들은 홉스와 마찬가지로 지성을 갖춘 사람들이었고, 학식과 재치가 있었다. 그들은 그 시대 사람들에게 기대할 수 있는 최대한의 열린 마음을 품고 있었다. 최소한 누구든 자기 의견을 말할 수 있었다. 홉스가 '그레이트 튜'를 떠나게 된 것은 나이 때문이었다. '그레이트 튜' 사람들 대부분이 홉스보다 10년은 젊었다. 1637년 당시 그들은 20대 후반이거나 30대 초반이었는데, 홉스는 반백을 바라보고 있었다.

《철학의 원리》 3부작

홉스는 1630년대 후반에 《철학의 원리(Elementa Philosophiae)》 집필 계획을 세웠는데, 1642년 이후에 그 내용들이 출간되었다. 그 책은 모든 사물을 물체, 인간, 시민 세 종류로 나누어 탐구할 작정이었으므로 3부로 구성될 예정이었다. 1부는 물리학, 2부는 인간의 본성, 3부는 정치철학이다. 1658년에야 3부가 모두 출간되었다. '부(section)'라는 단어에 유의하자. 3부는 곧 3권을 가리킨다. 리처드 턱은 이 단어에 유의해야 홉스가 물리학을 연구한 시기를 알 수 있다고 했다.[75] 《철학의 원리》 첫 번째 책은 3부로 예정했던 부분인데, 1642년에 출간된 《시민론(De Cive)》이다. 출간 후 인기를 끌었기 때문에 1647년에 증보판이 출간되었다. 두 번째 책은 그로부터 10년도 더 지나 1655년에 출간되었는데, 순서상 1부로 예정되어 있던 《물체론(De Corpore)》이다. 세 번째 책은 순서상 2부로 예정되어 있던 《인간론(De Homine)》인데, 1658년에 출간되었다.

3부작은 초판이 모두 라틴어로 출간되었다. 《시민론》과 《물체론》

은 홉스 생전에 영역판이 나왔다. 하지만 영역판의 제목과 원본의 관계에 혼선이 있다. 《시민론》은 1650년에 《정부와 사회에 관한 철학적 기초》라는 제목으로 번역 출간되었다. 이 영역판을 흔히 《시민론》이라 부른다. 홉스가 직접 영역했는지에 대해서는 학자들의 의견이 다르다. 다수의 설에 따르면 그가 직접 하지 않았다는 것인데, 나도 그렇게 생각한다. 《물체론》은 라틴어판이 나온 이듬해에 영역판이 나왔다. 이 영역판의 역자에 대해서도 학자들의 의견이 다르다. 내가 보기엔 일부는 홉스가 직접 한 것 같은데, 전체는 아닌 것 같다. 《인간론》은 아직 완역판이 없다. 1972년에 중요한 부분만 발췌한 번역본이 나왔다. 요약하면 다음과 같다.

《철학의 원리》
1. 《물체론》 (1655년 출간, 1656년 영역판)
2. 《인간론》 (1658년 출간, 1972년 발췌 영역판)
3. 《시민론》 (1642년 출간, 1647년 증보판, 1650년 영역판 《정부와 사회에 관한 철학적 기초》)

3부작의 계보가 그다지 복잡하지는 않지만 덧붙일 말이 있다. 1640년 늦봄, 즉 아직 아무것도 출간되지 않았을 때 《법의 원리, 자연법과 정치법(Elements of Law, Natural and Politic)》이 원고의 형태로 회람되었다. 이 원고는 1650~1651년에 두 부분으로 나뉘어 《인간의 본성(Humane Nature)》, 《정치체에 대하여(De Corpore Politico)》라는 제목으로 출간되었다. 이 제목들은 《철학의 원리》의 각 부의 제목과 비슷하여 독자를 헷갈리게 한다. 1650~1651년에 출간된 두 책의 제목은 출판사가 정한 것이다. 독자들에게 《철학의 원리》의 각 부인 것처럼 보이려고 그렇게 한 것이다. 실제로 두 권의 내용은 예정된 3부작의 각 부 내용과 매우 흡사하다.

영국 내전 발발

지식인의 모임이었던 '그레이트 튜'는 영국 내전이 발발해 해체되고 말았다. '그레이트 튜' 사람들은 어느 편에 설 것인지 선택을 강요받았을 때 모두 왕당파가 되었다. 포클랜드와 고돌핀은 전사했고, 칠링워스는 옥사했고, 애글리언비는 역병으로 죽었다. 윌러는 왕을 구출하기 위해 런던을 장악하려다 실패하고 유럽 대륙으로 도망갔다. 클래런던, 몰리 등은 망명했다. 이들은 왕정 복고 이후까지 교유했으나, '그레이트 튜' 모임은 이미 해체된 상태였다.

뉴캐슬은 1638년 찰스에 의해 총독으로 임명되었으나, 정치적 책임을 물어 1641년에 해임되었다. (뉴캐슬은 런던 탑에 갇힌 스트래퍼드를 구하려는 음모에 가담했다.) 뉴캐슬은 내전 초기에 북부 지방에서 왕당파 군대를 지휘했지만, 마스턴 무어 전투에서 패배한 후 대륙으로 도망갔다. 그는 1645년 파리에서 홉스를 만났는데, 5년 만의 만남이었다.

전쟁은 홉스의 다른 친구들도 흩어놓았다. 데번셔는 전투에 가담하지 않았다. 왕당파에 가담한 혐의로 다른 8명의 동료들과 함께 탄핵을 받자, 내전이 발발하기 직전에 대륙으로 도망갔다. 동생 찰스는 용감하고 거침없는 군인이었기에 영국에 남아 전투에 참여했다. 찰스는 1643년 게인즈버러 전투에서 전사했다. 크리스천은 넋을 잃었다. 유일하게 살아남은 아들 데번셔에게 영국으로 돌아와 의회 정부와 화해하고, 남은 재산이라도 지키라고 재촉했다. 어머니의 간청에 따라 데번셔는 영국으로 돌아왔고, 내전 기간 동안 라티머와 버킹엄셔에 머물렀다. 홉스와도 만났다. 홉스는 1646년 9월 데번셔의 여섯 살 난 아들 윌리엄(4대 데번셔 백작이자 초대 데번셔 공작)의 가정교사를 구하는 일에 나섰다. 사뮈엘 소르비에르(Samuel Sorbière)의 요청에 따라 의사 아브라함 뒤 프라(Abraham du Prat)를 추천할 생각이었다. 공화정 기간 동안 데번셔는 라티머에서 하드윅으로 이사했다. (백작은 왕정 복고 후 채스워스로 돌아갔다.)

데번셔와 어머니 크리스천은 신형군(新型軍)에게 사로잡힌 왕이 이리저리 끌려다니는 모습을 보았다. 왕은 그들의 집에서도 하룻밤을 묵었다. 크리스천은 왕을 변호하려 애썼다. 그녀는 왕을 구하기 위해 해밀턴 공작 등과 비밀 편지를 주고받았다. 또 1650년 런던으로 가서 왕정을 복고하려는 움직임에 가담했다. 찰스 2세는 이 일에 고마워했고, 1660년대에 가끔 그녀를 불러 만찬을 함께 했다. 왕은 데번셔를 탐탁지 않게 여겼는지, 왕정 복고 후에도 궁정으로 부르지 않았다. 그래서 데번셔는 런던에 갈 일이 없었다. 아들 윌리엄은 아버지의 처지를 몹시 고통스러워했다. 그리하여 승계 문제에서 요크 공작을 배제하는 일에 가담했고, 오라녀 공 윌리엄을 지지한 대가로 초대 데번셔 공작이 되었다.

5장

절대 왕정의 옹호자

1640년

“자연 상태에서는 모두 평등하다.
그래서 지옥이다.”

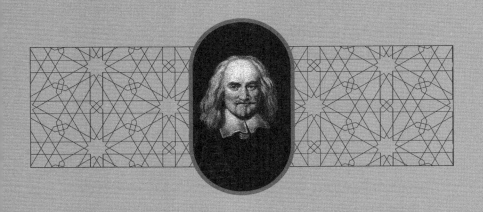

때는 1640년, 이 땅에 역병이 돌았다.
이 역병으로 수없이 많은 식자들이 사라져 갔다.
이 병에 걸린 사람은 하나같이 오로지 자기만이
신권(神權)과 인권을 발견했다고 주장했다.
– 《운문으로 쓴 나의 인생》

1640년 단기 의회

찰스 1세는 《기도서》를 강제로 사용하게 할 작정으로 1639년 스코
틀랜드를 정벌하려 했으나, 군대를 제대로 모으지 못해 실패하고 말
았다. 그의 문제는 자금 부족이었다. 스튜어트 왕조 내내 돈이 부족
했다. 기댈 데라고는 의회밖에 없었다. 그는 의회의 지원으로 군비를
마련할 생각이었다. 하지만 오산이었다. 10여 년 만에 의회를 소집할
준비를 하면서 찰스는 도움이 될 만한 사람들을 여럿 만났다. 데번
셔도 그중 하나였을 것이다. 1640년 1월 데번셔는 신사 한 명과 동행
하여 왕을 만났는데[1] 그 신사가 홉스였을 가능성이 있다. 어떤 대화
가 오갔는지 기록이 없어 알 수 없지만 정세에 관해 논의했을 것이고,
홉스의 장래 역할에 관한 이야기가 오갔을 수도 있다. 왜냐하면 왕을
만난 후 얼마 되지 않아서 데번셔가 홉스를 하원의원 후보로 추천했
기 때문이다. 데번셔의 부와 능력에 비추어볼 때, 그의 추천은 큰 무
게감이 있었을 것이다. 하지만 선거구민들은 홉스를 받아들이지 않
았다. "더비셔 사람들은 홉스의 선출을 단호하게 반대했다."[2] 홉스가
논란의 여지가 있는 인물이었던 모양인데, 왜 그랬는지는 기록이 없

다. 선거 패배는 당황스러운 일이었다. 스스로 대단한 인물이라고 자부하던 홉스로서는 무시당했다는 느낌을 받았을 것이다. 홉스는 이후로 정치에는 발을 들여놓지 않았다. 그러나 왕을 위한 변론을 시작하면서 정치 이론가의 길로 들어섰다.

단기 의회는 4월에 열렸다. 왕은 스코틀랜드 정복에 필요한 군비를 마련하고자 했지만, 의원 다수는 그보다 더 시급한 문제의 해결을 원했다. 의원들은 선박세, 국채 강요, 모피세, 소집 여비 등에 관한 불만을 먼저 해결해줄 것을 요구했다. 이러한 불만은 10년도 더 된 것이었다. 어느 쪽도 물러서지 않았고, 왕은 의회를 해산했다. 양쪽 다 전보다 더 고통스런 상황을 맞았다. 의회는 왕을 불신하게 되었고, 왕은 의회가 반항한다고 괘씸하게 생각했다.

홉스가 《법의 원리》의 헌정사를 쓴 날짜는 1640년 5월 9일이고, 의회는 이보다 나흘 전에 폐회했다. 수십 년 후에 홉스는 《법의 원리》가 의회파를 자극했다고 회상했다. 그해 후반기에 장기 의회가 열리자마자 영국을 떠난 것도 의원들이 분노했기 때문이라고 했다. 단기 의회 폐회 후에 《법의 원리》가 출간되었다는 점에서, 일부 학자들은 홉스의 책이 의원들을 자극했다는 주장에 의문을 제기한다. 그러나 이런 시차는 문제가 되지 않는다. 그 책의 미완성 판본이 4월이나 5월 초에 이미 회람되었을 가능성도 있기 때문이다. 대영도서관과 채스워스에는 여러 판본의 《법의 원리》가 보관되어 있다. 또한 튜더 왕조와 초기 스튜어트 왕조의 의회는 제도(institution)가 아니라 사건(event)이라는 말이 맞기는 하지만, 존재감 있는 의원들도 다수 있었다. 이들은 런던에 다양한 연고가 있었는데, 특히 법학원(Inns of Court)과 연고가 있는 의원들이 많았다. 그러므로 의회 해산 후에도 이들이 런던에 머물렀을 가능성이 있다.

《법의 원리》가 1640년 봄에 회람되었다고 가정하면, 그 책이 왜 사람들을 화나게 했는지 쉽게 이해할 수 있다. 내용 중 일부는 단기 의회의 실패와 관련된 사건들을 직접 다루고 있다. 찰스 1세는 자신이 요청한 경비를 의회가 통과시켜주기를 바랐지만 거부당했다. 홉스는 의회의 거부가 정당하지 못하다고 생각했다. 홉스에 따르면 각자는 공동체에 들어가면서 "그가 복종하기로 약속한 사람에게 자신의 힘과 수단을 모두 위임"해야 하고, "위임을 받아 명령하게 된 자는 모든 힘과 수단을 동원할 수 있고, 공포로써 그들을 하나로 묶을 수 있게 된다."[3] 이 원칙을 찰스의 정책에 적용하면, 선박세, 기사 작위 박탈, 군대가 민가에 강제로 숙영하는 것 등은 명백히 왕권에 속한 것이 된다. 나아가 홉스는 "국가 정책을 비난하여 대중의 의견에 영향을 끼치는 행위는 공동체 내에 파벌을 조성하고 대중의 충성심을 약화시키므로 엄히 처벌해야 한다."라고 주장했다.[4] 실제로 찰스는 의회 해산 후에 의원 여러 명을 체포했고, 그중 일부는 소지품을 수색하여 무죄가 입증된 다음에 석방했다. (그중 하나가 데번셔의 자형인 로버트 리치 워릭 백작이었다.) 스트래퍼드는 왕에게 이렇게 진언했다. "왕에게 반대하는 자들 일부를 교수형에 처하지 않으면, 그들을 다스릴 수 없을 것입니다."[5] 이 주장은 《법의 원리》에 나타난 홉스의 견해와 같다.

지금까지 통상적인 문제에 대한 홉스의 태도를 다루었는데, 《법의 원리》에 들어 있는 정치 이론은 더 심각한 것이었다. 여기에는 나중에 출간되는 《리바이어던》의 주요 내용이 거의 다 들어 있었다.

첫 번째 법의 원리: 자연법

제목이 말해주듯이 《법의 원리》는 두 부분으로 구성되어 있다. 자연법은 인간의 심리가 작동하는 원리와 자연[이성]이 요구하는 규칙으로 구성되어 있는데, 이것이 시민 정부의 토대가 된다. 정치법은 시민 정부의 법률을 말하는데, 이 주제는 정치철학 일반에 관한 논의를 포함한다.

심리학: 이성과 정념의 배경

뉴캐슬에게 바친 헌사에서 홉스는 인간의 본성이 두 부분, 즉 이성과 정념으로 구성되어 있다고 말한다. 인간 본성을 이렇게 파악하는 것은 인간의 영혼을 지성과 의지로 나누어 본 고전적 구분의 현대적 변형이다. 아리스토텔레스와 토마스 아퀴나스의 학설을 따르는 사람들은 지성이 의지보다 우월하다고 여겼다. 의지는 지성이 결정한 대로 인간의 신체를 움직인다. 지성이 제안하고, 의지가 실행한다는 것이다. 반면에 아우구스티누스와 오컴(William of Ockham)의 학설을 따르는 사람들은 의지가 지성보다 우월하다고 보았다. 의지가 지성을 지배한다는 것이다. 홉스의 견해는 후자의 전통에 서 있다. 정념이 이성보다 우월하다는 것이다. 홉스에 따르면 인간의 행동은 정념의 지배를 받는다. 대부분의 사람들이 의지가 인격의 일부라고 생각하지만, 이는 틀린 생각이다. 의지는 인간이 행동하기 직전의 마지막 정념 혹은 욕망일 뿐이다.[6] 그러므로 자발적 행동이란 욕망에 의해 야기된 일체의 행동을 말한다. 사람들은 보통 대상을 향한 욕망만이 자발적 행위를 일으킨다고 생각하지만 홉스는 공포, 즉 해(害)를 입지 않으려는 욕망이 일으킨 행위도 자발적이라고 주장한다. 아리스토텔레스에게는 미안한 말이지만, 홉스에 따르면 폭풍우를 만난 선원이 배를 구하기 위해 짐을 버리는 행위는 자발적 행동이다. 자기 보존의 욕망에 의해 야기된 것이기 때문이다. 짐을 버리는 것은 결코 강제된 행동이 아니다. 익사를 선택할 수도 있기 때문이다.

욕망이 아니라 행위가 (더 정확히 말하면 그 사람이) 자발적인 것이다. 욕망은 그 사람의 통제를 받지 않는다. 욕망은 여러 외부 자극과 비자발적인 생물학적 과정에 의해 생성된다. 예를 들면 눈앞에 있는 빵을 먹고 싶은 욕망은 배고픔이라는 신체적 운동과 눈앞에 빵이 있다는 사실이 결합해 생성된 것이다. 이 욕망은 선택된 것이 아니다. 홉스는 욕망을 선택한다는 관념 자체가 논리적으로 말이 안 된다고 생각한다. 만일 어떤 욕망을 욕망(선택)할 수 있다면, 어떤 욕망을 욕망하기로 욕망할 수 있다는 식의 무한 반복이 일어난다. 또한 욕망은 이성에 의해 생기는 것이 아니다. 이성은 욕망을 제기하는 것이 아니라, 정념이 세운 목표를 충족하려는 수단을 찾는 일을 한다. 이성은 "빵을 먹어라."라고 말하지 않는다. "배고픔을 없애려면 손을 뻗어 빵을 잡고, 물고, 씹고, 삼켜라."라고 말할 뿐이다. 여기에 욕망을 표현하는 명제, 즉 "배고픔을 해결하고 싶다."는 명제를 덧붙일 것인가는 욕망을 표현하는 사람에게 달려 있다. 이성을 단순히 계산하는 능력으로 보는 홉스의 견해에 대해 17세기 사람들은 대부분 (요즘 사람들도 그러하겠지만) 심한 거부감을 느꼈다. 그러나 그 접근법은 오늘날 인지과학에서도 사용한다. 이성에 대한 홉스의 견해는 칭찬할 만한 역사적 공훈이다.

자유 의지론*에 대한 홉스의 반박은 형이상학적 성격을 띤다. 홉스의 주장에 따르면 자연은 폐쇄 체계로 이루어져 있어서 모든 사건에는 반드시 원인이 있다. 그러나 자유 의지론자에 따르면 인간의 의지는 자연적 인과 법칙 밖에 있으며, 의지의 발현은 이전의 어떤 사건에 의해 일어난 것이 아니다.

아리스토텔레스와 아우구스티누스의 학설을 따르는 사람들은 지성과 의지를 애지중지한 나머지 지성적 행위와 의지적 행위를 말하기도 하고, 심지어는 '지성적 지성'이라는 말까지 만들어냈다. 홉스는 이러한 현학적인 용어들이 실제로 아무런 의미가 없다고 공격했다. 설령 지성이니 의지니 하는 것이 있다손 치더라도, 생각하고 행동하는 것은 인간이지 스콜라 철학자들이 말하는 지성이나 의지 따위가 아니라는 것이다. 인간이 보는 것이지 눈이 보는 것이 아니라는 말이다. 이러한 주장은 홉스의 심리학과는 논리적으로 관계가 없지만, 매우 명쾌한 주장이다.

홉스는 기존의 심리학을 근본적으로 재해석할 필요성을 느꼈다. 지성이니 의지니 하는 것은 본질적으로 비물질적인 영혼에 속하는 것인데, 영혼이라는 개념은 홉스의 철학에서 별로 중요하지 않다. 홉스는 영혼을 생명에 필요한 물질 정도로 생각했다. 영혼도 물질이다. 비물질적인 것이 아니다. 홉스는 존재하는 것은 오직 물체뿐이라고 생각했다. 그러므로 영혼이라는 것이 존재한다면 그것 역시 물체로서 존재한다. 천사도 물체이다. 하느님도 물체이다. 《법의 원리》에서 명

자유 의지론 '비결정론'이라고도 부른다. 인간의 의지를 비롯해 모든 자연 현상과 역사적 사건은 인과 법칙 바깥에서 일어난다는 이론이다. 종교 영역에서 자유 의지를 주장하는 것은 전지전능한 신조차 인간에게 강제할 수 없고 인간 스스로 모든 것을 결정할 수 있음을 의미한다.

쾌하게 말하지는 않지만, 그런 뜻이 담겨 있다.

이성과 정념

여느 철학자들처럼 홉스 역시 이성이 정념을 지도해야 한다고 말한다. 이성에 의해 통제되지 않은 정념은 재앙을 부른다. 이성은 사사로운 이익에 사로잡히지 않으므로 "논란과 분쟁의 여지가 없다."《법의 원리》에 따르면 이성은 "숫자와 운동만을 비교"하고, "삼단 논법으로 추론"한다.[7] 나중에 홉스는 이성이 오직 계산, 즉 더하기 빼기만 한다고 주장하게 된다. 계산에서는 "진실과 이해관계"가 서로 경쟁하지 않는다.[8] 그러나 정념은 영원히 경쟁한다. 한 개인의 내부에서도 그렇고 개인과 개인 사이에서도 그렇다. (정념은 이성과도 싸우고, 정념끼리도 내분을 일으킨다.) 그리고 누구라도 자신의 욕망이 꺾이는 것을 원치 않는다. 그러므로 "이성이 인간을 거스르는 만큼, 그렇게 인간은 이성에 반하는 행동을 하게 된다." 따라서 오직 이성만을 사용하여 "정의"의 원칙을 수립하고, "정책"을 세워야 한다. 이렇게 해야 개별 사안들의 해결 방법을 알 수 있고, "논란의 여지가 없는" 법 체계가 수립된다.[9] 그러면 사람들의 정념이 법 체계를 전복하지 못할 것이다. 실제로 홉스는 2년 후 《시민론》에서 정치학에 대한 기하학적 증명을 시도한다.

퀜틴 스키너는 홉스가 《법의 원리》에서 정념보다는 이성을, 수사법보다는 논리를 더 중요하게 여겼고 수사법은 사용하지 않았다고 주장했다. 나는 그렇게 생각하지 않는다. 첫째, 화자가 '나는 수사법을 쓰지 않았다'고 말했다고 해서, 그 말을 액면 그대로 받아들일 수는 없다. (경험담을 하나 소개하겠다. 학과 회의를 하는데, 한 분이 일어서더니 로마 원로원 의원처럼 스포츠 코트를 왼쪽 어깨에 걸치고는 이렇게 말했다. "나는 동료 교수님들처럼 말을 잘하지도 못하고, 대중 앞에서는 더욱 말문이 열리지 않는다." 그 당시 주제가 무엇이었는지는 잊어버렸지만, 명연설이었다는 기억은 분명하다.) 어떤 일을 하면서 서두에 그렇게 하지 않겠다고 말하는 것이야말로 수사법이다. 이 이야기를 길게 할 필요는 없겠지만, 뉴캐슬에게 바친 헌사만 보더라도 홉스가 수사법을 멋지게 구사하고 있다는 것을 알 수 있다. 첫 번째로 그는 자신이 섬기는 주인에게 충성을 다하겠다고 다짐하면서, 현재의 정치적 쟁점에 대한 논의는 삼가고 중립을 지키겠다고 말한다. 두 번째로 그는 독자들에게 새롭고도 중요한 것, 즉 평화를 위한 근본 원칙을 제시하겠다고 약속한다. 나아가 그는 자신의 책에 수사법을 사용한 곳이 더러 있지만, 오로지 논리가 이끄는 대로 나아갔다고 말한다. 《리바이어던》에 비할 바는 아니지만 《법의 원리》도 매우 인상적인 저작이다. 수사법에 대한 홉스의 태도가 변하기는 했지만, 《법의 원리》에 수사법이 없다고 말할 수는 없다. 《법의 원리》에서는 수사법을 홀대하지만 《리바이어던》에서는 어느 정도 인정하는 태도를 보인다.

나중에 홉스는 이성만으로는 정념을 다스릴 수 없다는 것을 깨닫게 된다. 의회파가 왕과 왕의 정책에 무척 효과적으로 반대하는 모습을 보았기 때문일 것이다. 《리바이어던》에서 홉스는 이성을 설명하면서 수사법을 동원한다. 이렇게 하는 것이 사람들을 올바르게 행동하도록 설득하는 데 더 효과적이라고 판단했던 것이다. (그러므로 홉스가 이성이 정념에 영향을 끼칠 수 있다는 견해를 밝혔다는 추론은 논리적으로 합당하다.) 《법의 원리》 끝 부분에서 홉스는 인간 내부에서 발생하는 여러 가지 긴장을 고찰한다. 이 긴장으로 인해 사람들은 이성과 정념이 서로 충돌할 수밖에 없다고 생각한다. 유감스럽게도 홉스는 이 문제를 깔끔하게 해결하지 못한다. 그는 개인 내부에서 발생하는 이성과 정념의 대립, 정념 간의 대립, 진리와 의견의 대립을 뒤섞어 놓았다. 의견과 정념을 결합하여 이성과 대립시킨 곳도 있다. 또한 정념과 열망과 의견이 서로 다른 사람들 사이에 존재하는 긴장도 같은 수준에서 언급한다. 때로는 "이성과 수사법"이 갈등 관계에 있다고 말하기도 한다.[10]

이 문제에 대한 홉스의 해결책은 신통치 않다. 그러한 대립은 "교육과 단련"으로 해소할 수 있다고 그럴듯하게 시작하지만 이내 포기하고 만다.[11] 이성과 감정("판단과 환상")이 어떻게 통합될 수 있는지 보여주지 않고, 그 둘이 교대로 나타난다고 말한다. "그 사람의 목표가 요구하는 바에 따라" 이성과 감정이 교대로 사람을 움직인다는 것이다.[12] 이 주장에는 여러 허점이 있다. 첫째, 이성이 동기로 작용하는 것이 아니라, 전적으로 수단으로 간주된다. 둘째, 이성이 지배하는 때와 감정이 지배하는 때를 누가 혹은 무엇이 결정하느냐에 대한 설명이 없다는 점이다. 이성도 아니요 감정도 아니요, 그 사람 자신이 결정한다고 답한다 하더라도 여전히 문제는 남는다. 그 사람의 결정은 이성에 따른 것인가, 감정에 따른 것인가? 셋째, 이성과 환상(혹은 정념)이 교대로 나타난다면, 이 둘이 행동의 원인이라는 말인가? 그렇다면 이성은 오른쪽으로 가라 하고 정념은 왼쪽으로 가라 하는 일도 생겨날 것이고, 그 사람의 인생은 우왕좌왕하게 될 것이다. 넷째, 이성이 행동의 원인이 아니라면, 이성이 하는 일은 무엇인가? 이성이 그 사람이 욕망하는 바를 계산하는 일만 한다면 나쁜 욕망은 반드시 나쁜 결과를 낳을 것이다. 그렇다면 선행으로 이끌 대책은 없다.

홉스의 시도는 난관에 부딪혔지만, 그의 결론은 옳다. (그의 수사법도 그럴 듯하다.) "법을 두려워하는 것과 공공의 적을 두려워하지 않는 것, 이 둘은 서로 모순되지 않는다. 남에게 해를 끼치지 않으려는 것과 타인이 나에게 끼친 해를 용서하는 것, 이 둘도 모순되지 않는다. 그러므로 인간의 본성과 시민의 의무 이 둘은 일부 사람들이 생각하는 것처럼 서로 충돌하지 않는다."[13] 홉스의 결론은 옳다. 하지만 그 결론의 근거가 틀렸다. 이성과 감정이 갈등 관계에 있다는 전제 자체가 틀린 것이다. 이때에는 이런 감정을 느끼고 저때에는 저런 감정을 느끼는 것은 이성적인 것이다. 공포, 희망, 욕망에는 이성적인 것도 있고 비이성적인 것도 있다. 그리고 올바른 감정 — 이를테면 진리와 정의에 대한 욕망 같은 것 — 은 이성적인 행동을 낳는다.

감각

스콜라 철학은 지성과 의지를 영혼 중에서도 높은 차원의 힘으로 여겼다. 모든 지식이 감각에서 비롯된다고 주장하는 철학자도(스콜라 철학자 대부분이 그렇게 주장한다) 감각이 발생하는 순간 그것이 곧 지성으로 변한다고 생각했다. 한 물체가 다른 물체에 작용하는 것에서 출발했는데, 마지막에는 비물질적인 대상, 즉 관념에 도달한 것이다. 이것은 정신/육체의 이분법과 유사한 이성/감각의 이분법이다. 홉스는 스콜라 철학의 이러한 이분법을 공격했다. 홉스는 모든 지식은 감각에서 시작될 뿐만 아니라, 마지막까지도 감각과 연결되어 있다고 주장한다.

인간의 인식 능력은 관념을 가능하게 한다. 감각은 현재 일어나고 있는 관념이다. 그리고 상상은 처음에 그 관념을 일으킨 대상이 더는 작용하지 않는 상태에서 인간이 지니고 있는 관념이다. 이 설명이 보여주는 것처럼 홉스는 상상과 기억이 본질적으로 다르지 않다고 생각한다.

홉스의 심리학은 이처럼 사고를 감각으로 환원하는 환원주의적 성격을 띨 뿐만 아니라, 기계론적·유물론적 성격을 띠고 있다. 감각은 앞서 말한 바와 같이 외부의 대상이 감각 기관에 작용함으로써 뇌에서 발생하는 운동이다. 이 운동은 그 대상이 수용자에게 작용하는 한 지속된다. 감각이 만들어낸 상(像)은 진짜가 아니다. 감각된 대상의 어떤 측면을 뇌가 재생한 것이다. 자신이 본 색깔과 모양이 "그 대상 자체의 성질"이라고 믿기 쉽지만, 그렇지 않다.[14] 색깔과 모양은 인간의 정신 밖에 존재하는 것이 아니라는 말이다. 데카르트와 갈릴레이도 같은 말을 했거나, 혹은 같은 취지의 말을 한 적이 있지만, 홉스의 주장은 당대의 독자들에게 이상하게 들렸고 그의 주장을 믿으려는 사람은 거의 없었다. 홉스는 이처럼 보통 사람들의 직관에 반하는 주장을 여러 가지 방식으로 증명하려 했다. 그중 하나가 태양을 예로 든 것이다. 태양의 모습이 물에 비친다. 태양은 하나인데, 그 모습은 두 개다. 하늘에 하나, 물에 하나. 그러므로 그것들은 태양 그 자체의 모습과는 다른 것임에 틀림없다. 또한 촛불의 불꽃도 두 가지 모습일 수 있다. 그 두 개 중 어느 것이 진짜라고 말할 수 없다. 또 다른 논증은 뇌에 충격을 주면 '별이 보인다'는 말처럼, 감각에 상(像)이 생긴다는 것이다. 이러한 현상에서 어떤 대상의 모습은 그 대상 자체가 아니라는 점을 알 수 있다. 그래서 홉스는 상은 뇌에서 일어나는 운동일 뿐이라고 추론한다.

같은 논리를 적용하면 다른 감각에 대해서도 같은 결론에 도달한다. 소리는 그 소리를 일으킨 물체에 있는 것이 아니다. 메아리가 그 증거다. 종의 추는 운동을 할 뿐 소리를 지니고 있지는 않다. "우리를 제외하면, 세상에 실제로 존재하는 것은 그러한 운동들이다. 우리 눈에 보이는 모습들은 그러한 운동들이 〔우리 내부에 운동을〕 일으킨 것이다."[15] 외부 세계만 그런 것이 아니다. 운동은 오직 운동만을 일으키기 때문에, 빛과 소리와 냄새의 운동은 인간 내부에서도 운동만을 일으킨다.

상상

감각이 내부의 운동이듯이, 상상도 내부의 운동이다. 감각은 외부의 대상이 감각 기관에 작용하는 동안 일어나는 운동이고, 상상은 그러한 작용이 끝난 후에 일어나는 운동이다. 《리바이어던》의 용어로 표현하자면 상상은 '쇠퇴하는 감각'이다. 홉스는 상상의 본질을 다음과 같은 비유로 설명한다.

잔잔한 물에 돌멩이를 던지거나 갑자기 바람이 불면 물결이 생긴다. 이 물결은 돌멩이가 가라앉은 후에도, 바람이 멈춘 후에도 한동안 지속된다. 이와 같이 어떤 대상이 뇌에 미친 효과는 그 대상의 작용이 멈추어도 한동안 지속된다. 즉 감각이 지나간 후에도 상 혹은 관념은 남는다. 그러나 흐려진다. …… 이 흐려진 관념이 바로 환상(phantasy)* 혹은 상상(imagination)*이다.[16]

---

* 'phantasy'는 라틴어 'phantasia'와 그리스어 'φαντασία'에서 온 말인데, 원래 뜻은 '나타남'이다. 그러므로 'imagination'과는 달리 시각적 대상뿐만 아니라 다른 감각의 대상에도 적용된다.

감각과 상상의 관계는 바람 혹은 돌멩이가 일으킨 운동과 물결의 관계와 같다. 역학 원리가 동일하다. 이것은 데카르트의 심리학뿐만 아니라 홉스의 심리학에도 분명하게 나타난다. 《리바이어던》에서 홉스는 물결의 비유보다 훨씬 더 강력하고 험악한 비유를 든다. 감각만 그런 것이 아니라 인간의 생명 활동 자체가 기계의 작동과 같다고 주장한다.

생명은 신체나 사지의 운동이고, 이 운동이 내부의 중심 부분에서 시작된다는 것을 안다면, 모든 자동 장치(시계처럼 태엽이나 톱니바퀴로 움직이는 기계 장치들)는 인공 생명을 지니고 있다고 말하지 못할 이유가 무엇인가? 심장에 해당하는 것이 태엽이요, 신경에 해당하는 것이 여러 가닥의 줄이요, 관절에 해당하는 것이 톱니바퀴이니, 이것들이 곧 제작자가 의도한 대로 전신에 운동을 부여하는 것이 아니겠는가?[17]

언어

우리의 정신 속에 생기는 관념(idea)은 꼬리에 꼬리를 문다. 질서가 있는 경우도 있고, 없는 경우도 있다. 어느 경우든 특별한 도움을 받지 않으면 일일이 기억하지 못한다. 임의로 만든 '징표(marks)', 즉 단어가 바로 그 특별한 도움인데, 단어는 관념을 나타내는 기호(signs)이다. 단어와 언어의 일차적 기능은 기억을 돕는 것이다. 의사소통은

---

* 'imagination'은 여러 의미를 지닌다. 현재의 지각(知覺)에는 없는 사물이나 현상을 과거의 경험 또는 관념에 근거하여 재생하거나 만들어내는 마음의 작용, 즉 '상상'을 뜻하고, 그렇게 하여 만들어진 '심상(心像)'을 뜻하기도 하며, 심상을 만드는 심적 능력인 '상상력'을 뜻하기도 한다.

이차적 기능이다. 의사소통은 단어를 사용하여 청자에게 화자와 같은 관념을 생각하도록 하는 것인데, 이것은 일차적 기능을 전제로 한다. 즉 단어의 의미를 기억하지 못하면 의사소통은 이루어지지 않는다. 홉스의 이러한 견해는 전형적인 사적 언어(private-language) 이론이다. 이 이론에 따르면 단어 혹은 문장의 의미는 화자 자신의 소유물이다. 홉스는 계속해서 이렇게 말한다. 각자의 관념은 그 자신의 것이므로, 청자가 화자의 말을 들으면서 화자와 동일한 관념을 떠올리는지는 알 길이 없다는 것이다. (그러면 왜 임의의 징표가 관념 그 자체보다 더 기억하기 쉬운지, 왜 '희다'라는 말을 검은 것이나 정의를 가리키는 말이 아니라 흰 것을 가리키는 이름으로 삼았는지에 대해서는 아무런 설명이 없다.) 때로는 같은 단어가 여러 사물을 가리키기도 한다. 이를테면, '고양이'라는 말은 모든 고양이를 가리키기도 한다. 이와 같은 대표 단수의 용법 때문에 사람들이 보편적인 것이 있다고 믿게 되는데, 홉스에 따르면 "이름 외에 보편적인 것은 없다."[18] 이런 주장을 유명론이라고 한다.

환원주의 유물론

우리는 일상적으로 모습, 소리, 냄새, 촉감을 경험하는데, 이러한 인식의 내용이 외부 세계에 실제로 존재한다고 생각한다. 그러나 홉스는 그렇지 않다고 주장한다. 갈릴레이의 실험에 공감한 홉스는 감각 경험의 내용은 그 감각을 지닌 사람 또는 동물 안에 있는 것이지 그 감각을 일으킨 대상에게 있는 것이 아니라고 주장한다. 색깔, 소리, 냄새, 촉감 등은 세계 그 자체에 존재하는 것이 아니다. 존재하는 것은 오직 물체뿐이다. 그 물체들이 직접·간접으로 우리에게 작용하여 우리 신체에, 특히 우리의 뇌와 심장에 운동을 일으킨 결과 감각을 경험하게 된다는 것이다.

그렇다면 뇌와 심장의 운동과 경험적 인식 내용은 정확히 어떤 관계인가 하는 의문이 생긴다. 홉스는 운동이 경험을 일으킨다고 주장하는 것 같기도 하다. 그러나 그의 주장을 종합해보면, 경험이 바로 운동이라는 것이다. 운동은 오로지 운동만을 일으킨다고 했으니까. 운동에서 다른 것이 나올 수 없다면, 경험 그 자체가 운동일 수밖에 없다. 그러나 만일 이것이 그의 주장이라면(나는 그렇다고 생각하는데), 홉스는 운동이 어떻게 감정을 지닐 수 있는지에 대해서도 설명해야 한다. 하지만 이에 대해서는 아무런 설명이 없다. 홉스는 이 문제에 대해서는 경이롭게 생각하지 않았거나, 의문을 품지 않았던 것으로 보인다.

과학

홉스에 따르면 지식에는 두 종류가 있다. 하나는 감각에 관한 것이고, 또 하나는 명제에 관한 것이다. 감각 지식은 언어가 필요하지 않으며, 명제 지식의 기초가 된다. 감각 지식을 언어로 기록한 것이 역사이다. 《법의 원리》를 쓸 당시 홉스는 역사가 과학에 비해 지적으로 열등하다고 생각했다.[19]

과학적 지식은 명제들로 이루어진다. 그러므로 언어가 필수적이며, "언어의 적절한 사용"에 의존한다.[20] 《법의 원리》에서 홉스는 명제들은 반드시 진리이고 명증해야(evident) 한다고 말한다. 그는 어떤 명제가 진리가 되려면, 주어의 외연 전체에 술어가 적용될 수 있어야 한다고 주장한다. 보편 긍정 명제를 염두에 두고 한 말일 것이다. 이러한 견해는 '모든 인간은 죽는다.' 같은 보편 긍정 명제에는 잘 들어맞지만, 보편 부정 명제에는 맞지 않는다. '어떤 인간도 개가 아니다.' 이 문장도 진리이다. 이 문장에서는 주어의 외연 전체가 술어의 적용에서 배제되어 있다. 홉스의 이론을 해석하는 방법도 여러 가지이고 예상되는 반론을 물리치는 방법들도 있지만, 끝까지 밀고갈 수는 없다. 진리가 무엇인지부터 명확하게 정의해야 하는데, 유감스럽게도 이 문제를 해결하려는 시도는 보이지 않는다. 15년 후 홉스는 《물체론》에서 근본적으로 같은 주장을 되풀이한다.

다음으로 과학적 지식의 명증성 문제를 살펴보자. 증거(evidence)가 있다는 말과 명증하다는 말은 다르다. 불확실한 것은 〔확실성을 높이기 위해〕 증거가 필요하다. 확실한 것은 명증한 것이다. 홉스가 말한 과학적 명제의 조건이 바로 이러한 명증성이다. 과학자가 어떤 단어를 사용할 때는 그 단어에 해당하는 관념이 과학자의 머릿속에 있어야 한다. 그러한 관념이 요구되지 않는다면 앵무새도 과학자가 될 수 있다.

홉스의 언어 이론에서 언어가 개인의 소유물인 것처럼, 과학 이론에서도 과학은 사실상 개인의 소유물이다. 반면에 로버트 보일(Robert Boyle)을 비롯한 영국 왕립학회* 회원들은 과학의 공적·상호적 성격을 강조했다. 홉스는 왕립학회에 가입하지 않았다. 17세기 영국에서 과학자가 되려면 명사들만 가입할 수 있는 클럽에 들어야 했

왕립학회(Royal Society) 정식 명칭은 '자연 지식의 발전을 위한 런던 왕립학회'이다. 1660년에 회칙이 세워졌고, 2년 뒤 왕의 특허장을 얻어 런던 왕립학회로 거듭났다. 실험 과학의 학문적 가치를 전파하는 것을 목표로 삼았으며, 근대 과학을 정립하는 데 앞장섰다.

다. 그러나 이상하게도 홉스는 왕립학회에 등을 돌렸는데, 그들이 공정성을 결여하고 있다고 비판했다. 이 내용은 10장에서 살펴볼 것이다.

홉스는 경험론자인가, 합리론자인가? 대답은 그 용어들의 의미를 어떻게 보느냐에 따라 달라진다. 명제 속의 모든 명사가 감각과 관련이 있다고 주장했다는 점에서 그는 경험론자이다. 그러나 모든 과학적 지식은 필연적이라고 주장했다는 점에서 합리론자이다. 만일 과학적 명제가 경험적 사실에 관한 진술이라고 주장하는 것이 경험론이라면, 그는 경험론자가 아니다. 과학적 명제 중에는 분석 명제가 아닌 것도 있다고 주장하는 것이 합리론이라면, 그는 합리론자가 아니다.

감성

철학자들은 감성보다는 합리성에 대해 더 많이 이야기하고, 보통이성이 감성보다 우위에 있다고 주장한다. 아마 그들에게 감성보다이성이 더 많기 때문일 것이다. 하지만 철학자들이 그렇게 주장하는 것은 유감스러운 일이다. 홉스는 이성보다 감성을 더 중요하게 여기는 편이다. 우리가 보통 감성이라고 부르는 것을 홉스는 정념 혹은 감정(affection)이라고 부른다. 홉스 역시 고전 철학자들과 마찬가지로 감성이란 동물이 사물의 영향을 받고 그에 반응하는 방식이라고 생각했기 때문이다. 세계에 대한 자신의 태도를 정하고 경험하는 방식으로 보지 않고 말이다. 홉스에 따르면 감성은 심장에 있다. 감각에서 시작되어 뇌에 이르기까지 진행된 운동은 거기에서 멈추지 않는다. 심장으로 나아가서 "생명" 운동을 돕거나 방해한다. 도움이 되는 운동은 쾌락으로 경험되고, 방해되는 운동은 고통으로 경험된다.《리바이어던》에서 홉스는 이러한 심장 운동이 외부 세계에 대한 믿음을 낳는다고 설명한다. 심장이 머리에서 오는 운동을 수용할 때 밖으로 향하는 반작용을 낳는데, 이 반작용으로 인해 사람들은 자신의 감각이 외부 대상 때문에 생겨난다는 관념을 지니게 된다는 것이다.

관념이 뇌 속에서 일어나는 운동이듯이, 쾌락과 고통도 심장 안에서 혹은 주변에서 일어나는 운동이다.[21] 쾌락은 생명을 증진하는 운동이고, 고통은 생명을 감소시키는 운동이다. 홉스의 설명대로라면 코카인은 생명 증진 물질이 될 것이다.

기본적 감성에 대한 홉스의 설명은 단순하다. 그의 물리학이 단순하기 때문이다. 홉스에 따르면 어떤 물체가 대상에 대해 일으키는 운동은 밀거나 당기거나 둘 중 하나이다. 그러므로 아주 단순하게 말하자면, 쾌락은 그것을 일으킨 대상 쪽으로 밀고, 고통은 그 대상에서 멀어지게 한다. 이러한 접근과 퇴각 그 자체는 보이지 않는다. 그 과정이 아주 강렬하고 중첩될 경우에는 가시적인 행위로 나타나기도 하지만, 쾌락과 고통의 기본 단위는 아주 작아서 눈에 보이지 않는다. '쾌락'이나 '고통'이라는 말은 운동이 경험되는 방식을 가리키는 것이다. 운동의 방향만 놓고 보면 쾌락은 대상에게 다가가는 것이고, 고통은 대상에게서 멀어지는 것이다. 이처럼 방향을 말할 때는 전자를 욕구(appetite), 후자를 혐오(aversion)라고 한다. 그래서 홉스는 "욕구는 기쁨"이라고 말한다.[22] 굶어 죽어 가는 아이를 보고 홉스의 어법에 따라 말한다면 참으로 무디고도 잔인한 감정을 지닌 사람으로 보일 것이다. '욕구, 즉 작은 기쁨이 그 욕구와 함께 나타나는 다른 것들이 야기한 강렬한 고통에 압도되고 있다.'고 할 것이기 때문에.

노력

홉스에 따르면 욕구와 혐오는 둘 다 '노력(endeavor)'이다. 노력이라는 개념은 1640년 이후 홉스의 심리학에서는 물론이고 물리학에서도 매우 중요하다. 《물체론》에서 홉스는 노력이라는 관념을 사용하여 다른 여러 개념을 설명한다. 저항은 물체 A가 물체 B에 대해 반대 방향으로 움직이려는 노력이다.[23] A에 대한 압력은 B가 A에 가하는 노력이다. 상호 압력은 대립하는 노력의 결과이다.

노력은 자연 전체에 존재한다. 왜냐하면 모든 가시적인 운동은 더 작은 운동으로 분할할 수 있고, 이것 역시 더 작은 운동으로 계속해서 분할할 수 있다. 《물체론》에서 홉스는 노력을 너무 작아서 측정할 수 없는 운동이라고 정의한다. 그렇다면 노력은 상대적인 개념이 된다. 1센티미터보다 더 작은 거리는 측정할 수 없다고 해보자. 그러면 1/2센티미터의 운동은 그 시스템 안에서는 노력이 된다. 1/4센티미터까지 측정할 수 있다면, 1/2센티미터의 운동은 노력이 아니게 된다. 노력의 개념은 시간에도 적용할 수 있다. 1초보다 짧은 시간은 측정할 수 없다고 해보자. 1/2초 만에 일어나는 운동은 즉시 발생하는 운동으로 인식될 것이다. 모든 운동은 일정한 시간이 걸린다는 사실을 홉스도 알고 있었다. 그러나 노력의 개념이 상대적이라면 그의 주장은 모순을 드러낸다. 홉스는 모든 원인은 결과에 선행하므로 즉시 운동은 불가능하다고 주장하지만, 그의 노력 개념에 따르면 즉시 운동이 논리적으로 가능하다.

환원주의 심리학

홉스 심리학의 특징은 환원주의이다. 홉스는 인식과 감성을 물리적 현상으로 환원할 뿐만 아니라, 가리키는 대상이 다른 단어들은 함축된 의미는 다를지라도 사실상 같은 것을 가리킨다고 주장한다.《법의 원리》에서 홉스는 '쾌락', '욕구', '사랑'이 "관점이 달라서 이름이 다를 뿐 사실상 같은 것을 가리킨다."고 말한다.[24] 셋 다 대상으로 향하는 노력인데, '쾌락'은 감각의 관점에서, '욕구'는 운동의 관점에서, '사랑'은 소유의 관점에 본 것이다. '공포'와 '혐오'도 동일한 것을 나타내는 말인데, 공포의 대상이 현존하는 것이 아니라 예견되는 경우에 '공포'라고 한다는 것이다.[25]

다양한 감성을 여러 유형의 대상이나 목표에 대한 욕구와 혐오로 환원하는 작업은 이미 《법의 원리》에서부터 나타나지만, 《리바이어던》에서 본격적으로 이루어진다. 이를테면 소심함은 자신의 목적에 최소한의 도움이 되는 것에 대한 욕구이다. 분노는 "갑작스런 용기"이고,[26] 용기는 저항하면 해를 피할 수 있다는 생각이 드는 '혐오'이다. 그러므로 분노는 저항을 하면 해를 피할 수 있다는 생각이 드는 갑작스런 혐오이다.

이러한 분석은 대부분 실패작이지만 홉스의 연구 계획 자체는 중요한 의미가 있다. 홉스는 달라 보이는 것들도 실상은 같은 것이고, 물리 현상이나 물질 현상으로 분류하기 곤란해보이는 것들도 실상은 물리적·물질적 현상이라는 것을 보여주고 싶었던 것이다. 홉스의 연구 계획은 오늘날 생화학자나 뇌생리학자들이 추진하고 있다. 이들은 심리학적 개념을 화학적·물리적 개념으로 치환하는데, 허기는 특정 뇌세포의 특정한 상태, 즉 혈류에 특정 화학 물질이 있는 상태라는 식이다. 현대 과학자들이 홉스의 연구 계획을 진전시키고 있지만, 홉스 자신의 분석은 별로 쓸모가 없다. 감성에 대한 분석이 생리적인 것이 아니라 개념적인 것이기 때문이다. 즉 공포와 분노의 개념을 욕구와 혐오의 개념과 연결했을 뿐, 화학 물질이나 특정한 물리적 상태와 연결하지는 못했다.

선과 악

홉스의 주장 중에서 비난을 피하지 못하는 것이 선악의 개념이다. 《법의 원리》에서 홉스는 이렇게 말한다. "사람은 누구나 자기 편에서 보아 자기를 유쾌하고 즐겁게 하는 것은 선이라 하고, 불쾌하게 하는 것은 악이라 한다."[27] 이 문장은 모호하다. 이름과 실제가 같지 않은 경우도 종종 있기 때문이다. 프랭크 시나트라(Frank Sinatra)는 '위대한 박애주의자'로 불렸지만, 사실은 아니었다. 그러므로 이런 질문을 해봐야 한다. 사람들이 쾌락을 "선"으로, 고통을 "악"으로 부를 때, 그런 명명은 올바른가? 그 모호성은 《리바이어던》에서도 해소되지 않는다. 여기에서도 홉스는 선악의 개념을 소개하면서 여전히 '명명(calling)'이라는 용어를 사용한다. 내 생각으로는 어떤 것을 '선'이라 할 경우, 그것이 적어도 당장은 우리에게 '선'이라는 뜻으로 홉스가 말한 것 같다.

그렇다고 해서 모든 쾌락의 감각이 장기적으로도 선은 아니다. 홉스는 선악이라는 말이 혼란을 초래할 수 있다는 것을 알고 있었다. 쾌락과 고통은 연속해서 나타날 수도 있고, 마치 하나인 것처럼 뭉친 상태로 '선' 혹은 '악'이라 불릴 때도 있다. 술에 취하면 기분이 좋아지지만, 숙취는 기분 나쁜 일이다. 취기와 숙취가 결합된 것은 좋은 일인가, 나쁜 일인가? 홉스는 아마 각각의 지속 시간과 강도에 따라 다르다고 답할 것이다. 더하고 빼서 고통보다 쾌락이 크다면 좋은 일이고, 반대라면 나쁜 일이다. 장기적인 쾌락보다 눈앞의 단기적인 쾌락을 추구할 경우 어려움에 처하게 된다. 이런 사람은 불행하다. 행복은 상태나 조건이 아니라 유쾌하고 만족스러운 경험, 혹은 그러한 경험의 연속이다. "최고의 행복은 …… 성공했다는 데 있는 것이 아니라 지속적으로 성공하는 데 있다."[28] 《리바이어던》에서 홉스는 좀 더 도발적으로 말한다. 스콜라 철학자들이 천 년 동안 읊어 온 "최고선(summum bonum)" ― 모든 인간의 목표이자 노력의 종착점 ― 이란 건 존재하지 않는다는 것이다.[29]

눈앞의 단기적 쾌락을 추구하는 것이 인간의 자연적 성향이다. 자연을 극복하려면 인위적인 것이 필요하다. 첫째, 시민 정부가 바로 그런 것이다. 둘째, 교육과 훈련은 장기적 쾌락을 얻는 방법과 수단을 알려준다. 홉스의 선악 개념에서 많은 사람이 못마땅하게 여기는 것은 두 가지다. 첫째, 철저하게 상대주의적이라는 것이다. 홉스에 따르면 그 자체로는 선한 것도 없고 악한 것도 없다. 특정한 개인에게 선한 것, 악한 것이 있을 뿐이다. 서로 기질이 다른 사람들은 욕구도 다르기에 모든 사람에게 다 좋거나 다 나쁜 것은 없다.[30] 둘째, 선악의 개념을 도덕적 개념이 아니라 심리학적 개념으로 보고 있다는 점인데, 쉽게 눈에 띄지는 않는다. 홉스의 주장처럼 '좋다', '나쁘다'는 말이 반드시 도덕적 개념이어야 할 이유는 없다. '좋은 식물', '좋은 도둑', '좋은 그림', '좋은 가수'도 있다. 좋고 나쁜 것은 자연적으로 정해진 것이 아니다. 경험적 관찰을 거치며 그런 이름이 붙는다. 사람들은 본능적으로 좋은 것을 추구하고 나쁜 것을 피하려 하지만, 홉스의 설명에 따르면 선악은 본질적으로 의무 혹은 도덕과 결합해 있지는 않다. 선과 악은 주권자가 어떤 행동을 명령하거나 금지할 때 비로소 의무와 결합한다.

첫 번째 주장에 대해 (홉스 편을 들어) 변론하자면, 선악의 개념이 사람에 따라 상대적이라는 주장이 그 자체로 틀린 것은 아니다. 아버지가 되는 것, 연인이 되는 것, 이스라엘의 하느님이 되는 것, 이 모두가 상대적 개념이지만 그러한 개념 자체에 반대할 이유는 없다. 또한 취향이 다른 것도 반대할 필요는 없다. 갑은 햄버거를 좋아하고 을은 가든버거를 좋아한다고 해서, 또 갑은 트윙키 빵을 좋아하고 을은 두부를 좋아한다고 해서 해로울 것은 없지 않은가? 홉스의 주장은 사람들이 '선'과 '악'을 그런 의미로 쓰고 있다는 말이지, 그런 의미로 써야 한다는 말이 아니다. 모든 사람이 눈앞의 선(욕망)을 추구하도록 내버려 두면, 장기적으로 비참한 상황이 초래된다는 것을 홉스는 잘 알고 있었다. 자연적 욕망을 주권자의 (인위적) 욕망으로 바꾸어야 한다고 주장한 것도 그 때문이다. 주권자가 선이라고 정하면 그것이 모든 사람에게 선이 되고, 따라서 시민 국가에는 객관적인 선이 존재하게 된다.

두 번째 주장에 대해 변론하자면, 선악의 개념을 도덕의 영역 밖으로 끌어냈다고 해서 그 자체를 반대할 필요는 없다. 도덕은 사람들의 행복을 돕고 그들의 상호 작용을 규율하는 것이므로 다른 개념으로 충분히 논의할 수 있다. 홉스에 따르면 그 다른 개념이 바로 법이다. 도덕적이라는 말은 곧 의롭다는 말이다. 의롭다는 것은 신의 계약을 깨지 않는 것이다. 신의 계약이 성립하려면 그 약속을 준수할 의무를 부과하는 법이 있어야 한다. 그러므로 도덕적인 것이 존재하려면 먼저 법이 존재해야 한다. 이러한 이론이 성공적이든 아니든, 홉스는 자신의 법 개념이 모든 시민적 덕성 혹은 기독교적 덕목—협력, 친절,

보은 등등—을 인정하는 데 쓰일 수 있다고 생각했다.

정신의 정념

인간에 대한 홉스의 냉소적 태도는 후기 저작은 물론이고, 《법의 원리》에도 분명하게 나타난다. "경쟁심은 경쟁자에게 추월당했을 때 일어나는 슬픔이 나중에 자신의 능력으로 그와 동등해지거나 그를 추월할 수 있다는 희망과 결합된 정념이다. 그러나 시기심은 그 슬픔이 경쟁자의 몰락을 가져올 불운을 상상하면서 얻는 쾌락과 결합된 것이다."[31] 앞장에서 우리는 그가 웃음에 대해 냉소적인 의견을 밝혔다는 것을 살펴보았다.

욕정과 사랑은 같은 것이다. 쾌락을 주고받으려는 이중적 욕망이다. "안달하는 사람보다 무심한" 사람이 성공 가능성이 높다. 홉스는 이른바 '플라토닉 러브'가 욕정과는 다르다는 주장에 의문을 제기한다. 그런 주장에는 음흉한 저의가 있다고 생각한다. 실제로는 관능적인 것인데, "늙은이가 젊은 미녀를 홀리면서 명예롭게 보이기 위해" 만들어낸 용어라는 것이다.[32] 이 말이 맞다면 소크라테스는 추잡한 늙은이가 된다.

"친구의 불행을 구경하는 것"도 연민이 따라오는 즐거운 일이다. 불운이란 그가 당신보다 낫고 당신이 나보다 나은 것이다. 인생은 경주와 같다. "다른 목적은 없다. 다른 화관(花冠)도 없다. 오로지 선두에 서는 것이 유일한 목적이고 화관이다. …… 계속해서 앞사람을 추월하는 것이 지복이다. 경주를 포기하는 것은 죽는 것이다."[33] 이러한 정서에는 실존적 불합리의 악취가 풍긴다. 하지만 그러한 정서가 허위라는 말은 아니다.

종교

홉스의 종교적 견해는 4장에서 '그레이트 튜' 회원들과의 관계를 살펴보면서 일부 소개했다. 나중에 여러 집단이 홉스의 견해를 수용했다. 이들은 영국 국교회의 범위를 확장하거나, 국교의 제도적 구조 밖에 있는 기독교도를 포용하려 한 사람들이었다. 그들의 견해는 본질적으로 진보적이다. 홉스의 견해 중 어떤 것, 이를테면 《성경》의 저자, 계시·예언자·기적의 정확한 의미 같은 것은 더 진보적이다. 반기독교적 혹은 반종교적이라는 고발을 당할 정도로 진보적이다. 《성경》의 저자에 관해 논의한 《성경》 연구의 개척자들, 즉 리샤르 시몽(Richard Simon), 율리우스 벨하우젠(Julius Wellhausen) 등이 그러했던 것처럼. 이들의 견해는 나중에 다시 살펴보겠다. 그러나 홉스의 종교적 견해 중 일부는 근본적으로 보수적이며, 칼뱅주의의 특징을 띠고 있다.

보수적 견해 중 가장 중요한 것은 하느님에 관한 인간의 지식에 관한 것이다. 홉스에 따르면 "전능한 하느님은 불가지(不可知)의 존재이므로, 우리는 신성(神性)에 관해 어떤 개념도, 어떤 심상도 가질 수 없다."[34] 이러한 주장은 불가지론 혹은 은닉된 무신론으로 해석되기도 하지만, 17세기 칼뱅주의의 전형적인 교리였다. 칼뱅은 하느님은 "그 자체로 불가지의 존재"라고 했다.[35] 그리고 저명한 청교도 신학자 세 사람이 그 뒤를 이었다. 윌리엄 에임스(William Ames)는 《신학의 정수》에서 하느님은 그 자신 외에는 아무도 알 수 없다고 썼다. 존 프레스턴(John Preston)은 《영생: 혹은 신의 본질과 속성에 관한 지식 소론》에서 하느님의 본성에 대해서는 "그 어떤 정의도 내릴 수 없다."고 썼다. 윌리엄 퍼킨스(William Perkins)는 인간이 생각하는 그 어떤 것

종교 개혁자이자 개혁 교회 신학자 장 칼뱅. 신의 절대적 권위를 강조하고 예정설에 따른 엄격한 금욕을 주장했다.

도, "심지어 합리성이나 정의의 미덕조차 문자 그대로는 하느님에게 해당하지 않는다."고 썼다.[36] '숨은 신(deus absconditus)'*이라는 관념, 즉 하느님은 인간의 눈에 보이지 않게 숨어 있다는 관념은 유대/기독교의 표준적인 철학적 신앙이었다. 홉스가 바로 그런 신앙을 보여준다. 또한 홉스는 하느님이 초자연적으로 우리에게 계시해주는 것은 알 수 있다고 생각했다. 따라서 그는 하느님에 관한 《성경》의 기록을 받아들였다. 그러나 그중에는 하느님은 자신의 본성을 인간에게 드러내지 않는다는 것도 포함되어 있다. 모세가 "당신은 누구입니까?" 하고 묻자, 하느님이 나는 "야훼"다 ("나는 나다.")*, 너는 결코 나를 알

---

* 〈이사야〉 45:15.

수 없다고 대답한 것이 그 근거다. 같은 취지의 구절들은 이외에도 많다. "네가 나의 등을 보게 될 것이다. 그러나 나의 얼굴은 볼 수 없을 것이다."(〈출애굽기〉 33:23) 홉스가 인용한 많은 구절들은 칼뱅의 주장에 대한 일종의 주석이다. 칼뱅은 하느님이 "가시적 형태를 취한 것"은 "결함 있는 인간 정신이 이해할 수 있도록" 하기 위한 것이지, 결코 자신의 본질을 나타낸 것은 아니라고 주장했다.[37]

하느님의 '본성'에 관해 아무것도 알 수 없다고 한 말에 초점을 맞추면 홉스의 진의를 놓치게 된다.[38] 이 주장은 하느님의 불가지성에 대한 솔직한 주장보다도 약하지만, 오히려 여기에 홉스의 진의가 담겨 있다. 그는 여러 곳에서 하느님은 글자 그대로 존재하고, 영원하고 전능하다고 말하는데, 이것이 바로 홉스가 진심으로 하고 싶었던 말이기 때문이다. 또한 홉스는 하느님의 본성을 알지 못한다고 해서 놀랄 일은 아니라고 말한다. 왜냐하면 우리는 하찮은 미물의 본성도 알지 못하기 때문이다. 칼뱅도 《기독교의 원리》에서 매우 유사한 용어로 같은 취지의 말을 했다. "하느님의 무한한 본질을 한갓 인간의 정신으로 어찌 정의할 수 있겠는가? …… 자기 자신도 전혀 알지 못하는 인간이 어찌 자신의 힘으로 하느님의 실체를 알아낼 수 있겠는가?"[39]

이러한 주장에 비추어보면 영(spirit)에 대한 홉스의 견해도 놀라울 것이 없다. 그는 영도 하느님과 마찬가지로 그 본성이 신비하여("불가사의하여") 인간의 감각 기관에 작용하지 않으며, 따라서 관념을 낳을 수 없다고 주장했다. 그렇다면 우리에겐 영의 상(像)을 만들어낼 관

---

* 〈출애굽기〉 3:14. 히브리어로는 "나는 되고자 하는 대로 되는 자다."이고, 《칠십인역》에는 "나는 스스로 있는 자다."라고 나와 있다.

념 자체가 생길 수 없다. 그러므로 영을 닮은 것은 아무것도 없다는 것이다. 그는 데카르트에게 한 응답에서도 같은 취지로 말했다. 우리가 "믿고 있는 것, 혹은 존재한다고 인식하는 대상을 '하느님'이라고 부를 뿐이다."[40] 하느님에 대한 인간의 지식은 맹인의 불에 대한 생각과 같다. 맹인은 열을 느낌으로써 불의 존재를 추론한다.[41]

신의 존재 증명

신의 존재에 대한 믿음은 추론에 의한 것이지 직접적인 것이 아니다. 신의 존재를 증명하는 방법은 여러 가지가 있다. 철학자들은 이를 운동에 의한 증명과 작용인에 의한 증명으로 나눈다. 그러나 홉스의 주장에 따르면 작용인 자체도 운동이므로, 그는 두 가지를 결합한다. 《법의 원리》에서 홉스는 이렇게 말한다.

> 우리가 인식하는 모든 현상은 그 현상을 낳는 힘이 그 현상이 발생하기 전에 존재할 것을 요구한다. 그 힘은 또 그 힘을 낳는 힘을 전제로 한다. 그 힘을 낳는 힘이 영원한 것이 아니라면, 그 역시 그 앞의 원인을 필요로 한다. 이리하여 영원한 힘, 즉 모든 힘의 최초의 힘, 모든 원인의 최초의 원인에 도달한다. 이것이 바로 모든 사람이 신이라고 부르는 것이다.[42]

《시민론》과 《리바이어던》에도 유사한 논증이 있다. 일부 학자들은 이 논증을 단서로 삼아 홉스를 무신론자라고 단정한다. 논증이 너무 짧고 엉성하다는 것이다. 터무니없는 주장이다. 안셀무스의 존재론적 증명이나 아퀴나스의 '다섯 가지 방법'도 짧고 엉성하기는 마찬가지다. 신학적 오류를 무종교의 증거라고 주장하는 것은 토르케마다*에게 물든 사람이나 할 법하다.

앞에서 인용한 홉스의 말은 신의 존재에 대한 그의 증명(proof)이지, 제대로 된 입증(demonstration)은 아니다. 홉스가 말하는 '입증'은 명백한 보편적·필연적 전제와 보편적·필연적 결론으로 이루어진 삼단 논법이다. 신의 존재 증명은 말할 것도 없고, 어떤 것의 존재에 대한 선험적 증명은 결코 입증될 수 없다. 홉스의 말에 따르면 모든 대상의 존재가 우연적(contingent)이기 때문이다.

종교 언어의 본질

하느님이 불가지한 존재라면, 신에 관해 어떤 관념도 있을 수 없다. 그렇다면 하느님에 관한 담화는 진리와는 거리가 멀다. 오로지 신의 존재와 영원성과 전능함을 말할 수 있을 뿐이다. 대다수의 기독교도는 홉스의 논리적 결론에 분개했다. (스피노자도 관습적인 전제에서 논리적인 결론을 이끌어냈지만 환영받지 못했다.) 그렇다면 그 많은 정교한 종교적 담화들은 어떤 기능을 하는 것인가? 홉스에 따르면 종교적 언어의 목적은 하느님을 숭배하거나 그의 영광을 찬양하는 것이다. 하느님이 전지전능하고, 의롭고, 자비롭다는 말은 하느님에게 경의를 표하는 말이다.[43] 나중에 루트비히 비트겐슈타인(Ludwig Wittgenstein)도 홉스의 견해를 따랐고, 특히 이언 램지(Ian Ramsey)도 같은 견해를 보였다.[44] 옥스퍼드대학 종교철학 교수였던 램지는

토마스 데 토르케마다(Tomás de Torquemada, 1420~1498년) 에스파냐의 도미니크파 수도사이자 종교 재판소 초대 소장. 종교 재판으로 1만 여 명을 화형하고 유대인을 박해했다.

1951년에 기독교 철학 놀러스 교수(Nolloth Professor)가 된 인물이다.

종교적 언어의 본질에 관한 홉스의 견해는 《리바이어던》에 잘 나타나 있다. 이 저작에서 그는 하느님의 본성과 종교적 언어의 본질을 함께 묶어서 이렇게 웅변하고 있다.

> 자연적 이성이 보증하는 것만을 하느님의 속성으로 생각하려는 사람은 '무한한', '영원한', '측량할 길 없는' 같은 부정적 속성을 사용하거나, '최고', '최대' 같은 최상급 속성을 사용하거나, '선량한', '의로운', '신성한', '창조자' 같은 비한정적(非限定的) 속성을 사용해야 한다. 이러한 용어를 사용할 경우에도 그분을 규정하려는 의도가 아니라, (왜냐하면 그렇게 하는 것은 그분을 우리의 상상의 한계 안에 한정하는 것이므로) 우리가 얼마나 그분을 칭송하며, 얼마나 기꺼이 복종할 자세를 지니고 있는가를 나타내기 위해 그렇게 해야 한다. 이것은 우리가 할 수 있는 최대한의 겸손의 표시이며, 그분을 공경하는 의지의 표현이다. 그분의 본성에 대한 우리의 개념을 나타낼 수 있는 단 하나의 이름은 '나는 존재한다(I am)'이다. 또한 그분과 우리의 관계를 나타내는 단 하나의 이름은 '하느님'이다. 이 이름 속에 '아버지', '왕', '주(Lord)'의 뜻이 다 들어 있다.[45]

종교적 언어는 오직 신의 영광을 드러내는 것일 뿐 신에 관한 기술(記述)이 아니기에, 하느님의 속성은 그 어떤 것도 기술하면 안 된다. 예를 들면 하느님은 '운동 중에 있고'(다른 사물들의 원인이므로), 모든 원인은 운동 중에 있지만, 그렇다고 말하는 것은 적절하지 않다. '운동 중에 있다.'는 말은 사실이지만, 신의 영광을 나타내는 말이 아니기 때문이다. 1962년부터 1965년까지 열린 2차 바티칸 공의회 이전의 로마가톨릭 신학도 이와 비슷했다. '신앙심이 깊은 사람들의 귀에 거슬리는 말'은 비록 사실이라 하더라도 금기였다. 서로 모순되는 속성 중 어느 하나만 하느님의 속성으로 여겨서도 안 된다. '휴식 중에 있다.'는 말도 역시 영광을 나타내는 말이 아니므로 적절하지 않다. 따라서 하느님은 운동 중에 있다고 말해서도 안 되고, 휴식 중에 있다고 말해서도 안 된다.[46]

"모든 영은 물체이다."

하느님은 존재하며, 하느님은 영(spirit)이다. 존재하는 것은 오직 물체뿐이다. 따라서 모든 영은 물체이다. 홉스는 이미 1640년에 이러한 견해를 품고 있었지만, 당시에는 공개적으로 말하기를 꺼렸다. 홉스는 《법의 원리》에서 영은 불가사의한 물체이며, "크기가 없는 실체"라는 관념은 자기 모순이라고 주장한다. 그러나 하느님이 물체인가라는 문제에는 즉답을 피한다. 하느님이 영이라는 말은 글자의 뜻 그대로 읽을 것이 아니라, 존경을 나타내는 말로 읽어야 한다고 주장하는 선에서 그친다.[47] 하느님이 물체라는 뜻이 분명하지만, 딱 부러지게 말하지는 않는다. 홉스는 1651년까지도 대놓고 주장하지 않고 돌려서 말한다. 《리바이어던》에서는 하느님은 실체이며, '무형의 실체'라는 용어는 이치에 맞지 않는다고 말한다. 그렇다면 하느님은 물체인 것이다.[48] 앞서 나온 주장―하느님은 영이고, 영은 물체이다.―에서도 동일한 결론이 나온다. 하지만 홉스는 '하느님은 물체다.'라고 못 박아 말하지는 않는다.

1688년에 출간된 《리바이어던》 라틴어판에서는 한 걸음 더 나아간다. 이 책에는 A와 B가 이야기를 주고받는 대화록이 부록으로 실려 있다. 존 월리스는 홉스의 다른 대화록에 나오는 등장인물을 두고 토머스(Thomas)와 홉스(Hobbes)가 대화하는 것이라고 했는데, 이 대화록의 등장인물도 토머스와 홉스이다. 한 사람이 이렇게 말한다. "Affirmat quidem Deum esse corpus.(그[홉스]는 하느님이 물체라고 주장한다.)" 또한 브럼홀 주교의 《리바이어던 잡기》에 대한 반론에서 홉스는 이렇게 썼다. "내 주장은 …… 하느님이 존재한다는 것이며, 하느님은 가장 순수하고, 가장 단순한 유형(有形)의 영이라는 것이다."[49] 이 반론은 1668년 무렵에 썼는데, 홉스 사후에 출간되었다. 《이단의 역사 이야기와 이단 처벌》, 《토머스 홉스의 명성과 충절과 예의와 종교에 관한 고찰》에도 유사한 주장이 있다.

홉스의 비판자들은 유형의 하느님이라는 관념이 무신론적이라고 주장했다. 홉스는 오히려 그 반대라고 생각했다. 물체만이 실체이다. 실체만이 진정으로 존재한다. 하느님은 진정으로 존재한다. 그러므로 하느님은 물체다. 따라서 홉스는 이렇게 주장했다. "하느님이 무형의 실체라고 말하는 것은 사실상 하느님이 존재하지 않는다고 말하는 것이다."[50] 이쪽은 '전건긍정의 형식'으로 말하고, 저쪽은 '후건부정의 형식'으로 말하니* 이 문제를 해결하려면 제3의 판단 기준이 있어야 한다. 홉스는 《성경》이 판단 기준이라고 주장했다. 〈창세기〉에서 '하느님의 영이 수면 위에 운행한다.'고 했으니(물체만이 물체를 움직인다), 이것은 하느님이 물체라는 뜻이지 결코 비물질적 존재라는 주장

---

* 전건긍정(前件肯定) 형식과 후건부정(後件否定) 형식은 고전 논리학의 추론 규칙이다. 전건긍정 형식은 이렇다. "만일 P이면 Q이다. P이다. 따라서 Q이다." 후건부정 형식은 이렇다. "만일 P이면 Q이다. Q가 아니다. 그러므로 P가 아니다."

도 아니요, 그런 뜻을 내포하고 있는 것도 아니라는 것이다. 홉스는 자신의 주장을 변호하기 위해 테르툴리아누스*를 여러 차례 거론했다. 테르툴리아누스도 하느님이 물체라고 주장했는데, 그런 주장을 해서 비난받은 적이 없다는 것이다. 테르툴리아누스에 대해서는 '그레이트 튜' 시절에 알았을 것이다.

창조된 영

하느님이 유형(有形)이라고 긍정하고 나면, 유한한 물체적 영에 대한 논의는 쉬워진다. 그런 존재는 확실히 가능하다. 문제는 그런 존재가 있느냐 하는 것이다. 《법의 원리》에서 홉스는 기독교도들이 계시에 근거하여 천사를 믿는다는 것을 인정한다. 하지만 그들이 천사의 존재를 알고 있는 것은 아니라고 주장한다. 지식은 증거가 있어야 하고 증거는 감각 경험이 그 근거가 되는 것인데, 영은 "감각에 작용하지 않는 실체"이기 때문이다.[51]

천사와 같은 영이 존재한다고 가정한다면, 천사의 본성을 무엇이라고 할 수 있을까? 홉스는 이것 역시 《성경》에서 답을 찾는다. 《성경》에 따르면 영은 인간에게 머무르고, 오고 가고, 내려가고 올라가고, 사자(使者)로 행동한다. 즉 영은 장소를 차지하고 공간에서 움직인다. 이 용어들은 오직 물체에 해당하는 말이다. 더욱이 《성경》에는 '무형'이라는 말이 나오지 않는다. 간단히 말해서 《성경》의 모든 증거는 "천사와 영이 유형이라고 주장하는 사람들에게 유리하다."

이교도들의 신앙을 근거로 삼아 창조된 영의 존재를 알 수 있다고

쿠인투스 테르툴리아누스(Quintus Tertullianus, ?160~?220년) 2세기 전후에 활동한 카르타고 출신의 신학자.

주장하는 사람들에 대해 홉스는 이렇게 반박한다. 이교도들의 신앙은 "유령의 원인에 대한 무지에서 비롯된 것이다." 그것은 미신이지 지식이 아니다.[52] 설령 그것이 지식이라 하더라도 이상하다. 이교도들은 이성으로 영에 관한 지식을 얻는데, 기독교도들은 왜 계시를 통해서만 얻어야 할까? 기독교도의 이성은 이교도의 이성만 못하다는 말인가? 이처럼 이교도의 철학을 거부하는 홉스의 태도에서도 철두철미한 프로테스탄트의 모습을 볼 수 있다. 앞장에서 우리는 루터가 기독교도들에게 "철학적으로 너무 깊이 씨름하지 말라."고 했다는 것을 살펴보았다.

《리바이어던》에서 홉스는 영과 천사의 본성과 존재에 관해 논의하기에 앞서, 단어의 의미는 그 용법을 봐야 한다고 주장한다. 그리고 《성경》에 나오는 '영'과 '천사'의 용법을 모두 조사한다. 이를 통해 그는 두 가지 문제를 해결한다. 첫째, 만일 천사가 존재한다면 천사는 유형이다. '무형의 실체'라는 말은 자기 모순이기 때문이다. 둘째, 천사는 존재한다. 홉스는 이런 결론을 내릴 수밖에 없는 이유를 이렇게 밝히고 있다.

내 의견은 다음과 같다. 즉 천사는 하느님의 특별하고 이상한 작용에 의해 초자연적으로 발생하는 환각으로서, 하느님은 이를 통해 자신의 존재와 계율을 인간들, 특히 자신의 백성들에게 알린다. 그러나 《신약 성경》의 여러 곳을 보건대, 또한 우리 구세주가 직접 한 말을 놓고 보건대, 또한 누군가가 개악했다고 의심할 여지가 전혀 없는 《성경》의 원문들을 보건대, 나의 박약한 이성으로는 천사는 실체이면서 동시에 영원한 존재라는 사실을 인정하고 믿을 수밖에 없다.[53]

이 구절을 통해서 나는 두 가지가 분명하다고 생각한다. 하나는 천사의 존재에 관해 예전에는 의심했다는 것이고, 또 하나는 《신약 성경》에서 증거를 찾았다는 것이다. 홉스가 만일 이신론이나 무신론의 교리를 숨겨서 가르치려고 했다면, 천사의 관념을 해체하고 《구약 성경》과 《신약 성경》을 차이 없이 대했을 것이다. 하지만 홉스는 선량한 기독교도처럼 《신약 성경》을 더 중요하게 여기고, 그 역사적 신빙성을 인정했다. 이 점은 8장에서 살펴보겠다.

홉스가 《법의 원리》에서 주장한 물리적 법칙의 성질에 대해서는 이 정도로 마치고, 다음으로 그의 정치적 견해를 살펴보기로 하자.

두 번째 법의 원리: 정치법

홉스는 후기의 저작에서 세련되게 다듬고 발전시키기는 했지만, 최초의 정치적 저작에서 내놓은 기본 입장을 끝까지 유지했다. 홉스는 법의 통제를 받지 않는 인간들의 모습에서부터 논의를 시작한다. 이것은 역사가 처음 시작될 때의 인간의 모습도 아니요, 원시 상태의 모습도 아니다. 역사의 벽두에도 아담에게는 주권자가 있었고, 그 주권자는 하느님이었다. 홉스가 그렇게 논의를 시작한 것은 독자들에게 법이 모두 폐지된다면 어떤 일이 벌어질 것인지를 보여주기 위해서였다. 그것은 독자들로 하여금 정부를 세우는 것이 바람직하다는 결론을 내리도록 만들기 위해 그가 고안한 일종의 지적 훈련이요, 사고 실험이었다. 《시민론》에서 그는 자신의 방법론이 시계의 메커니즘을 이해하는 것과 비슷하다고 설명했다.

어떤 것이든 그 구성 요소를 이해해야 한다. 시계와 같은 작은 기계를 이해하려면 부품들을 분해하여 톱니바퀴들의 재료와 모양과 운동을 알아야 한다. 이보다 더 흥미로운 국가의 권리와 의무를 알기 위해서도 그렇게 해야 한다. 실제로 국가를 해체해보라는 말은 아니다. 해체되었다고 가정하고 생각해보라는 것이다. 그러면 인간의 본성이 어떠하며, 어떤 점에서 시민 정부를 구성하기에 적합하고 어떤 점에서 적합하지 않은지를 잘 이해할 수 있을 것이다.[54]

홉스는 "자연 상태에서는 사람들이 모두 평등하다는 것을 인정해야 한다."고 말한다.[55] 이 명제는 '해야 한다'는 말 때문에 얼핏 보면 당위 명제처럼 보이지만, 실제로는 사실 명제이다. 여기에서 '해야 한다'는 당위적 표현은 '만일 진실을 알고 싶다면, 사람들이 자연 상태에서는 평등하다는 것을 알아야 한다.'는 문장의 당위적 표현과 같은 것이다. 홉스는 "자연적으로 혈통이 우수한 사람들이 있다."고 생각하는 사람은 무지한 자라고 칭한다.[56] 신분의 차이는 인습적인 것으로서, 주권자의 결정에 달린 것이다. 대부분의 생애를 귀족 집안에서 고용살이한 홉스로서는 대담한 주장이다. 클래런던 백작은 이 주장이 마음에 들지 않았다. 클래런던 백작은 《홉스 씨의 책 '리바이어던'에 들어 있는 교회와 국가에 대한 위험하고 유해한 오류에 대한 소고》(1676년)에서 이렇게 썼다. "그(홉스)는 귀족들이 준 빵으로 연명해 왔지만, 귀족에게 극단적인 악의를 품고 있다. 그러므로 귀족들은 그의 국가 이론에서 어떤 특권적 지위도, 최소한 어떤 우대도 기대해서는 안 된다. 그는 내가 이런 지적을 했다고 해서 불쾌하게 여기면 안 된다."

홉스의 자연적 평등주의는 인간의 존엄성 같은 거창한 것을 말하는 것도 아니요, 감성적인 원칙에 기초를 둔 것도 아니다. 모든 사람의 정치적 권리나 인간들 사이의 권리 관계가 평등하다는 말도 아니다. 그가 말한 평등은 육체적 능력과 정신적 능력을 평균하여 보면, 모든 사람의 생존 능력은 대체로 비슷하다는 말이다. 이 말이 어리석은 사람은 몸이 강하고, 지적인 사람은 몸이 약하다는 뜻으로 들릴 수도 있겠지만 그런 뜻은 아니다. 아주 극단적인 경우를 제외하면, 아무리 어리석고 약한 사람도 다른 사람을 죽일 힘이나 기지는 지니고 있다는 뜻이다. 즉 홉스가 말한 평등은 일반적인 의미에서 평등이 아니라, 누구나 인간으로서 취약성이 있다는 뜻이다.

> 힘이나 기지나 혹은 그 둘 모두에서 약자라 하더라도 …… 강자를 완전히 파괴할 수 있다. 사람의 생명을 빼앗는 데에는 그다지 큰 힘이 필요하지 않기 때문이다. 그러므로 자연 상태에서 인간은 평등하다는 것을 인정해야 한다.[57]

힘센 사람도 똑똑한 사람도 잠은 자야 한다. 잠잘 때 습격을 받으면 대책이 없다. 이것이 "이빨과 발톱에 피로 물든 자연"을 말하는 사람들의 논거이다. 자연적 평등은 도처에서 전쟁을 낳는다. 누구나 취약하다는 것은 누구나 죽임을 당할 수 있다는 뜻이다.

자연 상태에서 누구나 평등하다는 홉스의 말은 수사적 표현이다. 홉스가 하고 싶은 말은 자연 상태는 불유쾌한 상태라는 것이다. 홉스의 설명을 듣고 있노라면, 평등은 사회적으로 비참한 결과를 낳고 도덕적으로 올바르지 못하다는 느낌을 받게 된다.

에드워드 하이드. 훗날 초대 클래런던 백작이 된다. 그는 홉스의 《리바이어던》을 비판한 왕당파 정치인 중 하나였지만, 홉스를 위대한 철학자로서 존경했다.

전쟁의 원인에 대한 설명은 《법의 원리》, 《시민론》, 《리바이어던》에서 대체로 같다. 경쟁과 자신 없음(타인에 대한 불신)과 영광에 대한 욕망이 바로 그것이다. 《법의 원리》와 《시민론》에서 하는 설명은 《리바이어던》만큼 자세하지는 않다. 《법의 원리》에서는 경쟁과 불신보다는 영광에 초점을 맞추고 있다. 일부 사람들은 자신에게 어울리는 것 이상의 영광을 추구한다. 그러면 그들보다 결코 '열등하지' 않다고 생각하는 사람들이 힘으로 저항하게 되고, 따라서 전쟁이 발발한다.[58] 사람은 누구나 다른 사람의 인정을 받고 싶어 한다. 따라서 다른 사람이 무시하는 태도를 보이면 격분한다.[59]

홉스에 따르면 경쟁은 불가피하다. 왜 그럴까? 모든 사람에게는 자기 보존의 권리가 있다. 목적에 대한 권리를 지닌 자는 그 목적을 달성하는 데 필요한 수단에 대한 권리도 지닌다. 때에 따라 다르지만,

만물 중에 자기 보존에 도움이 되지 않는 것은 없다.[60] 그러므로 모든 사람은 만물에 대한 권리를 지닌다. 이 논증은 매우 빈약하다. 무엇이든 때에 따라 유용하다는 것이 전제라면, '만물에 대한 권리를 지닌다.'가 아니라, '때에 따라 권리를 지닌다.'는 결론을 내려야 한다. 《리바이어던》에서는 이 문제를 좀 더 세련되게 논의한다. (8장을 보라.)

홉스의 주장이 그런 것이라면, 더 단순하고 그럴듯하게 논증할 수도 있었을 것이다. 자유는 자신의 뜻대로 행동할 수 있는 권리이다. 자유는 법으로만 제한할 수 있다. 자연 상태에서는 법이 없다. 따라서 자연 상태에서는 자유를 제한할 수 없고, 모든 사람이 만물에 대한 권리를 지닌다. 요컨대 그 어떤 금지도 없다면, 모든 것이 허락된다. 모든 것이 허락된다면 모든 사람은 만물에 대한 권리를 지닌다. 심지어 다른 사람의 신체에 대한 권리도 지니게 된다.

자연 상태는 견딜 수 없으므로, 거기에서 벗어나야 한다. 자연법이 그 길을 알려준다. 홉스는 그 자연법이 무엇인지 정의하기에 앞서 기존의 자연법에 대한 관념, 즉 "전 인류의 동의"에 어긋나거나 "가장 현명하고 가장 문명적인 사람들의 동의"에 어긋나는 것은 자연법이 될 수 없다는 관념을 비판한다.[61] "전 인류의 동의" 기준을 홉스는 이렇게 비판한다. 모든 범죄자는 바로 그 범죄 행동으로 법을 위반하고 있다. 법을 위반한다는 사실 자체가 그 법에 동의하지 않는다는 의미이다. 따라서 모든 사람이 동의하는 법은 있을 수 없다는 것이다. "문명적인 사람들의 동의" 기준에 대해서는 가장 현명하고 문명적인 민족이 누구인지 결정할 기준이 없다고 비판한다.

홉스는 《법의 원리》에서 자연법을 이성이라고 아주 단순하게 정의한다.[62] 《시민론》에서는 한 걸음 물러나서 자연법은 이성의 명령이라고 말한다. 《리바이어던》에서는 그 정의를 훨씬 더 정교하게 다듬는데, 8장에서 살펴보겠다. 전체적으로 보아 자연법에 대한 논의는 《법의 원리》보다는 《시민론》과 《리바이어던》에서 더 정교하다. 《법의 원리》에서는 평화를 추구하라는 명령이 자연법 총칙이다. 후기의 두 저작에서는 "평화를 추구하라."는 것이 자연법의 제1법칙이고, 이로부터 나머지 법칙들이 연역된다. 제2법칙은 "만물에 대한 권리를 포기하라."는 것이다.[63] 이것은 제1법칙으로부터의 연역이다. 만물에 대한 권리를 포기하지 않으면 제1법칙을 지킬 수 없기 때문이다. 《법의 원리》에서는 제2법칙을 증명하지 않은 채 제3법칙을 제시한다. 제3법칙은 계약을 준수하라는 것인데, 이 법칙은 제2법칙과 '자연은 쓸모없는 일은 하지 않는다.'*는 옛 격언에서 연역된다. 만물에 대한 권리를 포기하더라도 약속을 지키지 않으면 권리 포기가 무의미해지고, 자연은 무의미한 일, 즉 쓸모없는 일은 하지 않으므로 약속을 준수하는 것이 자연법이라는 것이다.

제2법칙과 제3법칙에 대한 설명을 보면(나머지 법칙들에 대한 설명도 그러하지만), 《법의 원칙》보다는 《리바이어던》이 최소한 두 가지 측면에서 더 우수하다. 첫째, 자연이 하는 일에는 쓸데없는 것이 없다는 옛 격언을 사용하지 않는다. 둘째, 의무의 관념을 법의 일부로 보지 않는다. 이것은 이상하게 보일 수도 있다. 의무가 모든 법에 들어 있는 내용이 아니라고? 그렇다. 아니다. 법의 내용은 명령 혹은 금지된 것이 무엇인가를 표현한 것이다. 의무 그 자체는 그 법을 명령한

---

* 아리스토텔레스의 《정치학》에서 인용한 것이다. 인간은 말을 할 줄 아는 유일한 동물인데, 인간에게 언어 능력이 주어진 것은 그 능력으로 어떤 것을 하도록 되어 있기 때문이라는 주장에서 등장한다.

사람의 권력이 행사하는 기능이다. 4장에서 설명한 바와 같이, 명시적인 명령의 구조는 '나는 P를 명령한다.'이다. 명제 P가 법의 내용이다. '나는 ~를 명령한다.'는 구절은 법의 형식이다. 명제 P를 명령으로 만드는 것은 화자의 권력이다. 즉 그것을 권하거나 예견하거나 추측하는 것이 아니라 명령한다고 화자가 말하는 것이다. 권력이 있으면 의무를 부과할 수 있다. 실제로 《리바이어던》에서 대부분의 자연법은 '~할 의무가 있다(obliged)'는 단어 혹은 그런 뜻을 지닌 단어를 사용하지 않은 채 제시되고 있다.

《리바이어던》에서 제2법칙과 제3법칙을 도출하는 방식은 귀류법(reductio ad absurdum)이다. 제2법칙에 대하여, 사람들이 만물에 대한 권리를 포기하지 않는다고 가정하자. 그것은 평화를 추구하지 않는 것이다. 따라서 평화를 추구할 수 없다. 이 결론은 자연법 제1법칙, 즉 평화를 추구하라는 법칙에 위배된다. 그러므로 가정이 틀린 것이다. 따라서 사람들은 만물에 대한 권리를 포기한다. 증명 끝.

제3법칙도 비슷한 방식으로 도출한다. 사람들이 약속을 준수하지 않는다고 가정하자. 이것은 곧 평화를 추구하지 않는 것이다. (약속을 어기면 전쟁이 일어난다.) 그러므로 그들은 평화를 추구하지 않는다. 이 결론은 자연법 제1법칙과 모순된다. 그러므로 가정이 틀린 것이고, 따라서 사람들은 약속을 준수한다. 홉스의 다른 자연법도 유사한 방식으로 도출할 수 있다. 은혜를 갚아라, 나와 천성이 다른 사람들을 수용하라, 용서하라, 처벌은 실익이 있을 때만 하라 등등.[64]

흥미로운 것은 이 자연법들이 하나같이 전통적인 도덕과 일치한다는 점이다.[65] 다른 점이 있다면 논쟁적인 출발점 —자연 상태, 이기주의적 심리학, 자기 보존— 에서 전통적인 도덕 규범과 완전히 일치하는 결론을 이끌어낸다는 것이다. 철학자들은 보통 반대 방향으로 나아간다. 즉 논란의 여지가 없는 전제에서 충격적인 결론을 이끌어낸다.

의무가 법의 내용의 일부가 아니라면 '어떤 권위에 의해 자연법이 법이 되는가?' 이것은 홉스 연구자들 간에 아직도 해결되지 않은 논란거리 중 하나이다. 지배적인 의견은 이성이 자연법을 지배한다는 것이다. 그러나 이성은 사람이 아니고, 사람만이 어떤 것을 명령할 수 있다. 그렇다면 자연법은 진짜 법이 아니라는 결론이 나온다. 《리바이어던》에서도 홉스는 "이성의 명령"을 법이라고 부르는 것은 적당하지 않다고 말한다. 이 말은 자연법은 법이라고 할 수 없다는 주장과 같은 뜻으로 해석되기도 한다.[66]

홉스는 《법의 원리》와 《시민론》에서 확실히 이성이 자연법을 지배한다고 말했고, 자연법을 법이라 부르는 것은 적당하지 않다고 말했다.[67] 그러나 이에 대해 홉스의 견해가 달라졌다는 소수 의견이 있다. 나도 그렇게 생각한다. 《리바이어던》에서 홉스는 자연법은 진정한 의미에서 법이며, 하느님의 명령에 의해 만들어진 법이라고 주장한다. 다음과 같은 질문을 해보면, 왜 홉스의 견해가 바뀌었는지 알 수 있다. 다수 의견이든 소수 의견이든 대답을 해야 할 질문이다. 자연법이 진짜 법이 아니라면, 그리고 그 법을 지배할 권력이 없다면 그 법이 어떻게 의무가 될 수 있겠는가? 홉스의 말마따나 의무를 부과하는 힘은 권력이다. 자연 상태에서 자연법에 그런 힘을 실어줄 권력은 없다. 하느님밖에 없다. 그러므로 하느님이 자연법을 지배하지 않는다면 그것은 법이 아니다. 그리고 그것이 법이 아니라면 사람들로 하여금 자연 상태에서 벗어나도록 만들 수 있는 강제 규범은 아무 데도 없다.

자연법이 진짜 법이 아니라면, 기껏해야 신중한 처세술이라는 말이 된다. 그렇다면 그것은 반드시 따라야 할 규칙이 아니라, 따르면 좋을 것이라는 충고이므로 반드시 따라야 할 필요는 없다. 그 법을 따르지 않는다면 분별없는 짓이 되기는 하겠지만, 비도덕적이거나 옳지 못한 짓은 아니다. 이러한 추론은 홉스가 제시한 원칙들의 일반적 구조와 맞지 않는다. 자연법은 하느님이 명령한 진짜 법이라고 해석해야 그의 주장에 일관성이 생긴다. 실제로 홉스가 그렇게 말한 경우가 여러 군데 있다.

물론 논의가 그리 간단하지는 않다. (1) "이성"이 자연법을 명령한다고 한 곳도 있고, (2) 자연법은 진짜 법이 아니라고 한 곳도 있기 때문이다. 그러나 자연법이 진짜 법이라고 주장한 곳이 압도적으로 많기 때문에 소수 의견은 (2)를 예외로 취급한다. 또한 (2)의 주장은 홉스의 논의가 전체적으로 혼란스러운 곳에 등장한다. 예를 들면 (2)가 나오는 곳에서 홉스는 자연법과 시민법이 상호 포함 관계에 있다고 주장한다. 그러나 이 주장은 다음과 같은 이유로 오류일 수밖에 없다. 첫째, 포함 관계는 대칭적일 수가 없다. 즉 두 사물이 상호 포함 관계에 놓일 수는 없다. 양동이에 물이 담겨 있거나 물에 양동이가 담겨 있거나 둘 중의 하나이지, 둘 다일 수는 없다. 둘째, 자연법은 시민 정부가 존재하기 전에 작동하는 것이므로 자연법이 작동하는 때에는 시민법이 존재하지 않고, 따라서 포함 관계 자체가 성립하지 않는다. 그러면 홉스는 왜 '상호 포함 관계'라는 불합리한 말을 했을까? 아마도 시민법은 자연법에 결코 어긋나지 않는다는 뜻으로 그렇게 말했을 것이다. '자연법은 진짜 법이 아니다.'라는 말도 자연법은 시민법에 비해 효력이 떨어진다는 뜻으로 읽을 수 있다. 왜냐하면 자연법을 뒷받침하고 있는 힘이 더 위대하다 하더라도 종종 무시당하기 때문이다. 홉스는 《리바이어던》 앞부분에서 이렇게 말한 바 있다. "법의 효력은 처벌에 대한 두려움이 있을 때 생긴다. 하느님이 가장 강력한 권력이지만 사람들은 보통 자기와 같은 인간들을 더 두려워한다."[68]

권리의 포기

제2의 자연법은 모든 사람이 만물에 대한 권리를 포기해야 한다는 것이다. 홉스에 따르면 권리를 포기하는 방법은 두 가지가 있다. 하나는 권리를 폐기하는 것이고, 또 하나는 권리를 양도하는 것이다.[69] 폐기(renounce)는 누구에게 이익이 되느냐와 상관없이 자기의 권리를 버리는 것을 말한다. 이를테면 나무에 열린 사과에 대한 권리를 폐기한다는 것은 사과를 따지 않겠다고 다른 사람에게 알리는 것이다. 반면에 양도(transfer)는 특정인이 그 권리를 행사하도록 넘기는 형태로 자신의 권리를 버리는 것을 말한다. 사과에 대한 권리를 존스에게 양도한다면, 그 사람은 존스가 그 사과를 갖도록—다른 사람들의 접근을 막거나 혹은 존스를 밀어 올리거나 하는 방법으로—도울 것이다.

홉스가 포기의 개념을 처음 도입할 때는 폐기와 양도의 차이를 제대로 설명하지 못했다. 양도의 개념에 문제가 있었기 때문이다. 《법의 원리》에서 홉스는 이렇게 말한다.

권리의 폐기는 이전에 자신의 권리였던 행동을 더는 하지 않겠다고 충분한 표지(sign)에 의해 선언하는 것이다. 권리의 양도는 양도 이전에 지니고 있던 권리를 그 권리의 양수인이 행사하는 것을 저항하거나 방해하지 않겠다고 충분한 표지에 의해 선언하는 것이다.[70]

이 설명을 보면 폐기와 양도는 차이가 없다. 예를 들어보자. 스미스가 존스에게 권리를 양도한다면, 스미스가 존스를 방해하지 않는 것만으로는 충분하지 않다. 그렇게 하는 것은 폐기의 경우도 마찬가지다. 스미스는 존스가 그 권리를 행사하도록 도와야 한다. 목적을 물려받은 사람은 수단도 물려받은 것이기 때문이다. 홉스가 하고 싶은 말은 이런 것이었다. 정부를 세우려면 모든 사람이 "자신이 복종하기로 신의 계약을 맺은 상대방에게 자신의 힘과 수단을 넘겨주어야 한다. 이로써 명령권을 지니게 된 자는 양도받은 모든 힘과 수단을 사용하여 그들을 위협함으로써" 그들을 함께 묶는다.[71]

이 문제가 중요한 이유가 있다. 홉스는 주권자의 창출이 권리의 양도에 의해 이루어진다고 설명하고 싶었다. 그런데 주권자가 넘겨받은 권리가 단지 백성들이 개입하지 않는 것이라면 주권자는 자신의 일을 제대로 할 수 없을 것이다. 주권자에게 필요한 것은 백성들의 무제한 협력이다. 홉스는 여러 곳에서 이 점을 분명히 하고 있다. 사실상 홉스는 권리의 폐기에는 별로 관심이 없었다. 오로지 권리 양도의 본질을 설명하느라 폐기 개념까지 나왔던 것인데, 불행하게도 양도 개념이 혼란을 일으키고 만 것이다.

신의 계약

자연 상태에서 벗어나는 열쇠는 다른 사람들과 신의 계약을 맺어 주권자, 즉 정부를 세우는 것이다. 홉스는 이 합의가 계약(contract)이 아니라 신의 계약(covenant)이라는 점을 강조한다. 계약은 물건을 팔 때처럼 쌍방이 각자의 소유물에 대한 권리를 상호 양도하는 것이다. 어느 편이든 나중에 해야 할 일은 아무것도 없다. 그러나 신의 계약에서는 어느 한쪽이 미래에 일정한 방식으로 행동할 의무를 지게 된다. 이것이 계약과 다른 점이다. 주권자를 세우는 신의 계약에서 미래에 발생하는 의무는 정부에 대한 변함없는 복종이다.

'신의 계약'은 17세기에는 신학적 느낌이 강한 용어였다. 《히브리어 성경》은 신의 계약(한국어 《성경》에는 '언약')으로 가득 차 있다. 하느님은 노아에게 다시는 홍수로 세상을 멸하지 않겠다고 약속한다. 아브라함은 여러 민족의 아버지가 되는 조건으로 하느님에게 복종을 약속한다. 영어판 《성경》 두 책의 제목도 '옛 계약(Old Testament)', '새 계약(New Testament)'보다는 '옛 신의 계약, 구약(Old Covenant)', '새로운 신의 계약, 신약(New Covenant)'으로 번역하는 것이 더 정확하다. 《구약 성경》은 이스라엘 백성들이 야훼를 유일신으로 섬기기로 약속한 것이다. 《신약 성경》은 예수의 대속 행위를 통해 인간을 구원하겠다는 하느님의 약속이다. 찰스가 〈표준 기도서〉를 강요했을 때 이에 저항하여 반란을 일으킨 스코틀랜드인들은 1638년에 이 신학적 개념을 빌려 〈국민 언약〉*을 기초했다. 홉스는 이것이 신성 모독이라고 생각했다. 《법의 원리》에서 홉스는 이렇게 지적했다. 하느님의 대리자, 즉 주권자를 통하지 않고서는 "전능한 하느님과 신의 계약을 맺을 수 없다."[72] 왜냐하면 신의 계약은 상대방이 수락했다는 표지가 있어야 하기 때문이다. 그리고 하느님의 스코틀랜드 대리자인 찰스는

〈**국민 언약**(National Covenant)〉 주교 제도와 영국 국교회에 따르도록 강요하는 찰스 1세의 시도에 반대한 스코틀랜드 장로교회파의 언약.

그것을 수락한 적이 없다. 홉스는 《리바이어던》에서 이렇게 분노한다. "하느님과 신의 계약을 체결했다고 주장하는 것은 명백한 허위이며, 심지어 그렇게 주장하는 자 자신의 양심에 비추어봐도 허위이므로, 불법일 뿐만 아니라 비열하고 비겁한 행위이다."[73] 《법의 원리》에서 자연 상태에서 벗어나게 하는 감정은 단순히 죽음에 대한 공포였다. 《리바이어던》에서는 감정이 세분화되고, 여기에 이성적 사고가 결합된다. "인간을 평화로 향하게 하는 정념으로는 죽음에 대한 공포, 안락한 생활에 필요한 각종 생활용품에 대한 욕망, 그러한 생활용품을 자신의 노력으로 획득할 수 있다는 희망 등이 있다. 그리고 이성은 인간들이 서로 합의할 수 있는 적절한 평화의 규약(規約)을 암시한다."[74] 이것은 홉스가 얻을 수 있는 가장 낙관적인 전망이다.

이것이 홉스가 주장하는 시민 정부의 기원이다. 그러나 아주 강력한 반론이 있다. 신의 계약은 강박, 즉 공포라는 강박에 의해 이루어졌고, 강박에 의한 계약은 구속력이 없다는 것이다. 좀 더 정확히 말하면, 공포에 의해 강요된 신의 계약은 진짜 계약이 아니라는 것이다. 그러나 홉스는 동의하지 않는다. 그는 강압에 의해서도 계약이 성립할 수 있다고 주장한다. 욕망에 의해 야기된 행위는 모두 자발적 행위이므로, 공포에 의해 강요된 동의도 자발적 동의라는 것이다. 죽음을 피하고자 하는 욕망도 욕망이기 때문이다. 일반적인 계약법에 따르면 강압에 의한 계약은 무효이다. 이에 대한 홉스의 입장은 어떠할까? 그는 이렇게 답한다. 그런 계약이 무효인 것은 강압에 의한 것이어서가 아니라, 주권자가 그렇게 정했기 때문이다. 그다지 설득력이 없는 논증이지만 홉스로서는 이 주장을 포기할 수 없다. 공포는 자연 상태의 항구적인 조건이고, 자연 상태에서 벗어나는 길은 신의 계약

밖에 없기 때문이다.[75]

절대 주권

홉스에 따르면 절대 주권의 구성 요소는 두 가지이다. 정부 내에 존재하는 모든 정치적 힘을 주권자가 모두 보유할 것과 (백성들의 삶의 보존을 위해) 생활의 모든 외적 측면을 지배할 권한이다. 여기에서 정치적 힘은 전쟁의 선포와 강화, 법률의 제정과 폐기, 형사 피의자 재판, 그밖에 정부의 행정 사무에 관한 권한을 말한다. 지배권으로 말하자면 주권자는 백성에게 부모를 죽이라고 명령할 권한도 있다. 《시민론》에서 홉스는 안셀무스가 하느님에 대해 말한 것을 흉내 내어 이렇게 말한다. 절대 주권은 "인간이 다른 인간에게 양도할 수 있는 것 중에서 가장 큰 것"이다.[76] 최소한 1640년 이후 홉스는 모든 주권은 절대적이라고 생각했다. 제한 주권이라는 개념은 성립할 수 없다. 주권자의 권력을 제한하는 것은 주권자의 존재 목적을 달성할 수단을 박탈하는 것이다.

그렇다면 백성들에게는 어떤 자유가 남아 있을까? 백성들은 주권자가 금지하지 않은 문제들에 관해서만 자유롭게 행동할 수 있다. 말하자면 자유는 잔반(殘飯)이다. 홉스는 주권이 수립된 날 주권자를 위해 마련된 음식은 모든 사람이 먹을 수 있을 만큼 충분하다고 생각했다. 즉 어떤 주권자도 모든 것을 통제하는 법을 만들 수는 없을 것이라고 생각했던 것이다. 그러나 이 생각은 순진하기 짝이 없다. 주권자는 백성들이 먹고, 자고, 일하는 것 —이것도 제대로 된다는 보장이 없지만— 외에는 아무것도 하지 못하도록 금지하는 법을 쉽게 만들 수 있다. 홉스는 이 점을 미처 생각하지 못했다. 정부가 첨단 과학 기술을 이용하여 인민을 통제할 수 있다는 것까지야 생각할 수 없었겠지만, 칼리굴라*의 광기를 잊어버린 것은 변명의 여지가 없다.

《법의 원리》에서 홉스는 주권 설립의 신의 계약 자체가 주권자에게 절대 주권을 부여한다고 생각했다. 모든 백성은 신의 계약을 맺으면서 주권자에게 저항할 권리를 포기한다는 것이다. "코먼웰스의 그 누구도 주권자에게 저항할 권리가 없다. 그들 스스로 주권자의 권력에 강제력을 부여했기 때문이다."[77] (여기에서는 자기 보존의 권리가 보이지 않는다.) 1640년 《법의 원리》를 쓸 당시 영국 백성들은 의회가 선박세, 군인들의 민가 숙영, 스코틀랜드와의 전쟁 비용 따위를 거부하거나 유보하는 것은 왕과 맞서는 일이라는 것을 잘 알고 있었다. 홉스는 정의의 칼과 전쟁의 칼이 같은 손에 있어야 한다고 주장했다. 외적과 전쟁할 권한이 왕에게 있으므로, 정의의 칼도 왕이 쥐어야 한다. 의회가 왕에게 저항하는 것은 당치 않은 일이다. 나아가 전쟁의 칼을 쥔 자는 그 칼의 사용 시기에 대한 "판단과 분별"의 권한도 지니고 있어야 한다. "따라서 (정의의 칼을 사용할 모든 대상들에 대한) 사법권과 (전쟁의 칼을 사용할 필요가 있을 때) 전쟁 결정권은 모두 동일한 주권자에게 있다."[78]

주권의 첫 번째 표지는 법 위에 있다는 것이다.[79] 이것은 영국 헌법의 원칙—왕은 어떤 잘못도 하지 않는다.—과 잘 맞는다. 왕의 적대자들은 이 원칙이 몹시 신경 쓰였다. 그래서 그들은 스트래퍼드 백작이나 윌리엄 로드 같은 왕의 주요 참모들을 체포하고 처형하는 방법

칼리굴라(Caligula) 로마 제국의 3대 황제(재위 37~41년). 즉위 초에는 시민들의 요구에 부응하는 정책을 시행해 환영받았으나, 점차 독재자로서 국고를 탕진하고 자신을 신격화할 것을 요구해 미움을 받아 암살당했다.

으로 그 원칙을 피해 갔다. 그러나 그것만으로는 부족하다는 생각이 들자, 영국의 왕을 공격하는 것이 아니라 인간 찰스를 공격하는 것이라는 새로운 법리를 개발했다. 홉스는 자연인 찰스와 영국 왕의 법인격(法人格)이 구별되는 것은 맞지만, 자연인 찰스의 죽음은 그 자체가 영국 왕의 죽음이므로 반역자들의 대역죄는 용서할 수 없다고 생각했다.

홉스에 따르면 주권의 두 번째 표지는 의회 해산권이다. 물론 왕은 의회 해산권을 지니고 있었다. 장기 의회의 강요에 의해 포기하기 전까지는. 홉스는 1642년의 해산 금지법(Act Against Dissolution)으로 인해 정부가 붕괴되었고, 영국에는 어떤 정부도 존속할 수 없다고 생각했다. 주권의 세 번째 표지는 "지사, 재판관, 고문, 대신"의 임명권이다. 영국 왕은 이 모든 권한을 지니고 있었는데, 이것은 결코 우연이 아니었다.[80] 홉스는 절대 주권에 관한 견해를 이렇게 요약한다.

평화로울 때나 전쟁 시에 칼을 사용할 절대적 권한, 법률의 제정과 폐기 권한, 모든 사법적 분쟁과 심의 대상에 대한 최고 사법권과 결정권, 지사와 대신 임명권과 기타의 권한들은 …… 코먼웰스 내에서 절대적이다.[81]

재산권

홉스의 절대 주권론은 왕의 적대자들을 궁지로 몰아넣었고 당황하게 만들었다. 홉스의 변함 없는 입장은 자연 상태에서는 사유 재산이 없다는 것이다. 만인이 만물에 대해 권리를 지니고 있다면, 그 누구도 무언가를 소유할 수 없다. 재산은 시민 국가에서 발생하는 것이며,

궁극적으로 주권자에게 속한다. 모든 권리가 주권자에게 양도되었으므로 주권자가 모든 것을 소유하게 되는 것이다. 주권자에게 속하지 않는 재산이 조금이라도 있다면, 주권자가 평화를 유지하고 국가를 보존하는 데 필요한 자산이 그만큼 줄어들게 된다. 정부에 대한 시민들의 가장 큰 불만은 주권자가 사유 재산을 침해한다는 것인데, 홉스에 따르면 이러한 불평은 온당치 못한 것이다. 정부에 재산에 대한 궁극적인 통제권이 없으면 만인이 만물에 대한 권리를 지니게 되고, 어느 누구도 나뭇가지 하나라도 안심하고 사용할 수 없게 된다. "그러므로 내 것과 네 것에 대한 불만은 있을 수 없는 일이다."[82]

사유 재산에 반대하는 홉스의 강력한 진술 하나를 보자.

> 그들(백성) 중 어느 누구도 주군의 의사에 반하여 내 것과 네 것을 가질 수 없다. 그들은 주군에게 저항해서는 안 된다. …… 하인과 그 하인에게 속한 모든 것이 주인의 재산이고, 누구든지 자기 재산은 마음대로 처분할 수 있으므로 …… 주인은 자기 재산에 대한 지배권을 자기가 정한 사람에게 양도할 수 있다. …… 이처럼 재산은 주권적 권력에서 나오므로 주권자에게 대항하여 주장해서는 안 된다. 만민이 각자 자신의 재산을 주장할 경우 주권은 설 자리가 없어진다. …… 그러므로 사람들의 재산에 대한 주권자의 징세는 주권자가 그들에게 제공하는 평화와 안보의 대가이다.[83]

결국 홉스의 주장은 영국인은 왕의 과세, 특히 선박세에 대해 불평할 권리가 없다는 것이다. "백성들은 인력과 금전을 공공봉사에 헌납하라는 명령을 받았을 때, 그것이 주권자의 지배 아래 놓인 것인데도 자신의 소유물이라고 여기고 바치지 않아도 된다고 생각한다. 모든 사람이 마땅히 그가 헌납해야 한다고 생각하는 것보다 더 적은 것을 바치라고 해도" 제대로 알지 못하고 반역적인 생각을 품는다는 것이다.[84]

이처럼 주권과 재산권에 대한 홉스의 입장은 한쪽 극단에 놓여 있다. 대부분의 의회주의자들은 영국 정부가 무소불위가 아니라고 생각했다. 절대적이라고 생각하는 사람들조차 왕이 주권 전체를 지니는 것이 아니라 의회와 나누어 가진다고 주장했다. "토지, 과세, 벌금 등을 제한적으로만 부과할 수 있으며 (이렇게 거두어들인 재산을 낭비하여 더 필요해진 경우에) 그 이상을 부과하려면 새로운 동의가 필요하다."고 생각하는 백성들은, 홉스에 따르면 "자기 자신을 속이고 있다."는 것이다.[85] 찰스는 내전 직전에 의회와의 싸움에 밀려 "혼합 군주정"을 받아들이겠노라고 말할 수밖에 없었는데, 홉스는 그 이론을 노골적으로 공격했다.

직행 정부론

직행(one-step) 정부론과 경유(two-step) 정부론을 비교해보자. 직행 정부론은 국가가 성립하기 이전의 상태에서 국가로 이행하는 과정에 중간 단계가 없다는 이론이다. 물론 이행 과정을 설명하기 위해 그 사이에 과도적 상태를 상정할 수는 있다. 경유 정부론은 그 과정에 정부도 아니고 자연 상태도 아닌 중간 단계가 있다는 이론이다. 경유 정부론에서는 이 중간 단계를 보통 '사회', '공동체', '인민'이라고 부른다. 이를테면, 로크의 주장은 경유 정부론이다. 로크의 경우 1단계는 인민 상호 간에 계약을 체결하여 사회 혹은 공동체를 수립하는 것이다. 2단계는 그 사회가 정부를 수립하는 것이다. 경유 정부론에 따르면, 내전이 일어났다고 해서 완전히 망하는 것은 아니다. 따라서 내전에 우호적이다. 내전으로 정부는 파괴되겠지만 사회가 파괴되는 것은 아니다. 또한 경유 정부론은 제한 군주론에 힘을 실어준다. 사회가 지닌 권력으로 주권자의 권력 남용을 견제해야 한다는 주장이 성립할 수 있기 때문이다. 그러나 홉스는 내전이 아주 끔찍한 일이라고 생각했고, 주권자는 어떤 견제도 받아서는 안 된다고 생각했기 때문에 직행론을 주장했다. 즉 자연 상태에서 곧바로 시민 국가로 직행한다.

그러나 《법의 원리》에는 경유론의 흔적이 있다. 여기에서 홉스는 민주주의가 "시간 순서상 먼저이다. …… 그럴 수밖에 없다."고 말한다.[86] 주권을 수립하기에 앞서 모든 사람이 다수결을 따르기로 약속해야 한다는 것이다. 이것이 바로 민주정이다. 일단 이 최초의 결정이 이루어지고 나면 새로 수립된 시민 국가는 계속해서 민주정일 수도 있고, 주권을 한 사람에게 부여할 수도 있고(군주정), 소수에게 부여할 수도 있다(귀족정). 그러나 이것을 경유론으로 볼 수는 없다. 홉스의 설명에 따르면 군주정이나 귀족정은 민주정을 이어받는 것이지 그 위에 수립되는 것이 아니다. 《시민론》에서 홉스는 《법의 원리》에서 밝힌 입장을 방어하느라 이렇게 말한다. 사람들이 정부를 형성할 때는 "대체로 민주주의와 직면하게 된다."[87] 《리바이어던》에서는 경유론의 흔적이 더 옅어진다. 민주주의는 정부 형성의 일시적 기초도 아니요, 논리적 기초도 아니다. 모든 정부는 두 국면을 거친다. 함께 모인 다음 곧 주권자를 선출한다. 이로써 정부형태가 결정된다. 이것은 진정한 경유론이 아니다. 첫 번째 국면이 독립적으로 존재하는 실체가 아니기 때문이다. 만약 어떤 이유로 선거가 무산될 경우 두 번째 국면인 주권은 수립되지 않고, 사람들은 자연 상태로 돌아가게 된다. 두 번째 국면이 완성되었다 하더라도 첫 번째 국면의 선거인단이 주권 자체와 독립적으로 존재하지는 않는다.

홉스는 모든 정부가 민주주의에서 시작한다는 견해를 버렸는데, 이는 왕의 적대자들에게 빌미를 주지 않기 위해서였다. 그들은 앵글로색슨 시대에 영국은 민주주의 국가였고, 왕을 대표자로 임명하거나 선출한 이후에도 왕에게 어떤 권리도 양도하지 않았으므로 여전히 민주주의 국가였다고 주장했다.

《법의 원리》에는 왕의 적대자들을 향한 또 다른 반론이 준비되어 있었다. 표준적인 정치 이론에 따르면 주권은 인민과 주권자 사이의 신의 계약 혹은 계약의 결과이다. 이것이 사실이라면 주권자가 마음에 들지 않을 경우 백성들은 계약 위반을 이유로 들어 주권자를 축출할 수 있다. 홉스는 이러한 추론이 논리적 오류라고 주장한다. 홉스에 따르면 주권자는 신의 계약의 당사자가 아니다. 신의 계약이 체결될 당시 주권자는 존재하지 않는다. 자연 상태에 있던 인민들이 신의 계약을 체결한 후에야 비로소 주권자가 등장한다.[88]

백성들은 신의 계약의 당사자이므로 복종의 의무를 지게 된다. 주권자는 계약의 당사자가 아니므로 아무런 의무도 없다. 여기까지는 그런대로 받아들일 만하다. 홉스는 계속해서 백성들은 주권자에게 복종할 의무가 있지만 상호 간에는 아무런 의무도 없다고 주장하는데, 이것은 납득하기 어려운 주장이다. 일반적으로 의무는 계약의 당사자들에게 발생한다. 의무의 이행은 제3자가 강제할 수도 있다. 홉스는 오로지 주권자에 대해서만 의무가 발생하는 이유를 이렇게 설명한다. 즉 의무는 계약의 당사자가 권리를 양도한 사람에 대해 발생하는 것이지, 반드시 계약의 당사자에게 발생하는 것은 아니라는 것이다. 주권자가 주권 설립 계약의 당사자가 아니라면, 그의 어떤 행위도 권리 침해에 해당하지 않는다. 여기서 '권리 침해'는 권한 없이 타인에게 피해를 주는 것을 말한다.

설립된 주권과 획득된 주권

《법의 원리》에서 홉스는 "다수 간의 상호 합의에 의한" 정부와, "자연적으로" 발생한 정부, 즉 "획득된 정치체"를 구별한다.[89] 《리바이어던》에서는 용어를 가다듬어 전자를 "설립된 코먼웰스", 후자를 "획득된 코먼웰스"라고 부른다. 전자는 한 무리의 인민이 서로 두려워하여 자신들의 권리를 주권자에게 양도하는 것이 최선이라고 생각할 때 발생한다. 후자는 한 무리의 인민이 압도적인 힘을 두려워하여 자신들의 권리를 그 공포의 대상에게 양도하는 것이 최선이라고 생각할 때 발생한다.

둘의 차이는 별로 설명할 것이 없다. 위의 설명처럼 정부를 설립하게 하는 공포의 대상이 다를 뿐 주권의 본질은 같다. 생각건대 이 구별은 일종의 수사법이다. 설립된 코먼웰스에 대한 논의는 주권의 논리를 명확하게 보여준다. 획득된 코먼웰스에 대한 논의는 그 논리 구조로 정부의 일반적인 역사적 기원을 어떻게 설명할 수 있는지 보여준다. 일부 정부는 가족이 발전하여 성립한다. 가족 내에서는 아버지, 때로는 어머니가 자녀들에 대해 권력을 지닌다. 힘이 더 세기 때문이다. 또한 많은 정부가 정복에 의해 수립된다. 홉스는 윌리엄 1세를 거리낌 없이 '정복자(Conqueror)'라고 불렀다. 그러나 당시 그 호칭에 거부감을 느끼는 사람들도 있었다. 정통성 결여를 암시하는 표현이었기 때문이다. (윌리엄이 "그놈Bastard"으로 불리기도 했다는 것까지는 말하지 않겠다.)

여성, 어린이, 가부장제

다른 문제에서도 그렇지만, 홉스의 여성에 대한 논의에도 두 가지 상반된 논리가 나타난다. 한편으로 그는 시대를 앞선 사람처럼 보인다. 모든 인간은 자연적으로 평등하므로 여성도 자연적으로 남성과 평등하다. 게다가 어머니는 자녀들과 관련해 남자보다 우월한 지위에 있다. 모든 사람은 자신의 신체에 대한 권리가 있고, 자녀들은 어머니 신체의 일부이기 때문이다.[90] 자연 상태에서는 만인이 만물에 대한 권리를 지니고 있다는 주장은 여기에서는 보이지 않는다. 다른 한편, 인간의 자연적 조건은 비참해서 될 수 있는 대로 빨리 벗어나야 한다. 홉스는 여성의 자연적 평등도 자연 상태의 또 다른 결함이라고 말하는 것 같다.

어머니도 자녀들을 지배할 자연적 권리를 아버지만큼 지니고 있으므로, '가부장제(patriarchy)'라는 말은 잘못된 명칭이다. 또한 그 용어는 부권 혹은 친권이 아버지 혹은 어머니이기 때문에, 즉 자녀들을 낳았기 때문에 자연적으로 발생하는 권리라는 인상을 준다. 그러나 자녀를 낳았다는 것이 친권의 기초는 아니다. 친권은 자녀들을 살리거나 죽일 수 있는 힘에서 나온다. 어머니는 자녀를 "유기하여" 죽음에 이르게 할 수도 있다.[91] 이 당시 홉스의 나이는 쉰 살이었고 가정교사 경력도 있었는데, 어린 아이에게는 아주 매정한 태도를 보이고 있다. 그는 부모의 권리에 대해 이렇게 썼다. "자녀를 노예로 팔 수도 있고,

양자/양녀로 보낼 수도 있다. 인질로 내줄 수도 있고, 반항하면 죽일 수도 있고, 평화를 위해 희생시킬 수도 있다. 자연법에 의해, 자신의 양심에 따라 필요하다고 판단되면 그렇게 할 수 있다."[92] 조너선 스위프트(Jonathan Swift)처럼 비꼬는 말이 아니다. 몇 년 후 《시민론》에서 홉스는 이렇게 쓴다. "원하는 대로 해주지 않으면 자녀들은 퉁퉁거리고, 소리를 지르고, 부모를 때리기도 한다."[93] 자녀가 죽임을 당하지 않고 살아남았으면, 그들의 안전은 어머니가 획득한 주권에 의해 보장된다. "자녀에게 영양을 공급함으로써, 어머니와 자녀 사이에는 어머니를 주권자로 인정하는 신의 계약이 암묵적으로 성립한다. 남성이 개입하여 그 어머니를 복속시키고, 이로써 어머니와 어머니의 모든 소유—인간이든 물건이든—에 대한 주권을 획득하지 않는 한."[94]

군주정의 장점

아리스토텔레스처럼 홉스도 정부 형태를 민주정, 귀족정, 군주정 세 가지로 나눈다. 셋 다 합법적 정부이며, 각각 장단점이 있다. 그러나 민주정은 "소수 웅변가들의 정부"와 같은 것으로서 최악이고, 군주정이 최선이다. 그렇지 않다면 왜 세상을 창조하고 지배하는 하느님이 하나만 있겠는가? 군주정에 분개하는 사람은 "전능한 하느님의 통치"에도 분개해야 마땅하다. 고대인들도 군주정을 좋게 여겼다. (홉스는 동료 지식인들이 고대 사상을 숭배한다는 것을 잘 알고 있었다. 그는 그렇지 않았지만.) 아담이 지배한 최초의 정부는 가부장제였고, 가부장적 정부는 군주정이다. 그리고 대부분의 나라에서 가장 오래된 정부는 군주정이다.[95] (이 주장은 모든 정부가 민주정에서 시작한다는 앞의 주장과는 어긋난다.)

군주정이 다른 정부 형태보다 안정적인 이유는 무엇인가? 결정에 참여하는 사람이 많으면 많을수록 해야 할 일을 숙고하는 데 감정이 개입되기 쉽기 때문이다. 사람은 누구나 "자기에게 좋은 것"을 바라보고 행동한다. 자신의 계획이 받아들여지지 않는 것은 그 선을 얻는 데 실패하는 것이다. 군주정은 의사 결정 단체들처럼 감정의 소용돌이에 휘말려 내분이 일어나는 일이 없기 때문에 내전을 겪을 가능성이 가장 낮다.[96] 홉스는 군주정을 최선의 정부라고 생각했지만 다른 정부 형태도 그 합법성을 인정했고, 1650년 이후에는 코먼웰스 하의 영국에서 살고자 했다. 홉스는 그 코먼웰스를 귀족정이라고 불렀다.

홉스에 따르면 군주정에도 문제는 있다. 하지만 그 문제는 모든 인간에게 있는 감정 때문에 발생하는 것이다. 따라서 귀족정으로 가면 상황은 더 나빠진다. 여러 사람들의 감정이 격돌하기 때문이다. "불붙은 석탄 덩어리도 흩어놓으면 따스하지만, 모아놓으면 활활 타오르게 된다." 군주정은 유지비가 많이 든다고 하는데, 귀족정은 더 많이 든다. 귀족은 각각 군주처럼 돈을 쓰기 때문이다. 홉스의 군주정 옹호론은 맞지 않는 비유와 그릇된 주장으로 이루어져 있어서 별로 강력하지 않다. 홉스가 군주정을 옹호한 진정한 이유는 "내란으로 해체될 가능성"이 거의 없기 때문이다. 홉스는 내란이야말로 정치 공동체에 일어날 수 있는 최악의 사태라고 생각했다.[97]

내전의 원인

모든 인간의 창조물은 해체된다. 모든 시민 정부는 인간의 창조물이다. 그러므로 모든 시민 정부는 해체된다. 《법의 원리》에서 홉스는 내전의 필요충분조건 세 가지를 열거한다. 첫째는 "불만", 즉 외부 환경 때문에 불행하다고 생각하는 것이다. 둘째는 불평을 품을 권리가 있다고 생각하는 것이다. 셋째는 환경을 바꾸면 행복을 얻을 수 있다고 생각하는 것이다. 이러한 조건이 충족되었을 때, "믿을 만한 사람이 앞장서서 나팔을 불면" 내전이 발발한다.[98]

홉스는 첫째 조건을 설명하면서 반역자들을 겁쟁이이자, 영광을 추구하는 자들이라고 부른다. 이들이 내전을 일으키는 이유는 불만이 아니라 고통에 대한 공포 때문이며, 다른 사람들에게 더 많은 인정을 받으려는 욕망 때문이다. 또한 홉스는 반역자들이 그다지 똑똑하지도 않다고 말한다. 옛 로마의 비열한 반역자였던 루치우스 카틸리나(Lucius Catilina)처럼 반역자들은 웅변만 알고 지혜는 없다. 그들은 어리석게도 모반은 실패한다는 것을 모른다. 말만 번지르르하게 할 뿐이다. 펠레우스의 딸들이 노쇠한 아버지의 회춘을 갈망하자 메데이아가 딸들에게 아버지의 몸을 절단하게 한 것처럼, 반역자는 주권에 생기를 불어 넣겠다는 어리석은 희망을 품고서 백성들을 꾀어 모반을 일으키게 하는데, 이것은 주권자를 토막 내는 결과를 빚을 뿐이다.[99]

홉스는 의회파가 왕을 살해할 음모를 꾸미고 있다고 직접 말한 적은 없다. 하지만 의회파 사람들은 홉스가 그런 비난을 퍼붓고 있다고 생각했다. 단기 의회에서 반대파는 찰스가 요청한 경비를 승인하기 전에 "불만 사항"을 먼저 해결하라고 요구했다. 이들 중 상당수는 1628년의 의회에서 넘어온 사람들이었다. 홉스는 이렇게 썼다. "명령에 불만을 품은 자들은 그렇게 명령한 사람을 폭군이라 부르면서, 폭군 살해는 …… 합법적일 뿐만 아니라 칭찬할 만한 일이라고 주장한다."[100] 결국 홉스의 말대로 되었지만, 1640년 5월의 시점에서 홉스가 1649년 1월의 사건을 예견했다고 볼 만한 근거는 전혀 없다.

6장

논쟁하는 망명자

1641~1644년

"데카르트를 읽어보라.
무슨 말인지 도대체 알 수가 없다."

의회가 열린 직후 의회에서 온 서너 명과 상의한 끝에
홉스는 내전이 임박했음을 감지하고 다시 프랑스로 갔다.
파리에서 그는 메르센, 가상디 등 이름난 과학자들과 교유하면서
과학 연구에 몰두했다.

－《산문 인생》

장기 의회와 망명

1640년 가을이 되자 찰스는 의회를 소집하지 않을 수 없는 상황에 이르렀다. 홉스는 9월 하순 런던에 도착했다. 아마 상원의원인 데번셔를 도울 작정으로 갔을 것이다. 그러나 홉스는 런던 도착 후 할 일이 별로 없었다. 역병으로 죽어 가는 사람의 집을 방문하기 위해 검역을 받는 동안에는 더더욱 할 일이 없었다. 홉스는 40일을 혼자 지내다가 11월 3일 새 의회가 개회한 후에야 움직이기 시작했다. 초장부터 두 의원이 연단에 올라 군주정을 옹호하는 책과 설교들이 "왕과 국가"의 불화를 조장하고 있다고 비난했다. 홉스는 심기가 불편했다. 《법의 원리》에서 절대 군주정을 옹호했기 때문에 자신이 표적이 될까 싶어 두려웠다. 왕이 절대 군주라고 설교한 성 존 칼리지(St. John's College) 교장 윌리엄 빌(William Beale)은 그 이듬해에 고발당했다.[1] 홉스의 걱정은 결코 기우가 아니었다. 의회가 열리자마자 왕의 주요 대신들을 향한 공격이 시작되었다. 스트래퍼드는 곧 체포되었다. 그의 혐의는 "영국과 아일랜드 영내의 정부와 기본법을 파괴하고, 법에 어긋나는 자의적이고 전제적인 정부를 세우려는 역모를 획

책했다."는 것이었다.[2] 홉스도 자신의 책에서 같은 주장을 하지 않았던가? 캔터베리 대주교도 체포되었다. 왕의 주요 참모와 고위 성직자 중에 의회의 공격에서 안전한 사람은 아무도 없었다. 홉스라고 어찌 안전할 수 있겠는가? 홉스가 표적이 되기에는 죄가 분명치 않다고 말하는 사람들도 있었다. 이들은 스트래퍼드에게도 걱정하지 말라고 말했을 것이다. 지은 죄가 가볍다거나 그런 죄는 수만 번을 저질러도 중죄가 되지는 않는다고. 논리는 옳았다. 하지만 의회는 논리적으로 행동하지 않았다. 의회는 스트래퍼드에게 반역죄를 선고했다. 의회가 더 큰 물고기를 요리할 수도 있겠지만, 홉스는 충분히 애피타이저가 될 수 있었다.

스트래퍼드가 체포된 직후 홉스는 검거 열풍이 불어닥칠 것이라고 예감했다. 그는 즉시 영국을 떠날 결심을 하고, 데번셔에게 알린 다음 사흘 뒤에 떠났다. 짐을 꾸릴 시간이 없어 나중에 받기로 하고 몸만 먼저 떠났다. 홉스에 따르면 자기가 "가장 먼저 도망갔고," 프랜시스 윈드뱅크(Francis Windebank)가 12월 10일에 떠났다고 했으니 그보다 앞서 프랑스로 간 것 같다. 홉스는 11월 23일에 갔을 것이다. 이날은 의회가 찰스에 대한 탄원서, 즉 '대간주(Grand Remonstrance)'를 통과시킨 날이다. 홉스는 캔터베리 대주교의 친구인 스쿠더모어(Scudamore) 경에게 보낸 편지에서 출국 경위를 이렇게 설명했다.

제가 갑자기 떠나게 된 이유는 왕의 특권을 늘리려던 저의 발언이 의회의 조사 대상이 되고 있다는 것을 알았기 때문입니다. 그리고 선의를 품은 사람들이 나를 곤경에 빠뜨린 일도 있었고, 그들이 정직하다 해도 말을 만들어내거나 [나에게 불리한] 증언을 할 가능성도 있었습니다.

제가 그때 떠나오지 않았더라도 혼란은 계속되었을 것이고, 제 처지는 여기 있는 것보다 더 나빠졌을 것입니다.[3]

홉스가 영국을 떠난 것을 비난하는 사람들도 있다. 심지어 '겁쟁이'라고 비난하기도 한다. 윌리엄 하비처럼 쉰 살이 넘은 사람들도 전쟁터에 갔으니, 홉스도 왕당파 군대에서 하다못해 비전투 임무라도 수행할 수 있었다는 것이다. 물론 그럴 수도 있었다. 그러나 홉스는 군사 훈련을 받은 적도 없고, 그래야 할 의무도 없었다. 영국을 떠난 것은 현명한 일이었다. 그 상황에서는 누구라도 그렇게 했을 것이다. 12월 들어 처음에는 일부 사람만 망명했지만, 나중에는 많은 이들이 망명했다.

장기 의회의 지도자 중에는 앞뒤가 꽉 막히고 독선적인 사람들도 있었다. 할 수만 있다면 웃는 것조차 불법화할 사람들이었다. 그들은 월례 금식일령을 멋대로 통과시켰다. 1644년 12월 금식일이 크리스마스와 겹치자 사람들은 이달만큼은 취소해 달라고 청원했다. 하원은 거부했다. 그리고 "그리스도 탄생 축일이므로 월례 금식일을 더욱 잘 지키도록" 엄명했다. 하원은 크리스마스를 축하한답시고 "그리스도가 이 땅에서 산 삶과는 맞지 않게 육체적인 쾌락에 탐닉하는" 사람들을 비판했다. 하원은 나중에 크리스마스와 부활절을 축일에서 제외했다. 성찬식도 엄격해졌다. 예전에는 나쁜 소문만 없으면 누구라도 성찬식에 참례할 수 있었지만, 장기 의회가 새로 제정한 규칙에 따르면 "성찬식 전에 날짜를 정해 목사와 장로들의 심사를 받아야" 했다. 검열을 통과한 사람들은 전표를 받아 성찬식에서 이 전표를 제시해야 했다. 전표가 없으면 하늘나라에도 갈 수 없었다.

데카르트에 대한 의심

홉스는 국내 정세가 신경 쓰이긴 했지만, 대부분의 시간을 과학적 탐구에 쏟았다. 1637년 후반에서 1640년 사이에 쓴 것으로 보이는 원고가 남아 있는데, 제목은 달려 있지 않다. 페르디난트 퇴니에스(Ferdinand Tönnies)가 이 원고에 '광학 논고(Tractatus Opticus)'라는 제목을 붙였다. 그러나 마랭 메르센이 홉스가 쓴 다른 논문을 같은 제목으로 출간했기에 그 제목은 혼란을 불러일으킨다. 리처드 턱은 초기 원고에 '2부(Secunda Sectio)'라는 제목을 붙였는데, 일리가 있다. 그 원고는 《철학의 원리》의 '2부'였고, 20년 후에 출간된 《인간론》의 초고이기 때문이다.[4]

1637년 10월 홉스는 케널름 딕비가 보내준 데카르트의 《방법서설(Discours de la méthode)》 한 권을 받았다. 홉스는 데카르트가 논의한 문제들에 깊이 빠져들었다. 그러나 몇 년 동안 데카르트의 《방법서설》에 대한 자신의 의견을 드러내지 않았다. 1640년 11월이 되어서야 그 책과 책의 부록 중 하나인 〈굴절광학(La Dioptrique)〉에 대한 56쪽짜리 논평 원고를 메르센에게 보냈다. 이 무렵 홉스는 메르센과 자주 서신을 주고받았는데, 영국을 떠난 후 어디에 머물 것이고, 무엇을 할 것인지 상의하기 위해 그랬을 것이다. 홉스는 11월이 가기 전에 영국을 떠났다.

데카르트는 메르센을 통해 홉스의 논평을 최소한 일부는 받아보았다. 데카르트는 기분이 상했다. "나는 놀라움을 금할 길이 없었다. 문체로 보아 글쓴이가 똑똑하고 학식이 있어 보였지만, 내세운 주장은 하나같이 진실과는 거리가 멀었다."[5] 홉스는 데카르트의 견해를 비판하는 데 그치지 않고, 논쟁의 여지가 있는 자신의 견해와 데카르트의 견해를 연결했다. 홉스는 자신의 '내부의 영(internal spirit)'—이 개념에 따르면 하느님과 인간의 영혼은 물질적인 것이다—이라는 개념과 데카르트의 '불가사의한 물질(subtle matter)'을 동일한 것으로 여겼다. 데카르트로서는 펄쩍 뛸 노릇이었다. 홉스보다 더 소심했던 데카르트는 기존의 종교 세력과 충돌할 생각이 없었다. 그는 갈릴레이처럼 종교 재판을 당할까 봐 두려워 《세계(Le Monde)》도 출간하지 않았다. 데카르트는 홉스의 논평에 대해 이렇게 썼다. "그의 '내부의 영'과, 유형의 영혼과 신에 대해서는 논평하지 않겠다. 내 관심사가 아니다."[6]

데카르트처럼 홉스도 메르센을 통해 답했다. 홉스는 데카르트 같은 지식인이 철학에 무지하다는 사실에 놀랐다. 홉스는 자신의 주장이 옳다고 확신했다. 그는 데카르트가 "홉스는 논리적 증명이 뭔지 모른다."고 언급한 데 대해 이렇게 응답했다. "이것은 반론이 아니라 데카르트가 공부를 좀 더 해야 할 이유이다."[7] 그러나 이때만 하더라도 홉스의 태도는 온건했다. 홉스는 메르센에게 데카르트가 자신의 수학책을 좀 더 공부했으면 좋겠다고 말했다. "데카르트는 판단력이 뛰어난 사람이므로, 내가 쓴 책을 좀 더 자세히 읽기를 바랍니다. 당신이 그로 하여금 그렇게 하도록 할 수 있다면 좋겠습니다." 그러나 데카르트에 대한 홉스의 존경심은 급격히 사그라졌다. 홉스는 뉴캐슬의 동생 찰스에게 플로리몽 드 본(Florimond de Beaune)도 데카르트 못지않은 수학자이고, 더 나은 철학자라고 말했다.[8]

《제1철학에 대한 성찰》 반론

홉스는 《제1철학에 대한 성찰》도 가장 먼저 받아 보았다. 메르센은 저명한 철학자와 신학자들에게 이 책을 보냈는데, 그들의 논평을 받아 데카르트에게 전해주고 데카르트의 응답을 받을 작정이었다. 1641년 8월 《제1철학에 대한 성찰》이 출간되었다. 책에는 여섯 개의 반론과 이에 대한 데카르트의 응답이 딸려 있었다. 홉스의 반론과 데카르트의 응답은 철학사에서 '대화 불통'*의 전형을 보여준다. 데카르트는 유심론적 이원론자였고, 홉스는 유물론적 일원론자였다. 데카르트는 회의주의에 사로잡혀 있었는데, 지식의 기초에 대한 확신이 있을 때에만 회의주의에서 벗어날 수 있다고 생각했다. 홉스는 지식의 기초에 자신만만했고, 약정적 정의(stipulative definition)가 그 문제를 극복하거나 피해갈 수 있다고 생각했다.

데카르트가 제시한 확실성의 열쇠는 다음과 같은 공식이었다. "나는 생각한다. 고로 나는 존재한다.(Cogito, ergo sum.)" 이게 무슨 말일까? 이 공식에 대한 해석은 갈릴리 돼지 떼 속으로 들어간 귀신들만큼이나 많다.* 내 생각은 이렇다. 첫째, 회의주의는 자기 패배적이라는 것이다. 의심은 일종의 사고이다. 어떤 사고든 사고하는 사람의 존재를 전제로 한다. 그러므로 의심을 하든 다른 무엇을 생각하든 그 사고의 주체인 자기가 존재한다는 것은 확실하다. 둘째, '코기

대화 불통(talking-past-one-another) 화자들이 각자 다른 이야기를 하면서 동일 주제에 관한 이야기를 한다고 생각하는 상황, 즉 서로 말이 통하지 않는 상황을 가리킨다.
* 귀신 들린 악한 사람 하나가 예수와 만났다. 예수가 귀신에게 "네 이름이 무엇이냐?"고 묻자 귀신이 대답했다. "군대(legion)입니다. 우리의 수가 많기 때문에 붙은 이름입니다." 예수가 그 군대 귀신에게 명하자, 귀신들이 이천 마리나 되는 돼지 떼 속으로 들어갔다.(〈마가복음〉 5:1~13)

토(Cogito)'는 실존적이라는 장점이 있다. 그것은 경험이다. 추상 관념도 아니요, 동어 반복도 아니요, 말장난도 아니다. 회의주의자들은 보통 경험의 내용이 어떻게 의심스러운지를 보여주는 데서부터 입론을 시작한다. 저 멀리 있는 탑은 사각형인가, 원형인가? 물속의 막대기는 굽은 것인가, 곧은 것인가? 데카르트는 이러한 회의주의자의 전략을 무너뜨린다. 즉 어떤 경험의 내용이 의심스럽더라도 그 경험이 있었다는 것 자체는 부정할 수 없다. 요컨대 '코기토'는 언어적 자기 모순을 드러내는 자기 패배적 반박과는 달리, 의심하는 사람이 회의주의의 자기 부정적인 성격을 경험하게 함으로써 회의주의를 무너뜨린다. 당신이 의심할 수 있다면 회의주의는 옳지 않다는 것을 알 수 있다. 즉 의심이 확실성의 기초가 된다는 것이다.

그러므로 철학적 회의의 고뇌에 아무 느낌이 없었던 홉스는 데카르트의 '코기토'를 이렇게 비꼬았다. 그런 식으로 말하기로 하면, "나는 걷는다. 그러므로 나는 존재한다."고 말할 수도 있다. 홉스의 보행자 논증은 데카르트의 문제를 진지하게 다루는 태도로 보이지는 않는다. 험담이고 모욕이다. '코기토'에 대한 홉스의 반론은 설득력이 없다. 데카르트는 우연히 진리인 전제를 찾아내려 한 것이 아니라 절대적으로 확신할 수 있는 전제를 찾아내려 한 것인데, 홉스는 이 점을 무시한 것이다. 데카르트는 '나는 걷는다.'와 같은 전제는 불확실한 진리이고, '나는 생각한다.'와 같은 전제는 확실한 진리라고 말하고자 한 것이다.

'코기토'의 확실성에 대한 홉스의 설명도 빈약하다. 홉스는 '코기토'가 '사고는 실체를 떠나서는 존재할 수 없다.'는 사실에서 도출된 것이라고 생각했다. 무용과 무용가를 어떻게 구별할 수 있겠는가?

사고하는 사람이 없으면 사고도 없다는 말로 이해한 것으로 보이지만, 이런 주장은 홉스의 논리 체계와도 맞지 않는다. 홉스의 주장에 따르면 물체만이 유일하게 존재하는 것이며 순수 사고는 비물질적 실체처럼 불가능한 것이기 때문이다. 자유롭게 떠 있는 속성이나 사건은 없다. 여기에서 주요 논점은 무용과 무용수를 '구별'할 수 없다는 인식론적인 문제가 아니라, 무용수를 떠나서는 무용이 '존재'하지 않는다는 형이상학적 문제이다. 보행자 없는 걷기, 사고하는 사람 없는 사고, 이런 것은 존재하지 않으며, 존재할 수도 없다.

홉스는 존재에서 사고를 분리하려는 데카르트의 시도가 이원론적 사고의 병폐라고 생각했다. 그래서 사고가 인간의 본질이라는 그릇된 결론에 도달했다는 것이다. 홉스가 보기에는 걷기가 인간의 본질이 아닌 것처럼, 사고도 인간의 본질이 아니다. 걷고 있는 사람이 두 사물(사람과 걷기)이 아니라 하나(운동하는 사람)인 것처럼, 생각하는 사람도 둘(자기 자신과 자기의 생각)이 아니고 하나, 즉 어떤 운동을 하고 있는 사람일 뿐이다. 서로 다른 사고는 뇌 속에서 일어나는 서로 다른 운동일 뿐이다. 데카르트는 이러한 홉스의 견해가 정신 나간 것이라고 생각했다. 그는 "아예 지구가 하늘이라고 하거나 혹은 당신 마음대로 아무거나 갖다 붙이라."고 대꾸했다.[9]

홉스는 '코기토'에서 도출해야 할 것은 "생각하는 사물은 형체가 있다."는 사실이라고 생각했다. 홉스에 따르면 인간의 사고는 본질적으로 심상의 조작이다. 심상은 "신체의 여러 부분에서 일어나는" 운동이다. 그러므로 사고는 육체적인 것이다. 데카르트는 그런 생각을 할 수 있다는 것이 신기했다. 사고가 어찌 물질과 관계가 있단 말인가? 17세기에 "사고하는 물질"은 상상조차 하기 힘든 개념이었다. 데카르트는 말했다. 모든 속성은 실체의 부분을 이루지만, "그렇다고 해서 그것을 물체의 관점에서 이해해야 하는 것은 아니다." 홉스와 데카르트는 극과 극이었다. 데카르트는 정신적 실체와 물질적 실체는 완전히 다른 것이라고 보았고, 홉스는 오직 물체만이 실체라고 보았던 것이다.

다시 데카르트의 관심사로 돌아가자. '코기토' 다음으로 해야 할 일은 의심과 사고와 실존을 넘어서 우리가 확신할 수 있는 것은 무엇인가 하는 것이다. 데카르트의 해법은 거짓 경험과 참 경험, 예컨대 꿈과 생시를 구별할 수 있는 인식론적 기준을 찾는 것이다. 그는 명석함과 판명함이 바로 그 기준이 될 수 있다고 생각했다. 즉 명석하고 판명한 것은 확실한 것이다. 반면에 홉스는 인식론적 기준이 회의주의의 해결책이 될 수 없다고 생각했다. 어떤 기준을 제안하더라도 그 기준이 올바른 것인지 어떻게 '아느냐' 하는 문제에 부딪히게 된다. 기준을 적용하기 전에 먼저 그 기준이 올바르다는 것을 알아야 한다면, 자기 패배적 결과는 피할 수 없다.

홉스는 회의주의의 인식론적 문제는 인식론 안에서는 해법을 찾을 수 없다고 생각했다. 정당화될 수 있는 기준도 없고, 특별히 진실성을 인정받을 수 있는 경험도 없기 때문이다. 대상을 가리키는 말과, 그 말이 가리키는 대상이 서로 일치하는 것을 찾아야 했다. 약정적 정의가 바로 답이었다. 약정적 정의는 정의의 형태로 대상을 개념화하는 것이다. '인간은 이성적인 살아 있는 물체다.', '사각형은 4개의 등변과 4개의 직각으로 이루어진 평면 도형이다.'와 같은 것이 약정적 정의에 속한다.

홉스와 데카르트는 반론과 응답을 주고받으면서 독설을 쏟아낸다.

데카르트가 신의 관념에서 신의 존재를 증명한 것을 두고 홉스는 이렇게 말한다. "우리는 신의 관념을 지니고 있지 않다. …… 따라서 이 (데카르트의) 논증은 와해된다." 끝. 데카르트도 같은 방식으로 대꾸한다. "우리는 신의 관념을 지니고 있으므로 …… 이(홉스의) 반론은 와해된다." 끝. 인간은 신의 관념을 지니고 있지 않다고 홉스가 거듭해서 말하자 데카르트는 격분한 끝에 이렇게 말한다. "우리가 신의 관념을 지닐 수 있는지 골백번도 넘게 생각해보았다. 이 반론은 절대로 내 증명을 무너뜨릴 수 없다."[10]

홉스는 다른 방식으로 신의 존재를 추론했다. 모든 수학적 증명이 정의와 공리로 거슬러 올라가듯이, 자연 현상에 대한 모든 설명은 "신의 손"에서 끝난다.[11] 신에 대한 믿음에 관한 한, 인간은 맹인과 같다. 앞장에서 본 것처럼, 맹인은 열에 대한 느낌으로 불의 존재를 믿는다. 맹인은 불 자체를 볼 수 있는 감각 기관은 없지만, 불의 효과에서 불의 존재를 추론한다. 마찬가지로 인간은 신 자체를 직접 경험할 수 있는 감각 기관은 없지만, 신이 자연으로 보여준 효과를 보고 신을 믿는다. 이리하여 인간은 신에 대한 관념이 없어도 신을 믿을 수 있다. 이것은 우리가 극히 작은 물체들에 대한 관념이 없어도 그런 물체들의 존재를 믿을 수 있는 것과 같다.

홉스는 인간이 신에 대한 관념을 지닐 수 없다는 입장을 결코 포기한 적이 없다. 그러나 그의 증명은 매우 이상하다. (1) 사람들은 모양과 색깔에 관한 관념이나 심상을 지니고 있다. 그리고 "이 심상이 사람[의 모양과 색깔]과 같은 것인지 아닌지 의심할 수 있다." (2) 천사에 관한 심상을 지닐 수도 있다. 화염이나 미소년의 모습으로. 하지만 이 심상이 천사와 같은 것인지 아닌지는 알 수 없다. 그러므로 인

프랑스 수학자이자 철학자 르네 데카르트.
홉스와 데카르트의 철학 논쟁은 1640년부터
10여 년간 이어졌다.

간은 천사에 관한 관념은 지닐 수 없다. (3) "같은 방식으로 우리는
하느님의 신성한 이름에 부합하는 관념이나 심상은 지닐 수 없다."
따라서 인간은 영혼이나 실체에 관한 관념도 지닐 수 없다. (1)에 관
하여 홉스는 인간의 심상은 결코 대상의 상을 있는 그대로 반영하는
것이 아니라고 생각하고 있다. 그렇다면 신에 대한 관념이나 심상이
존재하지 않는다는 것이 왜 중요할까? 또한 홉스는 '관념'과 '심상'을
바꿔 쓸 수 있는 말로 사용하는데, (2)에서는 천사의 심상만을 언급
하고 있다. 화염이 천사의 심상이나 관념이 되지 못할 이유는 무엇인
가? 게다가 많은 사람이 천사에 대한 자신들의 심상이 천사의 모습
과 같은 것이라고 믿고 있다. 그들이 틀렸다고 말할 수는 없다. (3)에
관해서도 같은 말을 할 수 있다. 사람들은 신에 대한 심상을 지니고
있고, 그 심상이 신과 같다고 믿고 있다. 비록 신의 실제 모습과 같지
않다 하더라도 다른 심상으로 신을 생각하는 것과 조금도 다를 바가

없다. 신의 실제 모습과 다르기는 마찬가지니까. 내 생각엔 홉스가 제대로 표현하지는 못했지만, 신은 영묘한 물체이므로 우리의 감각으로는 파악되지 않는다고 말하고 싶었던 것 같다. 그러므로 사람들이 신에 대해 지니고 있는 심상은 일반적인 물체들에 지니고 있는 심상과는 달리 인과 관계가 없다는 것이다. 이 주장은 충분히 납득이 가고, 모든 혹은 대부분의 스콜라 철학자들과 아리스토텔레스 계열의 철학자들도 흔쾌히 동의할 것이다.

홉스는 인간이 신에 대한 관념을 지닐 수 없다는 자신의 주장을 방어하기 위해 이렇게 말했다. "하느님은 개념의 대상이 아니라는 것이 우리가 따라야 할 기독교의 교리이다." 홉스가 말한 기독교 교리는 하느님은 "불가해한(incomprehensible)" 존재라는 신조를 말한다. 데카르트는 들은 척도 하지 않고 "우리는 신에 대한 관념을 지니고 있음이 명백하다."고 말했다. 기독교 교리는 신에 대한 인간의 관념이 "완전히 합당한" 것은 아니라는 뜻이지, 그러한 관념이 실존하지 않는다는 뜻은 아니라는 것이다.[12] 홉스와 데카르트의 대립은 '어떤 것에 대한 관념의 존재'를 결정하는 기준의 차이에서 비롯된 것이다. 캔터베리 대주교 안셀무스와 마무티에 수도사 가우닐로(Gaunilo)도 동일한 논쟁을 벌인 적이 있다. 안셀무스와 데카르트는 둘 다 신의 존재에 관해 존재론적 증명을 했고, 인간은 신에 대한 관념을 지니고 있다고 주장했다. 반면에 가우닐로와 홉스는 이를 부정했다. 양쪽은 철학적으로 달랐을 뿐, 종교적 신앙심에서는 우열을 가릴 수 없었다.

적의의 원천
홉스와 데카르트가 서로에게 한 말 중 상당 부분은 철학적 쟁점과는 관계가 없었다. 각자 서로의 명성을 떨어뜨리려는 책략을 꾸미고 있었다. 두 사람은 영광을 얻기 위한 싸움은 제로섬 게임이며, 독창성을 인정받는 것이 곧 승리라고 생각했다. 홉스는 데카르트의 회의주의적 고뇌는 이미 고대인들이 다 말한 것을 재탕한 것에 불과하다고 폄하했다. 이 적대감은 무엇 때문이었을까?

홉스와 데카르트의 철학이 많이 달랐던 이유도 있지만, 이것만으로는 설명이 부족하다. 데카르트는 물리 법칙에 구속되지 않는 실체가 있으며, 합리성과 자유 선택은 바로 이러한 종류의 실체에 의존하고 있다고 생각했다. 그래서 그는 인간의 정신은 비물질적이라고 믿었다. 홉스는 합리성은 계산에 불과하며, 자유 의지는 사실상 불가능하다고 생각했다. 그는 비물질적 실체라는 것은 존재하지도 않거니와, 그런 개념 자체가 모순이라고 생각했다. 두 철학자는 확실성에 대한 관념도 달랐다. 데카르트는 회의주의에 사로잡혀 있었지만, 홉스는 그렇지 않았다. 데카르트는 신(神)으로 문제를 풀었다. 신의 선량함이 확실성을 보증한다는 것이다. 홉스는 인간의 의지에 의한 정의(定義)로 문제를 풀었다. X라는 단어가 Y를 의미하기로 작정하면, 'X는 Y이다.'가 진리가 된다는 것이다.

그러나 나는 두 사람이 차이점을 더 잘 설명할 수 있는 원칙이 있다고 생각한다. 그 원칙은 바로 유사성이 경멸을 낳는다는 점이다. 홉스와 데카르트는 둘 다 물리적 세계를 유물론·기계론으로 설명하고자 했다. 둘 다 우주의 물리 법칙을 수학 공식으로 나타내고자 했다. 둘 다 감각은 대상의 실제 모습을 반영하는 것은 아니라고 생각했고, 관념은 그 관념을 불러일으킨 물리적 대상의 모습과 같은 것은 아니라고 생각했다. 색깔, 소리, 맛, 향기 등은 경험을 거쳐 인식된 것일 뿐 물체 자체의 속성은 아니라는 것이다. 성격 면으로 보면 둘 다 허영심이 강하고, 명예를 추구하고, 자기 도취에 빠져 있었으며, 자칭 천재였다. 이것은 객관적인 진술이다. 두 사람 다 최고가 되고 싶어 안달이었다.

둘의 견해가 비슷하다는 홉스의 주장에 대해, 데카르트는 홉스가 우위를 차지하기 위해 선수를 치는 것이라고 생각했다. 홉스는 메르센에게 자기의 아이디어를 이미 1630년에 뉴캐슬과 그의 동생에게 설명한 적이 있다고 말했다. 데카르트는 "유치하고 가소로운" 주장이라고 일축했다. 그는 홉스에게 도전장을 던졌다. "홉스의 철학이 그런 것이고, 다른 사람이 그것을 훔칠까 봐 걱정된다면, 그 철학을 책으로 출판하라고 하시오. 그가 출판한 후에 내가 출판하겠다고 그에게 알려주시오."[13] 데카르트가 자신만만하게 도전하게 된 데에는, 출판 실적이 별로 없는 50대의 홉스가 출판업자를 쉽게 구하지 못할 것이라는 계산이 작용했을 수도 있다.

홉스가 최고가 되고 싶어 안달이라는 것을 안 적대자들은 이 점을 이용하여 홉스의 약을 올렸다. 이런 사실은 1650년대 중반에 존 월리스와 홉스가 주고받은 편지를 보면 분명하게 알 수 있다. 월리스는 《홉스의 기하학 목록》에서 홉스의 저작은 독창성이 없다고 썼다. 홉스는 자신의 견해가 데카르트와 어떻게 다른지 열심히 설명하려 했고, 나아가 자신의 업적이 절친 가상디와 사람 좋은 딕비의 업적을 넘어서는 것이라고 자찬했다.

데카르트를 읽어보라. 감각의 대상에 운동이 있다는 이야기는 전혀 없고 행동하는 성향이 있다고 되어 있는데, 무슨 말인지 도대체 알 수가 없다. 가상디와 딕비 경의 견해도, 이들의 저작을 보면 알 수 있듯이 에피쿠로스와 다를 바 없다. 내 주장은 그들과는 아주 다르다. 그들 둘을 포함하여 내가 파리에서 대화했던 사람들 중 누구든, 내 학설의 출간을 막았다 하더라도 나보다 먼저 그런 것을 발견했다고 주장할 수는 없다. 그것이 내 학설이라는 것을 메르센이 《탄도학(Ballistica)》에서 분명하게 밝혔기 때문이다. 이 책의 처음 세 쪽은 감각과 영혼의 기능 정지에 관한 내 의견을 설명해놓았다.[14]

그러나 메르센의 《탄도학》(1644년) 서문에 언급된 홉스의 물리학 저작은 데카르트에 미치지 못한다.

오늘날의 학자들은 데카르트의 유심론을 필요 이상으로 강조한다. 유심론이 《제1철학에 대한 성찰》의 중심 주제인 것은 맞지만, 그 책은 딱 한 번 시험 삼아 읽는 것이 올바른 독법이다. 그 책은 회의주의의 귀신을 물리치기 위한 액막이굿이다. 귀신을 물리치고 나면 자신의 삶으로 돌아와야 한다. 데카르트의 신(神)도 마찬가지다. 신은 확실성을 보증하기 위해 필요하다. 일단 기초가 놓이고 나면, 신은 과학적 설명에서 아무런 역할도 하지 않는다. 과학적 연구를 하는 사람들에게 신은 쓸모없는 가설이다.

1640년대 초반에 홉스는 자신의 철학과 데카르트의 철학이 유사하다고 열심히 강조했다. 그것이 지식인으로서 신용을 쌓을 수 있는 길이라고 생각했기 때문일 것이다. 1641년 봄에 홉스는 데카르트가 홉스 자신의 이론에 대해 아무 말이 없는 이유는 그 이론에 동의하기 때문이라고 말했다. 데카르트는 자신이 침묵한 이유를 전혀 다르게 설명했다. "나는 홉스의 책을 진지하게 읽지 않았기 때문에 그의 이론을 반박할 필요성도 느끼지 않았다."[15] 이미 1641년 2월에 데카르트는 더는 홉스를 상대하고 싶지 않다고 메르센에게 말했다.

홉스와 관계를 끊고 대꾸하지 않으려 합니다. 그의 성격으로 보건대, 대화를 하면 할수록 둘 사이에 적대감만 커집니다. 그러므로 그를 위해서나 나를 위해서 이쯤에서 그만두는 것이 좋겠습니다. 당신이 알고 있는, 책으로 출판되지 않은 내 의견에 대해서 더는 홉스에게 알려주지 마시오. 내 판단이 틀리지 않다면 홉스는 나를 밟고 올라서는 교활한 방법으로 명성을 얻으려 하고 있습니다.[16]

홉스도 지지 않았다. 1644년 데카르트가 모처럼 파리를 방문했는데, 홉스는 그를 만나기를 거절했다. 1646년 3월에 존 펠이 찰스 캐번디시에게 쓴 편지를 보면, 데카르트가 홉스에 대해 뭐라고 했는지 "차마 말할 수 없다."고 씌어 있다.[17] 홉스와 데카르트는 1648년에 메르센의 주선으로 만났지만 언쟁만 벌이다 헤어졌다. 이것이 마지막 만남이었다. 홉스가 《철학의 원리》(1644년)를 조금만 읽어보았더라면 데카르트의 철학이 자기와 같지 않다는 것을 알았을 것이다.

칭찬은 칭찬을 하는 사람만큼 값어치가 있는 것처럼, 비판도 그렇다. 홉스는 데카르트의 찬사를 받지 못하자 그를 깎아내렸다. 홉스는 오브리에게 이렇게 말했다. 그 프랑스인이 "기하학에 전념했더라면 세계 최고의 기하학자가 되었을 것이다. 그의 머리는 철학에 적합하지 않다."

홉스는 1660년대에도 데카르트에 대해 험담을 쏟아냈다. 데카르트가 공기 입자는 "나뭇가지"와 같다고 하자, "제정신으로 그런 소리를 할 사람은 없을 것"이라고 혹평했다.[18] 말년에 가서는 마음이 좀 누그러진 것 같다. 죽기 한 해 전에 출판된 《자연철학 10화》에서는 데카르트가 "재능이 아주 풍부한 사람"이라고 평가했다.[19] 죽은 사람에 대해서는 덕담만 하라는 격언이 가슴에 와닿았을지도 모르겠다. 자신이 죽은 후에도 자신의 비판자들이 그렇게 해주기를 바랐을 테니까.

주교제 폐지 논쟁

망명 중에도 홉스는 고국의 정세를 살폈다. 그는 주교 제도의 폐지를 청원하는 1641년 4월의 노팅엄 청원서를 읽고 논평했다. (이 청원은 주교 제도의 "뿌리와 가지"를 제거하라는 런던 청원에 이어 계속된 수많은 청원 중 하나였다.) 홉스도 타락한 성직자들의 행위를 변호할 수는 없었다. 주교들을 향한 혐오감이 널리 퍼졌다. 한 의원이 말했다. "주교들이 모든 종교를 망쳐놓고 있다."[20] 주교 제도가 남용되고 있다고 해서 주교 제도 그 자체가 잘못이라고 말할 수는 없었다. 당시 많은 이들이 그랬듯이, 홉스도 주교들과 주교 제도를 구별하고자 했다. "성직자와 그들의 관료들이 저지른 비행이 넘쳐난다. 부정할 수도 없고, 용서할 수도 없다. 하지만 그런 비행이 주교 제도 자체에서 비롯된 것인지는 아직 증명되지 않았다."[21] '뿌리와 가지 청원(The Root and Branch Petition)'에 반대 입장을 표한 일부 베드퍼드셔 사람들은 "개인적인 일탈이 있다고 해서 제도 자체를 없애자는 것은 위험한 결론"이라고 말했다.[22] 기독교는 여러 관리 방식으로 규제되었으므로 주교 제도 그 자체가 비행의 원인이라고 할 수는 없었다. 홉스는 이렇게 썼다. "경험으로 보면 …… 종교 권력과 시민 권력 간의 다툼이 근년에 들어 모든 기독교 국가에서 발생한 내전의 가장 큰 원인이었다."[23] 홉스는 교회 정치 제도 중에서 주교 제도가 가장 낫다고 생각했다. 1668년경에 홉스는 이렇게 말했다. "나를 아는 모든 이들은 주교 제도가 최선의 교회 정치 형태라는 것이 내 의견이라는 점도 알고 있다."[24] 제임스 1세와 마찬가지로 홉스는 주교 제도가 군주제를 유지하는 데 가장 유리하다고 생각했다. 주교 제도는 군주정처럼 위계질서가 엄격하다. 제임스 1세는 "주교가 없으면 왕도 없다."고 했는데, 다소 과장되기는 했지만 그 취지는 틀리지 않다.

1630년대에 국교회 성직자들은 주교 제도가 '신법(神法)', 즉 예수가 세우고 하느님이 명령한 것이라 여겼다. 홉스는 이것이 문제라고 생각했다. 많은 이들이 그랬듯이, 홉스도 신법 이론은 이기적이며 역사적 근거가 없다고 여겼다. 주교 제도가 일찍 등장하긴 했지만, 초창기부터 존재했던 것은 아니다. 그러므로 상황에 따라 다른 제도도 수용 가능했고, 1641년과 1651년에 홉스는 장로제를 제외한 다른 제도를 받아들일 의향도 있었다. 홉스는 스코틀랜드의 장로제는 끝까지 파괴적인 제도라고 보았다. 그는 '뿌리와 가지 청원'에 대한 장로파의 지원은 위선적이며 이기적이라고 생각했다. 장로파가 주교를 몰아내고 그 자리를 차지하려 한다고 생각했다. 홉스는 1641년 6월 의회에서 논의 중인 계획, 즉 모든 교무(敎務)를 평신도 9명이 관할하는 계획이 승인된다면 장로파가 불안해할 것이라고 생각했다.[25]

홉스의 견해는 영국 국교회 사람들과 비슷하거나 더 보수적이었다. 포클랜드는 주교 제도의 폐지를 강력하게 주장했다. 클래런던은 내전을 막을 수만 있다면 교회학을 바꿀 의향까지 있었지만, 그렇게 될 가능성이 없다고 생각했다. 클래런던은 하원에서 주교들을 몰아내는 것은 종교에 대한 공격이 아니라 "정의의 파괴"라고 생각했다. 그는 자서전에서 주교 제도는 "영국 정부의 일부"였지, 신법은 아니라고 썼다.[26] 4장에서 말한 것처럼, 홉스는 《리바이어던》에서 주교 제도에서 한 걸음 물러날 뜻을 비쳤다. 즉 주교 제도가 폐지되고 국교가 해골만 남은 상황에서 "자신의 뜻에 따라 혹은 바울을 따르고, 혹은 베드로를 따르고, 혹은 아볼로를 따르던 원시 기독교도들의 독립성이 …… 분쟁만 일으키지 않는다면 최선의 형태일 것"이라고 말했다.[27] '독립성(Independency)'이라는 말에 유의하라. '독립파(Independents)'는 제 갈 길을 가는 사람을 가리키기도 하지만, 1651년 영국에서 지배적인 종파의 이름이기도 했다. 이 주장에도 모순이 들어 있다. 바울은 "바울파, 베드로파, 아볼로파"로 분열된 상황을 개탄하면서, 모든 기독교도들이 예수 안에서 단결할 것을 호소했다. 홉스는 독자들이 이러한 모순을 눈치챌 것이라 예상하고 그렇게 말했을 것이다.

《철학의 원리》

4장에서 설명했듯이 1630년대에 홉스는 철학의 전체적인 체계를 《철학의 원리》라는 제목으로 출판한다는 계획을 세웠다. 이 저술은 '물체론', '인간론', '시민론'의 3부로 구성될 예정이었다. 2부와 3부의 주요 내용은 《법의 원리》로 출간했으므로, 이제 1부를 쓸 차례였다. 그러나 1부는 1655년에야 출판되었고, 2부는 1658년에 출판되었다.

홉스의 과학적 발전에 대한 일반적인 견해에 따르면 홉스는 1630년대 초에 유물론적·기계론적 관념을 구상했지만 상당 기간 동안,

어쩌면 1650년대까지도 진전을 보지 못했다. 최근에 리처드 턱은 이 견해를 반박하는 증거를 제시했다. 리처드 턱에 따르면 홉스는 "1637년까지도 이렇다 할 자연철학이 없었다."[28] 이때는 데카르트의 《방법서설》을 읽기 전이다. 1640년대에 이르러서야 "정교하고 세련된" 이론을 갖추게 되었다는 것이다. 이 책에서 그가 제시한 증거 하나하나를 따질 수는 없지만, 진실은 그 중간 어느 쯤에 있을 것이다. 이 문제는 '이론을 세웠다'는 것을 어느 수준에서 결정할 것인가이다. 이 문제에 관한 분명한 증거 몇 가지를 소개하겠다.

1644년에 홉스의 과학과 관련 있는 저술 2권이 출간되었다. 하나는 (메르센의 호의로 출판된) 《광학 논고》라는 짧은 논문인데, 여기에서 홉스는 시각과 빛에 관한 자신의 견해를 밝히고 있다. 첫머리는 이렇게 시작한다. "모든 행동은 동인(動因)의 장소 이동(물체가 공간을 이동하는 것)이다. 이것은 모든 정념이 수동자의 장소 이동인 것과 같다. '행동 주체'란 물체를 말한다. 이 물체의 운동이 다른 물체에 작용하여 효과를 낳는다. '수동자'는 다른 물체의 작용에 의해 운동이 생성되는 물체를 말한다."[29] 같은 시기에 메르센은 《탄도학》을 출간했다. 이 저작의 명제 24는 홉스의 연구를 토대로 한 것이었다. 메르센은 서문에서 이 사실을 언급했고, 홉스 철학의 개요도 소개했다. 서문에 소개된 내용에 따르면 만물은 "장소 이동", 즉 물체가 공간에서 운동하는 것으로 설명할 수 있다. 한 물체가 다른 물체를 타격할 때 일이 일어난다. 이 견해에 따르면 감각은 외부의 물체가 감각 기관에 작용하여 일어나게 된 동물체 내의 운동일 뿐이라는 추론이 가능하다. 예를 들면 시각은 "발광 물체가 투명한 매질을 통해 전파되는" 운동의 결과이다.[30] 《광학 논고》에 따르면 시각은 발광 물체가 작용해 시각 기능이 있는 물체 내에 생겨난 정념이다. "그 물체가, 혹은 그 물체의 일부가 자신의 장소에서 눈까지 이동해 오는 것이 아니다."[31] 이 두 저작을 보면, 이 시기에 홉스의 연구가 진전되고 있음을 알 수 있다. 그러나 훌륭한 수준에 이르렀다고 보기는 어렵다.

그러면 《물체론》은 어떻게 된 것일까? 홉스는 1645년 봄에 13장까지 썼다고 말했다. 1646년 여름에 진척이 잘 안 되고 있다고 말한다. 그해 11월에 찰스 캐번디시가 존 펠에게 보낸 편지에는 "홉스 씨의 책이 나오려면 한참 기다려야 할 것입니다."라고 씌어 있다.[32] 1648년에 홉스는 《물체론》 작업을 다시 시작했다고 썼다. 그러나 출간까지는 갈 길이 멀었다.

《물체론》 작업은 《철학의 원리》를 어떻게 구성할 것인가와 관계가 있었다. 이 무렵 홉스는 2부로 계획된 《인간론》을 작업하고 있었고, 내용도 《물체론》과 중복되었다. 그는 《인간론》을 쓰기 위해 수집했던 자료들 중 많은 부분을 〈광학 초고〉(1646년)라는 제목의 영문 원고에 포함시켰다. 《시민론》 작업이 끝나자 홉스는 이 책을 데번셔에게 헌정했다. 홉스는 이 책을 만족스럽게 생각했고, "초판은 라틴어로 출간"하고 싶었다. 라틴어로 쓴 《인간론》과의 통일성을 염두에 두었기 때문일 것이다. 그러나 《인간론》 15개 장 중 앞의 8개 장만 1649년에 완성되었고,[33] 1658년이 되어서야 완성본이 출간되었다.

〈광학 초고〉는 지금까지 출간되지 않았다. 대영도서관에 있지만 읽는 사람도 별로 없다. 이 원고는 2부로 구성되었다. 1부는 빛, 투명, 반사의 본질 같은 문제들을 다룬다. (같은 주제가 《물체론》에도 나오는데, 다른 방식으로 다룬다.) 2부는 9개 장으로 되어 있고, 시각(視覺)을 다루고 있다. 이 9개 장의 내용이 《인간론》의 8개 장이 된다. 〈광학 초고〉의 2개 장을 《인간론》에서는 하나로 합쳐서 8개 장이 된 것이다. 〈광학 초고〉의 시각 부분은 《인간론》의 해당 부분에 비해 분량이 두 배쯤 되고, 내용도 꽤 차이가 있다.[34] 요컨대 1640년대에 이르러서도 홉스의 철학은 아직 중심이 확실히 서 있지 않았다.

《시민론》 2판의 출간을 협의하기 위해 쓴 편지에서는 《물체론》이 1년 안에 완성될 것이며, 게으름 탓도 있지만 논란의 여지가 없는 저작으로 만들고 싶어 늦어지고 있다고 말하고 있다. 두 가지 이유 모두 믿기 어렵다. 1642년에서 1646년 사이에 《물체론》과 관련된 엄청난 분량의 원고를 썼고, 《시민론》의 내용을 확장하여 2판을 준비한 것을 보면 게으름은 이유가 될 수 없다. 나아가 같은 편지에서 홉스는 소르비에르에게 《시민론》 2판의 제목을 바꾸어 달라고 요청했다. 1판은 '철학의 원리 3부 시민론'이었는데, 2판은 '철학의 원리, 시민론'으로 해 달라고 한 것이다. 그렇게 하는 것이 더 잘 팔릴 것이라고 설명했다. 그러나 만일 1부나 2부가 완성 단계에 접어들어 연내에 출간될 수 있도록 준비되었다면, 오히려 긴 제목이 더 나은 광고 효과를 얻었을 것이다.

홉스의 작업을 지연시킨 다른 사정도 있었다. 1646년 초여름 홉스는 웨일스 공의 수학 가정교사직을 수락했다. 한두 달 전에 그는 《물체론》이 연내에는 완성될 것이라 믿었고, 막바지 작업은 남부 프랑스에 있는 친구 드 마르텔(de Martel)의 영지에 가서 하기로 결정했다. 홉스는 표현을 간명하게 하는 일만 남았다고 생각했다. 그는 자신의 아이디어를 어떻게 표현할 것인가를 놓고 고심했다. 자신의 저작을 강력하고 완벽하게 만들어 "비판의 여지를 없애고" 싶었다. 이런 말은 늑장 부리는 사람들이 상투적으로 하는 말이다. 제때에 일을 끝내지 못했을 때, 이를 합리화하려고 스스로 완성의 기준을 높이는 것이다. 홉스는 "건강이 허락한다면" 연내에 완성될 것이라고 예측했다. 그런데 작업은 완성하지 않고 웨일스 공의 가정교사를 시작했다. (이 기간에 에드먼드 윌러의 가정교사도 맡았다.) 이리하여 홉스의 예측과는 달리 《물체론》은 1646년 말까지 완성되지 못했고, 그의 건강도 좋지 않았다. 1647년 후반기에는 중병을 앓았다. 정신적 긴장과 실의 때문이었을까? 1649년에는 여름이 가기 전에 《물체론》이 완성될 것이라 예측했다.[35] 그러나 아니었다. 작업은 또 늦어졌다. 《물체론》은 1655년이 되어서야 출간됐다.

《물체론》과 《인간론》의 완성과 출판을 지연시킨 것은 다른 학자들의 방해가 아니라 홉스 자신의 지적인 한계 때문이었다. 내가 보기엔 그렇다. 그러나 홉스는 독자들에게 그런 사정을 제대로 설명할 수 없었다. 그는 2판 서문에서 3부인 《시민론》이 1부와 2부보다 먼저 출간된 이유를 이렇게 설명하고 있다. 내전에 이르게 된 잇따른 사건들로 인해 정치 이론 작업이 시급했다는 것이다. 아마도 왕을 편들기 위해 그랬을 것이다. 그렇다면 《시민론》이 1642년에 먼저 출간된 것은 이해가 간다. 하지만 1부와 2부가 1647년까지도 출간되지 않은 것은 설명이 안 된다. 1651년에 출간된 《시민론》의 영역판 《정부와 사회에 관한 철학적 기초》에서 홉스는 이렇게 말하고 있다. "그러므로 1부에서는 제1철학과 물리 현상의 원리들을 다룰 **예정**이었다. …… 2부에서는 생리학에 관해 논할 **예정**이었다."(강조—저자) 리처드 턱은 라틴어 원본을 제대로 번역하면 다음과 같다고 지적한다. "그러므로 1부에서는 형이상학과 물리학의 원리들을 다룬다. …… 2부에서는 생리학에 관해 논의한다. …… 3부의 내용은 앞에서 말했다."[36] 리처드 턱은 라틴어본과 영어본의 차이가 번역자의 실수 탓이라고 말한다. 번역자가 현재 시제(continet/occupatur)와 미래 시제(continebit/occupabitur)를 혼동했을 것 같지는 않다. 《시민론》의 2판 제목을 바꾼 것을 보면 홉스가 번역자에게 시제를 바꾸도록 요청했을 수도 있다. 《철학의 원리》 1부와 2부가 출간되려면 몇 년이 더 필요하다고 생각했다면 그랬을 수도 있다.

《시민론》, 정치학의 기하학적 증명

홉스는 《시민론》을 쓰는 데 2년이 걸렸다고 했는데, 《시민론》은 1642년 4월에 출간되었다. 그렇다면 홉스는 찰스 1세가 장기 의회와 싸우던 시기에 그 책을 썼다. 초고는 이미 《법의 원리》로 준비되어 있었다. 앞에서도 언급했지만, 홉스는 《시민론》을 쓰게 된 사정을 1647년판 서문에서 이렇게 밝혔다.

전란에 휩싸이기 몇 년 전부터 고국에서는 백성들이 지배할 권리와 복종에 관한 문제를 제기하여 온 나라가 들끓고 있었다. 다가오는 전쟁에서 일선에 서게 될 사람은 바로 백성들이었다. 나는 열 일을 제쳐두고 3부만 뽑아서 서둘러 완성했다. 이런 사정으로 순서상 마지막에 와야 할 것이 시간상 가장 먼저 나오게 되었다.[37]

홉스는 내전을 일으킨 사람들에 대한 혐오를 노골적으로 드러냈다. 그는 "사사로운 개인들"이 "당신들의 유혈을 헤치고 나아가" 권력을 잡도록 하는 것보다는 정부의 괴롭힘을 견디는 것이 훨씬 더 낫다고 말했다.[38] 홉스는 다가올 비극을 이렇게 예고했다.

폭군은 합법적으로 처형할 수 있다는 이 하나의 오류 때문에 얼마나 많은 왕과 선량한 이들이 살해되었던가! 이유가 있으면 군주도 제거할 수 있다는 이 허위 입론으로 얼마나 많은 목이 잘렸던가! 많은 행정가가 왕보다 우월하다는 그릇된 이론으로 얼마나 많은 피가 흘렀던가! 왕명의 정당성 여부를 사사로운 개인이 판단할 수 있고, 복종하기에 앞서 그 명령을 반박해도 되고, 마땅히 반박해야 한다는 가르침 때문에 얼마나 많은 반란이 일어났던가![39]

로크는 정치철학이 내전을 유발하는 것은 아니며, 정치철학으로는 전제 정부를 안정시킬 수 없다는 냉정한 견해를 품고 있었다. 그러나 홉스는 사상의 힘을 믿었고 자신의 이론으로 유혈을 막을 수 있다고 생각했다.

옳고 그름과 선악에 관한 진정한 판단 기준은 각국 정부의 실정법밖에 없다는 것을 보여준다면 (사악한 정치철학의) 암운이 걷힐 것이며, …… 평화로 가는 길이 열릴 것이며, 파벌과 파당이 판치는 좁고 어둡고 위험한 뒷골목을 피할 수 있을 것이다. 이보다 더 유용한 것이 어디 있겠는가?[40]

이러한 신념을 품고 있었기에 홉스는 《리바이어던》에서 자신의 이론을 대학에서 가르칠 것을 촉구했으며, 《비히모스》에서는 타락한 정치철학을 내전의 원인 중 하나로 지목했다.

《시민론》 초판은 파리에서 소량으로 간행되었다. 1백 부를 넘지 않은 것 같다. 비용은 딕비가 댔는데, 그가 말한 것처럼 "지인 몇몇"을 위한 용도였다.[41] 나중에 홉스는 이 책으로 자신이 유명해졌다고 말했다. 그랬다. 그러나 즉시 유명해진 것은 아니다. 《시민론》을 읽은 사람들은 깊은 감명을 받았다. 하지만 부수가 소량이었기에 홉스의 명성은 주요 지식들인 사이에서 입소문으로 전해졌다. 그 이듬해 출간된 《반화이트론(Anti-White)》에서 홉스는 명성에 연연하지 않는다고 말했다.

나든 누구든 높은 명성을 얻지 못하는 이유는 우리가 기술자도 아니요, 탁월하지도 않기 때문이다. 아니, 우리가 그렇다 해도 알려지지 않았을 것이다. 국사(國事)에 공이 있어 얻게 되는 대중적 명성을 철학자들이 기대해서는 안 된다. 한 나라는 물론이고 전 인류의 선과 명예를 위해 분투하는 사람들이 대중의 평가를 의식하여 연구에 방해를 받는다면, 이는 인류에게 불행한 일이 될 것이다.[42]

홉스의 태도는 분명하고 칭찬할 만하다. 철학자들이 중요한 일을 하기는 하지만, 다른 사람들보다 더 나은 일을 하는 것은 아니다. 모든 사람이 최소한 다음과 같은 말에 동의할 것이다.

법을 지키기 위해 철학자가 되어야 하는가? 통치자들은 '아니'라고 할 것이다. 무식한 사람들도 '아니'라고 할 것이다. 철학자들 자신도 논란 끝에 '아니'라고 할 것이다. 많은 철학자가 서로를 헐뜯으며 시정잡배와 다를 바 없는 짓을 하는 것을 보면, 그것도 스스로 일반 대중들 위

에 있다는 자만심까지 품고 그런 짓을 하는 걸 보면 아닌 것이 분명하다.[43]

1647년 홉스에게 기회가 왔다. 그해에 나온 《시민론》 2판은 더 많은 부수를 찍었다. 일부 항목에는 초판에 없던 각주가 추가되었다. 모순적이게도 마스턴 무어 전투의 패배가 결과적으로 홉스가 정치철학자로서 명성을 얻는 데 도움이 되었다. 왕당파에게는 그 패배가 결정타였고, 다수가 유럽으로 망명했다. 이들은 유럽에서 홉스를 알게 되었고, 그의 이론도 알게 되었다. 절대 왕정론은 프랑스의 로마가톨릭교도들에게도 매력적이었다. 당시 프랑스는 사실상 절대 왕정이었다. 《리바이어던》과는 달리 《시민론》에는 가톨릭에 대한 혹평이 들어 있지 않았다.

헌정사에는 왕을 대하는 고대 로마인들의 무지한 태도와 정치를 공공연히 논하는 사사로운 개인들의 불순함에 대한 언급이 있는데, 영국 사람들과 의회파 지도자들을 빗대어 말한 것이다. 홉스는 인간이 인간에 대해 늑대(homo homini lupus)라는 점을 인정한다. 그러나 이러한 관계는 국가와 국가 사이에서 나타날 뿐이다. 그 사이에서는 그들의 행동을 통제할 법률을 제정할 수 있는 국가가 없기 때문이다. 정부의 보호를 받으면 인간은 인간에 대하여 신(homo homini deus)이다. 주권자는 "정의와 자비"를 실현한다. 주권자를 신으로 보는 홉스의 태도는, 앞에서 본 것처럼 제임스 1세가 종종 왕을 신에 비유한 것과 일치한다.

홉스에 따르면 자신의 저서가 나올 때까지는 플라톤을 포함한 그 어느 철학자도 정치를 과학적으로 연구하지 못했다. 정치학의 기초를 몰랐기 때문이다. 홉스는 자신이 그 기초를 발견했다고 말했다. 정의는 각자에게 그에게 속한 것을 주는 것이다. 이것이 바로 정치학의 기초라는 것이다. 소유권은 인민의 동의에서 생겨난다. 자연적으로 생기는 것이 아니다. 자연 상태에서는 모든 것이 공유물이다. 이 자연 상태가 소유 제도를 촉진한다. 공유물을 둘러싼 투쟁을 막는 길은 모두를 위해 대상물을 분할하는 것뿐이다. 대상물의 분할에 동의한 것이 바로 소유권이다. 요약하자면 홉스는 인간의 본성에 관해 다음과 같은 결론에 도달했다. 첫째, 사람들은 타인들이 관심을 보이는 사물을 자기 것으로 만들고 싶어 한다. 둘째, 사람들은 폭력으로 죽임을 당하기를 원하지 않는다.

이와 같은 홉스의 견해를 이렇게 해석하는 사람들이 있다. 인간 본성은 그 자체로 죄가 있거나 사악하다는 것이 홉스의 의견이라는 것이다. 틀렸다. 《성경》에 나온 대로 홉스는 누구나 신법을 위반하고 있으므로 모든 인간이 사악하다는 것을 인정한다. 그러나 인간이 본성적으로 사악한 것은 아니다. 법이 없는 순수한 자연 상태에서는 사악함 자체가 불가능하다. 누구나 자신의 생명을 보존하기 위해 무엇이든 할 수 있기 때문이다. 홉스의 이론은 원죄 없는 칼뱅주의였다.

홉스는 여러 나라의 독자를 위해 《시민론》을 라틴어로 썼다. 그러나 영어판으로도 출간하라는 요구가 있었다. 책의 내용이 영국의 정치적 격변과 관련 있었고, 영국 국교회 성직자들을 포함하여 많은 사람의 찬사를 받았기 때문이다. 1645년 망명 시인 에드먼드 월러는 《시민론》을 번역할 생각을 하다가 그만두었다. 오브리에 따르면 홉스의 번역 샘플을 보고는 자신의 번역이 그 수준에 미치지 못할 것 같아 그만두었다고 한다. 영어판은 1651년에 《정부와 사회에 관한 철학

《시민론》 초판(1642년). 홉스는 이 책에서 의회를 내전의 원인으로 지목하며 자신의 이론으로 내전을 막을 수 있다고 주장했다.

적 기초》라는 제목으로 나왔는데, 오브리의 이야기를 들으면 홉스 자신이 번역한 것처럼 보인다.

홉스가 번역자라는 가설을 의심하는 견해도 있는데, 거기에는 세 가지 이유가 있다. 첫째, 이 무렵 홉스는 《리바이어던》을 준비 중이었는데, 과연 이전의 저작을 영어로 번역할 필요가 있었는지, 혹은 그 정도로 시간적 여유가 있었는지 의심스럽다는 것이다. 이러한 사정은 홉스와 로버트 페인이 주고받은 편지에서도 확인할 수 있다. 페인이 홉스에게 《시민론》의 번역을 권하자 홉스는 다른 저작인 《리바이어던》을 준비하고 있다고 말한다. 둘째, 《리바이어던》을 준비하면서 《시민론》을 번역했다면 문체가 동일하고 표현이 같아야 할 텐데, 그렇지 않다는 것이다. 예를 들면 《시민론》에서는 "자연 상태(state of nature)"라는 말을 사용하지만, 《리바이어던》에는 그 표현이 나오지 않는다. 셋째, 영역본 《시민론》과 영어로 쓴 《리바이어던》의 일부 용어가 일치하지 않는다는 점이다. 예를 들면 전자에서는 '협약(compact)'이라는 단어를 사용하고 후자에서는 '신의 계약(covenant)'이라는 단어를 사용한다. 그 외에도 홉스가 한 실수라고 믿기 어려운 번역상의 오류가 여러 곳 있다. 예를 들면 영역본 《시민론》은 'arbitrium'을 '선택'이 아니라 '자유 의지'로, 'praecepisse'를 '권고'가 아니라 '명령'으로 번역했다. 홉스의 이론에서 중요한 차이가 있는 개념들이다. 아마도 홉스는 《리바이어던》을 준비하면서 《시민론》의 영역을 누군가에게 맡겼던 것으로 보인다. 번역 원고를 읽어보았겠지만 주의 깊게 읽지는 않은 것 같다. 홉스는 그 번역에 대해 불평한 적도 없고, 그 번역을 자신이 했다고 말한 적도 없다.

종교와 과학을 둘러싼 철학 논쟁

《시민론》이 출간되자 홉스는 1부―기하학과 물리학―에 전념할 수 있게 되었다. 그는 우회적으로 접근했다. 토머스 화이트의《세계론 대화록 3편》(1642년)에 대해 논평을 쓰기로 한 것이다. 화이트의 저작은 갈릴레이의《두 우주 체계에 관한 대화》의 제목을 본뜬 것 같다. 화이트―일명 알비우스(Albius), 블랙클로(Blacklo), 앵글루스(Anglus)―는 영국의 로마가톨릭 사제인데, 당시 망명 중이었으며 자칭 괴짜였다.

화이트는 정치적 · 지적 배교자, 비유하자면 로마가톨릭의 홉스였다. 그는 홉스보다 더 일찍 1640년 3월에 영국을 떠났는데, 정치적 이유로 망명했는지는 확실하지 않다. 두 사람 다 늦된 철학자였다. 둘다 동시대인들이 죽을 무렵의 나이에 유명해졌다.《시민론》을 출간했을 때 홉스는 50대 초반이었고,《세계론 대화록 3편》을 출간했을 때 화이트는 40대 후반이었다. 둘 다 메르센 모임에 드나들었다. 1640년 3월 10일자 메르센의 편지에는 두 사람이 함께 언급되어 있다. "당신이 말한 홉스 씨는 정말 식견이 탁월한 분이라서 그의 철학에 관해 알려드리고 싶고, 또 화이트 씨의 빛과 굴절에 관한 의견도 알려드리고 싶습니다만 과연 그렇게 할 수 있을지 장담할 순 없습니다."[44] 의회에서도 홉스와 화이트가 함께 거론되었다. 크롬웰의 청교도 혁명후에는 급진파 몇몇이 무신론자를 조사해야 한다는 주장을 제기했는데, 홉스와 화이트가 그 대상에 들어 있었다. 그러나 그들을 체포하는 데까지 이르지는 않았다. 당연히 신문도 없었다. 그러나 1640년대초에 홉스와 화이트의 관심사는 물리학이었다. 홉스의 목표는 근대 과학과 정통 기독교 교리를 조화시키는 것이었고, 화이트의 관심사는 아리스토텔레스와 원자론을 조화시키는 것이었다.

화이트는 케널름 딕비의 후원을 받았다. 딕비는 로마가톨릭교도이자 영국 국교도였으며, 앙리에트 마리부터 윌리엄 로드 대주교, 홉스, 데카르트에 이르기까지 모든 사람의 친구였다. 홉스와 딕비는 웰벡 대수도원에서 만났거나 1630년대에 '그레이트 튜' 모임에서 만났을 것이다. 딕비, 화이트, 홉스는 칠링워스와 친분이 있었으므로 '그레이트 튜' 활동을 함께했을 가능성이 크다. 홉스는 1630년대에 포클랜드와 화이트가 교황의 무오류성을 놓고 논쟁을 벌인 사실도 잘 알고 있었을 것이다. 홉스와 딕비는 1636년 파리에서 사이좋게 지냈다. 딕비는 남의 비위를 잘 맞추는 사람이었다. 그는 데카르트와 홉스 두 사람 모두에게 최고의 존경심을 나타냈다. 홉스를 "모든 살아 있는 사람 중에서 가장 많이 아는 당신"이라고 부르면서 이렇게 말했다. "당신이 하는 말은 무엇이든 최고의 가치가 있습니다. 왜냐하면 당신은 명확하고 성숙한 이성을 지녔기 때문입니다. 반면에 지식인이라는 자들은 망상에 사로잡혀 사상누각을 짓고 있습니다."[45] 그러나 홉스는 자신을 찬미하는 사람들이 데카르트까지 찬미하는 게 못마땅했다. 아마 메르센만 예외였을 것이다. 딕비는 1641년 데카르트를 영국에 정착하도록 초청했다. 아마 뉴캐슬과 그의 동생의 후원이 있었을 것이다. 이러한 행동과 화이트에 대한 노골적인 지지 때문에 홉스는 딕비와 멀어지기 시작했다. 《세계론 대화록 3편》은 1642년 초에 출판되었고, 딕비는 자신의 저서 《'의사의 종교'에 대한 고찰》에서 이 책을 칭찬했다.

홉스는 딕비의 저서를 보고 토머스 브라운(Thomas Browne)의 《의

사의 종교》(1642년 초판)에 관심을 보인 것 같다. 홉스는 여러 문제에 관해 브라운의 의견을 복창한다. 브라운이 "이제 기적은 없다."고 말했는데, 홉스는 "이제 기적을 볼 수는 없다."고 말한다. 브라운과 홉스 둘 다 기적은 자연의 법칙에 따른 것이라고 생각했다. 브라운은 "모든 것이 인공적이다. 자연은 하느님의 기술(art)이므로."라고 했는데, 홉스는 "자연, 즉 하느님이 이 세상을 만들고 다스리는 기술"이라고 말한다.[46]

《세계론 대화록 3편》이 출간된 직후 홉스는 이 책을 조목조목 반박하기로 결심했다. 500쪽에 달하는 원고를 써서 메르센에게 보냈고, 메르센은 그중 일부를 데카르트를 포함한 몇몇 지인들에게 보냈다. 그러나 《세계론 대화록 3편》의 형이상학에 깊이 공감한 데카르트는 홉스의 원고를 읽지 않았다. 홉스의 원고는 바로 출판을 해도 될 정도로 깔끔하게 정리되어 있었다. 1640년대에 그 원고를 읽은 사람들이 얼마나 호평을 했는지는 알 수 없지만, 그 원고는 오랫동안 잊혀졌다가 네덜란드 학자 코르넬리스 데 바르트(Cornelis de Waard)에 의해 재발견되었다.

원고의 앞부분에서 홉스는 철학을 이렇게 정의한다. "일반 공리, 혹은 모든 보편적인 것에 관한 과학. 이 과학의 진리성은 대상의 종류를 불문하고 자연적 이성에 의해 입증할 수 있다." '제1철학(형이상학)'은 "본질, 질료, 형상, 양, 유한, 무한, 질, 원인, 효과, 운동, 공간, 시간, 장소, 진공, 통합, 수와 그밖에 아리스토텔레스가 《물리학》과 《형이상학》에서) 논의한 모든 개념들"에 관한 학문이다. 나머지 철학은 "자연 물체의 자연적 효과"에 관한 것이고, 이것이 '물리학'이다. 아리스토텔레스는 이 주제들을 《천체에 관하여》, 《생성과 부패에 관하여》,《영혼에 관하여》를 비롯한 여러 저작들에서 다루었다. 또한 홉스는 인간의 정념·태도·의도, 즉 윤리학과, 사회·시민법·정의를 비롯한 여러 미덕, 즉 정치철학도 철학의 과제라고 말한다. 그러나 이러한 분류는 일반적인 체계와는 잘 맞지 않는다. 의사소통에는 "네 가지 합당한 목표"가 있는데 진리를 가르치는 것, 사실을 이야기하는 것, 청중을 설득하는 것, 사람의 행동을 찬양하는 것이라고 말한다. 철학적 산문은 첫째 범주에 속하는데, 이것은 "수학자들이 하듯이" 정의에서 시작하여 결론을 이끌어낸다. 홉스는 기하학의 방법을 철학에 적용한다. "기하학은 철학의 다른 모든 분야를 지배해 왔다." 왜냐하면 명료한 정의에서 시작하기 때문이다.[47] 홉스는 기하학의 증명 방법을 설명하면서, 그것이 삼단 논법으로 이끌어낸 정의 혹은 명제들로 이루어진 "삼단 논법"이라고 주장한다. 홉스는 둘 이상의 전제를 지닌 과학적 논증도 있다는 것을 알지 못했던 것 같다.

타당한 삼단 추리만큼이나, 아니 그보다 더 중요한 것이 정의이다. 홉스는 정의에 대한 전통주의적 견해와 비전통주의적 견해의 대립을 결코 해결하지 못했다. 전통주의적 견해에 따르면 단어의 정의가 진리인 것은 단어의 의미가 약정되었기 때문이다. 비전통주의적 견해에 따르면 실재를 더 잘 다룰 수 있는 개념이 좋은 정의이다. 전체적으로 보아 홉스는 전통주의적 견해를 따르는 것으로 보이지만, 비전통주의적 견해로 볼 수 있는 주장도 있다.《반화이트론》에서 홉스는 '운동'이라는 단어의 "올바른 의미"를 아는 것이 중요하다고 말한다. 그렇지 않으면 그 현상에 대해 아무것도 알 수 없다는 것이다. 그러나 정의가 약정된 것이라면 틀릴 수가 없다.

홉스에 따르면 철학적 명제들은 절대로 꾸밈이 없어야 한다. 비유,

특히 은유가 있어서는 안 된다. 비유는 본질적으로 의미가 불분명하기 때문이다. 수사학은 설득이 중요한 경우에 적합하다. 이 경우에는 여러 비유를 사용해도 된다.[48] 글머리에 이런 주장을 하는 것을 보면 화이트처럼 하면 안 된다는 것이다. 홉스는 화이트가 씨름하고 있는 문제들에 대해 자신의 의견을 분명하게 말한다.

화이트는 에피쿠로스와 아리스토텔레스를 통합하려 했다. 예컨대 그는 에피쿠로스처럼 원자가 있다고 주장했고, 아리스토텔레스처럼 물질은 무한히 분할할 수 있다고 주장했다. 당대 사람들은 두 주장이 동시에 가능할 수 없다고 생각했다. 원자는 정의상 분할할 수 없다. 원자론에 대한 종교적 반론의 출발점도 이 부분이었다. 더는 분할할 수 없는 원자라는 것이 존재한다면, 그것은 불변하고 영원하고 완전하고 창조될 수 없는 물질이 된다는 것이다. 원자와 분할 가능성의 충돌을 피하기 위해 홉스는 물질의 최소 단위가 (원자가 아니라) "미립자(corpuscle)"이며, 미립자는 무한 분할이 가능하다고 주장했다. 미립자는 너무 작아서 인식할 수 없다. 그러나 그런 것이 존재한다는 것은 논증할 수 있다. 두 개의 양(量) X와 Y가 있다고 하자. X는 Y보다 두 배 크고, Y는 인식 가능한 최소 크기라고 하자. 비례는 보편적으로 적용될 수 있으므로, Y는 또 다른 양 Z의 두 배일 것이고, Y가 인식 가능한 최소 크기이므로, Z는 너무 작아서 인식할 수 없고, 따라서 상상도 할 수 없다.[49]

무한소(無限小)는 있지만 무한대(無限大)는 없다. 어떤 양에 새로운 양을 더해도 여전히 한정량(限定量)이다. 하지만 우리는 가끔 어떤 것이 무한하다고 말한다. 이것은 무슨 의미일까? 홉스에 따르면 인간의 무지로 인해 그것에 더는 어떤 양을 더할 수 없다는 뜻이다. 세계가 무한하다는 말은 그 세계에 어떤 물체도 더할 수 없다는 말이다. 이것이 진리인지 아닌지는 이성이 결정할 수 없다. 세계는 유한하다는 것은 기독교의 교리이다.[50] 홉스는 아퀴나스 같은 신학자들의 견해를 따른 것이다. 그러나 화이트는 세계의 유한성을 증명할 수 있다고 주장했다. 두 번째 논점은 무형의 존재, 즉 영의 실존 여부였다. 화이트는 영의 실존을 증명할 수 있다고 주장한 반면 홉스는 불가능하다고 주장했다. 홉스는 두 가지 논점에 관한 화이트의 주장을 비판한 다음, 아퀴나스처럼 이렇게 설교한다. 철학에서 "초자연적 도그마"를 증명하려는 시도는 위험한 짓이며, 그러한 논증은 "반드시 불합리에 …… 빠져든다."[51] 그리고 사람들을 오도한다. 그 도그마들이 허위임이 속속 밝혀지면, 인간의 오만함으로 인해 다른 종교적 교리들도 의심받게 된다는 것이다.[52]

전체적으로 보아 화이트는 계획을 잘못 세웠다. 그는 아리스토텔레스와 《성경》을 근대 과학과 조화시키려 했다. (그는 아리스토텔레스를 가톨릭교회의 철학자라고 생각했고, 《성경》을 신의 계시라고 생각했다.) 예를 들면 화이트는 니콜라우스 코페르니쿠스(Nicolaus Copernicus)의 우주론과 성서적 우주론이 일치한다고 주장했다. 그는 코페르니쿠스의 우주론이 과학적으로 수립된 것이라고 인정했다. 그러면 지구가 정지해 있고 태양이 움직인다는 《성경》의 우주론은 어떻게 된 것인가? 화이트의 해결책은 상대성 이론을 적용하는 것이었다. 움직이는 물체는 다른 물체에 대해 상대적으로 움직인다. 그중 어느 것이 고정되어 있고, 어느 것이 움직이는지는 함부로 말할 수 없다. 그러므로 (《성경》이 말하는 것처럼) 태양이 움직인다는 것도 진리이고, (코페르니쿠스가 말하는 것처럼) 지구가 움직인다는 것도 진리이다. 홉스는 화이트가 "혼란에 빠졌다."고 말한다. 그는 화이트가 혼란에 빠진 이유가 과학과 기독교를 둘 다 살리려 했기 때문이라고 단언한다. 그것은 "오디세우스가 반대 방향으로 내닫는 두 마리 짐승에게 멍에를 씌운 것"과 같다.[53] 홉스의 이 말을 두고 많은 철학자들이 이렇게 해석해 왔다. 즉 홉스는 과학과 종교가 조화를 이룰 수 없다고 생각했고, 근대 과학의 옹호자였음이 분명하므로 불신자임에 틀림없고, 그의 신앙 고백은 진지한 것이 아니었으며, 종교적 개념에 관한 논의는 종교를 와해하려는 은밀한 시도였다는 것이다. 나는 이 해석이 틀렸다고 생각한다. 홉스의 말에 그런 뜻이 숨어 있었다면 왜 메르센한테 [자신의 무신론을 암시하는] 그런 말을 했을까? 메르센은 무신론자라는 의심을 받은 일이 전혀 없다. 내 해석은 이렇다. 화이트의 계획은 메르센, 가상디, 홉스와 같았다. 네 사람 다 옛것(기독교 신앙)과 새것(근대 과학)의 조화를 모색했는데, 서로 방법이 달랐다. 화이트는 《성경》과 아리스토텔레스를 지키려 했다. 가상디는 아리스토텔레스를 포기하고 에피쿠로스 쪽으로 갔다. 홉스는 고대인들을 모두 거부하고 《성경》을 근본적으로 재해석했고, 신학과 과학을 분리했다. (메르센은 이들의 의견을 모두 종합하여 최종 승자가 되려 했다.) 과학과 종교를 같은 쟁기에 매달려고 한 것이 화이트의 실수였다. 홉스에 따르면 과학과 종교는 일하는 밭이 다르다. 그러므로 종교는 과학과 경쟁하지 않는다. 홉스는 신앙을 지키기 위해 종교와 과학을 분리한 것이다. 홉스의 신앙주의는 쇠렌 키르케고르(Søren Kierkegaard)의 신앙주의와 조금도 다르지 않다. 홉스가 하고 싶었던 말은, 화이트가 증명될 수 없는 것을 증명하려 함으로써 그와 홉스가 구하려고 한 것을 무심결에 해치고 있다는 것이다. 홉스는 우주 안에는 어떤 신비가 있다고 생각했다.

철학자들이 자신이 이해하지 못하는 어떤 물체나 작용이 있다는 것, 혹은 자신들이 증명하지 못하는 속성이 있다는 것을 수치심 때문에 인정하지 않을 경우 심각한 오류에 빠져들게 된다. 생각건대, 자신이 이해할 수 있는 신만 섬기는 자는 기독교도가 아니며, 자신이 이해할 수 없는 것의 속성을 입증할 수 있다고 생각하는 자는 철학자가 아니다.[54]

이러한 태도는 홉스 시대에 널리 퍼져 있었다. 케임브리지대학 신학자였으며 나중에 주교가 된 피터 거닝(Peter Gunning)을 비롯한 많은 사람들이 왕립학회 설립에 반대한 것도 과학적 연구가 종교적 신앙을 해칠지 모른다는 우려 때문이었다. 내 해석에 따라 홉스를 바라보면 그가 왜 화이트의 주장을 논박하려 했는지, 왜 종교 문제와 관련이 있는 과학적 연구에 그토록 많은 노력을 기울였는지 쉽게 이해할 수 있다.[55]

홉스는 신의 존재를 "입증"할 수 없다고 말했다. 그의 주장은 무신론, 혹은 최소한 불가지론으로 의심받기에 충분하다. 왜냐하면 입증할 수 없다면 신이 존재한다고 생각할 이유가 없고, 악이 횡행하는 현실을 보면 오히려 신이 존재하지 않는다고 생각할 가능성이 크기 때문이다. 그러나 이것은 오해다. 홉스의 입장을 제대로 이해하려면 '입증'이라는 말의 뜻을 정확하게 알아야 한다. 5장에서 말한 것처럼 '입증'은 아리스토텔레스 철학에 등장하는 전문 용어이다. 입증은 필연적이고 확실한 명제들로 구성되는 삼단 논법이다. 확실성은 인식론적으로 요구되는 것이다. 즉, 전제가 진리임이 확실해야 한다. 필연성은 논리적·형이상학적으로 요구되는 것이다. 지금의 논의에서 중요한 것은 이 필연성이다. (명제는 진리임이 확실하고 허위일 수 없을 때 필연적이다.) 홉스는 이것을 언어학적 방법으로 설명한다. "주어의 의미가 술어의 의미 안에 포함되어 있어야 한다."[56] 홉스에 따르면 '모든 인간은 동물이다.'라는 명제가 진리인 것은 '인간'이라는 명사가 가리키는 모든 대상을 '동물'이라는 명사로도 가리킬 수 있기 때문이다. 이것이 바로 '주어의 의미가 술어 안에 포함되어 있다.'는 말의 뜻이다.

필연 명제는 의미론적으로 진리이다. 이 세상의 현실에 의해 그 명제가 진리가 되는 것이 아니다. 달리 말하면 그 명제는 세계와 직접 관계를 맺는 것이 아니라, 그 명제 속에 들어 있는 명사들의 의미를 통해 간접적으로 관계를 맺는다. 그러므로 모든 필연 명제는 실제로는 '가언적'이거나 조건적 형태의 명제이다. 진짜 정언적 혹은 실존적 명제는 아니다. '실제로', '진짜' 같은 말은 보통 모호하지만, 여기에서는 꼭 필요한 수식어이다. 일상 언어는 그 형태를 오해하기 쉽다. 이 점은 버트런드 러셀(Bertrand Russell)도, 홉스 이전에 캔터베리 대주교 안셀무스도, 그리고 홉스도 잘 알고 있었다. '모든 인간은 동물이다.'라는 명제의 진짜 형태는, 홉스에 따르면(그리고 이후에는 러셀에 따르면) '어떤 것이 인간이라면 그것은 동물'이라는 것이다. 가언적 혹은 조건적 명제는 결코 어떤 것의 실존을 주장하지 않는다. "입증 가능한 진리는 논리적 추론에 있다. 모든 입증에서 결론의 주어 명사는 명사로서 기능한다. 결코 실존하는 사물의 이름이 아니다. 다만 그 명사가 가리키는 사물의 실존이 기대될 뿐이다."[57] 삼각형이 어떤 속성을 지녔다는 것을 증명했다고 해서, 그런 삼각형이 존재한다는 것이 증명된 것은 아니다. 전제에서 제시된 속성을 지닌 삼각형이 있다면, 결론에서 제시된 속성을 지닌 삼각형이 있다는 뜻일 뿐이다. 요컨대 입증은 그 어떤 것의 실존도 증명하지 않는다.

어떤 것의 실존을 증명하기 위한 필수 조건은 감각 경험이다. 그러나 그것만으로 충분하지는 않다. 감각 경험에 기초를 둔 주장은 고대 회의론자들이 의심한 것처럼 오류일 가능성이 있다. 존을 봤다는 주장은 존의 쌍둥이 형제를 본 것일 수도 있고, 꿈을 꾼 것일 수도 있다. 《법의 원리》에 대한 앞의 논의에서 본 것처럼, 신의 실존을 증명하는 일은 [인식 불가능한] 물체의 존재를 증명하는 일과 마찬가지로 불가능하다. (그리고 홉스는 현상학자가 아니었다.) 이 대목에서 홉스는 또다시 훈계조로 말한다. 증명할 수 없는 종교적 명제를 증명하려고 덤비는 철학자들은 종교에 해악을 끼치고 있다고. 그리고 신앙과 이성에 대해 이렇게 말한다.

어떤 명제의 진리성이 입증된 경우, 그것은 신앙이 아니라 자연적 지식이다. 지식은 논의의 대상에서 생겨나는 근거들에 의해 지식이 된다. 신앙은 화자의 권위에서 생겨나는 근거들에 의해 신앙이 된다. 그러므로 어떤 명제가 입증되면 신앙 조항이 생기는 것이 아니라 철학의 공리가 생기는 것이다.

홉스에 따르면 철학자들은 이해의 한계를 넘어 전진하려 한다. 그러나 추론을 제대로 한다면 이런 결론을 내리게 된다. "명사의 의미가 어떠할 때 그 명제가 진리가 되는지 나는 알지 못한다."* 홉스는 이러한 태도가 "균형 잡힌 정신"의 표지라고 말한다.[58]

공간과 시간

다시 《반화이트론》으로 돌아와서, 여기에 나타난 홉스의 과학적
주장들을 살펴보기로 하자. 홉스의 형이상학에 따르면 모든 대상은
공간과 시간 속에 존재한다. 모든 실체는 물체이고, 모든 물체는 일
정한 장소에 있다. 홉스는 장소를 갖지 않는 실체, 혹은 공간 밖에 있
는 실체는 불가능하다고 생각했다. 마찬가지로 모든 물체는 시간 속
에 있다. 즉각적인 운동은 없기 때문이다.* 영원이란 끝이 없는 시간을
말한다. 끝없이 계속되는 '지금'이 영원이라는 주장은 무슨 말인지 알
수 없는, 스콜라 학자들의 헛소리일 뿐이다.

그렇다면 공간과 시간이 객관적인 실재라는 말인가? 이에 대한 홉
스의 주장은 모호하다. 《반화이트론》에서 그는 상상 공간과 실재 공
간을 구별한다. 현실 공간은 "물체의 경우, 물체성 그 자체" 즉 "물
체의 본질"이다. 상상 공간은 모든 질적 양상에서 추상된, 물체의
상―예컨대 색깔―이다. 《반화이트론》의 증보판이라고 할 수 있는
《물체론》에서는 이렇게 주장한다. 공간은 물체의 환영으로서, 사람들
은 이것이 정신에서 독립하여 실존한다고 생각한다.[59]

그런 두 종류의 공간이 있다고 하자. 그러면 그 둘은 어떤 관계인
가? 홉스에 따르면 그 둘은 때때로 공간적으로 일치한다. 이러한 일
치가 "장소"이다. 그는 이 개념으로 진공을 설명한다. 진공이란 상상

---

* 앞에서 설명한 것처럼, 어떤 명제의 진리성은 명제 속에 들어 있는 명사들의 의미를
통해 밝혀지는 것이지, 현실과의 일치 여부를 놓고 왈가왈부해서는 안 된다는 뜻이
다. 홉스에 따르면 어떤 명제는 현실과의 일치 여부를 알 수 없다.
* 운동의 원인이 작용하는 시점과 운동이 나타나는 시점이 동일할 수 없다는 뜻이다.

공간이 현실 공간과 일치하지 않는 것이다. 그러나 유감스럽게도 공간적 일치의 개념은 홉스의 철학과 맞지 않는다. 이것은 이미 1656년에 홉스의 추종자 프랑수아 펠로(François Peleau)가 지적한 적이 있다. "선생의 형이상학, 혹은 제1철학에 따르면 공간은 '어떤 물체가 실존한다고 생각하게 만드는, 실존하는 물체의 환영'이라고 하셨습니다. 그런데 또 만물은 '공간 속에' 있다고 하셨습니다. 이 말은 곧 만물이 '환영 속에' 있지 않다는 뜻일 테니, 공간은 결코 환영이 아니라는 말이 됩니다, 등등."[60]

《물체론》을 보면 실재 공간 같은 것은 존재하지 않는다고 주장하는 것처럼 보인다. 그것을 인정하는 듯이 보이는 구절도 있기는 하지만. 공간이 물체와 독립하여 존재하는지에 대해 홉스의 입장이 모호한 이유는 오직 물체만이 실재한다는 주장 때문이다. 공간이 실재한다면 공간도 물체가 된다. 그러나 공간이 물체라면그 공간 속에 아무것도 들어갈 수 없다. 물체는 정의상 공간을 차지하기 때문이다. 홉스가 이 문제를 해결하는 방법 중 하나는 데카르트처럼 물체와 공간을 동일시하는 것이다. 하지만 홉스는 이 견해가 데카르트의 주장이었기 때문에 받아들이지 않았다. 또 하나의 대안은 공간을 무(nothingness)로 인식하고, 물체가 이 허공을 차지한다고 보는 것이다. 하지만 홉스는 이 견해도 받아들이지 않았다. 말장난에 불과하다고 생각했기 때문이다. 공간이 무라면 무가 유가 되는데, 이것은 불합리하다는 것이다. 또한 무의 존재를 인정하면 진공의 존재도 인정해야 하는데, 1650년대 중반까지만 하더라도 홉스는 진공의 존재를 인정하지 않았다.

홉스에게 진공은 매우 성가신 개념이었다. 진공의 존재는 그의 기본적인 명제 중 하나와 배치되기 때문이었다. 모든 작용은 한 물체가 다른 물체에 접촉함으로써 일어난다. 진공이 존재한다면 그 공간을 통해서는 어떤 작용도 일어날 수 없다. 물론 진공 주변에서 작용이 일어날 수는 있다. 그래서 때때로 홉스는 빈 장소의 존재를 인정한다. 하지만 홉스는 로버트 보일을 포함해 아무도 진공의 존재를 증명하지 못했다고 생각했다.

코나투스

한 물체의 다른 물체에 대한 작용에는 기본적으로 운동이 들어 있다. 홉스는 이것을 '코나투스(conatus)'라고 부른다. 《반화이트론》에 따르면 코나투스—단수와 복수의 형태가 같은 라틴어—는 운동의 원리, 너무 작아서 측정 불가능한 운동 그 자체이다. 또한 홉스는 그것이 너무 작아서 인식 불가능한 운동이라고 설명했다. 이 설명이 앞의 정의와 논리적으로 동일한 것은 아니다. 홉스는 코나투스의 존재를 이렇게 증명한다. 모든 운동은 반으로 나눌 수 있다. 운동의 모든 부분은 운동이다. 측정 가능한 최소 크기(혹은 인식 가능한 최소 크기)를 반으로 나눈 운동은 측정 불가능한(혹은 인식 불가능한) 크기의 운동이다. 홉스는 저항과 중력 현상도 이 코나투스로 설명한다. 한 물체의 저항은 그 물체의 코나투스, 즉 그 물체가 다른 물체들을 밀어내는, 눈에 보이지 않는 내적 운동이라는 것이다. 더 큰 코나투스를 지닌 물체를 만나면 그 물체의 저항은 무력해진다. 중력에 대해서도 이렇게 설명한다. 탁자 위의 공이 탁자를 제거했을 때 바닥으로 떨어지는 이유는 공의 코나투스에 저항하던 물체(탁자)가 제거되어, 공의 코나투스가 바닥을 향해 움직일 수 있게 되었기 때문이다. 공 전체는

정지 상태에 있지만, 그 내부의 부분들은 정지 상태에 있는 것이 아니다.[61]

존재의 본질

홉스의 형이상학이 보여주는 근대적 성격은 존재의 등급을 부정했다는 것이다. 홉스에 따르면 모든 존재는 동일 차원에 있다. 반면에 플라톤, 아리스토텔레스, 그 외 대부분의 스콜라 철학자들은 존재의 차원 혹은 등급을 나누었다. 사물에 따라 실재성의 정도가 다르다는 것이다. 무한 실체도 있고 유한 실체도 있다. 무한 실체는 그 자체로 실재하는 것이며, 유한 실체는 다른 실체에 의해 실존한다. 무한 실체는 독립적이며, 유한 실체는 의존적이다.

아리스토텔레스 철학에서는 '우유성(esse)'도 존재한다. 우유성이란 실체 속에 내재한 것으로 여겨지는 성질—무게, 모양, 색깔, 소리, 맛, 향기 등등—을 말한다. 유한 실체의 본질은 우유성에 의해 특정된다. 인간은 합리적 동물이라고 정의할 경우, 합리성은 인간을 인간이라는 실체로 특정해주는 우유성(본질적 우유성)이다. 존재에는 서열이 있다. 무한 실체, 유한 실체, 우유성, 혹은 관념 순서이다. 아리스토텔레스와 스콜라 학파를 따라, 데카르트는 무한 실체와 유한 실체를 구별했고 형식적 실재와 객관적 실재를 구별했다. 이 점에서 데카르트는 홉스보다 덜 근대적이었다.

홉스에 따르면 존재(ens)는 한 종류뿐이다. 물체 혹은 운동 중인 물체만 존재한다. 그는 《반화이트론》에서 신이 물체라고 구체적으로 지적해서 말하지는 않는다. 홉스는 일단 감각 경험 후에 상을 남기는 존재와 그렇지 않은 존재를 구별한다. 이 구별을 통해 일단 신과 천사에 대한 논의는 배제된다. 철학은 오직 인간이 사고할 수 있는 것만 다룬다. 홉스의 정의에 따르면 '존재'는 공간을 차지한다. 따라서 모든 존재는 물체이다. (그러나 공간은 물체가 아니라는 점에 유의하라고 말한다.) 거울에 비친 상이나 꿈은 물체가 아니기에 존재가 아니다. 공간을 차지하지 않기 때문이다. 공기나 기질처럼 인식 가능한 영이 있다면, 그것들은 물체이다. 그러나 그는 그런 영들의 존재 여부에 대해서는 판단을 유보한다.[62]

존재의 본질을 그렇게 정했으므로, 홉스는 우유성을 설명할 때도 존재의 차원을 나눌 필요가 없었다. 우유성은 운동하는 물체의 이름인데, 이 물체는 감각 능력이 있는 존재로 하여금 여러 방식으로 인식하도록 운동한다. 소크라테스가 걷고 있을 때, 소크라테스와 걷고 있는 소크라테스는 별개가 아니다. 걷는 것을 소크라테스에게서 분리할 수는 없다. 반면에 아리스토텔레스 물리학에 따르면 우유성은 논리적으로 실체에서 분리된다. (따라서 형이상학적으로 구별된다.) 걷는 것과 앉아 있는 것은 실체, 즉 소크라테스의 우유성이다. 그 두 가지는 소크라테스 안에 들어 있다는 점에서 소크라테스와는 다르다. (X 안에 들어 있는 것은 X 그 자체는 아니다.) 또한 소크라테스의 우유성은 소크라테스에 의존해 있다. 앉아 있는 소크라테스는 걷는 우유성을 상실하며, 걷는 소크라테스는 앉아 있는 우유성을 상실한다. 대부분의 우유성은 수명이 짧다.

홉스와 아리스토텔레스를 비교한 이유는 홉스가 자신의 견해를 그런 식으로 보여주기 때문이다. 《반화이트론》에 아리스토텔레스에 대한 비난은 없다. 홉스는 자기의 견해를 먼저 말하기는 하지만, 두 견해의 장점을 비교하여 보여준다. 그가 이런 방식으로 주장한 이유를 생각해보면 첫째, 그 역시 그 고대 그리스인과 관심사가 같았다. 둘째, 화이트는 아리스토텔레스 추종자였고 메르센도 아리스토텔레스의 철학을 알고 있었으므로, 그들에게 익숙한 용어를 사용하여 자신의 견해를 보여준 것이다. 셋째, 홉스는 자신의 견해가 아리스토텔레스보다 더 낫다는 것을 과시하고 싶었다. 즉 자신의 이론으로도 아리스토텔레스가 설명할 수 있는 모든 것을 설명할 수 있다는 것을 보여주려 했던 것이다. 마지막으로 홉스는 자신의 견해가 철학적으로 아리스토텔레스보다 더 경제적이라는 것을 보여주려 했다. 아리스토텔레스의 설명은 본질, 형상, 성질, 주체, 질료 등 여러 개념을 필요로 하지만, 홉스는 물체 하나로 모든 것을 설명한다.[63]

인과 관계와 운동

홉스는 아리스토텔레스의 네 가지 원인을 하나로 환원한다. 모든 인과 관계는 동인(動因)이 수동자(受動者)에게 작용하여 발생한다. 아리스토텔레스의 작용인은 결국 동인을 말하는 것이고, 질료인은 수동자를 말하는 것이다. 목적인은, 만일 그런 것이 존재한다면 작용인일 뿐이다. 예를 들면 사탕은 먹고 싶은 생각을 불러일으킨다. 이 생각은 손을 뻗어 사탕을 집어 들 생각을 일으키고, 이 생각은 손을 뻗어 사탕을 집어 들어 먹게 만든다. 아리스토텔레스의 형상인은 진짜 원인이 아니다. 아리스토텔레스에 따르면 인간의 형상은 그 동물을 인간으로 만들어주는 것이다. 형상인은 그 효과와 동시에 존재한다. 어떤 대상은 인간의 형상을 가지고 있을 때에만 인간이다. 홉스의 견해는 아리스토텔레스와 달리 근대적이다. 모든 원인은 효과에 선행한다. 그러므로 형상인은 결코 원인이 될 수 없다. 홉스에 따르면 아리스토텔레스가 '형상'이라고 부르는 것은 어떤 대상을 움직이거나 존재하도록 만드는 것이 아니라, 인간이 사물을 이해하는 방식과 관련된 것이다.[64]

홉스는 운동 중인 물체는 모두 자기 이외의 다른 어떤 것에 의해 움직인다는 아리스토텔레스의 원리를 계승하고 있다. 그는 이것을 귀류법으로 증명한다. 간단히 말하면 다음과 같다. 물체 B가 t2의 시점에 운동 M을 한다고 하자. 이때 (화이트의 주장처럼) B는 t2보다 이른 t1의 시점에 자기 내부에 M의 원인을 가지고 있다고 하자. 그렇다면 B는 t1의 시점에 M을 일으켰다. 이 결론은 앞의 전제와 모순된다.[65]

홉스는 이 운동 원리를 비타협적으로 적용한다. 화이트를 포함한 아리스토텔레스주의자들은 신이나 영혼에는 이 원리를 적용하지 않았다. 홉스는 화이트의 견해가 앞뒤가 맞지 않는다고 지적한다. 그 원리를 주장하면서, 동시에 영혼이 스스로 움직이는 존재(self-mover)라고 주장하고 있기 때문이다.[66] 근대 과학자답게 홉스에게는 예외가 없다. 법칙은 보편적으로 작동한다.

홉스는 관례적인 철학적 견해에 동의한다. 모든 물체의 운동은 자기 이외의 다른 어떤 것에 의해 일어나고, 세계는 운동 중에 있으므로 그 운동의 원인은 세계 이외의 어떤 것, 즉 신이라는 것이다. 그러면 신은 누가(혹은 무엇이) 움직이는가? 홉스는 이 질문에 대한 답은 갖고 있지 않다. 다만 신은 불가해의 존재라고 일관되게 주장할 뿐이다. 홉스는 그것으로 답이 되었다고 생각한 것 같다. 그러나 홉스는 신이 세계의 외부에 있다는 주장만은 배척한다. 모든 인과 관계는, 심지어 신에 의해 일어난 인과 관계도 접촉(밀거나 당기는 작용)에 의해 발생한다. 따라서 신도 다른 물체들과 접촉한다. 원격 작용은 없다.

신은 물리적으로 우주—즉, 모든 이해 가능한 물체들의 집합—와 분리될 수 없다.[67]

모든 현상은 운동을 통해 일어난다. 그러므로 운동이 좋은가, 정지가 좋은가 하는 문제에서는 '운동'이 좋다고 답해야 할 것이다. 정지는 어떤 현상도 일으키지 않기 때문이다. 그러나 홉스는 (비의도적인) 물리적 현상에 대해 가치 판단을 하지 않는다. 정지가 운동보다 더 고상한가 하는 질문은 "어리석은 질문"이다. 고상함은 인간의 발명품일 뿐이다.[68]

홉스는 관성과 운동의 보존을 믿었다. 운동 중인 물체는 다른 물체의 작용을 받을 때까지는 계속 운동한다. 운동하는 물체가 곧 지칠 것이라고 생각하는 것은 그것을 의인화하여 보기 때문이다. 사람은 장시간 운동하면 지친다. 그래서 물체도 장시간 운동하면 지칠 것이라고 생각하는 것이다. 홉스에 따르면 정지해 있는 물체는 다른 물체의 작용을 받기 전까지는 계속 정지해 있다. 마찬가지로 운동도 그러하다. 그리고 운동 전체는 외부의 동인이 작용을 가하지 않는 한 "감소하지도, 소멸하지도 않는다."[69]

지금까지 논의에서 나는 《반화이트론》의 일부 내용이 흥미롭다는 사실이 분명해지기를 바란다. 《반화이트론》의 내용 대부분은 《세계론 대화록 3편》만큼이나 지루하다. 홉스와 화이트의 과학적 사색은 오늘날의 관점에서 보면 정말 터무니없다. 얼토당토않은 논박들을 주거니 받거니 한다. 그런 내용들을 이 자리에서 일일이 다 말할 필요는 없겠지만, 여기에서 우리는 중요한 교훈 하나를 얻는다. 훌륭하고 오래가는 과학적 이론을 창안하기란 매우 어렵다는 것이다. 어떤 시점에서건 과학자들이 기대고 있는 모형이나 가설이 여러 개 있다. 학자들은 저마다 다른 가설을 믿고 서 있다. 올바른 모형을 선택한 학자들은 천재로 칭송받고, 그렇지 않은 학자들은 천재적 재능이 있어도 이름 없이 사라진다. 홉스와 화이트는 당대에 가장 명민한 사람들이었지만 바람, 조수, 해류의 원인, 달의 운동, 중력, 지구축의 위치, 해와 달의 상호 작용, 지구와 달의 자전 같은 그들의 과학적 가설은 오늘날에는 터무니없다는 인상을 준다. 그들은 길을 잘못 들어섰던 것이다. 과학적으로 위대한 업적을 낳으려면 운도 따라야 한다.

7장

신과 악의 문제

1645~1651년

> "신은 악의 원인이다.
> 그러나 신의 행위는 정당하다."

《물체론》을 쓸 계획이었다. 모든 자료가 준비되어 있었다.

하지만 사정이 생겨서 미룰 수밖에 없었다.

엄청난 범죄들이 하느님의 명령을 빙자하여 자행되는 것을 두고 볼 수 없었다.

나는 진정한 신법(神法)이 무엇인지 밝히기로 작정하고 곧바로 행동에 들어갔다.

일은 더디게 진행되었다. 오랫동안 고심에 고심을 거듭했다.

웨일스 공의 수학 공부를 도와주고 있었기 때문에 시간을 내기 어려웠다.

그러던 중 병에 걸려 6개월을 앓았다. 죽음을 맞이할 준비를 했다.

다행히 내가 떠난 것이 아니라 죽음이 떠났다.

나는 영국 동포들이 쉽게 읽을 수 있도록 모국어로 책을 완성했다.

– 《운문으로 쓴 나의 인생》

해부학을 공부하다

윌리엄 페티(William Petty)는 내전 초기에 영국을 떠났다. 아마도 반(反)국왕파였기 때문일 것이다. 페티는 나중에 경제학의 창시자 중 한 사람이 된다. 페티는 당시 암스테르담의 수학 교수였던 존 펠 박사가 소개해서 1645년에 홉스를 만났다.[1] 둘은 곧 친해졌다. 페티는 20세 전후였고 홉스는 50대 후반이었지만 나이 차이는 문제가 되지 않았다. 의과대학 학생이던 페티는 플랑드르의 유명한 해부학자 안드레아스 베살리우스(Andreas Vesalius)의 해부학 저서들을 홉스와 함께 공부했다. 홉스가 해부학에 관심을 둔 이유는 세계에 대한 완전한 과학적 설명이 그의 목표였기 때문이다. 홉스는 감각의 메커니즘을 알고 싶었다. 특히 감각이 뇌에 있는지, 아니면 심장에 있는지 정확히 알고 싶었다. 그러나 책만 봐서는 알 수 없었다. 홉스는 페티의 인체 해부를 참관했다.

이 시기에 홉스는 광학 공부에도 열중했다. 페티는 나중에 《인간론》에 실리게 될 도해도 그려주었다. 페티는 홉스의 소개를 받아 뉴캐슬과 뉴캐슬의 동생 찰스와 메르센도 알게 되었다. 페티는 1646년에 영국으로 돌아와 옥스퍼드에서 의학박사 학위를 받았지만, 결코 홉스를 잊지 않았다. 1685년에 위인 목록을 작성하면서 여기에 홉스의 이름을 올렸다. 베이컨, 존 던, 데카르트, 갈릴레이, 몰리에르(Molière), 프란시스코 수아레스(Francisco Suarez)와 나란히.

'예정설' 논쟁

존 브럼홀은 케임브리지에서 수학했고, 스트래퍼드 백작과 윌리엄 로드와 한편이었다. 1633년 아일랜드로 가서 교회에 자리를 잡았고, 그 이듬해에 런던데리 주교가 되었다. 그 시절에 편싸움이 그러했듯이 브럼홀도 '가톨릭(popery)'이라는 혐의로 고발을 당했다. 당시 아일랜드에서 '가톨릭'은 칼뱅의 예정설을 부정하는 아르미니위스파를 가리키는 말이었다. 브럼홀은 적들을 피해 1641년 봄 잉글랜드로 피신했다. 그러나 늑대를 피하려다 호랑이를 만났다. 잉글랜드에서 뉴캐슬의 고문이 되었지만 마스턴 무어 전투 후에 뉴캐슬과 함께 함부르크로 도망갔다. 1648년 아일랜드로 돌아왔다가 왕정 복고 후에 런던으로 갔다. 1661년 1월에 아일랜드 수도 대주교인 아르마 대주교가 되었다.

브럼홀과 홉스는 1645년 파리에서 만났다. 8월에 그들은 뉴캐슬이 함께 있는 자리에서 자유 의지의 문제를 두고 토론을 벌였다. (이 토론이 1646년에 있었다는 주장도 있는데 그렇지 않다.) 이 문제에 대해 아르미니위스파였던 브럼홀은 긍정적이었고 영국 칼뱅주의자였던 홉스는 부정적이었다. 논쟁은 화기애애한 분위기 속에서 이루어졌다.[2] 이 토론에 감명을 받은 뉴캐슬은 브럼홀에게 청하여 그의 주장을 글로 쓰게 했고 홉스가 반론을 쓰게 했다. 홉스는 브럼홀의 원고 《자유와 필연성에 관한 논고》를 받고, 8월에 루앙(Louen)에서 자신의 반론을 뉴캐슬에게 보냈다. 브럼홀은 홉스의 반론에 대한 재반론을 차일피일 미루다가 몇 달 후에 썼다. 초판에는 홉스가 뉴캐슬에게 편지를 보낸 날짜가 1652년 8월 20일로 되어 있지만, 확실히 이 날짜는 아니다. 2판에는 1646년으로 수정되어 있고, 나중에 홉스도 그 논쟁이 1646년에 있었다고 기억했지만 1645년이 맞는 날짜로 보인다. 홉스는 1645년 8월에 루앙에 있었지만 1646년 8월에는 그곳에 있지 않았기 때문이다.

홉스와 브럼홀은 그들의 원고를 출판하지 않기로 합의했다. 홉스는 예정설에 관한 진리는 사회적으로 위험하다고 판단했다. 사람들이 인간의 궁극적 운명이 이 세상에서 한 행동과 관계없이 정해져 있다고 생각하게 되면 방탕한 생활에 빠져들지도 모른다고 걱정했던 것이다.

인간이 어떠해야 하는가가 아니라 인간이 어떠한가에 대해 생각해본다면 대부분의 인간은 돈벌이와 승진에 관심이 있고, 감각적 쾌락을 추구하고, 깊이 있는 사고를 하지 않으므로 함께 진리를 논하기에 적합하지 않습니다. 이 질문에 대한 논의는 그들의 신앙심에 득이 되기보다는 오히려 해가 될 것입니다. 그러므로 브럼홀 각하께서 저의 답변을 원하지 않았다면 이 글을 쓰지도 않았을 것입니다. 브럼홀 각하께서 저의 답변을 공개하지 않기를 바라면서 이 글을 씁니다.[3]

이러한 생각은 개혁 신학자들 사이에 널리 퍼져 있었다. 19세기 대부분의 신학자들은 (오늘날에도 그런 사람들이 일부 있지만) 성서학 연구의 결과가 대중에게 전파되는 것을 원하지 않았다. 무신론으로 우르르 몰려가거나, 혹은 절망에 빠질지도 모른다고 염려했기 때문이다. '성서대(聖書臺)에서는 예정설을 가르치고, 설교단에서는 펠라기우스*를 가르치라'는 신학교 경구가 있는데, 홉스도 자기 방식으로 이 경구를 따랐던 것이다.

이렇게 반문할 수도 있다. 사람들이 예정설에 대해 알게 되었다 하더라도 그들이 그렇게 행동하도록 예정되어 있다면 걱정할 필요가 없지 않으냐고. 그렇지 않다. 홉스가 브럼홀에게 지적한 것처럼 그런 주장은 잘못된 동어 반복(사람들은 자신이 할 것을 할 것이다)이거나, 오류(선행 사건이 무엇이든 상관없이 사람들은 자신이 할 일을 할 것이다)이다. 홉스에 따르면 일어날 일은 선행 사건에 따라 결정된다. 예정설은 사람들의 자제심을 잃게 만들 것이므로 예정설을 전파해서는 안 된다. 물론 홉스는 그렇게 생각할 수밖에 없었다.

사실상 홉스와 브럼홀은 예정설 문제를 거의 완전히 피해 갔다. 홉스는 그 문제에 대해 이렇게 훈계한다.

신이 전능하다면 신에게 저항할 수 없다. 그렇다면 비록 우리가 신

펠라기우스(Pelagius, 354?~420?년) 브리타니아 태생 수사이자 신학자. 인간의 원죄설을 부정했으며, 인간의 자유 의지와 노력을 강조했다.

이 하는 일을 알지 못한다 하더라도 신의 모든 행동은 정당하다. 맹인이 색을 판단할 능력이 없는 것처럼 우리는 신의 공의(公義)를 알 능력이 없다. 그러니 자신에게 예정된 일이 있는지 없는지를 놓고 골머리를 앓을 필요가 없다. 자기 조국의 종교에 따라 의롭고 정직하게 살면 된다. 나머지는 신에게 맡길 일이다. 그는 토기장이*이니, 원하는 대로 그릇을 만들 수 있다.[4]

일찍이 《법의 원리》에서 홉스는 예정된 것에 대해 걱정하지 말라고 했다. 인간의 이성으로는 "신의 예정 방식"을 알 수 없기 때문이다. 또한 이 교리는 신앙의 핵심 조항도 아니다. 신앙의 핵심은 오직 하나, 예수가 그리스도라는 것 하나뿐이다.[5] 그러면 홉스와 브럼홀이 논쟁한 문제는 무엇이었을까? 브럼홀은 논쟁의 주제를 이렇게 제시했다.

　모든 자연적·시민적·도덕적 사건이 〔그 사건 내부의 원인에 따른〕 동시 작용*과 관계없이 외부적으로 불가피하게 예정되어 있는지의 문제. (지금 죄인의 개종에 대해 말하고 있는 것이 아니므로, 그것은 이 문

---

* 《성경》에 다음과 같은 비유가 있다. "여호와의 말씀이니라. 이스라엘 족속아, 이 토기장이가 하는 것같이 내가 능히 너희에게 행하지 못하겠느냐? 이스라엘 족속아, 진흙이 토기장이의 손에 있음같이 너희가 내 손에 있느니라."(《예레미야》 18:6) "너희의 패역함이 심하도다. 토기장이를 어찌 진흙같이 여기겠느냐? 지음을 받은 물건이 어찌 자기를 지은 이에게 이르기를 그가 나를 짓지 아니했다 하겠으며, 빚음을 받은 물건이 자기를 빚은 이에게 이르기를 '그가 총명이 없다'고 하겠느냐?"(《이사야》 29:16) "이 사람아 네가 누구이기에 감히 하느님께 반문하느냐? 지음을 받은 물건이 지은 자에게 어찌 나를 이같이 만들었느냐 말하겠느냐? 토기장이가 진흙 한 덩이로 하나는 귀히 쓸 그릇을, 하나는 천히 쓸 그릇을 만들 권한이 없느냐?"(《로마서》 9:20~21)

제와 관계가 없다.) 예정되어 있다면 현재와 미래의 모든 행동과 사건은 반드시 그럴 수밖에 없다. 예정된 것과 다른 방식으로, 혹은 다른 장소·시간·수·정도·순서로 일어날 수 없다. 그리고 그것들을 그렇게 결정하는 것이 하나의 최고 원인인가, 아니면 외부적 원인의 합류(合流)에 의한 것인가의 문제.[6]

홉스는 이 진술을 받아들이겠다고 말했다. 단 "브럼홀이 허락한 만큼 주의하되, 이해할 수 없는 것은 제외한다."[7]라는 단서를 달았다. 그리고 브럼홀의 주장 대부분이 이해할 수 없는 것이라고 말한다.

브럼홀이 한 주장의 요점은 서두에 나오는 논증에 잘 나타나 있다. (1) 나는 자유 의지를 옹호하고 결정론에 반대하는 글을 쓸 자유가 있거나 없거나, 둘 중 하나이다. (2) 그럴 자유가 있다면 내 주장은 옳으므로 나는 처벌받을 이유가 없다. (3) 그럴 자유가 없다면 역시 처벌받을 이유가 없다. 내가 그렇게 주장한 것은 예정된 것이고, 내가 절제할 수 없는 것이기 때문이다. 그러므로 나는 내 주장 때문에 처벌받을 이유가 없다. 내 주장 때문에 처벌받을 이유가 없다면 내 주장은 정당하다.

홉스는 전제 (2)와 전제 (3)을 공격한다. 먼저 (2)를 살펴보자. 논점은 자유 의지에 관한 것이지 책임에 관한 것이 아니다. 그러므로 그 전제는 논점을 벗어난 것이다. 홉스는 자유 의사로 한 행동이 아

---

* 신학의 동시 작용(concurrence) 이론에 따르면, 모든 피조물의 활동은 두 가지 원인에서 일어난다. 하나는 신의 작용이고, 또 하나는 신이 창조한 피조물 내부의 원인이다. 이 두 원인이 동시에 작용하여 피조물의 활동이 나타나게 된다는 뜻에서 신의 영향을 '신의 동시 작용'이라 부르고, 피조물 내부의 원인을 '피조물의 동시 작용'이라 부른다.

닐 경우에는 책임이 없다는 브럼홀의 주장에 동의한다. 또한 사람에게 자유가 있다는 것도 부정하지 않는다. 홉스가 부정하는 것은 의지의 자유이다. 두 사람의 의견이 갈리는 지점은 '자유롭다'는 것과 '자유 의지가 있다'는 것의 관계이다. 전제 (3)에서 그것을 확인할 수 있다. 홉스에 따르면 자유롭다(자유롭게 행동한다)는 것은 그 사람의 행동의 원인이 욕망이라는 뜻이다. 이 욕망을 '의지'라 불러도 좋다. 그러나 그것이 의지가 자유롭다거나 그 사람이 자유 의지를 품고 있다는 것을 의미하는 것은 아니다. 욕망(의지) 그 자체는 선행 사건(다른 욕망 혹은 약간의 추론)의 결과이며, 이 선행 사건은 그 앞의 선행 사건의 결과이며, 계속해서 이와 같은 방식으로 최초의 출발점으로 거슬러 올라간다. 이 설명에는 자유 의지가 끼어들 여지가 전혀 없다. 물론 브럼홀은 이 주장에 동의하지 않는다. 그에 따르면 행동이라는 개념 자체가 외부 원인에 따라 결정되어 있지 않다는 것을 의미하며, 따라서 인간의 행동은 자유롭다.

사람은 언제 자유롭지 않은가? 홉스에 따르면 그들의 운동이 외부 사건 때문에 폭력적으로 일어났을 때이다. 강풍에 휩쓸려 원하지 않는 방향으로 가고 있는 사람의 행동은 강제된 것이다. 그러나 배의 침몰을 막기 위해 배 밖으로 짐을 버리는 것은 강제된 것이 아니다. 그것은 자유로운 행동이다. 왜냐하면 자신이 원해서 하는 일이고, 의지가 행동 직전의 마지막 욕망이기 때문이다. 그의 행동은 인간이 지닌 정상적인 내적 메커니즘에 의한 것이다. 그는 그 행동을 선택했다. 짐을 버리지 않고 배와 함께 침몰할 수도 있었다. 홉스는 총격을 받지 않으려고 무장 강도에게 돈을 넘겨주는 상황도 같은 방식으로 분석한다. 이 경우에도 강제된 행동이 아니라 목숨을 구하기 위해 그런 행동을 선택한 것이다. 공포심이 그렇게 행동하고자 하는 욕망, 즉 의지를 일으킨 것이다. 그는 돈을 넘겨주지 않고 총에 맞을 수도 있었다.

이러한 분석은 억지스럽다. 하지만 홉스로서는 달리 설명할 방법이 없었다. 홉스가 강요된 행동, 혹은 공포심에 따른 행동까지 자유로운 행동이라고 주장하게 된 이유는 국가의 수립을 가져오는 사회 계약의 동기가 언제나 공포심이기 때문이다. 그래서 그런 행동이 무효가 아닌 합의라고 주장하게 된 것이다.

홉스에 따르면 자유 의지설은 허위일 뿐만 아니라 모순된 주장이다. 자유 의지설을 지지하는 이들에 따르면 사람에게 자유가 있으면 그의 행동은 필연적인 것이 아니다. 홉스는 이 주장에 동의하지 않는다. 자유와 필연성은 양립 가능하다. 홉스는 칼뱅의 기독교적 주장을 철학적으로 옹호한다. 칼뱅은 《기독교의 원리》에서 이렇게 말했다. "이제 우리는 강제와 필연성이 다르다는 것을 알았다. 그러므로 인간은 필연적으로 죄인이지만 자발적으로도 죄를 짓는다."[8] 홉스는 이렇게 썼다. "브럼홀 각하께서는 '나는 그것을 쓸 자유가 있다.'는 말과, '내가 그것을 쓰는 것은 필연적이지 않다.'는 말을 같다고 생각하는 것 같습니다. 나는 그렇게 생각하지 않습니다."[9] 홉스에 따르면 그가 원하면 그렇게 할 수 있을 때, 그는 그 일을 할 자유가 있다. 그가 원하지 않으면 그렇게 하지 않을 수 있을 때, 그는 그 일을 하지 않을 자유가 있다. 그러나 그가 그 일을 한다면 선행 사건들이 그로 하여금 그 일을 할 의지가 생기게 만들었다는 점에서 그의 행동은 필연적으로 일어난 것이다. 그가 그 일을 하지 않는다면 선행 사건들이 그로 하여금 그 일을 할 의지가 생기지 않게 만들었다는 점에서 그의 행동은 필연적으로 일어난 것이다.

홉스의 이러한 견해는 이미 《반화이트론》에도 나타나 있다. 이 책에서 그는 필연적인 것은 "존재하지 않을 수 없는 것"이며,[10] 필연적 사건은 발생하지 않을 수 없는 사건이라고 주장한다. 어떤 사건의 모든 필요 조건이 갖추어지면 그 사건은 필연적으로 발생한다. 행동의 경우에는 의지 혹은 욕망이 그 행동을 낳는 필요 조건 중 하나이다. 그러므로 모든 행동은 필연적이다. 자유 의지론자들은 의지 혹은 욕망을 물리적 인과 연쇄에서 빼려고 하는데, 홉스에 따르면 이것은 잘못된 추론이다.

브럼홀은 자유와 필연성이 양립한다는 홉스의 주장을 받아들이지 않았다. 그에 따르면 홉스의 자유는 진정한 자유가 아니다. 왜냐하면 진정한 자유는 '결정된' 필연성과 양립할 수 없기 때문이다. 브럼홀은 선행 조건이 필연적으로 어떤 행동을 가져온다고 인정한다. 그러나 그런 경우에도 그 조건 중 최소한 하나는 그 자체가 아직 결정되지 않은 자유로운 행동이다. 예를 들면 건강이 양호하고, 컵을 집어 드는 데 장애물이 없고, 컵을 집어 들 의사가 있을 때 그 사람은 컵을 집어 들게 된다. 여기에서 선행 조건은 "결정된" 필연성이 아니라 "결정하는" 필연성이다. 브럼홀은 이외에도 이와 비슷한 현학적이고 모호한 여러 개념을 동원한다. 홉스는 이러한 개념이 뜻을 알 수 없는 암호라고 화를 냈다. "브럼홀 각하는 그 개념으로 문제를 해결했다고 말하고 있습니다. 그러나 그가 무슨 말을 하고 있는지, 문제가 무엇인지 도대체 알 수가 없습니다. '행사(行使)', '특정화', '모순', '불일치'는 대체 무엇이며, 명확해진 것이 아무것도 없는데 무엇을 해결했다는 말입니까?"[11]

국교회 신학자 존 브럼홀. 홉스와 브럼홀은 인간이 자신의 행동을 스스로 통제할 수 있는 자유 의지를 지녔는지를 두고 첨예하게 대립했다.

홉스는 필연 명제와 우연 명제의 양상을 오해하고 있었다. 그는 《반화이트론》에서 이렇게 논증한다. '내일 비가 오거나 오지 않는다.' 라는 명제는 필연적으로 진리이다. 이 명제를 구성하는 명제들 중 하나가 반드시 진리이기 때문이다. 따라서 그 복합 명제는 필연적으로 진리이다.[12] 홉스에 따르면 필연성이 진리인 구성 명제에서 생겨나지 않는다면 달리 필연성이 생겨날 곳이 없다. 홉스의 추론은 분할 오류의 전형이다. 전체 명제가 P라는 속성을 지니고 있으므로, 그 명제를 구성하는 명제 중 하나도 P라는 속성을 지니고 있다고 주장하는 것이다. 전체 명제가 10개 단어로 이루어져 있으므로, 그 명제를 구성하는 명제 중 하나도 10개 단어로 이루어져 있다고 주장하는 것과 같다. 홉스는 자신의 논증 양식의 오류를 깨닫지 못하고 《물체론》에서도 같은 주장을 한다. 홉스에게도 이렇게 암둔한 구석이 있었다.

모든 사건은 필연적으로 일어나기에 우연히 일어나는 사건은 없다. 그런데도 사건이 필연적으로 일어나는 것이 아니라 우연히 일어난다고 생각하는 이유는 우리가 사건의 모든 원인을 알지 못하기 때문이다.[13] 홉스가 《반화이트론》에서 이렇게 주장해서 홉스와 브럼홀 사이에 논쟁이 벌어졌을 것이다.

사람들이 자유 의지와 결정론이라는 철학적 문제에 관심을 두는 이유는 그것이 현실의 문제와 관련이 있어 보이기 때문이다. 자유 의지가 존재하지 않는다면, 즉 모든 행동이 행위자의 통제를 벗어난 선행 사건으로 인해 필연적으로 일어난다면 그 행동을 어찌 칭찬하거나 비난할 수 있겠는가? 또한 사람들이 자신의 인생에 대해 어떻게 진정으로 계획을 세울 수 있겠는가? 홉스에 따르면 칭찬은 그 행동이 선이라고 선언하는 것이며, 비난은 그것이 악이라고 선언하는 것이다. 그리고 목적 달성을 가능하게 하는 인과 연쇄도 있고, 그렇지 않은 것도 있으므로 인생 계획을 세울 필요가 있다. 어떤 사건이 필연적이라고 해서 무슨 일이 있어도 그 사건이 일어난다는 뜻은 아니다.[14] 일어날 사건 이외의 다른 사건은 일어날 수 없기 때문에 그 사건이 일어난다는 뜻이다.

유대기독교 전통에 따르면 죄는 악행에 책임이 있다. 어떤 행동에 책임이 있다는 것은 그 행동이 자유 의지에 따라 이루어졌다는 뜻이다. 모든 인간은 죄인이고, 그 죄로 인해 단죄를 받아야 한다. 하지만 인간이 그렇게 행동하지 않을 수 없었다면 신이 어떻게 인간을 벌할 수 있겠는가? 이에 대해 브럼홀은 이렇게 반박한다.

나는 홉스의 인격과 학식을 존경하지만 이 주장은 유감천만이 아닐 수 없다. 그 주장이 가져올 끔찍한 결과를 심사숙고해본다면 나뿐만 아니라 누구라도 그 주장에 반대할 것이다. …… 그 주장은 다음과 같은 주장으로 이어질 것이다. 제1원인, 즉 전능한 신이 인간만큼이나, 아니 인간 이상으로 이 세상의 모든 악행과 죄를 불러왔다. 이것은 시계의 운동이 그 시계를 만들고 태엽을 감은 제작자 때문에 일어난 것이지, 스프링이나 톱니바퀴나 나사 때문에 일어난 것이 아닌 것과 같다. 만일 신이 제2원인에 특별히 영향을 끼쳐 제2원인이 그렇게 작용하도록 만들었다면, 이런 방식으로 결정된 것이라면 아담의 [선악과를 따 먹은] 행동도 불가피하고, 저항할 수 없는 것이었고, 우연이 아니었고, 그렇게 할 수밖에 없어서 벌어진 일이다. 그렇다면 …… 그 죄는 신에게 더 큰 책임이 있으며, 모든 악행의 근원은 인간이 아니라 신이다.[15]

이에 대해 홉스는 듣기 불편한 대답을 한다. 홉스에 따르면 죄가 성립하려면 두 가지가 필요하다. 첫째는 신법이고, 둘째는 의지에서 일어난 신법을 위반하는 행동이다. 그 행동이 필연적으로 발생했든 아니든 상관없다. "그 행동이 금지된 것이라면 그 행동을 하는 자는 처벌받아 마땅하다. …… 죽임을 당해 마땅하다. 그 행동이 필연적인 것이 아니기 때문이 아니라 해로운 것이기 때문이다. 해롭지 않은 행동을 하는 사람만 목숨을 부지할 수 있다." 홉스는 계속해서 이렇게 말한다. "판관은 유죄 여부, 즉 위법 여부를 판단할 때 행위자의 의지만 볼 뿐 그 이상의 더 높은 원인은 보지 않는다."[16] 홉스는 행위자에게 분명한 책임이 있다고 생각한 것이다.

그렇다면 홉스의 입장도 브럼홀의 주장처럼 지금까지의 죄와 미래의 모든 죄는 신에게 책임이 있다는 것이 아닌가? 이 질문에는 '그렇다'고 대답할 수밖에 없다. 유대기독교 신앙의 관점에서 보면 신에게 책임이 없다고 말하는 것은 논리적으로 불가능하다. 신은 모든 것의 원인이고, 죄라는 것이 존재한다. 따라서 신은 죄의 원인이다.

아우구스투스에서 아퀴나스에 이르기까지, 그리고 이 문제에 대해 설교한 마지막 성직자에 이르기까지 많은 신학자가 그 논증을 깨보려 했다. 죄는 무(無, nothing, nonbeing)라는 주장도 있었고, 신은 죄를 제외한 만물의 근원이라는 주장도 있었다. 둘 다 신통치 않다. 죄가 무라면 신이 죄를 낳을 수는 없다. 하지만 사람도 죄를 낳을 수 없다. 오직 물(物, thing)에만 근원이 있다. 무에는 근원이 없다. 또한 죄가 무인데, 그 무를 저질렀다고 처벌을 받는다면 이것은 정당한 일이 아닐 것이다. 브럼홀처럼 이런 주장을 할 사람도 있을 것이다. 무고한 사람을 부당하게 살해하는 죄와 무고한 사람을 부당하게 살해하는 사건은 다르다고. 그러나 홉스는 그 두 가지가 다르지 않다고 주장한다.[17] 부당한 살해는 죄다. 또 이런 주장도 있다. 신은 〔인간이〕 죄를 지을 여지를 남겨 두지만 죄를 지으라고 하지는 않는다고. 홉스는 이렇게 반론한다. "어떤 일을 행하려는 의지와 그것을 하도록 허용하는 것에는 차이가 없다. 허용하는 자는 그 일을 막을 수 있고, 막지 않을 경우 그 일이 행해질 것을 알고 있다."[18] 다음으로 신은 죄를 제외한 만물의 근원이라는 주장은 마니교* 쪽으로 가는 주장이다. 신이 만물의 근원이 아니라면 신은 모든 실재의 절대 원리가 아니다. 죄를 설명할 수 있는, 신 이외의 다른 원리가 있어야 한다.

수 세기 동안 신학자들은 마니교 쪽으로 가지 않기 위해 신이 만물

마니교(Manichaeism) 3세기에 마니가 조로아스터교에 기독교, 불교, 바빌로니아의 원시 신앙을 가미하여 만든 자연 종교. 선과 악이 따로 존재하여 대결하는 이원론적 세계관을 지닌다.

의 근원이라고 지겹도록 말해 왔다. 홉스도 《자유, 필연성, 우연에 관한 문제들》(1656년)에서 이 점을 꼬집었다. "브럼홀은 이렇게 말할 것이다. 그런 의견은 신을 죄의 근원으로 만든다고. 그러면 브럼홀 주교는 신이 만물의 근원이라고 생각하지 않는단 말인가? 시켜서 저지른 행동은 죄가 아니란 말인가? 살인은 행동이 아니란 말인가? 신 스스로 이렇게 말하지 않았던가? '내가 시킨 것이 아니고야 재앙이 어찌 성읍에 임하겠느냐?'* 살인은 그런 재앙 중의 하나가 아닌가?"[19]

사실상 홉스의 주장이 틀린 것은 아니다. 어떤 것이 악행의 원인이 되었다고 해서, 반드시 그것이 그 악행에 책임이 있다고 할 수는 없다. 마음 착한 앨리스가 에이즈 환자를 돕거나 가족 계획 센터에서 상담을 하는 선행을 한다고 하자. 앨리스의 그런 행동에 반대하는 밥이 앨리스 때문에 악행을 저질렀다 하더라도 이 악행을 두고 앨리스에게 죄를 물을 수는 없다. 그러나 이러한 예는 문제 해결에 도움이 되지 않는다. 밥의 악행을 일으킨 앨리스의 역할과 신의 역할은 다르기 때문이다. 신은 밥을 통제할 수 있지만 앨리스는 그럴 수 없다. 유대기독교의 전통에 따르면 신은 전지전능하고 지선(至善)한 절대적 존재이지만, 현실에는 악이 넘쳐난다. 이러한 신의 개념과 현실의 모순을 어떻게 설명할 것인가? 이것이 바로 유일신을 믿는 지적이고 정직한 사람들이 처한 곤경이다. 일관성 있는 설명이 가능하다 해도 매우 어려운 일임에는 틀림없다.

나는 홉스의 설명도 그 나름대로 일리가 있다고 생각한다. 홉스에 따르면 죄를 짓는다는 것은 법을 위반하는 일 그 자체를 가리키는 것

---

* 〈아모스〉 3:6.

이지 위법 행위를 일으키는 것을 가리키지 않는다. 그는 바울의 말을 인용한다. 〈로마서〉 9장 20, 21절에서 바울은 하느님이 파라오의 마음을 강팍하게 만들었다고 해서 불의한 것은 아니라고 말한다. 신은 파라오가 그렇게 행동하도록 만들었다. 파라오는 그렇게 행동할 의지가 있었고, 신법을 따라야 했기에 죄를 지었다. 하지만 신은 죄를 짓지 않았다. 칼뱅은 여기에서 한 걸음 더 나아간다. 신과 사탄과 인간은 모두 같은 인과 연쇄에 있다는 것이다. "신과 사탄과 인간의 행위를 판단하는 데 동일한 기준을 적용하지 않을 이유가 없다. 그러나 행위의 의도와 방법에서 차이가 있기 때문에 하느님의 행위는 의롭고 흠이 없는 반면, 사탄과 인간의 행위는 수치스럽게도 그 사악함을 드러낸다."[20]

신이 죄의 근원인가라는 난문에 대해 홉스는 이렇게 말한 적이 있다. 신은 죄의 근원이지만, 죄 지은 당사자(author)는 아니라는 것이다. 이 말은 테오도뤼스 베자(Theodorus Beza)의 견해를 따랐다.

그러므로 다음과 같이 결론을 내릴 수 있다. 아담의 타락은 그 자신의 의지의 운동에서 일어났지만, 그런데도 신의 의지 때문에 일어났다. 신은 놀랍고도 불가해한 방법으로 그런 일에 기뻐한다. 그가 금지한 일—그것이 죄이므로—이 그의 의지에 의해 일어난다.[21]

이 설명의 결점은 "불가해한 방법"이라는 말이 제대로 된 설명이 아니라는 점이다.

홉스는 자신의 철학적 원칙과 종교적 신앙에 어울리는 설명을 선택했다. 다른 칼뱅주의자의 설명보다 못할 것이 없다. 그는 경건하게 체념한다. "나는 알고 있다, 하느님은 죄를 지을 수 없다는 것을. 그가 하는 일은 그가 하는 일이라는 이유로 정당하다. 따라서 죄가 될 수 없다. 죄를 지을 수 있는 자는 다른 이의 법을 따라야 하는 사람인데, 하느님은 어느 누구의 법도 따를 필요가 없다. 그러므로 하느님이 죄를 지을 수 있다고 말하는 것은 신성 모독이다. 그러나 하느님의 뜻에 따라 만들어진 세상에서 인간이 필연적으로 죄를 짓는다고 말할 경우, 그것이 어째서 그분께 불명예가 되는지 이해할 수 없다."[22]

"나는 알고 있다(This I know)."라는 구절은 루터의 "나는 이 자리에 서 있다(Here I stand)."라는 말을 연상시킨다. 그 말에 이어 하느님이 하는 일은 무엇이든 정당하다고 긍정한 것은 비꼰 말이 아니라 홉스의 진심이었다고 나는 생각한다. 빈정거리는 말인지 진심으로 하는 말인지 구별하기 어려울 때도 있다. 나는 "하늘이 무너져도 정의를 세워라."라는 말을 여러 번 들었는데, 반은 빈정거리는 말이었고 반은 진심으로 하는 말이었다.

앞에서 논의한 홉스의 반론을 보면 다른 질문들에 홉스가 어떻게 답할 것인지 (그의 대답에 수긍할 수 없다 하더라도) 쉽게 추측할 수 있다. 예를 들면 모든 행동이 필연적이라면 기도할 필요가 없지 않느냐는 반론에 홉스는 "그렇지 않다."라고 말한다. 신은 기도하는 자에게 축복을 내린다. 그 기도로 인해 신이 어떤 일을 하지는 않지만. 신의 뜻은 변하지 않는다. "기도는 신의 선물"이고, 다른 것들과 마찬가지로 예정되어 있는 것이다.[23]

욥과 악의 문제

신의 전능, 죄, 처벌 등은 악의 문제와 관련이 있다. 이 문제는 여러 형태를 취할 수 있겠지만 〈욥기〉에서 제기된 문제는 난문 중의 난문이다. '왜 죄 없는 사람이 고통을 당하는가?' 더 정확히 말하면 '왜 행악(行惡)이 방치되는가?' 욥의 친구들이 제시한 상식적인 견해에 따르면 모든 선량한 사람과 오직 선량한 사람만이 번영하고, 모든 사악한 사람과 오직 사악한 사람들만 고통을 겪는다는 생각 자체가 우리 경험과 맞지 않는다. 홉스는 두 가지 해결책을 제시한다. 한 가지는 《반화이트론》에서 제시한 냉혹한 해법이다.

누구나 자신이 선하다고 생각한다. 그래서 불행한 일이 닥치면 신의 섭리 따위는 없다고 생각하거나 신의 섭리가 있다 하더라도 공의롭지 않다고 생각한다. 모든 일이 선한 이들에게, 즉 자기에게 유리하게 돌아가야 세상이 제대로 돌아간다고 생각한다. 그러나 (내 생각으로는) 선한 사람이 고통을 겪는다거나, 혹은 악한 사람이 대체로 잘된다고 말할 수는 없다. 이승에서도 선한 사람이 악한 사람보다 더 잘된다. 부든 명예든 (혹은 이승에서 이보다 더 좋은 그 어떤 것이든) 그것을 얻는 데 성실함보다 더 나은 방편은 없다. 자신은 억울하다고 불평하는 소리가 많지만 그것은 자신의 악행을 인정하지 않기 때문이며, 잘되는 사람들을 시기하여 그들의 미덕을 '사악한 것'으로 보기 때문이다.[24]

홉스가 제시한 또 하나의 해결책은 악의 문제를 '공의를 뛰어넘는 신의 해법'으로 보는 것이다. 신은 공의와 불의의 개념을 초월해 있는 존재다. 그 이유는 앞에서 설명했다. 불의는 법을 위반하는 것이다. 입법자는 법을 위반할 수 없다. 그가 법을 만들기 때문이다. 신은 입법자이며, 따라서 법을 위반할 수 없다. 이런 설명을 할 때 홉스는 법률 용어가 아니라 《성경》 용어를 사용한다. 신은 토기장이이고, 인간은 진흙이다. 토기장이가 진흙을 해친다는 말은 성립하지 않는다. 요컨대 신은 절대적인 권력을 쥔 존재이므로 욥에게 어떤 행위든 할 수 있다는 것이다.

신이 다른 어떤 도움도 받지 않고 홀로 하는 일은 무엇이든 정당하다. …… 신이 하는 일은 신의 행위라는 이유만으로 정당하다. …… 우리가 저항할 수 없는 힘은 누구에게 어떻게 행사되든 정당하고 적절하다. 그보다 약한 힘은 그렇지 않다. 최강의 권능은 오로지 신에게만 있다. 그러므로 그의 모든 행위는 정당하지 않을 수 없다.[25]

전능한 신은 스스로 법을 만드는 존재로서, 그 어떤 법도 지킬 의무가 없다. 따라서 법을 위반하는 일은 있을 수가 없고, 어떤 행위를 하더라도 죄가 되지 않는다.

당시 사람들의 일반적인 견해에 비추어보면 홉스의 견해가 터무니없는 것은 아니었다. 다수의 비전투원이 포함된 웩스퍼드(Wexford) 학살(1649년) 후에 크롬웰이 한 연설과 비교해보라.

우리는 이 지역이 이토록 엄청난 파괴를 당하지 않기를 원했고, 여러분과 여러분의 군대에 도움이 되기를 바랐습니다만 신의 뜻은 그렇지 않았다는 사실을 가슴 깊이 새겨야 할 것입니다. 의로우신 하느님은 우

1642년 청교도 혁명의 주인공 올리버 크롬웰. 혁명이 일어나자 철기대를 이끌면서 왕당파를 무찔렀다. 찰스 1세를 처형하고 공화정을 세운 뒤 1653년 호국경에 올라 독재 정치를 실시했다.

리가 예측할 수 없는 섭리로 그들에게 정의로운 심판을 하셨습니다. 그리하여 그들이 군인들에게 희생되게 하셨고, 수많은 가족들이 약탈당하게 하셨고, 그들이 여러 프로테스탄트에게 저지른 잔인한 행동들에 대해 그들의 피로써 속죄하게 하신 것입니다.[26]

크롬웰의 연설을 보면 드로이다(Drogheda)와 웩스퍼드에서 일어난 학살 사건 후에 앤드루 마벌(Andrew Marvell)이 〔크롬웰에 대해〕쓴 시는 비꼰 것이 아니라 진심으로 그렇게 생각했던 것 같다.

그들(아일랜드인)은 제대로 알았을 것이다
그를 찬미하는 이유를
정복당했지만 그들은 보여주었다
그가 선량하고 정의롭다는 것을

최고의 신뢰를 받을 자격이 있다는 것을*

《시민론》 2판

1646년 《시민론》 2판인 증보판이 네덜란드 엘세비르(Elzevier) 출판사에서 출간을 준비하고 있었다. 다들 목을 빼고 책을 기다렸다. 소르비에르에 따르면 윌리엄 보즈웰(William Boswell), 샘슨 존슨 (Samson Johnson), 헨리퀴스 레히위스(Henricus Regius), 아드리안 헤이레보르트(Adrian Heereboord) 같은 저명한 이들이 특히 관심이 많았다고 한다.[27] 한정판이었던 초판과는 달리 2판은 많이 찍었다. 홉스는 가상디와 메르센이 쓴 축사를 받고 기뻐했다. 이들의 축사는 3판에 처음 실렸다. 하지만 홉스는 줄곧 피해망상에 빠져 있었다. 1646년의 한 편지에 그는 다음과 같이 썼다.

출간에 장애가 되는 요소가 많습니다. 첫째, 대학에서 힘깨나 쓰는 이들이 이런 류의 책이 출판된다는 것을 알면 방해할지도 모릅니다. 그들은 대학 외부에 있는 이가 자신들이 가르치고 있는 주제에 관해 이미 새로운 것을 발견했다고 하면 자신들의 명예가 땅에 떨어진다고 생각하기 때문입니다. 그러니 일을 조용히 추진해주시고, 추천장은 아주 확실한 사람이 아니면 요청하지 마십시오. 또한 출판사가 임의로 이 분야에 조예 있는 지식인을 찾아 이 책의 중요성에 대한 판단을 구하는 일도 하지 못하도록 해야 할 것입니다. 그리고 책의 내용에 대체로 동의하지

---

* 앤드루 마벌이 1650년에 쓴 것으로 보이는 〈아일랜드에서 돌아온 크롬웰에게 부치는 송시〉에 나오는 구절이다.

만 일부 내용에는 동의하지 않는 이들도 주의해야 할 것입니다. 그들은 내가 마치 자기 제자이기라도 한 것처럼 훈계할 것이고, 자신들의 사적인 논평으로 나를 좌지우지할 수 있다고 생각할 것이며, 나의 대중적 인기를 시기할 사람들입니다. 특히 데카르트 씨가 내 책이 (이 책이든 다른 책이든) 출판을 준비하고 있다는 것을 알게 되면 기를 쓰고 막으려 할 것이 분명합니다. 이 점에 관해서는 저를 믿어주십시오. 확실합니다. 당신의 분별력과 저에 대한 호의를 믿기에 다른 유의사항들은 당신에게 맡기겠습니다.[28]

데카르트가 홉스를 경멸한 것은 사실이지만[29] 그런 식으로 홉스의 출세를 방해할 필요는 없었다. 더 좋은 방법이 있었기 때문이다.

《시민론》 2판은 출판사 사정으로 여러 차례 지연되다가 1647년 1월에 출간되었다. 대성공이었다. 8월에 책은 매진되었고, 수백 명이 재판을 찍으라고 아우성쳤다. 단기간에 재판과 3판을 찍었다. 망명 중이던 왕당파들이 책에 열광했다. 절대 주권을 비타협적으로 옹호하면서도 교회의 독립성은 건드리지 않았기 때문이다. 홉스의 투키디데스 번역본과 《법의 원리》를 읽은 클래런던도 홉스에게 《시민론》을 보내 달라고 요청했다. 클래런던은 중요한 부분에서 홉스와 의견이 달랐지만 홉스의 저작을 존중했다. 그는 홉스의 절대 주권론을 받아들이지 않았고, 사유 재산이 군주에게 달린 것은 아니라고 생각했다.

2판에서 증보된 내용 중 가장 중요한 것은 '독자에게'라는 서문이다. 내가 보기에 이 서문에 홉스의 위대한 논증이 들어 있다. 나는 이것을 '무지와 공포 논증'이라고 명명했다. 사악한 사람은 일부에 불과하지만 이들과 선량한 사람을 구분할 수 없기 때문에 "아무리 정직하고 의로운 사람이라 하더라도 이들을 의심하고, 조심하고, 주시하고, 정복하고, 자기 방어를 할 필요가 있다."는 것이다.[30]

이 논증은 전제도 그럴듯하거니와, 적용 범위가 아주 넓다는 점에서 매우 인상적이다. 학교에서 어린이들은 낯선 사람을 조심하라는 가르침을 받는다. 낯선 사람 중에 위험한 사람이 있기 때문이다. 많은 여성이 모든 남성을 경계하는 것은 그중에 강간하려는 사람도 있기 때문이다. 경찰관이 교통 법규 위반으로 정차시킨 차량의 사람들을 경계하는 것은 그중에 위험한 사람도 있기 때문이다. 백인이 모든 미국 흑인을 경계하는 것은 몇 가지 종류의 범죄에서 그들의 범죄율이 매우 높기 때문이다. 미국 흑인은 모든 백인이 인종 차별적 행동을 할지도 모른다고 불안해한다. 백인 중에는 인종 차별을 하는 사람도 있기 때문이다.

'무지와 공포 논증'은 여러 방식으로 가지를 칠 수 있다. 모든 사람은 남이 자신을 의심한다는 것을 알면 더욱 남을 의심하게 된다. 정직한 시민(혹은 남성, 미국 흑인, 백인)은 경찰관(혹은 여성, 백인, 미국 흑인)이 경계하는 눈빛으로 바라보는 것에 분개한다. 분개할 뿐만 아니라 냉담하게 행동한다. 선의로 한 행동도 오해받을 수 있다고 생각하기 때문이다. 이러한 우려 자체가 또 새로운 파장을 낳는다. 남성(혹은 미국 흑인, 백인)이 냉담한 태도를 보일 경우, 여성(혹은 백인, 미국 흑인)은 그의 행동에 적의가 있다고 생각하고 처음부터 경계심을 품기를 잘했다고 생각한다. 이 논증을 계속 확대해보면 자연 상태에서 "만인은 만인에 대해"[31] 전쟁 상태에 있다는 홉스의 말이 결코 과장이 아니라는 것을 알 수 있다.

홉스가 이 '무지와 공포 논증'을 왜 다른 곳에서는 사용하지 않았는지 참으로 의아하다. 이 논증을 《리바이어던》에서 사용했더라면 안성맞춤이었을 것이다. 실제로 《리바이어던》에서는 이보다 설득력이 떨어지는 논리를 펴고 있다. 모든 사람이 위험하다는 것을 경험적으로 알 수 있다면서 이렇게 주장한다.

여행을 갈 때는 무장을 하고, 여러 사람과 같이 가려 한다. 잠자리에 들기 전에는 반드시 문단속을 한다. 집에 있을 때에도 금고 문을 단단히 잠가 둔다. 자신이 해를 입으면 가해자를 응징해줄 법과 무장 경찰이 있다는 것을 알고 있으면서도 그렇게 행동한다. 여행지에서 만나게 될 이들도 한 나라 백성인데 그들을 도대체 어떻게 생각하기에 무장을 하고서야 말 등에 오르는 것일까? …… 이웃사람들을 어떻게 생각하기에 문단속을 그처럼 철저히 하는 것일까? 집안 아이들과 하인들을 어떻게 여기기에 금고 문을 잠가 두는 것일까? 내가 말로써 인류를 비난하고 있다면 그런 이들은 행동으로써 인류를 비난하고 있는 것은 아닐까?[32]

집을 나설 때 문을 잠그는 것은 모든 인류를 비난하는 것이 아니라 일부 알 수 없는 사람을 비난하는 것이다. 때로는 홉스가 나중에 쓴 저서보다 초기에 쓴 저서가 더 낫다.

《물체론》 집필

6장에서 본 것처럼 《물체론》 집필은 계속 지체되었다. 1645년 5월에 홉스는 연말까지 완성할 수 있으리라고 확신했지만 그 예상은 빗나갔다. 그는 드 마르텔의 영지로 가지 않고 웨일스 공의 가정교사로 취직했다. 웨일스 공은 생제르맹에서 망명 중이었다.[33] 헨리 저민(Henry Jermyn)이 추천한 것으로 보이는데, 저민은 나중에 홉스를 아주 기이한 사람이라고 말했다. 홉스는 생제르맹에 2년 정도 머물렀다. 여기에서 그는 에드먼드 윌러, 에이브러햄 카울리, 윌리엄 대버넌트(William D'Avenant) 등과 어울렸다. 홉스는 윌러의 아들도 가르쳤다. 카울리는 나중에 홉스를 찬양하는 멋진 시를 썼다. 대버넌트는 자신의 시 〈곤디버트(Gondibert)〉에 대해 날마다 홉스와 이야기를 나누었다.

1647년 8월에서 9월까지 홉스는 중병을 앓았다. 헛소리를 하기도 하고 사람을 알아보지 못할 때도 있었다. 그러나 메르센이 문병을 왔을 때는 제정신을 회복한 상태였다. 메르센은 홉스에게 로마가톨릭으로 개종할 것을 권했지만, 홉스는 자신이 나고 자란 교회를 버리지 않았다.

홉스는 메르센에게 프로테스탄트와 로마가톨릭의 차이점을 곰곰이 생각해본 결과, 영국 국교를 믿는 것이 더 편하다고 말했다. 그는 메르센에게 가상디에게서 새로운 소식이 온 게 없느냐고 물었다. 며칠 후 존 코신(John Cosin)이 방문하여 홉스를 위해 기도해주었다. 코신은 윌리엄 로드의 후원을 받았고, 나중에 더햄 주교가 되었다. 그는 홉스에게 성찬(聖餐)을 받을 의향이 있느냐고 물었다. 홉스는 "영국 국교의 의식에 따라 한다면" 기꺼이 받겠노라고 대답했다. 홉스는 자신의 영혼을 돌보기 위해, 말하자면 국교도인 존 피어슨(John Pierson)에게 고해한 것이다. 나중에 홉스는 곧 죽는다는 생각이 들었을 때 건강할 때보다 신앙이 더 깊어졌다고 말했다. 이 일화를 근거로 삼아 홉스가 신앙인이 아니었다고 추론하는 이들도 있지만 전적으로 그릇된 추론이다. 위기 신학의 전제는 사람들이 위급할 때만 신을 찾는다는 것이다. 병이 나은 후 홉스는 원기를 되찾았고, 다시 논쟁의 세계로 돌아왔다.

1648년 2월 홉스는 에반젤리스타 토리첼리(Evangelista Torricelli)의 진공 실험을 비판하는 글을 하나 읽었다. 예수회 수사 에티엔 노엘(Étienne Noël)이 쓴 글이었다. 노엘은 에테르*가 유리관을 뚫고 들어가 토리첼리가 진공이라고 주장한 공간까지 채우기 때문에 진공은 없다고 주장했다. 10년쯤 후에 홉스는 이와 유사한 논리로 로버트 보일의 진공 가설을 반박했다. 그러나 1648년 2월에는 토리첼리의 진공 실험 결과에 대한 노엘의 반박을 탐탁찮게 여겼다. 당시 홉스는 "아무 물체도 없는 최소 공간이 여기저기 있다."고 생각했다.[34] 하지만 홉스는 진공의 존재를 강력히 주장한 적은 없다. 모든 운동은, 나아가 모든 작용은 물체와 물체의 직접적인 접촉을 통해 일어난다고 믿었기 때문이다. 어떤 물체가 보이는 이유는 그 물체에서 반사된 빛이 연속적인 운동을 하여 시각과 접촉하기 때문인데, 그 사이에 진공이 있다면 〔운동을 전달할 매질이 없으므로〕 물체가 보이지 않게 된다는 것이다. 〔물체와 관찰자 사이에〕 진공이 있는데도 물체가 보인다면, 그것은 진공 주변에 있는 물체들과 접촉하여 전달된 운동에 의한 것으로 설명할 수밖에 없다. 그로부터 석 달이 지난 1648년 5월 홉스는 메르센에게 "연기가 물속을 통과하듯이", "영묘한 물질(subtle matter)"은 수은을 비롯한 어떤 액체든 통과할 수 있기 때문에 토리첼리의 실험은 진공의 존재를 입증하지 못한다고 말

에테르(ether) 빛을 파동으로 생각했을 때 이 파동을 전파하는 매질로 가상한 아주 희박한 물질.

했다.[35]

찰스 1세의 처형

찰스 1세는 1649년 1월 30일에 처형되었다. 홉스는 큰 충격을 받았을 것이다. 대다수의 영국인과 유럽인도 그랬을 것이다. 그러나 1651년까지는 홉스의 반응을 알 수 있는 자료가 전혀 없다. 많은 영국인이 그랬던 것처럼 1651년 홉스는 찰스 1세를 그리스도에 비유했다. 찰스 1세의 처형에 대한 모든 논의를 금지하는 의회의 명령이 있었지만 홉스는 개의치 않고 《리바이어던》에 이렇게 썼다.

현재 영국의 내전 이야기를 하다가 (누군가가 그랬던 것처럼) 로마 시대의 1페니*가 어느 정도의 가치가 있었는지 묻는다면 얼마나 엉뚱할까? 그러나 내가 보기에는 양자 간 연관성이 명백하다. 그 사람은 전쟁을 생각하다가 국왕을 적에게 넘겨준다는 생각이 났을 것이며, 그러다 보니 유다가 그리스도를 적에게 넘겨준 생각이 떠올랐고, 배신의 대가로 유다가 받은 30펜스*가 생각났을 것이다. 이리하여 그와 같은 고약한 의문이 떠올랐을 것이다.[36]

신변에 위협을 느껴 영국을 떠나긴 했지만, 홉스는 상황만 허락한다면 영국으로 돌아가고 싶었다. 그래서 처신에 극도로 주의했다.

---

* 고대 로마의 은화 데나리온(denarius)을 영국에서는 페니(penny) 또는 펜스(pence)로 대용했다.
* 펜스(pence)는 페니(penny)의 복수형이다.

1649년 1월 찰스 1세의 처형 장면. 이때부터 1660년 왕정 복고까지 영국은 공화정 체제를 유지했다.

《시민론》 2판에 실린 홉스의 초상화 밑에 "웨일스 공 전하의 사부(師傅)"라고 쓰여 있었는데, 홉스는 이것이 마음에 걸렸다. 그는 소르비에르에게 항의 편지를 보냈다. 첫째, 그 구절은 사실과 다르다. 나는 수학만 가르친다. 둘째, "거의 대부분의 사람이 찬성하지 않을 정치 이론" 때문에, 즉 자신의 정치 이론 때문에 웨일스 공의 입지를 곤란하게 만들고 싶지 않다. 셋째, 그 어떤 불미스런 사태라도 발생하면 "다들 나의 부주의와 허영심을 탓할 것이며, 그렇게 되면 내 명예가 땅에 떨어진다." 마지막이 가장 중요한 이유인데, 웨일스 공의 사부라는 것이 알려지면 영국으로 돌아가기가 어려워진다는 것이었다. 홉스는 억울함을 호소했다. "나에게는 아무런 잘못도 없습니다. 나는 일이 어떻게 돌아가는지 전혀 모르고 있었습니다."[37] 소르비에르에게 이 편지를 보낸 것은 홉스 나름대로 계산을 했기 때문일 수도 있다. 필요한 경우에 그 편지를 증거로 삼아 자신의 결백을 주장할 수도 있기 때문이다. 1648년 5월에 홉스는 영국으로 돌아갈 의사가 있다고 밝혔지만 국내 상황이 불확실하여 신변의 안전을 확신할 수 없었다.[38] 1649년 9월에 홉스는 가상디에게 영국으로 돌아가고 싶어서 처신에 주의하고 있다고 말했다. 사세부득하여 대륙에 머무는 것이지, 자의로 있지는 않다는 것이었다. 홉스의 명성은 유럽 대륙에서 더 높았지만 그는 어디까지나 영국인이었다.

홉스가 귀국하지 못한 것은 정치의 불안정 때문이었다. 1649년과 1650년에는 의회와 의회군이 싸우고 있었다. 이런 상황에서 귀국하기는 불안했다. 하지만 현지 상황도 불안하기는 마찬가지였다. 프랑스에 있어도 체포되거나 살해당할 염려가 있었다. 왕당파는 〔크롬웰 공화국의 정통성을 인정하고 충성을 다짐하는〕 "맹세(Engagement)"를 옹호한 앤서니 애스컴(Anthony Ascham)과 찰스 1세가 대역죄 혐의를 받게끔 도왔던 영국계 네덜란드 법률가 이사크 도리슬라우스(Isaac Dorislaus)를 암살했다. 애스컴은 왕에게 충성을 맹세했다 하더라도 왕이 백성을 지켜주지 못했으므로 크롬웰 공화국에 충성을 맹세할 수 있다고 주장했고, 도리슬라우스는 찰스 1세를 국사범으로 선고한 특별재판부에 참여했다. 홉스는 프랑스 로마가톨릭이 자기를 처형할지도 모른다고 불안해했다. 《리바이어던》이 좋은 구실이 될 수 있었다. 4부 "어둠의 왕국"은 내용 전체가 가톨릭을 향한 직격탄이다. 이 책에서 가장 분량이 많은 42장은 반(反)종교 개혁의 수호성인 로베르토 벨라르미노의 교황 옹호론을 조목조목 비판하고 있다. 벨라르미노는 홉스가 로마에서 깊은 인상을 받았던 두 추기경 가운데 한 명이다.

서사시 〈곤디버트〉 비평

윌리엄 대버넌트는 희곡, 가면극 대본, 시 분야에서 걸출한 업적을 인정받아 벤 존슨에 이어 1638년 계관 시인이 되었다. 홉스처럼 그도 한미한 가문 출신이었는데, 자수성가하여 지식인 반열에 올랐다. 그러나 홉스와 달리 대버넌트는 방탕했다. 젊은 시절에 매독으로 코가 무너져 내려서 콧구멍을 헝겊으로 가리고 다녔다. 앙리에트 마리를 총애했고, 마리를 찰스 1세보다 더 자주 만났다. 1641년에는 뉴캐슬 무리와 함께 급조된 1군에 참여했다. 내전 중 찰스 1세를 지지했으나 왕비의 망명 궁정으로 도망갔다. 1646년에 로마가톨릭으로 개종한 것 같다. 1649년 무렵부터 〈곤디버트〉라는 서사시를 쓰기 시작했다. 이 시에는 주요한 문학 장르가 모두 통합되어 있었다. 대버넌트는 날마다 홉스에게 논평을 청했고, 논평에 대한 감사의 뜻으로 홉스에게 바치는 서문을 썼다. 사실상 〈곤디버트〉 자체를 홉스에게 바치는 내용이었다. 홉스의 논평에 감명을 받은 대버넌트는 서문에서 홉스의 미학 이론을 언급했고, 홉스는 〈곤디버트의 서문에 답함〉이라는 글을 썼다. 이 두 편의 글은 1650년 초에 프랑스에서 출간되었고, 시는 그 이듬해 출간되었다.

홉스가 쓴 이 짧은 글은 17세기 후반 문학 비평과 문학 분야에 큰 영향을 끼치게 된다. 홉스는 자기 나름대로 시가를 분류하는데, 정교하기는 하지만 형이상학적인 느낌을 준다. 우주가 천상·공중·지상의 세 영역으로 구성되어 있듯이, 시도 이 세 영역을 본받아 궁정·도시·시골에 관한 시가 있다는 것이다. 군주의 궁정은 천상과 같고, 도시는 공중과 같고, 시골은 지상과 같다. 이 주제를 다루는 방식은 둘 중 하나다. (시인이 해설자가 되는) 설화체(narrative)와 (등장인물이 말하게끔 하는) 극화체(drama)가 있다.[39]

이 두 차원을 결합하면 시가의 종류는 여섯 가지가 된다. 영웅시, 비극, 풍자시, 희극, 전원시, 극화체 전원시. 이렇게 분류하면 소네트, 경구시(epigram), 대화체 목가시(eclogue) 같은 장르들은 빠지게 되는데, 홉스는 이것들도 위의 여섯 가지 중 하나에 속한다고 주장한다. 홉스의 문학 이론에 따르면 엠페도클레스, 루크레티우스, 루카누스의 작품은 시가 아니라 철학이거나 역사이다. 시의 주제는 인간의 태도이지 우주의 본질은 아니라는 것이다. 그러므로 엠페도클레스와 루크레티우스의 작품은 시가 아니라 운문일 뿐이다. 루카누스의 경우는 좀 다르다. 시의 내용은 창작이어야 하는데, 루카누스의 작품은 보고(reportage)이므로 시가 아니다. 마지막으로 운문이 시가 되려면 인간의 태도를 기술해야지 처방해서는 안 된다. 후자는 윤리학이 된다. 또한 산문은 시가 될 수 없다. 산문에는 시적 희열이 없기 때문이다. 제인 오스틴(Jane Austen)과 조지 엘리엇(George Eliot)을 몰라서 하는 말이다.

이러한 홉스의 견해는 왜곡되고 수정된 것이긴 하지만 아리스토텔레스까지 거슬러 올라가는 전통적인 문학 비평 안에 있다. 아리스토텔레스는 《시학》에서 운문으로 되어 있다 해도 헤로도토스의 작품은 역사이지 시는 아니라고 했다. "시는 보편적인 것을 표현하고, 역사는 특수한 것을 표현한다." 이러한 생각은 이탈리아 르네상스 시대에 부활했다. 예컨대 베르나르디노 다니엘로(Bernardino Daniello)는 《시학(La Poetica)》에서 리비우스의 작품은 운문으로 썼다 해도 역사라고 말했다. 프란체스코 로보르텔로(Francesco Robortello)는 산문 작품 중 어떤 것은 운문이 아니더라도 시가 될 수 있다고 말했다. 모두 아리스토텔레스를 흉내 낸 말이다.

홉스에 따르면 시적 운율은 언어에 따라 다르다. 그리스어 서사시는 육보격(六步格)이어야 하고, 영어 서사시는 오보격(伍步格)이어야 한다. 〈곤디버트〉는 오보격으로 쓰였다. 홉스는 시가 산문보다 더 오래된 것이라고 주장한다. 시는 그리스 예언자들과 신탁의 운문을 물려받았다. 그들의 예언과 신탁이 운문이었던 이유는 노래로 암송되기를 원했기 때문이다. 노랫말로는 운율에 규칙성이 있는 운문이 제격이다. 홉스는 달걀 모양, 제단 모양, 한 쌍의 날개 모양의 시들을 혹평했는데, 에드워드 허버트(Edward Herbert) 경의 동생 조지 허버트(George Herbert)의 종교시를 염두에 두고 한 말일 것이다.

홉스는 대버넌트가 시의 첫머리에 뮤즈나 신을 불러내지 않은 점을 칭찬한다. 기독교도로서 마땅히 그래야 한다는 것이다. 이른바 기독교도 시인들이 영감을 얻는답시고 이교도의 신들을 불러내는 것은 결코 경건한 자세가 아니다. 그것은 "진정한 신을 모독하거나 가짜 신을 불러내는 짓"이다.[40] 홉스는 말년에 이르러 호메로스의 시를 번역했는데, 그리스 신들에 대한 언급은 생략했다. 이것을 비판하는 사람들도 있지만 나는 그가 기독교적 시론에 충실했다고 생각한다.

'상상력'과 '판단력'

홉스는 상상과 판단을 구별한다. 상상은 시인의 주요 도구이며, 판단은 철학자의 주요 도구이다. 그러나 이 구별이 절대적인 것은 아니다. 서사시 시인은 철학자의 판단력을 일부 지니고 있다. "영웅적인 미덕"을 찬미할 때 필요하기 때문이다.[41] 이러한 구별은 이미 《법의 원리》에 나온다. 상상은 다른 것들 속에서 유사성을 본다. 이것이 시인의 능력이다. (은유와 직유를 염두에 두고 한 말이다. 예를 들면 '내 사랑은 붉은 장미' 같은 것.) 판단은 유사한 것들 속에서 차이를 본다.[42] 이것은 과학자의 능력이다. 대버넌트의 서문에 답하는 글을 출판할 즈음에 홉스는 《리바이어던》을 집필 중이었는데, 여기에 좀 더 긴 설명이 나와 있다. 상상은 다소 거친 사고이다. 상상만으로는 미덕이 될 수 없지만 판단은 그 자체로 미덕이다. 판단은 분별과 같은 것이며, 상상을 통제하기 위해 반드시 필요하다. "착실함과 어떤 목표에 대한 지향이 없을 때에는 대단한 상상도 일종의 광기이다."[43]

판단력이 좋은 사람은 트집 잡기를 좋아하고 용서가 없고 집념이 강한 반면, 상상력이 좋은 사람은 예측할 수 없고 식별력이 없고 소심하기 때문에 완전한 시민은 존재할 수 없다고 주장한 사람이 있었던 모양이다. 홉스는 한 사람이 이 두 기질을 모두 지니기는 어렵다는 것을 인정하면서도, 5장에서 보았듯이 "교육과 훈련"을 거쳐 극복할 수 있다고 주장한다.[44] 그리고 그런 사람의 존재를 수사학적 증언으로 보여준다. "그러한 덕성을 모두 갖춘 사람이 있다. 나의 경애하는 친구 시드니 고돌핀 씨는 명석한 판단력과 풍부한 상상력, 강력한 이성과 품위 있는 웅변, 전쟁을 위한 용기와 법을 향한 외경심, 이 모든 것을 탁월하게 갖추었다."[45] 홉스는 《리바이어던》을 고돌핀에게 헌정했다.

《리바이어던》 출간

〈곤디버트〉에 대한 논평을 주고받던 시기에 홉스는 《리바이어던》을 집필하고 있었다. 어떤 학자에 따르면 1649년 1월에 홉스가 집필을 시작했다고 하는데, 이때는 찰스 1세가 처형장의 단두대에 오르던 때였고 프롱드의 난*이 막 시작될 무렵이었다. 여러 정황으로 볼 때 작업은 빠르게 진행되었다. 1650년 5월에 37장을 집필하기에 이르렀다. 책 전체의 3분의 2에 해당하는 분량이다. 홉스의 작업 방법을 오브리는 이렇게 전한다.

그는 산책을 자주 했고, 산책 중에 명상을 했다. 지팡이 위에 펜과 잉크통이 붙어 있었고, 주머니에는 공책이 들어 있었다. 어떤 생각이 떠오르면 잊어버리지 않도록 재빨리 공책에 적었다. 이미 전체적인 구상이 장별로 나뉘어 있었으므로, 어떤 내용이 어디에 들어가야 하는지 알고 있었다. 그 책은 이렇게 집필되었다.

1650년 초 런던의 한 출판사에서 식자(植字)가 시작되었다. 식자가 완료된 부분은 홉스에게 보내졌고, 홉스는 교정을 본 다음 다시 출판사로 보냈다. 이런 방식으로 작업하다 보니 시간이 오래 걸렸고, 비용도 많이 들었다. 4월 말 혹은 5월 초에 드디어 인쇄가 완료되었다. 책

프롱드(Fronde)의 난 루이 14세가 어린 나이였던 1648~1653년에 귀족들과 고등법원이 당시 재상이던 카르디날 쥘 마자랭(Cardinal Jules Mazarin)에 대항해 일으킨 반란. 그러나 왕족 일부를 포함한 세 차례의 반란은 실패로 끝났고, 이후 루이 14세와 마자랭의 권력은 더욱 강해졌다.

값은 8실링 6펜스였다.

앤드루 크룩 출판사에서 1651년 출간된 《리바이어던》은 세 가지 판본이 있다. 표지 제목의 장식 특징에 따라 구분하는데, 이른바 곰판(Bear edition)과 25장식판(25 ornaments edition)이 기둥머리판(Head edition)보다 늦게 출간되었다. 기둥머리판도 두 종류가 있는데, 하나는 2절 보급판이고 다른 하나는 가장자리를 빨간 선으로 두른 호화판이다. 인쇄본 중에는 빨간 선 판본이 가장 정확하다. 맨 나중에 인쇄했을 뿐 아니라 출판사에서 페이지마다 오탈자를 바로잡으면서 인쇄했기 때문이다. 빨간 선 판본에 견줄 만한 것은 찰스 2세에게 헌정한 양피지 원고이다. 인쇄본이 나오기 직전에 쓴 것으로 보이는데, 장로파와 독립파를 공격하는 내용이 두어 곳에 추가되어 있다. 홉스가 자필로 쓴 양피지 원고는 아마 인쇄본 원고를 넘긴 후에 일부 수정한 것으로 보인다.

홉스는 《리바이어던》이 출간되면 궁정 내에서 자신의 지위가 높아질 것이라 기대했을 수도 있다. 클래런던은 홉스가 고국으로 돌아가고 싶어 《리바이어던》을 썼다고 주장했는데, 이는 터무니없는 비방이다. 나중에 홉스가 말한 것처럼 책에서 구구절절 군주정을 옹호하고 반역을 비난하기 때문이다.

홉스는 《리바이어던》을 여러 사람에게 배포했다. 고돌핀에게 한 부, 랠프 배서스트(Ralph Bathurst)에게 두 부를 증정했다. 배서스트는 《인간의 본성》을 호평하는 시를 라틴어로 쓴 옥스퍼드 트리니티 칼리지의 지식인이었으며, 왕당파가 패배하자 의학으로 돌아섰다. 배서스트는 1654년에 옥스퍼드로 복귀했다. 홉스의 어린 친구 윌리엄 페티와 함께 의학을 공부했고 존 에벌린(John Evelyn), 리처드 앨러스트리

(Richard Allestree), 로버트 보일, 크리스토퍼 렌(Christopher Wren)과 친구였다. 배서스트에게 보낸 두 부 중 한 부는 세스 워드의 것으로 보인다. 워드는《인간의 본성》 "추천사"를 썼다.《리바이어던》이 나오기 전에 배서스트와 워드는《시민론》을 읽고 홉스를 강력하게 지지했다. 질서와 규율의 문제에서는 교회가 세속 권력에 종속되지만, 교리 문제에서는 독립성을 지닌다는 온건한 입장이 마음에 들었기 때문이다. 하지만 주권자가 모든 문제에서 절대적인 권력을 지닌다는《리바이어던》의 주장에는 찬성할 수 없었다. 특히 주권자가 교회의 대제사장으로서 성사(聖事)도 마음대로 취사선택할 수 있다는 주장은 도저히 받아들일 수 없었다.

찰스 2세는 1651년 12월에 증정본을 받은 것 같다. 그는 1648년 이후 프랑스를 떠나 있었다. 우스터(Worcester) 전투에서 패배한 후인 1651년 10월 30일 파리에 도착했다. 클래런던은 12월 중순에 왔다. 클래런던과 여타 조신(朝臣)들, 특히 국교회 성직자들은 찰스와 홉스를 떼어 놓으려 했다. 홉스는 프랑스 로마가톨릭 성직자들을 두려워했다. 그들은 홉스를 증오할 만한 충분한 이유가 있었다.《리바이어던》 전편에 걸쳐 홉스는 로마가톨릭이 진정한 종교와 안정된 정부를 위협하는 두 가지 해악 중 하나라고 몰아붙였다. (또 하나는 장로파였다.) 따라서 홉스는《리바이어던》이 출간된 후에는 가톨릭 국가에서 벗어나야 한다고 생각했다. 프랑스보다는 차라리 영국이 더 안전해 보였다. 왕당파의 적으로 찍힌 사람들에게 유럽 대륙은 결코 안전하지 않았다. 앞에서 말한 것처럼 애스컴은 코먼웰스에 대한 충성을 정당화하고《시민론》의 주장을 옹호했다가 에스파냐에서 왕당파에게 암살당했고, 도리슬라우스는 시해자(찰스 1세를 사형에 처한 재판관)로서 헤이그에서 암살당했다. 이 사건으로 인해 홉스는 네덜란드도 안전하지 않다고 생각한 것 같다. 그게 아니라면 홉스가 왜 네덜란드로 가지 않았는지 이해가 가지 않는다. 네덜란드는 당시 종교에 가장 관용적인 나라였다. 어쨌든 홉스는 1640년 말경 의회의 추적을 피해 영국을 떠났는데, 1652년 초에 또 쫓기는 신세가 되었다. 클래런던에 따르면 "사법 당국에서 체포에 나섰으므로 그는 몰래 파리를 떠날 수밖에 없었다."[46] 홉스는 1652년 2월에 영국으로 돌아왔다.

8장

《리바이어던》의 탄생

1651~1653년

"리바이어던은 인간에게
평화와 방위를 보장하는 지상의 신이다."

고국으로 돌아왔지만 여전히 불안했다.
하지만 달리 안전한 곳이 없었다.
날은 추웠고, 눈은 깊이 쌓여 있었다.
나는 늙었고, 바람은 매서웠다.
말은 날뛰었고, 길은 험했다.
-《운문으로 쓴 나의 인생》

돌아온 탕아

홉스는 1652년 2월 영국으로 돌아왔다. 덜덜 떨면서 돌아왔지만 곧 그의 인생은 따뜻해진다. 2년 사이에 3권의 책《인간의 본성》,《정부와 사회에 관한 철학적 기초》,《리바이어던》이 출간되었고, 메르센의 모임에서 활동하면서 이름을 날렸다. 수십 년 후에 쓴 자서전을 보면 공인 역할은 중요하게 여기지 않았다. "몰래 입국했다는 말을 듣지 않으려고" 런던으로 갔다고 설명한 다음, "조용히 칩거하면서 이전처럼 연구에 전념했다"고 말한다. 그러나 이 설명은 납득하기 어렵다. 런던으로 가는 것이 어렵지 않았다면 데번셔로 돌아가는 것도 어렵지 않았을 것이다. 홉스는 왜 런던에 정착했을까? 내 생각으로는 두 가지 이유가 있었던 것 같다. 첫째, 자신의 명성을 계속 누리고 싶었고 명성의 현장에 있고 싶었을 것이다. 둘째, 홉스는 자신만만했고 63세였기에 앞으로 살날이 얼마 남지 않았다고 생각했을 것이므로 마지막까지 최선을 다하고 싶었을 것이다. 그가 런던의 지식인 모임에 기꺼이 자신의 존재를 드러낸 것을 보면 그렇게 추론할 수 있다.

홉스는 얼마 동안 존 셀던과 윌리엄 하비와 함께 시간을 보냈다.

셀던은 유명한 법학자였고, 하비는 심장과 동맥 사이의 혈액 순환을 발견한 의사이자 생리학자였다. 오브리에 따르면 홉스는 《리바이어던》을 증정하면서 셀던과 처음으로 알게 되었다고 한다. 그러나 그 이전에 만났을 가능성이 있다. 셀던은 '그레이트 튜' 회원이었고, 벤 존슨의 가까운 친구였다. 존슨은 뉴캐슬의 영지에 자주 들렀고 '그레이트 튜' 모임에도 자주 참석했는데, 홉스도 그 모임에 자주 참석했다. 또한 홉스는 1630년대에 셀던의 《영해론》을 칭찬한 적이 있다. 이런 관계로 보건대 1652년 이전에 만났을 가능성이 있다. 둘은 1652년부터 셀던이 죽을 때까지, 즉 1654년까지 친하게 지냈다. 셀던은 《리바이어던》을 칭찬했는데, 홉스가 《리바이어던》에서 주장한 것과 셀던이 《식탁 담화》에서 주장한 내용은 비슷한 점이 많다. 셀던도 홉스와 마찬가지로 (한 가지 해석에서는) 자연법이 신의 명령이라고 생각했다. 또한 두 사람 다 마녀가 존재하지는 않지만 마녀를 자칭하는 사람은 처벌해야 한다고 생각했다. 셀던은 이렇게 썼다.

마녀를 처벌하는 법이 있다고 해서 마녀의 존재를 인정하는 것은 아니다. 그 법은 사람의 목숨을 빼앗으려는 수단을 사용하는 사악한 이들을 처벌하는 것이다. 모자를 3회 돌리고 "얍" 하고 소리치면 목숨을 날릴 수 있다고 주장하는 사람이 있다면 (실제로 그렇게 되지는 않는다 하더라도) 국가는 이를 금지하는 법을 만들어야 마땅하다. 사람의 목숨을 빼앗을 의도로 모자를 3회 돌리고 "얍" 하고 소리치는 사람은 사형에 처해야 한다.[1]

《리바이어던》에도 같은 내용이 있다. "나는 마녀들에게 진짜 마력

존 셀던(좌)과 윌리엄 하비(우). 셀던은 1652년부터, 하비는 1630년대부터 홉스와 교류하며 평생을 가깝게 지냈다.

이 있다고는 생각하지 않는다. 그러나 사람들은 그들이 화를 불러일으킬 수 있다고 믿으며, 또한 마녀들이 할 수만 있다면 그렇게 하려고 하기 때문에 처벌받아 마땅하다고 생각한다."[2]

오브리가 전하는 말에 따르면 셀던이 임종할 때 홉스가 그 자리에 있었다고 한다. "임종이 다가오자 목사가 셀던을 사면하기 위해 그에게 다가갔다. 마침 홉스 씨가 그 자리에 있었다. 그가 말했다. '아니, 남자처럼 글을 쓴 자네가 여자처럼 죽으려는가?' 그러자 목사가 말을 가로막았다." 이 일화는 홉스가 무신론자라는 증거로 사용되곤 한다. 비록 이 이야기가 사실이라 하더라도—이를 반박하는 이야기들도 있다.—이것이 홉스가 무신론자라는 증거가 될 수는 없다. 홉스는 자신의 원칙이 아니라 셀던이 살아온 삶의 원칙에 따라 죽음을 맞이하라고 셀던에게 충고했던 것이다. 또한 프로테스탄트는 일반적으로 임종 시 행해지는 대화와 사면을 의심스럽게 생각한다. 그런 의식이 임종하는 사람을 천국으로 보내주는 마법이라도 있는 듯한 그릇된 인상을 주기 때문이다. 마지막으로 1647년 홉스가 사경을 헤맬 때 국교회 목사 두 사람이 입회한 적이 있다. 홉스가 실제로 임종을 맞이했을 때에도 목사 한 사람이 입회했다.

하비에 대해 말하자면 홉스는 1620년대에 그를 만났을 것이다. 당시 두 사람 다 베이컨과 관련이 있었기 때문이다. 둘 다 베이컨을 싫어했는데, 이 점에서 동질감을 느꼈을 수도 있다. 하비는 베이컨이 철학을 "대법관처럼" 쓴다고 말했다. 홉스는 하비의 혹평에 공감했을 것이다. 베이컨의 극단적인 경험주의는 홉스의 합리주의와 맞지 않았기 때문이다. 하비의 저작에는 베이컨에 대한 언급이 없다. 홉스가 베이컨에 대해 언급한 것은《자연철학 10화》가 유일하다. 이 책은 홉스가 죽기 한 해 전에 출간되었다.

홉스는 하비를 공개적으로 칭찬했다. 그 누구보다도. 홉스는《물체론》에서 몇 안 되는 위대한 과학자들의 이름을 열거했는데, 여기에 코페르니쿠스, 요하네스 케플러(Johannes Kepler), 메르센, 가상디에 이어 하비의 이름도 나온다.[3]《옥스퍼드대학 수학 교수들을 위한 6강》에서는 하비를 홉스 자신과 같은 반열에 놓고 있다.[4] 하비가 플랑드르 예수회 철학자 모라누스(G. Moranus)의 공격을 받은 것처럼 자신도 세스 워드의 공격을 받았고, 두 사람 다 스코틀랜드 작가 알렉산더 로스(Alexander Ross)의 비판을 받는 영광을 누렸다는 것이다.《물리학 대화(Dialogus Physicus)》(1661년)에서는 등장인물 B의 입을 빌려서 하비의 위대한 발견을 칭찬한다. 물론 이 칭찬은 또 다른 등장인물의 입을 빌린 자화자찬으로 이어진다. "두 사람 다 하비의 의견이 옳다고 인정하고, 또한 당신의 신념을 받아들이기 시작했다."[5]

홉스와 하비는 1630년대에도 가끔 만난 것이 틀림없다. 그 당시 하비는 왕의 사슴을 해부하고 있었다. 말년에 홉스는 이렇게 회고했다. "아직 온기가 남아 있는 사슴의 내장을 가까이서 지켜보았다. 연동 운동이라는 것을 하고 있었다. 몸에서 막 분리된 심장은 이른바 수축 운동과 팽창 운동을 하고 있었다. 연동 운동은 창자 속의 음식물을 죄어 서서히 나아가게 하고, 수축 운동과 팽창 운동은 혈액이 순환하게 한다."[6] (홉스가 해부학을 공부한 적이 있고, 1640년대에는 페티가 행한 인체 해부를 참관했다는 사실을 떠올려보라.) 하비의 전기 작가에 따르면 하비는 1650년대에 홉스를 치료한 적이 있다. 하비는 1657년에 사망했는데, 10파운드를 홉스에게 남겼다. "나의 벗 토머스 홉스 씨가 나를 기억할 수 있는 기념품을 살 수 있도록……."[7]

홉스와 셀던과 하비는 하비의 제자 찰스 스카버러(Charles Scarborough) 박사의 살롱에서 모였던 것 같다. 홉스는 환영받는 손님이었지만 가끔씩 까칠하게 굴었다. 그의 행동을 보여주는 일화가 있다.

홉스 씨는 파리에서 막 돌아왔는데, 정부의 비위를 맞추려고 런던에서 《리바이어던》을 출판했다. 그는 자만심이 강했고, 반대 의견을 참지 못했다. 그 모임에서 연장자였기 때문에 자기가 제일 똑똑하다고 생각했다. 누구라도 자기 말에 토를 달면 화를 내고 나가버렸다. 자기는 가르침을 주러 왔지 논쟁하러 온 것은 아니라고 하면서.[8]

"코먼웰스에 충성을 다하라."

홉스가 영국으로 돌아오자, 홉스를 두고 말들이 많았다. 변절자라고 욕하는 사람들도 있었다. 현존하는 권력[크롬웰 공화국]에 아부하려고 《리바이어던》에서 자신의 정치 이론을 왜곡했다는 것이다. 찰스 1세와 찰스 2세 치하에서 국무대신을 지낸 에드워드 니콜라스(Edward Nicholas)는 크리스토퍼 해턴(Christopher Hatton) 경에게 보낸 편지에서 이렇게 썼다. "홉스 씨는 런던에서 대단한 칭송을 받고 있습니다. 저술을 통해 그들[반역자들]의 무력 행동이 합리적이고 정당한 것이었다고 옹호했기 때문입니다."[9] 그러나 이런 견해는 터무니없는 부당한 주장이다.

홉스는 찰스 2세에게 《리바이어던》 필사본을 헌정했는데, 니콜라스의 견해가 맞다면 홉스는 부왕을 처형한 사람들의 행동을 옹호하는 글을 자기 왕에게 바친 꼴이 된다. 그러고도 자신의 지위가 나아지기를 바랐다고? 터무니없는 주장이다. 또한 《리바이어던》은, 앞에서도 말한 것처럼 군주정을 옹호하고 반역을 비판하는 내용으로 가득 차 있다. 이런 내용을 과연 의회파가 좋아했을까? 홉스는 책 말미에 자연법을 하나 더 추가한다. "모든 사람은 평화 시에 자신을 보호해준 권력이 전쟁을 치를 경우 그 권력을 힘껏 도울 자연적 의무가 있다."[10] 이것은 왕당파를 옹호하는 말이기도 하고, 내전에서 자신이 왕을 지지한 데 대해 변명하거나 왕에 대한 지지를 철회할 필요가 없다는 선언이다. 나아가 패배한 주권자의 시민은 정복자에게 복종해도 된다는 입장은 《법의 원리》, 《시민론》에도 일관되게 나타난다.

《리바이어던》은 이러한 입장의 정당성을 한층 분명하게 밝혔을 뿐이다. 홉스의 주장에 대해 영국의 왕당파를 포함하여 성실하게 살고자 하는 많은 이들이 고맙게 생각했다. 1656년에 홉스는 《리바이어던》이 제공한 논리 덕분에 "신사 수천 명이 양심의 갈등을 느끼지 않고 현 정부에 복종할 수 있게 되었다."고 자랑했다.[11] 왕정 복고 후에 홉스를 공격하는 소재로 이 말을 사용한 이들도 있었다. 우둔한 자들의 정치적 공격일 뿐이다. 논리적으로 볼 때 홉스는 그런 말에 대해 변명할 필요가 없다. 왜냐하면 홉스의 주장은 그의 정치적 저작들에서 일관되게 나타나기 때문이다. 따라서 《리바이어던》이 왕에 대한 충성을 저버린 것이라고 볼 수는 없다. 홉스의 말처럼 정복자에게 충성해야 한다는 논리는 "왕에게 충성했던 이들에게 해당하는 것이지, 왕을 상대로 싸웠던 이들에게 해당하는 것은 아니다." "전시에 왕의 편에 섰거나 반역자들에게 맞서 왕권과 왕의 옥체를 지키기 위해 최선을 다했던 왕의 충성스런 신하와 백성"은 "보호 수단도 없고, 생존 수단도 대부분 잃어버린 상황에서 당신(존 월리스)의 상관들과 화해하고, 자신들의 생명과 재산을 지키기 위해 복종을 약속하도록 강요받았다."[12]

찰스 1세 처형은 영국인들에게 큰 충격을 주었다. 존 케네디의 암살이 미국인들에게 준 충격보다, 무함마드 사다트의 암살이 이집트인들에게 준 충격보다 컸다. 찰스는 한 개인에게 암살된 것이 아니라 인민의 대표자들에게 살해되었다. 많은 영국인은 왕은 신이 낸 것이라 생각했으므로 왕을 처형하는 것은 인간이 신에게 반역하는 행위와 같았다. 600년간 이어진 제도가 파괴되었다고 슬퍼한 이들도 있었다. 앤드루 마벌처럼 찰스의 처형을 반긴 사람은 극소수였다. 마벌은 〈아일랜드에서 돌아온 크롬웰에게 부치는 송시〉에서 이렇게 썼다.

저항하거나 비난하는 것은 미친 짓이다.

분노의 힘은 하늘의 화염

......

운명에 대항하여 정의를 말한들,

옛적의 권리를 내세운들 무슨 소용이 있으랴.

위대한 작가라고 해서 반드시 인민을 대표하는 것은 아니다. 세속적인 기준에서 보더라도 왕을 처형한 것은 명백한 불법 행위였다. 비록 분명하게 알진 못했지만 대다수의 영국인은 찰스 1세 처형이 국가의 근본에 어긋난다고 느끼고는 있었다. 그들은 왕이 법 위에 있다고 생각했다. 왕을 살해하는 것이 정당할 수도 있다. 그러나 조신(朝臣)이나 의회가 왕을 살해할 권리는 없다.

양심의 고통이 가장 심했던 이들은 '엄숙 동맹과 맹약(Solemn League and Covenant)'(1643년)에 참가했던 사람들이었다. 이들은 "국왕 전하와 그 자손의 영광과 행복"을 보존할 것을 맹세했다. 이들은 슬픔을 가눌 길이 없었다. 설상가상으로 의회가 강압적으로 모든 영국인을 한 줄로 세우려 하자 그들의 고통은 더 심해졌다. 1649년 모든 공직자에게 크롬웰이 세운 코먼웰스의 정통성을 인정하고 충성을 다짐하는 "맹세(engagement)"를 하라고 명령한 것이다. 1650년 초 맹세 의무는 18세 이상 모든 남자로 확대되었다. 여자는 포함되지 않았다. 의회가 요구한 선서문은 다음과 같았다. "국왕과 상원 없이 설립된 현재의 영국 코먼웰스에 충성을 다할 것임을 선서한다." 선서를 반드시 해야 하는 것은 아니었다. 하지만 선서를 하지 않으면 공직을 떠나야 했다. 소송을 할 권리도 상실하고, 피소된 경우 자신을 변호할 권리도 누릴 수 없었다.

맹세를 할 것인가 말 것인가의 문제를 놓고 갑론을박이 시작되었다. 맹세를 거부한 이들은 대체로 주관이 뚜렷하고 강직했다. 맹세를 한 이들 중에는 공개적으로는 거부 선언을 했지만 "밤에 몰래 가서 선서문에 서명한" 사람도 있었다. 많은 이들이 자기 합리화의 궤변을 늘어놓았다. 왕당파들 사이에 이런 말이 유행했다. "맹세를 하지 않으면 바보이고, 맹세를 파기하지 않으면 악당이다."[13] 자기 합리화 중에는 그런대로 일리가 있는 주장도 있었다. 맹세를 하는 일은 "적극적인" 행동이 아니라 "소극적인" 행동이므로 해도 된다는 것이었다. 즉 맹세는 잔여 의회의 명령에 따른 것일 뿐이므로, 잔여 의회를 승인하는 것은 아니라는 뜻이다. 양심상 그 명령을 따를 수 없다면 저항하지 말고 처벌을 받아들이자는 주장도 있었다. 이것은 미국의 민권 운동 시기에 나온 시민 불복종 이론과 비슷하다.

맹세를 한 후에 양심의 갈등을 겪은 사람들이 남달리 성실해서 그런 것은 아니었다. 맹세가 어떤 것인지 조금이라도 아는 사람이라면 누구나 그랬다. '엄숙 동맹과 맹약'에 참가하지 않은 이들 중에도 양심의 가책을 느끼는 사람이 많았다. 불법적으로 왕이 처형되었고, 그의 아들이 왕위 계승권을 주장하는 상황에서 선뜻 코먼웰스를 인정하기는 어려웠다. 그런데도 코먼웰스가 영국 정부처럼 보이는 한, 그 정부는 왕이 아니라 잔여 의회나 국가평의회나 의회군이나, 아니면 이들의 혼합이었다. 상황은 매우 혼란스러웠고, 사실상의 정부를 정당화할 수는 없다고 하더라도 합리화할 논리는 필요했다.

필요는 발명의 어머니이다. 정부의 기초가 위협받을 때에는 정부를 도덕적으로나 정치적으로 옹호할 이론이 필요하다. 도덕적·정치적 이론이 반드시 진실이어야 할 필요는 없다. 위안을 줄 수 있고 구실이 될 수 있으면 그것으로 족하다. 예를 들면 미국인들은 생명과 자유와 행복 추구를 침해할 수 없는 권리로 선언하면서도 사형 제도와 감금을 지지한다.

각 종파의 정치 이론가들, 특히 장로파와 왕당파의 이론가들은 양심의 갈등을 무마할 수 있는 정치 이론을 개발했다. 역사적으로 볼 때 가장 중요한 이론은 1649년에서 1652년 사이에 나타난 '현실 긍정론(de facto theory)'이다. 이 이론의 요점은 언론인 마차몬트 네덤(Marchamont Nedham)이 말한 것처럼 "칼의 권력은 정부가 될 자격이 있다."는 것이다. 네덤은 정치판의 분위기를 알려주는 풍향계였다.[14] 정부가 붕괴되었을 때 시민들은 어떻게 해야 하는가? 현실 긍정론에 따르면 지배 권력의 명령에 복종해도 도덕적으로 문제가 되지 않는다. 그 정부가 합법적이라면 정부의 명령이 법률이 될 것이기 때문이다. 이 이론의 장점은 어떤 정부가 합법적인 정부인지에 대해서는 침묵한다는 점이다. 도덕적으로 허용되는 것이 무엇인지에 대해서만 말한다. 잔여 의회의 지지자들은 이 이론이 마뜩치 않았다. 드러내놓고 말하지는 않지만 잔여 의회가 합법적이 아니라는 인상을 주었기 때문이다.

현실 긍정론의 선두 주자는 앤서니 애스컴이었다. 그는 '엄숙 동맹과 맹약'에 참가했고, 의회가 권력을 찬탈했다고 주장할 정도로 용감한 지식인이었다. 그러나 애스컴은 1648년 7월에 출간된《정부의 혼란기와 혁명기에 합법적인 행동에 관한 고찰》에서 "불의한 권력이 다른 권력의 권리를 점유한 경우에는 …… 그 권력에 복종하는 것이 합법적"이라고 주장했다.[15] 그는 그러한 복종이 정당한 이유는 저마다 자기 보존의 권리가 있기 때문이라고 했는데, 이러한 주장은 휘호 흐로티위스의 영향을 받은 것이다. 홉스와의 연관성도 명백하다. 예전에 홉스의 주장을 인용하면서 찬성 의사를 나타낸 적이 있기 때문이다. 애스컴은 비교적 온건한 주장을 했지만 왕당파에게 암살당했다. 그러므로 홉스가 유럽 대륙에서 신변의 위협을 느낀 게 결코 놀랄 일은 아니다.

강경한 왕당파이자 절대 주권론자였던 로버트 필머도 코먼웰스에 대한 복종을 정당화하는 이론을 제시했다. 그는 《위험하고 불확실한 시기의 통치자에 대한 복종 지침》(1652년)에서 "보호와 복종은 상호적이므로 보호에 실패하면 복종도 중지된다."고 주장했다.[16] 스튜어트 왕조가 영국인들을 보호하는 데 실패했으므로, 왕조에 대한 복종 의무도 없어졌다는 것이다. 그렇다면 어떤 정부가 스튜어트 왕조를 계승하는 것인가? 필머는 누가 "더 합법적인 권력"인지 알 수 없을 때에는 찬탈한 권력에 복종해도 좋다고 답했다.[17] 사실상 잔여 의회 혹은 그 지도자들에 대한 복종을 정당화한 것이다. 이 주장은 '더 합법적인 실체를 알 수 없다'는 매우 의심스러운 전제를 바탕에 깔고 있다.

필머의 주장도 홉스와 관련이 있다. 최소한 두 가지 근거를 들 수 있다. 첫째, 필머는 애스컴, 흐로티위스, 셀던과 함께 홉스를 가장(家長) 주권론을 인정한 사람으로 거론했다. 둘째, 필머는 《리바이어던》에 대해 가장 먼저 논평한 사람 중 하나이다. (아래에서 자세히 논의하겠다.) 그는 《정부의 기원에 관한 고찰: 홉스의 '리바이어던', 밀턴의 '살마시우스 비판'*, 흐로티위스의 '전쟁법'*에 대하여》(1652년)에서 "주권의 권리에 대해 홉스만큼 자세하고도 명석하게 다룬 사람은 없다."고 말했다. 필머는 권력 찬탈에 성공한 자에게 충성 서약을 하는 것은 허용되지만 그에 앞서 패배한 주권자의 백성들에게는 그 주권자를 보호할 의무가 있었다고 주장했는데, 이것은 홉스의 자연법 이론을 되풀이한 것이다.

《리바이어던》에 대한 논의로 넘어가기 전에 '맹세' 논쟁의 성과에 대해 한마디만 더 언급하겠다. 화이트는 《복종과 지배의 기초》에서 홉스를 연상시키는 주장을 했다. 모든 인간은 평등하게 태어났고, 정부는 필요해서 생겨났고, 정부가 시민을 보호할 능력을 상실하면 그 정부의 권위도 상실된다는 것이다. 이러한 주장은 '엄숙 동맹과 맹약'에 참가한 이들에게 위안이 될 수도 있었다. 왕이 자신들을 보호할 능력을 상실했으므로 왕을 보호할 의무가 없어졌다는 말이기 때문이다. 가톨릭 성직자 한 사람은 화이트가 "정의도 모르고 권리도 모르는 극단적인 애국자"라고 비판했다.[18] 화이트의 책이 1649년, 즉 《리바이어던》보다 앞서 출판되었다는 주장도 있다. 그러나 그의 책은 1655년에 출간된 것으로 보이고, 홉스의 영향을 받았을 가능성이 있다. 1649년판은 보존된 것이 없고, 1655년 이전에 이 책을 언급한 문헌도 없다. 화이트가 홉스의 주장을 베꼈다기보다는 로마가톨릭교도들을 위해 각색한 것으로 보인다.

그러면 홉스는 '맹세' 논쟁에서 어떤 입장을 취했는지 살펴보자. 《리바이어던》은 정치 이론의 고전이다. 특정 시대에 국한되지 않는

《살마시우스 비판》 존 밀턴(John Milton)의 《영국 인민의 변론》(1651년)을 가리킨다. 이 책은 프랑스 고전학자 클라우디우스 살마시우스(Claudius Salmasius)의 《찰스 1세를 위한 변론》(1649년)을 비판한 책으로서 의회의 의뢰를 받아 집필되었다.
《전쟁법》 원제는 《전쟁과 평화의 법(De jure belli ac pacis)》(1625년)이다.

중요성이 있기 때문이다. 그렇더라도《리바이어던》은 그 시대의 산물이다. '맹세' 논쟁이 벌어지던 시기에 주요 화두는 "복종과 지배의 관계" 혹은 그 변형이었다.《리바이어던》뒷부분에서 홉스는 책을 쓴 목적이 "지배와 복종에 관한 이론"을 제시하기 위한 것이라고 말한다.[19] 그리고 말미에서 '맹세' 논쟁에 대한 자신의 입장을 분명하게 밝힌다. "최근 영국에서 출판된 내전 관련 책들을 보면 백성이 어느 시점에 정복자에게 복종해야 하는지에 대한 설명이 부족해 보인다. …… 피정복자가 정복자에게 복종하는 시점은 복종을 선택할 자유를 지닌 상태에서 그의 백성이 되겠다고 명시적인 언어나 그 밖에 충분한 표지로 의사 표시를 한 때이다."[20] 홉스를 현실 긍정론자로 보는 시각도 있다. 이전의 주권자가 자신을 보호할 수 없을 때에는 새 주권자에게 복종해야 한다고 주장하기 때문에 그렇다는 것이다. 그러나 그 주장만 보고 홉스를 현실 긍정론자로 단정하는 것은 잘못이다. 홉스에 따르면 정부가 합법성을 지니려면 두 가지가 필요하다. (1) 인민을 보호할 능력, (2) 그 능력을 정부로 인정하는 인민의 동의이다. 현실 긍정론자는 그 이름이 말해주듯이 두 번째 조건을 필요로 하지 않았다.

홉스는 이전의 주권자에 대한 배반처럼 보이는 것이 사실은 배반이 아니라고 주장했다. 찰스 2세는 1650년에, 그리고 그 후 10년 동안 영국의 주권자가 아니었다. 첫 번째 조건을 충족하지 못했기 때문이다. 따라서 이전에 영국 왕의 충직한 백성이었던 사람이 잔여 의회와 그 앞잡이들에게 충성을 서약하더라도 양심의 가책을 느낄 필요가 없다는 것이다. 왕당파에 속했던 사람들이 양심을 어기거나 복종의 의무를 위반하지 않으면서도, 주어진 상황에서 왕당파의 대의명분을 지킬 수 있는 길이 열린 것이다. '맹세'를 하지 않은 왕당파들은 잔여 의회에 재산을 몰수당했다. 이들은 찰스 2세가 영국으로 돌아왔다 하더라도 왕을 도울 길이 없었다. 왕을 도울 수 있는 능력으로 보자면 '맹세'를 받아들인 왕당파의 형편이 더 나았다. 복종이 크롬웰의 코먼웰스에 더 위협적인 전술이었던 것이다. 모순적이게도 홉스는 그렇게까지 주장할 수는 없었다. 홉스의 이론에 따르면 그 어떤 반역도 정당화될 수 없기 때문이다. '맹세'를 받아들여도 된다는 홉스의 논리는 많은 왕당파에게 위안이 되었겠지만, 홉스가 섬겼던 데번셔에게도 특별한 의미가 있었을 것이다. 데번셔는 왕이 죽기 전에 의회와 화해했고, 이로써 재산 몰수를 면했다.

앞에서 말한 것 외에도 홉스가 왕당파 편이었다는 것을 알 수 있는 구절들이 《리바이어던》에 있다. 《리바이어던》 앞부분에 찰스 1세의 처형을 예수의 십자가형에 비유하는 대목이 있다. 이 비유는 예수의 십자가형이 부당하듯이 찰스 1세의 처형도 부당하다는 것을 암시한다. 이보다 더 중요한 사실은 정복자가 언제 주권자가 되는가 하는 문제에 관하여 《리바이어던》과 《시민론》에서 한 주장이 동일하다는 점이다.[21]

《리바이어던》, 근대인의 경전

《리바이어던》에 나타난 거의 모든 중요한 주장은 이미 홉스의 이전 저작과 원고에서 찾아볼 수 있다. 유물론, 기계론, 절대주의는 《법의 원리》, 《반화이트론》, 《시민론》에 다 들어 있다. 그런데도 《리바이어던》은 '근대인의 경전'으로서 조금도 손색이 없다. 자신의 그 어떤 저작보다도, 혹은 당대의 그 어떤 저작보다도 근대인의 정신을 강력하게, 웅변적으로, 포괄적으로 나타내기 때문이다. 이 책에는 물리학, 생리학, 심리학, 도덕학, 정치학, 비판 신학이 들어 있다.

수사학의 대가답게 홉스는 독자들에게 뭔가 중요하고 놀랄 만한 내용이 있을 것 같은 느낌이 들게 한다. '서설(Introduction)'은 이렇게 시작된다. "자연은 하느님이 세계를 창조하여 다스리는 기술(art)이다." 이 말은 〈창세기〉의 첫 구절을 연상시킨다. "태초에 하느님이 천지를 창조하시니라." 그렇다면 독자들은 홉스가 자연을 하느님 이상으로 격상하고 있다는 점에 주목하게 된다. 자연이 주어로서 먼저 언급되기 때문이다. 자연이 기술이라는 주장도 놀랍다. 기술은 인간이 어떤 일을 하는 솜씨, 즉 인공적인 것을 가리키는 말이다. 홉스의 첫 문장은 우리에게 익숙한 철학적 혹은 비철학적 구별, 즉 자연적인 것과 인공적인 것의 구별을 해체하고 있다. 홉스에 따르면 자연은 창조된 것이므로 인공물이다. 따라서 그런 구별은 적절하지 않다.

우리는 일반적으로 자연적인 것이 인공적인 것보다 더 낫다고 생각한다. 아침 식사용 시리얼 광고는 "자연향만 사용, 인공 색소나 감미료 전혀 없음"을 강조한다. 홉스는 《리바이어던》 여러 곳에서 자연과 인공의 가치를 뒤집는다. 자연 상태는 비참한 상태이고, 인공적인 구조물인 시민 국가는 (예수가 재림할 때까지는) 지상에서 유일한 구세주이다. 자연 상태에서 인간은 평등하다. 사회적·정치적 차등은 시민 정부의 수립과 함께 생겨난다. 자연 상태는 모든 사람이 각자 선악을 판단하는 무정부 상태이다. 질서 있고 품위 있는 생활을 하려면 선악의 판단 기준이 있어야 하는데, 홉스에 따르면 오직 주권자만이 그 기준을 세울 수 있다. 또한 자연 상태에서 여성은 남성과 동등하고, 어머니는 자녀에 대해 아버지보다 더 큰 권한이 있다.

홉스가 독자의 복장을 긁으려고 이렇게 말한 것이 아니다. 또한 그게 요점도 아니다. 이러한 사실을 인정해야 다음 단계로, 즉 홉스의 정치 이론으로 나아갈 수 있다. 홉스의 정치 이론은 사회적으로 승인된 여러 종류의 불평등—백성에 대한 군주의 우위, 여성에 대한 남성의 우위, 어머니에 대한 아버지의 우위, 자녀에 대한 부모의 우위 등—을 정당화한다.

해체는 계속된다. 생명체와 기계의 구별도 사라진다. "생명은 신체나 사지의 운동을 말하고, 이 운동이 내부의 중심부에서 시작된다는 것을 안다면 모든 '자동 장치들'(시계처럼 태엽이나 톱니바퀴로 움직이는 기계 장치들)은 하나의 인공적 생명을 가지고 있다고 말하지 못할 이유가 무엇인가?"[22] 나아가 심장은 펌프요, 신경은 줄이요, 관절은 톱니바퀴이다. 생명의 특징은 오로지 운동이요, 따라서 기계도 생명체로 여기는 것이다. 오늘날에도 그런 용감한 주장을 하는 지식인들이 있다. 스포츠 기자들도 다리에 부상을 입은 운동선수에 대해 "바퀴가 안 좋다."고 말하기도 하는데, 이것은 멋을 부린 표현일 뿐이다.

홉스는 자신이 어떤 일을 하고 있는지 잘 알고 있었다. 그는 자신의 주장으로 사람들을 격분시킨 것에 자부심을 느꼈다. 1645년 홉스는 한 친구에게 이렇게 썼다.

생뚱맞은 주장을 한 것은 미끼입니다. 그 다음이 준비되어 있습니다. 내가 제기한 역설을 알지 못한 채, 자신의 고정관념으로 나를 논박하는 것도 독자로서 불쾌한 일은 아닐 것입니다. 독자는 나의 이런저런 주장이 불합리하다고 생각하겠지만 나중에 가서 깜짝 놀랄 것이며, 마침내 내가 학교의 가르침과는 정반대의 주장을 한다는 것을 알게 될

것입니다.[23]

홉스는 기존의 지식인들에게 충격을 주는 치기 어린 즐거움을 결코 놓치지 않았다.

'서설'에는 일부 독자들이 불쾌하게 여길 만한 주장이 또 있다. 시민 정부가 하느님의 세계 창조를 모방하여 만들어졌다는 주장이다. 하느님이 "사람이 있으라." 하니 사람이 있었고, 인간이 "정부가 있으라." 하니 정부가 생겼다는 것이다. 현대인들은 이런 주장에 불쾌감을 느낄 수도 있겠지만, 그 시대 사람들은 그렇지 않았다. 그들은 하느님이 자기 형상대로 인간을 만들었으므로 사람에게도 신을 닮은 구석이 있다고 생각했다. 〈시편〉 82장에서도 왕들을 신이라 말하고,* 예수도 〈요한복음〉에서 같은 말을 했으며,* 1660년에 《인간이 신이다 (Men are Gods)》라는 제목을 단 훌륭한 책이 두 권이나 출간되었다. 홉스의 주장에서 불쾌감을 주는 내용은 신의 창조 활동을 정치 영역에서는 백성들이 한다는 것이다. 인간의 통치와 신의 통치 사이의 유사성을 받아들이는 이들은 주권자가 일종의 신이라는 주장에 한하여 그렇게 한다. 제임스 1세는 이러한 견해를 연설이나 글로 천명한 적이 있다. 의회는 제임스 1세의 견해를 받아들이지 않았지만.

군주 국가는 지상에서 지고의 존재이다. 왕은 지상에서 하느님의 대리자이며, 하느님의 보좌에 앉아 있는 자이다. 하느님이 직접 왕이 신이

---

* "내가 말하기를 너희는 신들이며 다 지존자의 아들들이라 했다."(〈시편〉 82:6)
* "예수께서 가라사대 너희 율법에 기록한 바 내가 너희를 신이라 했노라 하지 아니했느냐?"(〈요한복음〉 10:34)

프랑스 화가 아브라함 보스가 그린 《리바이어던》 초판(1651년) 표지에 실린 삽화.
상단에 있는 지상의 신 '리바이어던'의 몸은 수많은 개인으로 이루어져 있다.

라고 말했다. …… 왕은 지상에서 하느님의 권능을 행사하므로 신으로 불릴 자격이 있다. 하느님의 속성이 무엇인지 생각해보면 같은 속성이 왕에게도 있다는 것을 알게 될 것이다. 하느님은 자신의 뜻대로 창조하거나 파괴하기도 하며, 만들거나 부수기도 하고, 생명을 주거나 거두기도 하고, 모든 것을 심판하지만 어느 누구의 심판도 받지 않고, 어느 누구에게도 책임을 지지 않는다. 낮은 것을 높이기도 하고, 높은 것을 낮추기도 한다. 영혼과 육체가 다 하느님의 것이다. 왕도 이와 같은 권능을 지니고 있다. 백성을 만들거나 폐하기도 한다. 높이거나 낮추기도 하고, 살리거나 죽이기도 한다. 모든 백성을 심판하지만 그 어떤 경우에도 하느님 이외에는 누구에게도 책임을 지지 않는다.[24]

주권자가 신과 같은 존재라고 주장한 점에서 홉스는 제임스 1세와 견해가 같다. 홉스는 《리바이어던》에서 정부가 "(영원불멸의 하느님의 가호 아래) 인간에게 평화와 방위를 보장하는 지상의 신"[25]이라고 했는데, 그가 처음으로 이런 말을 한 것도 아니고 신성 모독에 해당하는 말도 아니다. 주권의 절대성에 관해서는 홉스와 제임스 1세의 의견이 같지만, 그것을 정당화하는 정치 이론은 서로 다르다. 제임스 1세는 하향식으로 왕의 신성한 권한을 주장한다. 홉스는 민주주의 혹은 인민 주권이라는 상향식 이론을 주장한다. 홉스의 주장이 남다른 점은 절대주의가 아니라 절대주의에 도달하는 논리적 과정이다. 왕당파의 거물로서 가부장제를 옹호했던 로버트 필머는 《시민론》과 《리바이어던》에서 홉스가 주장한 "주권의 권리"를 이렇게 칭찬했다. "내가 알기로는 (이 주제에 대해) 홉스만큼 자세하고도 명석하게 다룬 사람은 없다. 나는 통치권의 행사에 관해서는 홉스와 의견이 같지만, 통치권을 획득하는 수단에는 동의할 수 없다."[26]

홉스의 정치 이론의 골격은 앞에서 논의했으므로, 여기에서는 《리바이어던》에서 더욱 잘 다듬어진 주요 개념 몇 가지를 소개하겠다.

자연 상태

홉스는 자연 상태에서 인간이 얼마나 비참한지 이미 《법의 원리》에서 설명했는데, 《리바이어던》에서는 그 비참한 상태를 이렇게 기술하고 있다.

이러한 상태에서는 성과가 불확실하기 때문에 근로의 여지가 없다. 토지의 경작도 없고, 해상 무역도 없고, 편리한 건물도 없고, 무거운 물건을 운반하는 기계도 없고, 지구 표면에 관한 지식도 없고, 시간 계산도 없고, 예술이나 학문도 없으며, 사회도 없다. 끊임없는 공포와 생사의 갈림길에서 인간의 삶은 고독하고, 가난하고, 험악하고, 잔인하고, 그리고 짧다.

자연 상태가 그토록 비참한 이유는 무엇일까? 세 가지 요인 때문이다. 첫째, 사람들은 같은 대상을 놓고 경쟁한다. 이 주장의 전제는 지구가 통가 섬처럼 풍요로운 곳이 아니라는 점이다. 통가 섬에는 코코넛, 바나나, 물고기가 넘쳐난다. 식량을 놓고 싸울 필요도 없고 기후도 온화하여 오두막 하나로 충분하다. 또 다른 전제는 사람들이 밀집해 있어서 상호 접촉을 피할 수 없다는 것이다. 이 두 전제는 온당해 보인다. 만인을 만인의 적으로 만드는 둘째 요인은 더 흥미롭다. 모든 사람이 타인이 자기를 공격할 가능성이 있음을 알고 있다는 것이다. 이때 최선의 방어는 예방 공격이다. 즉 최고의 생존 전략은 자신에게 위협이 될 가능성이 있는 대상을 먼저 공격하는 것이다. 남이 당신을 대접할 것 같은 방식으로 남을 대접하되, 먼저 행동하라! 이러한 상호 의심의 결과는 "경계함", 즉 만인에 대한 만인의 불신이다. 불신이 만연하면 공격적 성향이 없는 사람도 어쩔 수 없이 공격자가 된다. 모든 사람이 나를 불신하면 나 역시 모든 사람을 불신할 수밖에 없다. 셋째 요인은 일부 사람들이 지닌 공명심이다. 이로 인해 만인은 만인에 대해 전쟁 상태에 들어간다. 홉스에 따르면 모든 사람은 존경받기를 원한다. "최소한 자기가 자기를 평가하는 정도만큼은 평가해주기를 바란다. 따라서 자기를 경멸하거나 과소평가하는 기미가 보이면 (그들 모두를 위압할 수 있는 공통의 힘이 없는 곳에서는 상호 파괴로까지 나아갈 수도 있다) 자기를 경멸한 사람을 공격하여 평가 수정을 강요하고, 다른 이들에게는 본보기를 보여줌으로써, 자신에 대한 그들의 평가가 더욱 높아질 것을 기대한다."[27]

홉스는 법이 없으면 인간의 삶이 얼마나 비참한지를 설명하면서도 '비참하다'고 직접 말하지는 않는다. 무법천지의 상황이 어떤 것인지만 보여준다. 금지된 것이 없으므로 모든 것이 허락된다. 따라서 각자는 모든 것에 대한 권리를 지닌다.

홉스의 자연 상태에 대한 분석은 확실히 국제 관계에는 잘 들어맞는다. 국가들은 희소한 자원을 둘러싸고 경쟁한다. 각국은 타국의 불신을 받으며, 또한 타국을 불신한다. 그리고 타국에게 더 많이 인정받고 싶어 한다. 미국과 구소련 간의 냉전 논리는 홉스가 말한 둘째 요인과 완전히 일치한다. 양국 모두 상대국을 두려워했고, 불신했다. 양국 모두 상대국이 자국을 두려워하거나 의심한다는 사실을 알고 있었다. 미국이 추진한 상호 확증 파괴(mutually assured destruction) 전략도 홉스적 노선에 입각한 것이라고 할 수 있다.

자기 보존의 원칙

자기 방어의 권리가 있다는 것은 대부분의 사람들이 바로 인정한다. 하지만 이것이 자기 보존의 권리를 전제로 하고 있다는 사실을 아는 데는 약간의 시간이 필요하다. 17세기 사상가들에게 물어보면 뭐라고 답할까? 아마 이런 대답이 나올 것이다. 자연은 쓸모없는 일은 하지 않는다. 어떤 대상에 대한 자연적 욕구가 있다면 그 욕구를 충족할 권리가 있다. 자기 보존의 자연적 욕구가 있다. 그러므로 자기 보존의 권리가 있다. 혹은 이렇게 답할 사람도 있을 것이다. 하느님이 인간을 창조하여 삶을 영위하기를 바랐다. 그러므로 인간은 누구나 자기를 보존할 권리가 있다.

홉스는 다소 논쟁의 여지가 있는 방식을 선택한다. 홉스에 따르면 모든 사람은 자기 보존의 욕망을 품고 있는데, 그 욕망을 충족하는 행위를 규제하는 법이 없다면 모든 사람은 욕망 충족의 권리를 지닌다. 목적에 대한 권리가 있는 자는 수단에 대한 권리도 있다. 그러므로 자기 보존의 권리가 있는 자는 자기 보존을 가능하게 하는 수단에 대한 권리도 있다. 그것이 타인을 죽이거나 잡아먹는 일이라 할지라도.

자연권

자연 상태에서는 누구나 자연권을 지닌다. 즉 모든 것에 대한 권리, 혹은 최소한 자신의 생존에 필요한 것들에 대한 권리가 있다. '모든 것에 대한 권리'와 '생존에 필요한 것들에 대한 권리'는 분명히 다르다. 그러나 홉스는 이 두 가지를 혼용한다. 자연 상태에서는 그 둘이 서로 포함 관계에 있다고 생각하기 때문이다. 예컨대 베스의 축적 행위에 대해 앨런이 '생존의 필요'를 넘어선 과도한 것이라고 이의를 제기한 경우, 베스는 생존에 꼭 필요하다고 반박할 수 있다. 자연 상태에서는 이 논쟁을 심판할 사람이 아무도 없다. 양측에서 인정받은 심판자가 없기 때문에 각자가 '생존에 필요한 것'이 무엇인지 판단한다. 그러므로 생존에 필요한 것들에 대한 권리와 모든 것에 대한 권리는 결국 같은 말이 된다. 홉스에 따르면 앨런이 베스의 판단에 이의를 제기할 수 있다면 베스도 앨런의 판단이 틀렸다고 이의를 제기할 수 있다. 그러므로 앨런의 이의 제기는 하나마나한 것이다.

자연 상태에서 인간이 모든 것에 대한 권리를 지닌다고 주장하는 방법은 두 가지가 있다. 하나는 권리를 행동의 자유로 정의하고 법을 행동에 대한 규제로 정의하는 것이다. 자연 상태에서는 법이 없으므로 모든 사람에게는 행동의 자유가 있다. 즉 모든 것에 대한 권리가 있다는 것이다.

두 번째 방법은 목적에 대한 권리가 있는 자는 그 목적을 달성하기 위한 수단에 대한 권리도 있다고 주장하는 것이다. 모든 사람은 자기 보존의 권리를 지니므로 그 목적을 위한 수단에 대한 권리도 지닌다. 자연에 존재하는 어떤 것이든 생존에 필요할 것이므로, 자연에 존재하는 모든 것에 대한 권리가 있다는 것이다. 그러나 이 논증은 명백히 오류다. 전제문의 '어떤 것'이 결론에서 '모든 것'으로 바뀐 것과, 전제문의 '(필요)할 것이므로'가 결론에서 '(권리가) 있다'로 바뀐 것은 논리적 오류이다. 상자 속에 들어 있는 어떤 것이든 가질 수 있다고 해서 그 상자 속에 들어 있는 모든 것에 대한 권리가 생기는 것은 아니다. 또한 스미스가 집에 있을 것이라는 말이 스미스가 반드시 집에 있다는 말은 아니다. 그런데도 홉스가 이런 주장을 한 이유는 내가 앞에서 설명한 바와 같다. 즉 각자가 생존에 필요한 것에 대한 심판 자이므로, 모든 것이 필요하다는 각자의 판단에 이의를 제기할 수 없다는 것이다. 또한 생존에 어떤 것이 필요한데도 그것이 필요하지 않다고 판단할 수도 있다.

자연법

우리는 보통 자유가 많으면 많을수록 좋다고 생각한다. 그러나 홉스의 생각은 다르다. 그는 완전한 자유는 아주 끔찍한 사태를 불러온다고 생각했다. 안전과 행복, 그리고 문명의 안락함은 자유를 제한할 때에만 누릴 수 있다는 것이다.

홉스는 법을 두 가지로 나눈다. 하나는 자연법이고, 또 하나는 시민법이다. 자연법에서 시민법이 나온다. 자연법은 영원하지만, 시민법은 주권자의 명령이 변하면 따라서 변한다. 홉스는 자연법을 신법으로 부르고, 시민법을 인간의 법으로 부르기도 한다. 이러한 명명이 해석상 논란을 일으키기도 한다. 자연법이 신법과 같다면 결국 자연법은 하느님의 명령이 된다. 《리바이어던》에 이런 견해가 나타나지만, 이전의 두 정치 저작에서는 이런 주장을 찾아볼 수 없다. 이전의 정치 저작에서는 자연법은 "이성의 명령"이며, 하느님이 존재하지 않더라도 자연법은 존재한다고 주장했다.[28] 《법의 원리》에서 홉스는 이렇게 말했다. "그러므로 이성 이외에 다른 자연법은 없다." 거칠게 표현된 이 주장은 《리바이어던》에서 이렇게 바뀐다. "인간은 이성에 의해 자연법을 발견하지만, 이성이 그 자체로 법은 아니다." 홉스의 초기 주장은 흐로티위스의 주장과 같은데, 흐로티위스는 '그레이트 튜'에서 매우 인기 있는 지식인이었다. 홉스의 견해가 흐로티위스적 주장에서 《리바이어던》의 주장으로 바뀐 이유는 무엇일까? 자연법을 단순히 이성의 명령으로 정의하면 인간의 행동을 규제하는 데 필요한 힘을 지닐 수 없다고 생각했기 때문인 것 같다. 자연법이 이성의 명령이라면 사람들은 그 명령을 따르지 않을 것이다. 사람을 움직이는 감정은 공포와 희망이다. "인간을 평화로 향하게 하는 정념으로는 죽음에 대한 공포, 생활의 편의를 돕는 각종 용품에 대한 욕망, 그러한 용품을 자신의 노력으로 획득할 수 있다는 희망이 있다."[29] 대부분의 학자들은 《리바이어던》에 대한 나의 해석에 동의하지 않는다. 그들에 따르면 홉스가 자연법이 하느님의 명령이라고 진짜로 믿은 것은 아니라는 것이다. 유신론자들의 환심을 사려고, 혹은 겉치레로 그렇게 말했다는 것이다.

제1자연법

《리바이어던》에 나와 있는 자연법 목록은 《시민론》에 나오는 것과 사실상 같다. 그러나 《시민론》의 제1자연법과 《리바이어던》의 "이성의 기본 계율" 사이에는 재미있는 차이가 있다. "이성의 기본 계율"은 제1자연법과 자연권으로 구성되어 있다. 이렇게 구성한 이유는 사람들에게 직접 선택하도록 하기 위한 것으로 보인다. 평화냐 전쟁이냐, 법이냐 권리(자유)냐. 많은 의회주의자들이 권리를 선택했다. '권리청원'이 그 대표적인 예이다. 이 권리는 잉글랜드와 스코틀랜드를 10년간 내전으로 몰아넣었고, 이어서 인기 없고 불안정한 정권을 낳았다.

모든 것에 대한 권리의 포기

자연 상태에서는 모든 사람이 모든 것에 대한 권리를 지니므로, 앞에서 본 것처럼 갈등은 불가피하다. 내가 나의 편의를 위해 어떤 것을 사용하고자 하면, 남도 자신의 편의를 위해 그것을 사용하려고 하여 서로 충돌한다. 그러므로 평화를 얻으려면 서로가 모든 것에 대한 권리를 포기해야 한다. 다른 말로 하면 자유의 끝이 곧 평화의 시작이다.

"모든 것에 대한 권리를 포기한다."는 말은 모호하다. (1) 일부 권리를 포기하여 더는 모든 것에 대한 권리를 지니지 않는다는 뜻일 수도 있고, (2) 모든 권리를 포기하여 어떤 권리도 지니지 않는다는 뜻일 수도 있다. 홉스는 이 두 가지 뜻 사이를 왔다 갔다 한다. (1)은 확실히 말이 된다. 그러므로 사람들을 설득할 때는 (1)의 뜻으로 사용한다. 그러나 (1)에서 절대 주권론이 도출될 수는 없다. 백성에게 일부 권리가 남아 있는 한 주권적 권위는 제한적이다. 따라서 절대 주권의 필요성을 강조할 때는 (2)의 뜻으로 사용한다고 볼 수밖에 없다. 《법의 원리》에서는 왕의 정책에 저항해서는 안 된다는 주장을 펴고 있으므로 (2)의 뜻으로 사용한 것으로 보인다. 물론 (2)는 전체주의자나 군국주의자가 아니고서는 받아들이기 어려운 주장이고, 홉스의 기본 원칙과도 맞지 않는다. 홉스의 정치 이론의 기초는 자기 보존의 보편적인 욕망과 권리이다. 따라서 그는 (2)의 뜻으로 사용하면서도 때때로 (2)의 뜻을 부정하는 취지의 주장을 한다. "그러므로 어떤 서약과 어떤 표시에 의해서도 결코 폐기되거나 양도된 것으로 볼 수 없는 권리들이 존재한다."[30] 그렇다면 (2)는 결국 자기 보존의 권리를 제외한 나머지 모든 권리를 포기한다는 뜻으로 보아야 한다. 이러한 단서는 그럴듯해보이기는 하지만 홉스 자신의 논리를 따르자면 모순에 봉착한다. 홉스에 따르면 자기 보존에 필요한 것이 무엇인지 확실하게 알 수 없기 때문에 모든 사람이 모든 것에 대한 권리를 지닌다. 지금 세금 백만 원을 낸다고 해서 당장 내 생존이 위협받지는 않는다. 하지만 미래는 알 수 없는 일 아닌가? 내년에는 그 백만 원이 생존에 꼭 필요한 것이 될 수도 있다. 지금 당장 필요한 것에 한정해서 생각해야 한다는 반론은 제기하지 않기를 바란다. 홉스 자신이 인간의 곤경은 당장의 욕망에 급급하여 멀리 내다보지 않는 데 있다고 했으니까 말이다. 지금까지 홉스 이론에 들어 있는 모순을 살펴보았는데, 걱정하지 마라. 이제 홉스 이론을 칭찬할 차례니까.

이기주의와 이타주의

홉스는 확실히 철학적 이기주의자로 명성이 높다. 《법의 원리》에서 그는 이렇게 말한다. "모든 사람의 목적은 자신에게 이익이 되는 일을 하는 것이다."[31] 이런 주장에 그 시대 사람들은 놀랐고, 또한 분노했다. 재스퍼 메인(Jasper Mayne) 신부는 홉스가 거지에게 동냥을 주는 것을 목격하고는 홉스의 자선은 그의 이론과 모순된다고 지적했다.

그(홉스)는 거지를 동정 어린 눈빛으로 바라보다가 주머니에 손을 넣었고, 거지에게 6펜스를 주었다. 신부(즉 메인 신부)가 묻기를, '당신은 그리스도의 명령이 아니라 하더라도 그렇게 했을 것인가?' 하니, 홉스는 '그렇다'고 대답했다. 신부가 그 이유를 묻자, 홉스는 이렇게 대답했다. '그 노인의 가련한 처지를 보니 가슴이 아팠는데, 적선을 하고 나니

프랑스의 삽화가 귀스타브 도레의 〈레비아탄의 파괴〉(1865년). '리바이어던'은 〈욥기〉 41장에 나오는 바다 괴물 레비아탄을 가리킨다. 홉스는 지상에서 제일 강력하고 절대적인 힘을 지닌 리바이어던에 복종하는 것이야말로 공포가 만연한 자연 상태에서 벗어나는 길임을 보여주고자 했다.

그에게도 도움이 되었고 내 마음도 편안해졌다.'

정말로 그랬을까? 홉스가 자신의 행동과 다른 사람의 성품에 대해 말한 것을 보면 이기주의와는 거리가 멀다. 1646년 10월에 소르비에르에게 쓴 편지에서 홉스는 오직 친구들의 최선의 이익을 위해 행동할 것이라고 말했다. 여기에서 이기주의는 찾아볼 수 없다. 또한 《리바이어던》 헌사에서 시드니 고돌핀의 사회성은 "천품"이자 "너그러

운 성품"의 일부라고 말했다.[32]

이기적 진술과 비이기적 진술 간의 모순을 완전히 제거할 방법은 없지만, 완화하는 방법은 몇 가지가 있다. 하나는 동어 반복적 이기주의와 자기 중심적 이기주의를 구별하는 것이다. 동어 반복적 이기주의는 모든 행위가 행위자의 욕망에 의해 일어난다는 견해를 말한다. 즉 모든 행위가 자신의 욕망을 충족시키기 위해 행해진다는 것이다. 이것은 흥미롭고 해롭지 않으며 진실이다. 테레사 수녀의 자비도 남을 돕고자 하는 욕망에 의해 일어난 것이다. 자기 중심적 이기주의는 모든 사람이 오직 자신을 이롭게 하고자 하는 욕망에 따라 행동한다는 주장이다. 이 주장은 흥미롭지만 위험하며 허위이다. 홉스는 때로는 전자의 뜻으로 말하고, 때로는 후자의 뜻으로 말한다. 이기주의의 진리성을 주장할 때에는 전자의 뜻으로 말한다. 어찌 틀린 말이겠는가? 그러나 절대 주권의 필요성을 주장할 때에는 후자의 뜻으로 말한다. 사람들이 오직 자기 자신만을 위해 행동한다면 강력한 정부를 세우는 것이 현명한 정책일 것이다.

그렇다면 홉스는 동어 반복적 이기주의를 주장했는데, 절대 주권을 옹호할 때에만 자기 중심적 이기주의를 차용했다고 볼 수도 있겠지만 반드시 그런 것만은 아니다. 때때로 그는 처음부터 자기 중심적 이기주의에 근거하여 논리를 전개한다. 이런 대목에 나타난 홉스의 철학은 무모하고 위험해 보인다. 그가 어떤 뜻으로 사용했건 '이기주의'라는 말을 모호하게 사용하고 있는 것만은 분명하고, 이것은 논리적으로 방어하기 어렵다.

주권자의 부와 백성의 부

제임스 1세는 씀씀이가 헤펐다. 그는 재임 내내 의회에 돈을 더 달라고 징징거렸고, 유흥비로 거액을 탕진했다. 찰스 1세는 그렇지 않았지만 돈을 제대로 관리할 줄 몰랐다. 관리를 잘했다 하더라도 돈이 부족했을 것이다. 고대 잉글랜드의 이상은 왕이 "스스로 살아가야" 하는 것, 즉 자신의 개인 재산으로 살아가는 것이었다. 하지만 이 말은 먼 과거의 이야기가 되었고, 대부분의 사람들은 그런 이야기가 있다는 것도 몰랐다.

사람들은 스튜어트 왕가가 낭비가 심하다는 것을 알고 있었다. 이런저런 세금에 분노한 것도 그 때문이었다. 거의 모든 사람이 국가의 부와 왕실과 조정의 부가 분명히 다르다는 것을 알고 있었다. 그러나 홉스는 그 차이를 보지 못했다. 그는 《법의 원리》에서 주권자의 부와 백성의 부는 공생 관계에 있다고 주장한다.

주권자에게 속한 것으로 보이는 부도 …… 곧 백성의 부이며, 백성에게 속한 것으로 보이는 부도 곧 주권자의 부이다. 왜냐하면 주권자의 부와 자산은 백성의 부에 대한 지배권이기 때문이다. …… 그러므로 정부를 지배자의 이익을 위한 정부와 피지배자의 이익을 위한 정부로 구별하는 것은 …… 올바르지 않다.[33]

이런 주장은 이 주장을 믿고 싶은 사람을 빼고는 아무도 설득할 수 없다. 궁정에서나 나올 법한 이야기이다.

군주가 자신의 "자식과 일가친척과 취미 생활을 위해 백성들에게서 재산을 빼앗고 있다."는 비판에 홉스는 이렇게 답했다. 귀족정에서는 그 비용이 더 많아진다. 귀족정은 "스무 명의 군주"를 모시는 것과 마찬가지이기 때문이다.[34] 민주정은 최악이다. 모든 사람이 국부를 낭비하기 때문이다. 홉스는 이런 주장이 설득력이 있다고 생각했던 것 같다.

주권자의 부담

코먼웰스에서는 오직 주권자만이 자유를 지니고, 그 자유는 절대적이다. 오직 주권자만이 권위를 지니고, 그 권위는 무제한적이다. 오직 주권자만이 재산을 지닐 수 있고, 그가 통제하는 모든 것이 그의 재산이다. 주권자의 직무 명세에 들어 있는 이런 특권은 아주 매력적이다. 하지만 홉스는 주권자는 엄청난 부담을 짊어지고 있어서 동정을 받아야 하고, 백성들의 끝없는 도움을 받아야 한다고 말한다. 첫째, 주권자는 "다른 사람들, 즉 백성들의 일을 지속적으로 돌보는 수고"를 해야 한다. 이것이 다가 아니다. 주권자의 생명도 지속적으로 위협을 받는다. 그는 코먼웰스의 수장이므로 "항상 적의 공격 대상"이 된다. 대단한 선견지명이 아닐 수 없다. 하나 더 덧붙이자면 주권자는 다른 주권자들과의 관계에서 자연 상태에 놓여 있으므로 언제든 공격 대상이 될 수 있다. 주권자의 자유는 다른 사람들과 계약 관계에 놓이지 않기 때문에 생기는 것이다. 반면에 백성들은 "통치하는 수고"를 치르지 않아도 된다.[35]

신학적 견해

이미 《법의 원리》에서 홉스는 기독교의 본질이 '예수가 그리스도라는 믿음에 있다.'고 천명했다. '그레이트 튜'에서는 《성경》에 대한 다양한 해석이 있는 상황에서 기독교의 본질적인 가르침이 무엇인지를 두고 논란이 일었는데, 홉스가 제시한 해결책이 바로 그것이었다. 홉스의 대답에 동의하지 않을 이들도 있겠지만, 그다지 공격적인 주장은 아니었다. 《시민론》에 가서는 종교에 대해 더 자세히 논의한다. 종교 문제에서도 세속적 주권자가 우위에 있어야 한다고 주장한다. 다만 종교 전문가들이 설 자리는 남겨 두었다. 즉 주권자가 독립적으로 행사할 수 있는 권위는 일부 인정한다. 영국 국교회와 딱 맞는 주장이었다. 국왕 수장령에 따라 군주는 교회의 수장이 되었지만, 성직자들은 여전히 품위에 어울리는 역할을 맡았다. 그래서 조정의 성직자들도 《시민론》을 환영했다.

아담과 이브가 살던 낙원에 뱀이 기어들어 온 것처럼, 기독교에 홉스의 《리바이어던》이 기어들어 와 목을 조르기 시작했다. 그의 종교 교리 가운데 논란거리가 된 것은 (1) 종교의 본질, (2) 계시의 본질, (3) 예언자의 본질과 신뢰성, (4) 기적의 본질과 신빙성, (5) 그리스도의 직무, (6) 《성경》의 권위, (7) 《성경》의 구성, (8) 천국의 소재와 하느님의 왕국, (9) 지옥, (10) 로마가톨릭교회의 위험성이다. 하나씩 살펴보기로 하자.

종교의 본질 《리바이어던》에서 홉스는 종교와 진정한 종교를 구분하여 이렇게 정의한다. 종교는 "머리로 가정하거나 이야기를 듣고 상상한 힘, 보이지 않는 힘에 대한 공포가 공공연하게 인정된 것"이고, "그 힘이 실제로 우리가 상상한 그대로일 때 보이지 않는 힘에 대한 공포"[36]는 진정한 종교가 된다. 종교에 대한 정의는 적절해보이지만, 미신에 대한 정의는 사뭇 선동적이다. 미신은 "이야기를 듣고 상상한, 보이지 않는 힘에 대한 공포가 인정되지 않은 것"이다. 이 정의에 따르면 기독교는 고대 로마에서 200년 동안 미신이었고, 이슬람교는 터키에서 미신이 아니다. 이 구절에 대한 표준적인 해석에 따르면 홉스는 계시 종교 자체를 전복하려 했다는 것이다. 나는 그렇게 생각하지 않는다. 정의에 결함이 있다고 해서 그것이 정의 대상의 결함은 아니다. 정의의 결함은 저자의 능력 문제이지 정의 대상의 문제는 아니다. 또한 홉스는 미신의 올바른 정의가 무엇인지 알았다. 《시민론》에서 그는 "보이지 않는 것들에 대한 공포가 올바른 이성에서 유리된 경우" 그런 공포심이 미신이라고 정의했다.[37] 나는 《리바이어던》의 미신에 대한 정의는 냉소적인 표현이라고 생각한다. 홉스 자신도 그것이 '미신'에 대한 올바른 정의가 아니라는 것을 알았지만, 미신이라는 말이 그런 식으로 사용된다는 의미에서 그렇게 정의한 것이다. 사람들은 자신의 주장과 일치하지 않는 종교적 교리를 모두 미신이라고 규정한다. 홉스는 사람들이 '미신'이라는 말을 그런 식으로 사용하는 것을 지겹도록 보아 왔고, 그런 용법이 30년 전쟁과 영국 내전에서 어떤 파괴적인 결과를 가져왔는지 똑똑하게 목격했다. 30년 전쟁은 영국에 이렇다 할 영향을 끼치지 않았으므로 참을 수 있었지만, 조국을 송두리째 파괴한 영국 내전을 겪고서는 더는 참을 수 없었다. 즉 홉스는 미신이라는 용어의 용법에 대한 반성을 간접적으로 촉구한 것이다.

《리바이어던》 12장에서 홉스는 종교가 언어와 마찬가지로 인간에게 고유한 것이라고 주장한다. 인간 이외의 동물들은 오로지 일상적인 일에 몰두할 뿐이다. 반면에 인간은 과거와 미래 속으로 들어가 인과 관계를 찾는다. 인과 관계와 관련하여 사람들은 두 가지 요소를 생각한다. 첫째, 자신들의 일상생활과 관련하여 과거에 일어났던 사건들의 원인을 궁금해한다. 그 일이 어째서 그 전도 그 후도 아닌 바로 그때 일어났는지 알고 싶어 한다. 둘째, 모든 사건에는 원인이 있게 마련이므로, 눈에 보이는 원인을 찾아내지 못한 경우 눈에 보이지 않는 원인을 생각해낸다. 첫 번째 요소는 사람들을 근심하게 한다. 사람들은 자신에게 어떤 사건이 벌어지고 있는지, 그리고 어떤 사건이 벌어질 것인지 걱정한다. 과거는, 가끔 틀리기도 하지만 미래의 좋은 지표이므로 미래를 예측하고 예견하기 위해 과거에 일어났던 사건들을 살펴본다. 두 번째 요소는 사람들이 생각해내는 인과 설명의 종류에 영향을 끼친다. 이 두 가지 요소가 사람들의 상상을 자극하여 수없이 많은 거짓 종교가 생겨난다. 눈에 보이지 않는 온갖 원인이 만들어지고, 사람들은 이들을 신으로 섬겨 장래의 복을 기원한다. 사람들은 이미 겁에 질려 있기 때문에 하느님 혹은 신이 "무형의 영"이라는 모순된 주장도 기꺼이 받아들인다. 반면에 "영원하고, 무한하고, 전능한 유일신"을 믿게 되는 올바른 길은 자신의 이익이나 정념에서 한 걸음 물러나서 인과율에 따라 추론하는 것이다. 모든 사건에는 원인이 있고, 그 원인 자체도 원인이 있는 사건이므로 "마지막에는 '최초로 움직이는 존재(one First Mover)', 즉 모든 사물의 최초이자 영원한 하나의 원인이 반드시 존재한다는 결론에 이르게 된다. 이것이 바로 사람들이 '하느님'이라는 이름으로 부르는 존재의 본질이다."[38] 나아가 인간은 이 최초의 원인의 본질을 알 수 없기 때문에 하느님은 불가해한 존재라는 올바른 결론에 도달한다.

진정한 종교에는 두 종류가 있다. 자연 종교와 계시 종교가 그것이다. 인간에게는 자연 종교를 발견하고 그에 따라 살아갈 능력이 있지만, 각자의 판단에 맡겨 두면 사실상 거의 모든 사람이 미신에 빠져들고 만다. 이 점에서 홉스는 칼뱅을 따르고 있다. 칼뱅의 지적은 자못 신랄하다.

> (진정한 종교를) 마음에 품은 사람은 백 명 중에 한 명도 찾기 어렵다. …… 그러므로 종교는 모든 미신의 시작이다. 종교의 본질이 그러해서가 아니라 인간의 마음속에 자리 잡고 있는 어둠 때문이다. 이 어둠으로 인해 우상과 진정한 하느님을 가리지 못한다. …… 그리하여 그 종교가 수천의 미신을 낳고, 인간의 모든 판단이 흐려진다.[39]

홉스에 따르면 올바른 종교에 이르는 길은 계시를 통해서 온다. 단하나의 올바른 계시가 있는데, 그것은 모세(혹은 아브라함)에서 예수에 이르는 계시이다.

계시의 본질 자연 종교와 계시 종교에서 하느님이 인간에게 말하는 방식은 서로 다르다. 자연 종교에서 하느님은 인간에게 이성, 즉 "하느님의 자연 언어"로 말한다.[40] 인간은 이성을 사용하여 자연 종교의 법칙, 즉 자연법을 이끌어낼 수 있다. 계시 종교에서는 계시로 말한다. "계시"를 정의하기는 어렵지 않다. 계시는 하느님이 인간에게 주는 메시지이다. 계시라고 주장하는 것이 진짜인지 아닌지를 판단하기는 어렵다.

계시에는 직접적인 것과 간접적인 것이 있다. 직접 계시는 하느님이 인간에게 직접 말하는 것이다. 모세나 예수 같은 특별한 예언자만이 그런 경험을 했다. 간접 계시는 다른 사람을 통해 사람들에게 말하는 것이다. 극히 일부의 예언자를 제외하면 모든 사람이 간접 계시를 받는다. 《성경》을 믿는 사람들은 간접 계시를 받은 것이다. 《성경》은 하느님에게서 직접 계시를 받았다고 주장하는 사람들의 말을 기록한 것이기 때문이다.

간접 계시라고 주장하는 것에 대해서는 누구든 그것을 진짜 계시로 받아들이지 않을 자유가 있다. 그렇게 하는 것은 하느님을 거부하는 것이 아니라 자칭 예언자를 거부하는 것이다.

내가 알렉산드로스나 카이사르의 빛나는 업적에 대해 역사가들이 기술한 것을 믿지 않을 경우, 화를 낼 사람은 알렉산드로스나 카이사르의 영혼이 아니라 그 역사가들이다. 리비우스는 신이 암소에게 말을 하게 한 적이 있다고 했는데, 이 말을 믿지 않는다면 신을 불신하는 것이 아니라 리비우스를 불신하는 것이다. 따라서 어떤 사람의 권위나 그의 저작에서 도출한 것 외에 다른 근거도 없이 어떤 것을 믿는다면, 그가 신의 사자이든 아니든 오직 그 사람에 대한 믿음뿐이라는 것이 명백하다.[41]

그럼 직접 계시는 어떠한가? 사실상 하느님은 사람들의 환영이나 꿈에 초자연적으로 나타난다. 그러나 그것만으로 그 사람이 하느님의 환영을 보았다거나 하느님이 나오는 꿈을 꾸었다고 할 수 없다. 즉 하느님이 그 사람에게 어떤 메시지를 전했다고 인정할 수는 없다. 홉스에 따르면 '하느님이 내 꿈에 나타났다.'는 말은 '하느님이 나타나는 꿈을 꾸었다.'는 말일 뿐이다. 후자의 진술은 '나폴레옹이 내 꿈에 나타났다.'는 말과 조금도 다르지 않다. 깨어 있을 때 하느님이 나타났다고 주장하는 이들도 있는데, 홉스에 따르면 이들은 졸면서 깨어 있다고 생각한 것이다. 그 사람이 졸면서 하느님이 자신에게 나타났다고 생각할 가능성과 진짜로 하느님이 그 사람에게 나타날 가능성 중에 어느 쪽이 더 크겠는가? 두말할 필요도 없이 전자의 가능성이 훨씬 크다. 그러므로 하느님이 진짜로 그 사람에게 나타났는지는 아무도 모른다. 그러나 홉스는 계시가 있다는 것 자체는 부정하지 않는다. "하느님의 말을 직접 들은 사람은 하느님이 뭐라고 말하는지 충분히 알 수 있을 것이다."[42]

홉스에 따르면 하느님은 모세에게는 명백한 방식으로 말하기 때문에 모세가 전하는 메시지는 의심할 필요가 없다. 그러나 홉스는 이 말을 취소하는 듯한 발언도 한다. 하느님이 모세에게 나타난 것이 "다른 예언자들에게 나타난 환상보다는 더욱 선명한 모습이었겠지만, 어쨌든 환상으로" 나타났다는 것이다. 한 가지만은 확실하다. 모세라 할지라도 어느 누구도 하느님의 본질을 알 수는 없었다는 것이다. 하느님을 안다고 말하는 것은 "그분의 무한성과 불가시성과 불가해성을 부정하는 것"이다.[43]

《성경》에는 하느님이 사람들에게 직접 말하는 대목이 여러 번 나온다. 하지만 이것을 글자 그대로 해석할 수는 없다. 하느님이 정말로 사람에게 직접 말했다면 입과 이와 혀가 있다는 말이 된다. 하느님이 자신의 형상을 따라 인간을 창조했으므로 그도 인간과 유사한 신체를 지니고, 신체 기관들의 사용 방식도 유사할 것이라고 주장할 사람도 있겠지만 "하느님에게도 그런 감각 기관이 있다고 말하는 것은 하느님에 대한 예의가 아니며, 이 세상에서 가장 큰 모독이 될 것이다."[44] 하느님의 환영과 말에 대해서는 하느님을 영예롭게 하는 것이 적절한 해석 방식이다.

지금까지 계시에 관해 논의하면서 예언자라는 말을 사용해 왔는데, 이제 예언자를 설명할 차례다.

예언자 홉스는 예언자를 그다지 높게 평가하지 않는다. 예언자의 중요성을 축소하는 한 가지 방법은 적용 범위를 넓게 잡는 것이다. 그렇게 하면 도처에 예언자들이 있고, 따라서 예언자는 별로 중요하지 않은 사람이 된다. 모든 제사장이 예언자였다. 여성을 포함하여 "시와 성가로" 하느님을 찬양하는 사람은 모두 예언자다. 대언자(代言者)도 모두 예언자다. 홉스는 자신의 적대자인 브럼홀도 예언자라고 기꺼이 인정했다. 대제사장 가야바도 예언자였다. 그는 "한 사람(예수)이 그의 백성을 위해 죽을 것이라고 예언한" 사람이다.[45]

미래의 일을 예보하는 사람은 엔돌의 여인*처럼 일시적인 예언자이다. 그런 점쟁이의 말이 반드시 진실인 것도 아니다. 홉스는 거짓 예언자 400명의 이야기를 소개한다. 이스라엘의 왕(아합)이 시리아를 칠 것인가 말 것인가에 대해 조언을 구하자, 예언자 400명이 왕의 승리를 예언했다. 오직 한 사람 미가야만이 왕이 전사할 것이라고 예언했다.* 아합 왕은 전사했다. 그러므로 예언자들의 말은 믿을 것이 못된다. 다수의 예언자가 같은 말을 해도 믿을 것이 못 된다. 그럼 어떤 방법이 있을까? 사실상 없다. 예언자의 말을 섣불리 믿으면 위험하다. 예언자 400명은 착한 이들이었지만 무능했다. 예언자 중에는 거

엔돌의 여인 〈사무엘상〉 28장에 나오는 무녀. 사울 왕이 블레셋과 마지막 전투를 앞두고 신점을 보기 위해 찾아간 인물이다.
* 〈열왕기상〉 22장.

짓 예언자도 있다. 〈예레미야〉 14장 14절에 보면 하느님이 이렇게 경고한다. "그 예언자들은 내 이름으로 거짓 예언을 하고 있다. 나는 그들을 예언자로 보내지도 않았고, 그들에게 명하지도 않았고, 그들에게 말하지도 않았다. 그들이 예언하는 것은 거짓된 환상과 허황된 점괘와 그들의 마음에서 꾸며낸 거짓말이다."[46] 그러므로 예언자들의 말을 듣지 말라고 한다.

참 예언자를 아는 방법은 돌이켜보는 것이다. 예언이 실제로 벌어진 후에는 그가 참 예언자인 것을 알 수 있다. 하지만 이미 때는 늦었다. 그렇다고 해서 참 예언자가 없는 것은 아니다. 유대교와 기독교와 이슬람교에서는 모세, 이사야, 엘리야, 예레미야 같은 몇 사람을 참 예언자로 여겼다. 문제는 존재론적인 것이 아니라 인식론적인 것이다. 참 예언자가 운명을 예측해도 청중들은 귀담아 듣지 않는다. 사람들은 자신이 완전히 파괴되고 비통한 기억만 남아 있을 때 그 예언자를 알아본다. 《시민론》에서 홉스는 이렇게 말한다. "이스라엘 족속은 입증되지 않은 예언자는 참 예언자로 여기지 말라는 명령을 받았다. 그래서 그들은 장래의 일을 하느님의 말씀이라고 예언한 사람들을 여럿 죽였다. 이러고도 그들의 저작을 존중했을까?"[47]

참 예언자와 거짓 예언자를 가려내는 방법이 정말 없을까? 그렇지 않다. 《성경》시대에도 그러했지만 지금도 마찬가지로 사람은,

모든 예언을 자신의 자연적 이성에 비추어 보아야 한다. 이것은 곧 하느님이 주신 참과 거짓을 구별하는 규칙에 비추어 보는 것이다. 그중 하나는 《구약 성경》의 경우 주권적 예언자인 모세가 사람들에게 가르쳐 준 교훈에 일치하는가 하는 것이고, 또 하나는 하느님이 하시려고 하는

일을 예언할 수 있는가 하는 것이다. ……《신약 성경》의 경우에는 오직 하나의 표적밖에 없다. 그것은 '예수가 그리스도라는 것', 즉 예수가 《구약 성경》에서 약속된 유대인들의 왕이라는 교리를 가르치고 있는가 하는 것이다.[48]

충고의 내용은 세 가지다. 첫째, 예언을 이성으로 판단하라는 것이다. 둘째, '예수가 메시아다.'라는 고백이 기독교의 본질이라는 것이다. 셋째, 확실한 판단이 서지 않을 경우에는 "그러므로 모든 사람은 누가 주권적 예언자인가, 즉 지상에서 하느님의 대리자가 누구인가, 하느님 다음으로 기독교도들을 통치할 권한을 지닌 자가 누구인지 숙고해보고, 그가 하느님의 이름으로 가르쳐준 교훈을 규칙으로 삼아야 한다." 요컨대 자신이 살고 있는 땅의 주권자에게 복종하라는 것이다. 그렇게 하지 않으면 "하느님의 법이든 인간의 법이든 모든 법은 파괴될 것이며, 질서와 정부와 사회는 사라지고, 폭력과 내란이라는 최초의 혼란으로 돌아가고 만다."[49]

기적 종교 개혁과 반(反)종교 개혁 기간 동안 프로테스탄트는 기적을 의심스럽게 생각했으나, 로마가톨릭에서는 때때로 기적에 믿음을 나타냈다. 그러나 기적을 앞세워 새로운 의식이나 교리를 주장하면서 교회와 관계없이 권위를 행사하려는 이들은 못마땅하게 여겼다. 이들은 가톨릭에 위협적인 존재였고, 반드시 심판을 받았다. 오늘날에도 로마가톨릭에서는 기적에 대해 몹시 신중한 태도를 취한다. 어떤 일을 기적이라고 선언할 때에는 반드시 제도적인 통제를 가한다. 로마가톨릭이 공식적으로 인정하는 기적은 미사 때의 성찬식이다. 로마가톨릭에 따르면 미사 때에는 빵과 포도주가 성별(聖別)된다. 신부를 통해 그리스도의 살과 피로 변하는 것이다. 신부는 교회에 소속되어 있으므로 기적은 교회의 통제 속에서 일어난다. 이런 권능은 개인적으로는 지닐 수 없으며, 어떤 세속적 권위에도 없다. 그 권능에 죄를 사해주는 것까지 들어 있는 것은 아니지만. 프로테스탄트 개혁가들과 세속적 지도자들의 관심사는 이러한 로마가톨릭의 주장을 부정하거나 훼손하는 것이었다.

이 문제를 해결하는 한 가지 방법은 기적이 오래전에 끝났다고 주장하는 것이다. 루터와 칼뱅은 둘 다 빵과 포도주가 그리스도의 살과 피로 변한다는 가톨릭의 교리를 부정했다. 마지막 사도(使徒)의 죽음과 더불어 계시도 그쳤다는 견해는 널리 수용되었으므로, 기적도 마지막 사도의 죽음과 더불어 끝났다는 주장은 이상할 게 없었다. 일단 계시가 완성되었고, 예수의 대속 행동이 일어난 마당에 기적이 왜 더 필요하겠는가? 그래서 홉스는 토머스 브라운을 비롯한 다른 프로테스탄트와 마찬가지로 더는 기적은 없으며, 있다고 해도 아주 드물다고 주장했다. 1668년에 8개월 넘게 아무것도 먹지 않았다는 여인을 조사한 일이 있었다. 홉스는 진상에 대해 사무적으로 기술하면서 단정적인 판단은 내리지 않았다. "이 사건에 대해 나는 아무런 판단도 할 수 없다. 이런 일이 기적인가 아닌가는 교회가 검토할 일이다."[50]

어떤 사건이 기적인가 아닌가를 결정하는 일은 종교 당국의 권한이다. 그러나 기적의 정의를 내리고, 그것이 과학적 견해와 일치하는지 설명하는 일은 철학자의 몫이다. 홉스에 따르면 기적은 "하느님이 일으킨 감탄스러운 일"을 말한다. 하느님이 선민을 구원하기 위해 예언자를 보낼 때, 하느님이 보냈다는 사실을 알리기 위해 사용된다.[51]

한 번도 본 적이 없거나 매우 보기 드문 일은 놀랍고 신기한 법이다. 우리는 어떤 자연적인 사건이 그런 일을 일으켰는지 알 수 없다. 그런데 가톨릭 미사에서 빵과 포도주의 성별은 주기적으로 일어나는 일이므로 기적이 될 수 없다. 세상에 단 한 번만 있는 사건도 그 자체로 기적은 아니다. 세계 최초로 선 채로 공중제비를 넘었다고 해서 기적을 일으킨 것은 아니다. 어떤 자연적 원인이 작용했는지 충분히 알 수 있기 때문이다. 홉스에 따르면 하느님만이 기적을 일으킨다. 홉스는 인간이 자만에 빠지는 것을 경계한다. 인간이 하느님이 일으키는 기적의 도구가 될 수는 있다. 하지만 인간이 기적을 행하는 것은 아니다. 홉스는 파라오의 제사장이 기적을 일으켰다고 말하기도 한다. 하지만 이런 언급은 중요하지 않다. 《성경》의 문구가 그런 인상을 주기 때문이다. 우리도 일상적인 대화에서 'X가 Y를 한 것으로 보인다.'는 말을 줄여서 'X가 Y를 했다.'고 말하기도 한다.

홉스에 따르면 [하느님이 일으키는] 기적은 모든 사람을 위한 것이 아니며 술수도 아니다. 기적은 선민들을 위한 것이며, 하느님이 자신의 뜻을 나타낼 때 일어난다. 주로 사람들에게 특정인을 참 예언자로 보냈다는 것을 알리기 위해 사용된다.[52] 특별한 의도를 나타내기 위한 기적도 있다. 예컨대 최초의 무지개는 이 세상이 더는 홍수로 파괴되지 않을 것이라는 징표로 나타났다. 최초의 무지개는 기적이었다.[53] 오늘날에는 무지개를 흔히 볼 수 있기 때문에 이제는 기적이 아니다. 최초의 무지개 사례는 여러 이유로 중요하다. 첫째, 기적의 개념이 세계에 대한 과학적 견해와 어떻게 통합될 수 있는지 보여준다. 노아의 무지개는 기적이었다. 당시로서는 아무도 이 자연 현상을 설명할 수 없었기 때문이다. 설명을 못한다고 해서 자연 현상이 아닌 것은 아니다. 사실상 무지개의 물리 법칙은 홉스가 《리바이어던》을 쓰던 무렵에 밝혀졌다. 현대의 성서학자들도 《성경》에 나오는 기이한 사건들에 대해 자연적 설명을 시도하지만, 여전히 그 사건들을 기적이라고 보고 있다. 홍해를 가른 모세의 기적도 전례 없는 강풍에 의한 것이었으며, 오병이어의 기적*도 사람들이 각자 옷소매에 숨겨 둔 식량을 내놓은 결과였다는 것이다. 그러므로 기적은 자연 현상으로 설명할 길이 없는 사건을 말하는 것이 아니라 목격자들이 설명할 수 없는 사건을 말한다.

기적을 목격하는 일은 무지를 인정하는 것이다. 세계를 알면 알수록 기적으로 보일 일이 적어진다. "그러므로 무지하고 미신을 믿는 사람은 자연 현상을 알고 있다면 조금도 감탄하지 않을 것을 보고 신기해하고 놀랍게 여기는 일이 생긴다. 자연 현상은 하느님이 직접 그 자리에서 하시는 일이 아니라 일상적으로 하시는 일이다."[54] 홉스는 인간의 자만에 대해 이렇게 경고한다. 기적을 보았다고 말하는 것이 자신의 무지를 드러내는 일이라는 것을 안다면, 기적을 보았다고 자랑할 사람은 거의 없을 것이라고.

홉스는 많은 신학적 개념을 두 가지 방식으로 다루고 있다. 종교를 위해서는 계시와 참 예언자와 기적이 있어야 한다. 홉스도 이를 인정했다. 그러나 정치적·종교적 안정을 위해서는 새로운 계시와 예언자와 기적을 내세우고 믿으라고 강요해서는 안 된다. 홉스는 둘 다 인정했다. 홉스가 부정직하다고 의심할 사람도 있겠지만, 그렇게 의심하는 것은 부당할 뿐만 아니라 악의적인 비판이다. 그럴 가능성은 거

오병이어(五餅二魚)의 기적 예수가 빵 5개와 물고기 2마리로 5천 명을 먹였다는 기적적인 사건을 가리킨다.(〈마태복음〉 14:14~21)

의 없다. 과학과 종교를 화해시키는 일은 종교철학자가 마땅히 해야할 일이다. 이것이 바로 홉스가 하려고 한 것이고, 홉스 스스로 그렇게 말했다. 홉스는 실패했다. 하지만 누군들 성공할 수 있겠는가? 그런 시도는 실패할 수밖에 없는 일이다.

　　예수 그리스도의 직무 중세 신학자들은 예수의 직무를 세 가지로 보았다. 아퀴나스에 따르면 입법자, 왕, 제사장이 그것이다. 칼뱅은 예수의 직무를 매우 중요한 신학적 주제로 삼았고, 예수의 직무가 제사장, 예언자, 왕이라고 주장했다. 홉스도 칼뱅처럼 예수의 직무를 신학적 주제로 삼았지만 예수의 직무가 '속죄자'나 '구세주', '목사'나 '조언자'나 '교사', 그리고 '왕'이라고 보았다. 속죄자로서 예수는 인간의 죄를 "대속"해주었다. 홉스의 속죄 이론은 세 가지 특징이 있다. 첫째, 로마가톨릭의 '사죄' 이론을 거부한다. '사죄' 이론에 따르면 인간은 하느님에게 진 빚을 갚아야 한다. 홉스는 이 이론이 마음에 들지 않았다. 죄를 사고 팔 수 있는 상품, 즉 "돈으로 좌우할 수 있는" 것처럼 여기기 때문이다.[55] 실제로 '사죄' 이론에 따르면 인간은 죄를 외상으로 샀고 하느님의 은혜 상점으로 돌아가려면 그 외상을 갚아야 한다. 둘째, 홉스는 이전의 속죄 이론과는 달리 그 몸값이 사탄이라고 보지 않았다. 사탄이라는 주장은 마니교의 교리인데, 홉스는 마니교를 아주 싫어했다. 하느님은 단순히 몸값을 요구할 뿐이다. 셋째, 속죄는 오로지 하느님의 은총에 달린 일이라는 것이다. 반면에 로마가톨릭은 정의의 관점에서 속죄를 설명한다. 즉 예수가 인간의 죄의 대가를 지불했으므로, 하느님은 마땅히 인간들을 천국으로 데려가야 하며 그게 정의라는 것이다.

예수는 속죄자였으므로 이 세상에 있을 때에는 왕이 될 수 없었다. 그는 내세에서 왕이 되어 영원히 통치한다. (아래에 자세한 설명이 있다.) 예수가 현재 왕이 아니고 이 세상에 있을 때에도 왕이 아니었다면 예수의 지위는 무엇이었나? 단순히 속죄자이기만 한 것인가? 홉스에 따르면 예수는 교사라는 의미에서 목사였다. 예수의 가르침은 주권자에게 복종하라는 것이었다. "그는 모든 사람에게 …… 모세의 자리에 있는 이들에게 복종하라고 가르쳤고, 카이사르에게 세금을 바치라고 했으며, 스스로 판관이 되기를 거부했다. 이런 상황에서 그의 말과 행동이 어찌 선동적이었고, 당시의 정부를 전복할 위험이 있었다고 할 수 있겠는가?"[56] 이러한 주장에 담긴 뜻은 이런 것이다. 예수가 이교도 정부도 전복하려 하지 않았거늘, 어찌 기독교 시민들이 기독교 정부를 전복하려 하겠는가?

《성경》의 권위 홉스가 《성경》의 여러 문제에 대해 설명하는 것을 듣노라면 이런 질문이 떠오른다. "성경을 하느님의 음성이기라도 한 것처럼 떠받들어야 하는 이유가 무엇인가?" 달리 말하면 "성경이 하느님의 말씀이라는 것을 어떻게 아는가?" 홉스는 《법의 원리》에서 이 두 질문이 모두 그릇된 전제에서 나왔다고 말한다. 그것은 지식의 문제가 아니라 믿음의 문제라는 것이다.[57] 만일 믿음의 문제가 아니라면 사람들이 천국에 간 다음에는 믿음이 그칠 것이라고 한 《성경》 말씀이 그릇된 것이 되고 만다.

홉스는 《리바이어던》에서 앞의 두 질문의 적절성에 대해 좀 더 깊이 파고든다. 하느님에게서 직접 계시를 받아 《성경》을 쓴 사람만 하느님이 《성경》의 저자라는 것을 알 수 있다. 우리 중에는 이런 계시를 받은 자가 없기 때문에 두 질문은 의미가 없다. 그것은 믿음의 문제이지, 지식의 문제가 아니라는 것이다. 그러나 이런 주장은 혼란스럽다. 왜 그런 것을 믿느냐는 질문은 곧 그 믿음의 근거를 묻는 것이다. 믿음의 근거는 사람마다 다를 수밖에 없다. 목사나 부모가 믿으라고 해서, 혹은 성찬식이 멋있어서, 혹은 그 교리가 편안하게 느껴져서, 혹은 그럴듯하게 생각되어서 등등…… 여러 가지가 있을 것이다.

홉스에 따르면 핵심적인 문제는 어떤 권위가 《성경》을 법으로 만들었나 하는 것이다. 《성경》의 내용 중 자연법과 일치하는 부분들은 하느님의 권위에 의해 이루어진 것이다.[58] 나머지 부분들은 하느님 이외에 권위를 지닌 자, 즉 세속적 주권자에 의해 법이 된 것이다. 코먼웰스가 주권자에 의해 통일성을 지니게 되는 것처럼, 교회도 그러하다. 영국 같은 기독교 코먼웰스는 세속적 수장과 종교적 수장이 동일하다. 교회가 하나의 인격으로 통일되어 있지 않으면, 거기에는 어떤 권위도 존재할 수 없다. 왜냐하면 인간의 권위는 인민들에 의해 주어지고 창조되는 것이기 때문이다. 권위가 없다면 교회는 명령을 내릴 수도 없고, 다른 어떤 행동도 할 수가 없다. 지금까지 소개한 홉스의 주장은 지극히 영국적인 것이며, 국왕 수장령에 나와 있는 그대로다.

나아가 홉스는 "보편 교회"의 존재를 부정한다. "보편 교회"가 아니라 "가톨릭교회"라는 관념이 지난 1500년 동안 통용되어 왔다는 것이다. 홉스의 이 주장도 영국적인 것이다. 기독 교회는 민족 교회이다. 여러 프로테스탄트 국가들과, 때로는 프랑스 왕과, 그리고 베네치아가 (로마와 싸우던 때) 취한 입장이었다.

홉스는 세속의 주권자가 제사장이라고 주장했는데, 이 주장으로 인해 몹시 인기를 잃었다. 이러한 주장은 《리바이어던》에 처음 나타난 것이다. 그 이전의 저작, 즉 《법의 원리》와 《시민론》에서는 영국 국교회 주교들의 환심을 사기에 충분할 만큼 주권자로부터 성직자의 독립성을 인정했다. 이 두 저작에서 홉스는 이렇게 주장했다. 《성경》은 신앙에 달린 것이고, 신앙은 곧 신뢰를 말한다. 따라서 기독교도는 "하느님 교회의 신성한 사람들"을 신뢰할 필요가 있다. 이들은 "전능하신 하느님이 이 세상에 계실 때 일으킨 기적을 목격한 이들의 시대부터 지금까지 이어져 온 사람들"이다. 나아가 이들은 《성경》에 대한 올바른 해석을 놓고 다툼이 생겼을 때 이를 판단할 권위를 지닌 사람들이다. 단 기독교의 근본 교리, 즉 "예수 그리스도가 육체로 이 세상에 왔다는 것"을 제외하고.[59] 모든 주교들이 환호할 만한 주장이었다. 이러한 주장에 들어 있는 신학적 요소에 대한 일말의 의심도 없이 홉스는 이렇게 주장했다.

그렇다고 해서 하느님이 신앙의 작용인이 아니라거나, 신앙은 하느님의 영 없이도 생길 수 있다는 것은 아니다. 물론 신앙은 들어야 생기는 것이고, 들음은 가르침에서 생긴다. 둘 다 자연스러운 것이지만, 그런데도 이것은 하느님의 일인 것이다. 왜냐하면 자연의 일은 곧 하느님의 일이고, 하느님의 영으로 이루어지기 때문이다.[60]

《시민론》에서는 종교 지도자들에게 특별한 권능이 있다고 주장했다.

신앙의 문제, 즉 하느님에 관한 문제는 인간의 능력 범위를 넘어선 것이므로 이를 판단하려면 신의 축복이 필요하다. (꼭 필요한 것이 무엇인지는 우리가 알 수 있다.) 이 축복은 그리스도의 안수(按手)에서 나온다. 영원한 구원이라는 목적을 달성할 때까지 초자연적인 교리를 따라야 하는데, 우리는 그 교리를 이해할 수 없다. 이 교리가 우리를 속일 것이라고 가정하는 것은 형평의 원칙에 어긋난다. 우리 구세주 그리스도는 사도들에게 심판의 날까지 (필요한 것이 무엇인지를 알려주는 데) 오류가 없을 것이라고 약속했다. 이 약속은 그리스도의 안수를 직접 받아 성별된 사도들뿐만 아니라 이들을 계승한 목사들에게도 해당된다. 그러므로 도시의 주권을 지닌 자도 기독교도로서 신앙의 문제나 《성경》의 해석 문제가 있을 때에는 합법적인 권한을 지닌 성직자를 따라야 한다.[61]

그렇다면 홉스는 왜 《리바이어던》에서 성직자의 특별한 권능과 독립성을 부정했을까? 내 생각으로는 그것이 진리라고 믿었기 때문인 것 같다. 올리버 크롬웰과 잔여 의회를 달래기 위해 그랬다고 해석하는 사람들도 있다. 어느 정도 일리가 있는 설명이다. 홉스는 자신의 이론을 국가 교회가 쇠약해진 현실에 맞추려 했으니까 말이다. 교회는 이전에는 왕에게 종속되어 있었고, 지금은 의회에 종속되어 있었다. 웨스트민스터 대성당에서는 처음에는 깜짝 놀랐지만 곧 현실을 받아들였다. 대성당에서 자신들이 정통의 표준이라고 선언하자, 의회는 관심을 보여줘서 고맙긴 하지만 당신들 할 일이나 하라고 말했다. 다시 말해 홉스의 견해는 제5열 무신론자의 새로운 교리가 아니라 현상의 이념적 수호자였던 것이다.

공적 권위만 종교적 권위가 있다는 주장에 대해 하느님의 계시에 근거한 사적 권위도 가능하다는 반론을 제기할 수도 있다. 그러나 홉스에 따르면 이러한 반론은 그릇된 것이다. 인간은 "교만과 무지 때문에 자신의 몽상과 엉뚱한 환상과 광기를 하느님의 영으로 둔갑시키고, 야망에 사로잡혀 거짓 증언을 하면서 자신의 양심을 배반"하기 때문이다.[62] 사적으로 계시를 받았다고 주장하는 것을 인정하는 것은 무정부에 이르는 길이다.

《성경》의 구성 홉스는 《모세 오경》의 저자가 모세가 아니라는 것을 공개적으로 주장한 최초의 인물이다. 홉스의 주장은 《성경》의 내적 일관성에 바탕을 두고 있다. 《성경》의 내용을 잘 읽어보면 《모세 오경》이 모세가 죽은 지 한참 뒤에 저술되었다는 점을 알 수 있다는 것이다. 예를 들면 모세는 〈신명기〉의 마지막 장을 쓸 수가 없었다. 모세의 죽음과 무덤에 관한 언급이 있기 때문이다. 하느님이 모세에게 미리 그의 죽음에 관해서 알려주었을 수도 있다는 반론에 대해서 홉스는 이렇게 대답한다. 만일 그렇다면 《성경》의 구절은 모세가 120년 후에 '죽을' 것이며, 이스라엘에 모세 같은 예언자는 '나타나지 않을' 것이라고 씌어 있어야 한다. 그러나 《성경》의 구절은 과거 시제로 씌어 있거니와, '오늘까지', '그 후에는'처럼 모세가 죽은 후에 썼다고 볼 수밖에 없는 표현들이 있다. "모세는 …… 모아브 땅에 있는 골짜기에 묻혔고 오늘까지 그 묘를 아는 자가 없다. 나이 120세에 죽었고, …… 그 후에는 이스라엘에 모세 같은 예언자가 나타나지 못했다." (〈신명기〉 34:5~7, 34:10) 〈창세기〉 12장 6절에 대해서도 홉스는 이렇게 분석한다. "아브라함은 그 땅을 지나서 세겜 땅에 이르렀다. 그때에는 그 땅에 가나안 사람들이 살고 있었다." '그때'라는 말을 보면 이 문장이 그 땅에 가나안 사람들이 살지 않게 된 때에 기록되었다는 것을 알 수 있다.* 따라서 모세의 말일 수 없다는 것이다.

모세가 저자가 아니라는 증거는 또 있다. 텍스트는 모세를 3인칭으로 언급하고 있다. 예를 들면 "주께서 그를 보내어 온갖 이적(異跡)과 기사(奇事)을 행하게 했나니, 그와 같은 일을 한 사람은 다시 없었다."*라고 쓰어 있는데, 모세가 그 글의 저자라면 '그'라는 명칭은 부적절하다. 또한 〈민수기〉 21장 14절에서 저자는 [모세 사후에 쓰인 것으로 보이는] 《주의 전쟁기》라는 지금은 유실된 옛날 책을 인용하고 있다.*

홉스가 《모세 오경》의 전체를 모세가 쓴 것이 아니라고 주장한 것은 아니다. 《성경》에 그가 저자라고 나와 있는 부분, 즉 〈신명기〉 11~26장은 모세가 썼다고 주장했다.

〈창세기〉를 분석한 것과 같은 방법으로 홉스는 〈여호수아〉, 〈사사기〉, 〈사무엘기〉, 〈열왕기〉, 〈역대기〉, 그리고 다른 부분도 거기에 언급된 사건이 있은 지 한참 후에 기록되었다고 주장했다. 홉스는 《외경》을 근거로 삼아 《구약 성경》이 바빌론 유수 이후 에스라에 의해 완성되었다고 판단했다.

홉스는 《신약 성경》에 대해서는 《구약 성경》과는 확연히 다른 태도를 보인다. "《신약 성경》의 저자들은 모두 그리스도의 승천 후 한 세대 이내에 살았던 사람들이며, 그들 모두 우리 구세주를 보았으며, 성바울과 성 누가를 제외하고는 모두 그리스도의 제자였다. 따라서 그

---

* 모세가 이끌던 히브리인들이 가나안에 들어가서 가나안 사람들을 다른 곳으로 내쫓은 후에 기록되었다는 뜻이다. 모세는 가나안에 들어가기 전에 죽었다.
* 〈신명기〉 34:11.
* 《주의 전쟁기》에는 모세가 홍해와 아르논 골짜기에서 행한 일들이 기록되어 있다.

들이 쓴 책은 모두 사도들의 시대와 동일한 시기의 것이다."[63]

《성경》에 대한 홉스의 직관은 매우 탁월했지만, 17세기 사람들은 그의 주장을 받아들이기 어려웠다. 알렉산더 로스는 모세가 살아 있을 때 가나안 사람들이 가나안에 살고 있었다고 주장했는데, 이 말이 맞기는 하지만 홉스가 '그때'라는 말을 단서로 삼아 저작 연대를 추론한 것과는 아무 관계가 없는 주장이다. 정치가 찰스 울즐리(Charles Wolseley)는 홉스가 언급한 《주의 전쟁기》에 대해 이렇게 말했다. 모세가 나중에 그런 책이 나올 것이라고 예언했으며, 그것이 반드시 '책'이어야 할 필요는 없고 구전일 수도 있다는 것이다. 이는 본말이 전도된 주장이다.[64]

홉스의 주장에 엄청난 반발이 있었지만 스피노자와 리처드 사이먼(Richard Simon) 같은 17세기의 천재들은 홉스의 《성경》 비판을 계승하고 확대했다. 250년이 지나서야 성서학자들은 홉스의 주장을 받아들였고, 지금은 상식이 되었다. 그러나 그 시대에 홉스의 저작은 심한 공격을 받았다. 진정한 예언자들이 배척을 받은 것처럼.

하느님의 나라 17세기 사람들은 하느님의 나라*가 외계에 있다고 생각했다. 오늘날에도 그렇게 생각하는 사람들이 많다. 그러나 많은 신학자들은 신의 나라가 지상에 세워질 것이라고 생각한다. 이들은 홉스의 신학적 후예들이다. 홉스는 하느님이 "시온산"에서 다스릴 것이

하느님의 나라(Kingdom of God) 흔히 '신국(神國)'이라고도 한다. 그러나 홉스는 이 말이 '왕국'이라는 점을 강조하기 때문에, 의미를 드러낼 필요가 있을 때는 '하느님의 왕국'으로 번역했다. 그 외의 경우에는 '하느님의 나라', 또는 '하느님 나라'로 번역했다.

라고 주장했다. 요한은 새 예루살렘이 하늘에서 내려오는 환상을 보았고, 예수가 이 세상을 다스리기 위해 다시 오겠다고 했다는 것이다. 또한 "부활 후에 사람들이 영원히 살게 될 장소가 하늘이라는 주장은, 하늘이라는 말이 지구에서 아주 멀리 떨어진 세계[우주]의 어느 곳이라면"《성경》에서 근거를 찾을 수 없다는 것이다.[65] 그러나 홉스는 "하느님의 나라가 이 지상에 있다."는 주장이 기이하게 보일 것이라는 점을 의식하고, 교리를 제안하는 것일 뿐이라고 한 걸음 물러났다.

> 나는 종교상의 역설을 주장할 생각은 조금도 없으며, 다만 칼의 논쟁*의 귀추를 주목할 뿐이다. …… 이 논쟁은 권한에 관한 것, 즉 모든 종류의 교리에 대해 승인하거나 거부할 권한이 누구에게 있는지, 모든 사람이 법의 보호를 받기 위해 (사적 개인들의 생각이 어떠하든) 누구의 명령에 (말에 의한 것이든 문서에 의한 것이든) 복종해야 하는지에 관한 논쟁이다.[66]

천국이 이 지상에 있다고 한다면《신약 성경》에 나오는 "하느님의 나라"는 말 그대로 왕국이고, 또한 이 지상에 세워질 진짜 왕국임을 쉽게 알 수 있다. 그러므로 하느님에게는 두 종류의 왕국이 있다. 하나는 자연 왕국이고, 하나는 예언 왕국이다. 하느님은 전지전능함으로 전 세계를 지배하니, 이것이 자연 왕국이다. 이 외에도 자연 왕국이 두 개 더 있다. 이것은 특정한 민족에게 명하여 만들어진 왕국이

칼의 논쟁 홉스가 이 글을 쓸 당시 영국에서 진행 중이던 내전, 즉 청교도혁명(1649~1660년)을 가리킨다.

다. 첫 번째 왕국의 백성은 아담과 이브이다. 하느님은 그들에게 선악을 알게 하는 나무의 열매를 따 먹지 말라고 명했다. 그러나 그들은 그 명령을 듣지 않았고, 따라서 하느님과 독립적으로 선악을 판단하기에 이르렀다. 홉스는 아담과 이브가 사실상 태초부터 선악의 판단 능력을 지니고 있었다고 설명한다. 그렇지 않다면 죄를 지을 일도 없었다는 것이다. 그러므로 그들의 눈이 열렸다는 것은 곧 그들이 절대적 권위가 있는 하느님의 법을 따르지 않고, 스스로 판단 능력을 지니게 되었다는 것을 의미한다. 이런 해석은 《성경》에 대한 합리적인 해석이기도 하고, 홉스의 철학과 부합하는 주장이기도 하다.[67] 두 번째 왕국은 하느님이 아브라함과 그의 자손들에게 언약함으로써 세워졌다. 이 언약이 '구약(Old Covenant)' 혹은 '신약(Testament)'이다.[68] 하지만 홉스의 언약에 관한 기술은 주권 설립의 신의 계약(covenant)에 대한 그의 일반 이론과 잘 맞지 않는다. 하느님은 아브라함과 그의 후손들의 주권자가 되었으므로 계약의 당사자가 될 수 없다. 그런데도 홉스는 그 언약이 "하느님과 아브라함 간의 계약"이라고 주장한다.[69] 홉스는 20세기 《성경》 비판자들이 개발한 종주 계약의 개념을 알지 못했다. 이 개념에 따르면 하느님은 아브라함에게 계약 조건을 명시하고 이 계약을 지키면 아브라함에게 어떤 일을 해주겠노라고 약속했다. 하지만 그렇다고 해서 하느님에게 아브라함에 대한 어떤 의무가 발생하는 것은 아니며, 아브라함에게 어떤 권리를 부여한 것은 아니다. 하느님이 계약의 당사자가 아니라는 주장은 홉스가 주장한 주권 설립 계약의 논리와 일치한다.

하느님은 이스라엘 백성들의 주권자였으므로 이스라엘은 사실상 신정(神政) 국가였다. 모세도, 그의 뒤를 이은 대제사장들도 주권자가 아니라 하느님의 대리자였다. 그런데 나중에 이스라엘 백성들은 하느님에게 반역하여 사울을 왕으로 세웠다. "세상 나라들처럼" 되기를 원했기 때문이다. 이리하여 특정 민족에 대한 하느님의 왕정은 사라졌다. 예수가 이 땅에 재림하면 다시 왕국이 세워진다. 홉스는 이러한 주장의 근거를 《성경》에서 찾아 제시한다.

요약하자면 홉스는 인간의 역사를 4단계로 나누었다. (1) 아담에서 아브라함에 이르기까지 하느님은 어떤 특정한 민족의 왕이 아니었다. (아담에 대해 특별한 주권을 지녔던 짧은 시기는 제외한다.) (2) 아브라함에서 사울에 이르기까지 하느님은 이스라엘 백성의 왕이었다. (3) 사울에서 이 시대가 끝날 때까지 하느님은 어떤 특정한 민족의 왕이 아니다. (4) 예수의 재림 후에 예수가 모든 선민의 왕이 될 것이다. 이러한 구분법은 《성경》의 이야기와 잘 들어맞고, 홉스의 정치적 견해와도 잘 맞는다. 두 가지 중요한 종교적 쟁점도 쉽게 해결된다. 즉 예수의 왕권을 인정하면서도 그의 왕권이 지금의 정치 사건들과는 아무 관계가 없다고 주장할 수 있게 된 것이다. 예수가 재림할 때까지 유일한 합법적 주권자는 백성들이 세운 주권자이며, 이 주권자가 종교적 문제에 대해서도 궁극적인 권위를 지닌다. 예수가 지금 왕이 아닌 것은 확실하다. 그렇지 않다면 "당신의 나라가 임하시오며"라고 기도하는 것이나, "왕국이 가까이 왔다."고 말하는 것은 이치에 맞지 않는다.[70]

지옥 천국과 마찬가지로 지옥도 지구상에 생긴다. 홉스는 《성경》에 나오는 지옥과 심판에 관한 구절들을 모두 조사한다. 《성경》에 따르면 사악한 자들은 물 밑에 둔다거나 불로 심판하거나 어둠 속에 던져 넣는다고도 한다. '지옥'이라는 말은 '게헨나(Gehenna)' 혹은 '힌 논 골짜기(Valley of Hinnon)'의 번역어이다.* 게헨나는 예루살렘 교외에 있는 쓰레기 소각장의 이름이다. 이러한 모든 증거를 조사한 다음 홉스는 다음과 같은 결론을 내렸다. 사악한 자들은 부활할 것이며 "성도들의 영원한 왕이신 전능하신 하느님의 적으로서, 그들이 겪게 될 육체적 고통과 재앙은 사악하고 가혹한 통치자 아래에서 살아가는 것과 같을 것이다."[71] 나중에 홉스는 이러한 고통이 최소한 영원한 불에 의해 나타날 것이고, 이로 인해 사악한 자들이 "두 번째 죽음"을 겪게 될 것이라고 주장했다. 홉스는 베르길리우스 같은 이교도 시인의 불합리한 주장은 증거로 내세우지 않았다. 베르길리우스는 지옥이 하늘 높이의 두 배가 되는 땅속에 있다고 주장했다.

홉스는 《성경》에 근거하여 사악한 자들의 마지막 두 번째 죽음을 주장하긴 했지만, 동시에 하느님이 처벌만 하는 것이 아니라 자비를 베푼다는 사실도 언급했다.

하느님은 자비의 아버지이고, 하늘과 땅에서 원하는 대로 행하고, 모든 인간의 마음을 마음대로 움직이고, 인간의 행동과 의지에 간여한다. 하느님의 선물을 받지 않으면 인간은 선으로 향하는 마음을 품을 수도 없고 악행을 회개할 수도 없다. 그런 하느님이 어찌 인간의 일탈을 끝없이 벌하고 상상을 초월하는 극단적인 고통으로 벌하기만 하겠는가?[72]

---

* 한국어 《성경》에서도 그리스어 '게헨나($\gamma \acute{\varepsilon} \varepsilon \nu \nu \alpha$)'는 모두 '지옥' 또는 '지옥 불'로 번역되어 있다. 〈마태복음〉 5장 22절, 29~30절, 10장 28절, 18장 9절 등에 나오는 '지옥' 및 '지옥 불'은 모두 '게헨나'의 번역어이다.

지옥 불은 영원하기 때문에 사악한 자들에 대한 처벌도 영원하다고 주장할 사람도 있겠지만, 그것은 합당한 추론이 아니다. 홉스에 따르면 "거기서 영원히 고통을 받으며 사는 사람이 있다."고 생각할 수 있는 구절은 《성경》에 없다.[73] 지옥 불이 영원한 이유는 사악한 자들은 선민과는 달리 계속해서 성행위를 할 것이기 때문이다. 즉 그들의 자손들이 부모들처럼 사악할 것이고 이들을 태우기 위해 불이 꺼지지 않는다는 것인데, 이 주장은 확실히 유감스럽다. 지옥 불에 대한 인도적인 해석을 하려고 했지만 그릇된 주장으로 이어진 것이다. 일부 사람들이 영원히 고통을 받는 것과 무한의 사람들이 가혹한 고통을 시한부로 받는 것에 어떤 큰 차이가 있겠는가? 홉스는 영원한 불에 대한 자신의 주장이 아무래도 무리라고 생각했던 것 같다. 1668년에 출간된 라틴어본에서는 사악한 자들의 성행위에 관한 부분을 삭제했다.

브럼홀은 홉스의 지옥에 관한 견해가 마음에 들지 않았다. 브럼홀에 따르면 홉스의 지옥은 끔찍하기는 하지만 저주받은 자들이 유혹을 받을 수 있는 상황이라는 것이다.

홉스의 설명에 따르면 사악한 자들이 두 번째 죽음을 맞이한 후에는 아무리 착한 행동을 해도 육신을 되살릴 수 있는 구원의 희망이 없으며 고통에 대한 두려움도 없다는 것인데, 그렇다면 그들은 지옥에서 제멋대로 행동하게 될 것이다.[74]

그러나 이것은 홉스의 견해를 잘못 해석한 것이다. 시한부 고통이 영원한 고통보다야 낫겠지만 좋아할 일은 아닐 뿐더러, 영원한 행복과는 비할 바가 아니다.

　로마가톨릭교회의 위험성 지옥의 통치자는 적(敵)그리스도이다. 대부분의 프로테스탄트는 적그리스도가 교황이거나 로마가톨릭교회라고 생각했다. 그러나 홉스는 그렇게 생각하지 않았다. 교황은 적그리스도가 될 수 없다. 왜냐하면 교황은 그리스도를 부정하지 않기 때문이다. 교황의 교회는 합법적인 교회이다. 단 영국의 합법적 교회가 아니라 로마의 합법적 교회이다. 그렇다고 해서 홉스가 로마가톨릭교회를 좋아한 것은 아니다. 로마가톨릭교회는 어둠의 왕국에서 최대 지주였고, "이 세상 사람들을 지배하기 위해 사악하고 그릇된 교리로 자연의 빛과 복음의 빛을 차단하고, 사람들이 장차 올 하느님의 나라에 들어가지 못하도록 방해하는 사기꾼들의 연합"이다.[75] 로마가톨릭교회가 이처럼 부패하게 된 가장 큰 원인은 이교도의 관습과 신앙을 피상적으로 받아들였기 때문이다. 놀랄 것도 없다. "교황 제도는 죽은 로마 제국의 유령이 무덤 위에 앉아 왕관을 쓰고 호령하는 것이다. 왜냐하면 교황 제도는 이교도 권력의 폐허에서 갑자기 생겨난 것이기 때문이다." 로마가톨릭교회가 만들어낸 어둠의 나라는 나이 든 아낙네들이 지어낸 요정 나라 이야기와 같다. 둘 다 낯선 언어로 말한다. 둘 다 온 세상을 지배하는 왕이 하나다. 둘 다 지도자는 유령 같거나 영적인 사람이다. 둘 다 자신만의 법 체계를 갖추고 마법을 부린다. 둘 다 아기들을 훔쳐내 바보로 만들어놓는다. 마지막으로 '요정들'은 결혼하지 않는다. 그러나 요정 중에는 "살과 피로 교접하는" '몽마'*가 있다.[76] 사제들도 결혼을 하지 않는다.

　이 전기에서 《리바이어던》은 그다지 중요하지 않다. 우리 전기의 목적은 홉스의 전 생애를 살펴보는 것이다. 《리바이어던》은 철학사에서는 매우 중요한 책이지만 이 책이 홉스의 일생을 지배한 것은 아니다. 그는 다른 일로 더 많은 시간을 보냈다. 홉스의 이론 중 중요한 부분은 이미 초기 저작에 다 나와 있다. 홉스는 《리바이어던》을 출간하기 전에 이미 유명해졌고, 책을 출간한 후에도 그 책과 관계없는 일로 유명해졌다. 《리바이어던》의 주장은 그가 일생 동안 싸워 온 투쟁의 극히 일부와 관련이 있을 뿐이다. 나는 지금까지 1651년 영어본의 내용을 중심으로 하여 논의를 전개해 왔다. 이 책과 1668년 라틴어본에 큰 차이가 있다고 주장하는 사람도 있다. 이 문제는 길고 자세한 학문적 논의가 필요한데, 이 책의 목적상 여기서 다룰 필요는 없다.

몽마(夢魔) 사람이 잠자는 중에 와서 정교를 맺는 괴물.

9장

논쟁의 한복판에서

1652~1659년

"정치철학의 혜택은
내란과 학살을 방지하는 것이다."

보내주신 값진 선물(《물체론》) ······ 잘 받았습니다.
(저는 당신의 저작이라면 무엇이든 그만한 값어치가 있다고 생각합니다.)
당신의 (과분한) 친절과 지성의 기념물로 여기고 소중히 보관하겠습니다.
그런 선물을 받을 수 있어서 영광입니다. ······
스코틀랜드 사제들에 대해 당신이 하신 말씀에 동감합니다. ······
그들은 《성경》에서 근거도 없고
역사적 전례도 찾아볼 수 없는 가당찮은 권력을 요구하고 있습니다.
시민 권력은 그보다 더 우월한 권력을 끊임없이 경계해야 합니다.
최고 권력의 자리에서 내려오는 순간 신민의 지위로 전락하고,
더 큰 권력을 자처하는 자들의 먹잇감이 될 것이기 때문입니다. ······
나는 당신의 책이 나오는 대로 다 읽었고, 여러 면에서 많은 공부를 했습니다.
고백하건대 (현재로서는) 당신의 모든 판단에 동의하지는 않지만
자연적 이성의 원칙과 기독교의 교리에 대해 많은 것을 배웠습니다.
(건전한 사고를 하는 사람이라면 누구라도 그러할 것입니다.)
당신이 발견한 진리를 높이 평가하며,
의심스럽게 생각되거나 저와 의견을 달리하는 부분에는
섣부른 비판을 삼가고 좀 더 깊은 성찰을 해보겠습니다.
– 토머스 발로(Thomas Barlow)가 홉스에게 보낸 편지, 1656년 12월 23일

1650년대에 홉스는 다양한 주제를 다룬 주요한 책을 여러 권 출간했다. 그 책들은 옥스퍼드를 비롯한 지식인 사회에 신랄한 논쟁을 불러일으켰으며, 책의 일부는 그러한 논쟁의 결과물이었다. 그러므로 이 시기 홉스의 활동은 주로 논증과 반박으로 점철되어 있다. 여기에는 정치, 종교, 형이상학, 교육, 기하학 같은 주제들이 포함되어 있는데, 이에 대한 논쟁은 우리의 목적과는 큰 관련이 없어 보인다. 홉스와 그의 반대자들의 의견이 서로 뒤얽혀 있기 때문이다. 이렇게 질문

할 사람도 있을 것이다. "정치, 종교, 기하학, 교육! 이것들이 무슨 관계가 있지?" 9장에서는 이 질문에 답해보기로 하자.

앞에서 인용한 발로의 편지글은 1650년대에 홉스가 처한 상황을 잘 보여준다. 발로는 당시 보들리언 도서관장이었다. 홉스는 많은 사람들의 존경을 받았다. 그중에는 존경할 만한 이들도 있었다. 물론 홉스의 견해에 동의하지 않는 이들도 있었다. 몇 년 후 발로는 홉스의 견해에 심각한 오류가 있다고 생각하여 그를 비판했다. 그러나 발로는 자신의 비판 대상을 분명하게 밝혔다. "내가 비판하고자 하는 것은 홉스의 인격이 아니라 홉스의 입장이다. 나는 홉스 씨와 진리를 모두 사랑하지만, 진리를 더 사랑한다."[1] 앞에서 인용한 편지에는 이렇게 썼다. "나는 당신의 비판자들을 좋아한 적도 없고, 지금도 좋아하지 않습니다. 그들은 (이치에 맞지 않는) 험담만 늘어놓을 뿐, 저자가 발견한 진리를 제대로 평가할 줄 모르는 사람들입니다. …… 하지만 나는 당신을 찬미하는 사람들이 많다는 것을 알고 있습니다."[2]

홉스를 찬미하는 시도 있었다. 그중 으뜸은 에이브러햄 카울리가 쓴 〈홉스 씨에게〉이다. 카울리는 홉스를 이렇게 묘사했다.

냉담한 시대가
머리 위에 흩뿌린 눈도
그의 마음속에 타오르는 불을 끄지 못하리라.
그대 젊은이들이여,
성년과 만발한 기지를 만끽하시라.
그리고 자연의 열기를 느껴보라. 열광하지는 말고.
……

불변의 진리는 세월의 힘도 이기고

결코 죽는 법 없이 영원히 젊을 것이니.

카울리는 홉스를 "새로운 철학의 빛나는 땅을 찾은 위대한 콜럼버스"라고 불렀다. 심지어 홉스가 아리스토텔레스보다 더 위대하다고 주장했다.

그대의 과업은 그의 과업보다 훨씬 더 어려웠다.

그대가 최초로 찾아낸 학문의 아메리카는

거친 황무지와 같았으나

그대가 웅변과 기지의 씨를 뿌렸고

이로써 사람들이 살게 되었고,

마침내 문명을 이루었으니.

(이 비유는 많은 이들의 기분을 상하게 해서 카울리의 시를 비꼰 글들이 1680년에 나왔다.)

《리바이어던》에 대한 비판과 찬사

《리바이어던》에 대한 반응은 그리 단순하지 않았다. 좋아한 이들도 많았고, 싫어한 이들도 많았다. 책에는 수많은 교리와 논증이 들어 있었기 때문에 그중 일부만 가려내어 좋아하거나 싫어하는 독자들도 있었다. 논증의 전제에는 찬성하면서도 결론에는 반대하는 사람도 있었고, 그 반대도 있었다. 반대자의 다수는 그 책을 읽지도 않았고 내용을 이해하지도 못했다. 《리바이어던》은 세간의 화제였다. 많은 이들이 그 책을 사고 그 책에 대해 이야기했지만 정작 읽지는 않았다. 국교회 신자 헨리 해먼드는 《리바이어던》을 "잡동사니 기독교 무신론"이라고 혹평했는데, 이 논평은 앞뒤가 맞지 않는 모호한 말이다. 해먼드는 홉스가 기독교를 옹호하려 했지만, 논리적으로는 기독교를 와해시키는 결과를 가져왔다고 생각하여 그렇게 논평한 것 같다. 청교도 신학자 리처드 백스터(Richard Baxter)는 영국 주교들과는 반대편에 있었지만 《리바이어던》을 비판하는 데 가세했다. 백스터는 의회에 그 책을 불태우라고 권했다. 하지만 그런 일이 일어나지는 않았다. 나중에 백스터는 그 대가를 치렀다. 그의 견해가 홉스의 주장과 결부되어 있다는 이유로 1683년 옥스퍼드대학에서 비난을 받았던 것이다.

17세기에 나온 《리바이어던》에 대한 논평들은 거의 대부분 비판적이었으므로, 책이 널리 비난을 받고 추종자는 없었던 것처럼 생각하기 쉽지만 사실은 그렇지 않다. 《리바이어던》 추종자들은 홉스의 이론을 옹호하는 글을 쓸 필요성을 느끼지 않았다. 홉스가 스스로 잘 변호할 수 있을 것이라고 생각했던 것이다. 17세기 후반의 사상가들은 아무런 언급도 하지 않은 채 홉스의 주장을 자신의 이론과 통합했다. 홉스의 비판자들도 대부분 비판에 앞서 홉스의 명성을 인정했다. 클래런던은 홉스에 대해 이렇게 썼다. "그는 기지가 넘치는 탁월한 인물이며 오랫동안 위대한 철학자이자 수학자로서 명성을 누려 왔다. …… 한마디로 말해서 홉스는 내가 항상 존경해 온 인물이다. …… 많은 이들이 그의 인격을 존경했으며, 그의 책은 국내외를 막론하고 계속해서 찬사를 받을 것이다."[3] 세스 워드는 자신이 홉스에게 "크나큰 존경심"을 품고 있으며, 그의 철학적(즉 물리학적) 업적과 수학적 업적은 큰 가치가 있다고 평가했다.[4] 알렉산더 로스는 홉스에게 공손히 머리를 숙였다. "내가 논쟁하고자 하는 것은 홉스가 아니라 그의 책이다. …… 홉스는 탁월한 사람이고, 《리바이어던》은 불순물이 거의 없는 황금이다."[5] 《오세아나의 코먼웰스》의 저자 제임스 해링턴(James Harrington)은 홉스의 주장에 반대하긴 했지만 그 탁월성만은 인정했다. "나는 홉스 씨가 미래에 이 시대 최고의 세계적인 저자가 될 것임을 굳게 믿는다. 그리고 《인간의 본성》과 《자유와 필연성에 관하여》는 최고의 광명이다. 나는 지금까지 그 빛을 따라왔고, 앞으로도 그럴 것이다."[6]

홉스가 17세기 정치 이론에서 차지한 위치는 홉스를 비판한 저작들의 제목만 보더라도 알 수 있다. 예컨대 필립 스콧(Philip Scot)의 책은 홉스를 법학자 매슈 헤일(Matthew Hale)과 연결하고 있다. (이 책에서 스콧은 헤일보다 칠링워스를 더 많이 비판했다.) 로버트 필머는 《정부의 기원에 관한 고찰: 홉스의 '리바이어던', 밀턴의 '살마시우스 비판', 흐로티위스의 '전쟁법'에 대하여》에서 홉스를 특이한 주장을 한 사람들 무리에 넣었다. 홉스는 절대 주권과 왕을 옹호했다. 밀턴은 인민 주권과 국왕 시해를 주장했다. 흐로티위스는 정부의 설립에 앞서 유효한 도덕법이 있다고 주장했다. 마차몬트 네덤은 《영국 코먼웰스의 상황》에 부록으로 수록한 〈살마시우스와 홉스에 대한 보론〉에서 유럽 프로테스탄트의 정치 이론의 관점에서 국왕 시해를 공격한 살마시우스의 견해를 비판하고, 홉스의 입장을 수용했다. 네덤은 코먼웰스에 복종해야 한다고 주장하면서, 1650년에 출간된 홉스의 《정치체에 대하여》(《법의 원리》의 일부)의 여러 구절을 인용했다. 네덤은 이렇게 결론을 내렸다. "다시 한번 구독자가 아닌 모든 이들—왕당파든 장로파든—에게 (홉스의 책을) 추천한다. 하느님은 그들 모두에게 세세한 내용을 공정하게 평가할 수 있는 안목을 주셨다."[7] 요컨대 홉스는 다른 여러 이론가와 같은 반열에 든 사상가였다. 그 이론가들 대부분은 수 세기에 걸쳐 홉스보다 더 존경받은 인물들이었다. 그리 당연한 일은 아니었지만. 홉스는 때로는 비판을 받았고, 때로는 찬사를 받았다. 아래에서 좀 더 자세히 살펴보겠다.

리처드 턱이 말한 것처럼 영국 왕당파는 《시민론》을 읽고 열광했다. 《시민론》의 영역본 《정부와 사회에 관한 철학적 기초》는 왕당파 출판업자인 리처드 로이스턴(Richard Royston)이 간행했다. 아마도 이러한 사정으로 인해 1658년까지는 《리바이어던》에 대한 강력한 반론이 나타나지 않았던 것 같다. 로버트 보일, 세스 워드, 존 월리스 등이 홉스의 수학적·과학적 주장에 간간이 반론을 제기했지만, 그때까지 홉스에 대한 비판은 제한적이거나 간접적이었다.

가톨릭 금서 목록에 오르다

홉스의 정치적 견해에 대한 최초의 반론은 로마가톨릭에서 나왔다. 《영국의 종파 분립, 특히 헤일 씨와 홉스 씨에 대한 소견》(1650년)에서 필립 스콧은 홉스의 국가 만능론을 공격했다. 예수회 수사 가이 홀랜드(Guy Holland)는 《인간 본성의 위대한 특권, 즉 자연적 영혼과 타고난 불멸성 혹은 타락에서의 자유 등》(1653년)에서 홉스를 공격했다. 그리고 《시민론》은 1654년 로마가톨릭 금서 목록에 올랐다.

그러나 대부분의 비판은 동지였던 프로테스탄트에게서 나왔다. 삼류 작가 알렉산더 로스는 여러 저자를 비판했는데, 이들은 나중에 로스가 평가한 것보다는 더 높은 역사적 평가를 받는다. 그의 볼품없는 비판 대상 중에는 토머스 브라운, 케널름 딕비, 토머스 화이트 등이 있었다. 그는 《새로운 행성, 행성 없음. 혹은 갈릴레오 일파들의 머리가 도는 것 외에는 떠돌아다니는 별이 없는 지구》(1646년)의 저자였으며, 프톨레마이오스의 천동설을 옹호했다. 홉스의 소싯적 친구였던 존 데이비스(John Davies 혹은 Davys)는 1654년에 로스가 "가장 탁월한 지적 성취에 대해 끝도 없이 짖어댄다."고 논평했다. 로스는 무차별적인 비난을 쏟아냈다. 그는 홉스가 "옛 이단들, 즉 신인동형론파*, 사벨리우스파, 네스토리우스파, 아랍파, 타키우스파, 유크라티트파, 마니교파, 마흐무트파 등의 그릇된 교리들을 토해내고 있다."고 말했다. 나아가 홉스가 "오디안파, 몬타누스파, 아이티우스파, 프리실리아누스파, 루시퍼주의자, 기원론자, 소치니파이며, 유대인"이라고 주장했다.[8] 로스의 혀끝에서 가볍게 나온 이러한 비난들은 그럴듯하게 여겨졌다.

워드는 《인간의 본성》에 추천사를 썼지만, 《리바이어던》이 나온 후에는 역주행하기 시작했다. 그는 《하느님의 존재와 속성의 되찾음을 향한 철학 에세이. 인간 영혼의 불멸. 정전의 진리와 권위. 색인본》(1652년)에서 홉스의 영혼 수면설을 비판했다. 워드의 비판은 부드러운 편이었지만 홉스가 받은 타격은 컸다. 홉스는 화가 나서 워드와 한자리에 있는 것도 피했다. 홉스는 스카버러 박사의 살롱에 갈 때면 "워드 박사가 있느냐고 물었다." 워드가 있다고 하면 살롱에 가지 않았다. 나중에라도 워드가 오면 홉스는 즉시 자리를 떠났다. "그리하

신인동형론파(anthropomorphites) 신에게 인간의 속성이나 본질이 있다고 인정하는 학파.

여 워드 박사는 간절히 원했지만 홉스 씨와 아무런 대화도 할 수 없었다."[9] 이러한 홉스의 태도로 인해 워드는 홉스에게서 점점 멀어졌다.

《리바이어던》에 대한 초기 비판 가운데 홉스를 비판하기 위해 뜻하지 않게 홉스의 주장을 차용한 것도 있었다. 솔즈베리 출신의 퇴직 의사 로버트 빌베인(Robert Vilvain)은 이렇게 썼다. "성경에서 뜻을 알 수 없을 때, 그것은 인간의 이해 범위를 넘어서는 것이다. 신앙은 견해를 지니는 것이 아니라 복종하는 것이다. 특히 하느님이 영(spirit)이라고 나와 있는 부분이 그러하다. 그분의 본성은 불가해한 것이기 때문이다. 우리는 그분이 어떤 분인지 알지 못한다. 단지 그분을 알 뿐이다."[10] 이 주장은 사실상 홉스의 주장이었다.

필머의 '가부장 정부론'

로버트 필머도 초기 비판자 가운데 한 사람이다. 그의 《가부장론(Patriarcha)》은 1680년에 출간되었지만, 집필은 수십 년 전에 이루어졌다. 다른 정치적 논문들은 1640년대 후반에서 1650년대 초에 걸쳐 출간되었다. 필머는 1653년에 사망했다. 그가 쓴 논문 중 하나가 홉스에 대한 비판이다. 최근까지 필머의 명성은 그리 높지 않았지만 그의 예리한 비판에 대한 재평가가 이루어지고 있다. 그는 《정부의 기원에 관한 고찰》(1652년)을 이렇게 시작한다. "홉스 씨의 《시민론》과 《리바이어던》을 샅샅이 읽어보았는데, 주권자의 권리에 대해 이처럼 풍부하고 명민하게 다룬 사람은 내가 알기로는 없다. 나는 정부의 권리에 대해서는 그와 의견이 같지만, 정부를 획득하는 수단에는 동의

할 수 없다. 그가 지은 건물은 좋지만 그 건물의 기초는 싫다는 말이 이상하게 들릴 수도 있겠으나 사실이 그러하다."[11] 이 논평을 보면 스코틀랜드 신학자 존 털럭(John Tulloch)이 왜 홉스를 "반동에 봉사하는 급진주의자"라고 불렀는지 알 수 있다.[12] 홉스의 민주적 전제들은 급진적이었지만 그의 절대주의적 결론은 반동적이었다.

필머와 홉스의 이론을 비교하면 다음과 같다. 필머는 가부장제라는 하향식 이론을 택했고, 홉스는 민주주의라는 상향식 이론을 택했다. 필머는 구태의연했고, 홉스는 혁신적이었다. 그러나 그들 사이에는 차이만큼이나 중요한 유사성이 있다. 둘 다 절대 주권을 옹호했고 군주정을 좋아했다. 둘 다 로마가톨릭의 정치 이론, 특히 벨라르미노와 수아레스의 이론이 위험하다고 보았다. 둘 다 코먼웰스에 대한 복종을 정당화했다. 둘 다 50세 이후에 주요한 저작을 출간하기 시작했고, 많은 저작을 남겼다. 둘 다 1588년생으로서 당대의 이론가 중에서는 '나이 든 편'에 속했는데, 나는 이것이 그들의 유사성을 설명할 수 있는 주요한 요소라고 생각한다. 그들의 유사성은 후기 엘리자베스 시대와 제임스 1세 시대(1567~1625년)의 산물이었다.

필머는 홉스의 이론에서 '자연권'과 '설립에 의한 주권' 개념이 마음에 들지 않았다. 홉스도 가부장 정부를 하나의 정부 형태로 인정하고 있는 만큼, 홉스가 가부장 정부 개념에서 출발했더라면 그 두 개념이 성립할 수 없다는 것을 분명하게 알았을 것이라고 필머는 생각했다. 필머의 논리에 따르면 가부장 아래에서 아이들은 아무런 권리도 지니지 않는다. 그러므로 자연권이란 존재할 수 없다. 사람들에게 아무런 권리도 없다면 당연히 주권자를 설립할 권리도 없다는 것이다. 사람들이 태어날 때부터 종속되어 있다는 적나라한 사실을 지적했다는 점에서 필머의 주장도 일리가 있다. 그러므로 자연권 운운하는 것이 비현실적인 주장으로 보일 수도 있다. 인간은 태어날 때부터 이미 자신의 삶의 자유를 제한하는 의무를 지게 된다. 하이데거의 현란한 말을 빌리자면 "인간은 세상에 던져진 것이다." 인간이 태어난 세상에는 이미 정교한 사슬 그물이 존재한다. 프랑수아 펠로도 홉스에게 반론을 제기했다. 홉스가 장자 상속권을 자연법의 하나로 인정했는데, 그렇다면 모든 사람이 모든 것에 대한 권리를 지닌다는 주장은 모순이고, 따라서 자연권은 없지 않냐고 반문했다.

이러한 비판에 대해 홉스가 어떤 대답을 할지는 그의 자연 상태 개념을 잘 살펴보면 알 수 있다. (홉스의 대답이 일관성이 있는지 여부는 단언하기 어렵다.)

자연 상태 개념을 둘러싼 오해

필머는 홉스의 '자연 상태'를 인류 역사의 초기 조건을 가리키는 것으로 보았다. 그래서 그는 홉스가 "창조의 역사에 관한 진실"을 부정하고 있다고 말했다.[13] 하지만 홉스가 말한 자연 상태는 그런 것이 아니다. 홉스는 자연 상태가 전 세계 어디에도 존재한 일이 없고, 아담은 하느님의 법에 종속되어 있었다고 말했다. 홉스가 자연법 개념을 제시한 이유는 어떤 조건에서 정부의 설립이 가능한가를 설명하고자 했기 때문이다. 다시 말해 자연 상태는 일종의 사고 실험이었다. 홉스는 독자들에게 법이 없다면 세상이 어떻게 될 것인지 상상해보라고 말한다. 이러한 논리적 사유는 가부장 정부가 역사상 최초로 등장한 정부였다고 하더라도 그러한 역사적 사실과는 아무런 관계가 없다.

왕당파 정치 이론가 로버트 필머. 가부장제를 주장한 필머는 홉스와 주권 개념을 두고 오랫동안 논쟁을 벌였다.

자연 상태는 사람들이 지켜야 할 법이 없는 상태를 가리킨다. 이 정의는 모호하다. 자연 상태에서 자연법의 존재 여부가 분명하지 않기 때문이다. 홉스의 텍스트에서는 이 문제에 대한 분명한 답을 찾을 수 없다. 자연법이 작동하는 것처럼 말한 대목도 있고, 그렇지 않은 것처럼 말한 대목도 있다. 그래서 나는 자연 상태를 두 단계로 나누고자 한다. 1차 자연 상태는 어떤 법도 없는 상태이다. 법이 있어야 권리가 제한되므로, 아무런 법도 없는 1차 자연 상태에서는 모든 것이 허용된다. 모든 사람이 모든 것에 대해, 심지어는 타인의 신체에 대해서도 권리를 지닌다. 2차 자연 상태는 시민 정부가 없는 상태이다. 하지만 자연법은 개념적으로 작동한다.

간단히 말해서 필머는 가부장제의 역사적 사실과 정부의 이론적 기초를 혼동한 것이다. 필머만 이랬던 것은 아니다. 17세기 독자 대부분이 그랬다. (오늘날에도 홉스를 겉핥기로 읽으면 그런 오해를 할 수 있다.) 홉스의 추종자였던 펠로는 이렇게 썼다. "자연 상태는 엄밀한 의미에서 이 세상에 존재한 적이 없다는 것을 증명하기 위해 삼단 논법을 동원했지만 …… (당신의 비판자들은) 이렇게 말하고 있습니다. 세상에는 항상 가족이 있었고, 가족은 작은 왕국이니 자연 상태란 존재하지 않는 것이 아니냐고." 펠로는 홉스를 옹호하기 위해 아메리카 원주민, 대홍수 후의 노아와 그의 아들들, 만인 대 만인이 대립하는 야만인의 예를 들었지만 별 소용이 없었다.[14]

이제 우리는 홉스가 자연권에 대한 앞선 반론들에 뭐라고 답할지 알 수 있다. 첫째, 자연권은 자연 상태에서 나오는 개념이다. 자연 상태에는 법이 없으므로 자유에 대한 아무런 제한도 없다. 그것이 바로 자연권이다. 자연 상태와 마찬가지로 자연권도 사고 실험이다. 둘째, 자연법의 일부인 장자 상속권도 2차 자연 상태에서 작동한다. 1차 자연 상태에서는 아니다.

'신의 계약' 비판

필머는 다른 비판자들과 마찬가지로 주권을 설립하는 신의 계약에 관한 홉스의 주장에 반론을 제기한다. 주권자가 계약의 당사자가 아니라고 하면서도 그 계약은 "모든 사람이 모든 사람과" 계약을 맺는다고 주장하고 있다는 것이다. 이 비판은 이전에 나온 비판보다는 약하다. 백성이 되는 모든 사람이 백성이 되는 다른 모든 사람과 계약을 맺는다는 대답으로 족할 것이다. 주권자는 신의 계약을 통해 비로소 존재하게 되므로 계약을 맺을 당시에는 아직 주권자가 존재하지 않는 것이고, 따라서 주권자는 계약의 당사자가 될 수 없다. 군주정이나 과두정은 이러한 논리로 쉽게 설명할 수 있다. 그러나 민주정의 경우에는 인민 자신이 주권자이므로 설명이 쉽지 않다. 홉스는 계약 당사자인 인민과 민주정의 주권자는 동일체가 아니라고 대답할 것이다. 계약을 맺는 인민은 개인 자격으로 행동하는 사람들이다. 이들은 하나의 통일체가 아니다. 반면에 민주정의 주권자는 계약을 맺고 성립되는 통일체로서 계약 당사자인 인민들을 모두 모아놓은 것과는 다르다. 수학적으로 비유하자면 원소들이 모여 집합을 이루지만 집합의 원소들은 그 집합과 동일한 것이 아니다. 민주정의 백성들이 일부 죽거나 새로 생겨난다 하더라도 주권자는 변하지 않는다는 사실을 생각해보면 백성과 민주적 주권자의 차이를 알 수 있을 것이다. 또한 백성이 법을 위반하더라도 주권자의 어떤 부분도 법을 위반한 것이 아니다. 주권자는 완전히 법 위에 있다.

필머는 귀족정에 대해서도 반론을 제기하는데, 이는 군주정에 대한 반론으로 더 적합해 보인다. 홉스의 주장대로라면 귀족정의 주권자에 속한 개인들은 자연 상태에 놓여 있고, 따라서 다른 사람들을 마음대로 죽일 수 있는 면책 특권을 지니게 된다. 홉스는 이렇게 반론할 것이다. 귀족정의 주권자에 속한 사람들(귀족)도 개인으로서는 백성이며, 따라서 법에 종속된다는 것이다. 이것은 사실에 부합한다. 귀족정에서도 귀족 개개인은 처벌의 대상이 된다. 귀족정 그 자체는 법에 종속되지 않으므로 자신이 처벌의 대상이 되지는 않는다.

그러면 군주정은 어떠한가? 개인으로서 왕과 공인으로서 왕은 다르지 않은가? 그렇다면 이론상 공인으로서 왕이 개인으로서 왕을 처벌할 수도 있는 것 아닌가? 왕의 신분이 이렇게 둘로 나누어진다는 주장은 역사가 오래되었다. 홉스도 《리바이어던》에서 왕의 신분을 공인과 개인으로 나누고 있다. 찰스의 적들도 그 둘을 구분하여, 자신들은 영국 왕을 공격하는 것이 아니라 찰스 스튜어트를 공격하는 것이라고 주장했다. 하지만 이러한 구분은 홉스의 이론과는 잘 맞지 않는다. 《비히모스》에서 홉스는 그런 구분이 형이상학적 헛소리라고 잘라 말했다. 자연인 찰스와 왕 찰스를 구분하려는 것은 차이 없는 것에서 차이를 만드는 일이라는 것이다. 그러나 홉스의 이러한 응답은 적절하지 않다. 어떤 박식한 목사가 설교를 앞두고 《성경》 책 여백에 조리 있는 논증 방법을 메모해 두었는데, 그중에 이런 것이 있었다. "목소리를 높이고, 설교대를 내리치면서 말한다. 이건 말이 안 되는 주장입니다." 홉스의 반응은 이와 비슷하다. 하지만 우리는 홉스에게서 더 나은 대답을 찾아볼 수 있다. 왕의 사적 인격과 공적 인격은 구분된다. 그러나 사적 인격으로서 한 행동을 판단하는 사람은 결국 왕자신이다. 그러므로 왕이 정신이 나가지 않았다면 사적 인격으로서 자신이 위법 행위를 했다고 판단할 턱이 없다. 왕이 완전히 정신이 나갔다면 그때는 주권 자체가 해체된다. 왜냐하면 그런 정신 상태로는 인민의 안전을 책임질 수 없기 때문이다.

필머는 획득된 주권 개념에도 반대한다. 그는 정복당한 사람들이 정복자와 신의 계약을 맺는다는 것 자체가 두 가지 이유에서 불가능하다고 본다. 첫째, 정복당한 사람들은 아무런 권리도 없기 때문에 정복자에게 넘겨줄 권리가 없다. 둘째, 홉스의 이론에 따르면 정복자는 주권자이므로 신의 계약의 당사자가 될 수 없다. 홉스의 대답은 이러하다. 정복당한 사람들에게도 권리가 있다. 다만 그 권리를 행사할 물리적인 힘이 없을 뿐이다. 그들에게도 신의 계약을 맺을 힘은 있다. 또한 신의 계약의 당사자는 정복한 주권자가 아니다. 정복당한 사람들이 상호 간에 신의 계약을 맺거나 정복자의 백성들과 신의 계약을 맺고 정복자를 주권자로 지명하는 것이다. 이렇게 하여 그들은 정부의 통치를 받게 되는 것이다.

'권리 양도'에 관한 정의

필머는 홉스의 정치 이론에 핵심적인 모순이 두 가지 있다고 지적한다. 자연 상태를 벗어나는 데 필수적인 것은 신의 계약을 맺는 것이다. 그렇다면 신의 계약의 본질은 무엇인가? 홉스가 한 말을 그대로 인용하면 다음과 같다. "나는 스스로를 다스리는 권리를 포기하고, 이 사람 혹은 이 합의체에 권리를 완전히 양도할 것을 승인한다. 단, 그대도 그대의 권리를 양도하여 그의 활동을 승인한다는 조건에서."[15] 필머는 이 공식에 모순이 있다고 지적한다. 필머의 지적은 매우 예리하다. 갑이 을에게 자신을 대표하도록 을을 승인하려면 갑에게 그럴 권리가 있어야 한다. 예를 들면 스미스가 존스에게 자신을 대신하여 어떤 물건을 팔아 달라고 위임하려면 스미스가 그 물건의 소유자여야 한다. 스미스가 그 물건을 이미 팔았거나 포기했다면, 그는 그 물건에 관한 한 다른 사람에게 자신을 대신해 달라고 할 권리가 없다. 홉스는 신의 계약을 맺는 인민들이 그 권리를 포기하는 것("나는 스스로를 다스리는 권리를 …… 포기한다.")이 주권 설립의 공식이라고 말한다.

그러나 승인과 양도가 둘 다 성립할 수는 없다. 홉스는 둘 중 하나를 선택해야 한다. 하지만 홉스는 선택을 거부한다. 홉스가 승인을 끝까지 버리지 않은 이유가 있다. 혹시 일이 잘못되어 주권자에 대한 비판이 제기될 경우, 인민들이 주권자의 행동을 승인했다고 주권자가 항변할 수 있는 길을 열어놓기 위해서이다. 양도를 끝까지 고집한 이유는 주권자에게 논쟁의 여지가 없는 절대적인 권리를 부여하기 위해서이다.

필머가 지적한 또 하나의 모순은 홉스가 인민들은 자기 방어의 권리는 결코 포기할 수 없다고 말하면서, 모든 권리를 주권자에게 양도했다고 말한 대목이다. (이 지적은 그다지 예리하지 않다.) 홉스는 뭐라고 답할까? 만일 홉스가 자신이 어떻게 표현을 했든 인민에게는 결코 포기할 수 없는 권리가 있다고 한다면 필머는 이런 반응을 보일 것이다. 홉스가 자기 방어권의 한계를 분명히 하기 전까지는 홉스의 주장이 도대체 뭔 말인지 알 수 없다. 그리고 그 한계를 분명히 하기는 쉬운 일이 아니라고.

대학 교육 비판

홉스는 대학 강단(講壇)에 비판적인 코먼웰스파와 같은 부류로 인식되기도 했다. 1653년 단명했던 배어본스(Barebones) 의회는 "필요하지도 않은 이단 학설을 가르치는 대학들을 규제하는 문제"를 논의했다.[16] 크롬웰이 곧 의회를 해산했으므로 대학 탄압 위험은 사라졌다. 그러나 대학을 향한 공격은 계속되었다. 두 사람이 공격에 앞장섰다. 전 군목(軍牧) 존 델(John Dell)과 존 웹스터(John Webster)였다. 존 델은 케임브리지 곤빌 앤 카이우스 칼리지(Gonville and Caius College) 석사 출신이었는데, 종교는 세속적인 지식과 관계가 없으므로 대학에서 목사를 양성할 필요는 없다고 생각했다. 그는 대학에서는 산술, 기하학, 지리처럼 "인간 사회에 매우 유용한" 전문 지식을 가르쳐야 한다고 주장했으며, 옥스퍼드와 케임브리지의 영향을 받지 않은 새로운 대학들을 영국 전역에 설립할 것을 촉구했다.

존 웹스터는 반지성적인 인물은 아니었지만 갈릴레오, 워드, 존 윌킨스(John Wilkins)의 역학보다는 로버트 플러드(Robert Fludd), 얀 판 헬몬트(Jan van Helmont), 아우레올루스 파라셀수스(Aureolus Paracelsus)의 신비주의 화학을 더 좋아했다. 그는 《학술 논문》에서 신비적 상징주의를 주장했다. 웹스터는 자연적 이성으로 하느님에 관한 중요한 진리를 발견할 수 있다고 믿었다. 대학의 교육 과정이 학생들을 무신론자로 만들고 있다고 생각했고 데카르트, 홉스, 화이트, 딕비의 "원자론적" 학설이 더 낫다고 생각했다. 웹스터는 홉스가 아리스토텔레스보다 더 나은 정치철학자라고 생각했다.[17] 역설적이지만 그는 베이컨의 귀납법이 실재에 대한 합리적인 접근 방법이라고 생각했기 때문에, '추상적인 이론이 아니라 경험을 따르라'는 베이컨주의의 기치를 내걸었다.[18] 홉스와 델과 웹스터를 한편으로 만든 것은 대학이 성직자 사회를 지배하는 데 대한 불만이었다.

이러한 비판에 맞서 대학을 옹호하기 위해 장로파, 독립파, 감독파가 한데 뭉쳤다. 홉스는 《리바이어던》에서 대학들을 비판했고, 그런 이유로 델과 웹스터와 힘을 합쳐 워드의 《강단을 위한 변론》에 맞섰다.[19] 오늘날의 학자들은 홉스의 입장이 델과 웹스터의 입장과 다르다고 생각한다. 논리적으로 보면 맞는 말이다. 하지만 1650년대의 기록을 놓고 보면 그러한 구별은 오해를 불러일으킬 수 있다.

그러나 홉스와 다른 비판자들의 차이점은 대학에 대한 홉스의 관심이 이기적이었다는 점이다. 홉스는 자신의 책이 "하느님의 말씀이나 선량한 생활 태도에 어긋나지 않고, 또한 공공의 안녕을 해치는 것도 전혀 없기" 때문에 자신의 책을 대학에서 가르쳐야 한다고 주장했다. 윌리스, 워드, 브럼홀은 이것을 못마땅하게 생각했다. 자기 책을 필독서로 추천하는 뻔뻔함이 불쾌했던 것이다.[20] 홉스는 브럼홀에게 이렇게 변명했다. 자신의 이론을 가르쳐야 한다고 한 것이지 자기 책을 교재로 삼으라고 한 것은 아니었다는 것이다. 홉스의 텍스트를 그런 뜻으로 읽는 것이 불가능하지는 않지만, 누가 봐도 그렇게 읽히지는 않는다. 그는 《리바이어던》에 이렇게 썼다. "그러므로 나는 이 책의 출판이 이로운 일이라고 생각하거니와, 이 책을 대학에서 가르친다면 더욱 이로운 일이 될 것이다." 윌리스와 워드에게는 이렇게 대답했다. 자신의 이론이 진리라고 생각하며, 그렇지 않다면 책을 쓰지 않았을 것이라고. 그리고 책을 쓴 이상 그 책을 추천하지 않는 것이 오히려 불합리한 일이라고.[21] 브럼홀은 홉스가 자기 책을 추천한 것이 "선악에 대한 지식"을 함부로 주장하지 말라는 홉스 자신의 주장과도 맞지 않는다고 비판했다.[22] 이러한 반론에 대해 홉스는 자신의 의견을 표명했을 뿐 그 이상은 아니었다고 응답했는데, 이 답변은 설득력이 있다.

웹스터와 델과 홉스의 대학 비판에 맞서 대학을 옹호한 사람은 워드였다. 그는 《강단을 위한 변론》을 썼다. 윌킨스는 책의 서문에서 홉스가 "자신의 기량에 대한 명성"을 얻으려 한다고 비난했다. 나아가 월터 워너의 과학 저작들을 표절했다고 비난했다. 같은 비난을 부록에서도 반복했다. 윌킨스는 홉스의 과학적 주장은 홉스에 앞서 데카르트, 가상디, 딕비가 이미 발표한 내용이므로 대단할 것이 없다고 주장했다. 우리는 4장에서 홉스가 자신의 독창성을 증명하려 했다는 것과 워너보다 못한 인물로 치부된 것에 특히 격분했다는 것을 살펴보았다. 《옥스퍼드대학 수학 교수들을 위한 6강》에서 홉스는 자신의 독창성에 대해 이렇게 말했다.

데카르트를 읽어보라. 감각의 대상에 운동이 있다는 이야기는 전혀 없고 행동하는 성향이 있다고 되어 있는데, 무슨 말인지 도대체 알 수가 없다. 가상디와 딕비 경의 견해도 이들의 저작을 보면 알 수 있듯이 에피쿠로스와 다를 바 없다. 내 주장은 그들과는 아주 다르다.[23]

워드는 홉스가 옥스퍼드의 커리큘럼을 전혀 모른다고 주장했다. 옥스퍼드와 케임브리지에서는 과학 토론이 자유롭고 활발하게 이루어지고 있으며, 천문학에서는 전문가들이 코페르니쿠스의 우주론만 가르치고, 수학에서도 최근의 연구 결과를 가르치고 있다는 것이다. 웹스터와 홉스는 그들이 도대체 무슨 말을 하는지 알지 못했다. 워드는 홉스가 "오랫동안 잠들었다가 잠이 깬 후에, 누워 있을 때의 상황에 따라 행동하라는 말을 헛되이 늘어놓은 7면자*" 같다고 비판했는데, 이 비판은 일리가 있다.[24] 홉스는 1637년 이후로 옥스퍼드를 방문한 일은 없는 것 같다.

7면자(seven sleepers) 3세기경 로마 황제 데키우스에게 기독교도로 박해를 받아 암굴 속에 갇힌 귀족 일곱 명을 가리킨다. 187년 동안 잠이 들었으나 잠을 깨고 보니 로마 제국이 기독교화되었다는 일화가 전해진다.

자유 의지 논쟁

홉스가 워드, 윌킨스와 대학 문제를 놓고 논쟁을 벌이던 와중에 십년 전에 브럼홀과 벌인 자유 의지에 관한 논쟁이 재연되었다. 존 데이비스는 홉스에게 자유와 필연성에 관한 원고를 빌려 달라고 했다. 그원고를 프랑스어로 번역하여 다른 친구에게 보여주겠다고 했다.[25] (데이비스는 다수의 프랑스 저작을 영어로 번역하여 런던 모임에서 유명한 인물이었다.) 홉스는 아무런 의심도 하지 않고 데이비스의 요청에 응했다. 데이비스는 홉스의 허락도 받지 않고 알리지도 않은 채 그 원고를 이용하여 성직자들을 규탄하는 편지글을 썼고, 1655년에는 그 원고를 통째로 책으로 출간했다. 《자유와 필연성에 관하여. 운명 예정설, 선택, 자유 의지, 은혜, 가점과 벌점 등에 관한 모든 논쟁을 종결하는 논문. 같은 주제에 관한 런던데리 주교의 논문에 대한 응답》이라는 긴 제목의 책이었는데, 이 제목은 데이비스가 단 것으로 보인다.

책이 출판되자 브럼홀은 격노했다. 그 책에 자신의 원고와 홉스에게 보낸 답신들이 모두 빠져 있었던 것이다. 이어서 브럼홀도 《선행 사건과 부대 사건에서 일어나는 필연성으로부터 진정한 자유를 옹호함》이라는 책을 썼는데 여기에는 자신의 원고와 홉스의 반론, 그리고 그에 대한 재반론 원고가 모두 들어 있었다. 그러나 세 종류의 원고가 원래 있었던 논쟁과는 달리 토막글의 형태로 편집되어 있었다. 브럼홀은 데이비스의 편지를 간단하게 언급하면서 데이비스가 "아첨꾼들이 그랬던 것처럼 디오니시우스(시칠리아의 왕)의 침을 핥고서 꿀보다 더 달다고 할 사람"이라고 말했다. 홉스에 대해서는 그 주제에 대한 책을 출판하지 않겠다는 약속을 어겼다고 비난했다.

홉스는 《자유, 필연성, 우연에 관한 문제들》을 출간하여 브럼홀과 그 일파의 주장을 반박했다. 자유 의지의 문제는 여러 문제가 복잡하게 얽힌 형이상학적·신학적 주제였다. 브럼홀의 책을 비롯하여 세스 워드의 《강단을 위한 변론》(1654년), 《철학 에세이》(1655년), 《토머스 홉스의 철학》(1656년) 등이 홉스를 비판한 책이었다.

《자유, 필연성, 우연에 관한 문제들》 전문은 윌리엄 몰스워스의 홉스 전집에 실려 있는데 내용이 지루하다. 브럼홀의 《선행 사건과 부대 사건에서 일어나는 필연성으로부터 진정한 자유를 옹호함》에서 일부 구절을 인용한 다음 《자유와 필연성에 관하여……》에서 일부 내용을 발췌하여 싣고, 이에 대한 브럼홀의 반론과 홉스의 재반론을 덧붙였다. 여기에 수확 체감의 법칙이 나타난다. 홉스도 브럼홀도 상대방의 이야기는 들을 생각이 없었다. 오로지 공격이 목적이었다. 두 사람 다 "어떻게 하면 내 입장이 옳고 상대방이 어리석다는 것을 보여줄 수 있을까?" 하는 생각뿐이었다. 브럼홀은 《리바이어던》이 "끔찍하고, 모양이 없고(못생기고), 거대한 눈먼 괴물"이라고 혹평했다. 이 표현은 베르길리우스가 《아이네이스》에서 키클롭스 폴리페모스*를 묘사한 말이다. 홉스도 비방에 비방으로 맞섰다. 브럼홀이 《리바이어던》을 큰 물고기로 여기고 있으니 "끔찍한 괴물"이라는 말은 맞지만 큰 물고기인 만큼 "모양이 없다"는 말은 맞지 않으며, 《리바이어던》은 그다지 큰 책이 아니므로 "거대하다"는 말도 맞지 않고, 브럼홀이 쓴 "현학적인 언어유희"보다는 훨씬 더 명료하니 "눈먼" 것도 아니라고 응수했다. 두 사람의 펜이 격렬하게 부딪쳐 불꽃이 일었지만 그리

폴리페모스(Polyphemos) 이마 한가운데에 눈이 박힌 키클롭스 거인족이자 포세이돈의 아들. 오디세우스에게 눈을 찔려 맹인이 된다.

많은 빛을 내지는 못했다.

하지만 《자유, 필연성, 우연에 관한 문제들》에서 제기된 논쟁 중에는 주목할 만한 것도 있다. '독자들에게'에서 홉스는 자신의 입장을 이렇게 밝히고 있다. "인간은 자신의 의지대로 행동하거나 행동하지 않을 자유가 있다. …… 인간이 지니게 되는 의지는 인간의 힘으로 선택하는 것이 아니다. 우연은 아무것도 낳지 않는다. 하느님의 의지만이 모든 것을 필연적으로 만든다." 이러한 견해는 기독교 결정론, 더 정확히 말하자면 칼뱅주의적 결정론이다. 여기에 이중 예정설이 포함되어 있기 때문이다. 홉스는 바울, 루터, 칼뱅, 그리고 그 밖의 "개혁 교회"를 이끈 사람들의 권위에 기대어 자신의 주장을 증명하고 있다.[26]

17세기 영국의 칼뱅주의자 중에는 홉스와 일정하게 거리를 두려는 이들도 있었다. 홉스에게 역겨움을 느끼는 사람들이 많았기 때문이다. 윌리엄 발리(William Barlee)는 "홉스 씨를 따르느니 차라리 악마를 섬기겠다."고 말했다. 그러나 반(反)칼뱅주의자들은 그런 선언을 했다고 해서 칼뱅주의자들을 가만두지 않았다. 토머스 피어스(Thomas Pierce)는 《발리 씨의 자업자득》(1658년)에서 발리가 홉스의 제자처럼 글을 쓰고 있고, 《리바이어던》은 칼뱅주의 교리를 지지하고 있다고 공격했다.[27] 피어스는 홉스와 칼뱅주의를 제대로 이해하고 있었다. 일부 칼뱅주의자들은 이를 기꺼이 인정했다. 필립 태니(Philip Tanny 혹은 Tandy)는 홉스의 자유와 필연성에 관한 책을 보고 나서 홉스가 "훌륭한 사람"이고, 그 책에는 "수준 높은 신비적 사유"가 들어 있고, "덕분에 눈이 떠졌고, 내가 본 생존 인물 중 최고"라고 말했다.[28] 당시 영국에서 칼뱅주의는 인기가 있었지만 결정론과 예정설은 이해하기 힘든 교리였다. 심지어 칼뱅 자신도 그 교리에 관해서는 언급하지 않으려 했다. 즉 홉스는 사람들을 불편하게 하는 교리를 옹호한 것이다. 홉스는 브럼홀, 워드, 윌킨스가 자신을 공격한 것이 자유의지의 개념이나 대학에 관한 견해 차이 때문이 아니라 "종교 문제에서 …… 시민적 주권자가 우위에 있다."고 한 것과 관련이 있다고 생각했다.[29]

하느님, 죄의 당사자

홉스는 하느님이 모든 것의 원인이므로(기독교에서는 항상 그렇게 가르쳐 왔다) 죄의 원인도 하느님이라고 주장했다. 이 주장은 하느님이 이 세상의 모든 죄에 책임을 져야 한다는 뜻으로 받아들여졌다. 알렉산더 로스는 이렇게 썼다. 홉스의 견해는 "하느님을 죄의 당사자로 여기는 난봉꾼들의 이단설과 같고, 하느님이 죄를 만들어냈다고 주장하는 마니교파, 발렌티누스파*의 이단설과 같다."[30] 홉스는 죄의 원인이라는 말이 죄의 당사자라는 말도 아니고, 그 죄에 책임이 있다는 말도 아니라는 점을 열심히 설명했다. X의 원인이라는 말이 X의 당사자라는 것을 내포하지는 않는다는 홉스의 주장은 옳다.

브럼홀은 특히 홉스가 "이 세상의 모든 악과 죄를 전능하신 하느님에게 돌리고" 있다는 점을 지적하면서 "미안하지만 나는 그런 주장을 증오한다. 그것은 하느님과 인간을 욕보이는 일"이라고 말했다.[31]

―――――――――

발렌티누스파 2세기 기독교 그노시스파의 대표적 신학자 발렌티누스(Valentinus, 100?~160?년)가 주장한 영지주의 운동의 한 분파. 영적인 지식 위에 형성된 종교 체계를 주장하여 당시 로마 기독교도에게 이단이라고 비난받았다.

브럼홀은 홉스만 공격한 것이 아니라 칼뱅을 공격한 것이다. 칼뱅은 죄가 하느님의 행동이라고 말했다. 하느님이 죄를 포함한 모든 것의 원인이 아니라고 주장한다면, 그런 주장이야말로 마니교의 이단설이라는 것이다. 브럼홀은 "하느님이 이 세상의 모든 죄와 악의 당사자라는 교리를 받아들이느니 차라리 선신과 악신, 이렇게 두 신을 섬기는 마니교도가 되는 것이 낫다."고 말했다.[32] 이것은 매우 흥미로운 주장이다. 하느님의 창조 능력의 절대성을 정언적으로 주장하느니 차라리 이교도가 되겠다고 한 것이다. 이러한 주장은 하느님의 능력을 폄하하는 것이므로 신성 모독으로 들릴 수도 있다. 홉스의 주장은 하느님의 주권에 관한 기본 공식이었는데, 여기에 사람들이 비난을 퍼부은 이유는 무엇일까?

홉스가 하느님을 죄의 당사자로 만들었다고 비난하긴 했지만 사실상 공격 대상이 홉스만은 아니었고, 홉스가 첫 번째 공격 대상도 아니었다. 그것은 아르미니위스파가 칼뱅파를 공격할 때 사용하는 전형적인 논리였다. 몇 년 전 성직자 피터 헤일린은 같은 논리로 칼뱅과 테오도뤼스 베자를 공격했다. "그런 견해는 역겨운 추론이다. 꾹 참고서 하는 말이지만 이러한 교리를 받아들여 정설로 삼는다면 금서 목록에서 삭제하라고 지정한 부분을 신경(信經)에 넣어야 할 것이며, 그리스도가 심판하러 온다는 조항도 삭제해야 할 것이다.[33]

이러한 불쾌한 결론과는 별개로 예정설을 받아들이기 어려웠던 이유는 그 주장이 자유 의지를 부정하기 때문이었다. 결정론을 옹호하는 사람은 직관적으로 명백해보이는 자유 의지가 왜 허위인지를 증명해야 한다. 즉 왜 우리에게 자유 의지가 있다고 생각하는지, 왜 자유 의지가 환상인지를 밝혀야 한다. 홉스의 대답은 다음과 같다.

채찍으로 팽이를 치면 팽이가 이쪽으로도 가고 저쪽으로도 간다. 뱅글뱅글 돌기도 하고, 사람 정강이를 치기도 한다. 팽이가 채찍질 당했다는 사실을 느끼지 못한다면 팽이는 제 스스로 그렇게 움직인다고 생각할 것이다. 성직자에 임명되어 이리로 달려가고, 협상을 하러 저리로 달려가는 인간도 …… 자신의 의지를 일으키는 채찍질을 알지 못하면 제스스로의 의지로 그렇게 하고 있는 것이라고 생각한다. 팽이보다 나을 것이 무엇인가?[34]

브럼홀은 홉스의 책에 1657년 《홉스 씨의 마지막 비평에 대한 반론. 자유와 보편적 필연성에 관하여》라는 책으로 응답했다. 그 이듬해에는 《리바이어던 혹은 거대 고래 잡기. 홉스주의자가 되면 선량한 기독교인 혹은 선량한 코먼웰스 인민이 될 수 없고, 자기 자신과도 화해할 수 없다는 것을 홉스 씨의 저작을 통해 논증함. 그의 주장은 종교와 사회를 파괴하며, 군신 관계와 부부 관계를 소멸시키기 때문임. 그 밖의 명백한 모순들》이라는 책을 냈다. 이 책을 마지막으로 자유 의지에 관한 홉스와 브럼홀의 논쟁은 끝이 났다.

다른 논객들도 있었다. 그러나 홉스를 비판한 사람들이 모두 브럼홀의 견해를 따른 것은 아니다. 브럼홀은 아리스토텔레스주의자였다. 그리고 케임브리지의 플라톤주의자들은 브럼홀의 견해에 심각한 문제가 있다고 생각했다. 철학자 랠프 커드워스(Ralph Cudworth)는 핵심적인 문제는 홉스의 유물론인데, 브럼홀이 그 점을 놓치고 있다고 지적했다. 커드워스는 비물질적이고 스스로 움직이는 영의 존재를 규명하는 것이 가장 중요하다고 보았다. 홉스는 커드워스의 반론을 알지 못했지만, 알았다 하더라도 무의미한 반론이라고 일축했을 것이다. 홉스는 비물질적 영이니 스스로 움직이는 존재(self-mover)니 하는 말은 모순된 개념이라고 주장했다. 이 주장이 맞든 아니든, 커드워스의 주장이 무슨 말인지 이해할 수 없다고 한 홉스의 지적은 옳았다. "(의지는) 자기 자신이 강화된 온전한 영혼(soul)이다. 그것은 자기 안에 있으면서 자기를 파악하며, 자기에 대한 힘을 지니고, 자기를 명령하고, 자기를 이런저런 방향으로 움직일 수 있다."[35] 그러나 당시 전통적인 지식인들은 커드워스의 철학을 그럴싸하게 여겼다. 케임브리지 플라톤주의자들은 17세기 후반에는 존경을 받지 못했지만 지금은 존경을 받는다.

《물체론》, 20년 과학 탐구의 결산

홉스의 물리학과 형이상학의 기초는 1630년대 후반에 형성되었다. 그 윤곽은 《법의 원리》에서 찾아볼 수 있다. 홉스의 완성된 견해는 예상보다 10년쯤 늦은 1655년에 발표되었다. 《물체론》은 흥미로운 책이지만 《시민론》만큼 성공적이지는 않다. 《물체론》의 핵심 내용은 존재하는 것은 무엇이든 물체(body)라는 것이다. '비물질적 실체'라는 말은 자가당착이다. 영은 존재하지 않거나, 존재한다면 특별한 형태의 물체이다. 빨간색, 지독한 냄새, 깡통 찌그러지는 소리 같은 사건과 속성은 물체 내에서 일어나는 어떤 형태의 운동이다. 육안으로 보이는 물체 중에는 정지 상태인 것도 있지만 대부분의 물체는 운동 중에 있다. 이 물체들은 다른 물체에 영향을 끼쳐 그 물체들을 운동하게 하거나 다른 물체들의 영향을 받아 움직인다. 스스로 운동하는 물체는 없다. 운동의 총량은 일정하다. 모든 운동은 접촉을 통해 일어난다. 원격 운동은 없다. 모든 운동은 하느님이 만든 것으로 보이는 영원한 법칙을 따른다. 요컨대 홉스의 물리학과 형이상학은 비타협적으로 유물론적, 기계론적, 결정론적이다.

18세기 이전에는 홉스에게든 그 누구에게든 철학과 과학이 같은 것이었다. 《물체론》 1장에 철학의 본질에 대한 홉스의 표준적인 설명이 들어 있다. 좀 더 자세한 내용은 《리바이어던》에 나온다. 홉스에 따르면 철학은 올바른 추론으로 획득한 지식이다. 추론의 대상은 (a) 결과에 대한 것, 즉 어떤 원인이 이러한 결과를 초래했나 하는 것과 (b) 원인에 대한 것, 즉 이 원인이 어떤 결과를 초래할 것인가 하는 것이다. 홉스는 지식(인지)이라는 용어를 넓은 의미로 사용하고 있다. 감각 경험과 기억도 인지이기는 하지만 과학적 지식은 아니다. 추론이 포함되어 있지 않기 때문이다. 감각 경험과 기억은 감각 기관을 자극하는 물체에서 직접 발생하는 것이다. 감각과 기억이 아무리 많이 모여도 과학적 지식이 되지는 않는다. 추론의 결과가 아니기 때문이다.

홉스에 따르면 추론은 계산이다. 모든 계산은 덧셈 아니면 뺄셈이다. 곱셈은 덧셈을 여러 번 하는 것이다. 나눗셈은 뺄셈을 여러 번 하는 것이다. 추론의 대상은 관념이다. 홉스는 다음과 같은 예를 든다. 저 멀리 있는 대상을 보았다고 하자. 최초로 성립되는 관념은 물체이다. 그 물체가 가까이 다가오면 움직임의 관념이 물체에 더해진다. 이로써 동물이라는 관념이 성립한다. 그 대상이 더 가까이 오고 말하는 소리가 들리면(말하는 것은 합리성의 표지이다) 합리성의 관념이 동물에 더해진다. 합계는 인간이라는 관념이다.[36] 뺄셈은 이 과정이 역으로 진행될 때 일어난다. 사람이 멀어지면 인간이라는 관념에서 합리성의 관념이 제거되고 동물이라는 관념이 남는다.

홉스에 따르면 계산은 숫자에만 한정되는 것이 아니다. "크기도 더하거나 뺄 수 있다. 물체와 물체, 운동과 운동, 정도와 정도, 행동과 행동, 관념과 관념, 비율과 비율, 말과 말, 이름과 이름도 더하거나 뺄 수 있다."[37] 덧셈과 뺄셈이 같은 종류의 사물에 적용되는 한 추론이 잘못되지는 않는다. 나중에 다시 논의하겠지만, 해석기하학에서 초보자가 아무 생각 없이 종류가 다른 것을 더하거나 빼면 문제가 발생한다.

17세기 사람들은 추론이 오로지 계산일 뿐이라는 주장을 받아들일 수가 없었다. 당시의 철학자들은 대부분 고대 그리스와 중세 라틴의 전통을 따라 합리성은 인간이 지닌 최고의 것이라고 생각했으며, 이성을 신으로 여기기까지 했다. 그들은 추론이 덧셈과 뺄셈에 불과하다면 인간과 신의 품위가 낮아진다고 생각했다. 이러한 광범위한 반론이 있었는데도 추론이 계산일 뿐이라는 홉스의 주장은 철학에 큰 기여를 했다. 인공 지능은 바로 이러한 발상에서 생긴 것이다. 그렇다고 해서 홉스가 계산에 관해 적절하고 일관된 관념을 지니고 있었다는 말은 아니다. 홉스는 '합리적'이라는 관념과 '동물'이라는 관념을 더하는 것이 문장을 만들기 위해 단어들을 연결하는 것과 동일하다고 생각하거나 전제에서 결론을 추론하는 것과 동일하다고 생각했다. 그러나 사실은 그렇지 않다.

다음으로 홉스는 과학적 지식이 생성에 관한 지식이라고 주장했다. 원인이 결과를 낳는다. 결과는 원인에 의해 일어난다. 어떤 것을 안다는 것은 그것이 어떻게 생성되었는지를 아는 것이다. 앞서 홉스가 든 예를 통해 이것을 이해하기는 어렵다. 물체, 움직임, 합리성의 관념이 낳은 인간이라는 관념이 '모든 인간은 동물이다.' 같은 문장에 들어 있는 인간과 어떻게 같은 관념인가? 전제가 원인이고 결론이 결과라는 주장도 이상하다. 타당한 논증에서 전제가 옳다면 결론은 진리이다. 그러나 전제가 결론을 진리로 만드는 것은 아니다.

홉스는 과학의 생성적 측면을 설명하기 위해 다른 예를 든다. 컴퍼스로 그려지는 도형이 있다고 하자. 그 도형은 두 다리의 거리를 일정하게 하고, 한 다리는 고정한 채 다른 다리를 움직여 작도된다. 그렇다면 그 결과는 원이라는 것을 알 수 있다는 것이다. 맞는 말이지만 이러한 생성 지식이 추론은 계산이라는 주장과 어떻게 연결되는지는 이해하기 어렵다. 원의 예에서 핵심적인 것은 감각 경험이다. 여기에 덧셈은 없다. 원을 보고 그것이 원이라고 인식하는 것은 감각 인상(관념)의 연속에 의한 것이다. 연속은 덧셈이 아니다. 이러한 문제를 지적하는 이유는 홉스의 견해를 반박하기 위한 것이 아니라 독자들의 이해를 돕기 위해서다. 이러한 문제가 있다는 것을 발견한 독자가 있다면 홉스를 제대로 읽은 것이다. 홉스의 주장은 직관에 어긋나고, 때로는 일관성이 없다. 일관성이 없다는 것이 불성실의 지표는 아니다.

홉스에 따르면 생성 지식에는 두 종류가 있다. 앞에서 추론의 대상으로 (a)와 (b)로 나누어 표시한 항목, 즉 '결과에 대한 것'과 '원인에 대한 것'이다. 전자는 이른바 합성 지식으로서 합성법의 결과이다. 이 방법은 원인에서 시작하여 결과로 나아가는 계산이다. 작도된 원의 예가 합성 지식에 속한다. 원인이 작용하는 방식을 보고 결과를 아는 것이다. 후자는 (방법론적으로) 분석적이다. 결과에서 시작하여 원인으로 추론을 진행한다. 평면에 그려진 원처럼 보이는 도형이 하나 있다고 하자. 이 도형을 보는 사람은 그것이 원이라고 생각하고, 앞에서 말한 방식으로 그려졌을 수도 있다고 생각한다. 그러므로 그와 같은 도형을 컴퍼스를 이용하여 만들어보고, 두 도형이 완전히 일치하면 그 도형이 원이라고 결론을 내릴 수 있다. 그러나 그 도형이 반드시 컴퍼스를 이용하여 만들어졌다고 말할 수는 없다. 모형으로 찍어낸 쿠키 모양과 같다고나 할까. 합성적 과학적 지식과 분석적 과학적 지식 간에는 일종의 비대칭성이 있다.

나는 이러한 비대칭성이 홉스의 과학적 주장에서 특별히 중요하지는 않다고 생각한다. (홉스의 분석적 방법과 합성적 방법에 관해서는 학자마다 해석이 분분하다.) 비대칭성의 본질은 확실성과 관계가 있다. 어떤 원인이 결과를 초래하는 것을 본다면 원인과 결과의 관계를 확실하게 연결할 수 있다. 그러나 결과만을 보고서 원인을 추정해야 한다면 실제 원인이 무엇인지 단정하기 어렵고, 항상 약간의 의심이 남는다. 합성적 추론과 분석적 추론의 논리적인 차이점은 합성적 추론에는 추측이 사용되지 않지만 분석적 추론에는 추측이 포함된다는 것이다.

과학은 보통 결과를 놓고 원인을 추론하는 방식으로 이루어지기 때문에 홉스가 과학을 추측으로, 현대적인 용어로 표현하자면 확률적인 것으로 생각한 것처럼 보일 수도 있다. 하지만 이런 해석은 오해다. 첫째, 고전적인 전통을 따르는 모든 철학자들처럼 홉스도 과학적 명제가 보편적이고 필연적이라고 보았다. 보편적인 명제는 특정 사례에 직접 적용되지는 않으며, 특정 사례에 대한 진술이 아니다. '컴퍼스의 두 다리의 거리를 일정하게 하고, 한 다리는 고정한 채 다른 다리를 움직여 작도하면 ……'이라는 명제는 특정한 원에 대한 진술이 아니다. 그 명제는 원이라는 것이 존재하지 않는다 하더라도 진리이다. 홉스에 따르면 특정한 도형에 적용된 과학적 명제는 엄밀히 말해서 과학이 아니다. 홉스는 왕립학회가 일반 명제에서 추론하지 않고 특정한 사례들을 만지작거리고 있다고 비판했다.

과학적 명제가 특정 대상과 직접 관계가 없다는 것은 그 논리적 형태를 보면 쉽게 알 수 있다. '모든 동물은 물체이다.' 같은 명제는 표준적인 과학적 명제처럼 보인다. 그러나 홉스에 따르면 그렇지 않다. 과학적 명제는 정언적 주술 명제가 아니라 조건적 가언 명제이다. 가언 명제는 '만일 ……이라면, ……이다.'라는 구조로 이루어져 있다. 그러므로 '모든 동물은 물체이다.'라는 명제의 올바른 표현 형식은 이런 것이다. '만일 어떤 것이 동물이라면, 그것은 물체이다.' 이 명제는 그 대상의 존재를 주장하지는 않는다. 동물이 존재하지 않더라도 그 명제는 진리이다. 보편 명제에 대한 홉스의 분석은 20세기에 와서야 일반적으로 인정된 학설에 매우 가깝다. 이것은 표준적인 아리스토텔레스 논리학과는 큰 차이가 있다. 아리스토텔레스 논리학에서는 보편 명제의 주어는 존재하는 대상을 가리키는 것으로 본다.

홉스에 따르면 과학적 명제는 필연적인 것이므로 반드시 진리이다. 과학적 명제가 필연적인 이유는 그 의미에 있다. 과학적 명제는 정의이거나 정의의 귀결이다. 정의는 일종의 약정이므로 현실에 의해서가 아니라 지시에 의해서 진리가 된다. 그러므로 과학적 명제는 합성법에 따른 것이든 분석법에 따른 것이든 필연적이고 보편적이다. 진리일 가망도 있고 거짓일 가망도 있는 그런 것이 아니다. 주어진 원인이 어떤 결과를 가져올 것인지를 논의하는 광범위한 과학적 담론 과정에서는 개연성을 거론할 수 있다. 그러나 개연성을 논하는 광범위한 과학적 논의는 엄밀히 말해서 과학이 아니다. 홉스는 《물체론》에서 '개연성(probability)'이라는 용어를 여러 번 사용하지만, 과학의 본질과 연결 짓지는 않는다.

그런데 지금까지 설명한 것과 맞지 않는 내용도 발견된다. 《물체론》 4부 "물리학 혹은 자연 현상"의 서두에서 홉스는 1장에서 언급한 철학의 정의를 되풀이한다. 그는 지금까지의 작업은 합성법을 사용했다고 말한다. 즉 언어, 논리, 운동, 크기 등의 문제를 합성법으로 논의해 왔다는 것이다. 그리고 지금부터는 분석적 방법을 사용하겠다고 말하면서 그 두 가지 방법의 비대칭성을 언급한다. 합성법은 원인 요소로 정의를 사용하는데, 정의는 약정이므로 거짓일 수 없다. 그러나 분석법은 관찰된 결과에서 시작하기 때문에 이러이러한 것이 원인일 수 있다는 추측이 포함된다. "실제로 그런 것인지는 모른다." 나아가 분석법은 추론 과정에서 특수 명제를 사용하고, "필연적"이지 않은 일반 명제를 사용한다.[38] 이러한 주장은 홉스가 다른 곳에서 말한 것과 잘 맞지 않는다. 다른 곳에서는 《물체론》 앞부분에서 주장한 것과 같은 방식으로 추론을 진행하고 있다. 즉 개별적인 결과에서 원인을 찾아가는 것이 아니다. 예를 들면 그는 이렇게 주장한다. "감각은 감각 기관의 외부로 향한 노력(반응)에 의해 생긴 환각이다. 그 노력은 감각 기관에 대한 대상으로부터의 노력(자극)이 한동안 지속될 때 생성된다."[39]

홉스의 철학에 대한 정의를 보면 이론적으로는 플라톤과 아리스토텔레스의 정의와 완전히 동일해 보인다. 그러나 반드시 그렇게 볼 수만은 없다. 과학적 명제 그 자체는 직접적인 경험에서 한발 물러나 있지만, 철학의 목표는 실천적인 것이다. 즉 인간의 복리 후생을 위한 것이다. "어려움 끝에 의심스러운 문제들을 해결하거나 꽁꽁 숨어 있던 진리를 발견하고 나서 혼자서 가만히 기뻐하는 것, 나는 그런 것이 철학의 사명이라고 생각하지는 않는다." 홉스는 베이컨을 흉내 내어 이렇게 말한다. "지식은 힘을 얻기 위한 것이다."[40] 또한 왕립학회도 아무런 도움이 되지 않는 실험에 어마어마한 돈을 낭비하고 있다고 비판했다. 찰스 2세도 홉스의 주장에 동감했다. 그는 실험 장비들이 애어른들을 위한 장난감이라고 생각했다.

홉스는 과학의 혜택이 일상생활에 편리함을 제공하는 것만은 아니라고 생각했다. "물체와 물체의 운동을 측정하는 것, 무거운 물건을 옮기는 것, 건축과 항해와 일상생활에 필요한 도구와 기기를 만드는 것, 천체의 운동을 계산하는 것, 시간을 측정하는 것, 지도를 만드는 것" 등은 자연과학이 주는 혜택이다. 시민철학 혹은 정치철학의 혜택은 어떤 것을 제공하는 것이 아니라 "내란 …… 학살, 외로움, 모든 생필품의 부족"[41]을 방지하는 것이다.

홉스의 철학 분류법

모든 과학은 물체에 관한 것이고, 오직 물체만이 존재하기 때문에 모든 과학은 하나다. 하지만 과학은 몇 가지 형태로 나뉜다. 이 형태들의 순서는 중요하지 않다. 기본적인 분과는 자연과학과 정치학("시민철학")이다. 자연과학은 자연물, 즉 인간이 개입하지 않은 상태에서 작동하는 물체에 대해 연구한다. 정치학은 인간이 계약과 합의를 통해 만들어낸 물체, 특히 정부를 연구한다. 이러한 분류는 《철학의 원리》에서 홉스가 주장한 것과 맞지 않는다. 《철학의 원리》에서 홉스는 연구 대상이 셋이라고 했다. 그중 두 번째가 《인간론》인데, 분과를 두 개로 나누면 《인간론》은 어디에 들어가야 할까? 《물체론》에서 홉스는 그것을 시민철학의 일부로 보며, '윤리학(ethica)'이라고 부른다.[42] 이것은 《리바이어던》의 분류법과도 다르다. 《리바이어던》에서도 기본 분과는 자연철학과 정치철학이다. 자연철학은 "자연 물체가 지닌 우유성에서 얻은 귀결"이고, 정치철학은 "정치체가 지닌 우유성에서 얻은 귀결"이다. 차이는 자연철학의 소분과에서 나타난다. 자연철학은 "모든 자연 물체에 공통된 우유성, 즉 양과 운동"에 관한 지식과, "물리학 또는 성질"에 관한 지식으로 나뉜다.[43] 이 두 개의 소분과는 다시 여러 개로 세분된다. "제1철학(philosophia prima)" 혹은 형이상학, 기하학, 산술, 천문학, 지리학, 점성술, 광학, 음악, 윤리학, 시학, 웅변술, 논리학 등등.

이렇게 세분된 분과 중 마지막 분과가 "정의와 불의에 관한 학문"이다. 이 분류법에는 흥미로운 사실이 세 가지 있다. 첫째, 윤리학과 정의학(正義學)이 지리학이나 점성술과 같은 반열에 있다는 것이다. 둘째, 《인간론》의 주제가 시학, 웅변술, 윤리학 등으로 흩어져 있다는 것이다. 셋째, 윤리학과 정의학이 규범 과학에 속해 있지 않다는 것이다. 혹은 자연과학 속에 규범 과학이 들어 있다는 것이다. 어느 쪽이든 전통적인 분류법에 비추어보면 이상한 분류법이다. 이외에도 특이한 점이 몇 가지 더 있다. 논리학은 《인간론》의 주제에 속하는데 《물체론》에서 다루고 있고, 웅변술도 《인간론》의 주제인데 세 가지 분류법에는 나오지 않는다. 웅변술은 백해무익하다고 생각해서 그랬거나, 혹은 과학이라기보다는 기술이라고 생각해서 그랬을 수도 있다. 마지막으로 《리바이어던》에 따르면 정의와 불의는 신의 계약이 성립된 후에 가능한 개념이고, 신의 계약은 정치학을 전제로 하는데 이 정치학이 논리적으로 가장 마지막에 들어 있다는 점이다.

《리바이어던》의 분류법을 무시하고 넘어갈 수도 있지만, 홉스가 매우 공을 들인 분류법이기 때문에 그냥 지나칠 수는 없다. 특히 《물체론》의 분류법과 다르다는 점이 문제다. 《시민론》과 《인간론》의 분류법을 참고하더라도 설명하기 어렵다. 《시민론》에서는 셋으로 나누고 있는데, 이것은 《철학의 원리》의 분류법과 일치한다. 《인간론》에서는 과학의 주제를 자연철학과 정치철학으로 나누었다. 여기에서 다루는 내용은 앞의 책에서 이미 다루었거나 다룰 수 있었던 것이다. 처음 아홉 개 장은 광학에 관한 것인데, 이것은 《물체론》에서 다룰 수도 있었던 내용이다. 이것은 확실히 인간에 관한 주제는 아니다. 그 다음 네개 장은 언어, 욕구, 감정에 관한 것인데 《물체론》에서 다룬 내용이다. 마지막 두 개 장은 종교와 정치에 관한 것인데 《시민론》에서 다룬 것이다. 이렇게 《인간론》의 주제들은 이전의 분류법과 딱 맞아떨어지지도 않고, 자연철학과 시민철학의 구분도 제대로 되어 있지 않다. 《인간론》은 《철학의 원리》에서 다룬 내용들을 재론한 것에 불과하다.

수학자 월리스와 벌인 신학 논쟁

홉스는 정치 이론가로서 명성을 얻기 전까지 오랫동안 탁월한 수학자로 알려져 왔다.[44] 1642~1643년 겨울에 그는 "포물선의 등거리와 아르키메데스의 나선(螺旋)"[45]을 메르센과 프랑스 수학자 질 드 로베르발(Gilles de Roberval)이 보는 앞에서 증명해 보였다. 이 증명은 나중에 틀린 것으로 판명이 났지만 수학자로서 홉스의 명성에 흠이

가지는 않았다. 홉스의 증명에 자극을 받아 로베르발은 그 다음 날부터 그 문제에 매달렸다.[46] 1644년에 존 펠은 이탈리아 수학자 보나벤투라 카발리에리(Bonaventura Cavalieri), 데카르트, 메르센, 로베르발 같은 쟁쟁한 수학자들을 제쳐두고 홉스에게 덴마크 천문학자 크리스텐 쇠렌센 롱고몬타누스(Christen Sørensen Longomontanus)를 반박하는 데 필요한 보조 정리를 증명해 달라고 요청했다. (이 원고는 1647년에《원의 측정에 관한 논쟁, 1부》로 출간되었다.) 1650년대 초까지만 하더라도 그 시대의 수학자들은 홉스를 최고의 수학자 가운데 한 사람으로 여겼다. 1654년 네덜란드 물리학자 크리스티안 하위헌스(Christiaan Huygens)는 홉스에게 자신의 저서《원의 크기》를 보냈다.《물체론》을 출간한 직후부터 수학자로서 명성이 시들기 시작했지만, 1670년대까지도 홉스는 여전히 수학자 대접을 받았다.《물체론》에는 타당하지 않은 기하학적 증명이 여러 개 들어 있었다.

홉스의 명성이 급락하게 된 것은 홉스가 월리스와 20년간 벌인 공개 논쟁 때문이었다. 홉스는《물체론》에서 주어진 원과 넓이가 같은 정사각형을 만드는 공식을 시도했는데, 월리스가 이를 공개적으로 반박하면서 논쟁이 시작되었다. 홉스는 그 이듬해《물체론》영역판《철학의 원리. 1부 물체에 관하여》부록에서 월리스에게 응수했다. 부록의 제목은 '옥스퍼드대학 수학 교수들을 위한 6강'이었다. 실로 거만한 제목이다. 이에 월리스는《홉스 씨를 위한 교정. 학생은 자신의 강의가 올바르다고 말하지 말 것》(1656년)이라는 책을 출판했다. 이어 홉스는《엉터리 기하학의 징표, 지방 언어, 스코틀랜드인의 교회 정치, 기하학 교수이자 신학 박사 월리스의 만행》(1657년)이라는 책으로 맞받았다. 이 논쟁이 얼마나 감정적이고 지루하게 진행되었는지는 홉스가 1660년대와 1670년대에 쓴 글의 제목만 봐도 알 수 있다. 《오늘날 수학의 검토와 수정》(1660년), 《일곱 가지 철학 문제 …… 입방체와 원에 관한 두 개의 명제 포함》(1662년), 《기하학의 장미꽃밭 …… 월리스의 이론에 의한 검열은 오래가지 못함》(1671년), 《수학의 빛. 유명한 옥스퍼드 기하학 교수이자 신학 박사 월리스와 맘스베리의 토머스 홉스의 충돌》(1672년), 《필사적인 증명 앞에 놓인 기하학의 원리와 문제》(1674년) 등등. 이 책들은 지난 3세기 동안 거의 읽히지 않았다.

월리스는 1급 장로파 수학자였다. '수학자' 앞에 종파를 명기한 것이 이상해 보일지도 모르겠다. 17세기에는 그럴 만한 이유가 있었다. 홉스와 월리스가 욕설을 주고받게 된 것도 그들의 교회론 때문이었고, 두 사람 모두 수학 전쟁에서 이기는 것이 곧 신학적 승리라고 생각했다. 월리스는 하위헌스에게 쓴 편지에서 이렇게 말했다. "《리바이어던》이 우리 대학을 맹렬하게 공격하고 파괴하고 있습니다. 특히 목사와 성직자와 종교를 공격하고 있습니다. …… 마치 수학을 모르면 종교도 이해할 수 없다는 듯이 말입니다. 그래서 누군가가 나서서 홉스의 수학이 엉터리라는 것을 보여줄 필요가 있습니다. 그는 자신의 수학 실력을 믿고 저렇게 큰소리치고 있습니다."[47] 그로부터 3년 후에 월리스는 《홉스의 자학(自虐). 홉스 씨의 대화록에 관한 고찰》(1662년)에서 이렇게 썼다. "홉스는 비물질적 실체라는 개념을 비웃고 있지만 그런 것이 존재하지 않는다거나 존재할 수 없다는 것을 전혀 증명하지 못하고 있다. …… 그의 신학은 그의 철학에 좌우되고, 그의 철학은 그의 수학에 좌우되고 있다. …… 그러나 다행스럽게도 이제 그의 기하학이 무너졌다. 그가 가장 큰 버팀목으로 삼고 있던 것이 그를 무너뜨렸다."[48] 수학과 신학을 결합하는 것에 대해서는 토머스 테니슨(Thomas Tenison)도 찬성이었다. 그는 나중에 캔터베리 대주교가 된 인물인데, 다음 장에서 자세히 다룰 것이다. 테니슨은 《홉스 씨의 신조》에서 홉스에 대한 전반적인 반대 의견을 밝혔다. "홉스는 《성경》의 가르침을 시민 권력에 종속시키고, 확실하지도 않은 이상한 교리를 늘어놓고 있다. 그는 과학의 이름을 지녀야 할 기하학을 모욕하고 있다."[49]

홉스도 월리스와의 논쟁에서 수학과 신학을 한데 얽어서 공격했다. 이는 《엉터리 기하학의 징표, 지방 언어, 스코틀랜드인의 교회 정치, 기하학 교수이자 신학 박사 월리스의 만행》이라는 책 제목만 봐도 알 수 있다. 그는 월리스를 스코틀랜드 장로파라고 공격했는데, 이는 그 종파를 공화정부에서 좋아하지 않는다는 것을 알고 있었기 때문이다. 영국 장로파는 1648년 말 '프라이드의 추방'* 이후 세력을 잃었다. 스코틀랜드인들은 1649년 찰스 1세가 처형된 후 찰스 2세를 지지했는데, 1651년 크롬웰이 스코틀랜드에 침입하여 독립심이 강한 스코틀랜드인들을 정복했다.

홉스는 《옥스퍼드대학 수학 교수들을 위한 6강》에서 기하학적 방법에 관한 논의에 덧붙여 "태도" 문제를 언급하면서 자신의 종교적 견해를 피력한다.[50] 자신이 이해한 대로라면 기하학에서 점(point)에 대한 올바른 이해는 몇 가지 신학적 쟁점과도 관련이 있다는 것이다. ("모든 부분에서 결정된 양"으로서) 도형에 대한 올바른 정의와 신의 존재는 관련이 있다는 것이다. 홉스의 비판자들은 어떤 것이 "확정적으

프라이드의 추방 1648년 12월 토머스 프라이드(Thomas Pride) 경이 왕당파와의 타협을 지지한 약 100여 명의 장로파 의원을 무력으로 하원에서 추방한 일을 가리킨다.

로" 존재하는 것과 "한정적으로" 존재하는 것은 다르다고 주장했다. 이렇게 주장한 이유는 "하느님은 아무데도 없다고 말했다는 비난을 피하기 위해서였다. 〔확정 어법과 한정 어법이 다르지 않다면〕 아무데도 없는 것은 아무것도 아니기 때문이다."[51] 그들은 하느님이 (한정적으로) 아무데도 없지만, (확정적으로) 어디에나 있다고 주장했다. 홉스는 그것이 의미 없는 구분이라고 생각했다. 하느님이 아무데도 없다는 주장은 논리적으로 하느님이 존재하지 않는다는 주장, 즉 기하학적 무신론이라는 것이다.

기하학과 신학의 연결은 영혼과 천사의 본질에 관한 논의에서도 나타난다.

(점은) 어떤 부분도 없다는 표시이다. …… 이 정의는 정직하고 엄격할 뿐만 아니라 견고하고 유용하다. 그러나 정직하게 해석하지 않거나 정확하게 해석할 수 없는 사람에게는 유용하지도 않고 진리도 아니다. 신학도들은 영혼은 어떤 부분도 지니지 않으며, 천사 역시 어떤 부분도 지니지 않는다고 말한다. 그러면서도 영혼이나 천사가 점이라고 생각하지는 않는다. 점은 (어떤 사람은 점이라고 하지 않고 스티그미*라고 하는데, 스티그미는 낙인이라는 뜻이다) 눈에 보인다. 눈에 보이는 것은 양(量)이고, 양은 수없이 많은 부분으로 나눌 수 있다. 눈에 보이지 않는 것은 양이 아니다. 점이 양이 아니라면 그것은 실체도 아니고 성질도 아니므로 아무것도 아니다.[52]

---

* 나중에 월리스는 홉스가 '스티그마(στιγμα)'와 '스티그미(στιγμή)'도 구별하지 못한다고 비난했다.

월리스와 벌인 논쟁이 홉스가 몰락한 외적 원인이라면 내적 원인은 그의 수학철학이었다. 홉스의 수학은 물리학과 기하학의 관계에 대한 자신의 관념에 사로잡혀 있었다. 그는 기하학이 물리적 실재, 즉 운동 중인 물질을 정확히 나타낸다고 보았기 때문에 기하학이 최고의 과학이라고 생각했다. 즉 기하학이 "오직 운동만을 고려할 경우" 운동 중인 물체에 대한 과학이라는 것이다.[53] 이러한 견해에 따르면 모든 물체는 양을 지니기 때문에 점과 선도 양을 지닌다.

산술이냐, 기하학이냐

기하학의 우위성에 대해 한 가지만 더 이야기하자. 홉스의 주장은 기하학이 산술보다도 우위에 있다는 뜻을 포함하고 있다. 고대부터 산술과 기하학은 수학의 두 분과였고, 그 어느 쪽도 우위에 있지 않다는 것이 지배적인 견해였다. 산술은 불연속적인 양 혹은 다수(多數)에 관한 학문이고, 기하학은 연속적인 양 혹은 크기에 관한 학문이었다.

17세기에 일부 수학자들이 어느 하나가 우위에 있다고 주장하기 시작했다. 예컨대 데카르트와 월리스는 산술이 기하학보다 더 기본적이라고 생각했다. 월리스는 수학의 기초를 탐구한 책인 《보편 수학》에서 산술에 대해 이렇게 말했다. "그러나 진실로 산술의 대상이 기하학의 대상보다 본질적으로 더 고차원적이고 추상적이다. 2미터 길이의 선에 2미터 길이의 선을 더하면 4미터가 되므로 2+2=4가 되는 것이 아니다. 후자가 진리이므로, 전자가 진리가 된다."[54]

최초로 케임브리지의 루커스 석좌 교수가 된 수학자 아이작 배로

(Isaac Barrow)는 의견이 달랐다. 그는 《수학 강의》(1664~1666년)에서 숫자와 숫자를 더할 수 있는 것은 그 숫자가 적용되는 물질, 즉 기하학적 실체가 있기 때문이며, 따라서 기하학이 우위에 있다고 주장했다. 사과와 오렌지는 비교할 수 없을 뿐만 아니라 셀 수도 없다. (물론 과일로서 셀 수는 있지만, 그것은 세는 물질이 동일하다고 전제해야만 가능하다.) 숫자를 추상적으로 더하는 것이 가능하다면 2미터 길이의 선을 사과 2개와 합하면 어떤 것 4개, 즉 4미터 길이의 선이 되거나 사과 4개가 되어야 할 것이다. 하지만 그렇게 되지 않는다. "그러므로 나(배로)는 숫자의 추상적 논리에 의해서가 아니라 그 숫자가 적용되는 물질의 조건에 의해서 2+2=4가 된다고 추론한다." 홉스도 같은 논지의 주장을 했다. "숫자의 산술적 계산은 진리라 하더라도 단위가 동일하지 않으면 그 계산은 허위가 된다."[55] 배로가 말했듯이, 요컨대 "수학에서 숫자는 그것이 가리키는 크기와 구별되는 고유한 실체가 아니다. 특정한 방식으로 고려되는 크기의 표시일 뿐이다."[56]

홉스는 배로와 같은 논리로 월리스를 비판했다. 홉스는 대수 기하학 혹은 분석 기하학이 선을 기하학적 도형과 혼동하여 숫자를 아무데나 적용하고 있다고 주장했다. 《일곱 가지 철학 문제》에서 홉스는 이렇게 말했다. "(월리스의) 계산은 맞다. 그러나 선에는 적용되지 않는다. 숫자를 곱하여 선이나 평면으로 만드는 것은 선을 곱하여 선이나 평면을 만드는 것과는 다르기 때문이다." 홉스에 따르면 산술을 기하학에 적용할 수 없는 이유는 기하학은 "삼차원"을 나타내는 반면에 산술은 "숫자 또는 길이"라는 일차원만 나타내기 때문이다.[57] "산술을 기하학에 적용하면 단위가 선의 일부가 되기도 하고, 사각형의 일부가 되기도 하고, 입방체의 일부가 되기도 한다."[58] 홉스에 따

당대 가장 유능한 수학자로 알려졌던 존 월리스. 옥스퍼드대학의 기하학 교수이자 왕립학회의 창설자였다. 홉스와 월리스는 20년간 기하학 논쟁을 벌였다.

르면 대수학자에게는 "같은 숫자가 선이 되기도 하고, 평면이 되기도 하고, 입체가 되기도 한다."[59] 홉스가 보기에 제곱근은 언제나 선이다.[60] 그는 이렇게 말한다. "그들(홉스의 비판자들)은 무식하게도 대수의 원리를 기하학에 적용하고 있다. 대수의 원리는 산술적 원리일 뿐이다. 선, 사각형, 입방체를 단위로 삼는 어리석은 짓을 하고서도 대단한 일을 한 것처럼 착각하고 있다."[61] 홉스는 기하학을 옹호하기 위해 산술과 분리하려 했지만, 산술이 기하학에 의존하고 있다고 생각한 것으로 보인다.[62] 산술이 가능한 것은 물체가 개념적으로 동등한 부분의 무한 수로 나뉠 수 있기 때문이다. 이러한 동등 분할의 가능성이 숫자를 낳는다. 그러므로 수는 파생적인 것이다. 데카르트와 월리스가 발전시킨 대수 기하학 혹은 분석 기하학은 일종의 기하학의 산술화였기 때문에 홉스는 이에 반대했다.

홉스는 최소한 두 가지 이유에서 기하학이 산술보다 더 기본적이라고 생각했다. 첫째, 물질만이 현실에 존재하므로 그 물질을 측정하는 기하학이 수학의 기초이다. 둘째, 기하학은 정의와 공리에서 출발하는데 이러한 방법론이 그렇게 하지 않는 대수학보다 우월하다. 그외에도 몇 가지 이유를 더 제시했는데 그중 하나는 대수학이 기하학의 결과에 의존하고 있다는 것이다. 예를 들면 피타고라스 정리가 있다. 그러므로 대수학이 기하학보다 더 기본적일 수는 없다.

대수 기호 비판

홉스가 대수학을 못마땅하게 생각한 데에는 심리적인 이유도 있었던 것 같다. 그는 기호 때문에 대수 방정식을 이해하느라 애를 먹었고, 대수학자들이 기호광이라고 생각했다. 《옥스퍼드대학 수학 교수들을 위한 6강》에서 그는 이렇게 썼다.

(월리스는) 기호 연구를 기하학 연구로 착각하고 있으며, 기호를 사용하는 것이 새로운 방법론인 것처럼 생각하고, 다른 사람이 증명한 것을 기호를 사용하여 새로운 증명인 것처럼 제시하고 있다. ……여기에 무슨 기하학적 발견이 있는지 모르겠다. 직사각 평면의 동등성에서 비례의 동등성으로 가고, 다시 직사각 평면의 동등성으로 가는 길에 기호는 좀 더 빨리 갈 수 있게 할 뿐이다. 세찬 바람이 풍차를 더 빨리 돌리듯이.[63]

홉스는 월리스의 《원뿔 곡선 기하학》에 대해서 이렇게 썼다. "짜증

나는 기호들로 가득 차 있어서 증명이 제대로 된 것인지 알 길이 없다."[64] 홉스에게 대수 기호들은 약어에 불과했다. 계산력을 높이기는 커녕 오히려 추론을 혼란스럽게 만든다고 생각했다.

또한 나는 기호가 표기를 간단하게 할 수 있도록 해주기는 하지만, 말로 설명한 것보다 더 쉽게 이해하도록 해주는 것은 아니라고 생각한다. 선과 도형의 개념은 (이 개념 없이는 아무것도 배울 수 없다), 말을 하건 생각을 하건 단어에서 출발해야 한다. 그러므로 [기호를 사용하면] 이중의 노력이 필요하다. 기호를 단어로 환원해야 하고, 그런 다음 그 단어가 가리키는 개념을 머리에 떠올려야 한다.[65]

그러므로 대수는 간결한 증명 방법이기는 하지만 사고를 간결하게 해주는 것은 아니다. 사고의 대상은 우리가 사용하는 단어가 아니라 그 단어가 가리키는 사물들이기 때문이다. 이 사물들은 [약어처럼] 줄일 수 없다.[66] 추론은 오로지 단어를 더하고 빼는 것이라고 한 사람의 말로 보기에는 이상한 주장이다. 그러나 홉스는 기호가 수학자를 위해 존재하는 한, 수학자는 기호를 위해 존재하게 될 것이라고 말했다.[67] 같은 책의 앞부분에서는 그런 기호들은 "자기 책상 위에서나 끄적거릴 일이지 대중 앞에 나타나서는 안 된다."고 썼다.[68] 고등학생들이 동감할 말이다.

수의 본질을 의심하다

홉스는 산술이 기하학보다 못하다고 생각했을 뿐만 아니라, 수와 수가 포함된 연산에도 의심을 품었다. 수는 "불연속적 양"을 다루지만, 기본적인 현상인 운동과 "운동이 나타내는" 모든 양은 연속적이다.[69] 그러므로 수는 실재를 왜곡한다. 이러한 생각은 홉스의 진공에 대한 견해와 딱 들어맞는다. 수로 불연속적 물체들을 다루다 보면 물체들 사이에 진공이 존재한다는 생각이 생길 수 있다. 그러나 홉스에 따르면 물질들은 연속적이고, 진공 혹은 빈 곳은 존재하지 않는다.

홉스는 수의 본질에도 의심을 품었다. 두 가지 이유에서다. 첫째, 수는 점의 이름이다. 1은 한 점의 이름이고, 2는 두 점의 이름이다. 그런데 모든 점은 양을 지니지만 수는 그것을 표현하지 못하기 때문에 수는 점을 제대로 나타내지 못한다. 즉 1, 2, 그 밖의 수는 그 수가 가리키는 점의 양적 차원을 언급할 수 없다는 것이다. 둘째, 1, 2, 3은 순서에 따라 암기된 이름이다. "1, 1, 1"이라고 말하면 2 혹은 3을 넘어서는 순간 어느 지점까지 왔는지 알 수 없게 된다.[70] 홉스는 기수(基數)에서 중요한 것은 그 순서라고 생각한 것 같다.

홉스에 따르면 1보다 큰 수는 독립적인 실체를 지니지 않는다. 숫자 '2'는 한 단위가 두 번 일어난 것을 가리킨다. 3은 한 단위가 세 번 일어난 것이다. 1이라는 단위만 수학적 실체를 지닌다. 수학자가 아닌 사람들은 대부분 자연수에 대해 홉스처럼 생각할 것 같다. 4=1+1+1+1이므로 실제로 존재하는 것은 1뿐이고, '4'는 1로 환원될 수 있다고 생각할 것이기 때문이다. 그러나 자연수는 무한하고, 단위를 나타내는 것이 아니다. 2, 3, 4 등등은 1을 어떻게 해석하든 1

과는 다르다.

기하학과 지식의 관계

인식론과 수학의 관계에 관해 홉스는 지식은 궁극적으로 감각으로 환원될 수 있다고 주장했다. 그래서 그는 수를 관찰 가능한 점의 관점에서 설명하려 했다. 이것은 유클리드 기하학의 점과는 다르다. 5에서 2와 3을 빼면 '무'가 되고, '무'는 그 어떤 것의 이름도 아니다. ('0'이라는 단어는 18세기까지는 수학에서 사용되지 않았다. 라틴어에는 0에 해당하는 단어가 없다. 0에 가장 가까운 단어가 '무nihil'이다.) 5에서 6을 빼면 "무보다 작은 것"이 되는데, 이것은 존재하지 않는, 인간의 정신이 "만들어낸" 것이다.[71] 홉스에게 음수는 존재하지 않는다. 와 같은 허수는 말할 것도 없고.

산술은 숫자 연산을 통해 존재하지 않는 실체를 만들어내지만 기하학은 그렇지 않다. 홉스에 따르면 기하학적 실체들은 모두 그려낼 수 있다. 즉 관찰 가능한 실체들이다. "우리가 추론한 선과 도형들은 모두 그릴 수 있고 기술할 수 있다."[72] 그러므로 수학자들은 수가 아니라 점에서 시작해야 한다는 것이다.

인과 관계와 기하학과 지식의 관계에 대한 홉스의 견해는《기하학의 원리와 추론》(1666년)에 잘 나타나 있다.

이렇게 물을 사람이 있을 것이다. "운동을 논증하려면 반드시 기하학적 정리를 사용해야 하는가?" 나는 이렇게 대답하겠다. 첫째, 과학적 논증이 아닌 모든 논증은 불완전하다. 원인을 바탕으로 진행하지 않은 논증은 과학적 논증이 아니다. 둘째, 결론은 작도에 의해, 즉 선으로 도형을 그려 증명되어야 한다. 그렇지 않은 논증은 불완전하다. 선을 긋는 것은 운동이다. 도형을 기술하는 최초의 원칙이 운동의 정의에 포함되지 않은 모든 논증은 불완전하다.[73]

점, 선, 도형

홉스는 산술이 기하학과 동등하고 서로 독립적이라는 표준적인 견해에 반대했을 뿐만 아니라, 기하학이 추상적이라는 생각에도 반론을 제기했다. 예를 들면 삼각형이나 정사각형은 이상적인 실체이다. 현실 세계에서는 그와 비슷한 것을 발견할 수 있을 뿐, 똑같은 것은 없다. 기하학의 연구 대상은 현실에 실존하는 도형이 아니라 이상적인 관념이다. 플라톤이 기하학을 높이 평가한 이유도 여기에 있다. 자연적인 세계를 넘어선 것이야말로 '진정으로 실재하는' 것이며, 자연적인 것은 진정한 실재가 아니라는 것이 플라톤의 생각이었다. 데카르트는 물질 세계가 비실재적인 것은 아니라고 생각했지만, 수학은 추상적인 것이며 감각이나 상상에 의존하는 것이 아니라고 보았다. 홉스는 실재와 수학에 대한 그런 추상주의·비물질주의 해석에 질색했다. 그래서 그는 자신의 철학을 설파할 때에는 기하학을 물질주의로 설명하는 것부터 시작해야 했다. 이를 위해서 점, 선, 도형이라는 기본적 개념부터 다시 정의해야 했다.

유클리드는 점을 "부분을 지니지 않는 것"으로 정의했다. 홉스에 따르면 이 정의에 대한 올바른 이해는 점은 나누어지지 않고 나눌 수가 없다는 것이다. 그리고 점의 양(量)은 어떤 논증에서도 고려되지 않는다. 현대의 수학자들은 점은 실제로 부분을 지니지 않는다고 자신들에게 유리하게 생각하는데, 이것은 유클리드의 정의를 잘못 이해한 것이다. 홉스는 그런 일은 불가능하다고 주장했다. 부분을 지니지 않는 것은 아무것도 아니다. 모든 양(量)은 부분을 지닌다. 점이 양이 아니라면 "그것은 실체도 아니고, 질(質)도 아니고, 아무것도 아니다."[74]

유클리드가 선을 "폭이 없는 길이"라고 정의한 것도 잘못 해석할 경우 같은 문제가 발생한다.[75] 홉스에 따르면 유클리드의 정의에 대한 올바른 이해는 선은 물체이고, 논증에서는 그 폭을 무시한다는 것이다. 선은 "폭을 고려하지 않고 길이만 지닌 물체"이다. 이 말은 물론 선은 폭을 지닌다는 뜻이다. 그렇지 않다면 폭을 고려하지 않는다는 말이 의미가 없다.[76] 홉스에 따르면 운동이 없는 점은 이론적으로 가능하다. 그러나 운동이 없는 선은 있을 수 없다. 그러므로 선은 "움직이는 물체의 궤적인데, 그 양은 정의상 고려하지 않는다."는 것이 선의 완전한 정의이다.[77]

다른 모든 기하학적 대상도 생성될 수 있고, 따라서 파생 운동의 관점에서 정의할 수 있다. 평면은 선의 운동에 의해 생성된다. "이 운동은 선의 모든 점들이 직선으로 움직인 운동이다." 입체는 "선이 평면을 만든 운동 방향과 직각으로 움직인 평면의 운동"이다.[78] 홉스는 사실상 3차원을 넘는 도형은 존재할 수 없다고 주장했다. 그의 공격 대상은 데카르트를 비롯한 분석 기하학의 주창자들이었는데, 이들의 방법론에 따르면 n차원의 도형이 가능했다.

비율은 직관적으로 보면 숫자 간의 관계 혹은 일종의 추상적 대상으로 보인다. 그러나 홉스는 비율조차도 운동에서 생긴 물체들 간의 관계라고 보았다. 1:1과 같은 등비는 동일한 시간 동안 등속으로 움직인 선들에 의해 생성된 두 물체의 결과이다. 부등비는 동일하지 않은 시간 동안, 혹은 부등속으로 움직인 선들에 의해 생성된 두 물체의 결과이다. 이처럼 비율을 물체와 운동의 관점에서, 다시 말해 원인과 결과의 관점에서 새롭고 정확하게 다룬 것을 홉스는 매우 자랑스럽게 여겼다.

어떤 것을 안다는 것은 그것을 구성할 줄 안다는 것이다. 따라서 어떤 도형을 어떤 방식으로든 구성할 수 없다면 그 사물에 대한 지식은 제한적인 것이다. 홉스에 따르면 지식과 구성은 서로 연결되어 있다. 과학은 원인에 대한 지식이며, 대상을 구성하는 운동은 바로 그 대상의 원인이기 때문이다. 홉스는 기하학의 기본 개념, 즉 점, 선, 평면, 비율을 생성의 관점에서 정의할 줄 안다면, 그로부터 만들어지는 모든 도형이 어떻게 생성되는지를 이론적으로 알 수 있다고 생각했다. 또한 이로써 원의 등적 변형, 입방체 배적 공식, 주어진 각도를 삼분하는 것처럼 전통적인 기하학의 여러 난제를 해결할 수 있다고 생각했다. 불행하게도 홉스는 불가능한 것에 도전하고 있었다. 그는 모든 기하학적 도형을 자와 컴퍼스만으로 작도할 수 있다고 생각했다. 이것은 불가능한 일이다. 그러나 이것이 불가능하다는 사실이 19세기까지는 증명되지 않았기 때문에, 그게 가능하다고 믿은 것에 대해 홉스도 할 말이 있겠지만 그것이 변명이 될 수는 없다. 홉스는 그의 경쟁자 데카르트가 발명하고, 그의 적 월리스가 발전시킨 분석 기하학의 힘을 과소평가했다. 이들에 대한 개인적인 감정 때문에 홉스의 수학이 그렇게 되었는지, 아니면 홉스의 수학이 그들을 업신여기게 만들었는지는 알 수 없다. 어느 쪽이든 상관없다. 결과는 같으니까. 홉스의 새로운 기하학은 막다른 골목을 향해 줄달음치고 있었다.

홉스의 이론은 참신하고 혁신적이었지만 지극히 보수적인 측면도 있었다. 자와 컴퍼스만으로 기하학적 대상을 구성하는 전통적인 방법에 집착했고, 신앙에서도 전통적인 기독교 교리를 고수했다.

원을 정사각형으로 만드는 증명

원의 등적 변형은 주어진 원을 자와 컴퍼스만으로 동일 면적을 지닌 정사각형으로 변형하는 문제이다. 작도의 규칙은 세 가지이다. (1) 자를 사용하여 직선을 그을 수 있다. (2) 주어진 선 위에 있는 점에서 다른 점까지 (자와 컴퍼스를 사용하여) 새로운 선을 그을 수 있다. (3) (컴퍼스만을 사용하여) 원을 그릴 수 있다. 이것은 확실히 매우 제한적인 규칙이지만, 그 규칙을 따르면 아주 많은 것을 증명할 수 있다는 것이 유클리드 기하학의 강점이자 흥미로운 점이다.

원을 등적의 정사각형으로 만드는 문제는 입방체 배적 문제와도 관련이 있다. 원의 둘레와 동일한 길이의 직선을 그을 수 있는가 하는 문제이다. 이것만 할 수 있으면 다른 문제는 모두 해결된다. 원의 면적은 그 원의 반지름을 높이로 하고, 둘레를 밑변으로 하는 정삼각형의 면적과 동일하다는 것이 아르키메데스에 의해 이미 증명되었기 때문이다. 그런 정삼각형을 그릴 수 있으면 동일 면적의 정사각형을 그리는 것은 쉽다. 따라서 홉스는 원을 직접 정사각형으로 만드는 시도를 하는 한편, 원을 다른 도형으로 바꾸어보려는 시도를 했던 것이다.

물리학과 인식론과 기하학의 관계에 대한 홉스의 견해를 보면 원을 사각형으로 만드는 것이 가능하다고 생각했음 직하다. 기하학이 실재하는 자연 물체를 다루는 것이고, 기하학의 방법론이 본질적으로 다양한 물체의 도형을 작도하는 것이라면, 그리고 실제로 존재하는 원이나 정육면체가 주어진다면, 동일 면적의 정사각형이나 두 배의 부피를 지니는 정육면체를 작도하지 못할 이유가 있겠는가? 가능할 것 같지 않은가? (그러나 그것은 불가능하다.)

홉스가 월리스에 맞서 주어진 원을 등적의 정사각형으로 변형하는 시도를 하는 동안, 또 하나의 사건이 진행되고 있었다. 홉스와 견해가 같은 사람이 여럿 있었는데 토머스 화이트도 그중 한 사람이었다. 하지만 월리스는 화이트를 지지했다. 1659년 화이트는 '크리사스피스(Chrysaspis)'라는 가명으로 《기하학 보호》라는 책을 준비하고 있었다. 그러나 원을 정사각형으로 만드는 증명에 결함이 있다는 것을 발견하고는 출간을 포기했다. 그러나 그의 적대자가 '케룰라(Querula)'라는 가명으로 그 원고의 일부를 해적판으로 출간하면서 모욕적인 논평을 덧붙였다. (유사한 일이 홉스에게도 있었다. 월리스는 홉스가 원을 정사각형으로 만드는 시도를 한 초기 원고를 가지고 있었다. 홉스는 그 원고의 출간을 포기했다. 그러나 월리스는 그 원고를 놓고 증명에 결함이 있다고 비판했다. 홉스는 월리스에게 저주를 퍼부었다. "내가 이미 그 명제를 포기했다는 것을 알면서 그런 짓으로 뜨려고 하다니, 불쌍하기 짝이 없다. 당신은 내 똥에 달라붙은 풍뎅이와 다를 바가 없다.")[79]

화이트와 케룰라 이야기로 돌아가자. 화이트는 엉터리 증명의 저자가 본인이라는 것이 밝혀지자 반격에 나섰다. 홉스가 그랬던 것처럼. 화이트는 케룰라가 사실은 예수회 비밀 회원이며, 기하학에는 조금도 관심이 없다고 주장했다. 나아가 예수회 사람들은 자신들을 가톨릭교회와 혼동해서 회원 중 누구라도 공격을 받으면 교회 그 자체에 대한 공격으로 여긴다고 주장했다. 또한 예수교 사람들의 교회 이기주의도 괴상하지만 《케룰라 기하학. 토머스 화이트 씨의 최근 논문 〈기하학 옹호〉가 준 상처에 대한 기하학의 항의》가 보여주듯이 자신들을 기하학과 동일시하는 것은 정말로 괴상하기 짝이 없다고 주장했다. 실제로 항의를 제기한 사람은 케룰라였는데, 그가 자신의 책 제목에서 "기하학"이 항의하고 있다고 했으므로 케룰라가 건방지게도 자신을 기하학과 동일시하고 있다고 비꼬았던 것이다. 화이트는 이렇게 말했다. "그들이 자신들을 기하학과 동일시하고, 그들 중 한 사람에 대해 쓴 것을 '기하학'에 대해 썼다고 단언하는 것은 난생 처음 듣는 이야기이다."[80] 수학 논쟁이 로마가톨릭에 관한 논쟁으로 옮겨 간 것은 확실히 생뚱하다. 그러나 홉스와 월리스의 논쟁은 비주류 국교도 기하학자와 장로파 대수학자 간의 논쟁이 된 역사적 사실을 이해하는 데 도움이 된다.

화이트가 케룰라와 맞부딪치긴 했지만 월리스는 화이트와 친한 사이였다. 당시 월리스와 화이트는 화이트의 친구이자 옹호자인 딕비와 함께 홉스와 소원한 관계였기 때문에 한편이 되었다. 월리스가 홉스에게 악감정을 품은 것은 충분히 이해할 수 있다. 화이트의 경우 홉스가 자신의 저서 《세계론 대화록 3편》을 혹평했기 때문에 기분이 상했을 것이다. 딕비는 월리스에게 화이트가 월리스를 칭찬하고 다닌다고 말했다. 화이트가 원을 정사각형으로 만들어보려고 한 것에 대해서는 한 번도 언급하지 않은 월리스는 이렇게 대답했다. "우리는 모두 화이트 씨에게 큰 빚을 지고 있다는 사실을 잊지 말아야 할 것입니다. 화이트 씨는 우리에게 매우 우호적일 뿐만 아니라, 당신이 말한 것처럼 우리를 아주 높이 평가하고 있습니다."[81]

딕비는 월리스와 장문의 편지를 주고받았고, 이 편지글을 1658년 책으로 출판했다. 영국에서 로마가톨릭에 종교적 관용을 베풀기를 촉구하는 내용이 담긴 책이었다. 딕비와 화이트는 1650년대에 호국경의 친구들과 가깝게 지내려고 노력했다. 로마가톨릭에 도움이 되리라 생각했던 것이다. 화이트는 교황에 대해 비판적이었고, 연옥 이론에 부정적인 견해를 보였기 때문에 당시 코먼웰스의 실권자였던 칼뱅주의 독립파의 사랑을 받았다. 1650년대 후반에 교황청에서 여러 차례 화이트를 비난했으므로 독립파는 더욱 그를 신임했다. 딕비와 화이트의 노력은 상당한 성공을 거두었지만, 그들을 혐오한 프로테스탄트도 많았다. 화이트와 딕비가 크롬웰의 총애를 받자, "쓰레기 같은 무정부주의적" 가톨릭이라고 비난한 사람도 있었다.[82]

정치와 종교와 수학. 조금도 다를 것이 없다.

홉스와 월리스의 논쟁에는 지엽적인 내용을 물고 늘어진 것도 있다. 기하학 문제를 두고 논쟁을 하면서 라틴어와 그리스어 맞춤법까지 거론했다. 《옥스퍼드대학 수학 교수들을 위한 6강》에서 홉스는 이렇게 썼다. "논의에 앞서 당신의 라틴어 문장에 대해 충고 한마디 하겠다. 'adducis malleum, ut occidas muscam'(파리 잡는 데 망치를 제시하다)라는 문장은 비문이다. 'malleum affers, malleum adhibes, malleo uteris'(망치를 가져오다, 망치를 쓰다, 망치를 사용하다)라고 표현해야 한다."[83] 월리스는 홉스가 '스티그마'와 '스티그미'도 구별하지 못한다고 비난했다.* 홉스는 고대의 시문을 예로 들면서 자신의 표현에 아무런 문제가 없다고 반박했다. 그러고는 월리스가 라틴어 동사

'adducere'(제시하다)를 잘못 사용하고 있다고 지적했다. 홉스는 [그리스어《성경》] 〈디모데 전서〉 2장 15절과 〈베드로 전서〉 3장 20절의 올바른 번역이 어떠한지를 예로 들며 윌리스의 문법 지식을 비웃었다.[84]

월리스가 제기한 문법 문제에 대해서는 의사이자 작가인 헨리 스터브(Henry Stubbe)가 홉스를 도와주었다. 홉스는《엉터리 기하학의 징표……》의 끝부분에 26쪽에 달하는 "발췌문"을 덧붙였는데, 이것은 스터브가 홉스에게 보낸 편지글의 일부였다. 이 편지에서 스터브는 홉스의 라틴어와 그리스 문법 실력이 얼마나 대단한지 구구절절 칭찬했다. 스터브는 당시 옥스퍼드대학 보들리언 도서관 부관장으로서 존경받는 인물이었다. 하지만 그는 예기치 않게 왕립학회의 미움을 사 변방으로 밀려났다. 앤서니 우드는《옥스퍼드 인명록(Athenae Oxoniensis)》(1691~1692년)에서 스터브에 대해 이렇게 기록했다. "그는 (머리털이 붉은색이었는데) 잠시도 가만있지 못하는 사람이었다. 닥치는 대로 일을 벌이고 몸을 혹사하여 피골이 상접할 지경에 이르렀다. 그는 또한 일정한 원칙이 없는 사람이었고, 모든 기독교인이 믿는 것들에 대해서도 '내 문제가 아니다.'라고 말했다."[85]

홉스와 윌리스의 논쟁에서 재미있는 대목도 있다. '엠푸사'*의 의미와 어원에 관한 것이다.[86]《물체론》에서 홉스는 "강단 신학"이 엠푸사 같다고 했다. 엠푸사는 형체를 자유자재로 바꾸는 유령인데, 다리 하나는 정상이고 하나는 망가진 절름발이다. 정상인 다리는《성

---

* '스티그마'는 '점', '표식', '흔적'이라는 뜻이고, '스티그미'도 '순간', '점'이라는 뜻이다.
엠푸사(Empusa) 그리스 신화에 나오는 여성 괴물. 헤카테 여신의 부하 혹은 딸이라고도 한다.

경》이고, 망가진 다리는 아리스토텔레스의 "치명적인 철학"이라는 것이다.[87] 월리스는 엠푸사가 외다리로 뛰는 도깨비(hobgoblin)라고 주장하면서, '홉스'를 '홉고블린'이라고 놀렸다. 이번에도 스터브가 홉스를 도왔다. 그는 '홉고블린'은 프랑스어와 색슨어에서 온 말인데, '홉'이란 말은 '홉스'에게 온 것이 아니라 '로버트'에서 온 말이라고 홉스에게 알려주었다. 그는 "Richard, Richardson, Rixon; Dick, Dickinson, Dixon; Robert, Robinsog, Robson; Hobbinall, Hobson, Hob"을 예로 들었다.[88] ('엠푸사'의 뜻은 정확히 알 수 없다. 홉스와 월리스는 각자 자기 나름대로 해석했다.)

이러한 문법 논쟁과 신화 논쟁은 기하학과는 아무런 관련이 없었다. 홉스와 월리스 둘 다 그 사실을 잘 알고 있었다. 홉스는 월리스와 욕설을 주고받았지만 자기가 누구에게나 아주 상냥하게 대해 왔다고 자랑했다.

나는 평생 동안 나를 만나러 온 사람 누구에게도 심한 말을 한 기억이 없다. 그중에는 무례하게 시비를 걸어 온 사람들도 있었지만, 아무리 무례하게 굴어도 공손한 태도로 내 의견을 진지하게 말했다. 만일 내 표정이 굳어지거나 내가 침묵했다면 상대방을 경멸하거나 그가 한 말을 내가 제대로 듣지 않고 있다고 생각했을 것이다.[89]

그는 무례한 사람 앞에서도 상냥했다.

생면부지에, 자만심이 강하고 무식한 젊은 학자가 찾아와 어리석은 주장을 늘어놓으면서 논쟁을 걸어 왔을 때, 찾아온 목적이 무엇인지도 잊어버리고 아무 내용도 없는 이야기를 앞뒤 생각 없이 무례하게 쏟아 냈을 때, 그가 언짢은 기색을 보인다면 그를 찾아온 사람들의 자만심이 문제이지 그의 침울한 태도를 문제 삼을 수는 없다.[90]

물론 홉스도 욕설에 대해서는 그에 맞게 대응해야 한다고 생각했다. 모욕으로 여겨질 언행도 타인의 모욕적인 언행에 맞대응하는 과정에서 나왔다면 모욕적인 것이 아니라고 말했다. 그는 로마 황제 베스파시아누스의 예를 들었다. 베스파시아누스는 원로원 의원을 모욕한 기사에게 무죄를 선고했다. "그 상원의원이 당신에게 험한 말을 할 이유가 없었는데도 험한 말을 했기 때문에, 당신이 그에게 험한 말로 대꾸한 것은 올바르고도 예의 바른 것이었다."[91]

홉스와 월리스의 독설은 극으로 치달았다. 똥 이야기까지 나왔다. 홉스는《옥스퍼드대학 수학 교수들을 위한 6강》의 끝에 이렇게 썼다. "그래, 당신은 당신의 길로 가시라. 야만적인 성직자들, 잔혹한 신학자들, 가짜 도덕 박사들, 하나같이 어리석은 동료들, 잇사갈*과 쌍벽을 이룰 인간들, 앙갚음에 눈이 먼 가련한 인간들." 월리스도 지지 않았다. 그는 홉스의 저작이 "똥을 싸질러놓은 것"이라고 응수했다.[92] 홉스는 "이제 홉스는 자신의 '똥(lurry)'을 알아야 할 것이다."라는 월리스의 말을 인용하면서 이렇게 말했다.

잇사갈(Issachar) 야곱의 아홉째 아들이자 레아의 다섯째 아들이다(《창세기》 30:18). 잇사갈의 자손들은 이스라엘 내에서 한 지파를 형성했고, 전통적으로 용사들을 배출했으며, 다섯 개의 큰 종족을 이루었다. 잇사갈 지파는 가나안 정복 전쟁 후 북쪽으로는 스불론 지파와 납달리 지파 영토와 인접해 있고, 동쪽으로는 요르단강을 경계로 하는 길보아산과 갈릴리산 사이의 비옥하고 아름다운 땅을 차지했다.

나는 'lurry'가 뭔 말인지 모르겠다. 듣도 보도 못한 말이다. 딱 한 번 들은 기억이 있다. 한 광대가 다른 광대를 협박하면서 "똥바가지 (lurry)"를 안기겠다고 했다.* 그런 말은 배운 사람이 입에 담을 말도 아니고, 더더욱 신학 박사의 책에 나올 말은 아니다.[93]

월리스가 무슨 뜻으로 'lurry'라는 말을 사용했는지는 알 수 없지만 홉스가 악의적으로 해석한 것이다. 나는 이 설전에서 홉스가 이겼다고 생각한다. 홉스가 점잖게 행동하려 한 반면에, 성직자인 월리스는 비열함을 있는 그대로 드러냈기 때문이다. 홉스는 월리스와 워드 같은 성직자들의 비기독교적 행동을 두고두고 거론했다. 그러나 다음 장에서 우리는 홉스가 저속함을 드러내는 모습을 보게 될 것이다.

---

* 'lurry'는 '잡동사니', '쓰레기', '뒤범벅이 된 것'이라는 의미를 지닌 고어이다.

10장

토머스, 홉스를 변호하다

1660~1669년

"그는 부끄러워할 것이 전혀 없는,
내가 아는 유일한 사람이다."

홉스의 1660년대는 기쁨과 논란이 교차한 세월이었다. "개가 사람을 물면" 뉴스거리가 아니지만 "사람이 개를 물면" 뉴스가 된다. 그래서 우리는 홉스의 즐거움보다는 그가 다른 사람들과 벌인 투쟁에 대해 훨씬 더 많이 알고 있다. 그는 월리스와 수학 논쟁을 벌였고, 보일과는 실험 철학 문제를 놓고 논쟁했고, 다수의 국교 주교들과는 종교 문제로 논쟁에 휘말렸다. 무신론 혐의로 의회의 신문 대상에 오르기도 했고, 왕립학회에서 배제되었다. 가장 최악이었던 것은 홉스가 나이가 들고, 친구들이 하나둘 죽어 갔다는 점이다. 메르센은 오래전에 죽었고, 셀던은 1654년에, 가상디는 1655년에, 하비는 1657년에 죽었으며, 캐번디시가에서 일한 샤를 뒤 보스크(Charles du Bosc)는 1659년 말에 죽었다. 이미 70대에 들어섰으므로 홉스는 이제 살날이 얼마 남지 않았다고 생각했다. 뒤 보스크의 죽음을 슬퍼하면서 홉스는 냉정하게 말했다. "한 사람의 죽음을 너무 오래 슬퍼하지 말자. 다른 사람들의 죽음을 슬퍼할 시간도 있어야 하니까."[1] 두 달 후 홉스는 아브라함 뒤 프라의 부고를 받았다.

그러나 1660년대는 홉스에게 기쁨의 시절이기도 했다. 그는 왕과 화해했고 딕비, 화이트와도 화해했다. 명성과 존경도 누렸다. 특히 유럽 대륙에서 그러했다. 홉스의 자족하는 모습은 얼굴에 나타났다. 오브리는 이렇게 기록했다.

널찍한 이마, 위로 자연스럽게 올라간 황적색 구레나룻은 시원시원한 재담의 상징이었다. …… 아래쪽으로는 입술 아래에 조금만 남겨놓고 깎았다. 턱수염이 위엄 있기도 했지만 …… 유쾌하고 상냥한 인상을 주었다. 엄격함이나 엄숙함이 느껴지지는 않았다. …… 그는 턱수염의 위엄에 기대 존경받을 생각은 없었고, 오로지 자신의 이성으로 평가받기를 원했다.

그는 시력이 좋고 눈동자는 담갈색이었는데, 죽을 때까지 초롱초롱했다. 자신의 주장을 진지하게 말할 때 눈빛은 (말하자면) 석탄이 붉게 타오르는 것 같았다. 그의 표정은 두 가지였다. 재담을 주고받으며 웃을 때에는 실눈이 되었다. 진지하게 말할 때에는 눈이(즉 눈꺼풀이) 동그래졌다. 그의 눈은 크지도 작지도 않은 중간 크기였다.

홉스의 삶에 여유가 생겼다. 그는 평생 동안 술을 마신 적이 백 번도 되지 않는다고 말했다. 당시의 문화나 홉스의 나이로 볼 때 아주 적은 횟수였지만 60세에 술을 끊었다. 고기도 끊고 날마다 생선을 먹었다. 아침 7시에 일어나서 빵과 버터로 식사를 하고, 10시까지 명상을 하면서 산책했다. 40제곱센티미터 크기의 책받침에 붙여놓은 메모지에 생각나는 대로 적었다. 11시경에 점심을 먹고, 파이프 담배를 피고, 낮잠을 잤다. 건강에 좋다며 유행가를 불렀다. 오브리는 이렇게 쓰고 있다.

책상 위에는 항상 노래 책이 놓여 있었다. …… 밤이면 자리에 누워 다른 사람들에게 들리지 않도록 문을 단단히 닫고서 큰 소리로 노래를 불렀다. (목소리가 좋아서가 아니라) 건강을 위해서였다. 그는 노래를 부르는 것이 폐에도 좋고, 장수에도 좋다고 생각했다.

건강 문제에서는 자신의 가장 큰 문제가 "파리가 대머리에 앉지 못하도록 하는 것"이라고 했다. 그러나 그에게는 장내 기생충도 있었다.

이 장의 나머지 부분은 홉스의 가장 빛나는 순간에서 시작하여 그가 겪은 불화, 친구 덕분에 얻게 된 안식, 그리고 다시 그가 빠져든 논쟁순으로 살펴보겠다.

왕의 귀환

1660년대에 홉스에게 가장 빛나는 순간은 아마도 찰스 2세와의 화해일 것이다. 오브리는 이렇게 말했다.

폐하의 행복한 귀환이 있은 지 이삼일 지난 후였다. 왕이 마차를 타고 스트랜드가(街)를 지날 때, 홉스 씨는 (당시 그의 고용주 데번셔가 살고 있던) 소(小) 솔즈베리 하우스 정문에 서 있었다. 왕이 그를 발견하고 모자를 상냥하게 벗으면서 안부를 물었다. 홉스는 일 주일쯤 후에 화가 새뮤얼 쿠퍼(Samuel Cooper 혹은 Cowper) 씨 집에서 왕과 환담을 나누었다. 왕은 초상화를 그리려고 이곳에 왔는데, 홉스의 유쾌한 담론을 듣고 무척 즐거워했다. 왕은 다시 홉스를 좋아하게 되었고, 아무

때나 자신을 만날 수 있도록 하라고 지시했다. 왕은 홉스의 재치와 재담을 언제나 즐거워했다.

얼마 후 찰스 2세는 홉스에게 연금을 지급하기 시작했는데, 정기적인 지급은 아니었던 것 같다. 궁정에서 홉스의 적들이 이의를 제기해서 중단되기도 했고, 왕실 재정을 절약하는 모양새를 보이느라 중단되기도 했다. 또한 찰스 2세는 쿠퍼가 그린 홉스의 초상화를 가져오기도 했다. 미완성 세밀화로 그려진 홉스의 초상화는 클리블랜드 미술관이 소장하고 있는데, 현재 전시되지 않는다.

왕정 복고가 이루어진 1660년은 영국인들에게 행복한 한 해였다. 다들 왕의 귀환을 기다리면서 2월부터 신이 나 있었다. 모든 교회가 모닥불을 피웠고 종을 울렸다. 그간의 모든 고통은 잔여 의회 탓으로 돌리면서 "내 엉덩이(arse)나 핥아라."라는 말 대신에 "내 엉덩이(rump)나 핥아라."라고 말했다.* 소의 우둔살로 모형을 만들어 태우기도 했다. 영국인들은 찰스 1세가 처형당한 후에 등장한 모든 정부—국가평의회, 배어본스 의회, 호국경 크롬웰—에 진절머리가 나 있었다. 찰스 2세의 귀환은 '그 좋던 옛 시절'*보다 더 나은 옛 시절로 귀환하는 것이었다. 왕을 맞이하면서 열광한 군중을 보면 복고된 왕정의 성격에 대한 사람들의 생각과 왕정에 대한 그들의 기대가 하나로 통일되었던 것처럼 오해할 우려가 있다. 일부에서는 왕이 영국에서 유일하게 권력을 쥔 절대 군주라고 생각했다. 왕의 통치 권한은

---

* 잔여 의회의 영문명 'The Rump Parliament'를 빗댄 말이다.
그 좋던 옛 시절(The Good Old Cause) 올리버 크롬웰의 신형군이 찰스 1세, 왕당파와 싸울 때 내건 구호였다.

1660년 왕정 복고로 스튜어트 왕조를 부활시킨 찰스 2세.

신에게 받은 것이라고 생각하는 이들도 있었다. 그러나 일부에서는 통치 권한이 인민에게서 나온 것이라고 생각했다. 일부에서는 왕이 영국 교회에 절대적인 권한을 행사해야 한다고 생각했다. 주교 제도도 왕이 좌우할 수 있다고 생각했다. 그러나 일부에서는 교회에 대한 왕의 권한은 오로지 규율에 관한 것일 뿐, 주교 제도는 신법에 따른 것이므로 왕이 손댈 수 없는 제도라고 생각했다.

왕당파에 맞서 싸웠거나 의회 편을 들었던 수만 명의 영국인들은 생각에 큰 변화가 없었다. 하지만 1649년에 왕당파가 그랬던 것처럼 그들 역시 새로 들어선 정권을 받아들일 수밖에 없었다. 장로파와 독립파는 영국 국교 안에 자신들을 포함하도록 하는 '포용' 정책을 요구했고, 최소한 처벌은 면하는 '관용' 정책을 원했다. 하지만 일은 그렇게 흘러가지 않았다.

영국으로 순조롭게 귀환하기 위해 찰스 2세는 '브레다(Breda) 선언'을 발표했다. 지난일은 불문에 부치겠다는 것이었다. "어느 누구도 처벌의 공포를 느끼지 않도록 하기 위해 모든 백성을 사면할 것을 이 문서로써 선언하노라. 필요하다면 국새를 찍은 사면령을 제정할 것이다. 다만 이후 의회 결의에 따라 제외된 자는 예외로 한다."[2] 예외 조항은 의회의 요구에 따라 들어간 것인데, 찰스로서는 의회의 요구를 거절할 이유가 없었다.

최초의 복고 의회는 왕당파 편이었기 때문에 '캐벌리어(cavalier) 의회'라는 별명으로 불렸는데, 찰스 2세만큼 관용적이지 않았다. 국교도로서 당했던 쓰라린 고통을 앙갚음하려고 의회는 1661년부터 1665년까지 종교탄압법 4개를 제정했다. 이른바 클래런던법이 그것이다. 첫째, 지방자치단체법은 지방 자치 단체의 임직을 맡은 모든 관원은 국교에서 성찬을 받아야 한다고 규정했다. 둘째, 일치법은 교회의 임직원들도 그렇게 하도록 규정했다. 셋째, 비밀집회금지법은 영국 국교의 공식 교리를 부정하는 프로테스탄트 4개 교파의 집회를 불법으로 규정했다. 넷째, 5마일법은 비국교도 목사들은 그들이 근무했던 도시에서 5마일(8킬로미터)을 벗어나지 못하도록 규정했다. 이 법들은 스튜어트 왕조 내내 유효했다. 전통적으로 국교도가 아닌 이들은 모두 공식적으로 의심을 받았다.

홉스는 전통적인 국교도가 아니었다. 앞에서 본 것처럼 홉스와 왕실 성직자들의 갈등은 1650년 프랑스에서 시작되었다. 그 갈등이 왕정 복고 시기까지 영향을 끼쳤다. 홉스는 클래런던법의 적용을 받지 않았고 교회 법정에 서지도 않았지만, 그와 대립하던 성직자들은 그냥 넘어갈 생각이 없었다. 1660년대에 들어 최초의 충돌은 과학 논쟁의 형태로 나타났다. 앞장에서 본 것처럼 과학과 종교와 정치가 뒤엉켜 논란이 벌어졌다. 과학 추론이 종교로 옮아가고, 또 그 반대 현상도 일어났다. 오늘날의 눈으로 보면 그런 논리는 타당하지 않다는 것을 쉽게 알 수 있지만 왕정 복고 시기에는 배운 사람들조차 제대로 구분하지 못했다. 교회와 국가의 분리는 오늘날 미국에서는 상식이지만 당시 영국에서는 생각조차 할 수 없는 주장이었다.

왕립학회와의 불화

'자연 지식의 발전을 위한 런던 왕립학회'는 왕정 복고 기간 초기에 찰스 2세의 인가를 받았는데, 1640년대 이후 런던과 옥스퍼드에서 비공식적으로 만나던 학자들을 모아 만든 학술 단체였다. 초창기 회원으로는 존 윌킨스, 존 월리스, 세스 워드, 일라이어스 애슈몰(Elias Ashmole), 헨리 올든버그(Henry Oldenburg), 조너선 고더드(Jonathan Goddard), 조지 엔트(George Ent), 존 에벌린, 케널름 딕비, 매슈 렌(Matthew Wren)과 크리스토퍼 렌, 프랜시스 글리슨(Francis Glisson), 크리스토퍼 머릿(Christopher Merret), 테오도어 호크(Theodor Haak), 로버트 머리(Robert Moray), 윌리엄 페티, 로런스 룩(Lawrence Rooke), 찰스 스카버러, 랠프 배서스트, 윌리엄 브레러턴(William Brereton), 로버트 보일 등이 있었다. 이 명단이 보여주듯이 영국 국교도, 장로파, 독립파, 로마가톨릭이 함께 들어 있었다. 1663년 말경에 정회원이 137명이었는데, 홉스와 화이트만 제외하고 알 만한 과학자들 대부분이 들어 있었다. 과학자가 아닌 이들도 있었다. 많은 회원이 홉스를 좋아하고 존경했다. 에드워드 브루스 경, 데번셔 백작, 딕비, 에벌린, 페티, 스카버러, 월러는 홉스의 친구였거나 홉스에게 우호적이었다. 또한 홉스는 1600년대 초까지는 존 펠, 랠프 오스틴(Ralph Austen), 브레러턴, 올든버그, 매슈 렌과 사이가 좋았다. 그러면 홉스는 왜 왕립학회 회원이 아니었을까? 홉스는 회원이 되기를 원했고, 그의 국제적인 명성으로 보자면 초창기 회원이 되고도 남았다. 홉스가 회원이 되지 못한 이유는 좀 복잡한 설명이 필요한데, 그중 일부는 추측이다.

우선 왕립학회에는 로버트 보일, 세스 워드, 존 월리스, 존 윌킨스처럼 홉스의 적이 많았다. 이들은 강한 적대자이긴 했지만 회원 자격을 투표로 결정할 경우 홉스를 못 들어오게 할 정도로 강하지는 않았다. 물론 회원 자격을 투표로 결정하지는 않았다.

문제는 "실험을 거쳐 자연 지식을 발전시킨다."는 왕립학회의 목적이었다. 로버트 훅이 말한 것처럼 왕립학회의 목적은 이러했다.

자연 사물, 모든 유용한 기술, 공정, 기계 다루는 법, 엔진, 각종 발명품 따위에 대한 지식을 실험을 거쳐 발전시킨다. (신학, 형이상학, 도덕학, 정치, 문법, 수사학, 논리학은 배제한다.)
…… 이 단체는 고금의 어떤 철학자가 제안한 것이든 자연철학의 원리에 관하여 어떤 가설이나 체계나 교리도 전제하지 않고, 그 어떤 현상이든 최초의 원인에 의한 설명을 전제하지도 않는다. 과학적 문제를 독

단적으로 규정하지도 않으며, 정해진 공리에 따라 설명하지도 않는다. 모든 의견에 의문을 제기하고 조사할 것이며, 합리적인 실험을 거쳐 분명한 결론이 나오기 전까지, 또 반박 불가능한 형태로 입증되기 전까지는 그 어떤 주장도 채택하지 않을 것이다.

이것은 홉스의 주장과 정반대되는 선언이다. 홉스의 주장은 신학, 형이상학, 도덕학, 정치, 문법, 수사학, 논리학의 성격이 강했다. 또한 홉스는 그들이 실험을 과신하고 있으며, 실험실 안에서 이루어진 실험은 거의 쓸모없다고 생각했다. 자연은 밀물과 썰물, 일식과 월식, 낙하하는 물체, 천체의 운동으로 충분한 자료를 제공한다. 이 자료를 놓고 연구하고, 자신의 이론을 검증하는 것으로 충분하다는 것이다. 이보다 더 근본적인 문제가 있었다. 앞에서 말한 것처럼 홉스는 과학이 공리에 의해 연역되는 것이라 믿었다. 그 공리는 약정적 정의에 의해 규정된 원칙들이었다. 이러한 방법론은 재정의를 요구하는데, 왕립학회의 다수 회원은 이러한 의미론적 제국주의를 반대했다. 월리스는 홉스의 방법론을 이렇게 조롱했다.

홉스 씨는 다른 사람이 한 말에 새로운 의미를 부여하는 방식으로 그 사람의 주장을 논박하는 기술이 매우 뛰어나다. 홉스 씨가 부여한 단어의 의미는 다른 사람들의 어법과는 전혀 다르다. 그러므로 당신(보일)이 분필에 대해서 이야기하면 홉스 씨는 '분필'의 의미가 치즈라고 말할 것이다. 그리고 당신이 분필에 대해 한 이야기는 치즈에 맞지 않다는 것을 증명한 다음, 자기가 논쟁에서 이겼다고 생각한다. 마찬가지로 흔히 우리가 공기(air)라고 부르는 숨 쉬는 혼합물이 자연의 일부라고 말하면 그는 '공기'는 별들 사이에 존재하는 에테르인데, 에테르에는 그런 입자가 존재하지 않는다고 말한다.[3]

홉스는 자신의 정의가 적절하다고 굳게 믿었고, 다른 사람의 의견을 살펴보는 것은 시간 낭비라고 여겼다. 그는 왕립학회가 해야 할 일은 자신이 《물체론》에서 해놓은 작업을 이어받아 그 지점에서부터 연역적인 추론을 하는 일이라고 주장했다. 자신이 이미 필요한 정의와 공리를 다 세워놓았으므로, 이제는 그 문제를 놓고 애쓸 필요가 없다고 말했다.

홉스는 《물리학 대화》에서 왕립학회 회원들의 어중되고 타당성 없는 추론을 비판했다. 대화의 말미에서 홉스는 자신의 철학 원리를 사용하여 왕립학회 회원들의 견해를 자기 나름대로 논파한 다음, 그들이 자신의 《물체론》에서 한 걸음도 나아가지 못했다고 비판했다. 값비싼 실험 장비들을 들여놓고서 돈과 시간을 낭비하고 있다는 것이다. 이 장비들은 올바른 과학적 방법을 사용하지 않으면 무용지물이라고 언급했다. 아니, 도움이 될 것이라는 환상을 불러일으키기 때문에 오히려 방해가 된다는 것이다. 홉스는 인물 A의 입을 통해 이렇게 말하고 있다. "홉스가 이미 결론을 내렸는데, 왜 그런 값비싼 장비로 복잡한 공정을 되풀이하는가? 왜 그가 해놓은 작업을 이어받지 않는가? 왜 그가 세워놓은 원리를 사용하지 않는가?"[4] 《홉스 씨의 충성심, 종교, 명성, 태도에 대한 고찰》(1662년)에서 홉스는 같은 주장을 되풀이한다. "외국에서 새로운 기계 장치나 멋져 보이는 기구들을 가져왔다고 해서 철학자인 것은 아니다. 그런 식으로 생각하자면 약제사나 정원사, 여러 종류의 수많은 공인(工人)들은 다 상을 받아야 할 것이다."[5] 요컨대 왕립학회 과학자들은 그들의 지위에 걸맞지 않은 일을 하고 있다는 것이다. 왕립학회가 선언한 목적, 즉 실험을 거쳐 자연 지식을 발전시킨다는 목적은 홉스의 관심사가 아니었다.

문제는 홉스가 왕립학회의 목적이나 방법론을 공유하지 않았다는 점이다. 또 다른 문제는, 역설적이지만 홉스의 견해가 회원 다수의 견해와 너무나도 흡사했다는 점이다. 그중 하나가 자연 세계는 기계적으로 작동한다는 믿음이었다. 예컨대 철학자 조지프 글랜빌(Joseph Glanvill)은 "자연은 유형(有形)의 도구에 의해 작동한다."고 생각했고, "감각은 운동에 의해 발생하고, 운동은 감각 기관에 작용한 인상(印象)이 인식 중추인 뇌에 전달되어 발생한다."고 주장했다.[6] 종교 문제에서도 유사성이 있었다. 즉 이성에 대한 과도한 의존, 그리고 그리스도가 주교 제도를 유일한 교회 정부 형태로 지시한 것은 아니라는 견해는 홉스와 다르지 않았다. 이 견해에 따르면 군주정이 유일한 정부 형태도 아니요, 최선의 정부 형태도 아니라는 추론이 가능했다. 이러한 견해는 왕정 복고 초기에는 위험한 주장이었다.

홉스의 공격적인 주장 가운데 일부는 왕립학회 회원들도 지지하고 있었다. 사용하는 용어도 홉스와 유사했다. 글랜빌은 "신의 본질은 무한하고, 우리의 관념은 피상적이고 유한하기" 때문에 "(하느님의) 존재와 행위의 비밀을 알려고" 해서는 안 된다고 주장했다. 또한 "(사실상) 우리는 일상적이고 명백한 자연 사물에 대해서도 그 본질과 작동 방법을 모르고 있다. 그러므로 신의 더 깊은 비밀에 대해 완전히 알기를 기대해서는 안 된다."[7] 이것은 홉스의 다음과 같은 주장을 그대로 되풀이한 것이다. "자연과학은 …… 하느님의 본질에 대해 아무것도 가르쳐주지 않으며, 심지어 우리 인간의 본질이나 하찮은 미물의 본질에 대해서도 가르쳐주는 바가 없다."[8] 홉스는 교황 제도가 "죽은 로마 제국의 유령이 무덤 위에 앉아 왕관을 쓰고 호령하는 것"이라고 말했는데, 글랜빌의 주장에서도 이와 유사한 표현을 볼 수 있다. "스콜라 신학자는 응축된 공기로 출현한 스타기라[아리스토텔레스의 속칭]의 유령이다. 토머스〔아퀴나스〕는 신성화된 아리스토텔레스일 뿐이다."[9] 세스 워드는《합법적 권력에 저항하는 자들에 대한 반론》(1661년)에서 "종교적 문제에 관해 명령을 내릴 권한을 지닌 사람이 없으면 혼란이 일어날 것이다. 최고 통치자 이외에 누군가 그런 권한을 지니게 되면 분열이 생길 것이다."라고 주장했는데,[10] 이것은 주권자가 유일한 종교적 권위를 지녀야 한다고 한 홉스의 주장과 같다.

로체스터의 주교 토머스 스프랫(Thomas Sprat)이《왕립학회의 역사》에서 종교 문제에 관해 피력한 견해도 홉스와 동일하다. "종교가 논박의 주제가 되어서는 안 된다. 여기에서 종교는 모든 나라의 임시법과 같은 것이다." 고전학자 메리크 카소봉(Meric Casaubon)은 스프랫이 한 말을 듣고 귀를 의심했다. "(그가 한 말의) 의미는 분명하다. 너무 놀라워서 믿어지지 않을 뿐이다."[11]

심지어 왕립학회가 선언한 문학의 이상(理想) 자체가 홉스와 같았다. 스프랫은 "판에 박은 진부한 주장, 비유를 통한 속임수, 입에 발린 변설, 이런 것들이 이 세상을 시끄럽게 한다."고 비난했다. 왕립학회는 "문체를 과장하거나 본제에서 벗어나 지엽으로 흐르는 것"에도 반대했다. 그들의 목표는 온갖 복잡한 단어로 본질을 흐리지 말고 원시적 순수성과 간결함으로 돌아가는 것이었다. 왕립학회가 제시한 글쓰기의 모범은 "친숙하고 꾸밈 없는 화법과 긍정문 형태로 표현할 것, 의미를 분명히 하고 알기 쉬운 표현을 사용할 것, 가능한 한 수학

왕립학회의 초기 문장(紋章). 하단에 새겨진 라틴어 문구 "nullius in verba"에는 '그 누구도 믿지 말고 실증적 검증을 중시하라'는 근대 실험주의 정신이 담겨 있다.

적 명증성을 얻을 것, 말재주를 부리거나 현학적인 용어를 사용하지 말고 장인(匠人)과 시골 사람과 상인의 언어를 사용할 것" 등이었다. 1664년 시인이자 평론가인 존 드라이든(John Dryden)과 존 에벌린이 포함된 위원회가 구성되었는데, 이 위원회의 과제는 영어 문장을 어떻게 쓸 것인가였다.[12]

많은 것이 홉스의 유물론으로 이루어지는데, 일반적으로 그의 유물론은 무신론을 포함하는 것으로 해석된다. 그러나 모르몬교도는 물질적 신을 믿는다. 게다가 홉스의 유물론은 초기의 케임브리지 플라톤주의자에게서도 찾을 수 있다. 헨리 모어(Henry More)는 모든 실체는 (심지어 영spirit도) 연장*을 지닌다고 주장했다. 그의 논리에 따르면 물질만이 연장을 지니므로 신도 물질이다. 그렇다면 그도 홉스와 마찬가지로 논리적으로는 무신론자이다. 그러나 모어는 수용된 반면, 같은 주장을 한 홉스는 수용되지 않았다. 요컨대 역사학자 노엘

연장(延長) 공간 속에 존재하고, 그것의 일정한 부분을 차지하는 물체의 성질을 가리킨다.

맬컴(Noel Malcolm)이 지적한 것처럼 "홉스의 평판이 나빠질수록 다른 과학자들은 자신들의 주장이 홉스와 비슷하다는 데 당황했고, 그럴수록 홉스를 공격하면서 거리를 두려고 했다."[13]

왕립학회를 향한 반감은 서로 겹치는 두 집단에서 나왔다. 한쪽은 보수적인 지식인들인데, 이들은 엘리자베스 시대의 학자들도 아리스토텔레스를 따랐으니 왕정 복고 시대라고 해서 아리스토텔레스를 따르지 못할 이유가 없다고 주장했다. 다른 한쪽은 종교적 보수주의자들인데, 이들은 입자론이 무신론을 유포할 것이라고 우려했다.[14] 왕립학회를 향한 반감이 아주 심했으므로 비판을 잠재우기 위해 인가를 받은 지 불과 5년 만에 왕립학회의 역사를 다룬 책이 출간되었다. 저자 스프랫은 이렇게 썼다. "이 훌륭한 기관을 헐뜯고 비방하는 이들이 많아서 이 글을 쓰게 되었다. 이것은 평범한 역사가 아니라 일종의 변론이다." 이 역사책의 3부는 과학이 정부나 종교에 결코 위협이 되지 않는다는 점을 길게 논증하고 있다. 이처럼 왕립학회의 계획이 일부 사람들에게 의심을 받고 있었으므로, 홉스처럼 논란이 많은 사람을 받아들일 여유가 없었을 수도 있다.

홉스가 왕립학회에서 배제된 또 다른 이유는 "말이 많아서 지겨운 사람"이라는 것이었다. 당황스럽긴 하지만 사실이었다.[15] 로버트 훅은 왕립학회 회원들이 "두터운 교분이 있어야 하고, 유쾌하게 담론을 주고받을 수 있어야 하고, 즐겁게 실험을 할 수 있어야 한다."고 생각했다. 홉스는 이러한 조건에 맞지 않았다. 훅은 홉스의 거만한 태도에 대해 이렇게 기술하고 있다.

그는 언제나 직선적으로 남을 평가하고, 다른 사람의 의견이나 판단을 폄하하고, 불합리한 주장을 끝까지 고집하고, 자신의 능력과 업적에 대해 터무니없이 거드름을 피운다. 딱하기 짝이 없는 사람이다.[16]

그러니까 홉스의 태도가 가장 큰 문제였던 것이다. 그 역시 함께 재담을 주고받을 수 있는 사람이었는데도 그러했다.

홉스의 합리주의적 과학론은 왕립학회의 실험주의와 잘 맞지 않았지만, 그가 관찰을 무시한 것은 아니었다. 1668년에 홉스는 수개월 동안 아무것도 먹지 않은 젊은 여성에 대해 왕립학회에 이렇게 보고했다.

물 묻힌 깃털로 그녀의 입술을 적셨을 뿐이라고 한다. 또한 (그녀는 계속 침대에 누워 있었는데) 쪼그라든 항문 밖으로 내장이 빠져나와 있다고 한다. …… 이 여인은 병에 걸린 것이 분명하고, 오래 버티지 못할 것으로 보인다. (함께 간 귀부인의 말에 따르면) 그녀가 천국의 언어로 말한다고 한다. 확실한 것을 알려면 여러 가지를 살펴봐야 하는데, 이런 일을 남자가 하기는 어렵다. 첫째, 그녀의 내장이 정말로 빠져나왔는가 하는 것이다. 둘째, 그 내장으로 배설물이 나왔는지, 아니면 아무것도 나오지 않았는지 알아봐야 한다. 조금이라도 배설물이 나왔다면 음식을 먹었다는 증거가 된다. 비밀리에 음식을 먹여놓고, 수축된 창자를 통과한 음식물의 흔적을 깨끗하게 씻었을 수도 있다. 셋째, 소변을 전혀 보지 않았는가 하는 것이다. 음료도 영양을 공급하기 때문이다. 나는 공공의 복지와 별로 관련도 없는 이러한 일을 너무 자세히 들여다보는 것은 비인간적이라고 생각한다. 또한 이 사건의 본질을 알기 위한 것이라고는 하지만, 병자의 자유를 빼앗을 권한은 어느 누구에게도 없다고 생각한다. 그러므로 나는 이 사건에 대해 현재로서는 아무런 판단도 내릴 수가 없다. 이러한 일이 기적인가 아닌가는 교회가 판단할 일이다. 나도 6주간 아무것도 먹지 않고 병석에 누워 있은 적이 있다. 그러므로 그 기간이 6개월이라 하더라도 기적이라고 생각되지는 않는다. 기억이 또렷하고, 매시간 죽음을 기다리는 젊은 여성이 그 어느 때보다 더욱 돈독한 신앙심을 품게 된 것은 그다지 놀랄 일이 아니다. 나도 그랬다. 내가 놀랍게 생각하는 것은 그녀의 신앙심이 과연 아무런 지시를 받지 않은 상태에서 사람들이 말한 것처럼 그토록 감동적인 모습으로 나타날 수 있는가 하는 점이다.[17]

홉스가 냉소적으로 말한다고 생각할 독자도 있을 것이다. 그러나 거식증은 당시에는 희귀한 질병이었다. 홉스는 임상 진단을 하고 있는 것이다. 홉스의 문진은 적절하다. 이 편지는 홉스가 자신의 생각을 솔직하게 나타냈다고 보는 것이 합당하다.

로버트 보일을 저격하다

1661년 홉스는 《물리학 대화》를 출간했는데, 로버트 보일의 저작과 왕립학회의 방법론을 싸잡아 공격한 책이었다.[18] 더 정확히 말하면 왕립학회를 공격하기 위해 보일을 예로 들었다. "그레셤의 교수들*은 물리학 문제를 놓고 나와 논쟁했던 거장들이다. 그들은 새로운 기계를 진열해놓고 진공과 별로 대수롭지도 않은 물리 현상을 보여주었

---

* 런던 그레셤(Gresham)대학에서 정기적으로 모였던 지식인들이 나중에 왕립학회 회원이 되었다.

는데, 마치 돈을 내야 볼 수 있는 희귀한 동물을 다루듯이 행동하고 있다." 왕립학회 회원들이 돈을 탐내고, 따라서 자연에 대한 객관적인 관찰자가 아니라고 꼬집은 것이다.

홉스는 왕립학회가 자기 이론을 거부한 이유가 〔이론 자체에 문제가 있어서가 아니라〕 그것이 바로 자기의 이론이었기 때문이라는 사실에 격노했다. 그는 옥스퍼드대학 학장 존 오웬(John Owen)의 말을 이렇게 인용하고 있다. "홉스의 이론이 무엇이든 우리는 받아들이지 않을 것이다."《물리학 대화》1668년 판에는 한 문장이 더 추가되어 있다. "그들 모두가 나의 적이었다." 여기에서 "그들 모두"는 성직자 일부, 모든 기하학자들, "그레셤파", 즉 왕립학회 회원들을 가리킨다. 월리스는 모든 범주에 들어 있었고, 보일의 친구였다. 보일은 월리스가 자신의 실험에 동석했다는 사실을 거론하면서, 이런 사실을 그 실험이 믿을 만하다는 증거로 내세웠다. "우리의 작업은 저명한 수학 교수인 월리스 박사, 워드 박사, 렌 씨 등이 지켜보는 가운데 이루어졌다. 그분들에게 실험 결과를 보여드린 것을 영광으로 생각하며, 그처럼 탁월하고 유명한 분들이 우리 실험의 주요한 성과의 증언자가 된 것을 기쁘게 생각한다." 그러므로 홉스가 보일을 반박할 수 있다면 일석이조의 효과를 거둘 수 있었다.

《물리학 대화》는 A와 B의 대화 형태를 띠고 있다. A는 홉스 자신이고, B는 왕립학회 회원이다. A가 왕립학회의 실험이 그 회원과 내빈에게만 공개된 폐쇄적인 것이라고 비판한다. B가 왕립학회는 회원이 50명이나 되고, 일 주일에 한 번씩 정기적으로 만난다고 설명하자 A가 이렇게 반문한다. "50명이나 된다고? 공개적인 장소에서 실험하고, 원하는 사람은 누구나 거기 가서 실험을 지켜보고, 자기 의견을 말할 수 있도록 하면 왜 안 되는가?" B는 "안 된다."고 말한다.

　A는 영국의 공식적인 과학자 공동체가 소수의 과학자에 의해 좌지우지된다는 사실에 충격을 받는다. 100명, 200명이면 왜 안 되는가? 물론 홉스는 회원 수가 많든 적든 왕립학회의 회원이 되고 싶어 했고, 자신이 회원이 되었다면 회원 수를 놓고 시비를 걸지는 않았을 것이다. 그러나 그는 회원이 아니었고, 따라서 왕립학회의 과학 활동이 공개적이지 않다는 비판을 제기한 것이다. 이 비판은 예리했다. 왕립학회 회원들은 은밀한 실험을 즐겼던 연금술사들에 비해 왕립학회의 실험이 공개적이라고 생각했지만, 하버드대학 과학사 교수 스티븐 셔핀(Steven Shapin)과 케임브리지대학 역사학 교수 사이먼 섀퍼(Simon Schaffer)는 이렇게 논평했다.

　　왕립학회는 실험적 지식을 '공개된 장소'에서 생산한다고 한다. 그러나 그 '공개된 장소'는 정책적으로 엄격히 제한되어 있다. 누구나 갈 수 있는 곳도 아니고, 누구나 대등하게 발언할 수 있는 것도 아니고, 누구나 합의 과정에 동등하게 참여할 수 있는 것도 아니다.[19]

　그러나 로버트 훅을 비롯한 주요 회원들은 왕립학회가 폐쇄적으로 운영되어야 한다고 생각했다. 그레셤대학 역사학 교수 마이클 헌터(Michael Hunter)는 이렇게 썼다.

　　(훅은) 왕립학회 회원만이 누리는 혜택이 있어야 한다고 생각했다. 그래야 회원들이 사명감을 품고 과학적 활동을 한다는 것이다. "회원들만이 누리는 무언가가 있어야 한다. 그래야 다들 회원이 되고 싶어 할

것이다." 이를 위해 혹은 왕립학회가 지향하는 베이컨적 신념, 즉 지식의 자유로운 전파라는 신념조차 포기할 생각이 있었다. 그는 이렇게 주장했다. '그런 식으로 비밀 없이는 어떤 위대한 것도 달성할 수 없다. 어중이떠중이가 …… 그 혜택을 누릴 것이기 때문이다.' 심지어 그는 왕립학회 '회보'를 회원들만 볼 수 있게 하고, 12개월 동안 비공개로 해야 한다고 주장했다.[20]

홉스가 왕립학회의 비밀주의에 불평한 것은 정당하다고 할 수 있다. 그러나 그가 한 다른 주장에 비추어보면 앞뒤가 맞지 않는다. 홉스는 여러 차례 사회의 주된 목표는 갈등을 예방하는 것이며, 오직 주권자만이 이를 결정할 권한이 있다고 말했다. 찰스 2세가 왕립학회를 인가했고 회원제 운영에 반대 의견을 나타내지 않았으므로 홉스가 불평할 일은 아니었다. 그리고 왕립학회에 홉스의 친구들이 많이 있었지만, 그가 회원이 되지 못한 이유는 툭하면 싸우는 말썽꾼이었기 때문이다. 그는 월리스와도 싸웠고, 워드와도 싸웠고, 윌킨스와도 싸웠다.

홉스는 왕립학회의 실험 방법이 실패할 수밖에 없다는 것을 보여주기 위해 보일의 공기 펌프를 예로 들었다. 간단히 설명하면 공기 펌프는 공 모양의 유리통 밑에 공기를 빼는 실린더와 펌프를 설치한 장치였다. 보일은 피스톤을 당기면 유리 공에서 공기가 빠져나온다고 추론했는데, 홉스는 그 추론이 최소한 두 가지 이유로 오류라고 생각했다. 첫째, 공기는 극히 유동적이고 미세하기 때문에 피스톤에 의해 공기가 빠져나온 자리에 실린더가 유리에 부착된 틈새로 다른 공기가 스며들어 간다. 세상의 그 어떤 것도 "완전히 매끄러운" 것은 없으므로 실린더가 유리에 부착된 부분에는 틈새가 있을 수밖에 없다. 사실상 보일은 그런 틈새를 없애려고 무던히 애를 썼다. 때로는 유리가 깨져서 장치가 망가지곤 했다. 둘째, 극히 미세한 공기("순수 공기")는 유리 그 자체도 뚫고 들어갈 수 있다는 것이다. 피스톤을 당기면 (유리 공 바깥의) 일정한 공간을 피스톤이 차지하게 되는데, 이 공간은 다른 공기가 차지하고 있던 곳이다. 이 공기는 어디론가 가야 한다. 그렇다면 보일의 논리를 따르더라도 이 공기가 유리 공 속으로 들어갔다고 가정하지 못할 이유가 어디 있는가?

홉스는 또한 그 유명한 토리첼리의 진공 실험도 비판했다. 토리첼리는 한쪽이 막힌 긴 유리관에 수은을 채워 넣은 다음, 수은이 담긴 사발 안에 거꾸로 세워놓았다. 유리관에 들어 있던 수은은 아래로 내려오다가 76센티미터 높이에서 멈췄다. 토리첼리는 이 실험에서 유리관 꼭대기 공간에 진공이 만들어졌다고 추론했다. 홉스는 믿지 않았다. 홉스는 이렇게 주장했다. 유리관의 수은이 사발로 내려와서 비게 된 공간은 사발 위에 있던 공기로 채워진다. 유리관의 수은이 내려와 사발의 수은 높이가 높아졌으므로 사발 위에 있던 공기는 어디로든 가야 한다. 세상의 다른 모든 부분이 전부 채워져 있으므로 그 공기는 유리관(속의 수은)을 밀어 올리게 되고, 수은을 뚫고 들어가 (수은이 유리관과 만난 지점에서) 위로, 즉 토리첼리가 진공이라고 생각했던 곳으로 올라간다는 것이다. 홉스는 산꼭대기에서 같은 실험을 했을 때 수은 높이에 차이가 생기는 것에 대해서도 그럴듯한 설명을 했다. 산 공기는 먼지가 덜 섞여 있으므로 낮은 기압을 보인다는 것이다.

왕립학회가 행한 모든 실험에 대해 홉스는 다르게 설명했는데, 때로는 그럴 듯했다. 유일한 문제는 왕립학회 회원들의 설명이 틀렸다는 점이다. 예를 들면 유리 항아리 속에 개를 넣어 두고 피스톤으로 공기를 빼면 2, 3분 안에 개가 죽는다. 보일의 설명에 따르면 산소 부족으로 개가 죽었다는 것이다. 홉스는 반대로 설명했다. 공기가 유리를 뚫고 들어가 급속하게("난폭하게") 순환하여 개의 호흡을 막았기 때문에 개가 질식하여 죽었다는 것이다.

홉스는 진공 개념 자체를 부정했다. 홉스에 따르면 모든 운동과 인과 관계는 물체와 물체가 접촉하여 발생하는데, 진공은 인과 활동이 일어날 수 없는 공간이다. 진공이 있다면 그것은 실재들 사이에 존재하는 틈이다. 《리바이어던》에서 말한 것처럼, "우주는 …… 물질, 즉 물체다. …… 따라서 우주의 모든 부분은 물체이며, 물체가 아닌 것은 우주에 속하지 않는다. 그런데 우주는 전부이기 때문에 우주에 속하지 않는 것은 '아무것도 아닌 것(nothing)'이며, '아무 데도 없는 것(nowhere)'이다."[21] 스위스 치즈 업계가 홉스의 진공 부정 철학에 도전했다. 나아가 진공이 있다고 가정해야만 설명이 되는 문제들이 있었다. 물을 담은 항아리에서 공기를 빼면 물이 끓는 것처럼 보인다. 진공이 만들어졌다고 해야 이 현상이 설명된다. 그러나 홉스는 이렇게 지적한다. 시각은 대상 물체가 눈에 지속적으로 작용해야 가능한 것인데, 항아리 안에서 일어나는 현상이 눈에 보이는 것은 어떻게 설명할 것인가? 진공이 있다면 항아리의 물이 눈에 보이지 않을 것이다.

홉스가 진공에 반대한 이유를 이렇게 설명하는 이들도 있다. 진공이라 여겨지는 곳을 비물질적 영이 차지하고 있다고 홉스가 주장했다는 것이다. 그러나 내가 보기엔 이 설명은 설득력이 없다. 비물질적 영이 있는 장소가 반드시 진공이어야 할 필요는 없다. 비물질적 영은

근대 화학의 선구자 로버트 보일. 모든 지식을 통합하여 일원론적 철학 체계를 세우려 한 홉스와 달리, 보일은 형이상학적 가설을 배제하고 실험을 통해 객관적인 자연적 지식을 얻고자 했다.

다른 물체들이 차지하는 공간과 같은 공간을 차지할 수 있다. 홉스에 따르면 영혼도 물체이기 때문이다.

생각해보면 보일의 주장에 홉스가 그토록 적대적인 태도를 보일 필요는 없었다. 보일은 진공에 관한 형이상학적 문제는 거론하지 않았기 때문이다. 그는 유리 장치에서 공기를 빼냈을 때 실험에 의한 진공이 만들어졌다고 주장했을 뿐이다. 즉 "아무 물체도 존재하지 않는 공간이 아니라, 에테르 같은 물체가 있을 수도 있는 공간, 혹은 공기가 거의 없는 공간"이 만들어졌다고 주장한 것이다. 공기가 "에테르 같은 물체"로 대체되었을 가능성을 열어 둔 것이다. 달리 말하면 보일은 '진공'이라는 말을 조작적(操作的) 의미로 사용했다. 보일은 〈홉스의 주장에 대한 검토〉에서 이렇게 말했다. "지구를 둘러싸고 있는 대기 혹은 유동체는, 거칠고 견고한 입자 외에 그보다 더 희박한 물체로 구성되어 있을 수도 있다. 편의상 이를 에테르라고 부르기로 한다." 왕립학회의 다른 사람들도 보일의 비형이상학적 해석을 따랐다. 윌리스는 올든버그에게 이렇게 썼다. "한 가지 주의할 점은 '빈 곳 (vacuity)'이라는 말을 절대적인 의미로 이해해서는 안 된다는 것입니다. (절대적인 의미의 빈 곳이 자연에 있는지, 있을 수 있는지는 나의 관심사가 아닙니다.)" 따라서 얼마든지 타협이 가능한 일이었다. 그들의 실험이 진공을 만들었다는 것을 인정하더라도, 홉스는 모든 공간이 물질로 차 있다는 자신의 주장을 유지할 수 있었던 것이다. 그러나 홉스는 타협하지 않았다. 그는 과학이 철학과 같은 것이라고 생각했다. 따라서 보일이 유리 항아리에서 만들어냈다는 진공이 아무리 과학적인 주장이라 하더라도, 진공에 대한 형이상학적 문제를 건너뛸 수 없었다. 홉스는 진공을 부정하긴 했지만 진공이 결코 만들어질 수 없다고 단언하지는 않았다. 그의 주장은 아직까지 아무도 진공의 존재를 증명하지 못했다는 것과, 진공 개념을 도입하지 않더라도 모든 현상을 설명할 수 있다는 것이었다.

수학적 증명의 오류

과학을 두고 보일과 논쟁하던 바로 그 시기에 홉스는 윌리스와 기하학을 놓고 설전을 벌이고 있었다. 그는 자기를 지지해줄 사람을 찾다가 옛 친구 존 펠에게 도움을 요청했다. 1662년 3월 31일은 부활절 다음 날이었는데, 홉스는 스트랜드가에서 펠을 만나 최근 자신의 수학 증명을 검토해 달라고 간청했다. 그들은 함께 솔즈베리 하우스에 있는 홉스의 방으로 갔다. 홉스는 입방체 배적 공식을 쓴 원고를 펠에게 보여주었다. 그 원고는 다음 날 인쇄업자에게 보내기로 되어 있었다. 유럽 대륙에 소개할 작정이었는데, 홉스는 인정받지 못할 수도 있다고 생각했다. 국내에서조차 인정받지 못할지도 모른다고 걱정했다. 홉스는 수학자이자 왕립학회 창립자인 윌리엄 브룬커(William Brouncker) 자작이 반박을 준비하고 있다고 생각했고, 펠이 자신의 증명을 보증해주기를 바랐다. 펠은 사양했다. 바빴고, 그 문제는 상당한 노력을 들여야만 판단을 내릴 수 있기 때문이었다. 그러나 홉스에게 시간은 문제가 되지 않았다. 그는 펠에게 원고를 넘겨주면서 충분한 시간 동안 검토해 달라고 부탁했다. 펠은 홉스가 손에 쥐어주는 원고를 차마 거절할 수 없어서 이렇게 말했다. "그래, 어디 한번 보세. 올바른 증명이라고 생각되면 '세상 사람들에게' 그렇게 말하겠네. 하지만 잘못된 증명이라고 생각되면 내가 그렇게 말하더라도 섭섭하게 생각하지 말게. 하지만 '자네에게'만 그렇게 말하겠네. 자네가 내 의견을 사사로이 구한 것이니까." 홉스는 이 응답에 만족했다. "좋아. 섭섭하게 생각하지 않겠네. 고마워. 하지만 문제를 발견하면 내 증명에 대해 논쟁하지는 말고 어디가 잘못되었는지만 지적해주게." 이 대화를 주고받은 다음 펠은 휴가를 떠났다. 펠은 홉스의 수학 증명을 보증하지 않았고, 결과적으로 홉스의 적이 되고 말았다.

1662년 8월 홉스는 하위헌스에게 편지 한 통을 받았다. 홉스가 제시한 원의 등적 변형 공식과 입방체 배적 공식에 오류가 있다고 지적하는 편지였다. 홉스는 그 지적을 받아들이지 않았고, 로버트 머리 경을 통해 하위헌스가 지적한 내용을 반박했다. 하위헌스의 첫 번째 편지는 짜증 섞인 분위기도 아니었고, 홉스에 대한 부정적인 평가도 들어 있지 않았다.[22] 그러나 홉스의 응답을 듣고는 하위헌스도 역정을 냈다. 그는 친구들의 간청이 없었다면 첫 번째 편지도 쓰지 않았을 것이라고 말했다. 두 번째 편지도 마지못해 썼다. "편지를 써봤자 아무 소용이 없을걸세. 그 사람은 자신의 잘못을 인정할 줄 모르거든." 하위헌스는 홉스의 ("불합리하고, 유치하고, 말도 안 되는") 증명을 아무도 받아들이지 않을 것이라고 생각했다. 하위헌스가 옳았다. 수학 증명의 오류가 누적되면서 홉스의 명성은 서서히 사그라들었다.

홉스는 계속 그 문제에 매달렸다. 벨기에 수학자 르네프랑수아 드 슬뤼세(René-François de Sluse)는 입방체 배적 공식을 만들었다는 홉스의 원고를 소르비에르를 통해 받아보고 홉스의 오류를 지적하면서 모욕적인 경고를 덧붙였다. "이 잘난 사람은" 수학자들을 비판할 자격이 없다. "수학자들의 사고를 제대로" 이해하지 못한 것 같다. "늙어 가면서 이런 하찮은 일로" "위대한 명성"에 오점을 남기다니 안타까운 일이다. 홉스는 늙은 멍청이 취급을 받은 데 분개했다. 그는 드 슬뤼세가 그레셤의 기하학 교수 로런스 룩과 동일한 반론을 제기했다는 사실에 충격을 받았다. 룩의 반론에 대해서는 이미 《물리학 문제》(1662년)에서 충분히 논박했다고 생각했기 때문이다.[23] 홉스는 드 슬뤼세가 반박하기 전에 먼저 그 책을 읽어보아야 했다고 말했다. 홉스는 드 슬뤼세와 하위헌스와 룩이 틀렸고, 자신의 주장이 옳다는 것을 모든 사람에게 알리려 했다. "돌멩이 한 개를 열 번 곱하면 돌멩이 열 개가 된다고 생각하는" 사람들은 빼고.

앞장에서 설명한 것처럼 홉스가 하위헌스, 드 슬뤼세, 월리스의 비판을 거부한 것은 분석 기하학자들이 숫자와 기하학 도형을 혼동하고 있다는 그의 믿음 때문이었다. 특히 그들은 어떤 수의 제곱근은 정사각형의 한 변이라고 잘못 알고 있다는 것이다.[24] 홉스는 1663년에 쓴 편지에서 "이러한 종류의 오류로 인해 숫자를 사용하여 기하

학적 논증을 인정하거나 반박하는 잘못을 저지르고 있다."고 단언했다.[25]

그렇지만 홉스는 최선을 다해 타협책을 찾아보려 했다. 그는 드 슬뤼세가 혼동을 했지만 그를 탓할 생각은 조금도 없다고 말했다. 왜냐하면 그런 실수는 누구나 할 수 있기 때문이라는 것이다. "아르키메데스라 하더라도 그런 실수를 할 수 있다. 그 역시 숫자를 기하학에 적용하는 실수를 저질렀으니까."[26] 그러나 1664년 3월경 홉스는 논쟁에 지쳤다.

> 나는 현재 공개적으로 진행되는 증명 문제에 대해 내 생각을 바꾸거나 논증할 생각이 없다. 그 증명은 올바르다. 편견에 사로잡혀 그 내용을 제대로 읽어내지 못한다면, 그것은 그 사람들 잘못이지 내 잘못이 아니다. 그들은 허풍을 떨면서 험담하기 좋아하는 사람들이다. 다른 사람이 제시한 원리가 (그것이 그릇되었건 혹은 오해를 했건) 그릇되었다고 주장하는 자들은 허영으로 가득 차 있고, 어떤 새로운 진리도 받아들이지 않을 사람들이다.[27]

홉스는 무신론자인가?

홉스가 월리스를 공격한 가장 효과적인 무기는 전적으로 비수학적인 것이었다. 《홉스 씨의 충성심, 종교, 명성, 태도에 대한 고찰》이라는 소책자가 바로 그것인데, 이 책자는 월리스가 쓴 《홉스의 자학》(1662년)이라는 책에 대한 맞대응으로 낸 것이다. 월리스는 그 책에서 홉스가 《시민론》 2판에서 웨일스 공의 가정교사를 했다고 비난했다.

홉스는 옳거니 하고, 두 사람이 내전 중에 각각 어떤 일을 했는지 상세히 밝혔다. 홉스의 공격이 워낙 통렬했기 때문에 월리스는 한 발 물러났다. 월리스는 그 후로 홉스의 종교나 정치에 대해 글로 공격하지 않았다.

내전 중에 월리스는 어떤 일을 했는가? 홉스에 따르면 "당신(월리스)은 왕과 왕당파의 암호 편지를 해독하여 그 내용을 적에게 넘겼고, 절친한 친구들을 교수대로 보냈으며, 그런 사실을 라틴어로 쓴 당신의 수학 책에서 온 세상에 자랑하고 있다. 당신의 재주를 기념하여 그 책을 대학 도서관에서 소장하기라도 해야 할 것처럼." 또한 '엄숙 동맹과 맹약'에 가담하여 스코틀랜드 반역자들과 한편이 되었는데, "그 엄청난 범죄에 당신(월리스)도 책임이 있다."는 것이다.[28] 월리스 또한 성경연구위원회 회원이었는데, 이 위원회는 〈예배 모범〉을 만들었다. 이것은 영국 국교의 전례를 국교 수장인 왕의 승인도 받지 않은 채 바꾸어버렸다.

반면에 홉스의 행동은 완벽했다. 그는 자신을 3인칭으로 지칭하면서 이렇게 말했다. 그는 "부끄러워할 것이 전혀 없는 …… 내가 아는 유일한 사람이다. 그와 동일한 원칙을 따르는 몇몇 사람을 제외하면."[29] 그는 "왕을 변호하는 데 앞장서서" 1640년 4월 《법의 원리》를 집필했으며, 이로 인해 11월에 영국을 떠나야 했다. 장기 의회가 "권력을 잡자마자 글이나 말로 왕을 변호한 이들을 잡아들이려 했기" 때문이다. 그 결과 그는 수천 파운드의 손실을 입었다.[30] 망명 중에도 그는 국왕을 위해 지적 전쟁을 계속하여 《시민론》과 《리바이어던》을 집필했다. 홉스는 크롬웰을 옹호하기는커녕 "크롬웰과 당신(월리스)과 당신처럼 위선적이고 악랄한 사람들"을 공격했다. 《리바이어던》은 크롬웰의 통치권을 옹호한 것이라 볼 수 없다. 왜냐하면 그가 호국경이 된 것은 "2, 3년" 후의 일이기 때문이다.[31]

홉스에게 제기된 무신론 혐의는 반역 혐의만큼이나 위험한 것이었다. 그러나 이는 근거 없는 편 가르기였다. 홉스는 이렇게 말했다. "당신을 포함하여 많은 이들이 《리바이어던》을 비롯한 내 책들을 읽었다. 거기에 종교를 부정하는 내용이 어디 있는가? 《리바이어던》을 읽고 공감한 모든 이들을 무신론자라고 할 작정인가? 내가 무신론자이면서 무신론자라는 사실을 모르고 있다고 생각하는가? 아니면 알고 있으면서 나의 무신론을 대담하게 공개했다고 생각하는가?"[32] 홉스의 무신론 혐의가 근거 없는 것이라면 왜 그런 주장이 나왔을까? 무신론 혐의를 받자 홉스는 당황했고, 월리스의 심리 상태를 곰곰이 생각해보았다. 홉스는 월리스가 신의 존재를 의심하고 있다고 생각했다. 홉스는 이런 비유를 들었다. "가난하고 교육을 제대로 받지 못한" 여성들은 자기들이 싫어하는 사람들을 '도둑'이나 '살인자'라 하지 않고 '갈보'라고 부르는 경향이 있다. 자기에게 해당하는 것을 다른 사람에게 덮어씌우는 것이다. 월리스가 홉스를 무신론자라고 부르는 것도 그와 같은 것이다.[33]

홉스는 《옥스퍼드대학 수학 교수들을 위한 6강》에서도 같은 주장을 했는데, 《홉스 씨의 충성심, 종교, 명성, 태도에 대한 고찰》에서 그 이유를 자세히 설명한다. 모든 기독교도가 하느님이 불가해한 존재라고 믿는다. 기독교 교부 테르툴리아누스도 하느님이 유형적 존재라고 생각했다. 하느님이 '무형'이라는 말은 《성경》에 나오지 않는다. 홉스의 일생이 그의 기독교 신앙을 증언하고 있다. 요컨대 홉스의 신앙은 나무랄 데가 없다. 《리바이어던》에 쓴 것처럼 "이 구절의 해석이나 《성경》의 모든 문제에 관하여, 나는 코먼웰스의 백성이므로 코먼웰스가 공인한 《성경》 해석을 따르겠다."고 했기 때문이다. 그리고 이렇게 반문한다. "내가 한 말에 겸손과 복종 이외에 무엇이 있는가?"[34] 홉스는 겸손한 높은 길로 가고 있는 반면, 월리스는 오만한 낮은 길로 가고 있다.* "홉스 씨는 《성경》에서 하느님에 대해 말하고 있는 대로 하느님을 믿고 있다. 《성경》이 말하는 하느님의 속성은 영광이다. 그런데 당신(월리스)은 하느님의 '본질'을 해독하여 우리에게 알려주려는 불손한 시도를 하고 있다. 어느 것이 더 나은가?"[35]

월리스를 향한 홉스의 분노는 《홉스 씨의 충성심, 종교, 명성, 태도에 대한 고찰》의 말미에 이르러 극에 달한다. 막말도 불사한다. "요컨대 그것은 오류이고, 욕설이고, 악취를 풍기는 헛소문이다. 옥(玉)이 파리를 두려워하랴. 파리가 단단한 옥에 올라앉아 어찌 배를 채울 수 있겠는가? 지금까지 당신의 정체를 밝혔으니, 이후로는 당신에 대해 다시 거론하지 않겠다. 당신의 친구들이 당신에게 어떤 좋은 자리를 알선해주더라도."[36]

케임브리지의 플라톤주의자들

케임브리지 플라톤주의자들은 철학사에서 매우 존경받아 왔다. 그러나 17세기 후반에는 그렇지 않았다. 그중 가장 유명한 사람은 랠프 커드워스였는데, 그에게 이단 혐의가 제기되었다. 이단 혐의는 광교

---

* 당시 영국 국교 내에서 가톨릭 전통을 중시하는 신학 조류를 '고교회파(High Church)'라고 불렀고, 복음주의에 입각한 개신교 성격을 띠는 신학 조류를 '저교회파(Low Church)'라고 불렀다.

회파 사람들에게 전반적으로 제기되었다. 헨리 모어는 그들에게 제기된 혐의에 대해 이렇게 썼다. "그들을 벨리알(Belial)*의 자손들이라 설교하는 성직자도 있고, 광교회파를 악마라 하는 성직자도 있다. 줄끝에 매달려 춤추는 광대의 익살처럼 웃기는 일이다."[37] 커드워스의 자유 의지론은 왕정 복고기 국교에서는 매력적으로 여겨졌지만, 개혁 국교의 칼뱅주의에서는 용납할 수 없는 교황절대주의자들의 교리였다.

케임브리지 플라톤주의자들은 종교에 대해 최소한 토머스 화이트만큼 합리적인 견해를 지니고 있었다. 합리주의는 종종 계시 종교에 위협이 된다. 영혼의 불멸을 이성적으로 증명할 수 있다는 주장은 양날의 검이었다. 이 주장은 대부분의 기독교도가 정통으로 받아들일 수 있는 교리였다. 그러나 다른 한편, 그것이 이성의 문제라면 계시는 어리석은 자들 외에는 불필요한 것이 된다. 그렇다면 계시 종교는 지적으로 문제가 있는 사람들의 종교가 되고 마는 것이다.

모어의 주장 중에서 더 큰 문제가 된 것은, 죽을 때 사람의 영혼은 물질(육체)에서 분리되지 않고 육체와 새로운 관계를 맺게 된다는 부분이었다. 모어는 세 가지 관계가 있다고 주장했다. 지상형, 공중형, 천국형이 그것인데, 뒤로 갈수록 영적으로 더 고차적이라고 했다. 적대자들은 모어의 주장을 플라톤화한 로마가톨릭 연옥이라고 불렀는데, 이것은 당시 프로테스탄트의 뜨거운 쟁점이었다. 커드워스는 화

---

* 《구약 성경》에서 '벨리알'은 '쓸모없다'는 뜻으로 쓰이고, '벨리알의 아들'은 '쓸모없는 인간'이라는 뜻이다.(《신명기》 13:13, 〈사사기〉 19:22, 〈사무엘상〉 25:25) 《신약 성경》에서 '벨리알'은 사탄의 또 다른 이름으로 사용된다.(《고린도후서》 6:15) 존 밀턴의 대서사시 〈실낙원〉(1667년)에서는 천국에서 쫓겨난 귀신, 즉 타락한 천사로 나온다.

이트와 홉스를 "우리의 (고대 그리스 철학자) 레우키포스이자 데모크리토스"라고 말한 적이 있는데,[38] 1678년에 이르러 인간의 영혼이 "모든 육체에서 초자연적으로 분리된다."는 주장은 불합리하다고 주장했다.

평범한 사람이 죽으면 천국으로 가기는 하지만, 반드시 연옥의 정죄(淨罪)를 거쳐야 한다는 생각은 매우 강력해 보였다. 프로테스탄트 개혁파였던 리처드 백스터조차 천국에 가기 전에 연옥을 거쳐야 한다고 생각했다. 한때 회의주의자이자 플라톤주의자였던 조지프 글랜빌 역시 사람이 죽을 때 영혼이 물질에서 완전히 분리될 수는 없다고 주장하면서, 수많은 이교 철학자들의 주장을 인용했다. 이것이 기독교와 무슨 관계가 있을까? 1662년 홉스는 이렇게 썼다.

비물질적 실체, 무형적 실체가 도대체 무엇인가? 《성경》 어디에 그런 말이 있는가? 플라톤과 아리스토텔레스와 이교도들에게서 온 말이 아니던가? 이들은 꿈에 보이는 두뇌 속의 희미한 거주자들을 무형의 사람이라고 착각하고, 이들이 움직인다고 생각한다. 운동은 유형적 물체에나 있는 일이다. 당신은 그런 주장이 하느님에게 영광이 된다고 생각하는가? 당신은 기독교를 플라톤과 아리스토텔레스에게 배웠는가?[39]

홉스, 화이트, 딕비

1660대에 홉스가 날마다 논쟁을 일삼고 다른 이들과 불화한 것만은 아니었다.[40] 그는 딕비, 화이트와 화해했고, 대륙의 친구들과 서신을 주고받았으며, 집필을 하고, 담배를 피우면서 휴식도 하고, 건강을 위해 노래도 불렀다.

앞장에서 우리는 홉스가 화이트와 결별한 것을 보았다. 화이트는 홉스가 《세계론 대화록 3편》을 혹평한 데 화가 났을 것이고, 자신이 속한 로마가톨릭 분파를 코먼웰스 정부가 인정해주기를 바라는 마음에서 홉스와 적대하고 윌리스와 가까워졌다. 홉스도 맞대응했다. 화이트와 결별한 것이다. 데카르트와 마찬가지로 화이트도 홉스의 경쟁자였다. 화이트의 견해는 홉스와 아주 흡사했다. 화이트는 홉스와 마찬가지로 자연 세계를 완전히 유물론적으로 해석하려 했다. 두 사람 다 한때 원을 정사각형으로 만드는 데 성공했다고 믿었다. 홉스와 마찬가지로 화이트는 가톨릭의 정죄설과 교황 무오류론에 반대했다. 화이트는 기존의 가톨릭을 싫어했고, 홉스는 기존의 국교를 싫어했다. 홉스는 로마가톨릭교도인 친구들 앞에서 자기 책이 금서 목록에 올랐다는 사실을 자랑스럽게 생각할 정도였다. 화이트가 《복종과 정부의 근거》에서 코먼웰스의 정통성을 홉스 식으로 옹호한 것은 값비싼 대가를 치렀다. 딕비의 노력에도 불구하고 (딕비는 1660년 앙리에트 마리 궁의 재상직에 복귀했다) 찰스 2세는 화이트를 용서하지 않았다. 왕은 딕비에게 말했다. "그만 됐소, 나는 그 사람이 어떤 사람인지 아오." 이 일로 인해 딕비도 얼마 후 궁정에서 쫓겨났다.[41]

딕비는 홉스와 화이트를 화해시키는 일에는 성공했다. 딕비의 코번트 가든(Covent Garden) 집에 살롱이 있었다. 그 근처 드루리(Drury)가에 살고 있던 화이트는 이 살롱에 드나들었고, 홉스도 가끔씩 왔다. 두 사람이 화해했다고 해서 그 둘이 전적으로 의견 일치를 보았다는 말은 아니다. 앤서니 우드는 이렇게 썼다.

맘스베리의 홉스는 화이트를 존경했다. 웨스트민스터에 살던 때에는 화이트를 자주 방문했으며 환대를 받았다. 둘 다 80대에 들어섰지만, 젊은 소피스트들처럼 철학적인 문제를 놓고 말다툼을 하고 서로 나무라기도 했다. 홉스는 여전히 완고했고 반박당하는 것을 참지 못했다. (화이트가 홉스보다 연상이었으므로 참을 만도 했지만.) 그러나 그들의 말다툼을 듣고 있던 다른 학자들은 월계관은 화이트가 가져갔다고 말했다.[42]

(우드의 보고에는 약간의 오류가 있다. 홉스가 화이트보다 연상이었다. 둘 다 80대에 들어섰다면 우드가 말한 에피소드는 1668년경 일인데, 3년 전에 딕비가 죽었다.) 화이트와 홉스가 화해한 것은 둘 다 같은 사람에게 같은 이유로 공격을 받았다는 사실과 관계가 있을 것이다. 예컨대 로저 코크(Roger Coke)는 에드워드 코크의 친척인데, 《토머스 화이트와 토머스 홉스와 휘호 흐로티위스의 그릇된 주장에서 정의를 보호함》(1660년)이라는 책에서 그들을 공격했다. 익명으로 발표한 다른 책 《우리 정부에 유해한 정치적·종교적 교리와 주장 모음: 개혁을 참칭한 유명 인사와 선동가 들의 주장》(1663년)에서도 코크는 홉스가 찰스 2세를 전복하려는 교황절대주의자의 음모에 가담하고 있다고 주장했다. 그는 화이트와 홉스가 반역을 승인했다는 것을 보여주려고 화이트와 홉스의 책에서 인용한 글을 장로파의 주장과 나란히 비교하면서 그 둘의 내용이 같다고 주장했다. 홉스로서는 기가 막힐 노릇이었다.

장로파와 연관 짓지 않고서 홉스와 화이트를 공격하는 이들도 있었다. 그들은 홉스의 이론이 로마가톨릭의 변종이라고 공격했다. 로마가톨릭을 위한 반동 종교 개혁의 주장은 의심스러운 전제에 기대고 있었다. 《성경》의 의미와 하느님의 원하는 바는 어떤 권위가 없이는 알 길이 없고, 기독교의 역사에서 로마가톨릭의 위계 이외에는 그어떤 권위도 없고, 지식은 확실성을 요구하며, 기독교도에게 확실성의 유일한 근거는 로마가톨릭교회의 무오류라는 것이다. 화이트는 대체로 이 주장을 수용했다. 홉스도 그 속에 담긴 정신은 수용했지만 글자 그대로 받아들이지는 않았다. 홉스에 따르면 종교가 권위를 요구한다는 것은 맞다. 그러나 그 권위는 주권자에게 있는 것이지 로마가톨릭교회에 있는 것은 아니다. (단, 로마를 제외하고.) 솔즈베리 주교 길버트 버넷(Gilbert Burnet)은 왕정 복고의 역사를 다룬 책에서 이러한 연관 관계를 노골적으로 주장했다.

이제 종교의 주요 원리가 홉스와 그의 추종자들, 즉 홉스의 매우 이상한 주장에 따라 움직이는 교황절대주의자들에게 공격을 받게 되었다. 이들은 심지어 무신론으로 치닫기까지 한다. 교회의 권위가 무오류라는 주장만 있을 뿐, 그 외에는 기독교를 믿을 확실한 근거가 없다는 것이다. …… 교황절대주의를 수용하지 않으려는 이들을 무신론자로 만드는 한이 있어도, 교황 무오류가 기독교의 근거라는 주장은 포기할 수 없다는 것이 가톨릭의 입장이다.[43]

피터 탤벗(Peter Talbot) 대주교는 홉스의 가톨릭주의를 이렇게 공격했다. 화이트의 제자인 존 서전트(John Sergeant)의 "타락한 교리(pravum dogma)"는 근본적으로 홉스의 주장과 같다는 것이다. 조지프 글랜빌은 화이트의 블랙클로이즘*이 홉스주의와 같다고 주장했다. 글랜빌이 화이트를 처음 공격한 것은 1661년에 출간된 《독단의 허영》 2판에서였다. 이에 대해 화이트가 변론하자 글랜빌은 화이트의 철학이 "무종교적"이며, 《리바이어던》과 손잡고 있다."고 썼다. 글랜빌은 화이트가 "홉스의 전제 위에 서 있다."고 말했다.[44] 홉스로서는 자기와 철학적 입장이 같은 사람을 좋아하지 않기가 어려웠을 것이다.

16세기와 17세기에 회의주의는 무신론을 주장하기 위한 전략으로 해석되기도 했고, 무신론에 대항하기 위한 종교적 전략으로 해석되기도 했다. 글랜빌의 견해는 종교적 전략으로서 회의주의를 보여준다는 점에서 흥미롭다. 그러한 회의주의가 선의로 받아들여질 것인지 아닌지는 어느 정도 종교적·사회적·정치적 요인에 달려 있다. 글랜빌은 다른 점에서 평판이 좋았기 때문에 그의 회의주의는 종교적인 것이었고, 홉스와 화이트는 평판이 나빴기 때문에 그들의 독단은 무종교적인 것이었다. 그러나 다음 절에서 보겠지만 이 공식이 꼭 맞는 것은 아니다.

프랑수아 뒤 베르뒤

홉스는 1651년 파리에서 프랑수아 뒤 베르뒤(François du Verdus)를 만난 것 같다. 베르뒤는 로베르발의 제자로서 기하학 분야에서 최고의 학생이었다. 로베르발이 콜레주 루아얄* 수학과 교수로 재직할 때 베르뒤는 로베르발의 강의 노트를 준비하는 일을 했다. 예수회에

블랙클로이즘(Blackloism) 토머스 화이트의 별칭 '블랙클로(Blackloe)'에서 파생된 말. 화이트가 주장하는 종교 교리를 가리킨다.

서 교육을 받은 베르뒤는 1640년대에 이탈리아를 여행했고, 토리첼리와 덕비를 만났다. 메르센이 이끈 모임에서 홉스를 알게 되었으며, 지적으로나 정서적으로 이 출중한 학자에게 이끌렸다. 홉스가 영국으로 돌아간 뒤에는 홉스와 열심히 서신을 주고받았으며, 홉스의 3부작 《철학의 원리》를 프랑스어로 번역했다. 그중 《시민론》 번역본만 출간되었다.

베르뒤가 1663년부터 1666년까지 홉스에게 보낸 편지는 많이 남아 있다. 이 편지들을 보면 베르뒤가 정신적으로 몹시 고통스러워했음을 알 수 있다. 베르뒤가 물려받은 유산을 둘러싸고 지루한 법적 투쟁이 벌어졌고, 이 과정에서 받은 고통으로 정서 불안 상태에 빠지게 되었다. 베르뒤는 그의 후견인과 친척과 예수회 사람들과 보르도 대주교가 한편이 되어 초자연적인 방법으로 그의 유산을 빼앗으려 한다고 생각했다. 그는 홉스에게 《리바이어던》에 나오는 "어둠의 나라"의 사람들은 "그들에 비하면 아무것도 아니다."라고 말했다.

베르뒤가 말한 음모가 사실이었다 하더라도 그 역시 편집증 환자였다. 베르뒤는 자기가 극악무도한 음모의 비밀을 알아냈다고 생각했고, 사람들이 자신을 노리고 있다고 생각했다.

그래서 내가 그들의 비밀을 알게 되었는데, 그들도 내가 비밀을 알고 있다는 사실을 알고 있어서 세 가지 중 하나를 해야 하는 상황에 이르렀습니다. 내가 먼저 그들의 음모를 분쇄하는 것, 그들에게 당하는 것, 그들과 타협하는 것입니다. 이중에서 그들을 부숴버리는 것이 당연히

콜레주 루아얄(Collège Royal) 콜레주 드 프랑스(Collège de France)의 전신. 파리에 있는 고등 교육 기관이다. 과학과 문학과 예술 분야를 주로 가르친다.

제일 좋고, 그럴 수 있으리라고 생각했습니다. 믿을 만한 동지가 있었더라면 그렇게 할 수 있었을 것이고, 왕실의 협력도 얻을 수 있었을 것입니다. 하지만 내가 그런 동지를 어디에서 찾아낼 수 있겠습니까? 그래서 그런 선택을 할 수 없었습니다. 그러면 가만히 앉아서 당해야 할까요? 누구라도 그렇게 하지는 않겠지요. 그래서 다시 나를 도와줄 분들을 애타게 찾았습니다. 그들이 나를 잡아서 로마로 데려가 불태워 죽이겠다고 협박하는 지경에까지 이르렀기 때문에……

그로부터 얼마 후 베르뒤는 자신이 갑작스런 죽음을 맞이할 경우 사용해 달라고 홉스에게 진술문을 맡겼는데, 거기에 이런 내용이 들어 있다.

수도원 밖의 수녀에 대한 …… 헛소문으로 중상을 당했고 …… 정의의 부정과 허술한 법과 신의의 파괴로 고통을 받았으며, 5년 동안 옷한 벌로 지냈으며, 3년 동안 빵과 물만 먹고 살았으며, 두 번이나 독살의 위험을 겪었으며, 다시 몸을 움직이는 데 11개월이 걸렸으며, 이 모든 역경을 혼자서 외롭게 견뎌냈으며, 그런 중에도 정신적으로 흔들리지 않고, 따뜻한 마음을 잃지 않았으며……[45]

베르뒤는 이런 상황을 비정상적인 종교적 믿음으로 견뎠다. 자신이 박해를 받고 있다는 이야기를 장황하게 한 다음 "나를 증오하는 이들을 충분히 이해할 수 있다."고 쓰고, 갑자기 "기독교도라면 자신의 감정을 하느님께 맡겨야 한다."고 말한다. 그는 또한 홉스에게 "꿈속에서 성합(聖盒)을 보았다."고도 말했다.[46] 홉스는 너그럽게도

"성합이 보이는 꿈을 꾸었다."고 해야 바른 표현이라고 지적하지는 않았다.

홉스가 베르뒤에게 보낸 편지는 남아 있는 것이 없어서 어떻게 답신했는지는 알 수 없다. 베르뒤는 오랫동안 홉스에게 답신이 없다고 불평하기도 했지만, 홉스가 그를 동정하고 관대한 우정을 유지한 것만은 분명하다. 홉스는 《오늘날 수학의 검토와 수정》(1660년)을 베르뒤에게 헌정했고, 1672년의 운문 전기에서 그를 "성실한 친구"라고 추억했다. 또한 베르뒤가 쓴 시 전문을 보여 달라고 요청한 일도 있다. 그 시는 아이리스와 피닉스라는 두 여성의 동성애가 주제였다. 아이리스가 피닉스와의 사랑을 꿈꾸는 내용이다. "얼마나 즐거웠던가, 얼마나 기뻤던가. / 입술을 빨면서 / 두 사람의 입이 함께 붙어—키스를 주고받으면서! —혀가 혀를 찾으면서." 아이리스는 밤마다 욕망이 타올라 피닉스에게 사랑을 고백하고, 마침내 서로 사랑하는 사이가 된다. 사랑을 나눈 후 그들은 엄숙하게 사랑을 맹세한다. "상호 간의 취소 불가능한 약조로 / 성직자의 안수를 받으며." 이 시는 내레이터가 두 연인이 갈망하던 "그들의 순수한 환희가 / 그토록 즐겁고, 순결한 기쁨이 / 실현될 수 있기를" 기원하면서 끝난다.[47]

우리에게는 베르뒤가 따분해보이지만 홉스는 우정을 끝까지 유지했다.

마거릿 캐번디시

스튜어트 왕조 시기의 주요 인물인 마거릿 캐번디시(Margaret Cavendish)는 홉스를 예찬한 사람이다. 마거릿은 뉴캐슬 공작의 두 번째 부인인데, 남편보다 30살 어렸다. 이국적인 옷을 입었고, 파격적인 견해를 내놓아 찬사를 받기도 하고 조소를 받기도 했다.

마거릿은 남편의 전기를 쓰기도 했는데, 중요한 문건이긴 하지만 칭찬 일색의 내용이었다. "미친 마지(Mad Madge)"가 마거릿의 별칭이었다. 풍문에 의하면 행차할 때 마거릿 일행의 행렬이 얼마나 길었던지 그녀가 왕을 배알하고 절을 할 때 일행 중 일부는 대기실에 있었다고 한다. "마거릿의 마차와 하인들은 흑백 우단으로 치장했으며, 그녀의 옷 색깔에 맞추어 은색으로 장식했다."는 이야기는 믿을 만하다.[48] 에벌린은 마거릿을 좋게 평가했다. 그는 "공작부인*의 기발하고 특이한 습관과 복장과 대화가 무척 마음에 들었다." 정치가 새뮤얼 피프스(Samuel Pepys)는 마거릿을 못마땅하게 생각했지만 그녀의 드러난 젖가슴을 음란한 눈빛으로 바라보았다. 피프스는 마거릿을 이렇게 평가했다. "정신 나가고 우쭐대는 괴상한 여자이다. 그녀의 남편은 자신에 대한 이야기를 쓰게 놔 둔 멍청이다."

마거릿은 다재다능했지만 그중에서도 특히 여러 장르의 문학에 뛰어난 재능을 보였다. 마거릿이 쓴《매우 고상하고 탁월한 여성, 뉴캐슬 후작부인이 쓴 희곡》(1662년) 출판을 기념해 마거릿을 칭송하는 편지와 시를 모아 책 한 권을 만들었는데, 홉스가 마지못해 쓴 글도 들어 있다.《뉴캐슬 공작부인 마거릿을 기리는 편지와 시》(1676년)에서 홉스는 이렇게 쓰고 있다.

　　(당신의 책은) 내가 지금까지 읽은 그 어떤 도덕 책보다도 더 진실한

------

* 마거릿이 뉴캐슬과 결혼할 당시에 뉴캐슬은 후작이었으나, 1665년에 공작 작위를 받았다.

미덕과 명예로 가득 차 있습니다. 일부 희극 작가들은 못된 인간들과의 대화를 통해 그들의 악덕을 무대 위에 꼴사납고 상스럽게 드러내어 어중이떠중이를 사로잡지만, 당신은 칭찬으로 그렇게 하고 있습니다. 질 낮은 관객들을 가장 기쁘게 하는 것은 교묘한 속임수와 좀도둑질인데, 어릴 때부터 덕성을 타고난 고귀한 정신은 그런 것을 전혀 알지 못하는 법입니다.[49]

여기에서 홉스는 마거릿의 작품보다 더 속된 작품들을 더 많이 언급하고 있다. 앞에서 본 것처럼 홉스는 남과 비교하여 사람을 조롱해서는 안 된다고 주장했다. 비교는 사람을 농담의 표적이 되게 하는 것만큼이나 웃음거리로 만드는 짓이기 때문이라는 것이다. 그러나 여기에서 마거릿의 작품을 다른 속된 작품과 비교한 것은 그 취지가 앞에서 말한 것과 다르다고 할 수 있겠다.

마거릿도 철학자였다. 그다지 뛰어나지는 않았지만. 마거릿의 철학 저작에 담긴 주제들은 대체로 데카르트와 홉스의 토론을 들으면서 알게 된 것들이었다. 홉스와 브럼홀이 자유 의지에 관해 논쟁하는 모습도 직접 봤을 가능성이 있다. 뉴캐슬이 망명했을 때 마거릿도 함께 있었기 때문이다. 마거릿은 실험의 가치에 관해서는 홉스의 의견을 따랐다. "우리 시대는 이성적인 논증보다는 기만적인 실험을 더 많이 하고 있다. 일부 사람들이 말하듯이 그런 '따분한 이야기'는 이성보다는 감각을 앞세우는 것이요, 명증한 이성적 인식보다는 육안이나 망원경이나 현미경같이 속기 쉬운 것들을 더 믿는 짓이다."[50]

마거릿은 남편이 다른 사람들과 대화를 나눌 때 동석하곤 했는데, 1640년대에 남편과 홉스가 나오는 대화 두 편을 기록으로 남겼다. 하나는 인간이 인공 날개로 날 수 있는가 하는 것이었다. 참석자 중 일부는 가능하다고 생각했다. 그러나 뉴캐슬은 불가능하다고 주장했다. 인간의 팔은 새 날개가 붙어 있는 것과는 다른 방식으로 몸통에 붙어 있기 때문이라는 것이다. 홉스는 이 이야기를 좋아했고 《리바이어던》에도 그 이야기가 있다. 아니, 마거릿이 그렇게 생각했다. 사실 홉스의 저작 어디에도 그런 이야기는 없다. 홉스가 대화 중에 그 이야기를 《리바이어던》에 쓰겠다고 말해놓고 실제로는 그렇게 하지 않았을 가능성도 있다. 또 다른 대화는 마녀들에 관한 것이었다. 뉴캐슬은 홉스처럼 마녀의 존재를 믿지 않았다. 여기에서 마녀란 악마에게서 초자연적인 능력을 얻은 사람을 말한다. 뉴캐슬은 마녀들은 꿈을 현실로 착각한 사람들이라고 생각했다. 홉스도 같은 생각이었던 것 같다. 《리바이어던》에서 많은 이들이 그런 방식으로 하느님의 계시를 받았다고 생각한다고 말하고 있기 때문이다. 8장에서 말한 것처럼 홉스는 셀던과 마찬가지로 자칭 마녀는 처벌해야 한다고 생각했다. 그들이 정말 마녀라서가 아니라, 그럴 힘이 있기만 하면 남을 해치려 들기 때문이다. 안타깝게도 공작부인이 홉스에게 한 말은 스무 단어가 넘지 않는다. 당시 여성의 지위가 그러했다. 아무리 좋은 환경에 놓여 있다 하더라도. (마거릿의 주장이 다소 과장된 것일 수도 있다. 마거릿이 저녁 모임 후에 홉스를 저녁식사에 초대했다는 이야기가 있는데, 이때에는 스무 단어 이상을 말했을 것이다.)[51]

마거릿은 여성 해방에 관해 글을 썼고, 운동도 했다. 여성은 날 때부터 남성과 동등한데 문화적 환경에 의해 열등해졌다고 주장했다. 마거릿은 적어도 자기 남편만큼 자연과학에 관심이 있었고, 왕립학회를 방문하고 싶어 했다. 피프스를 비롯한 여러 사람이 반대했다. 마거릿이 학술 회의에 참석하면 왕립학회의 명예가 떨어진다는 이유에서였다. 마거릿을 비웃은 사람들이 오히려 비웃음을 당했다. 결국 친구 월터 찰턴(Walter Charlton)의 노력으로 방문 허가를 얻었다. 마거릿의 방문을 기념하여 보일은 공기 펌프를 작동하고, 포도주에 화학 물질을 넣어 녹색으로 만들고, 양고기 조각을 황산으로 녹이는 실험을 보여주었다. 마거릿은 망원경을 보았고, 자석이 나침반 바늘을 교란하는 모습을 보았다. 마거릿은 홉스처럼 실험의 가치에 회의적이었고 망원경으로 보이는 모습이 진짜가 아니라고 생각했지만, 그런 의심은 눈 녹듯이 사라졌다.

여담은 이 정도로 하고 다시 홉스 이야기로 돌아가자.

런던 재난과 신의 심판

전염병은 스튜어트 왕조의 영국에서 흔한 일이었다. 수 세기 동안 그랬다. 위생은 엉망이었고, 전염병의 원인에 대해서도 무지했다. 대부분의 사람들이 하느님이나 악마, 혹은 그 둘 모두의 탓으로 여겼다. 죄의 대가를 치르는 것이라고 생각했다. 그래서 치료법도 하느님에게 용서를 빌고 바른 생활로 돌아가는 것이었다. 사실 림프절 페스트(흑사병)는 쥐가 사람에게 벼룩을 옮겨 발생하는 병이었다. 감염되면 림프절이 부어오르고, 고열과 한기에 시달리고, 헛소리를 했다. 보통 열흘 안에 죽었다. 홉스도 페스트의 원인에 대해 자세하게 알지는 못했지만 당시로서는 앞선 지식을 지니고 있었다. 그는 파리가 전염시킨다고 생각했다.

첫째, 우리가 알기로는 온 나라의 공기가 감염되는 것은 아니고 인구 밀집 지역이나 그 인근에만 전염된다. 그러므로 원인은 군집한 사람들에게 있다. 이들은 인근의 들판이나 거주지 주변에 배설물을 버릴 수밖에 없는데, 여기에 파리가 알을 까고 한두 달 지나면 파리가 된다. 한 지역에서 생겼다 하더라도 여기저기로 날아다닐 수 있다. 둘째, 역병이 처음 발생한 지역을 보면 아주 가난한 사람들이 거주하는 곳이다. 이들은 초근목피로 연명하는데, 오염된 토지에서 난 것들이다. 이로부터 가난한 사람들의 혈액이 감염되고 파리도 감염된다. …… 셋째, 감염된 지역에서도 온전한 식품을 먹고사는 사람들은 페스트로 사망하는 비율이 500명당 한 명에 불과하다. …… 넷째, 감염된 옷을 입은 사람이 사방으로 돌아다녀 온 나라가 감염될 수도 있고, 한 마을이 감염될 수도 있다. 그러면 그런 사람 옆에서 숨만 쉬어도 감염될까? 페스트로 죽은 사람이 살던 방의 커튼에서 감염되기도 할까? 그런 일은 불가능하다. 따라서 감염을 일으키는 인자가 옷에 있건 커튼에 있건, 그것이 사람의 입이나 콧속으로 들어와야 감염을 일으킨다. 그러므로 파리가 인자를 핏속으로 옮기고, 그것들이 증식하여 혈액 순환을 막고 사망에 이르게 하는 것이 틀림없다.[52]

1664년 후반 스코틀랜드의 성 자일스(St. Giles) 교구에서 발생한 역병은 역대 최악이었다. 피해는 그 이듬해 초부터 서서히 나타나기 시작했지만 그때까지는 제한적이었다. 1665년 봄에 이르러서야 전국으로 번져 갔다. 찰스 2세 왕실은 6월에 런던을 떠나 옥스퍼드로 갔다. 부유한 사람들이 런던을 떠나 피난길에 오른 직후였다. 런던 인근 마을에서는 피난 온 사람들에게 런던 시장이 발급한 건강 증명서를 요구했다. 런던 시장은 기꺼이 그렇게 할 준비가 되어 있었다. 홉스의 편지로 추측해보건대 홉스도 늦봄에 피난을 간 것 같다. 역병으로 인해 런던 법학원도 폐쇄되었다. 법률 업무가 중단되었고 법조인들도 런던을 떠났다. 법조인들이 남아 있었더라면 확실히 상황이 더 나았을 것이다.

역병은 9월 무렵에 잦아들었다. 1년 후 런던은 더 큰 재앙을 만났다. 1666년의 대화재가 바로 그것이다. 대부분의 사람들은 그 두 사건이 서로 관련 있다고 생각했다. 왜 그런지는 알 수 없지만 두 사건 모두 하느님이 내린 벌이라고 생각했다. 네덜란드와의 전쟁(1665~1667년)은 말할 것도 없다. 불은 푸딩(Pudding)가에 있는 빵집에서 일어났지만 발화 지점은 중요하지 않았다. 성 바오로 성당, 왕립거래소, 공공건물을 포함한 런던의 5분의 4가 화마에 휩쓸렸다는 사실은 하느님이 분노한 증거였다. 찰스 2세와 그의 동생 요크 공작은 신하들과 함께 런던에 남아 화재 진압을 진두지휘하여 백성들의 찬사를 받았다. 이때 홉스가 어디에서 무엇을 했는지는 기록이 없다. 소방 용구를 들고 불을 끄거나 양동이로 물을 나르는 일을 했을 것 같지는 않다. 그러나 이 역병과 화재는 그 후 몇 년 동안 홉스의 삶에 큰 영향을 끼치게 된다.

이단 혐의를 반박하다

모든 사건에는 설명이 따른다. 재앙은 사건이다. 슬프게도 때로는 설명 그 자체가 재앙이다. 전쟁과 화재와 흑사병이 왜 일어났는가? 영국인들은 필사적으로 설명을 찾았다. 가장 일반적인 설명은, 앞에서 말한 것처럼 자신들이 죄를 지었기 때문이라는 것이다. 좀 더 위안이 되는 설명은 내가 아니라 다른 사람이 죄를 지었기 때문이라는 것이다. 로마가톨릭과 무신론자들 때문이라는 주장도 제기되었다. 1666년 10월 "무신론과 신성 모독 금지법"이 의회를 통과했다. 홉스와 가톨릭 사제 토머스 화이트는 "무신론과 신성 모독" 혐의로 조사 대상자 명단에 올랐다. 조사의 초점은 "화이트라는 이름으로 출간된 책과 《리바이어던》이라는 홉스 씨의 책"이었다.[53] 조사위원회가 조사 내용을 하원에 보고하기로 정해졌다. 그러나 조사 절차에 대한 논의로 시일을 끌다가 1668년에 이르러 없던 일이 되고 말았다.

하지만 홉스는 마음을 놓을 수가 없었다. 광신자들과 열성분자들이 그를 노리고 있었다. 자기 방어는 죄가 있는 사람에게만 필요한 것이 아니다. 죄 없는 사람에게도 필요하다. 홉스는 변호사처럼 여러 권의 저서를 써서 이단이 무엇인지 밝히고, 1660년대에 왜 이단 혐의로 신문당한 사람이 한 사람도 없는지 그 이유를 설명하고, 자신의 견해가 왜 이단이 될 수 없는지, 또한 홉스의 주장이라고 제기된 것이 어떻게 자신의 주장과 다른지를 설명했다. 홉스는 이미 1664년부터 이단의 법률에 관해 쓰기 시작했지만, 이 주제를 다룬 주요 저작은 《리바이어던》 라틴어판(1668년) 부록과 거의 같은 시기에 쓴 《이단의 역사 이야기와 이단 처벌》이다. 《비히모스》와 《보통법 대화록》에도 이단에 관한 논의가 있다. 《리바이어던》 라틴어판 부록은 매우 체계적으로 방어 논리를 전개하고 있다. 3개 장으로 구성되어, A와 B 두 사람이 대화를 하는 아주 단순한 방식이다. 각 장의 제목은 '〈니케아 신경(信經)〉에 대하여', '이단에 대하여', '《리바이어던》에 대한 반론들'이다.

월리스는 등장인물 중 한 사람은 '토머스'이고, 또 한 사람은 '홉스'라고 말했다. "홉스가 제대로 설명을 못하면 토머스가 '그것은 자명한 이치(Manifestum est)'라고 거들고 나서서 증명할 필요가 없도록 만들고 있다."는 것이다.[54] 2장만이 아니라, 장 3개 전부가 홉스 자신을 변호하는 내용이다. 〈니케아 신경〉에 대한 홉스의 설명이 옳다면 홉스의 주장은 정통이다. 이단에 대한 홉스의 이론과 이단의 역사에 대한 홉스의 설명이 옳다면 그는 결코 이단으로 단죄될 수 없다. 《리바이어던》에 제기된 반론들에 대한 홉스의 답변이 설득력이 있다면 홉스의 주장은 결코 이단이 아니다. 홉스는 이렇게 썼다. "지금까지 당신은 〈니케아 신경〉의 교리를 설명했는데, 당신이 기독교 신앙을 위태롭게 한 것으로 보이지는 않고 오히려 굳건하게 한 것 같다. 당신 나름의 방식으로." 여기에서 '당신'은 물론 홉스 자신을 가리킨다.[55]

이단에 대한 홉스의 설명은 그의 다른 저작에 있는 설명과 기본적으로 같다. 홉스에 따르면 이단의 어원은 어떤 학설에서 유래되었다. 그러므로 플라톤과 아리스토텔레스가 최초의 이단자들이다. 시간이 흐르면서 '이단'이라는 말이 종교적 주장에 한정하여 쓰이게 되었다. 사회 질서를 유지하기 위해 일부 주장은 법률이 되었고, 나머지 주장은 이단이 되었다. 사람들은 법률과 이단을 구별해야 했다. 홉스는 니케아 공의회(325년) 이후 기독교 교부 에우세비오스와 다른 주교들의 사례를 근거로 들어 이렇게 주장한다. 이단은 "교회가 정한 형식에 직접적으로 명백히 어긋나는 말"을 한 사람에게만 적용된다. "그 사람이 한 말이 '타인에게 준 영향(consequence)'을 근거로 하여 이단으로 처벌해서는 안 된다."는 것이다.[56] 《리바이어던》 라틴어판에서 홉스는 이렇게 설명했다. "어떤 발언의 영향을 판단하기는 매우 어렵다. 그러므로 고발당한 자가 법 규정에 어긋나는 주장을 했다 하더라도, 그 사람이 조리 있게 추론하는 방법을 잘 몰랐고 어느 누구에게도 피해를 주지 않았다면 그의 무지는 면죄 사유가 된다."[57]

홉스가 이단의 역사를 통해 내린 결론 역시 자신을 위한 변론이었다. 홉스에 대해 제기된 혐의는 모두 간접적인 것에 불과했다. 그의 주장 중에 공식 교리를 정면으로 부정한 것은 없었다. 《리바이어던》의 저자를 이단으로 규정하는 것은 두 가지 이유에서 부당하다. 첫째, 그 책은 이단 여부를 판단하는 권한이 있던 특설고등법원*이 폐지된 후에 씌었다. "당시에는 종교 문제에 관해 자신의 생각대로 설교하거나 저술하는 것을 규제하는 인간의 법"이 없었다. 둘째, 그 책은 "전쟁이 한창일 때 씌었다. 그러므로 국가의 평화를 교란하는 것이 불가능했다. 교란할 평화 자체가 없었기 때문이다."[58] 달리 말하면 《리바이어던》은 자연 상태의 산물이다. 가톨릭 주교들과 장로파가 《리바이어던》의 주장을 싫어한다 하더라도, 1640년대처럼 그 책의 출판 통제권을 지닌 기관의 권한을 침해해서는 안 된다. 이러한 변론을 통해 홉스는 장로파와 왕의 적대자들에게 자신이 받은 만큼 되돌려주었다.

《리바이어던》이 이단이라고 해보자. 그러면 가장 무거운 처벌은 무엇일까? 원래부터 이단에 대한 처벌은 상대적으로 약했다. 보통 목사직을 박탈하고 아주 위험한 이단자는 국외로 추방하는 것이었다. 가장 흔한 처벌은 파문이었다. 그러나 실제로는 처형된 사람들도 있었

특설고등법원(Court of High Commission) 이단 단속 등 종교 문제를 다루는 최고 재판소였다. 엘리자베스 1세 때 창설되어 1580년대에 청교도를 탄압하는 도구로 쓰이다가 1641년 장기 의회에 의해 폐지되었다.

다. 이단자를 화형에 처한 것은 12세기 교황 알렉산데르 3세 때 시작된 것으로 보인다. 16세기 영국에서는 로마가톨릭교도였던 "피의 메리(Bloody Mary)" 여왕이 프로테스탄트를 이단으로 몰아 처형했는데, 프로테스탄트였던 여동생 엘리자베스 1세가 왕위를 계승한 후 메리의 이단금지법을 폐지했다. 엘리자베스 1세는 1~4차 공의회에서 이단으로 규정한 교리만 이단으로 간주하고 화형을 폐지한다고 선포했다. 대체로 엘리자베스, 제임스, 찰스 치하의 영국 교회는 콘스탄티누스 황제 시절만큼이나 평화로웠다. 콘스탄티누스는 교회와 로마 제국의 수장이었다. 역사가 존 폭스(John Foxe)는 《순교사(The Book of Martyrs)》(초판, 1563년)에서 콘스탄티누스의 치세를 찬양하는데, 이 책은 프로테스탄트에게 《성경》 다음으로 중요하다.

이단의 역사를 서술하면서 홉스는 이단 사냥과 잔혹한 처벌이 프로테스탄트보다는 로마가톨릭에서 더 심하게 자행되었음을 보여준다. 이단을 처벌한 주된 이유는 기독교도가 "파벌"을 형성하지 못하도록 하기 위한 것이었다. 진리가 아니라 평화를 위해 단일 교리를 강요한 것이다.[59] 표준적인 믿음에서 벗어난 믿음을 관용하자는 것이 홉스의 주장은 아니다. 그는 "혼란과 내전"은 종종 "교리의 상이(相異)와 지적 논쟁"에서 발생하기 때문에 "군주나 코먼웰스가 법으로 금지하는 것을 책이나 설교로 가르치는 자들은 처벌의 형태로 규제해야 한다."고 주장했다.[60]

홉스가 이단에 관해 쓴 저서들은 모두 처벌의 위험이 사라진 이후에 출간되었으므로 그 저서들 덕에 홉스가 처벌을 받지 않았다고 생각할 수도 있다. 그러나 나는 홉스에게 죄가 없다는 사실 그 자체가 그를 처벌할 수 없게 만든 가장 중요한 증거였다고 생각한다. 헨리

베넷(Henry Bennet)의 도움을 받았을 가능성도 있다. 베넷은 찰스 2세 왕정에서 오랫동안 국무대신을 맡았다.[61] 베넷은 알링턴 경으로 불렸고, 이른바 '카발'* 중 하나였다. '카발'은 1667년 클래런던이 실각한 후 영국을 좌지우지했다. 알링턴은 클래런던의 정적(政敵)이었으므로 홉스와 가까웠을 가능성이 있다. 알링턴은 로마가톨릭으로 개종한 다른 사람들과 마찬가지로 무신론 혐의를 받았다. 알링턴이 홉스를 도와주었다는 증거는 희박하다. 1667년 6월 편지에서 홉스는 알링턴에게 (그리고 그의 측근 두 사람에게) 도와줘서 고맙다는 말을 하고 있는데, 어떤 도움을 받았는지는 나와 있지 않다. 홉스는 《원리와 추론》을 알링턴에게 헌정하면서 "노년을 안락하게 보낼 수 있게" 해준 데 고마움을 표했다.[62] 그렇다면 홉스가 조사 대상에서 빠지게 된 것이 알링턴 덕이었다고 추론할 수도 있다. 그러나 노년의 안락에는 돈도 중요하다. 알링턴은 홉스가 왕실에서 연금을 받을 수 있도록 도와주었는데, 이에 대한 사례일 수도 있다. 그 이듬해 홉스는 《이단의 역사 이야기와 이단 처벌》을 출간할 수 있도록 도와 달라고 알링턴에게 부탁했지만 뜻을 이루지 못했다.

《비히모스》, 영국 내전의 역사

홉스는 또한 《비히모스》의 원고 한 부를 알링턴에게 바쳤다. 《비히모스》는 홉스가 영국 내전의 역사를 쓴 책인데, 1666년에서 1668년

카발(CABAL) 직역하면 '도당(徒黨)'을 가리킨다. 당시 의회의 실권자였던 다섯 사람, 즉 클리퍼드(Clifford) 경, 알링턴(Arlington) 경, 버킹엄(Buckingham) 공작, 애슐리(Ashley) 경, 로더데일(Lauderdale) 경의 머리글자를 따서 붙인 이름이다.

사이에 쓰인 것 같다. 책 제목이 수수께끼 같다. 홉스는 어떤 논쟁을 하다가 적들이 자신을 공격한 책 제목이 '리바이어던을 공격하는 비히모스'라고 말한 적이 있다. 홉스는 자신의 책을 주로 '영국 내전에 관한 대화'라고 언급했다. 홉스 생전에 그의 허락을 맡지 않고 출간된 초기 판본 중에는 제목이 '영국 내전의 역사'로 된 것도 있고, '비히모스'를 제목으로 달고 영국 내전을 부제로 언급한 것도 있다. '비히모스'는 불길한 느낌을 주는 제목이다. 이 제목은 홉스 스스로 사용한 적이 있다. 알링턴에게 바친 원고의 제목도 '비히모스'이다. 홉스는 이렇게 썼다. "이 원고는 각하께서 좋으실 대로 처리하십시오. 다만 출판되지 않기를 바랍니다." 내 추측으로는 홉스가 《비히모스》를 찰스 2세에게 보여준 후 어느 시점, 즉 1668년경에 이 글을 쓴 것 같다. 왕은 홉스의 출판 요청을 거절했다. 홉스는 "딱 잘라 거절했다."고 썼다. 찰스는 책의 내용에는 동의했지만 책이 출판되었을 때 발생할 후폭풍을 알고 있었다.

《비히모스》는 홉스가 《리바이어던》에서 주장한 정치 원리가 지켜지지 않을 경우, 정부에 어떤 나쁜 일이 생기는지를 보여준 일종의 사례 연구이다. 간단히 말해서 군주는 절대 주권자라야 하고, 단일 권력으로 기능해야 하고, 백성들에게 주권자에 대한 복종의 의무를 가르쳐야 하고, 반대 세력은 해악을 끼치기 전에 진압해야 한다는 것이다. 그렇게 하지 않으면 정부는 해체되고 만다. 그러나 찰스 1세는 안타깝게도 의회에 고분고분했고, 대학들이 그의 권위를 위협하는 이론을 가르치는 것을 방치했으며, 반대 세력이 그의 정책에 도전하고, 나중에는 왕권에까지 도전했는데도 미온적으로 대처했다. 이로써 온 나라가 슬픔에 빠지게 되었다는 것이다.

사실 관계가 약간 부정확한 곳도 있지만, 그렇다고 해서 《비히모스》의 가치가 떨어지는 것은 아니다. 철학에서는 사실과 쟁점을 혼동하지 않는 것이 중요하다. 홉스의 관심사는 내전의 전개 그 자체보다는 그 원인이 무엇인가 하는 것이었다. 사실 관계가 홉스가 안 것과는 약간 달랐다 하더라도, 내전의 원인에 대한 그의 설명은 달라지지 않았을 것이다. 홉스의 설명은 그의 감정과 관점에 따라 변한다. 가해자의 행위와 인성에 대한 이야기에서는 "불의, 뻔뻔스러움, …… 위선, …… 속임수, 어리석음"이 원인이라고 말한다.[63] 그러나 역사적으로 구체적인 설명을 한 곳도 있다. 그중 하나가 왕이 통치에 필요한 권력을 지니지 못했다는 것이다. 정부를 운영할 자금 부족과 군대에 대한 불완전한 통치가 바로 그것이었다. 또 하나의 원인은 백성들의 타락이다. 홉스는 백성들이 타락하게 된 주된 원인을 여섯 가지로 나열한다. (1) 장로파, (2) 로마가톨릭, (3) 독립파, 재세례파, 제5왕국파, 퀘이커교도, 아담파, (4) 그리스와 로마의 고전적 정치 이론을 읽고서 타락한 지식인들, (5) 런던이 네덜란드 도시 흉내를 낸 것, (6) 백성의 의무가 무엇인지를 제대로 아는 사람이 없었다는 것이다. 원인 하나하나를 설명하거나 평가하는 것은 이 책의 범위를 넘어서는 일이다. 여기서 중요한 것은 사건의 원인이 복합적이라는 점이다. 홉스는 재앙의 원인을 결코 단순화하지 않았다. 원인 중에는 종교적인 것도 있고, 정치적인 것도 있고, 사회적인 것도 있다. 이 원인들이 장기간에 걸쳐 누적된 상태에서 어떤 사건을 계기로 내전이 발발했다는 것이다.

《비히모스》에서 다룬 논의는 홉스의 정치 이론과 일치하지만, 왕정이 복고된 상황을 의식하면서 쓴 부분도 있다. 그는 1646년 "통치권을 행사한 사람은 아무도 없었다."고 하면서도 찰스가 통치의 권한을 지녔다고 썼는데, 이것은 '주권자는 백성들을 보호할 수 있는 충분한 권력을 지녀야 한다.'는 그의 주장과 맞지 않는다. 또한 1653년에 크롬웰이 "최고 권력"을 지니고 있었는데도 "통치의 권한"이 아무에게도 없었다고 주장했는데, 이 역시 상황을 의식한 억지 주장이다.[64] 하지만 홉스는 왕이 처형된 사건에 대해서는 말을 아꼈다. 범죄의 중대성에 비추어보면 매우 차분한 설명을 하고 있다.

> (왕은) 화이트홀 궁전의 정문에서 처형되었다. 왕이 사형 선고를 받고 처형될 때까지 군인들이 그를 어떻게 야비하게 다루었는지에 관한 글을 읽으면서 즐거움을 느끼는 사람은 왕의 연대기를 읽어보시라. 그러면 이 군주가 어떤 용기와 인내와 지혜와 선량함을 지니고 있었는지 알게 될 것이다. 이런 사람에게 저 사악한 의회가 독재자, 반역자, 살인자 혐의를 씌웠던 것이다.[65]

《비히모스》가 처음 출간되었을 때 홉스는 오브리에게 이렇게 불평했다. "내가 쓴 영국 내전 역사책이 외국에서 들어왔다고 들었는데 유감이오. 더구나 폐하께서 출간을 허락하지도 않으셨소."[66] 《비히모스》의 정본은 홉스의 허락을 얻은 출판업자 윌리엄 크룩이 1682년에 발간했다. 출간 초기에 잠시 인기를 끌었으나 곧 시들해졌다가, 20세기 마지막 25년 동안 다시 주목을 받았다.

《리바이어던》에 관한 변론

1668년에 홉스가 중요한 저술들을 내놓았다고 앞에서 말했다. 이 해에 라틴어 저작 전집이 발간되었는데, 여기에는 《리바이어던》 라틴어판도 들어 있다. 전집은 네덜란드 출판업자 요안 블라외(Joan Blaeu)가 발간했다. 영국에서는 홉스의 저작이 수학과 과학에 관한 것 외에는 사실상 출판 금지 상태였다. 또한 홉스는 국내보다는 외국에서 더 명망이 높았다. 프랑스에서는 소르비에르가 출판 작업을 추진하고 있었다. 소르비에르는 《시민론》 2판의 출간을 주선했고, 그 책을 프랑스어로 번역했다. 1663년 영국을 방문했을 때 소르비에르는 홉스와 만나 라틴어 저작 출판 계획을 세웠다. 그는 4절판 표지에 사용할 요량으로 유명한 화가 윌리엄 페이솜(William Faithome)에게 부탁하여 홉스의 초상화도 마련했다. 《리바이어던》을 라틴어로 번역 출간하자고 제의한 사람도 소르비에르였다.

적어도 라틴어판의 일부가 영어판보다 앞서 저술되었다는 주장이 있다. 이 주장은 홉스의 운문 전기에 나오는 홉스의 진술을 근거로 삼는다. 홉스는 웨일스 공을 가르치던 무렵에 《리바이어던》의 집필을 시작하여 영어로 완성했다고 말한다. "모국어로 완성했다(Perfeci librum patrio sermone)."는 말은 다른 언어, 즉 라틴어로 작업을 시작한 듯한 느낌을 준다. 이 말이 옳다면 《리바이어던》 라틴어판은 영어판보다 앞서기도 하고 뒤서기도 한다. 《리바이어던》 라틴어판은 홉스 정치 이론의 네 번째판이라고 할 수 있는데, 새로 쓴 것이 아니라 오래전에 써 두었던 라틴어 원고를 토대로 작업하여 1660년대 중반에 완성했을 가능성이 크다. 하지만 다수 학자들은 네덜란드판 라틴어 저작집을 준비하면서 《리바이어던》 영어판을 라틴어로 번역한 것으로 보고 있다. 번역 작업도 다른 사람에게 맡기지 않고 홉스가 직접 한 것으로 보고 있다.[67] 경위야 어떠하든 《리바이어던》 라틴어판 대부분이 영어판의 번역이다.

홉스는 자신의 종교적 견해를 변론한 책 《브럼홀 박사의 책, 이른바 '리바이어던 잡기'에 대한 답변. 이단의 역사 이야기와 이단 처벌》은 1668년에 저술되었지만 홉스 사후에 출간되었다. 제목에서 알 수 있듯이 이 책은 두 개의 저술을 한데 묶은 것이다. 《이단의 역사 이야기와 이단 처벌》은 앞에서 《리바이어던》 라틴어판 부록과 함께 살펴보았다. 《브럼홀 박사의 책, 이른바 '리바이어던 잡기'에 대한 답변》도 찬찬히 살펴볼 필요가 있다.

브럼홀이 책 제목을 '리바이어던 잡기'로 달아놓은 것을 보면 허먼 멜빌의 이야기*가 생각난다. 브럼홀이 에이하브 선장이고 홉스가 흰 고래 모비 딕이다. 나는 거대한 고래 편이다. 브럼홀의 책은 10년 전에 나왔는데, 한 편은 홉스의 정치철학을 다루고 또 한 편은 홉스의 종교적 견해를 다루고 있다. 홉스의 1668년 저서는 후자에 관한 것이다. 홉스는 "악의적인 중상(무신론)을 제거하기 위해" 그 글을 썼노라고 말했다.[68]

나는 하느님의 전능함을 믿지만, 그리고 그분의 뜻대로 무엇이든 할 수 있다고 믿지만 만사가 어떻게 이루어지는지는 감히 말할 수 없다. 신의 실체가 무엇이고 신이 영향을 끼치는 방식이 어떠한지 생각할 수 없

---

* 미국 작가 허먼 멜빌(Herman Melville)이 1851년에 발표한 소설 《모비 딕(Moby Dick)》을 가리킨다.

고 파악도 할 수 없기 때문이다. 하느님에 관해 내 머리로 생각한 것이나 내가 잘 알지도 못하는 것을 철학자나 신학자의 권위에 기대어 《성경》에 근거하지 않고 말한다면 그것은 불경한 일이 될 것이다. …… 《성경》에 근거가 있다면 그대로 믿겠다. 교회의 공식 교리가 그러하다면 그대로 믿고, 그에 반하는 주장은 하지 않겠다.[69]

홉스는 "독자에게"라는 제목의 서문에서 브럼홀이 《리바이어던》에서 인용한 구절들은 문맥을 무시한 것이고, 제대로 된 근거도 제시하지 않은 채 결론을 내리고 있다고 항의한다. 그리고 독자들에게 "과연 브럼홀의 주장이 타당한지, 그리고 그의 주장을 어떻게 이해해야 하는지" 책을 잘 살펴보라고 촉구한다.[70] 홉스의 주장은 일리가 있다. 만일 홉스가 《리바이어던》이 반종교적인 책으로 이해되기를 바랐다면 독자들에게 책을 잘 살펴보라고 촉구할 필요가 없었을 것이다. 브럼홀이 이미 반종교적인 것으로 간주한 진술들을 발췌하여 소개했으므로, 홉스가 무신론을 유포하려 했다면 그것으로 족했을 것이다. 그러므로 우리는 홉스가 말한 것, 즉 그의 견해가 "무신론, 신성 모독, 불경, 종교에 대한 위협"에 해당한다는 악의적인 고발을 바로잡기 위해 그 글을 썼다는 말을 액면 그대로 받아들일 수 있다.[71]

홉스의 줄기찬 변론은 브럼홀이 자신의 글을 오독했고, 잘못 추론했고, 독자들을 오해하게 만들고 있다는 것이다. "이 주교는 …… 제대로 읽지도 않았고, 논증이 무엇인지도 모른다."[72] 브럼홀의 저작이 조금이라도 설득력이 있다면, 그것은 수사법을 교묘하게 활용했기 때문이다. 그는 책의 여백 면에 "T. H. 종교의 지지자 아님"이라는 소제목을 달아놓았는데 정작 본문에서는 그것을 증명하는 내용이 아무것도 없었다. 홉스는 이렇게 논평한다. "이러한 행위는 주교의 행위도, 기독교도의 행위도, 제대로 교육받았다고 볼 수 있는 사람의 행위도 아니다."[73] 브럼홀이 홉스가 무신론자라고 주장한 근거는 그의 원칙들이 무신론을 낳는다는 것이다. 홉스는 반론을 제기한다. 설혹 브럼홀의 주장이 타당하다 하더라도 자신이 "영향을 끼치는 무신론자(an atheist by consequence)"*라는 결론이 나올 뿐이지, 고의적으로 무신론자처럼 행동하거나 스스로를 무신론자로 인정한 것은 아니라는 것이다. 브럼홀은 위험한 주장을 했다. 홉스는 "이와 같은 '영향에 의한 무신론' 혐의는 누구에게나 씌울 수 있다. 매우 독실한 신자에게도 그런 혐의를 씌울 수 있다."고 말한다.[74] 홉스에 따르면 브럼홀도 무신론자이다. 브럼홀은 하느님이 "여기에도 있고, 저기에도 있고, 어디에나 있다."고 했는데, 이 주장은 논리적으로 추론하면 온 세상이 하느님 안에 있고, 하느님이 온 세상 안에 있다는 내용이다. 이것은 범신론이고 범신론은 무신론이나 마찬가지이다.[75] 홉스는 오히려 하느님이 "가장 순수하고 단순하고 비가시적인 유형의 영"이라는 (자신의) 주장이 그보다는 더 낫다고 주장한다.[76]

홉스의 다른 독자들과 마찬가지로 브럼홀도 홉스의 주장에 일관성이 없다고 비판했다. 홉스는 브럼홀이 그렇게 비판했을 때 도대체 어떤 주장이 일관성이 없다는 것인지 받아들일 수 없었다. "(브럼홀은) 내가 깜박하기 잘하는 얼간이라고 생각하고 있다. 나도 건망증은 피할 수 없다. 하지만 내 건망증이 여기에 나타나 있는 것은 아니다."[77] 홉스의 주장에 일관성이 없다는 브럼홀의 지적은 옳았지만 충

---

* 종교적 견해가 타인에게 영향을 끼쳐 무신론자로 만들 가능성이 있는 사람을 가리킨다.

분히 증명하지는 못했다.

　브럼홀과 홉스의 근본적인 차이는 종교적 신념이 아니라 정치 이론에 있었다. 브럼홀은 반계몽주의적 스콜라 학자였고, 홉스는 《성경》과 근대 과학을 믿었다. 홉스는 브럼홀의 케케묵은 어휘와 독단을 거부했다. 하느님은 '가장 단순한 능동'*이라느니, 하느님은 불가분의 존재라느니, 영원성이 신의 실체라느니, 영원성이 '멈추어 서 있는 현재(nunc stans)'라느니 하는 말들은 홉스에 보기에 도무지 뜻을 알 수 없는 헛소리였다.[78] 그것은 로마가톨릭의 어법이지 《성경》에 나온 말이 아니다. 홉스는 하느님이 "비물질적 실체"라는 주장을 조금도 인정하지 않았다. 그것은 이해 불가능한 말이다. 브럼홀 주교는 그 말이 "신학자들의 소견"이라고 주장할 뿐 성서적 근거는 댈 수 없었다. 홉스는 《성경》과 〈표준 기도서〉에 근거하여 말한다. "사물의 본질을 이해할 수 없는 경우 나는 《성경》을 묵묵히 받아들인다. 그러나 [스콜라 신학자가 한] 말의 의미를 이해할 수 없는 경우 그 신학자의 권위를 묵묵히 받아들일 수는 없다."[79]

　홉스의 철학 중에서 삼위일체 이론은 홉스 스스로 잘못을 인정한 부분이었다. 그의 삼위일체 이론에 따르면 하느님은 세 가지 실체, 즉 모세(성부), 예수(성자), 사도들(성령)에 의해 대표되므로 세 인격이다. 그렇다면 브럼홀이 지적한 것처럼 삼위일체는 영원한 것이 아니다.[80] 또한 신격이 하느님을 대표할 때마다 생겨나므로, 하느님은 "이 세상에 존재해 왔던 주권자의 수만큼 많은 인격"을 지니게 된다."[81] 홉스

---

* 스콜라 학자들은 "우리는 하느님 안에서 살고, 움직이고, 존재하고 있다."(《사도행전》 17:28)는 구절을 근거로 삼아, 하느님은 "능동 그 자체"이고, "가장 단순한 능동(actus simplissimus)"이라고 주장해 왔다.

는 자신의 추론이 오류임을 인정한다. 그러나 "불경한 것은 아니다."
라고 주장한다. 홉스는 더럼(Durham) 주교 존 코신의 비판을 수긍하
면서, 삼위일체에 대한 자신의 해석에 문제가 있었다고 인정한다. 홉
스는 이 문제를 해결하기 위해 라틴어판을 수정했다. 부록의 3장에
나오는 두 대화자 중 한 사람인 B는 이렇게 말한다. "홉스는 삼위일
체 이론을 설명하려 했다. …… 의도는 경건하지만 설명은 틀렸다."
이어서 B는 그 오류가 부주의에서 생긴 것이므로 쉽게 바로잡을 수
있다고 설명한다. 이렇게 고쳐 말해야 했다는 것이다. "하느님은 그
자신의 인격으로 세상을 창조했다. …… (그리고), 성자의 인격으로
인간을 구원했고, …… 성령으로 교회를 신성화했다."[82] 이러한 지적
에 대해 홉스는 "모세의 인격으로"라는 구절을 사용한 것이 잘못이라
고 말한다. "모세의 사역(使役)으로"라고 했어야 한다는 것이다. 무엇
이 달라진 것인지 알 수 없다. 홉스 이외에 누가 이런 설명을 만족스
럽게 생각했을지 의문이다. 지금도 그렇지만.

홉스의 삼위일체 이론은 불완전하다. 하지만 누가 완전한 설명
을 할 수 있겠는가? 저명한 가톨릭 신학자 버나드 로너건(Bernard
Lonergan)은 이렇게 말했다. 삼위일체 교리에는 네 가지 관계가 있고,
세 명의 인격이 있고, 두 세대가 있고, 하나의 하느님이 있는데, 설명
은 없다고.

브럼홀은 홉스가 예언자의 존재를 정말로 믿는지 의심한다. 브럼
홀은 이렇게 주장했다. 홉스의 주장대로 보면 "프랑스에서 성변화
(聖變化)를 가르치는 자는 참 예언자이지만 영국에서 그렇게 하는 자
는 거짓 예언자이다. 콘스탄티노플에서 그리스도를 모독하는 자는
참 예언자이지만, 이탈리아에서 그렇게 하는 자는 거짓 예언자가 된

다."[83] 이에 대해 홉스는 답변하기에 앞서 자신은 "아브라함에서 우리 구세주에 이르기까지 하느님 교회의 참 예언자들을 믿고, 그중에서도 우리 구세주가 가장 위대한 예언자임을 믿으며", 또한 예수부터 "복음 전도자 성 요한의 죽음"에 이르기까지 "그리스도 교회의 참 예언자들"을 믿는다고 말한다.[84] 그리고 브럼홀의 견해가 사실상 자신의 견해와 같다는 것을 밝힌 후, 브럼홀이 제기한 문제에 대해 답변한다. 홉스는 이렇게 주장한다. 참 예언자들이 서로 모순된 교리를 가르칠 수는 없다. 참 예언자는 기적을 통해 자신의 사명을 달성한다. 따라서 두 예언자가 서로 모순된 교리를 가르치고 있다면 기적을 보여주는 예언자가 참 예언자이다.[85] 마지막으로 예수는 "유대인의 왕이었던 하느님의 허락"을 받았으므로 참 예언자였다. "다른 군주들이 예수의 예언을 어떻게 생각했든, 그것은 예수의 목적과 아무런 상관이 없다."[86]

홉스는 교리의 합법성 여부가 주권자의 결정에 달린 문제라는 것을 부정하지 않는다. 그러나 합법성은 진리와는 다르다. "나는 군주가 어떤 교리나 예언을 참이나 거짓으로 만들 수 있다고 말한 적은 없다. 다만 모든 주권자는 어떤 교리를, 이것이 참이든 거짓이든 공개적으로 가르치지 못하도록 금지할 수 있는 권한을 지니고 있다고 말했을 뿐이다."[87] 내전의 참화가 예언자를 자처하는 광신자들 때문에 일어났다는 점을 생각할 때, 네덜란드에서 "호마뤼스*와 아르미니위스

프란시스퀴스 호마뤼스(Franciscus Gomarus, 1563~1641년) 네덜란드 신학자. 칼뱅의 예정설을 둘러싸고 1603년 아르미니위스와 논쟁을 벌였다. 1609년 아르미니위스의 사망 후에도 논쟁은 계속되었고, 도시 귀족과 일반 시민의 정치적·사회적 대립을 가져왔다. 호마뤼스파 주도로 열린 도르드레흐트 회의(1618~1619년)에서 아르미니위스파를 이단으로 선언하면서 일단락되었다.

간에 벌어진 논쟁"을 생각할 때 "교리의 판관"이 있어야 한다는 것은 분명하다. 누가 이 일을 할 것인가? 홉스는 국왕 수장령에 따라 영국 국왕이 교회의 수장이므로, 왕이 판관이 되어야 한다고 주장한다.[88] 그러나 브럼홀은 주교들이 그 일을 해야 한다고 주장한다. 홉스는 브럼홀의 주장이 아전인수라고 생각한다. 브럼홀은 자기가 그 권한을 움켜쥘 생각을 하고 있다. 물론 전권(全權)은 아니라 하더라도. 그는 "겸손하여 전권을 손에 쥘 생각은 없고" 영국 주교 25명과 나눌 생각을 하고 있다.[89] 홉스는 브럼홀의 주장이 "왕권을 흔드는 일"이라고 비난했는데, 이것은 정치적으로 계산된 주장이었다.[90] 왕정 복고기 영국에서 왕의 권위를 옹호하는 것은 튼튼한 성채 뒤에 서 있는 것이었고, 홉스는 그곳에 있을 권리가 있었다.

위험한 '홉스주의'

1669년 3월 12일, 케임브리지대학은 학생 한 명을 징계했다.

> 대니얼 스카길(Daniel Scargill)은 본교 코퍼스 크리스티 칼리지(Corpus Christi College)에서 최근 문학사 학위를 받았으며 …… 부총장과 본부 핵심 간부들이 주재하는 종교 회의에 소환되었는데, 불경하고 무신론적인 주장을 하여 하느님을 모독하고 기독교와 본 대학의 명예를 떨어뜨린 점이 인정되어, 부총장과 본부 핵심 간부들은 만장일치로 그를 본 대학에서 추방하기로 결정한다.[91]

스카길은 1662년 1월 25일에 코퍼스 크리스티 칼리지에 특대 장학생으로 입학했고 대학에서 장학금을 받았다. 그의 지도 교수가 사망한 후 토머스 테니슨이 지도 교수가 되었다. 1667년까지 스카길은 아주 모범적인 학생이었다. 그러다 공개 토론에서 이단적인 주장을 했다. 세상의 기원은 기계론적으로 설명될 수 있고, 도덕법은 실증법에 기초를 두고 있으며, 하느님의 법은 권력에 기초를 두고 있다는 것이다. 설상가상으로 스카길은 음주를 즐겼고, 사회적 신분이 낮은 사람들과 패거리를 지어 몰려다녔다. "그의 대학 생활은 포도주나 다른 독주를 마시는 것으로 하루를 시작했고, 때로는 정신을 차릴 수 없을 만큼 마셨고, 스스로 지역 사회의 추문거리가 되었다." 대학에서 여러 차례 질책했으나 그는 미동도 하지 않았다. 1668년 12월 7일 마침내 스카길에게 그 이듬해 6월까지 정학 처분이 내려졌다. 스카길은 정학 처분을 받고서도 친구들과 술을 마시러 갔다. 이듬해 40일 동안 단식과 참회를 하는 사순절에도 그는 "여러 차례 포도주와 독주를 마시고 고주망태가 되었고" "질 낮은 사람들과 젊은 여성들"과 어울려 다녔다. 1669년 3월 12일 대학은 그를 추방했다. 추방 결정서의 서명자 명단에는 랠프 커드워스도 들어 있었다.

이 방탕한 젊은이가 기댈 데라곤 없어 보였지만, 그게 아니었다. 찰스 2세, 길버트 셸던 주교, 대학 총장, 2대 맨체스터 백작이 스카길을 후원하고 있었다. 셸던은 6월 28일 대학 총장 존 스펜서(John Spenser)에게 편지를 써서 왕이 그를 지지하고 있다고 알렸다. 그리고 이렇게 덧붙였다. "그러므로 충고하건대 그를 다시 받아들이는 문제를 잘 생각해보시기 바란다. 이 문제로 국왕이 당신에게 다시 편지를 보내는 일이 벌어지기 전에." 대학 당국은 심사숙고한 끝에 스카길에게 7월 7일까지 반성문을 작성하라고 명령했다. 스카길은 응하지 않았다. 7월 9일까지 기한을 연장해주었다. 이번에는 반성문을 작성했다.

나 대니얼 스카길은 …… 악마의 부추김을 받아 내 재주를 믿고 어리석은 자만심에 빠졌으며, 눈앞의 하느님을 두려워하지 않았으며, 최근 대학에서 공개적으로 사악하고 신성을 모독하는 무신론적인 발언을 여러 번 했으며, …… 내가 홉스주의자이고 무신론자인 것을 자랑스럽게 여기고, 홉스를 대니얼이, 즉 내가 계승했다고 뻐기고 다녔음을 고백한다. 홉스의 주장에 동조하여 방탕한 생활을 해 왔고, 경솔한 명세를 했으며, 무절제한 폭음을 했으며, 거드럭거리며 다녔고, 해로운 주장과 행실로 다른 사람들을 타락시켰으며, 하느님을 모독하고, 대학에서 징계를 받았으며, 기독교의 추문이 되었고, 인류를 모욕했다. …… 오늘날 사방에 넘쳐나는 사악함과 거짓 맹세와 신성 모독과 방탕과 불결함, 이 모든 것의 근본 원인은 일부 사람들의 공언된 무신론과 일부 사람들의 은폐된 무신론임을 …… 고백한다.

이 반성문을 보면 알 수 있듯이 스카길이 징계를 받은 것은 그의 방탕한 행실 때문이었다. 그것만으로도 징계 대상이 되기에 충분했다. 그런데 홉스주의가 방탕한 생활의 원인이었다는 것이 사태를 악화한 것이다. 사람들은 홉스주의의 가장 큰 위험이 도덕적 타락이라고 생각했다. 훗날 레이니(Laney) 주교가 말한 것처럼 "그(홉스)가 인간의 행위에 필연성의 개념을 끌고 들어와 …… 미덕과 악덕의 본질을 몰아냈다."[92]

스카길이 홉스의 철학을 직접 공부한 것 같지는 않다. 1660년대 후반에 책은 가격도 비쌌고 구하기도 어려웠다. 스카길을 신문했던 존 거닝(John Gunning) 박사는 스카길에게 그가 홉스의 영향을 받아 그렇게 되었다고 고백한 내용 중에 실제로는 홉스의 주장이 아닌 것도 있다고 했다. (거닝이 1650년대에 엑시터 하우스에서 주재한 예배에 홉스가 참석했을 가능성도 있다. 이것이 거닝이 스카길을 대한 태도와 관련이 있을 것이다.) 거닝이 스카길에게 홉스가 어디에서 그런 주장을 했느냐고 묻자, 그는 만일 홉스의 주장이 그렇지 않다면 자기가 "잘못 안 것"이라고 대답했다. 홉스에게 속았다는 뜻일 것이다. 그러면 스카길은 홉스의 주장을 어떻게 알았을까? 그의 지도 교수 테니슨에게 들었을 가능성이 있다. 바로 그 이듬해에 테니슨은 《홉스 씨의 신조 검토(The Creed of Mr. Hobbes Examined)》를 출간했고, 놀랍게도 그 책을 스카길의 후원자 중 한 사람이었던 2대 맨체스터 백작에게 헌정했다.

7월 초에 스카길은 셸던의 지지를 잃었다. 셸던은 스펜서에게 이렇게 썼다. "스카길에 대해 자세하게 알려주셔서 고맙습니다. 나도 당신과 같은 생각입니다. 어리석은 자 하나는 없는 게 낫습니다. 학교로 다시 돌아와 당신들과 함께 있으면 사람들을 타락시킬 것이고, (최소한 전 사회를) 위험에 빠뜨릴 것입니다. 국왕의 비서에게 그런 사실을 말해 두었습니다. 비서가 국왕의 편지를 전달하겠지만, 당신들을 압박할 내용은 없을 것이니 걱정하지 않으셔도 됩니다." (이 대목에서 "어리석은 자 하나는 없는 게 낫다."라는 셸던의 표현이 재미있다. 의도적이었건 아니었건 예수를 처형할 때 대제사장이 한 말을 흉내 내고 있기 때문이다.*) 스카길 사건에서 문제가 된 것이 스카길의 비행이 아니

---

* 대제사장 가야바는 유대인들에게 "한 사람(예수)이 온 백성을 위하여 죽는 것이 유익하다."고 말했다.(《요한복음》 11:50)

라 그의 주장이었다면, 셀던이 홉스에게 반론을 제기했을 수도 있었을 것이라는 생각이 든다. 스카길은 2년 후 성직에 임명되었고, 이렇다 할 업적은 없었지만 오랫동안 교회에서 봉직했다.

스카길 사건에서 홉스 이야기는 지엽적인 것에 불과하다. 홉스는 스카길이 추방되었다는 소식을 듣고, 이 사건에 관한 편지를 쓰고는 그 편지를 공개해줄 것을 요청했다. 공개 여부를 결정할 권리를 지닌 존 버컨헤드(John Birkenhead) 경은 거절했고, 그 편지는 역사에서 사라졌다. 그 편지에 어떤 내용이 들어 있었는지는 전혀 알 수 없지만, 짐작컨대 대학 당국을 비난하는 내용이었을 것이다.

스카길의 지도 교수 테니슨은 그 사건에 화가 났고, 약간의 죄책감도 느꼈을 것이다. 《홉스 씨의 신조 검토》에서 "한때 내가 지도를 맡았던 한 불행한 젊은이의 오류와 반성"에 대해 언급하면서, 일부 사람들이 자기가 홉스주의자라는 소문을 퍼뜨리고 있다고 불쾌해 했다.[93] 자신의 지위를 위협하는 소문을 차단할 필요가 있었던 것이다. 테니슨의 홉스에 대한 논의는 지나치게 매도한 면도 있지만, 홉스의 주장을 있는 그대로 인용하여 제시하면서 정확하게 밝혀놓은 장점도 있다. 하지만 논리적인 분석은 약하다. 반문하는 데 그치거나 불합리한 추론도 있다. 추론은 그렇게 해야 한다는 듯이. 예를 들면 《성경》에는 하느님이 비물질적인 존재라는 말이 없다는 홉스의 주장을 이렇게 반박한다. "《성경》에 보면 하느님이 만물을 창조하고 만물로 채웠다고 했다. 이것은 곧 그분이 비물질적인 존재라는 말이다."[94]

테니슨은 또한 노스트라다무스의 예언에도 감복했는데, 런던 대화재가 예언대로 발발했다는 것이다. 나아가 테니슨은 지옥이 이 지상에 있다는 홉스의 주장도 틀렸다고 했다. 그 이유는 아마도 수억 명이 지옥으로 가게 될 텐데 이 지구상에는 그 많은 사람을 수용할 여유 공간이 없다는 것이었다. 또한 천국도 지상에 만들어지지 않는다고 말했다. 그 이유는 새 예루살렘 이야기가 문자적 사실이 아니기 때문이라는 것이다. 반면에 홉스는 근대 과학이 허락하는 범위 내에서 《성경》 내용이 문자적으로 진실이라고 주장했다.

11장

노년의 철학자

1670~1679년

"내 곁에 서 있는 죽음이 말한다.
두려워 말라."

나는 내가 쓴 글과 일치하는 삶을 살아왔다.

정의를 가르쳤고, 정의를 실현하기 위해 노력해 왔다.

탐욕은 인간을 사악하게 만든다.

탐욕스러운 자는 위대한 성취를 이룰 수 없다.

이제 내 나이 84세, 내 인생의 긴 이야기는 거의 끝나 가고 있다.

－《운문으로 쓴 나의 인생》

홉스는 1672년에 이렇게 썼다. 주된 논적(論敵) 보일과 월리스는 홉스보다 더 오래 살고, 절친한 친구들은 홉스보다 더 일찍 죽는다. 대부분의 친구들은 1650년대와 1660년대에 죽었고, 1670년대에도 몇 몇이 죽는다. 뉴캐슬은 1676년에 죽었는데, 진작부터 왕정 복고기의 정치에 환멸을 느끼고 1660년대 후반에 자신의 영지에 은둔했다. 몇 년 전에 아내가 사망하여 운구차가 매장지인 런던으로 떠났는데 병약하여 함께 가지 못했다. 데번셔는 홉스보다 오래 살았지만 왕정 복고 이후 찰스 2세의 냉대를 받아 사기가 죽었고, 궁정에서 멀리 떨어져 있었다.

홉스의 오래된, 마지막까지 살아 있던 친구 중 한 사람은 불행한 베르뒤였다. 그의 정신은 10년 이상을 끈 소송으로 인해 황폐해졌다. 그는 아버지의 적들에게 박해를 받았다. 그들은 "주교직을 장악하고, 진정한 하느님의 성전에 있는 유산을 탈취했다." 베르뒤에 따르면 소송 사건명은 "보르도 10인위원회와 싸우는 〈시편〉 81장의 억압받는 고아를 위하여. 〈시편〉의 판관과 르무엘의 지사들"이다. 베르뒤가 언급한 〈시편〉 이야기는 《흠정 영역 성경》 82장에 있다. "하느님은 신들의 모임 가운데에 서시며, 그들 가운데에서 재판하시느니라. 너희가 불공평한 판단을 하며 악인의 낯 보기를 언제까지 하려느냐?" 베르뒤는 자신의 마음속 환영과 싸우고 있었다. 그는 "진정한 하느님의 자비를 베푸는 왕좌 앞에서"[1] 재판을 하고 있다고 생각했다. 베르뒤의 요구 사항은 적들이 자신에게 취한 모든 조치를 취소할 것, 무효 칙령을 "하느님의 위대한 영광을 위해 신성한 비밀 명부에 영구히 기록할 것," "하느님의 판관들이 …… 그들의 악행을 조사할 것" 등이었다. 베르뒤는 하느님이 자신의 변호인이므로 반드시 소송에 이길 것이라고 생각했다. 그가 1672년 8월에 제기한 소장 서류에는 사실이 아닌 내용도 들어 있었다. 자기 아버지의 처벌과 죽음에 관한 2절지 크기의 서면 한 건, 좀 더 자세한 내용을 기록한 4절지 크기의 서면 두 건, 그중 일부 내용을 다시 기록한 4절지 크기의 서면 두 건(120쪽짜리와 80쪽짜리)이 있었는데, 더 작성할 계획이었다.[2]

베르뒤는 이 소송 과정에서 혼자의 힘으로는 알 수 없었던 자기 인생의 의미를 하느님의 계시를 받고 깨닫게 되었다고 주장했다. 1674년에 그는 이렇게 썼다.

마침내 하느님은 나에게 위대하고 특별한 계시를 주셨고, 항상 나를 지지해주셨기에, 그리고 그 많은 기적, 진정한 기적과 신성한 기적을 보여주셨기에, 그 판관들의 악행을 드러내 보여주셨기에, 진정한 하느님이 미래를 돌보아주실 것을 확신합니다. …… 누가 이런 것을 생각이나 했겠습니까? 진정한 하느님이 나를 선택했다는 것을, 이 불쌍하고 무지해보이는 나를 저 사악한 판관들이 그렇게 만들었다는 것을, 그들의 집요한 주문(呪文)과 저주가 나를 미치광이처럼 보이게 만들었다는 것을.[3]

누가 그런 것을 생각했을지 알 수 없지만 홉스가 생각하지 않은 것만은 분명하다. 아쉬운 일이지만 홉스가 옛 친구의 호언장담에 어떻게 답변했는지 우리는 알지 못한다. 그러나 홉스가 끝까지 베르뒤의 친구였다는 것은 분명하다. 그는 《기하학의 장미꽃밭》을 베르뒤에게 헌정하겠다고 한 적이 있었지만 베르뒤가 사양했다. 베르뒤의 긴 투쟁에서 유일한 자비는 그가 그 이듬해에 죽었다는 것이다.

홉스의 건강도 1670년대에 들어 서서히 나빠지고 있었다. 수전증이 생겨서 법적으로 유효한 서명을 하는 것도 힘에 겨웠다. 1671년에는 한 차례 마비 증상도 겪었다.

홉스를 찬미한 청년 라이프니츠

일부 사람들은 노년에 접어들면 자신의 삶을 단순화한다. 그동안 모아 두었던 것을 하나둘씩 버리면서 새로운 것을 얻지 않으려 한다. 그렇게 하면 사랑하는 것을 남겨놓고 떠나는 아쉬움이 조금은 줄어든다. 특히 젊은 친구를 새로 사귀려 하지 않는다. 1670년에 고트프리트 라이프니츠(Gottfried Leibniz)라는 생면부지의 젊은이가 노령의 홉스에게 편지를 두 통 보냈다. 홉스가 기대하지도 않은 편지였지만 내용이 간절했다. 그는 홉스를 찬미했고, 홉스의 철학을 이해하고 공감한다고 말했다. 홉스의 저서들은 "초인간적 지성을 지닌 데카르트"보다 낫다고 썼다. 첫 번째 편지에서 찬사는 서막에 불과했다. 라이프니츠는 《로마법 개요(Digest of Roman Law)》를 몇 가지 원칙으로 요약하는 작업을 하고 있다고 말했다. 또한 자연철학에 대해서도 몇 가지 질문을 했다. 관성의 법칙을 비롯하여 모든 운동은 접촉에 의해 전달된다는 것과 운동의 시작을 알려면 '코나투스(노력)'를 이해해야 한다는 것에 동의한다고 말하면서, 사물이 충격을 받았을 때 그 사물의 일부가 왜 흩어지지 않고 그대로 있는지 물었다. 또한 정신철학에 대해서도 더 자세히 설명해 달라고 청했다. 홉스는 불변적으로 반응하는 감각은 비물질적 존재를 포함하지 않고서도 설명할 수 있다고 생각했으나, 라이프니츠는 홉스와 생각이 달랐다. 라이프니츠는 야수들은 영혼이 없으므로 감각도 없다고 생각했다. 여기까지 읽은 홉스는 편지를 쓴 이에게 이렇다 할 흥미를 느끼지 못했을 것이다. 이어서 라이프니츠는 "불사(不死)에 대한 희망"의 근거를 말해 달라고 요청했는데,[4] 이 대목에서 홉스는 글쓴이가 건방지고 어리석다고 생각했을 것이다.

이 편지의 서두에서 라이프니츠는 이렇게 썼다. "제가 보낸 편지가 미숙하다면 답하지 않는 것으로 꾸지람을 해주십시오." 라이프니츠가 이 편지를 보내지 않았을 가능성도 있다.[5] 어쨌든 홉스는 답신을 하지 않았다. 라이프니츠가 초안만 잡아놓고 3, 4년 후에 다른 편지를 보냈을 가능성도 있다. 그 편지의 주제는 홉스의 정치철학에 관한 것이었다. 라이프니츠는 홉스의 주장을 제대로 알고 있었다. 즉 백성들이 모든 권리를 주권자에게 양도했지만, 여전히 자기 보존의 권리는 지니고 있다는 것이다. 그러나 이 두 가지가 동시에 성립할 수는 없다. 각자가 자기 생명이 언제 위협을 받는지, 자기 보존을 위해 필요한 것이 무엇인지를 판단할 권한을 지닌다면 언제든지 독재자에게 저항할 수 있다. 라이프니츠는 자신이 지적한 내용을 홉스가 순순히 인정할 것이라고 생각했다.[6] 이 편지에도 홉스는 답신을 보내지 않았다.

기하학 대작을 집필하다

새로운 병으로 몸이 불편했지만 홉스는 "편안한 잠자리를 누리려"
하지 않았다. 그는 생애 마지막 10년간 기하학 대작 세 권을 출간했
다. 《기하학의 장미꽃밭》(1671년), 《수학의 빛》(1672년), 《필사적인 증
명 앞에 놓인 기하학의 원리와 문제》(1674년)가 그것이다. 또한 《자연
철학 10화》(1678년)도 있다.

홉스는 월리스가 왕립학회 회보에 기고한 《수학의 빛》에 대한 논
평을 보고 분개했다. 그래서 왕립학회 간사 헨리 올든버그에게 편지
를 써서, 왕립학회가 월리스에게 지면을 제공했으니 수학과 철학에
관해 쓴 자기 글도 실어 달라고 요구했다. 그리고 "그렇게 하면 내가
비용을 아낄 수 있다."[7]는 무례한 말까지 덧붙였다. 런던에서 멀리 떨
어져 있는 80대 노인 홉스의 영향력은 예전 같지 않았다. 올든버그는
제대로 된 편지지를 사용하지 않고, 그가 월리스에게 받은 홉스에 관
한 편지 뒷면에 답장을 써서 보냈다. 이 편지에서 월리스는 더는 홉스
와 상대할 생각이 없다고 말했다. 올든버그는 홉스가 늙었고 자기가
보기에는 월리스 말이 맞는 것 같아서 왕립학회는 이 분쟁에 개입하
지 않겠다고 말했다. 그렇더라도 올든버그는 홉스의 물리학과 수학
에 관한 기고를 받을 의향이 있었다. 단 "너무 길지 않아야 하고 사적
인 성찰을 배제한다."는 조건을 달았다. 여기서 '성찰(reflection)'이라
는 단어는 '고발(crimination)'이라는 말을 우회적으로 표현한 것이다.
그런 무뚝뚝한 반응에 홉스가 화를 낼 것을 알았겠지만 올든버그는
개의치 않았다. 왕립학회 회원이었던 존 호스킨스(John Hoskyns) 경
은 홉스에게 호감이 있었는데, 올든버그가 "토머스 홉스의 마지막 책

에 대해 이러쿵저러쿵 불평을 늘어놓았다."고 말했다.[8]

1675년 초 오브리는 왕립학회의 실험 책임자 로버트 훅의 의향을 홉스에게 알렸다. 홉스가 수학에 관해 쓴 글이 있으면 왕립학회가 후원하여 출판을 주선하겠다는 것이었다. 홉스는 고마워하지 않고 10년 전에 당한 냉대를 분풀이할 기회로 생각했다. 홉스는 수학이나 철학에 관한 어떤 원고도 왕립학회 도움으로 출간할 생각은 없다고 딱 잘라 거절했다. 사실 출간할 원고도 없었다. 하데스의 입구를 지키는 케르베로스처럼 월리스가 홉스의 원고를 심사할 텐데 어찌 홉스가 왕립학회에 원고를 넘기겠는가? 홉스는 훅에게 불만이 있는 것은 아니라고 말했지만 그 편지는 훅에 대한 짜증으로 가득 차 있었다.[9] 그러나 오브리의 말을 믿을 수 있다면 훅은 화를 내지 않았다. 훅은 왕립학회의 실험 책임자 생활 초기의 쓰라린 경험으로 인해 "우울하고, 남을 믿지 못하고, 질투심이 많은" 사람이었고, 월리스에게 해묵은 감정이 있었기 때문에 월리스가 꺾이는 모습을 보고 싶어 했다는 것이다. 홉스가 보기에 월리스는 철학자도 수학자도 아니었다. 홉스는 왕립학회가 자신에게 해를 입혔으므로 그 "배상"으로 자신의 성취를 공인하는 선언을 하라고 요구했다. 예언자는 고향에서 환영받지 못한다는《성경》구절을 인용하면서, 왕립학회가 아무리 자기를 깎아내려도 유럽 지식인들 사이에서 자신의 명성은 변함이 없을 것이라고 말했다.

옥스퍼드 명사 목록 논란

홉스의 업적은 앤서니 우드의 대작《옥스퍼드대학의 역사와 유산》

에 등재될 예정이었다. 그러나 우여곡절을 거쳐야 했다. 골동품 연구가 우드는 1660년에 그 원대한 작업을 시작했다. 1669년에 옥스퍼드대학 크라이스트 처치(Christ Church) 학장이자 전 옥스퍼드대학 부총장이었던 존 펠은 옥스퍼드에서 영향력이 막강한 사람이었다. 대학의 발전을 위해 헌신적으로 일하던 그는 우드의 책에 옥스퍼드가 배출한 명사들의 전기를 싣는 조건으로 출판 비용을 지원하겠다고 제안했다. 홉스는 그 책에 등재될 자격이 충분했으므로 우드는 오브리에게 홉스 항목을 써 달라고 요청했다. 존 펠은 홉스를 싫어했고, 홉스를 기념하는 전기를 지원하는 것이 마음에 들지 않아서 오브리가 쓴 내용을 여러 군데 고쳤다. 홉스가 정신이 냉철한(sober) 사람이었다는 대목은 '냉혹한(bitter)' 사람으로 고치고, 《시민론》의 저자였다는 대목에는 그 책이 "나중에 큰 혼란을 초래하는 불씨가 되었다."라는 설명을 덧붙였다. 《리바이어던》에 대해서는 "아주 끔찍한" 책이고, "공공의 해악을 초래한 것으로" 유명하다는 설명을 덧붙였다. 또한 홉스의 국제적 명성과 국왕과의 친분을 기술한 대목은 아예 삭제했다.

홉스는 이러한 모욕을 참을 수 없었다. 존 펠이 고친 대목들을 빼곡하게 적어서 출판업자 윌리엄 크룩에게 부탁하여 인쇄한 다음, 우드에게 보내면서 그 인쇄물을 2권 444쪽과 445쪽 사이에 넣어 달라고 요구했다. 홉스는 자기의 명성은 "이미 오래전에 날개를 달고 높이 치솟았기 때문에" 존 펠이 아무리 농간을 부려도 소용이 없을 것이라고 말했다. 오만한 말이었지만 틀린 말은 아니었다. 또한 홉스의 이름이 옥스퍼드 명사 목록에서 빠진다 하더라도 "대부분의 학자들의 찬사는 오늘날은 물론이고, (내 생각에는) 미래에도 계속될 것"[10]이라고 말했다. 이 역시 오만한 말이기는 했지만 이 예언은 맞았다. 어쨌든 홉스는 존 펠이 "비열한 인간"이라는 것을 다들 알고 있기 때문에, 아무리 중상을 해도 자기한테 상처를 주지 못할 것이라고 생각했다.[11] 하지만 불행하게도 서적 판매상들은 그 인쇄물을 삽입하는 데 동의하지 않았다. 존 펠은 홉스가 그런 반응을 보였다는 것을 알아차리고, 홉스를 욕하는 글을 준비하여 2권 시작 부분에 넣었다. 짐작이 가겠지만 존 펠이 다음에 나오는 짤막한 노래의 주요 인물이다.

> 나는 사랑하지 않네, 당신 펠 박사를.
> 왜 그런지 말할 수는 없네.
> 하지만 나는 알고 있네, 아주 잘 알고 있네.
> 내가 당신 펠 박사를 사랑하지 않는다는 것을.*

홉스가 옥스퍼드대학과 완전히 불편한 관계였던 것만은 아니다. 오브리와 우드는 홉스를 지지했고, 모교에서는 홉스에게 그가 쓴《철학 오페라(Opera Philosophica)》한 부를 모들린 홀의 교감 조사이어 풀런(Josiah Pullen)에게 보내 달라고 요청했다. 풀런은 그 선물을 받고 감사의 뜻을 표했다. (현재 이 책은 옥스퍼드 하트퍼드 칼리지 도서관

---

* 이 노래는 고대 로마의 시인 마르쿠스 마르티알리스(Marcus Martialis)의 풍자시 1권 32번을 톰 브라운(Tom Brown)이 즉흥적으로 영역한 것이라고 전해진다. 톰 브라운은 크라이스트 처치 학생이었는데, 비행을 저질러 당시 학장이던 존 펠에게 제적을 당했다. 그러나 존 펠은 브라운이 반성문을 쓰고 시험을 통과하는 조건을 내걸어 재입학을 허락했다. 시험은 라틴어 풍자시를 즉석에서 영어로 번역하는 것이었다. 라틴어 원문은 다음과 같다. "Non amo te, Sabidi, nec possum dicere quare; Hoc tantum possum dicere, non amo te."(나는 좋아하지 않네, 당신 사비디우스를. 이유를 말할 수는 없네. 하지만 나는 말할 수 있네, 당신을 좋아하지 않는다는 것을.)

에 보관되어 있다.) 풀런은 그 책을 두고 "제대로 이해되기보다는 비난 받기 일쑤였다."고 했다.[12] 정말이다.

《오디세이아》와 《일리아스》 번역

홉스는 로버트 보일과 존 윌리스와 존 펠과 지루한 싸움을 계속했지만 오로지 그 일에만 매달려 있지는 않았다.[13] 이 분쟁 중에도 틈을 내서 젊은 시절에 즐겨하던 일, 즉 번역을 했다. 홉스는 독자들이 왜 그런 힘든 일을 하는지 궁금해할 것이라고 생각했는지 이런 오만한 설명을 덧붙였다.

> 그러면 내가 왜 그것을 썼나? 달리 할 일이 없었기 때문이다. 왜 출판하는가? 나의 적대자들이 나의 심오한 저작들을 보고 헛소리하는 것을 더는 참을 수 없었기 때문이다. 이제 내가 쓴 시구를 보고 그들이 지혜를 얻기를 바란다.[14]

홉스의 번역은 17세기와 18세기에는 지금보다 훨씬 더 높은 평가를 받았다. 지금은 악평이 대세다. 나는 그의 번역이 문제가 있다는 건 인정하지만, 지난 세기 동안 제대로 된 평가를 받지 못했다고 생각한다. 그러므로 홉스의 번역에 관해 더 자세히 논하고자 한다.

홉스는 1673년에 《율리시스의 여행》을 출간했는데, 이 책은 《오디세이아》 9권부터 12권까지를 번역한 것이다. 큰 성공을 거두자 이듬해 재판을 찍었다. 홉스는 이 축약본 번역으로 일단 사람들의 반응을 살펴보려 한 것 같다. 1675년 완역본이 나왔다. 《일리아스》 완역본은 1676년에 나왔는데 이 책도 성공적이었다. 두 번역본 모두 17세기에 여러 판본이 나왔다. 두 번역본 모두 부정확하고, 빠진 부분이 있고, 윤색되었다는 비판을 받아 왔다. 시인 알렉산더 포프(Alexander Pope)는 홉스의 번역이 "비판을 할 수 없을 정도로 수준이 낮다."라고 혹평했는데, 이는 지나친 비판이다. 홉스의 번역을 여기에 그대로 소개하겠다. 각각 《일리아스》와 《오디세이아》의 첫 열두 줄이다.

> 오 여신이여, 슬픔을 노래하라,
> 테티스의 아들[아킬레우스]이 품은 불만이 그리스인들에게 안겨준.
> 얼마나 많은 용사의 영혼이 황천으로 갔던가,
> 그들의 몸뚱이를 개와 새의 먹이로 남긴 채.
> 군대의 두 군주, 아가멤논 왕과 아킬레우스가
> 서로 다투는 사이에.
> 그것은 제우스의 뜻이었으니
> 그럼 누가 그 둘 사이를 갈라놓았던가?
> 아폴로였다. 아폴로는 아트리데스*가
> 그의 사제 크리세스를 모욕한 데 분노하여,
> 그리스인들에게 역병을 내렸으니
> 그들은 속속 죽어 갔고, 치료약은 없었다.

> 들려주시오, 오, 시의 여신이여! 한 영웅의 이야기를
> 신성한 도시 트로이를 빼앗은 후

아트리데스(Atrides) 아가멤논 혹은 메넬라오스를 가리킨다.

오래 바다에서 표류하며

비바람 속에서 귀향의 길을 찾던 이야기를.

그가 본 도시들과 그가 만난 사람들의 이야기와

쓰라린 고통을 겪었지만,

자신의 목숨도 살리고, 부하들을 고향으로 데려온 이야기를.

더 많은 부하들을 살리려고 최선을 다했으나

그들의 고집 때문에 허사가 되고 만 이야기를.

그들이 어리석게도 태양의 성스러운 암소를 잡아먹어

저 위대한 신을 노하게 했고

비참한 최후를 맞게 된 이야기를. 시작하소서, 시의 여신이여.

포프는 홉스의 번역을 혹평했지만 홉스의 글을 흉내 내기도 했다. 포프가 한 유명한 말 중 하나를 보자.[15]

홉스: 진실한 환대의 규칙은 이런 것이다. 머무는 자는 사랑하고, 가는 손님은 잘 보내라.

포프: 진정한 우정의 법칙은 이 규칙으로 표현된다. 오는 자는 환영하고, 떠나는 손님은 빨리 보내라.

홉스의 미학적 성공을 평가할 수 있는 또 하나의 방법은 같은 구절을 놓고 홉스의 번역을 그 시대의 다른 번역과 비교해보는 것이다. 나는 그 시대에 인기가 있던 번역가 존 오길비(John Ogilby)의 번역보다 홉스의 시가 더 낫다고 생각한다. 오길비는 《오디세이아》의 시작 부분을 이렇게 번역했다.

총명한 영웅들의 방황 이야기를, 시의 여신이여 들려주소서.

(트로이를 빼앗고) 전 세계를 항해하고

수많은 도시와 그들의 다양한 삶의 방식을 본 이야기를.

폭풍우와 성난 파도에 시달리며 엄청난 고통을 겪었고

그의 친구들을 고향의 해변으로 데려오려 했으나

해군을 잃어서 허사가 된 이야기를.

영광스러운 태양에 바쳐진 소(Heards)*로 그들이

불경하게도 잔치를 연 이야기를.

"전 세계", "해군" 같은 추상적인 단어를 보면 오길비의 시의 수준이 낮다는 것을 알 수 있다. 홉스의 구체성과 호메로스의 사실주의는 이런 표현에 잘 나타난다. "당신은 자주 내 가슴에 포도주를 토해 놓았지."[16] 반면에 윌리엄 라우스(William Rouse)는 이 구절을 지나치게 자세히 번역했다. "당신은 버릇없는 아이처럼 포도주를 튀겨서 내 튜닉을 젖게 한 것이 한두 번이 아니었지."[17] 포프는 이 구절을 아예 생략하고 있다.

홉스의 번역이 오길비의 번역보다 낫다는 주장은 결코 사소한 일이 아니다. 포프는 오길비의 번역을 혹평했지만 오길비에 가까운 문체를 자주 구사했다. 어느 비평가가 말한 것처럼 포프는 "오길비의 행보를 따르고 있다. 비평할 가치는 없지만 모방은 아닌 것 같다."[18] 오길비의 번역은 장점도 많았다. 풍부하고 도움이 되는 주석들이 달

---

* 홉스의 원문에는 'Heards'로 되어 있고, 저자는 '원문 그대로 인용(sic)'하고 있다. 'Heard'와 'Herd'(소 떼)는 발음이 같다. 단순한 철자 오류인지 특별한 의미를 담으려고 했는지는 분명하지 않다.

려 있었고, 멋진 삽화도 있었다. 홉스는 오길비의 박학에 감탄하여 그답지 않게 오길비의 이름을 두 번이나 언급했다. 그는 자신의 번역에 주석이 없는 이유는 "오길비 씨가 달아놓은 주석보다 더 나은 주석을 달 자신이 없기 때문"이라고 설명했다.[19] 진심이었다. 오길비도 찰스의 궁정에 자주 드나들었으므로 홉스와 서로 아는 사이였을 가능성이 있지만 확실한 증거는 없다.

홉스의 번역이 미학적으로 성공했는지 실패했는지를 홉스의 서사시 이론에 비추어 평가해볼 수도 있을 것이다. 홉스는 《오디세이아》 완역본 1판(1675년) 서문 '영웅시의 미덕에 관하여'에서 좋은 서사시는 일곱 가지 특징이 있다고 말했다. 우선 누구나 알기 쉬운 단어를 사용해야 한다는 점이다. 두 번째 특징은 문장이 단순하고 직설적이어야 한다는 점이다. 《오디세이아》 2권 시작 부분을 다음과 같이 간결하게 처리한 것이 좋은 예이다.

> 불그레한 아침이 오자
> 텔레마코스는 옷을 차려입고 신발을 신었다.
> 칼을 차고, 창을 잡고
> 밖으로 나서는 모습이 신처럼 보였다.
> 곧바로 전령에게 명하여
> 모든 사람을 회의장으로 불러 모았다.

일부 비평가들은 홉스가 원문의 성질 형용사를 생략한 곳이 많다고 지적하는데, 홉스가 그렇게 한 것은 그의 서사시 이론과 일치한다. 이론이 어떠하든 호메로스는 중요하지도 않은 말을 볼품없이 반복하여 독자를 짜증 나게 한다. 현대 번역가들은 그런 부분을 개선한 번역서를 내놓고 있다.

홉스의 번역을 다른 번역본들과 비교해볼 때 나는 홉스의 번역이 오늘날의 그 어떤 번역에도 뒤지지 않는다고 생각한다. 예를 들어 라우스의 번역과 홉스의 시를 비교해보라.

라우스:

알렉산드로스가 대답했다. "그것은 진실입니다. 헥토르, 진실로 그렇습니다. 형님의 마음은 언제나 강철처럼 단단합니다. 젖 먹던 힘을 다하여 나무를 쪼개 배를 만드는 목수의 도끼 같습니다. 정말로 마음이 굳으십니다."

홉스:

그러자 파리스는 헥토르에게 대답했다.

헥토르, 지당한 책망입니다.

형님의 엄중한 질책은 (배 만드는 목수가

도끼로 나무를 쪼개는 것 같습니다.)

단단한 강철처럼 내 마음을 찌릅니다.[20]

라우스:

모두 이 말을 듣고 조용해졌다. 그러자 메넬라오스가 외쳤다. "나도 한마디 하겠소이다. 참으로 공감이 가는 말씀이오나, 나는 아카이아군과 트로이군이 이제 화해를 할 때라고 생각하오.

홉스:

그 말이 끝나자, 메넬라오스가 말했다.

양군의 진중이 조용해졌다.

나도 한마디 하겠소. 메넬라오스는

알렉산드로스의 말에 화가 났다.

내가 당신에게 충고한 대로만 하면

당신이 일으킨 이 싸움은 곧 끝날 것이오.[21]

홉스에 따르면 좋은 서사시의 세 번째 특징은 해설자가 아니라 등장인물에 의해 이야기가 전개되어야 한다는 점이다. 두말할 필요가 없다. 네 번째 특징은 독자의 "상상력"이 발휘되도록 해야 한다는 점이다. 일반적으로 이 특징을 가장 중요한 것으로 여긴다고 지적한 것을 보면, 홉스는 그렇게 생각하지 않았던 것 같다. 또한 홉스는 비유법의 사용을 엄격히 제한했다. 비유법은 아무리 잘 써도 "불쾌하지 않은" 수준에 그친다는 것이다. 포프는 홉스가 "비유 전체를 생략했다."고 비판했는데, 홉스가 그렇게 한 이유가 바로 여기에 있다. 또한 앞에서 말한 것처럼 성질 형용사들을 단순화하거나 생략했다. 호메로스가 "새벽 일찍 일어나는 불그레한 손가락"이라고 표현한 대목을 홉스는 "오로라(Aurora)" 한마디로 줄인다. 이것이 홉스 번역의 특징인데, 이 점을 포프가 혹평한 것이다. 포프는 상상력(허구)이 시의 가장 중요한 성질이라고 생각하고, 호메로스가 "전반적으로 그 어떤 작가보다 위대한 허구를 보여준다."고 말한다.[22] 그런 점에서 홉스가 호메로스를 배반했다는 것이다.

다섯 번째 특징은 시는 정의롭고 공정해야 한다는 점이다. "서사시에서 시인은 그 어떤 사람도 근거 없이 헐뜯어서는 안 된다."[23] 홉스는 그런 점에서 호메로스의 판단이 적절하다고 칭찬한다.[24] 여섯 번째 특징은 사람과 사건에 대한 묘사가 정확해야 한다는 점이다. 다음과 같은 3권 시작 부분이 좋은 예가 될 수 있겠다.

> 바다에서 해가 하늘로 솟아올라
> 신들과 내 앞에 비쳤다.
> 텔레마코스는 부대를 이끌고
> 필로스에 닿았다.

일곱 번째 특징은 좋은 서사시에는 여러 내용이 담겨 있다는 점이다.

홉스가 이러한 특징들을 미덕으로 나열하고, 특히 그 특징들을 묘사한 것을 보면 그가 속물처럼 느껴질 수도 있다. 그의 이론은 〔형식상으로는〕 사회주의적 사실주의를 닮았지만 〔내용상으로는〕 아우구스투스 황제 시절에 활짝 핀 고전주의풍의 사실주의〕, 즉 "부르주아 사실주의"라고 할 수 있다. 고전주의의 대가 존 드라이든은 홉스의 미학을 그리 높게 평가하지 않았다. 오브리는 홉스가 드라이든을 "예찬했다"고 했지만, 드라이든이 쓴 비평서에는 홉스에 대한 아무런 찬사도 없다.

드라이든은 《고전과 현대 우화집》(1700년) 서문에서 홉스가 예전에 수학을 공부하듯이 시가를 연구하기 시작했지만 "너무 늦었다"고 말했다. 특히 그는 홉스가 "단어의 선택과 숫자의 조화"를 강조한 것에 반대 의견을 나타냈다. 그런 것들은 장식에 불과하다는 것이다. 드라이든에 따르면 시의 핵심은 구조이다. 시는 "인생의 모방"인데, 구조가 좋아야 시에 표현된 사상을 제대로 전달할 수 있다는 것이다. 나는 드라이든이 더 나은 비평가이자, 시인이자, 번역가라는 것을 인정한다. 그러나 시에서 "단어의 선택과 숫자의 조화"가 구조보다 더 중요하다는 주장도 있을 수 있다고 생각한다.

미학에 끼친 영향

홉스는 여러 예술 분야에서 홉스주의를 낳았다. 홉스주의는 홉스의 주장과 관련이 있지만 정확히 일치하는 것은 아니다. 그의 철학은 소크라테스의 철학처럼 잘 가공하기만 하면 연극, 드라마, 희극 등의 좋은 소재가 될 수 있었다. 나는 원 재료에 홉스와 소크라테스의 성격이 가미되어 맛을 내는 것이라고 생각한다. 오브리는 드라이든이 "그의 연극에 자주 홉스의 이론을 적용했다."고 말했다. 그러나 이것은 과장된 주장이다. 드라이든이 쓴 책에는 홉스의 이름이 세 번밖에 나오지 않는다. 드라이든의 《그라나다 정복》(1672년)에서 다음과 같은 구절이 홉스의 영향을 받은 것이라고 평가하는 사람들이 있다.

> 나야말로 목숨을 그 누구보다 대수롭지 않게 여긴다.
> 하지만 나를 죽일 권리를 당신은 어디에서 얻었는가?
> 당신의 백성들이 주권자로 섬기기 때문이 아닌가?
> 하지만 알아 두시라, 나의 왕은 오로지 나다.
> 나는 자유롭다. 자연이 처음 인간을 낳을 때처럼
> 복종의 기본법이 시작되기 전

저 고결한 야만인들이 황야를 달리던 때처럼.[25]

이 구절은 모두 홉스의 주장과 다르다. 모든 사람이 죽음을 두려워한다. 모든 사람이 자연 상태에서는 다른 사람을 죽일 권리가 있다. 자연 상태에서 어느 누구도 왕이 아니다. 시민법이 기본법은 아니다. 자연 상태에서 사람은 고결한 야만인이 아니다. 그러나 《그라나다 정복》은 훌륭한 희곡이었다.

드라이든은 홉스의 주장이 무엇인지 잘 알고 있었다. 그는 《리바이어던》을 읽어보았을 뿐만 아니라 뉴캐슬의 후원을 받았고, 뉴캐슬과 함께 일하기도 했다. 드라이든이 홉스의 주장에 대해 잘못 알고 있었다면 뉴캐슬이 제대로 알려줄 수도 있었을 것이다. 진정한 홉스주의가 나타난 작품은 《포악한 사랑》(1670년)과 《압살롬과 아히도벨》(1681년)이다. 특히 후자에서 강하게 나타난다. 이 작품에서 드라이든은 홉스의 어법과 주제를 사용하여 반역을 비판한다.

> 변덕스러운 폭도들에게 무슨 원칙이 있겠는가?
> 표적을 향해 무작정 달려가는 사람들이 아니던가?
> 군중은 물론이고, 산헤드린*조차
> 군중 심리에 물들어
> 반역의 광기를 머금고
> 군주를 시해하려 하는구나.
> 그들이 뜻한 대로 되면 어떤 일이 벌어질까?

산헤드린(Sanhedrin) 고대 예루살렘의 최고 의결 기관이며, 의원 71명으로 구성된다.

(신을 대리하는) 군주뿐만 아니라

종국에는 정부 그 자체가 붕괴하여

자연 상태에 빠지고, 만인이 만인에 대해 권리를 지니게 될지니

백성들이 군주를 세울 수는 있어도

왕좌에 있는 군주를 흔드는 것은 어리석은 짓.

과거의 고통이 아무리 크다 해도

그들이 일으킨 변란은 더 큰 고통을 가져올 터.

　지금까지 홉스의 정치철학이 연극에 끼친 영향을 살펴보았다. 홉스의 이기주의 심리학 역시 드라마와 희극에 큰 영향을 끼쳤다. 예를 들면 윌리엄 위철리(William Wycherley)의 《시골 아낙네》(1675년), 조지 에더리지(George Etherege)의 《멋쟁이》(1676년), 윌리엄 콩그리브(William Congreve)의 《세상만사》(1700년)에서 홉스의 영향력을 엿볼 수 있다. 여기에 나오는 등장인물은 (관객의 흥을 돋우기 위해) 음탕한 사람들인데, (검열의 기준을 따르기 위해) 결국 권선징악으로 끝난다.

　17세기의 가장 악명 높은 시인 중 하나는 2대 로체스터 백작 존 윌멋(John Wilmot)이었다. 그는 가끔씩 드라이든을 후원했는데, 시 분야에서는 드라이든 다음가는 인물이었다. 윌멋은 데번셔의 아들(4대 데번셔 백작이자 초대 데번셔 공작)과 함께 여행했고, 한 극장에서 벌어진 소동에서 그를 편들어 프랑스 병사들과 맞서 싸우기도 했다. 윌멋은 궁정의 주요 인물들의 음란한 행실을 명쾌한 필치로 시로 옮겼다. 그는 장난기가 많았는데 이 때문에 찰스 2세의 총애를 받기도 하고 잃기도 했다. 한번은 윌멋이 찰스 2세에게 실수로 조신(朝臣)을 풍자한 시가 아니라 찰스 2세를 신랄하게 풍자한 시를 건넸다. 그 시는 이

렇게 시작된다.

> 오래전부터 모든 기독교 국가에서
> 최고의 갈보들을 길러온 것으로 알려진 브리튼 섬에
> 지금 가장 태평한 왕이 살고 있다네.
> 가장 잘 자란 사람이. 아, 만수무강하시기를.

　이 뒤로 음란한 내용이 이어진다. 월멋은 방탕하게 생활했으며, 일찍 죽었다. 그러나 임종 때에는 신앙을 받아들인 것으로 보인다.
　월멋은 냉소적인 염세주의자였고 홉스 철학의 영향을 받았다. 정확히 어떤 시가 홉스의 영향을 받았는지에 대해서는 논란의 여지가 있지만 〈인류를 비웃는 사티로스〉(1674년)는 확실히 홉스의 영향을 받은 것으로 보인다. 그 시는 회의적인 분위기로 시작된다. 홉스는 《리바이어던》에서 아리스토텔레스의 철학을 "도깨비불(ignis fatuus)"이라고 한 적이 있는데, 월멋은 한 걸음 더 나아가 이성이 인간 정신의 "도깨비불"이라고 선언한다. 그는 모든 철학이 헛되다고 선언하는 것 같다.

> (철학자는) 이 생각 저 생각에 걸려 곤두박질친다.
> 끝없는 의심의 바다에 빠진다. 물에 빠진 사람처럼,
> 책에 매달려 간신히 목숨을 부지하고
> 철학의 부레를 잡고 허우적거린다.

　철학은 사실상 큰 바윗돌이다. 월멋에 따르면 철학자는 마침내 깨

닿게 된다. "고통스럽고 긴 탐색 끝에 / 인생을 잘못 살아왔다는 것을."[26] 지혜를 추구하고 구도(求道)의 길을 가느라 자신의 행복을 잃었다는 뜻 같다. 그러나 철학에 대한 이러한 포괄적 비난은 오해이다. 윌멋은 아리스토텔레스와 스콜라 철학을 경멸하고 있다. 이성에 대한 그의 견해는 홉스와 같다. 이성은 경험적인 세계에 한정되어야 하고 ("그 이상을 생각하는 자는 멍청이이다.") 그래야 비로소 인간을 행복의 길로 안내한다. 윌멋은 계속해서 홉스와 유사한 견해를 드러내지만 수사법이 요란하여 내용이 모호해진다. 이것이 윌멋 시의 특징이다. 4장에서 본 것처럼 홉스에 따르면 올바른 이성을 강조하는 사람은 자신의 신념을 독단적으로 타인에게 강요하려는 사람이다. "자신이 다른 사람들보다 더 현명하다고 생각하는 사람은 올바른 이성으로 판단하라고 외쳐댄다. 오로지 그 주장밖에 없다. 그러한 주장은 다른 사람의 이성이 아니라 자신의 이성으로 판단해야 한다는 말일 뿐이다."[27] 그러나 윌멋의 주장은 홉스의 주장을 그대로 옮겨놓고 있지만 올바른 이성을 외쳐대는 사람의 주장처럼 보인다.

> 당신의 이성은 걸림돌이 되지만, 내 이성은 즐거움을 준다네.
> 욕망을 바꾸면 당신의 이성도 즐거움을 줄걸세.
> 내 이성은 나의 친구, 당신의 이성은 사기꾼
> 배고픔이 소리치면 내 이성은 밥을 먹여주네.
> ……
> 이 명백한 사실을, 여보게, 당신은 의심하네.
> 이것은 진정한 이성이 아니라고. 나는 당신의 이성을 경멸하네.
> 이성은 인간을 위할 때 올바른 것이네.

나는 이 생각을 바꾸지 않겠네. 당신도 그렇게 해보게.[28]

달리 말하면 이 시인은 독단론자를 비웃으면서도 독단론자의 목소리를 내고 있다. 이것이 월멋의 아이러니다. 그의 시는 결국 비홉스적인 견해를 취한다. 그의 시에 따르면 위선이란 "모든 사람의 상식에 위배되는 정직함"이다. 그러나 홉스는 강력한 법 체계와 처벌을 통해 정직함이 미덕이 되기를 원했다. 그러므로 월멋이 홉스의 생각을 나타내려는 의도로 이 시를 썼다면 우리가 앞에서 논의한 많은 이들이 그러했듯이 일부는 맞고 일부는 틀렸다. 이것은 결코 놀라운 일이 아니다. 위대한 사상가들의 사상을 동시대 사람들은 거의 언제나 왜곡하거나 오해한다. 단순화하여 설명하기 때문이다. 그들의 위대성은 새로움과 깊이의 조합에 있다. 대부분의 일반인들, 심지어 지식인들조차 새로운 사고를 받아들이지 못한다. 특히 그 깊이를 알지 못한다.

1670년대 정세에 관한 단상

1670년대 영국에서는 정치적 음모가 난무했다. 찰스 2세는 네덜란드, 프랑스와 비밀 협상을 했다. 한 나라와 동맹을 맺었다 하더라도 다른 나라가 돈을 많이 주겠다고 하면 동맹을 깨고 돈을 주는 나라와 새로 동맹을 맺었다. 찰스 2세의 외교와 내치는 외국의 돈에 좌우되었는데, 이것은 장기적으로 통치권의 약화를 초래했다. 1672년 찰스 2세는 '신교 자유 선언(Declaration of Indulgence)'을 발령했다. 이것은 비(非)국교도인 프로테스탄트와 로마가톨릭 신도들에게 종교의 자유를 허락하는 조치였다. 가톨릭을 관용할 마음에서 우러난 조치가 아니라 프랑스가 그것을 요구했다. 이로 인해 영국은 네덜란드와 세 번째 전쟁을 치르게 되었고, 이 전쟁은 20년을 끌었다. 홉스는 이 문제에 대해서는 아무런 언급이 없다. 홉스의 이론에 비추어보면 이 일은 그와 아무런 상관이 없었다. 하지만 의회는 가만히 있지 않았다. 1673년 심사법(Test Act)을 제정하여 모든 공직자는 국교를 신봉하도록 규정했다. 왕과 의회의 긴장은 나날이 고조되었다. 1640년대 초에 그러했던 것처럼. 설상가상으로 왕의 동생이자 왕위 계승자인 요크 공작 제임스가 가톨릭으로 개종을 선언하고, 해군 제독에서 사임했으며, 로마가톨릭 공주와 결혼했다. 의원들 다수는 로마가톨릭 군주를 원하지 않았다.

1678년 마침내 정치적 위기가 발생했다. 이른바 '구교도 음모' 사건이 터진 것이다. 교황과 예수회 사람들과 프랑스 왕이 찰스 2세를 암살하고 제임스를 왕좌에 앉힌 다음 영국을 로마가톨릭으로 개종하려는 음모를 꾸몄다는 것이다. 종교를 이리저리 옮겨 다닌 거짓말쟁이 기회주의자 타이터스 오츠(Titus Oates)는 이 음모의 증거가 있다고 주장했다. 이 사건은 날조된 것이었지만 믿고 싶어 하는 이들에게는 그럴듯하게 들렸다. 초대 섀프츠베리(Shaftesbury) 백작은 사건을 믿지 않았지만 이 기회를 이용하여 제임스를 왕위 계승 자리에서 끌어내릴 작정을 했다. 이른바 '왕위 배제 위기'로 이어진 것이다. 이 사건은 주권이 무엇인가에 대한 논란을 촉발했다.

채스워스에 있는 데번셔의 홉스 소장품 원고 중에 '계승권에 관한 질문들, 홉스 씨'라는 제목이 붙은 날짜 미상의 원고가 있다.[29] 일부 학자들은 그 글이 '왕위 배제 위기'에 대해 논평한 것이라고 생각한다. 그럴 수도 있다. 홉스의 원고 중에는 왕위 배제 법안도 한 부 있고, 섀프츠베리 백작의 "가톨릭에 반대하는" 연설문도 한 부 있다. 홉스의 원고가 제임스의 왕위 계승 배제를 찬성하고 있다고 해석하는 이들도 있지만 나는 그렇게 생각하지 않는다. 홉스에게 주어진 문제는 이런 것이었다. "왕위 계승자가 이런저런 이유로 악명이 높고 백성을 보호할 능력이 없다면, 그런데도 정부가 그에게로 이양될 상황이라면 현 군주는 백성들의 요구에 따라 그를 배제해야 하는가?" 이 질문은 데번셔의 아들, 즉 초대 데번셔 공작이 제기했을 가능성이 크다. 그는 명예혁명 기간에 오라녀 공 윌리엄을 지지한 공훈으로 공작 작위를 받았다. 데번셔 공작은 자신의 아버지가 찰스 2세에게 냉대를 받았다고 생각했다. 그는 가톨릭에 강한 적대감을 품고 있었고, 걸핏하면 결투를 하여 평판이 나빴다. 나는 홉스가 그를 좋아하지 않았다고 생각한다. 홉스는 그 질문에 대한 답변을 까다롭게 시작한다. "여기에서도 저를 잘못 알고 계십니다." 그는 왕권이 "신권에 의해" 주어진 것이라고 단언한 다음, 질문자의 오해를 책망한다. "나는 '설립(Institution)'이라는 말을 한 적이 없고, 무슨 말씀을 하시는지 모르겠습니다."

사람들이 제임스의 왕위 계승에 반대한 이유는 그가 로마가톨릭 신도였기 때문이다. 그러나 홉스는 이 문제에 대해서는 아무런 언급도 하지 않고 이렇게 말한다. "백성들은 왕에게 복종해야 한다. 이 세상의 어떤 왕도, 백성들이 통치에 필요한 돈을 충분히 주지 않으면 백성들을 제대로 보호할 수 없다." 홉스는 같은 이야기를 반복한다. "지독하게 무능력하다."고 하더라도 돈이 충분하지 않아 그렇게 되었다면 왕의 왕위 계승권을 박탈해서는 안 된다. 그 무능력이 우둔("자연적 이성의 결핍")의 결과인 경우에는 왕위 계승권을 박탈할 수도 있겠지만 그럴 필요가 없다. 어쨌든 홉스는 "그런 무력한 왕이 즉위할 때까지"는 그 주제에 대해 더 말할 필요가 없다고 주장한다. 이런 주장은 엄밀히 말해서 왕위 배제 위기와 직접적인 관련은 없다. 그러나 굳이 관련성을 찾는다면 홉스는 배제에 보수적인 태도를 보였다. "누가 왕을 강제할 수 있겠는가? 그 어떤 백성도 정신 멀쩡한 왕을 합법적으로 폐할 수는 없다. 왕이 죽으면 바로 그 사실에 따라 백성들은 무법천지의 인간이 되고, 만인이 만인에 대해 전쟁 상태에 빠져든다. 바로 그런 사태를 피하기 위해 왕을 세운 것이다."[30]

30년 물리학 탐구의 결정판, 《자연철학 10화》

홉스는 아흔 살에 《자연철학 10화》를 출간했다. 사망하기 한 해 전이다. 이 저서도 이전의 저서만큼이나 훌륭하다. 홉스가 지난 30년 동안 주장해 왔던 물리학 이론을 모두 모아놓은 것이다. 홉스가 좋아하는 방식인 A와 B의 대화 열 편으로 이루어져 있다. 여기에서 홉스는 "어리석고 터무니없는" 철학자들을 비판하면서[31] 자신의 물리학 이론을 공리의 형태로 간명하게 제시한다. (1) 두 개의 물체가 동시에 같은 장소를 차지할 수 없다. (2) 스스로 움직이는 물체는 없다. (3) 모든 운동은 접촉에 의해 일어난다. 그러므로 원격 작용은 없다. (4) 절대적으로 정지해 있는 물체는 없다.[32] 나중에 홉스는 모든 물체의 보존을 주장했지만 공리의 형태로 제시하지는 않았다.[33]

홉스에 따르면 하느님은 "존재하는 가장 실재적인 실체로서 무한한 존재이고, 그가 있는 곳은 빈 공간이 아니며, 그가 없는 곳은 찬

공간이 아니다."³⁴ 따라서 진공은 존재할 수 없다. 이외에도 진공의 존재를 인정할 수 없는 근거를 여럿 제시했다. 홉스는《물리학 대화》에서 제시했던 근거를 좀 더 다듬어 이렇게 주장한다. 진공론자들의 주장처럼 홉입이 진공을 만든다면 유모들은 다 찌부러지고 말 것이다. 홉스에 따르면 아기 입에서 나온 공기가 모유를 통해 어미 젖으로 들어가서 젖먹이가 젖을 빨아 비게 된 공간을 채운다는 것이다.³⁵ 다른 내용들은 대부분 이전의 책에서 주장한 것을 옮겨놓은 것이다. 물론 월리스에 대한 비판도 있다.

《리바이어던》에 대한 악평과 오해

《리바이어던》에 대한 오해는 출간된 지 오래지 않아 시작되었다. 찰스 울즐리는《무신론의 명백한 불합리성》(1666년)에서 홉스가 모든 종교의 기초를 인간의 권력에서 찾고 있다고 주장했다. 그러나 홉스는 인간의 권력이 특정 종교를 법이 되게 한다고 주장했을 뿐, 인간의 권력이 종교를 만들어낸다고 주장한 적은 없고, 진정한 종교[기독교]를 만들어낸다고 주장한 적은 더더욱 없다. 울즐리는 그 책에 부록으로 붙인 '무신론자의 교리 문답'에서 홉스를 더욱 악의적으로 왜곡한다.

문: 당신은 하느님을 믿는가?
답: 하느님은 없다고 생각한다.
문: 왜 그렇게 생각하나?
답: 있다고 생각하지 않기 때문에.

문: 다른 이유는?

답: 하느님을 본 적이 없기 때문에.

……

문: 사람들이 종교를 뭐라고 부르는가?

답: 세상 사람들에게 퍼뜨린 정치적 사기.

문: 맨 처음 사기를 친 사람들은 누구였나?

답: 세상 사람들을 두려움에 떨게 하여 자기에게 복종하게 하려는 교활한 자들.

울즐리에게는 안됐지만 홉스는 하느님을 보지 못했다는 이유로 그 존재를 부정한 적이 없다. 홉스는 물체들이 실제로 눈에 보이지 않는다고 생각했지만 그런 물체의 존재를 믿었다. 오히려 그는 물체들이 감각 기관에 작용하여 운동을 일으키고, 그 결과 환영이 나타난다고 생각했다. 물체가 존재하고, 이 물체들이 그런 방식으로 작용한다고 해야 환영을 설명할 수 있다고 생각한 것이다. 우리에게 물체를 인식하는 감각이 있다 하더라도 물질의 기본 입자는 너무 작아서 인식할 수 없다. 어떤 물체든 무한히 분할될 수 있고, 분할이 계속되면 인간이 인식할 수 없을 정도로 작아진다. 18세기 중엽에 이르기까지 모든 사람이 그러했듯이 홉스 역시 이 세상을 존재하게 만든 원인이나 설명이 필요하다고 생각했을 가능성이 크다. 또한 홉스는 종교를 "맨 처음 만든 사람"이 "세상 사람들을 두려움에 떨게 하여 자기에게 복종하게 하려는 교활한 자들"이라고 말하지 않았다. 그는 종교의 원천이 호기심과 인과 관계에 대한 잘못된 해석이라고 말했을 뿐이다. 홉스의 주장을 무신론으로 해석하려면 최소한 이런 진술을 근거로 제시해야 한다.

1650년대와 1660년대까지만 하더라도 홉스는 활기가 있었고 자신의 종교적 주장을 열심히 변호했다. 그러나 1670년대에 들어서는 대체로 비판자들을 무시했다. 《브럼홀 박사의 책, 이른바 '리바이어던 잡기'에 대한 답변》 서문에서 홉스는 브럼홀이 그런 책을 썼는지 10년 동안 몰랐다고 했다. "브럼홀 주교의 저작들에 관한 이야기가 거의 없었기" 때문에 그랬다는 것이다. 브럼홀을 모욕하려고 한 말이지만 비판에 무관심했다는 것을 알 수 있다. 홉스는 최소한 두 번 이상 자기가 논쟁을 하는 것이 아니라 가르쳐주는 것이라고 말했다. 1660년대에는 신변의 안전이 위협받았기 때문에 자신의 종교적 견해를 변호할 필요가 있었고, 그보다는 덜했지만 정치적 견해도 변호할 필요가 있었다. 1668년 이후에는 《리바이어던》을 변호하는 글을 쓰지 않았다. 그럴 필요성을 느끼지 못했기 때문이다. 하고 싶은 말은 이미 다 한 것이다.

홉스에 대한 비판은 1670년대에 활개를 쳤다. 비판은 대부분 피상적이고 편협했다. 종교적으로 방탕한 자유 사상을 유포한다는 비난을 받았는데, "명랑한 국왕(Merry Monarch)" 찰스 2세보다는 홉스가 더 안전한 공격 대상이었다. 울즐리는 《성경 신앙의 합리성》(1672년)에서 이렇게 썼다. "근년에 들어 사람들이 불건전한 생활을 변호하고, 경건함과 미덕을 공개적으로 부정함으로써 자신의 죄를 방어하고 있다. …… 예전에는 이러지 않았다. 한 권의 사악한 책이 나오기 전까지는. 이 모든 해악은 실로 《리바이어던》이 초래한 것이다." 그 이듬해에 국교회 신자 로버트 새록(Robert Sharrock)은 울즐리보다 한 술 더 떴다. 그는 홉스를 이렇게 헐뜯었다. "값비싼 포도주와 향유를 마음껏 즐기고, 홉스의 방탕을 본받아라. …… 가난하고 의로운 사람을 억누르고, 과부를 불쌍히 여기지 말라. 그리고 너의 힘을 정의의 법으로 삼고, 약자를 무시하라. 의인을 숨어서 기다려라.* 그러면 완전한 홉스주의가 된다."[36] 홉스주의를 이렇게 규정하는 주장은 터무니없다. 홉스는 동정심이 많은 사람이었고, 각자가 자신의 힘을 정의의 법으로 삼으면 고독과 빈곤과 불행이 닥친다고 했고, "의인"을 숨어서 기다리는 자는 얼마 못 가서 파멸한다고 했다. 홉스는 말로나 행실로나 방탕한 생활에 반대했다. 방탕, 즉 완전한 자유를 누리는 삶은 비참한 자연 상태에서 사는 것이다. 브럼홀이나 클래런던처럼 그를 개인적으로 알았던 비판자들은 홉스의 절제와 성실성을 증언했다.

새록은 사실상 홉스를 프리드리히 니체(Friedrich Nietzsche)로 만들어놓았다. 두 사람은 정반대에 있는 철학자들이다. 니체는 자연적인 것을 찬양하고, 인공적인 것을 경멸하고, 권력 행사 그 자체를 칭송하고, 전통적인 도덕을 멸시한다. 홉스는 인공적인 것을 찬양하고 자연적인 것을 경계했다. 무절제한 권력 행사는 필연적으로 이른 죽음을 가져온다고 경고했고, 전통적인 도덕을 자기 보존의 핵심적인 부분으로 여겼다. 니체가 강자의 철학이라면 홉스는 약자의 철학이다.

국교회 신자 새뮤얼 파커(Samuel Parker)는 그 자신이 홉스주의자라는 혐의를 받기도 했는데, 홉스가 "힘은 정의다. 힘은 좋은 행동이든 나쁜 행동이든 모든 행동을 정당화한다."고 주장했다고 생각했다. 잘못 짚어도 한참 잘못 짚은 것이다. 홉스는 모든 것을 정당화하는

---

* 〈시편〉 119장 95절을 인용한 문장인데, '숨어서 기다린다.'는 말은 '죽이려고 노린다.'는 뜻이다.

유일한 힘은 하느님의 저항할 수 없는 힘이라고 생각했다. 이 힘은 의미상 악행을 정당화하지 않는다. 하느님이 뜻하는 바는 선하다.

홉스의 비판자들이 홉스를 비판할 때 쓰는 말은 수사다. 예컨대 국교회 신자 찰스 로보섬(Charles Robotham)은 《리바이어던의 신학(Idea Theologiae Leviathanis)》(1673년)에서 이렇게 쓰고 있다.

맘스베리의 히드라, 극악한 리바이어던, 거대한 용, 무시무시한 괴물, 영국의 야수, 형편없는 교리 전파자, 실성한 지혜 유포자, 불경한 죽음의 전령이자 권투 선수, 물질적인 하느님을 공경하는 싱거운 사람, 괴상한 신조를 만들어낸 사람, 옛 이교를 신앙으로 만든 탕아, 가짜를 파는 악당, 부지런히 잡초를 캐는 사람, 사기꾼.[37]

사후에도 계속된 무신론 혐의

홉스의 철학을 오해한 사람들은 홉스를 무신론자라고 생각했다. 오해를 받을 만도 했다. 사람들은 새로운 정보를 잘 받아들이지 못한다. 새로운 정보가 그들의 신념 체계 내에 들어설 자리가 없기 때문이다. 그 정보를 진실로 새로운 것으로 이해하지 못하고, 정보가 부적절해도 기존의 익숙한 범주에 넣어서 생각한다. 기독교에 대한 홉스의 주장은 확실히 친숙한 것이 아니었기에 많은 사람이 홉스를 무신론자라고 생각했다. 초기의 기독교도 역시 로마의 신들을 부정해서 무신론자로 여겨졌다.

개념적으로 새로운 정보를 기존의 고정관념으로 바라보면 '개연적 사고'* 현상이 일어난다. 예를 들면 이단 혹은 이신론에 대한 믿음은 반드시 종교적 권위에 대한 반대 혹은 무종교를 초래하고, 결국 무신론이 된다는 식이다. 억지 주장이다. 어쨌든 홉스에게 그런 일이 벌어졌다. 홉스가 사망한 지 몇 개월 후 홉스의 주장에 공감하는 사람들이 신문 크기의 인쇄물 두 장을 출판했는데, 여기에서 홉스는 이신론자, 교권 반대자로 그려져 있다. 인쇄물에는 홉스의 저서에서 발췌한 구절과 논평이 수록되어 있었는데, 홉스의 것으로 간주된 논평 중 일부는 홉스가 남긴 저서 어디에서도 찾아볼 수 없다. 문맥에서 벗어난 구절들을 한데 모아 이신론적 반교권주의자를 만들어낸 것이다. 인쇄물 두 장 모두 이신론 쪽으로 가고 있다. '토머스 홉스의 명언'은 홉스의 하느님의 존재 증명으로 시작한다. 또 한 장은 '맘스베리 토머스 홉스 씨의 마지막 진술 혹은 유언'이라는 소제목이 붙어 있는데, 홉스가 하느님은 "전능한 물질(Almighty Matter)"이라고 했다는 것이다. 홉스는 자신의 저작 어디에서도 그렇게 말한 적이 없다. 만일 그 문장이 '하느님은 물질적인 존재이고 전능하다'는 뜻이라면 홉스의 주장이 맞다. 그러나 그 문장은 '하느님은 모든 물질이고, 모든 물질은 전능한 것이다.'라는 뜻으로 읽힌다. 홉스는 결코 그렇게 주장하지 않았다.

'맘스베리 토머스 홉스 씨의 마지막 진술 혹은 유언'은 "저자의 유언 집행자를 위해 인쇄된" 것이다. 홉스의 유언 집행자는 그의 오랜

개연적 사고(slippery thinking) 직역하면 '미끄러지는 사고'이다. 논리학에 '미끄러운 경사길 논증(slippery slope argument)'이라는 개념이 있다. 이것은 A 때문에 B가 발생하고, B 때문에 C가 발생하고 마침내 N이 발생하게 된다고 주장하는 것이다. 결론은 N의 발생을 막으려면 A를 막아야 한다는 것이다. 이 개념은 논자가 그럴 가망성이 높다고 보는 개연적 관계를 근거로 삼기 때문에 인과적 논증은 아니다. '미끄러지는 사고'라는 표현도 직관적으로 이해할 수 있는 말이지만 뜻을 살려 '개연적 사고'로 옮겼다.

비서이자 동료였던 제임스 웰던(James Wheldon)이었다. 웰던은 홉스의 마지막 날들에 대한 글을 썼다. 그러나 웰던이 그 두 장의 인쇄물과 관련이 있다고 볼 만한 증거는 전혀 없다. 한 장뿐 아니라 어쩌면 두 장 다 찰스 블런트(Charles Blount)가 만든 것으로 보인다. 블런트는 특이한 인물이다. 제임스 2세의 축출을 지지하는 정치적·종교적 저서를 여러 권 출간했고, 휘그당원들로 이루어진 '녹색 리본' 클럽의 회원이었다. 그는 영혼의 불멸성을 끔찍하게 싫어했고, 이 문제를 다룬 책도 여러 권 썼다. 그가 홉스를 좋아하게 된 이유 중 하나는 홉스가 '불멸의 영혼'이라는 개념에 반감을 품고 있었다는 점이다. 블런트는 자신의 저서 《우주혼(Anima Mundi)》 한 부를 홉스에게 보내면서, 이단에 대한 홉스의 견해를 칭찬하는 편지를 동봉했다. 홉스가 블런트와 만났거나 서신을 주고받았다는 증거는 없다. 블런트는 이신론자였고, 존 드라이든의 시 〈속인의 종교(Religio Laici)〉(1682년)를 읽고 이신론자라고 판단하고 그를 지지하는 글을 썼다. 드라이든의 전기 작가는 블런트의 오해가 "어리석음 때문인지 악의 때문인지" 모르겠다고 했다.[38] 이신론자로서의 열정 때문이었을 것이다.

블런트 문체의 특징은 표절이다. 《우주혼》은 대부분 에드워드 허버트 경의 글을 베낀 것이다. 홉스에게 쓴 편지에도 출처를 밝히지 않은 채 고전학자 헨리 스터브(Henry Stubbe)의 《이슬람교 해설》에서 베낀 문장들이 있다. 《기적, 자연의 법칙에 위배되지 않는다》도 홉스와 스피노자를 베낀 것인데, 역시 출처는 밝히지 않았다. 이신론자였든 아니든 블런트는 사제들을 대단한 존재로 여겼다. 그는 죽은 아내의 여동생과 결혼하려 했다가 교회의 허락을 얻지 못하자 자살했다.

오브리는 '맘스베리 토머스 홉스 씨의 마지막 진술 혹은 유언'만

블런트가 쓴 것이라고 했다. 그러나 두 장에 인용된 내용들이 다 블런트의 공책에 들어 있기 때문에 그가 두 장 모두에 간여했을 가능성이 크다. 그의 공책에 들어 있는 긴 내용 중에서 일부가 발췌되어 인쇄물에 인용된 것도 있고, 두 부분으로 나누어 인용된 것도 있다. 아마 그 공책의 내용을 초안으로 하여 인쇄물을 편집했을 것이다.[39] 오브리에 따르면 '토머스 홉스의 명언'은 프랜시스 버나드(Francis Bernard)와 찰스 버나드(Charles Bernard)의 작품이었다. 두 사람 모두 외과 의사였고, 왕당파였고, 고위 성직자였다. 이 문건은 '맘스베리 토머스 홉스 씨의 마지막 진술 혹은 유언'에 비하면 반교권적 성격이 다소 약하다. 홉스의 지인이 쓴 것 같은 글도 들어 있다. 예컨대 "포도주를 한 잔 마시면서 그가 말하기를", "또 한 잔 마신 후에 정부에 대해 말하기를" 같은 단평이 있다. 믿기 어려운 단평도 있다. "임종이 다가오자 그는 의자를 가져오라고 했다. (그는 이 의자에 앉아서 죽었다.) 그리고 '철학자는 앉아서 죽어야 한다(Oportet philosophum sedentem mori).'고 말했다."는 것이다. 멋진 소회이기는 하지만 우리가 가지고 있는 홉스의 말년에 관한 1차 자료와는 일치하지 않는다. 이 이야기는 나중에 다시 살펴보겠다. 오브리가 버나드 형제의 작품이라고 하면서도 "클럽"의 작품인 것처럼 말하고 있으므로 '토머스 홉스의 명언'은 규모가 큰 어떤 단체의 작품일 가능성이 크다.

16세기와 17세기의 저명한 사상가 중에서 무신론 혐의를 받은 사람이 홉스만은 아니었다. 마르틴 루터, 장 칼뱅, 월터 롤리, 토머스 브라운도 무신론 혐의를 받았다. 브라운의 경우에는 특히 흥미롭다. 비평가 새뮤얼 존슨(Samuel Johnson)이 브라운을 두고 한 말이 홉스에게도 똑같이 적용되기 때문이다.

브라운의 저서에 대해서는 단순한 비평 수준을 넘어선 무서운 반론이 있다. 브라운이 한 말을 놓고 일부에서는 그를 이신론자라 하고 일부에서는 그를 무신론자라 한다. 불신자의 범위를 확대하려는 두 부류의 사람이 있다는 것을 알지 못하면 어떻게 그런 결론을 내릴 수 있는지 이해하기 어려울 것이다. …… (한 부류는 무신론자와 불신자들이다.) 이들은 〔공인된〕 교리의 진실성을 조금이라도 의심하는 사람들이 발견되면 …… 그들에게 명예로운 호칭을 선사한다.

또 한 부류는 …… 〔다른 사람들의 신앙에서〕 흠을 잡으려고 혈안이 된 이들이다. 이들은 모호한 부분에 우호적인 해석을 하지 않는다. …… 또한 부주의로 인한 잘못도 결코 용서하지 않는다. 당사자가 슬퍼하고 회개해도 인정하지 않는다. 아주 작은 잘못이나 일상적으로 저지르기 쉬운 실수도, 다시는 일어나지 않을 범죄도, 즉각 반성한 범죄도 맹렬히 비난한다. 관용이나 배려는 찾아볼 수 없다.

사람들마다 종교적 의견은 각각 달라도 그들 모두 기독교 신앙의 핵심을 지니고 있다. …… 브라운이 친구들의 분노나 적들의 날조 때문에 종교를 업신여기는 자로 간주되었다 하더라도 그가 열렬한 독신자라는 것은 어렵지 않게 알 수 있다. 넘치는 상상력 때문에 위태로운 발언을 했을 수도 있다. 흠을 찾으려고 혈안이 된 사람들이 그 말을 문맥에서 분리하여 이단으로 해석할 여지가 있는 그런 발언을. 하지만 한 구절이 책 전체와 맞설 수는 없다. 《성경》에 대한 믿음을 그토록 자주 천명하고, 《성경》 말씀에 무조건 순종하고, 《성경》에 무한한 존경을 나타낸 작가 중에 그 신앙이 신성하지 않은 사람은 거의 없다.

브라운은 이렇게 고백했다. (브라운에게서 인용한 구절을 저자가 홉스의 고백으로 바꾸어놓았다.) "나는 알고 있다. 하느님은 죄를 지을 수 없다는 것을. 그가 하시는 일은 언제나 의로우므로 죄를 지을 수 없다. 또한 죄를 지을 수 있는 존재는 하느님의 법을 따르지 않는 사람이다. …… 또한 나는 알고 있다. 천국의 법정에서는 말한 것이나 서명한 것이나 함구한 것이나 다 같은 심판을 받는다. 여기에 주교님이 말한 것 같은 그런 차이는 없다. 나는 침례를 받았고, 그날을 내 이름을 올린 날로 기념하고 있다. 나는 성찬식에 참예하여 나를 구원하기 위해 그리스도가 몸이 부서지고 피를 흘린 일을 기념한다." 이런 사람을 기독교의 경계 밖에 있는 사람으로 간주했다는 것이 놀라울 뿐이다.[40]

시골의 노철학자

홉스는 마지막 10년을 더비셔에서 한가롭게 보냈다. 이때의 모습은 화이트 케닛(White Kennett) 주교가 쓴 《캐번디시가의 추억》에 잘 나타나 있다. 케닛은 홉스를 몹시 싫어했다.

다들 그의 생활 방식이 매우 특이하다고 했다. 아침에는 건강을 위해 운동하고, 오후에는 공부하는 것이 그의 원칙이라고 했다. 그래서 일어나자마자 날씨가 좋으면 산책을 했고, 날이 궂으면 실내에서 땀이 나도록 운동했다. 다른 사람들에게도 그렇게 하라고 권했다. 나이가 들면 열(熱)보다는 습(濕)이 많아지므로 운동으로 열을 얻고 습을 내보내야 한다는 것이다. 산책이나 운동을 마치면 기분 좋게 아침 식사를 하고, 숙소 주변으로 가서 백작과 백작부인과 아이들을 기다렸다가 그들에게 짤막한 인사말을 건넸다. 12시가 되면 그에게 제공된 간단한 식사를 했는데, 언제나 혼자서 먹었다. 식사 후에는 촛불을 켜고 그 옆에 담배 열 두 개비를 놓았다. 그리고 문을 닫고 창문을 가린 다음 담배를 피면서 몇 시간 동안 사색에 잠기기도 하고 글을 쓰기도 했다. 책은 몇 권 되지도 않았고, 그마저도 거의 읽지 않았다. 예전에 읽은 책들을 소화하는 것이 더 중요하다고 생각했기 때문이다.

그는 자신이 죽은 후 묘비명을 어떻게 할지 줄곧 생각했고, 몇몇 친구들에게 의견을 구했다. 그중 가장 흡족하게 생각한 비문은 이것이었다. '이것은 진정한 철학자의 묘석이다.'[41]

1679년 10월 중순에 홉스에게 심각한 소변 장애가 일어났다.[42] 병명은 유통성 배뇨 곤란 혹은 방광 궤양이었다. 의사가 약을 처방해주었지만 효과가 없었다. 홉스가 의사에게 치료가 가능한 병이냐고 묻자 의사는 "불가능하다"고 대답했다. 의사가 할 수 있는 일은 고통을 완화해주는 것뿐이었다. 홉스는 자서전에 쓴 것처럼 자신을 "작은 벌레"라고 부르면서 "이 세상을 벗어나 기어들어 갈 구멍이 있었으면 좋겠다."고 했다. 홉스는 임박한 죽음보다 고통을 더 두려워했다. 11월 말경에 캐번디시 가족이 채스워스를 떠나 하드윅으로 이동할 채비를 했다. 하드윅이 기후가 좀 더 온화했기 때문에 그곳에서 휴가를 보낼 계획이었다. 홉스의 상태가 위중했으므로 홉스에게 채스워스에 남아 있으라고 했지만 홉스는 끝까지 그들과 함께 가겠다고 했다. 홉스는 가난과 역경을 이겨냈고 확실히 짧지 않은 삶을 살았다. 홉스의 인생은 외롭지 않았다. 스스로 외로움을 택한 경우를 제외하고는. 그러므로 말년에 이른 지금, 왜 자연 상태로 돌아가 외로움 속에서 죽음을 맞이하겠는가? 그는 자신을 가족의 일원으로 받아주었던 캐번디시가의 위문을 원했다.

홉스는 깃털 이불에 싸여 마차에 올랐다. 하드윅까지는 약 15킬로미터 거리였다. 며칠 후 그는 뇌졸중으로 몸의 오른쪽이 마비되는 증상이 왔고, 말도 할 수 없게 되었다. 눈동자는 움직였지만 감각을 잃었고, 사람을 알아보지 못했다. 병석에 누운 후 몇 차례 받았던 "성찬식"도 할 수 없었다. 데번셔의 담임 목사에 따르면 홉스는 이전 성찬식에는 "신실하게, 겸손하고, 경건한 자세로" 참예했다고 한다. 홉스는 아무 것도 먹지 못했고, 마침내 세상을 떠났다. 홉스의 유언 집행자 웰던의 판단에 따르면 그는 "병으로 죽은 것이 아니라 (그를 지탱해 온) 기운이 다하여 쇠약해져 죽었다. 그 나이가 되고 쇠약해지면 병은 절로 따라오는 것이다."

처음에 홉스는 죽음이 인간에게 닥칠 수 있는 가장 큰 해악이라고 가르쳤다. 그러나 나중에는 고통스러운 죽음이 가장 큰 해악이라고 말했다. 그리고 마지막에는 그의 운문 자서전에 나와 있는 것처럼 이렇게 썼다. "내 곁에 서 있는 죽음이 말한다. '두려워 말라'(Et prope stans dictat Mors mihi, 'Ne metue')." 죽음이 모든 사람에게 언제나 가장 큰 해악은 아니라는 점을 알았던 것이다.

홉스는 1679년 12월 4일 화요일에 세상을 떠났다.

그의 시신은 모직 수의에 싸여 관에 안치되었다. 흰 천으로 관을 덮고 그 위에 검은 천을 둘렀다. 관은 인부들이 어깨에 메고 하드윅에서 약 2킬로미터 정도 떨어진 올트 허크널(Ault Hucknall) 교구의 성요한 침례교회로 운구했다. 교구 목사가 장례식을 거행했다. 캐번디시가 사람들과 이웃이 참석했다. 홉스는 그의 모든 친구보다 더 오래 살았다. 장례식 후 조문객들에게 "포도주와 구운 케이크와 생케이크와 비스킷 따위"가 제공되었다.

홉스의 묘석에는 다음과 같은 비문이 라틴어로 씌어 있다.

여기에 맘스베리 토머스 홉스의 유골이 묻혀 있다. 그는 오랫동안 두 분의 데번셔 백작, 아버지와 아들을 섬겼다. 그는 덕 있는 사람이었고, 박식하여 국내외에 명성이 높았다.

데번셔 백작의 비서는 홉스의 마지막 날들에 대해 간단히 썼다. "홉스는 조용히 세상을 떠났다. 아무 말이 없었고 일 주일 동안 오른쪽이 마비되어 있었다. …… 병들어 죽을 때까지 특별히 언급할 만한 일은 아무것도 없었다." 홉스를 미워했던 사람들은 그가 편히 죽음을 맞이했다는 것이 불만스러웠다. 어찌하여 하느님이 그런 탕아를 90세까지 살도록 허락했는지 설명하기 어려웠기 때문이다. 그래서 그들은 홉스가 임종 시에 영성체를 거부했다는 거짓 소문을 런던에 퍼뜨렸다.

홉스는 상당한 유산을 남겼다. 오브리의 추산에 따르면 1천 파운드 정도라고 하는데, 10~12년 임금에 해당하는 액수다. 1677년 9월 25일자로 작성된 홉스의 유언장에는 그의 동생 에드먼드의 두 딸에게 각각 40파운드씩 주라고 적혀 있었다. 고아 엘리자베스 앨러비(Elizabeth Alaby)에게는 200파운드를 남겼다. 엘리자베스는 토머스 앨러비(Thomas Alaby)의 딸이었다. 엘리자베스가 16세가 될 때까지 잘 돌봐 달라고 웰던에게 유언한 것을 보면 홉스가 그녀의 후견인이었음에 틀림없다. 엘리자베스가 16세가 되면 200파운드를 혼인 지참금으로 주거나 "마음대로 사용하도록" 되어 있었다. 홉스 동생의 손자 토머스에게는 이미 약간의 토지를 주었기 때문에 유언장에는 아무런 언급이 없었다. 다른 손자들에게는 100파운드를 똑같이 나누어주

90여 년에 이르는 길고도 파란만장한 삶을 살았던 토머스 홉스.

도록 되어 있었다. 나머지 재산은 10파운드만 빼고 (왕이 홉스에게 체불한 연금을 지불할 경우 이를 포함하여) 모두 그의 충실한 측근 웰던이 가져가도록 했다. 10파운드는 메리 델이라는 정체를 알 수 없는 여성에게 준다는 추가 조항이 있었다. 홉스가 말년에 쓴 시 중에 젊은 여성에게 사랑을 고백한 시가 있다.

나이 아흔에 이르렀으니, 큐피드가
찾아오기에는 너무 늦었네.

겨울은 해마다 더 추워지고

어리석음은 해가 갈수록 늘어나지만

아직도 나는 사랑할 수 있고, 사랑할 사람도 있네.

더없이 아름답고, 아름다운 만큼 현명한.

하지만 자랑할 것도 없고,

그녀의 환심을 얻을 길도 없네.

그녀가 누구인지 어찌 당신에게 말할 수 있겠는가?

하지만 바로 당신임을 알았다 하더라도

이 사람을 얼간이로 생각하지 말게. 몸은 비록 늙었어도,

아름다운 육체에 깃들어 있는 더 아름다운 정신을 사랑한 사람을.

홉스가 가리킨 '당신'이 메리 델이었을까? 누가 알 수 있겠는가? 우리가 알고 있는 것은 홉스의 일생이 외롭지도 않고, 가난하지도 않고, 험난하지도 않고, 짧지도 않았다는 것이다.

하지만 고난은 있었다. 홉스의 일생 중 상당 기간은 생존을 위한 투쟁이었다. 홉스의 가문은 중하류층이었고, 아버지는 홉스가 청년기에 접어들었을 때 가정을 버렸다. 공포가 끊임없이 홉스를 따라다녔다. 영국 내전이 발발하자 생명의 위협을 느끼고 10년간 망명길을 떠났다. 망명지 프랑스에서도 프랑스인들과 망명한 영국 성직자들을 두려워했고, 분개한 왕당파의 살해 위협을 피해 영국으로 돌아왔다. 영국으로 돌아와서는 무신론 혐의를 받아 언제 처형될지 알 수 없었다. 크롬웰 공화국 시기에도 그랬고 왕정 복고 시기에도 그랬다. 홉스는 또한 수학자로서 명성을 상실할까 두려워했고, 이 때문에 왕립학회의 실세들과 격렬한 싸움을 벌였다. 승산 없는 싸움이었지만. 요

컨대 홉스는 긴긴 세월을 전쟁의 공포 속에서 보냈다. 그 나머지 기
간은 평화로웠다.

홉스의 생애를 알 수 있는 최고의 입문서는 Aubrey, *Brief Lives* (1898)
이다. 여러 판본이 있다. 설명이 흥미진진할 뿐만 아니라 홉스 주변의 인물
들, 즉 홉스의 적과 친구 들에 대해 잘 알 수 있다. 현대판으로는 두 권으
로 간행된 *The Correspondence of Thomas Hobbes*, ed. Noel Malcolm
(Oxford: Clarendon Press, 1994)가 있다. 이 책은 오브리의 책만큼이
나 학술적이면서 매력적이다. "굉장한" 책이라는 말이 결코 과찬이 아니
다. 홉스에 대한 일반적인 전기로는 Miriam Reik, *The Golden Lands of
Thomas Hobbes* (Detroit: Wayne State Univerrsity Press, 1977); Johann
Sommerville, *Thomas Hobbes: Political Ideas in Historical Context*
(New York: St. Martin's Press, 1992); Richard Tuck, *Hobbes* (New
York: Oxford University Press, 1989) 등이 있다. 많은 글을 남긴 작가 리
처드 턱이 쓴 글은 무엇이든 읽을 만한 가치가 있다. 예컨대 그는 홉스가
《시민론》에서 《리바이어던》으로 가면서 종교 문제에 관한 성직자들의 능
력을 높이 평가하는 쪽으로 변한다는 점을 밝혔다. 특히 추천하고 싶은 책
은 *Philosophy and Government, 1572-1651* (Cambridge: Cambridge
University Press, 1993); "Hobbes and Descartes," in *Perspectives
on Thomas Hobbes*, ed. G. A. J. Rogers and Alan Ryan (Oxford:
Clarendon Press, 1988)이다. 로저스와 라이언이 편집한 책에 수록된 글들
은 모두 읽어보기 바란다. Arnold Rogow, *Thomas Hobbes: Radical in
the Service of Reaction* (New York: Norton, 1986)은 장단점이 있는 전
기다. 다른 책에는 없는 정보가 많이 들어 있지만 불행하게도 사실 관계가

부정확한 것들이 더러 있고, 홉스의 정신 생활에 관한 기술은 믿기 어려운 억측이 많다.

홉스의 철학에 관해 역사적 정보가 풍부하고 철학적으로 깊이 있는 책으로는 거장 퀜틴 스키너(Quentin Skinner)의 *Reason and Rhetoric in the Philosophy of Hobbes* (Cambridge: Cambridge University Press, 1996)를 빼놓을 수 없다. 권위가 넘치는 이 책의 참고 문헌에 그가 쓴 여러 논문이 소개되어 있는데, 매우 귀중한 글들이다.

홉스의 《리바이어던》은 여러 판본이 있는데 각각 장점이 있다. 나는 해케트(Hackett) 출판사에서 나온 에드윈 컬리(Edwin Curley)의 판본이 제일 나은 것 같아서 이 책을 라틴어 《리바이어던》의 번역본으로 사용했다.

홉스의 철학을 곧바로 알 수 있는 괜찮은 저작들은 다음과 같다. *Thomas Hobbes* (New York: St. Martin's Press, 1997); Richard Peters, *Hobbes* (Harmondsworth: Penguin, 1956); Tom Sorell, *Hobbes* (London: Routledge & Kegan Paul, 1986); *The Cambridge Companion to Thomas Hobbes*, ed. Tom Sorell (Cambridge: Cambridge University Press, 1996); J. W. N. Watkins, *Hobbes's System of Ideas*, 2d edition (London: Hutchinson University Library, 1973). *A Hobbes Dictionary* (Oxford: Blackwell, 1995)도 홉스 철학을 알기 쉽게 요약해놓았다.

홉스에 대한 수준 높고 가장 일찍 나온 비판을 모아놓은 책으로는 *Leviathan: Contemporary Responses to the Political Theory of Thomas Hobbes*, ed. G. A. J. Rogers (Bristol: Thoemmes Press, 1995)가 으뜸이다. 윌리엄과 미칸치오의 관계, 그리고 그들과 홉스의 관련성은 Noel Malcolm, *De Dominis (1560-1624): Venetian, Anglican, Ecumenist and Relapsed Heretic* (London: n.p., 1984)를 보라. 홉스가 버지니아 회사의 회원으로서 어떤 활동을 했는지는 Noel Malcolm, "Hobbes, Sandys, and the Virginia Company," *Historical Journal* 24 (1981), pp.297-321에 잘 나와 있다.

홉스의 수사법에 대한 훌륭한 해설은 David Johnston, *The Rhetoric of*

Leviathan (Princeton: Princeton University Press, 1986)과 앞서 소개한 스키너의 책을 보라. 홉스의 수사법과 그 시대의 수사법을 비교하고 검토한 글로는 Walter J. Ong, "Hobbes and Talon's Ramist Rhetoric in English," *Transactions of the Cambridge Bibliographic Society* (1951), pp.260-269을 보라.

뉴캐슬 모임과 월터 워너를 다룬 수작으로는 Jan Prins, *Walter Warner (ca. 1557-1643) and His Notes on Animal Organisms* (Utrecht: n.p., 1992)이 있다. 안타깝게도 이 책은 내가 알기로는 미국에는 하버드대학 와이드너 도서관에만 있다.

로버트 페인에 대해서는 Mordechai Feingold, "A Friend of Hobbes and an Early Translator of Galileo: Robert Payne of Oxford," in *The Light of Nature: Essays in the History and Philosophy of Science Presented to A. C. Crombie*, ed. J. D. North and J. J. Roche (Dordrecht: Martinus Nijhoff, 1985), pp.265-280을 보라.

홉스의 과학철학과 로버트 보일과의 논쟁을 다룬 책으로는 Steven Shapin and Simon Schaffer, *Leviathan and the Air-Pump* (Princeton: Princeton University Press, 1985)가 독보적이다. 홉스가 대학들에 불만을 제기한 배경을 알고 싶으면 Alan Debus, *Science and Education in the Seventeenth Century: The Webster-Ward Debate* (New York: American Elsevier, 1970)를 보라.

스튜어트 왕조 시대의 영국인들과 그들의 사고방식을 아는 것도 홉스를 이해하는 데 도움이 된다. 이 주제를 다룬 글로는 Hugh Trevor-Roper, "The Great Tew Circle," in Catholics, *Anglicans, and Puritans* (London: Fontana, 1989); Francis Bickley, *The Cavendish Family* (London: Constable, 1911)이 있다.

일반적으로 홉스의 문헌에서 직접 인용한 구절과 내가 큰 빚을 진 2차 문헌들에 관한 서지 사항을 밝혔다. 17세기의 편지는 본문에서 발신자와 수신자를 밝히는 방식으로 언급했다. 홉스의 자서전들은 역자를 언급할 필요가 있을 때를 제외하고는 서지 사항을 밝히지 않았다. 존 오브리의 홉스 전기와 미출간 자료에 대해서도 서지 사항을 밝히지 않았다. 서지 사항을 밝힌 인용문 중에는 새로 번역하거나 구두점을 고친 곳도 있다.

약칭

AW = *Anti-White* (*aka Hobbes's Critique of Thomas White's De Mundo*, trans. Harold Whitmore Jones [London: Bradford University Press, 1976])

B = *Behemoth*, ed. Ferdinand Tonnies (London: Simpkin, 1889)

Correspondence = *The Correspondence of Thomas Hobbes*, ed. Noel Malcolm (Clarendon Press, 1994)

DC = *De Cive*

DCo = *De Corpore*

DP = *Dialogus Physicus*, in Steven Shapin and Simon Schaffer, *Leviathan and the Air-Pump* (Princeton: Princeton University Press, 1985)

EL = *The Elements of Law*, Natural and Politic

EW = *English Works*, ed. William Molesworth

HS = *Horae Subsecivae: Observations and Discourses*

L = *Leviathan*

LN = *Of Liberty and Necessity*

OL = *Opera Latina*, ed. William Molesworth

PW = *The Peloponnesian War: The Complete Hobbes Translation*, ed. David Grene (Chicago: University of Chicago Press, 1989)

SL = *Six Lessons to the Savilian Professors of Mathematics*

ST = *A Short Tract on First Principles*, ed. Tonnies

TO = *Tractatus Opticus* in OL, vol. 5

1장 공포의 쌍둥이

1. 홉스의 어린 시절에 대해서는 다음 책이 큰 도움이 되었다. Arnold Rogow, *Thomas Hobbes: Radical in the Service of Reaction* (New York: Norton, 1986).
2. Rogow, p. 27에서 인용.
3. Rogow, p. 29에서 인용.
4. G. R. Elton, The Tudor Constitution, 2d ed. (Cambridge: Cambridge University Press, 1982), p. 338에서 인용.
5. 로고(p. 35)는 아버지 홉스가 찰턴에서 봉직한 적이 없다고 했다.
6. Joseph Foster, *Alumni Oxonienses* (London, 1887-88), 3:884b; Andrew Clark, *Register of the University of Oxford*, vol. 2, part 3, p. 168.
7. L 30.7.
8. *Register of the University of Oxford*, vol. 2, part 1, pp. v-xi.
9. Quentin Skinner, *Reason and Rhetoric in the Philosophy of Hobbes* (Cambridge: Cambridge University Press, 1996).
10. *Register of the University of Oxford*, vol. 2, part 1, p. 176.
11. C. E. Mallett, *A History of the University of Oxford*, vol. 2 (New York: Longmans, Green, 1924), p. 132.
12. L 4:12.
13. B, p. 147.
14. John Nichols, *The Progresses, Processions, and Magnificent Activities of King James the First*, etc. (London, 1745-1826), 1:530ff.
15. 일부 문헌들에는 1607년이라고 나와 있다. 이것은 영국의 새해가 3월 25일에 시작된다는 사실을 고려하지 않았기 때문인 것으로 보인다.

2장 캐번디시가의 가정교사

1. 하드윅의 엘리자베스와 캐번디시 가문에 대해서는 A. S. Thrberville's *A History of Welbeck Abbey and its Owners*, vol. 1 (London: Faber and Faber, 1938); Francis Bickley's *The Cavendish Family* (London: Constable, 1911)를 참고했다.
2. Bickley, The Cavendish Family, p. 22에서 인용.
3. 《한담록》의 서지 사항은 원본을 따른 것이다. 이 쪽수가 현대판에도 표시되어 있다. *Three Discourses*, ed. Noel Reynolds and Arlene Saxonhouse (Chicago: University of Chicago Press, 1995). HS, p. 382.

4. HS, p. 384.

5. John Venn and J. A. Venn, *Alumni Cantabrigienses* (Cambridge: Cambridge University Press, 1922), 1:311.

6. Correspondence, p. 856 n. 5.

7. HS, p. 149.

8. HS, pp. 163, 168.

9. Roger Lockyer, *The Early Stuarts: A Political History of England, 1603-1642* (London: Longman, 1989), p. 186에서 인용.

10. Linda Levy Peck, "Hobbes on the Grand Tour: Paris, Venice, or London?" *Journal of the History of Ideas* 57 (1996), 177-182.

11. HS, pp. 340-342.

12. HS, pp. 365, 366.

13. HS, pp. 367, 368, 371, 372.

14. HS, pp. 374, 375.

15. HS, pp. 390-391, 392.

16. HS pp. 331-333, 337.

17. Niccolò Machiavelli, *Discourses*, trans. Leslie J. Walker (London: Penguin Books, 1970), pp. 102-103.

18. HS, pp. 340, 343, 345; L 45.33.

19. L 6.36.

20. HS, p. 397.

21. HS, pp. 399, 403.

22. HS, p. 400.

23. HS, p. 402.

24. HS, pp. 402-403.

25. HS, p. 406; L 38.25.

26. HS, p. 417.

27. William Bouwsma, *Venice and the Defense of Republican Liberty* (Berkeley: University of California Press, 1968), p. 526.

28. 미칸치오가 캐번디시에게 보낸 편지들의 번역 원본은 채스워스에 있고, 복사본은 대영도서관에 있다.

29. Lawrence Stone, *The Crisis of the Aristocracy, 1558-1641*, abr. ed. (London: Oxford University Press, 1967), pp. 50-51.

30. AW, p. 87.

3장 정치적 인문주의자

1. 튜더 왕가 시기 영국에서 타키투스의 영향력에 대해서는 다음을 참고했다. Ronald Mellor, *Tacitus* (New York: Routledge, 1993), pp. 148–152.

2. HS, pp. 295, 261, 271, 291.

3. L 11.7; HS, pp. 279–280.

4. L 11.8; HS, p. 281.

5. HS, p. 224.

6. HS, p. 238; L 21.8.

7. HS, pp. 269, 272–273.

8. HS, p. 267.

9. HS, pp. 306–307.

10. HS, pp. 323–324.

11. HS, pp. 505, 542.

12. HS, pp. 507–508.

13. HS, pp. 512, 512–513.

14. HS, pp. 506–507.

15. HS, pp. 528, 529.

16. Correspondence, p. 3.

17. Glenn Burgess, *The Politics of the Ancient Constitution* (University Park: Pennsylvania State University Press, 1992), p. 176을 보라.

18. 다음을 참고했다. Noel Malcolm, "Hobbes, Sandys, and the Virginia Company," *Historical Journal* 24 (1981), 297–321; Frank Craven, *The Dissolution of the Virginia Company* (New York: Oxford University Press, 1932). 이곳의 인용은 별도의 언급이 없는 한 모두 이 저작들에서 인용한 것이다.

19. Craven, *The Dissolution of the Virginia Company*, p. 238에서 인용.

20. Craven, *The Dissolution of the Virginia Company*, p. 309에서 인용.

21. L 10.49, 27.35.

22. B, p. 126.

23. L 22.16.

24. Correspondence, p. 32.

25. L 24.14.

26. EW 7:112.

27. DCo 1.6.

28. *The Advancement of Learning and New Atlantis*, ed. Arthur Johnston (Oxford: Clarendon Press, 1974), p. 128.

29. L 4.13.

30. Francis Bacon, *The Essays* (London: Penguin, 1985), p. 126.

31. B, p. 38.

32. *The Essays*, pp. 270-271.

33. DC, "Preface," 2.

34. Correspondence, p. 7.

35. PW, pp. 204-205.

36. PW, p. xxi.

37. PW, p. 577.

38. PW, p. xxii.

39. HS, pp. 194-195.

40. PW, p. 579.

41. PW, p. 581.

42. PW, p. 582.

43. PW, pp. 570-571.

44. EW 6:97.

4장 신을 믿는 유물론자

1. "The Life of Thomas Hobbes of Malmesbury," trans. J. E. Parsons Jr. and Whitney Blair, *Interpretation* 10 (1981), 2에서 인용.

2. Correspondence, p. 12 n. 1.

3. Correspondence, p. 12 n. 1.

4. Francis Bickley, *The Cavendish Family* (London: Constable, 1911), p. 44에서 인용.

5. 이 문제와 다음 두 문단에 대해서는 다음을 보라. Arnold Rogow, *Thomas Hobbes* (New York: Norton, 1986), pp. 112-117.

6. Rogow, *Thomas Hobbes*, pp. 115-116.

7. Joseph Quincy Adams, ed., *The Dramatic Records of Sir Henry Herbert* (New Haven: Yale University Press, 1917), p. 55.

8. Translated by Noel Malcolm in Correspondence, p. 151.

9. Correspondence, p. 29.

10. DCo 20.1.

11. "The Life of Thomas Hobbes of Malmesbury," p. 3.

12. DCo 25.2.

13. Correspondence, p. 23.

14. Correspondence, p. 37.

15. Correspondence, p. 41.

16. Correspondence, p. 46.

17. Correspondence, p. 50.

18. Correspondence, p. 52.

19. Correspondence, p. 53.

20. EL 9.13.

21. Correspondence, pp. 52–53.

22. DC 1.2.

23. Quentin Skinner, *Reason and Rhetoric in the Philosophy of Hobbes* (Cambridge: Cambridge University Press, 1996), pp. 198–211.

24. Correspondence, p. 53.

25. *The Cavendish Family*, p. 52에서 인용.

26. Leo Strauss, *The Political Philosophy of Hobbes* (Chicago: University of Chicago Press, 1952), pp. 35–43.

27. EW 6:464.

28. EL 9.12.

29. EW 6:433.

30. DH 11.14.

31. Correspondence, p. 38.

32. Edward Hyde, *The Life of Edward, Earl of Clarendon* (Oxford: Oxford University Press, 1761), part 6, p. 249.

33. 다음을 보라. Jean Jacquot, "Sir Charles Cavendish and His Learned Friends," *Annals of Science* 3 (1952), 13–27.

34. Correspondence, p. 29.

35. J. O. Halliwell, ed., *A Collection of Letters Illustrative of the Progress of Science in England, Etc.* (London, 1841), p. 68.

36. Correspondence, p. 41.

37. EW 7:342.

38. Halliwell, *A Collection of Letters*, p. 65.

39. Correspondence, p. 28.

40. ST 3.2.

41. Jan Prins's *Walter Warner (ca. 1557–1643) and His Notes on Animal Organisms* (Utrecht: n.p., 1992), p. 270.

42. 별도의 언급이 없는 한 이 절에서 인용은 다음 책에서 가져왔다. Hugh Trevor-Roper, "The Great Tew Circle," in *Catholics, Anglicans, and Puritans* (London: Fontana, 1989), pp. 166–230.

43. Robert Orr, *Reason and Authority* (Oxford: Clarendon Press, 1967), p. 36에서 인용.

44. EW 5:2.

45. Anthony Wood, *Athenae Oxonienses*, 3rd ed., ed. Philip Bliss (London: Rivington, 1817), 3:90.

46. Orr, *Reason and Authority*, p. 198에서 인용.

47. J. P. Kenyon, *The Stuart Constitution*, 2nd ed. (Cambridge: Cambridge University Press, 1986), pp. 18–19에서 인용.

48. L 32.2.

49. William Chillingworth, *The Religion of Protestants* (London, 1638), p. 284.

50. L 32.4.

51. C. Hill, *The English Bible and the Seventeenth-Century Revolution* (London: Penguin, 1994), p. 417에서 인용.

52. 소치니파와 '그레이트 튜' 모임에 대해서는 다음을 보라. Trevor-Roper, p. 189.

53. Richard Tuck, *Philosophy and Government, 1572–1651* (Cambridge: Cambridge University Press, 1993), pp. 272–278.

54. Chillingworth, *The Religion of Protestants*, p. 461.

55. Orr, *Reason and Authority*, p. 71에서 인용.

56. EL 25.13.

57. EL 25.5.

58. EL 25.6.

59. EL 25.10.

60. EL 25.12; 또한 L 29.7을 보라.

61. EL 6.8.

62. EL 25.13.

63. EL 25.3.

64. EL 28.8.

65. EL 25.5.

66. EL 26.1.

67. EL 26.7.

68. EL 26.7.

69. EL 26.8.

70. EL 26.9

71. EL 26.10.

72. EL 26.10.

73. EL 26.11

74. B. H. G. Wormald, *Clarendon* (Cambridge: Cambridge University Press, 1989), p. 256.

75. Richard Tuck, "Hobbes and Descartes," in *Perspectives on Thomas Hobbes*, ed. G. A. J. Rogers and Alan Ryan (Oxford: Clarendon Press, 1988), pp. 11–41.

5장 절대 왕정의 옹호자

1. *Ceremonies of Charles I*, ed. Albert Loomie (New York: Fordham University Press, 1987), pp. 270–271을 보라.

2. Correspondence, p. 171 n. 2에서 인용.

3. EL 19.7; cf. 19.10.

4. EL 28.7.

5. Samuel Gardiner, *History of England from the Accession of James I to the Outbreak of the Civil War, 1603–1642* (London, 1884), 9:130.

6. EL 12.2.

7. EL 5.11.

8. EL "Dedicatory Letter."

9. EL "Dedicatory Letter."

10. L "Review and Conclusion," 4.

11. L "Review and Conclusion," 4.

12. L 15.12.

13. L "Review and Conclusion," 4.

14. EL 23.1.

15. EL 2.10.

16. EL 3.1.

17. L "Introduction," 1.

18. EL 5.6.

19. EL 6.1.

20. EL 6.1.

21. EL 7.1.

22. EL 9.7.

23. DCo 15.2.

24. EL 7.2.

25. EL 7.2.

26. EL 9.5; 또한 L. 6.18을 보라.

27. EL 7.3.

28. EL 7.7.

29. L 11.1.

30. L 6.7.

31. EL 9.12.

32. EL 9.16, 9.17.

33. EL 9.19, 9.21.

34. EL 11.2.

35. John Calvin, *Commentary on Ezechiel 9:3–4*; Edward Dowey, *The Knowledge of God in Calvin's Theology* (Grand Rapids, Mich.: Eerdmans, 1994), p. 4 nn. 1, 2에서 인용.

36. A. P. Martinich, *The Two Gods of Leviathan* (Cambridge: Cambridge University Press, 1992), pp. 190–197을 보라.

37. Dowey, *The Knowledge of God in Calvin's Theology*, p. 4 n. 2에서 인용.

38. EL 11.2.

39. Dowey, *The Knowledge of God in Calvin's Theology*, p. 6에서 인용.

40. *The Philosophical Writings of Descartes*, vol. 2, trans. John Cottingham (Cambridge: Cambridge University Press, 1984), pp. 126–127.

41. EL 11.2; L 11.25.

42. EL 11.2.

43. EL 11.3.

44. Ian Ramsey, *Religious Language: An Empirical Placing of Theological Phrases* (New York: Macmillan, 1957)을 보라.

45. L 31.28.

46. AW, p. 417.

47. EL 11.4.

48. L 34.2.

49. EW 4:305.

50. EW 4:305.

51. EL 11.5.

52. EL 11.5, 11.6.

53. L 34.24.

54. DC, "Author's Preface to the Reader," 3.

55. EL 14.2.

56. EL 17.1.

57. EL 14.2.

58. EL 14.3–6.

59. EL 14.4

60. EL 14.10, 14.7.

61. EL 15.1.

62. EL 15.1.

63. L 14.5.

64. EL 16.9.

65. EL 17.1.

66. L 15.41.

67. EL 17.12, 18.1; DC 2.1.

68. L 14.31.

69. EL 15.3

70. EL 15.3.

71. EL 19.7, 20.8; cf. 19.10.

72. EL 15.11.

73. L 18.3.

74. L 13.13.

75. EL 15.13.

76. DC 6.13.

77. EL 20.7, 20.9.

78. EL 20.9.

79. EL 20.19.

80. EL 20.19.

81. EL 20.13.

82. EL 24.2.

83. EL 22.4, 22.5, 24.2.

84. EL 27.4.

85. EL 20.13.

86. EL 21.1.

87. DC 7.5.

88. EL 21.1.

89. EL 22.1.

90. EL 23.1.

91. EL 23.3.

92. EL 23.8.

93. DC "Author's Preface," 3.

94. EL 23.4.

95. EL 24.3, 24.4, 24.3.

96. EL 24.4, 24.8.

97. EL 24.4, 24.8.

98. EL 27.1.

99. EL 27.2–3, 27.13, 27.15.

100. EL 27.4, 27.10.

6장 논쟁하는 망명자

1. Correspondence, pp. 115–116.

2. Samuel Gardiner, *History of England from the Accession of James I to the Outbreak of the Civil War, 1603–1642* (London, 1884), 9:240.

3. Correspondence, p. 115.

4. Richard Tuck, "Hobbes and Descartes," in *Perspectives on Thomas Hobbes*, ed. G. A. J. Rogers and Alan Ryan (Oxford: Clarendon Press, 1988), pp. 11–41.

5. Correspondence, p. 57.

6. *The Philosophical Writings of Descartes*, trans. John Cottingham et al. (Cambridge: Cambridge University Press, 1991), 3:170.

7. Correspondence, p. 71.

8. Correspondence, p. 85.

9. *The Philosophical Writings of Descartes*, 2:126.

10. *The Philosophical Writings of Descartes*, 2:133.

11. Correspondence, p. 83.

12. *The Philosophical Writings of Descartes*, 2:122–133.

13. Correspondence, p. 118.

14. EW 7:340–341.

15. Correspondence, p. 119.

16. Correspondence, p. 100.

17. *The Protectorate of Oliver Cromwell and the State of Europe, etc.*, ed. Robert Vaughan (London, 1838), 2:363–364에서 인용.

18. DP, p. 359.

19. EW 7:136.

20. Anthony Fletcher, *The Outbreak of the English Civil War* (London: Edward Arnold, 1981), p. 100에서 인용.

21. Correspondence, p. 120.

22. Fletcher, *The Outbreak of the English Civil War*, p. 286에서 인용.

23. Correspondence, p. 120.

24. EW 4:364.

25. Correspondence, pp. 120–121.

26. B. H. G. Wormald, *Clarendon* (Cambridge: Cambridge University Press, 1989), p. 282에서 인용.

27. L 47.20.

28. Tuck, "Hobbes and Descartes," p. 16.

29. TO 5:217.

30. OL 5:309.

31. OL 5:217.

32. *The Protectorate of Oliver Cromwell and the State of Europe, etc.*, pp. 363–365.

33. Correspondence, p. 129; Tuck, "Hobbes and Descartes," p. 21.

34. Tuck, "Hobbes and Descartes," pp. 20–22.

35. Correspondence, pp. 133, 177.

36. Tuck, "Hobbes and Descartes," p. 19.

37. DC, "Author's Preface to the Reader," 7.

38. DC, "Author's Preface," 7.

39. DC, "Author's Preface," 2.

40. DC, "Author's Preface," 2.

41. DC, "Author's Preface," 8.

42. AW, p. 474. 해럴드 휘트모어 존스(Harold Whitmore Jones)의 번역을 수정한 것이다.

43 AW, p. 477.

44. James Miller Lewis, "Hobbes and the Blackloists" (Ph.D. diss., Harvard University, 1976), p. 79에서 인용.

45. "Hobbes and the Blackloists," p. 27.

46. Thomas Browne, *Religio Medici* 1.17; L 32.9; L "Introduction," 1; *Religio Medici* 1.27.

47. AW, pp. 23, 24, 256.

48. AW, pp. 310, 25.

49. AW, p. 30.

50. AW, p. 32; 또한 pp. 306과 pp. 357을 보라.

51. AW, p. 38; 또한 p. 311을 보라.

52. AW, p. 54; 또한 pp. 306-307을 보라.

53. AW, p. 162.

54. AW, pp. 326, 341; 또한 p. 391을 보라.

55. AW, p. 162.

56. AW, p. 305.

57. AW, p. 305.

58. AW, pp. 305, 306.

59. AW, pp. 40-41; DCo 7.2.

60. Correspondence, p. 382.

61. AW, pp. 148-149.

62. AW, pp. 311, 320, 339.

63 AW, p. 313.

64. AW, pp. 315, 358, 401.

65. AW, p. 317.

66. AW, pp. 453-454.

67. AW, pp. 321, 318.

68. AW, pp. 323, 321.

69. AW, p. 324.

7장 신과 악의 문제

1. *The Protectorate of Oliver Cromwell and the State of Europe, etc.*, ed. Robert Vaughan (London, 1838), 2:367–368에서 인용.

2. EW 5:2.

3. EW 4:256–257.

4. EW 4:236; 〈로마서〉 9장 20절에 대한 비유.

5. EL 25.9.

6. EW 5:3.

7. EW 5:3.

8. John Calvin, *Institutes of the Christian Religion*, 2.4.1; 또한 2.3.5을 보라.

9. EW 4:239–240.

10. AW, p. 424.

11. EW 4:241.

12. AW, pp. 428–429.

13. AW, p. 460.

14. EW 4:256.

15. EW 5:110–111.

16. EW 4:253, 259–260.

17. EW 4:250.

18. EW 4:250.

19. John Bramhall, *Works* (Oxford, 1842), 4:581.

20. Calvin, *Institutes of the Christian Religion*, 2.4.2.

21. Peter White, *Predestination, Policy and Polemic* (Cambridge: Cambridge University Press, 1992), p. 19에서 인용.

22. EW 4:250–251.

23. EW 4:258.

24. AW, pp. 460–461.

25. EW 4:249–250.

26. Samuel Gardiner, *History of the Commonwealth and Protectorate* (London: Longmans, Green, 1903), 1:133.

27. Correspondence, pp. 128–129.

28. Correspondence, p. 151.

29. 다음을 보라. Douglas Jesseph, "Hobbes on the Methods of Modem

Mathematics," *Revue d'Histoire des Sciences* 46 (1993), 157 n. 6.

30. DC "Preface to the Reader," 3.

31. DC 5.2.

32. L 13.10.

33. Correspondence, p. 133.

34. Correspondence, p. 167.

35. Correspondence, pp. 168, 173.

36. L 3.3.

37. Correspondence, pp. 157, 158.

38. Correspondence, p. 170.

39. EW 4:444.

40. EW 4:447.

41. EW 4:449; 또한 L 8.3을 보라.

42. EL 10.4.

43. L 8.3.

44. L "Review and Conclusion," 3.

45. L "Review and Conclusion," 4.

46. Edward Hyde, *A Brief View and Survey of the Dangerous and Pernicious Errors to Church and State etc.* (Oxford, 1676), pp. 8-9.

8장 《리바이어던》의 탄생

1. *Table Talk*, 2nd ed. (London, 1696), p. 186.

2. L 2.8.

3. EW 1:viii–ix.

4. EW 7:337.

5. DP, p. 350.

6. EW 7:120.

7. Geoffrey Keynes, *The Life of William Harvey* (Oxford: Clarendon Press, 1978), p. 462에서 인용.

8. Walter Pope, *The Life of the Right Reverent Father in God Seth Ward etc.* (London, 1697), pp. 117–118.

9. *Nicholas Papers*, ed. Sir George F. Warner (n.p.: Camden Society, 1886), 1:284–286.

10. L "Review and Conclusion," 5.

11. EW 7:335.

12. EW 4:420, 423, 423–424.

13. John Wallace, *Destiny His Choice* (Cambridge: Cambridge University Press), p. 50에서 인용.

14. *The Case of the Commonwealth of England, Stated*, ed. Philip Knackel (Charlottesville: University Press of Virginia, 1969), p. 129.

15. Wallace, *Destiny His Choice*, p. 32에서 인용.

16. Robert Filmer, *Patriarcha and Other Writings*, ed. Johann Sommerville (Cambridge: Cambridge University Press, 1991), p. 285.

17. Filmer, *Patriarcha and Other Writings*, p. 285.

18. James Miller Lewis, "Hobbes and the Blackloists" (Ph.D. diss., Harvard University, 1976), p. 129에서 인용.

19. L 46.18.

20. L "Review and Conclusion," 6.

21. DC 8.2–3.

22. L "Introduction," 1.

23. Correspondence, p. 124.

24. "A Speech to the Lords and Commons of the Parliament at White Hall" (1610).

25. L 17.13.

26. Filmer, *Patriarcha and Other Writings*, p. 184.

27. L 13.5.

28. DC "Author's Preface to the Reader," 3.

29. L 13.13.

30. L 14.8

31. EL 24.4.

32. L "Dedication."

33. EL 24.1.

34. EL 24.5.

35. EL 24.2.

36. L 6.36.

37. DC 16.1.

38. L 12.6.

39. A. P. Martinich, *The Two Gods of Leviathan* (Cambridge: Cambridge University

Press, 1992), p. 63에서 인용.

40. L 32.1.

41. L 7.7.

42. L 32.5.

43. L 36.11, 36.13.

44. L 36.9.

45. L 36.7.

46. L 36.19.

47. DC 16.12.

48. L 36.20.

49. L 36.20.

50. Correspondence, p. 702.

51. L 37.7, 37.1.

52. L 37.6.

53. L 37.4.

54. L 37.5.

55. L 38.25.

56. L 41.5.

57. EL 11.8.

58. L 33.21.

59. EL 11.9, 11.10.

60. EL 11.9.

61. DC 17.28.

62. L 33.21.

63. L 33.20.

64. Charles Wolseley, *The Reasonableness of Scripture Belief* (London, 1672), pp. 218–220.

65. L 38.4.

66. L 38.5.

67. L 35.1–3.

68. L 35.3.

69. L 35.4; 또한 DC 16.4.

70. L 35.11.

71. L 38.14.

72. *Leviathan*, ed. Edwin Curley (Indianapolis: Hackett, 1994), pp. 624-625; 또한 p. 507을 보라.

73. L 44.26.

74. EW 4:359에서 인용.

75. L 44.1.

76. L 47.30.

9장 논쟁의 한복판에서

1. Correspondence, p. 787.

2. Correspondence, pp. 420, 421.

3. Clarendon, *A Survey of Mr Hobbes His Leviathan, in Leviathan: Contemporary Responses to the Political Theory of Thomas Hobbes*, ed. G. A. J. Rogers (Bristol: Thoemmes Press, 1995), pp. 181, 182.

4. Seth Ward, *A Philosophicall Essay* (Oxford, 1652), "To the Reader."

5. Alexander Ross, *Leviathan Drawn Out with a Hook* (London, 1653), "To the Reader."

6. James Harrington, *The Prerogative of Popular Government* (London, 1658), p. 36.

7. Marchamont Nedham, *Case of the Commonwealth of England, Stated* (London, 1650), p. 139.

8. Ross, *Leviathan Drawn Out with a Hook*, "To the Reader."

9. Walter Pope, *Life of the Right Reverend Father in God Seth Ward etc.* (London, 1697), p. 118.

10. *Theoremata Theologica* (London, 1654), p. 230.

11. Robert Filmer, *Patriarcha and Other Writings*, ed. Johann Sommerville (Cambridge: Cambridge University Press, 1991), pp. 184-185.

12. John Tulloch, *Rational Theology and Christian Philosophy in England in the Seventeenth Century* (Edinburgh: William Blackwood and Sons, 1874),2:26.

13. Filmer, *Patriarcha and Other Writings*, pp. 187, 188.

14. Correspondence, pp. 331-32.

15. L 17.13.

16. Barbara Shapiro, *John Wilkins, 1614-1672* (Berkeley: University of California Press, 1969), p. 97.

17. *Academiarum Examen* (London, 1654), p. 88.

18. Shapiro, *John Wilkins*, p. 101.

19. Shapiro, *John Wilkins*, p. 107.

20. L Conclusion, 16; EW 7:335.

21. L 4.16; EW 7:335; 또한 7:343-344.

22. John Bramhall, *Works* (Oxford, 1844), 4:580.

23. EW 7:340.

24. Shapiro, *John Wilkins*, p. 110에서 인용.

25. EW 5:25-26.

26. EW 5:1.

27. Samuel Mintz, *The Hunting of Leviathan* (Cambridge: Cambridge University Press, 1962), p. 127을 보라.

28. Correspondence, p. 277.

29. EW 5:454.

30. Ross, *Leviathan Drawn Out with a Hook*. pp. 89-90.

31. EW 5:112.

32. EW 5:111.

33. Peter White, *Predestination. Policy, and Polemic* (Cambridge: Cambridge University Press, 1992), p. 7에서 인용.

34. EW 5:55.

35. Mintz, *The Hunting of Leviathan*, p. 131에서 인용.

36. DCa 1.2-3.

37. DCo 1.3.

38. DCo 25.1.

39. DCa 25.2.

40. DCo 1.6.

41. DCo 1.7.

42. DCo 1.9.

43. L 9.4.

44. 홉스의 수학적 견해에 관해서는 다음 책들이 도움이 된다. Hardy Grant, "Hobbes and Mathematics," in *The Cambridge Companion to Hobbes*, ed. Tom Sorell (Cambridge: Cambridge University Press, 1996), pp. 108-128; Douglas Jesseph, "Hobbes and Mathematical Method," *Perspectives on Science* 1 (1993), 306-341; Douglas Jesseph, "Hobbes on the Methods of Modern Mathematics," *Revue d'*

Histoire des Sciences 46 (1993), 153–194; Douglas Jesseph, "Hobbes and the Method of Natural Science," in *Cambridge Companion to Hobbes*, pp. 86–107.

45. Jesseph, "Hobbes on the Methods of Modern Mathematics," p. 173.

46. EW 7:343.

47. Miriam Reik, *The Golden Lands of Thomas Hobbes* (Detroit: Wayne State University Press, 1977), pp. 178–179에서 인용.

48. John Wallis, *Hobbius Heauton-timorumenos* (Oxford, 1662), pp. 8, 6.

49. Tenison, *The Creed of Mr. Hobbes Examined* (London, 1670), "Epistle Dedicatory."

50. EW 7:352–356.

51. EW 7:205.

52. EW 7:200–201.

53. DCo 6.6, 15.1; EW 7:219.

54. Jesseph, "Hobbes and Mathematical Method," p. 323 n. 20에서 인용.

55. EW 7:59.

56. Jesseph, "Hobbes and Mathematical Method," p. 323 n. 21에서 인용.

57. EW 7:67.

58. EW 7:68.

59. EW 7:59–60.

60. OL 5:96–97.

61. OL 4:441.

62. EW 7:194.

63. EW 7:187–188.

64. EW 7:316.

65. EW 7:329.

66. OL 4:97.

67. L 11.21.

68. EW 7:248.

69. EW 1:141; DCo 12.5.

70. EW 1:141.

71. EW 1:18.

72. EW 7:184.

73. OL 4: 421.

74. EW 7:201.

75. Euclid, *Elements*, I, def. 2.

76. EW 7:202.

77. OL 4:393; DCo 12.4.

78. OL 5:96.

79. EW 7:324.

80. Thomas White, *Chrysaspis to Querula* (London, 1660), C2v-C3.

81. James Miller Lewis, "Hobbes and the Blackloists" (Ph.D. diss., Harvard University, 1976), p. 227에서 인용.

82. "A Letter from a Gentleman to his Friend in London," "Hobbes and the Blackloists," p. 228에서 인용.

83. EW 7:392-394.

84. EW 7:392.

85. Wood, *Athenae Oxoniensis*, ed. Philip Bliss, 3d ed. (London: Rivington, 1813-1820), 3:1072.

86. EW 7:415ff를 보라.

87. DCo "Epistle Dedicatory."

88. Correspondence, p. 456.

89. EW 7:340.

90. EW 4: 439.

91. EW 7:331, 332, 341.

92. EW 7:356, 427.

93. EW 7:387.

10장 토머스, 홉스를 변호하다

1. Correspondence, pp. 513-514.

2. "Declaration of Breda," in Samuel Gardiner, *The Constitutional Documents of the Puritan Revolution*, 3d ed. (Oxford: Clarendon Press, 1906), pp. 465-466.

3. John Wallis, *Hobbius Heauton-timorumenos* (Oxford, 1662), p. 154.

4. DP, p. 379.

5. EW 4:437.

6. Noel Malcolm, "Hobbes and the Royal Society," in *Perspectives on Thomas Hobbes*, ed. G. A. J. Rogers and Alan Ryan (Oxford: Clarendon Press, 1988), pp. 57-58에서 인용. 홉스와 왕립학회의 관계에 관해서는 주로 이 책을 참고했다.

7. Malcolm, "Hobbes and the Royal Society," pp. 62-64.

8. L 31.33.

9. L 47:21.

10. Malcolm, "Hobbes and the Royal Society," p. 57에서 인용.

11. Malcolm, "Hobbes and the Royal Society," p. 65에서 인용.

12. H. G. Lyons, *The Royal Society* (Cambridge: Cambridge University Press, 1944), pp. 54, 55에서 인용.

13. Malcolm, "Hobbes and the Royal Society," pp. 57-58.

14. Lyons, *The Royal Society*, p. 58.

15. 이 구절은 Michael Hunter, *Science and Society* (Cambridge: Cambridge University Press, 1981), p. 178에서 가져왔다.

16. 로버트 훅이 로버트 보일에게 보낸 편지. 대영도서관 소장.

17. EW 7:463-464.

18. 이 절과 다음 절의 논의는 다음 책에 의존했다. Steven Shapin and Simon Schaffer, *Leviathan and the Air-Pump* (Princeton: Princeton Univerrsity Press, 1985). 이 절의 인용문은 특별한 언급이 없으면 이 책에서 가져온 것이다.

19. Shapin and Schaffer, *Leviathan and the Air-Pump*, p. 78.

20. Hunter, *Science and Society*, p. 57.

21. L 46.15.

22. Correspondence, pp. 530ff.

23. Correspondence, p. 577.

24. Correspondence, p. 725.

25. Correspondence, p. 583.

26. Correspondence, p. 584.

27. Correspondence, p. 603.

28. EW 4:416, 418.

29. EW 4:419.

30. EW 4:414.

31. EW 4:420; cf. 415.

32. EW 7:350.

33. EW 7:353.

34. EW 4:420, 425.

35. EW 4:426.

36. EW 4:440.

37. M. Nicolson, "Christ's College and the Latititude-Men," Modern Philology 27 (1929-30), 51에서 인용.

38. Quoted from James Miller Lewis, "Hobbes and the Blackloists" (Ph.D. diss., Harvard University, 1976), p. 261.

39. EW 4:427.

40. 이 절의 논의는 다음 책에 의존했다. Lewis, "Hobbes and the Blackloists."

41. 딕비가 월리스 (그리고 브룬커)에게 보낸 편지. J. Wallis, *Commercium Epistolicum de Quaestionibus quibusquam Mathematicis* (Oxford, 1658).

42. Wood, *Athenae Oxoniensis*, ed. Philip Bliss (London: Rivington, 1817), 3:1247-1248.

43. Lewis, "Hobbes and the Blackloists," p. 258에서 인용.

44. Lewis, "Hobbes and the Blackloists," p. 260에서 인용.

45. Correspondence, p. 653.

46. Correspondence, p. 653; 또한 p. 691을 보라.

47. Correspondence, p. 661.

48. Kathleen Jones, *A Glorious Fame* (London: Bloomsbury, 1988), pp. 160-161. 마거릿 캐번디시에 관한 논의는 주로 이 책을 참고했다. 마거릿에 관한 인용문은 별도의 언급이 없으면 이 책에서 가져온 것이다.

49. Correspondence, p. 524.

50. Shapin and Schaffer, *Leviathan and the Air-Pump*, p. 31 n. 14에서 인용.

51. Geoffrey Trease, *Portrait of a Cavalier* (New York: Taplinger, 1979), p. 170.

52. EW 7:136-37.

53. Historical Manuscripts Commission, 8th report (1881), p. 111a; 또한 p. 112a를 보라.

54. *Hobbius Heauton-timorumenos* (Oxford, 1662), pp. 15, 103.

55. *Leviathan*, edited and translated by Edwin Curley (Indianapolis: Hackett, 1994), p. 512.

56. EW 4:397.

57. *Leviathan*, ed. Curley, p. 529.

58. EW 4:407, 406.

59. *Leviathan*, ed. Curley, p. 531; EW 4:393.

60. *Leviathan*, ed. Curley, p. 526.

61. 베넷에 관한 논의는 다음 글을 따랐다. Peter Milton, "Hobbes, Heresy and Lord Arlington," *History of Political Thought* 14 (1993), 501-546.

62. OL 4:387.

63. B, pp. 119–120.

64. B, p. 180.

65. B, p. 154.

66. Correspondence, p. 772.

67. EW 4:317. Comelis Schoneveld, *Intertraffic of the Mind* (Leiden: Brill, 1983), pp. 45, 150 n. 64를 보라.

68. EW 4:384.

69. EW 4:296.

70. 또한 EW 4:334를 보라.

71. EW 4:281.

72. EW 4:291, 338, 363.

73. EW 4:284, 286.

74. EW 4:384.

75. EW 4:296.

76. EW 4:313.

77. EW 4:286.

78. EW 4:301, 303, 304, 301.

79. EW 4:305, 300, 314.

80. EW 4:315.

81. EW 4:315.

82. *Leviathan*, ed. Curley, p. 543.

83. EW 4:325.

84. EW 4:326–327.

85. EW 4:328, 330.

86. EW 4:329.

87. EW 4:329.

88. 또한 EW 4:338, 340을 보라.

89. EW 4:330; 또한 4:363을 보라.

90. EW 4:340.

91. Cambridge University Library, MS. Mm 1. 38, p. 143.

92. Benjamin Laney, *Observations appended to Thomas Hobbes, A Letter About Liberty and Necessity* (London, 1677), pp. 102–104.

93. Tenison, *Creed of Mr. Hobbes Examined* (London, 1670), "Epistle Dedicatory."

94. Tenison, *Creed of Mr. Hobbes Examined*, p. 17.

11장 노년의 철학자

1. Correspondence, p. 741.
2. Correspondence, pp. 740, 739ff
3. Correspondence, p. 742.
4. Correspondence, p. 720.
5. Correspondence, p. 721.
6. Correspondence, p. 735.
7. Correspondence, p. 726.
8. Michael Hunter, *Science and Society in Restoration England* (Cambridge: Cambridge University Press, 1981), p. 178에서 인용.
9. Correspondence, p. 751.
10. Correspondence, pp. 746, 747.
11. Correspondence, p. 747.
12. Correspondence, p. 730.
13. 홉스, 포프, 오길비의 번역에 관하여는 메이너드 맥(Maynard Mack)이 포프의 번역을 편집한 책을 참고했다. 주석 15번을 보라.
14. EW 10:X.
15. *The Odyssey of Homer, Books XIII–XXIV*, ed. Maynard Mack (New Haven: Yale University Press, 1967), pp. 492–512에 포프와 홉스의 번역 일부가 나란히 있다.
16. EW 10:105.
17. *Homer: The Iliad*, trans. W. H. D. Rouse (New York: New American Library, 1950), p. 111; *The Iliad of Homer, Books I–IX*, ed. Maynard Mack (New Haven: Yale University Press, 1967), p. cxxii.
18. *The Iliad of Homer, Books I–IX*, ed. Mack, p. lxxii.
19. EW 10:x; 또한 p. viii을 보라.
20. *Homer: The Iliad*, p. 40; EW 10:30–31.
21. *Homer: The Iliad*, p. 41; EW 10:31.
22. "Introduction" to *The Iliad*, ed. Mack, pp. xlvii, 3을 보라.
23. EW 10:vi.
24. EW 10:viii.

25. *The Conquest of Granada*, part 1; 1, ll. 203-209.

26. "A Satire against Mankind," ll. 18-21, 27-28.

27. L 5.3.

28. "A Satire against Mankind," ll. 104-113.

29. Quentin Skinner, "Hobbes on Sovereignty: An Unknown Discussion," *Political Studies* 13 (1965), 213-218에 전문이 수록되어 있다.

30. Skinner, "Hobbes on Sovereignty," p. 218.

31. EW 7:71.

32. EW 7:85-87.

33. EW 7:133.

34. EW 7:89.

35. EW 7:90; DP, p. 367.

36. *De Finibus Virtutis Christianae* (Oxford, 1673). *The Hunting of Leviathan*, pp.135-136에서 인용.

37. *The Hunting of Leviathan*, p. 56에서 인용

38. John Anderson Winn, *John Dryden and His World* (New Haven: Yale University Press, 1987), p. 380.

39. Cf. Correspondence, pp. 793-794.

40. EW 4:250-251, 4:342.

41. Anthony Wood, *Athenae Oxonienses*, 3rd ed., ed. Philip Bliss (London: Rivington, 1817), 3:1218.

42. 이 절의 논의는 다음 책을 참고했다. Allan Pritchard, "The Last Days of Hobbes," *Bodleian Library Record* 10 (1980), 178-187.

1588년 4월, 영국 남서부 윌트셔주의 맘스베리에서 토머스 홉스가 삼 남
　　　매 중 둘째로 태어나다.

　　　8월, 에스파냐 무적함대가 영국 해군에 참패를 당하다.

1591~1595년 웨스트포트에 있는 학교에서 읽기와 산수를 배우다.

1600년 부목사였던 아버지가 다른 목사와 싸운 후 파문당하자 집을 떠났
　　　다. 홉스는 장갑 상인인 삼촌 프랜시스에게 금전적 도움을 받아 웨
　　　스트포트에 있는 로버트 라티머의 사립 학교에서 수업을 들었다.

1602년(혹은 1603년) 옥스퍼드대학의 기숙형 학교인 모들린 홀에 입학하
　　　다.

1603년 3월, 엘리자베스 1세 사망. 제임스 1세 즉위.

1605년 11월, 헨리 8세가 1534년 로마 교황청과 관계를 단절하고 영국 교
　　　회의 모든 권한이 국왕에게 있다고 선포한 수장령에 반발한 영국
　　　내 가톨릭교도들이 화약 음모 사건을 일으키다. 왕실과 의회를 폭
　　　발시키려던 음모는 사전에 발각되어 실패로 끝났다.

1608년 2월, 옥스퍼드대학 모들린 홀 졸업. 부유하고 영향력 있는 귀족 가
　　　문인 캐번디시가의 가정교사이자 윌리엄 캐번디시(2대 데번셔 백
　　　작)의 비서로 일하게 되다.

1614년 윌리엄과 첫 번째 유럽 대륙 여행을 떠나다. 주로 이탈리아의 도시
　　　베네치아, 로마, 나폴리에 머물렀는데, 여행은 1615년 여름까지 이
　　　어졌다.

1618년 5월, 유럽에서 로마가톨릭을 지지하는 국가들과 개신교를 지지하
　　　는 국가들 사이에 30년 전쟁이 일어나다.

1620년　홉스가 쓴 것으로 추정되는 작자 불명의 수필집 《한담록》이 출간
　　　　되다. 이 수필집에는 정치에 관한 청년 시절 홉스의 생각을 엿볼
　　　　수 있는 〈로마론〉, 〈타키투스론〉, 〈법률론〉 세 편의 글이 실려 있
　　　　다.

1621년　12월, 제임스 1세가 의회를 해산하다. 제임스 1세가 아들 찰스를
　　　　에스파냐 왕녀와 결혼시키려 하자 의회가 반발한 데 뒤따른 결과
　　　　였다.

1622년　6월, 북아메리카에 식민지를 건설하기 위해 제임스 1세가 허가한
　　　　버지니아 회사의 주주총회에 윌리엄과 함께 참석하다. 홉스는 버
　　　　지니아 회사에서 훗날 '그레이트 튜'로 불리는 모임의 지식인들을
　　　　포함해 당대 명사들, 권력자들과 교류했다.

1624년　2월, 의회가 다시 열리다.

1620년대 초중반~1625년 프랜시스 베이컨의 비서로 일하다. 홉스는 수뢰
　　　　혐의로 대법관에서 파면된 베이컨의 구술을 받아 적고 일부 원고
　　　　를 라틴어로 번역하는 일을 맡았다.

1625년　3월, 제임스 1세 사망. 찰스 1세 즉위.
　　　　6월, 의회와 여론의 반대에도 불구하고 찰스 1세가 로마 가톨릭교
　　　　도이자 프랑스 루이 13세의 동생인 앙리에트 마리와 혼인을 강행
　　　　하다.

1626년　3월, 윌리엄의 아버지인 초대 데번셔 백작 사망.
　　　　8월, 윌리엄과 함께 채스워스 북서쪽과 서쪽에 있는 피크 디스트릭
　　　　트로 여행을 떠나다. 라틴어로 쓴 여행 시집 《고봉의 경이》는 1636
　　　　년에 출간된다.

1628년　6월 7일, 의회가 국왕에게 요구하는 사항을 담은 '권리청원'을 찰
　　　　스 1세가 재가하다. 에스파냐, 프랑스와 벌이는 전쟁 비용을 마련
　　　　하기 위해 찰스 1세가 의회를 소집하자, 강제 공채와 불법 투옥 문
　　　　제를 비롯해 국민의 자유에 관한 의회의 요구 사항이 주요 내용이
　　　　었다.

6월 20일, 윌리엄 캐번디시(2대 데번셔 백작) 사망.

1629년 3월, 찰스 1세가 의회를 해산하고 1640년까지 의회 없이 전제 정치를 실시하다.

투키디데스의 《펠로폰네소스 전쟁사》 영어 번역본 출간. 그리스어 원본을 영어로 번역한 것은 홉스의 책이 최초였다. 캐번디시가에 고용되었기에 정치 활동에 제한을 받았던 홉스는 투키디데스의 역사에 자신의 정치적 견해를 부여하고자 했다. 홉스는 투키디데스가 민주주의를 경멸하고 군주정을 선호했다는 점에 주목했고, 번역을 통해 의회파가 국가의 안정을 해치고 있다고 비판하려 했다. 같은 해 말, 캐번디시가를 떠나 거버스 클리프턴의 비서가 되다. 거버스의 아들과 함께 두 번째 대륙 여행을 떠나다.

1630년 제네바를 여행하다 유클리드의 《기하학 원론》을 발견하고 근대 과학적 사고에 눈뜨다.

11월, 유럽 여행을 마치고 캐번디시가에 다시 고용되어 하드윅 홀로 돌아오다.

1634년 '그레이트 튜' 모임 시작. 정치와 종교 문제를 놓고 열띤 논쟁을 벌인 지식인들의 모임으로 1640년까지 이어졌다. 홉스는 이따금씩 모임에 참석한 것으로 보인다.

가을, 3대 데번셔 백작과 세 번째 유럽 여행을 떠나다.

1634~1635년 르네 데카르트, 마랭 메르센, 피에르 가상디 등 프랑스 지식인들과 만나다.

1636년 봄, 피렌체에서 말년의 갈릴레이를 만나다. 여행 중 과학자들과 교류하며 훗날 《물체론》의 기초가 되는 물체의 운동에 관한 과학적 지식을 얻는다. 뉴캐슬 후작(이후 공작이 된다)을 중심으로 한 웰벡 과학자 모임에 참여하면서 로버트 페인, 월터 워너와 교류하다.

10월, 여행을 마치고 영국으로 돌아오다.

1637년 아리스토텔레스의 《수사법》을 라틴어로 요약한 《수사법 개요》를 출간하다. 홉스는 일생 동안 수사법을 마뜩찮게 여겼다. 수사법이 진리를 탐구하는 과학적 논증 방식과 맞지 않는다고 생각했고, 반 왕당파가 감정적인 수사법을 사용해 사회의 무질서를 조장한다고 여겼기 때문이다. 《수사법 개요》 출간 후 홉스의 인문학에 관한 관심은 마무리되고, 이후 본격적인 과학적 탐구로 나아간다.

1638~1639년 《철학의 원리》 3부작 집필 계획을 세우다. 《물체론》(1655 년), 《인간론》(1658년), 《시민론》(1642년)으로 출간되었다.

1640년 4월, 단기 의회 재개.

늦봄, 《법의 원리》가 원고 형태로 회람되다. 크게 자연법과 정치법 두 가지 주제로 구성된 이 책에는 10여 년 뒤 출간되는 《리바이어 던》의 주요 개념이 거의 다 설명되어 있었다.

11월, 장기 의회가 다시 소집되고 의회의 왕당파를 향한 공격이 시 작되다. 데카르트의 《방법서설》에 관한 비판적인 논평을 내놓다. 이때부터 홉스와 데카르트의 관계는 급격히 악화된다.

11월 말, 《법의 원리》에서 절대 군주정을 주장하여 의회파의 눈엣 가시가 되다. 왕당파들의 체포를 보며 신변의 위협을 느낀 홉스는 급히 프랑스로 망명을 떠나 이후 11년간 영국으로 돌아오지 못한 다.

1641년 4월, 주교 제도를 폐지하라는 내용이 담긴 노팅엄 청원서에 관해 논평하다. 홉스는 주교 제도를 악용한 타락한 성직자들에게 책임을 물어야 마땅하지만, 주교 제도 자체를 폐지하는 것은 어불성설 이라고 언급했다. 홉스는 군주제를 유지하는 데 주교 제도가 가장 유리하다고 생각했다.

8월, 데카르트의 《제1철학에 대한 성찰》에 대한 반론을 쓰다. 유물 론적 일원론인 홉스와 유심론적 이원론자인 데카르트의 논쟁은 주로 신의 존재 증명에 집중되었다. 홉스는 신에 대한 관념이 없 어도 신을 믿을 수 있다고 주장했고, 데카르트는 인간은 본래 신 에 대한 관념을 지니고 있다고 주장했다. 데카르트와 벌인 설전은 1648년까지 이어졌다.

1642년 4월, 《철학의 원리》 3부 《시민론》 출간. 홉스는 이 책에서 자신의 정치철학으로 내란의 비극을 막을 수 있다고 주장했다. 1백 부 소량 출간되었지만 책을 읽은 지식인들은 깊은 감명을 받았고, 이 책으로 홉스의 명성이 높아졌다.

8월, 왕당파와 의회파 간 영국 내전 발발.

1642~1643년 겨울, 수학자로서 포물선의 등거리와 아르키메데스의 나선에 관한 증명을 시도하다.

1643년 토머스 화이트의 《세계론 대화록 3편》에 관한 비평 《반화이트론》을 출간하다.

1644년 시각과 빛에 관한 견해가 담긴 《광학 논고》를 출간하다.

7월, 마스턴 무어 전투에서 의회파가 승리하다. 올리버 크롬웰이 속한 의회군이 전투에서 완승을 거둬 영국 북부 일대의 지배권을 획득하고, 내전의 전황이 의회 쪽으로 기울다.

1645년 의학자 윌리엄 페티와 함께 해부학을 공부하다. 세계를 온전히 과학적으로 설명하고자 했던 홉스에게 해부학은 과학적 탐구의 필수 학문이었다.

8월, 존 브럼홀과 자유 의지 문제를 둘러싸고 논쟁을 벌이다. 뉴캐슬 후작의 요청에 따라 《자유와 필연에 관하여》를 집필하다.

1646년 여름, 생제르맹에서 망명 중이던, 훗날 찰스 2세가 되는 웨일스 공의 수학 교사로 취직하다.

1647년 1월, 《시민론》 2판 출간. 왕당파의 마스턴 무어 전투 패배는 역설적으로 홉스가 유럽 전역에서 정치철학자로서 명성을 얻는 데 도움을 주었다. 주권자가 정의의 자비를 실현한다는 절대 왕정론의 주장이 담긴 이 책은 전투 패배 후 유럽 곳곳으로 망명을 떠난 왕당파에게 매력적으로 다가왔다.

8월, 중병을 앓고 한 달 뒤 회복하다.

1648년 5월, 영국으로 귀국할 뜻을 밝혔지만 돌아오지 못하다.

1649년 1월, 찰스 1세가 참수당하다. 영국 내전 종결.

5월, 내전이 끝나고 장로파가 다수였던 의회와 크롬웰이 주도한 독립파가 갈등을 빚다. 결국 독립파가 승리하여 크롬웰이 잉글랜드 연방(Commonwealth of England)을 세우다.

가을, 의회가 모든 공직자들에게 잉글랜드 연방의 정통성을 인정하고 충성을 다짐하는 맹세 서약을 하라는 강제 명령을 내리다. 이듬해 초, 맹세 서약의 대상이 18세 이상의 모든 남자에게로 확대되다.

1650년 1월, 계관 시인 윌리엄 대버넌트의 서사시 〈곤디버트〉와 홉스가 이 작품을 논평한 글 〈곤디버트의 머리말에 답함〉이 공개되다. 홉스가 쓴 이 짧은 글은 17세기 후반 문학 비평에 큰 영향을 끼친다.

1651년 《리바이어던》 출간. 근대 국가의 원리를 최초로 정립한 《리바이어던》은 홉스의 정치철학의 정수가 담겨 있다. 이 책은 예순 살의 홉스가 평생 동안 탐구한 과학, 심리학, 정치학, 신학이 총체적으로 집약된 결과물이었다.

1652년 2월, 망명 생활을 끝내고 영국으로 돌아오다. 《리바이어던》 출간 이후 홉스는 왕당파와 의회파, 국교회와 가톨릭 모두에게 공격을 받게 된다.

로버트 필머가 자신의 책 《정부의 기원에 관한 고찰》에서 홉스의 《시민론》과 《리바이어던》을 비판하다. 홉스와 필머 모두 군주론을 주장했지만, 방식에서 차이가 있었다. 홉스의 군주론이 민주주의라는 상향식을 택했던 반면, 필머의 군주론은 가부장제라는 하향식을 취했다.

1653년 잉글랜드 연방이 스코틀랜드와 아일랜드를 병합하다. 크롬웰이 1대 호국경에 오르다.

1654년 《시민론》이 로마가톨릭의 금서 목록에 오르다.

1655년 《철학의 원리》 1부 《물체론》 출간. 홉스는 이 책에서 물리학과 형이상학을 탐구했다. 주어진 원과 같은 넓이를 지닌 정사각형을 만드는 공식을 제안했는데, 수학자 존 월리스가 이를 공개적으로 반박하면서 논쟁이 시작된다. 이 수학 논쟁은 신학 논쟁으로 번져서 이후 20년간 이어졌다.

1656년 《물체론》의 영역본 《철학의 원리 제1부》 출간. 부록으로 실린 《옥
스퍼드대학 수학 교수들을 위한 6강》은 기하학적 방법에 관한 논
의를 담고 있으며, 수학자 월리스와의 공개 논쟁에 불씨를 당겼
다. 같은 해, 《자유, 필연성, 우연에 관한 문제들》을 출간하여 자유
의지 문제를 놓고 브럼홀과 논쟁을 벌이다.

1658년 《철학의 원리》 2부 《인간론》 출간.
9월, 올리버 크롬웰이 병으로 사망하고 그의 아들 리처드 크롬웰
이 뒤를 이어 호국경에 오르다.

1659년 장군들이 반란을 일으켜 리처드가 재임 9개월 만에 호국경에서 폐
위되다.

1660년 5월, 왕정 복고. 찰스 2세가 즉위하다.
'자연 지식의 발전을 위한 런던 왕립학회'가 설립되다. 홉스는 왕립
학회에서 배제되었다.

1661년 《물리학 대화》 출간. 홉스는 이 책에서 왕립학회와 보일의 진공 실
험을 비판했다.

1665년 영국 전역에서 흑사병이 발생하다. 홉스는 흑사병이 파리에 의해
전파된다고 언급했다. 17세기 영국인들은 전염병이 발생하는 이유
를 하느님의 심판이라 여겼는데, 홉스의 견해는 당대와 비교했을
때 매우 앞서간 것이었다.

1666년 10월, '무신론과 신성 모독 금지법'이 의회에서 통과되다. 홉스가
조사 대상자 명단에 오르다.

1668년 네덜란드 출판업자가 《리바이어던》 라틴어판을 펴내다. 당시 영국
에서 홉스가 쓴 책은 수학과 과학을 다룬 것 외에는 사실상 출판이
금지된 상태였다.
종교적 견해를 변론한 글 《리바이어던 잡기에 대한 답변》을 쓰다.
출간은 홉스 사후에 이루어졌다.

1669년 런던을 떠나 더비셔로 거처를 옮기다.

1670년 종교적으로 방탕한 사상을 유포하는 무신론자라는 비난이 심화되
다. 홉스를 향한 비판은 1670년대 내내 이어졌다.

1671년 《기하학의 장미꽃밭》출간.

1672년 《수학의 빛》출간.

1673년 《오디세이》9권부터 12권까지 내용이 담긴 《율리시스의 여행》을 번
역 출간하다. 《오디세이》완역본은 1675년에 나왔다.

1674년 《필사적인 증명 앞에 놓인 기하학의 원리와 문제》출간.

1676년 《일리아스》번역 출간.

1678년 《자연철학 10화》출간. 이 책에는 지난 30년간 홉스가 주장해 왔던
물리학 이론이 총체적으로 정리되어 있었다.

1679년 영국 내전의 역사를 다룬 《비히모스》출간.
12월, 91세를 일기로 사망. 올트 허크널의 작은 교회 제단 앞에 묻
히다.

이 책은 엘로이시어스 마티니치(A. P. Martinich)의 《홉스(Hobbes: A Biography)》(Cambridge: Cambridge University Press, 1999)를 완역한 것이다.

저자는 홉스에 관한 여러 편의 논문과 저서를 발표하고 《홉스 사전》까지 저술한 홉스 전문가이다. 원서 책머리에 있는 케임브리지대학 출판부의 서평처럼 저자는 이 책에서 "홉스의 일생을 완벽하게 그려냈다." 옆에서 지켜본 것처럼, 그것도 아주 재미있게.

전기가 흔히 그러하듯이 이 책에도 지명과 인명이 많이 등장한다. 홉스의 출생지와 그 주변 지역, 그가 여행한 행로와 머물렀던 장소, 망명지에서의 행적. 홉스 주변의 인물, 그와 교우했던 친구, 정치철학과 수학과 신학을 놓고 논쟁을 벌였던 당대의 명사들. 첫 장을 펼치는 순간부터 이들이 살아나 400년 전 홉스가 살았던 시대로 독자를 안내한다. 또한 저자는 홉스가 젊은 시절에 쓴 수필에서부터 《리바이어던》을 거쳐 노년의 저작에 이르기까지 모든 저작들을 시간 순서에 따라, 혹은 주제에 따라 요령 있게 소개함으로써, 그의 정치철학과 신학적 주장이 시대적 환경과 맞물려 발전하는 과정을 파노라마로 보여준다. 저자는 홉스가 자신의 저서에서 어떤 인물을 몇 번 언급했는지 말할 수 있을 정도로 홉스의 저작에 해박하다.

저자는 홉스를 애정 어린 시선으로 바라보고 있기는 하지만 객관적인 관찰자의 자세를 끝까지 유지한다. 당대의 사건들, 예컨대 왕당파와 의회파의 대결, 영국 내전, 로마가톨릭과 프로테스탄트의 신학 논쟁 등에 대해서도 어느 한쪽을 편들지 않고 양쪽의 주장을 '논리학적으로' 재구성하여 보여준다. 논리학 전문 용어가 나오는 곳과 배경 지식이 필요한 곳에는 옮긴이가 간단한 해설 주석을 달아놓았다.

영국의 근대사와 《성경》에 관해 약간의 지식이 있고 홉스의 주장을 일부라도 알고 있는 독자라면 이 책을 더욱 재미있게 읽을 수 있을 것이다. 저자가 역사적 사건들과 《성경》 구절, 그리고 홉스의 주장을 때로는 직접 인용으로, 때로는 빗대어 촌철살인의 논평을 덧붙이고 있기 때문이다. 원문의 기지와 유머를 옮긴이가 제대로 살려 번역했는지 오역은 없는지 걱정된다. 눈 밝은 독자의 충고와 질정을 바란다.

소심하고 병약한, 때로는 오만하고 건방진, 그러나 가슴은 따뜻하고 이성은 냉철했던 인간 홉스의 예사롭지 않은 일생을 촘촘하게 알려준 저자에게, 그리고 이 저서를 찬찬히 공부할 기회를 준 교양인 출판사에 감사의 말씀을 드린다. 옮긴이의 거친 문장을 매끄럽게 다듬어주신 남정희 교수님께도 감사의 말씀을 드린다.

인명

옮긴이 _ 진석용

서울대학교 정치학과를 졸업하고 같은 대학교 대학원에서 정치학 석·박사 학위를 받았으며, 일본 구마모토대학교 교환교수와 미국 오하이오주립대학교 객원교수를 지냈다. 현재 대전대학교 정치외교학과 교수로 재직하고 있다. 주요 저서로는 《칼 마르크스의 사상》(1992년), 《한국정치·사회개혁의 이념적 기초》(공저, 1998년) 등이 있다. 옮긴 책으로는 《신기관》(2001년), 《서양정치철학사 3》(공역, 2007년), 《리바이어던》(2008년), 《무정부 사회》(2012년), 《마르크스 이해하기》(2015년) 등이 있으며, 주요 논문으로는 〈토머스 홉스의 정치사상〉(1993년), 〈홉스의 '시민철학'의 과학적 기초〉(2007년), 〈문화연구의 인식론〉(2011년), 〈루소의 정치철학〉(2017년) 등이 있다.

홉스

2020년 7월 24일 초판 1쇄 발행

■ 지은이 ──────── 엘로이시어스 마티니치
■ 옮긴이 ──────── 진석용
■ 펴낸이 ──────── 한예원
■ 편집 ───────── 이승희, 윤슬기, 양경아, 유리슬아
■ 조판 ───────── 성인기획
■ 펴낸곳   교양인
        우 04020 서울 마포구 포은로29 202호
        전화 : 02)2266-2776 팩스 : 02)2266-2771
        e-mail : gyoyangin@naver.com
        출판등록 : 2003년 10월 13일 제2003-0060

ⓒ 교양인, 2020
ISBN 979-11-87064-53-4 03920

* 잘못 만들어진 책은 바꾸어드립니다.
* 값은 뒤표지에 있습니다.

이 도서의 국립중앙도서관 출판예정도서목록(CIP)은 서지정보유통지원시스템 홈페이지(http://seoji.nl.go.kr)와 국가자료종합목록시스템(http://www.nl.go.kr/kolisnet)에서 이용하실 수 있습니다.(CIP제어번호: CIP2020027215)